Hans-R. Grundmann
Markus Hundt

Süd- und Zentral-Kalifornien mit Las Vegas

und Abstechern zu den Nationalparks Zion, Bryce und Grand Canyon

Hans-R. Grundmann
Markus Hundt

Kalifornien
Süd und Zentral
mit Las Vegas

1. Auflage 2013
mit Beiträgen von Ernst-Georg Richter
ist erschienen im

Reise Know-How-Verlag

Am Hamjebusch 29
26655 Westerstede

ISBN 978-3-89662-223-5

Gestaltung
Umschlag: Carsten Blind, Asperg, Hans-R. Grundmann
Satz und Layout: Hans-R. Grundmann, Carsten Blind
Karten: map solutions, Karlsruhe

Fotos ➢ Fotonachweis auf Seite 588

Druck
MediaPrint Paderborn

Dieses Buch ist in jeder Buchhandlung
in Deutschland, Österreich und der Schweiz erhältlich.
Die Bezugsadressen für den Buchhandel sind

- Prolit Gmbh, 35463 Fernwald
- Buch 2000, CH-8910 Affoltern
- Mohr & Morawa GmbH, A-1230 Wien
- Barsortimenter

Wer im lokalen Buchhandel Reise Know-How-Bücher nicht findet,
kann diesen und andere Titel der Reihe auch im Buchshop des
Verlages im Internet bestellen: **www.reisebuch.de**

Klappe links:
Übersicht der
in diesem Buch
beschriebenen
Orte und Routen

Zur Konzeption dieses Reiseführers

Dieses Buch wendet sich in erster Linie an Leser, die Kalifornien und angrenzende touristische Ziele **auf eigene Faust** entdecken und erleben möchten. Es stellt praktische Fragen, wie sie sich bei der Reiseplanung und -vorbereitung und besonders unterwegs in den USA ergeben, konsequent in den Vordergrund.

Neben wichtigen Basisinformationen zur hier behandelten Reiseregion ist viel Raum zunächst **Überlegungen zur individuellen Reiseplanung** gewidmet. Alle in diesem Zusammenhang bedenkenswerten Aspekte werden im Kapitel 1 des Allgemeinen Teils behandelt. Dazu gehören auch Punkte, denen Reiseführer oft kaum Aufmerksamkeit schenken, wie etwa dem Reisen mit Kindern.

Sind Jahreszeit, Zeitraum und Art des Reisens – mit **Wohnmobil/Pkw/SUV, Motel oder Zelt**, eventuell auch mit **Bus** oder **Eisenbahn** oder sogar per **Fahrrad** – bestimmt, findet der Leser dafür in den Kapiteln 2 und 3 des ersten Teils alle wichtigen Informationen zur optimalen Durchführung seiner nun konkreten Reisepläne sowie zahlreiche Tipps und Hinweise zur Vermeidung von unnötigen Ausgaben, Zeitverlust und Ärger. Ein besonders wichtiges Kapitel bezieht sich dabei auf **Kostenvergleichsrechnungen** für unterschiedliche Reiseformen.

Im Reiseteil erwarten den Leser umfangreiche Kapitel für die Cities **San Francisco, Los Angeles, San Diego** und **Las Vegas** sowie für alle **Nationalparks** in Süd- und Zentralkalifornien und darüber hinaus. Ausgehend von den beiden wichtigsten Ankunftsflughäfen San Francisco und Los Angeles verbindet **ein dichtes Netz von Streckenbeschreibungen** diese wie viele weitere populäre und weniger bekannte Ziele im Reisegebiet einschließlich grenznaher Anlaufpunkte in Nevada. Ab Las Vegas geht es außerdem noch zum ***Grand Canyon*** und zu den Nationalparks ***Zion*** und ***Bryce Canyon*** in Utah.

In der **Umschlagklappe** vorne findet man das komplette **Routennetz**. Es ist so angelegt, dass man sich daraus – abhängig von persönlichen Prioritäten, Jahreszeit und Reisedauer und dank der zahlreichen miteinander verbundenen Teilstrecken – eine individuell optimale Reiseroute zusammenstellen kann.

Erleichtert werden Ziel- und Routenauswahl dadurch, dass Sehenswürdigkeiten, Streckenabschnitte, Quartiere und Campingplätze nicht nur erläutert bzw. aufgelistet, sondern – wo immer möglich und sinnvoll – mit **Wertungen** versehen sind.

Weitere Details zu Konzeption und Aufbau der Reisekapitel ➤ Seiten 160ff.

Wer mehr über Kalifornien, seine Geschichte, Bevölkerung, Staat, Politik und Wirtschaft, Kunst, Kultur und Sport erfahren möchte, als bereits in den Reisekapiteln steht, findet zu diesen Themen zusätzliche Informationen im Anhang »Kalifornien Wissen«.

Eine gute Reise wünschen Ihnen

Hans-R. Grundmann und Markus Hundt

TEIL 1 PLANUNG, VORBEREITUNG UND DURCHFÜHRUNG einer Reise durch Kalifornien

Zum Dollarkurs

Die in diesem Buch getroffenen Aussagen zu vom Dollarkurs abhängigen Reisekosten und Preisen (»teuer«, »preiswert« etc.) basieren auf dem Kursverhältnis €1,00 = $1,25 bzw. $1,00 = €0,80. Bei stärkeren Kursänderungen sind sie entsprechend zu relativieren; ➤ auch Seiten 46+47.

TEIL 1 PLANUNG, VORBEREITUNG UND DURCHFÜHRUNG einer Reise durch Kalifornien

TEIL 1 PLANUNG, VORBEREITUNG UND DURCHFÜHRUNG einer Reise durch Kalifornien

TEIL 1 PLANUNG, VORBEREITUNG UND DURCHFÜHRUNG einer Reise durch Kalifornien

Piktos Die im Reiseteil benutzten Piktogramme sind weitgehend selbsterklärend. Sie erleichtern bei der Suche nach Quartieren, Campingplätzen, Restaurants usw. den raschen Zugriff auf die jeweilige Information im Text bzw. machen zusätzlich auch optisch auf Hinweise zum Wandern/ Schwimmen und auf Fotopunkte aufmerksam; mehr dazu auf Seite 164

TEIL 2 REISEROUTEN DURCH KALIFORNIEN

TEIL 2 REISEROUTEN DURCH KALIFORNIEN

TEIL 2 REISEROUTEN DURCH KALIFORNIEN

TEIL 2 REISEROUTEN DURCH KALIFORNIEN

TEIL 2 REISEROUTEN DURCH KALIFORNIEN

TEIL 2 REISEROUTEN / ANHANG / VERZEICHNISSE

Planung,
Vorbereitung
und
Durchführung
einer Reise durch
Kalifornien

Steckbrief Kalifornien: Zahlen und Fakten

Größe
Mit einer **Fläche** von ca. 424.000 km^2 ist Kalifornien größer als Deutschland (357.000 km^2) und damit nach Alaska und Texas der flächenmäßig drittgrößte Staat der USA.

Das in diesem Buch behandelte **Süd- und Zentralkalifornien** zwischen mexikanischer Grenze und in etwa der Linie San Francisco-Sacramento-Lake Tahoe-Reno deckt eine Fläche von rund 320.000 km^2 ab, die immerhin auch noch größer ist als die ganz Italiens (ca. 301.000 km^2).

Einwohner
Mit insgesamt 38 Mio. Einwohnern (2010) rangiert der Staat bevölkerungsmäßig in den USA an erster Stelle. Die durchschnittliche **Bevölkerungsdichte** von 93 Personen/km^2 beträgt zwar nicht einmal die Hälfte der deutschen (ca. 230 Personen/km^2 bei 82 Mio Einwohnern), ist aber für amerikanische Verhältnisse relativ hoch (Rang 11 unter den 50 Staaten). Dazu ist die Bevölkerung extrem unterschiedlich verteilt.

Das Gros der Einwohner lebt im Bereich der Pazifikküste zwischen und einschließlich San Francisco und San Diego. Allein die Großräume **San Francisco Bay Area (7 Mio), Metropolitan Los Angeles (18 Mio)** und **San Diego (3 Mio)** beherbergen 73% der Einwohner des Staates. Weitere rund 6-7 Mio leben im Einzugsbereich mittlerer Großstädte (z. B. Sacramento, Santa Barbara, Monterey, Bakersfield u.a.) und kleinerer Zentralstädte etwa im San Joaquin Valley zwischen Küstengebirge und Sierra Nevada sowie im Bereich Palm Springs.

Etwa ein Viertel der Fläche Kaliforniens östlich der Sierra Nevada und der anschließenden Inlandsgebirge östlich von Los Angeles und San Diego ist Wüste ohne nennenswerte Besiedelung. Das gilt auch für das Gros der Mittel- und Hochgebirgszonen (ca. 20% der Fläche).

Nordkaliforen oberhalb der für dieses Buch oben definierten Trennlinie beherbergt auf über 100.000 km^2 keine 2 Mio. Menschen.

Staat der USA seit 1850

Hauptstadt Sacramento (seit 1854, vorher San José und Vallejo)

Verwaltung Der Staat Kalifornien besteht aus 58 Landkreisen (*Counties*).

Regierung Das Parlament hat zwei Kammern. Ein Gouverneur, der alle vier Jahre neu gewählt wird, regiert den Staat (nur eine Wiederwahl möglich).

Flagge Die Staatsflagge (➢ Abbildung Seite 227) zeigt einen Bären auf weißem Hintergrund über dem Schriftzug »*California Republic*« und einen roten Streifen darunter. Ein roter Stern links oben erinnert an die einstige »*Lone Star Flag*« des ersten Aufstandes gegen die mexikanische Herrschaft über Kalifornien, die 1836 fehlschlug

Staatshymne *I love you California* (Text *F.B. Silverwood,* Musik *A.F. Frankenstein!*)

Staatsblume *California Poppy (Goldmohn,* ➢ auch Seite 408 und Abbildung Seite 24.

Staatsmotto *Eureka!* (Griechisch für »*ich hab's gefunden*«, ein Archimedes anekdotisch zugeschriebener Ausruf. Angeblich war er in Kalifornien während des Goldrausches verbreitet, wenn die Mühe der Suche nach goldhaltigen Adern im Fels Erfolg hatte.)

1

Reiseziel Kalifornien

Déjà-vu Phänomen

Wer könnte nicht aus dem Stand und ohne in einem Reiseführer zu blättern, für Kalifornien Wunschziele und -routen nennen? **San Francisco** und **Los Angeles** sowieso, sicher den ***Highway #1*** am Pazifik entlang, die **Nationalparks *Yosemite*** und ***Death Valley*** und – als Abstecher – von vielen auch **Las Vegas**. Und dann wären da noch **San Diego**, vielleicht **Palm Springs** und **Sacramento**, wiewohl jetzt wieder ohne *Arnold Schwarzenegger*, das *Wine Country* ***Napa Valley***, **Monterey** mit **Carmel**, das man allein schon wegen *Clint Eastwood* kennt, und **Santa Barbara**, das sich nach Surfen und *Beach Boys* anhört, und vieles andere mehr.

Weltweit bekanntere touristische Ziele als Kalifornien haben kaum ein Land und kein Staat der USA aufzuweisen, ohne dass dafür eine eigene PR-Abteilung unablässig die Werbetrommel rühren müsste. Kalifornien, seine Cities und Natur sind Ort(e) der Handlung in unzähligen über den Globus verbreiteten Romanen, Filmen und TV-Serien. Von Reisemagazinen voller Hochganzfotos nicht zu reden. Zum sog. »Traumreiseziel« brachte es Kalifornien wohl auch wegen des Déjà-vu-Effekts. Viele möchten das, was sie aus allen Medien bereits kennen und sie – auch emotional – beeindruckt hat, einmal selbst aus der Nähe sehen und erleben.

Sonderfall unter den Reisezielen der Welt

Insofern unterscheidet sich Kalifornien, vor allem das riesige geographische Dreieck zwischen San Francisco, Los Angeles/San Diego und Las Vegas, von fast allen anderen Fernreisezielen. Nur Florida und die Neuengland-Staaten als Ganzes ähneln in dieser Hinsicht Kalifornien, können aber bei weitem nicht mit einer vergleichbaren Vielfalt ungewöhnlich attraktiver Städte und Landschaften aufwarten, schon gar nicht mit einer Glitzermetropole in der Nachbarschaft und als Zugabe auch noch den *Grand Canyon* quasi »um die Ecke«.

Kurz: Im Fall Kalifornien weiß der Leser im voraus weit mehr vom Ziel seiner Reise als sonst. Da muss ein Reiseführer nicht erst lange in einführenden Kapiteln erklären, welche Attraktionen dort warten und was für ein Land, was für Menschen und welche Kulturen. Wichtig ist vielmehr, dass der Leser im Reiseteil an entsprechender Stelle findet, was er sucht und ihn an Kalifornien fasziniert. Es genügt, wenn »reisetechnisch« weniger Bedeutsames, etwa zum Thema »Land und Leute«, in einem – hier abschließenden und »Kalifornien Wissen« genannten – Kapitel nachzuschlagen ist.

Abseits der Hauptpfade

So sehenswert und unverzichtbar die vielbesuchten und spektakulären Ziele auch sein mögen, neben ihnen gibt es eine Fülle weniger bekannter schöner Landstriche, »kleiner« Naturwunder, historischer Stätten und außergewöhnlicher Orte. **Sie machen auch das Reisen zwischen den *Highlights* und abseits der üblichen touristischen Pfade zum Erlebnis**. Die kolossalen klimatischen und topographischen Gegensätze auf manchmal kürzester Distanz tun ein Übriges für unvergessliche Reiseeindrücke.

Vor der Reise

In diesem ersten Kapitel geht es darum, Dinge zu klären und zu vermitteln, die nicht als von vornherein bekannt vorauszusetzen und fürs Reisen von Belang sind, außerdem um den ganzen Strauß der Aspekte und Informationen, die man kennen und berücksichtigen sollte, damit die eigene Reise optimal wird.

Zunächst eine kurze Übersicht über Geographie und Klima Kaliforniens und einige Hinweise zu Flora und Fauna.

1.1 Wichtig zu wissen vor der Reiseplanung

1.1.1 Geographie und Klima Kaliforniens

Die Landschaften Kaliforniens unter touristischen Aspekten

Fläche und Bevölkerung

Wesentliche Daten zur Geographie Kaliforniens stehen bereits im »**Steckbrief**« auf Seite 14. Dort sind die Größenverhältnisse und Besiedelungsdichten in Abhängigkeit von den unterschiedlichen Regionen kurz skizziert. Die ungleichgewichtige Besiedelung des Landes war zunächst die Folge geographischer und klimatischer Gegebenheiten, auch historischer Entwicklungen wie der Errichtung von Missionstationen entlang der Pazifikküste nach Inbesitznahme des heutigen Kaliforniens durch die Spanier, ➢ Seite 456. Das kolossale Städtewachstum im 20. Jahrhundert orientierte sich an den bereits vorhandenen Strukturen und wurde schwerpunktmäßig stark von wirtschaftlichen Faktoren beeinflusst wie etwa der Expansion San Diegos als Folge der Stationierung der US-Pazifikflotte im 2. Weltkrieg (nach dem Debakel von Pearl Harbor im Dezember 1941) und des Aufstiegs von Bakersfield am Rande augedehnter Ölfelder zur kalifornischen *Oil City*.

Pazifikküste/ Highway #101

Die gesamte nordamerikanische Pazifikküste wird beherrscht von der sog. **Küstenkordillere**, einem Gebirgszug, der sich bis hinunter nach Mexiko zieht. Er ist in Kanada noch schroffes Hochgebirge, flacht aber in den USA südlich der Olympic Mountains bald ab. Die von Oregon durch ganz Nordkalifornien laufenden ***Coastal Ranges*** reichen ununterbrochen bis San Francisco und verhinderten durch ihr Heranrücken an die Küste in einigen Bereichen jede Besiedelung. Südlich des *Golden Gate*, der Einfahrt in die San Francisco Bay, setzt sich das Gebirge zunächst weniger ausgeprägt fort und erreicht erst südlich von Monterey wieder mittelgebirgsartige Höhen bis 1.600 m. Die **Santa Lucia Mountains** steigen südlich von Carmel direkt aus dem Wasser auf, sind aber nur bis ca. 30 mi breit. Östlich davon läuft der ***Freeway* #101** als die schnelle Alternative zur kurvenreichen Küstenroute durch ebene Agrarlandschaften.

Highway #1

Der Ruf des ***Highway* #1** als schönster Straße Kaliforniens resultiert aus den **nur rund 100 mi zwischen Carmel und Cambria**. Nördlich und südlich davon gibt es zwar durchaus auch attraktive Verläufe der #1, aber eben nur abschnittsweise.

Pazifikküste/ Südkalifornien

Ab San Simeon/Cambria zieht sich das Bergland langsam zurück. Die Küste ist ab dort leichter zugänglich und beeindruckt im weiteren Verlauf durch länger werdende, südlich von Santa Barbara kaum noch unterbrochene **Strände** bis hinunter nach San Diego.

Das Gebirge lässt erst ab Morro Bay genügend Platz zur Besiedelung der nun flachen oder nur leicht hügeligen Küstenregion und überragt das Hinterland bald bis 30 mi von der Küste entfernt. Im Bereich Los Angeles gibt es mit den **Santa Monica** und **Santa Ana**

Mountains zwar Ausläufer an die Küste, aber die eigentlichen ***Coastal Ranges*** schwingen sich dort zu **Höhen über 3.000 m** auf. Sie bescheren den Stadtbewohnern im Winter Schnee und Skipisten in den nahen **San Gabriel** und **San Bernardino Mountains**. Teilweise noch höher geht's hinauf in den **San Jacinto**, **Santa Rosa** und **Vallecito Mountains** westlich und südlich von Palm Springs in Südkalifornien, nur maximal ca. 60-70 Meilen von der Küste entfernt. Dazwischen liegt ein Gebiet sanfter Berglandschaft mit sommerverbrannter Vegetation. Hindurch führen abseits der breiten *Freeways* trotz der Nähe zu den Ballungszentren erstaunlich verkehrsarme ***Backroads*** auf oft reizvollen Routen (Straßen mit der Kennzeichnung »**S**« vor der Nummer).

Sierra Nevada

Die berühmte **Sierra Nevada** steigt nur etwa 100 mi nördlich von Los Angeles aus der halbwüstenartigen Hochebene zwischen dem Central Valley und der Mojave Desert (➤ rechts) rasch auf Höhen von über 4000 m. Der **Mount Whitney**, mit 4.421 m höchster Berg der kontinentalen USA, liegt nur 200 mi von LA entfernt. Während die Westseite der Sierra über sog. *Foothills* lang ausläuft, fällt das Gebirge an der Ostseite abrupt ab.

Bis auf wenige Passstraßen ist die Sierra Nevada ein unerschlossenes ca. 60-80 Meilen breites Hochgebirge (*Wilderness Area*). Nördlich des Lake Tahoe geht sie in die **Kaskaden** über, dem noch vulkanisch aktiven Teilgebirge der nordamerikanischen Rocky Mountains, das unter wechselnden Namen bis Alaska reicht.

Kalifornische Ebenen

Zwischen den beiden pazifischen Gebirgszügen befindet sich auf den rund 450 mi zwischen Redding/Nordkalifornien und Bakersfield ein Streifen eigentlich kargen bis wüstenartigen Landes wechselnder Breite (50-100 Meilen), das zu den ertragreichsten Obst- und Gemüseanbaugebieten der USA entwickelt wurde. Möglich war dies dank des Schmelzwassers aus der Sierra Nevada, das gleichzeitig für die Fruchtbarkeit der Böden verantwortlich ist. Über Jahrtausende schwemmten die Flüsse Sedimente aus den Bergen über das Tal. Heute ist ihre Kraft durch zahlreiche Staudämme gezähmt, viele ihrer Läufe sind kanalisiert.

Fernblick auf die Spitze des Mount Whitney bei Anfahrt von Lone Pine aus (ab Straße #395)

Sacramento und Central Valley

Die Dämme bilden zwar an sich attraktive Seen; die sind aber oft schon ab Ende August halbleer, manche fallen im Jahresverlauf fast trocken. Oberhalb von Sacramento nennt sich diese Tiefebene **Sacramento Valley**, zwischen Sacramento und Bakersfield spricht man vom **Central Valley**. Sie liegt stellenweise nur wenig über der Höhe des Meeresspiegels bis maximal 150 m über NN.

Touristisch ist in diesem Bereich mit einer Handvoll Ausnahmen (Sacramento, *Pinnacles Nat'l Monument*) nur wenig »zu holen«.

Das Große Becken/ Great Basin

Zwischen den Kaskaden bzw. der Sierra Nevada und den weiter östlichen Gebirgen der Rocky Mountains in Utah und Idaho erstreckt sich das ca. 500.000 km^2 große ***Great Basin***. Es bedeckt nahezu das gesamte Staatsgebiet von Nevada, den Südosten Oregons, den Südwesten Idahos, einen breiten Streifen in Utah und ganz **Südostkalifornien** jenseits der Sierra und der LA von der Wüste trennenden Gebirgszüge (➤ oben). Schon mitten im *Great Basin*, aber teilweise kaum 30 mi von der Sierra entfernt liegt das tief in die Umgebung eingeschnittene **Death Valley** mit dem tiefsten Punkt des Landes (85 m unter NN).

Der größte Teil des *Great Basin* in Kalifornien trägt die Bezeichnung **Mojave Desert**. Dank des Wassers aus dem Stausee Lake Mead und der im *Hoover Dam* erzeugten Elektrizität konnte sich sogar mitten in dieser Wüste unweit der kalifornischen Grenze **Las Vegas** zu einer City mit 1,3 Mio. Einwohnern und weiteren 700.000 im Großraum entfalten.

Mojave Desert

In den Teilregionen des Great Basin gilt im Prinzip für alle einschließlich der Mojave Desert eine weitgehend identische **Kennzeichnung**: trockene und vegetationsarme Hochflächen, die von isolierten Gebirgen und nur nach Niederschlägen Wasser führenden Flusstälern unterbrochen werden.

Innerhalb der Mojave Desert (voller militärischer Sperrzonen für Waffenerprobung und Wüstenmanöver) gibt es neben dem ***Death Valley*** und dem ***Joshua Tree National Park*** auch noch die interessante ***Mojave National Reserve***, ein nationalparkähnliches zu Unrecht touristisch wenig beachtetes Gebiet an der Grenze zu Nevada zwischen den *Interstate Freeways* #5 und #15.

Inseln im Pazifik

Kalifornien vorgelagert sind (von hochgelegenen Aussichtspunkten) in Sichtweite die Gruppe der **Channel Islands** vor Santa Barbara/Ventura und **Catalina Island** und **San Clemente** vor Long Beach. Während die fast unbewohnten naturgeschützten *Channel Islands* einen Nationalpark bilden, der nur mit Ausflugsbooten des *Park Service* begrenzt besucht werden kann (ab 20 mi vom Festland entfernt), ist Santa Catalina ein typisches Wochenendziel. Neben Katamaranfähren aus San Pedro, Long und Huntington Beach steuern dann Hunderte von privaten Yachten die Häfen der Insel zum *High Life* an, vor allem des Hauptortes **Avalon** mit Spielkasino (26 mi ab San Pedro). San Clemente weiter draußen ist unbewohnt. Beiden Inselgruppen ist außer Hinweisen zu den Fähren kein weiterer Raum gewidmet, ➤ Seiten 341 und 399.

Klimainformationen für Reisende

Saison und Klima

Reisen außerhalb der beiden Monate Juli/August sind wegen der Hochsaisonproblematik (➢ Seiten 44+115) schon generell empfehlenswerter, durch Südkalifornen und in den Wüstengebieten immer auch klimatisch eine bessere Idee. Das gilt ebenso für die Pazifikküste zwischen San Francisco und Santa Barbara, die sich im Sommer häufiger als etwa im Herbst nebelverhangen zeigt.

Generell muss man Folgendes wissen:

Pazifikküste nördlich von Santa Barbara

Prinzipiell herrscht an der Küste Zentralkaliforniens ein jahreszeitlich ausgeglichenes **breitengradgemäß** (San Francisco 37°, San Diego 33°, entspricht in etwa Malaga bzw. Casablanca) mildes Meeresklima, das auch im Winter – außer in den Höhen des Küstengebirges – keinen Frost kennt. Der Unterschied zu Mittelmeer und Atlantik ist das kalte Pazifikwasser, das sich selbst im Hochsommer **nördlich Santa Barbara** auf kaum über 15°C erwärmt. Daraus resultiert bei gleichzeitig hoher Sonneneinstrahlung und Hitzeentwicklung im Landesinneren etwa ab Juni der berüchtigte Seenebel nicht nur über dem *Golden Gate* San Franciscos, sondern entlang der gesamten zentralen Küste. Der sog. ***June Gloom*** kann wochenlang anhaltendes, trübes Wetter mit nur gelegentlichen Auflockerungen am Nachmittag mit sich bringen. Nur bei gutem Wetter ist es dort im Sommer angenehm warm. Vergleichsweise bessere Aussichten auf angenehme, sonnige Tage hat man dort im September und Oktober.

Pazifikküste südlich von Santa Barbara

Südlich von Santa Barbara überwiegt das im Sommer sehr, in Frühjahr und Herbst angenehm warme und im Winter milde südkalifornische, dem mediterranen vergleichbare Klima. Auch die **Wassertemperaturen** steigen langsam, erreichen aber erst bei San Diego Sommerwerte über 20°C. Der Seenebel über den Stränden wird seltener, je weiter südlich man kommt.

Sierra Nevada

Dank der *Coastal Ranges* bleibt schlechtes Küstenwetter meist in den Bergen hängen. Zwischen ihnen und den ***Sierra Nevada Foothills*** herrscht in der **zentralkalifornischen Tiefebene** ein trockenes, ganzjährig sonniges Klima. Die **Sierra Nevada** mit einer

Kalter Küstennebel zieht oft aus heiterem Himmel rasch auf; hier südlich von Carmel an der berühmten Bixby Bridge (Highway #1)

Vielzahl von touristischen Zielen vom Lake Tahoe im Norden über die Nationalparks *Yosemite* und *Sequoia/Kings Canyon* bis zum *Sequoia National Monument* ist mit Ausnahme der Wintersportgebiete in der *High Sierra* und an den östlichen Hängen (June Lake/Mammoth Mountain) ein typisches **Sommer- und Herbstreisegebiet**. Denn die Passstraßen über die Sierra (bis auf #50 zum Lake Tahoe alle über 3000 m) sind bis mindestens Ende Mai verschneit. Die Sierra heißt daher nicht zu Unrecht **»Schneegebirge«**. Mit ihrer kolossalen Höhe fängt sie von Westen anziehende Wolken, die das Küstengebirge überwanden und auch im Tal nicht abregneten, zu 90% auf. Kein Wunder also, dass in »guten« Jahren in der Sierra fast 2 m Niederschlag fallen und nicht einmal 20 cm in den wüstenartigen Hochebenen des *Great Basin* weiter östlich.

1

In der Höhe ist es noch im Juni recht kühl. Auch bei bestem Wetter tagsüber ist Nachtfrost selbst im Juli/August dort oben keine Seltenheit. Von Ende Mai bis Oktober braucht man (vor allem östlich der Pässe) aber kaum mit Niederschlag zu rechnen.

Östlich der Sierra Nevada

In den Gebieten östlich der Sierra Nevada zwischen Reno/Lake Tahoe und dem Death Valley entlang der Straße #395 genießt man fast ganzjährig erfreuliches Reisewetter mit geringer »Aussicht« auf Regen, ➤ oben. Je nach Höhenlage schwanken die Temperaturen, erreichen aber nur im Hochsommer nach Abstieg in die Wüste bei Reno bzw. in die *Mojave Desert* schweißtreibende Werte. Auch höhere Temperaturen lassen sich dort wegen der trockenen Luft besser ertragen als im Küstenbereich Südkaliforniens. Zum Sonderfall ***»Death Valley«*** ➤ Seite 294.

Südkalifornien

Der Großraum Los Angeles bis hinunter nach San Diego ist gekennzeichnet durch ein Küstenklima wie oben beschrieben, oft aber selbst unter der in Mai und Juni recht häufigen Bewölkung schwül. Die bis Santa Barbara küstennah aufragenden Berge liegen in Südkalifornien – wie erläutert – weiter zurück, so dass dort das Küstenklima oft noch bis weit ins Inland reicht. Generell aber herrscht landeinwärts westlich der Berge wärmeres und sonnigeres Wetter als am Pazifik. Niederschläge sind dort eher selten.

Mojave Desert

Im riesigen Gebiet der südkalifornischen ***Mojave Desert*** zwischen der mexikanischen Grenze, *Death Valley* und Las Vegas scheint meistens die Sonne. Bewölkung oder gar Regen sind Ausnahmen. Spätestens ab Mai sind Fahrten durch dieses Gebiet nur mit eingeschalteter Klimaanlage zu ertragen. Ab Oktober sind die Temperaturen nach unseren Begriffen sommerlich. Im Dezember und Januar liegen sie tagsüber auch mal unter 20°C, bleiben aber sommerlich warm in tiefer gelegenen Gebieten, speziell im *Death Valley* und im Bereich der *Salton Sea*. Die Monate Februar bis April sind wieder warm wie der Spätherbst.

In Höhenlagen wird's zwischen Oktober und April in der Wüste nachts kalt mit Frost selbst bei Tagestemperaturen über 20°C.

Mikroklimata

Zu dem Mikroklimata einzelner Bereichem, der Nationalparks und großer Cities gibt es in den Reisekapiteln genauere Hinweise.

1.1.2 Zu Flora und Fauna Kaliforniens

Die Artenvielfalt in Kalifornien gilt sowohl in der Pflanzen- als auch Tierwelt als legendär. Wer sich dafür intensiver interessiert, kennt seine Quellen. Unterwegs sind es vor allem die ***State*** und ***National Parks***, die in ihren Besucherzentren mit Publikationen, in Ausstellungen, Videos und Vorträgen über Flora und Fauna des jeweiligen Gebietes informieren.

Hier geht es nur um Hinweise zu Pflanzen/Bäumen und Tieren, die typisch für Kalifornien und unübersehbar sind oder wegen ihres besonderen Charakters sowieso auf der Liste dessen stehen, was man in Kalifornien unbedingt sehen möchte.

Weitere Einzelheiten finden sich dann im Text des Reiseteils an entsprechender Stelle. Zunächst zur Pflanzenwelt:

Wichtige Besonderheiten der Flora

Redwoods und mehr

An erster Stellen seien hier die höchsten Lebewesen der Erde genannt, die ***Coastal Redwoods*** (für Lateiner: ***Sequoia sempervirens***). Einzelne Exemplare bringen es auf über 100 m Höhe. Sie benötigen für ihr Wachstum das neblige Küstenklima des nördlichen Kaliforniens. Im Bereich der in diesem Buch behandelten Gebiete findet man besuchenswerte Bestände außer im oft überlaufenen ***Muir Woods Nat'l Monument*** (➢ Seite 216) vor allem in mehreren *State Parks* nördlich von Santa Cruz, am besten im ***Big Basin Redwood***s und ***Henry Cowell Park***, ➢ Seite 310.

Weiter südich gibt es fast keine *Redwoods* mehr. In den Küstenmischwäldern wachsen dort wie auch weiter oben im Redwoodbereich Douglastannen, Ahorn-, Eichen- und Lorbeerbaumarten.

Giant Sequoia

Im Vergleich zur ***Giant Sequoia*** (*Sequoiadendron giganteum*), die nur in der **Sierra Nevada** vorkommt, wirken alle anderen Bäume gertenschlank, denn sein Durchmesser am Boden überschreitet bei den über 1000jährigen Exemplaren, die 80 m Höhe und mehr erreichen, erstaunliche 11 m. Es gibt noch 75 Haine mit – so heißt es – über 24.000 dieser Mammutbäume. Jede Anfahrt lohnt, um sie sich anzusehen. Die besten Exemplare bieten das ***Sequoia Nat'l Monument***, die Nationalparks ***Sequoia/Kings Canyon*** und ***Yosemite*** sowie der ***Calaveras Big Tree State Park*** in der High Sierra; ➢ Seiten 414, 416f, 272 und 248.

Bristlecone Pine

Eigentlich hätte man hier schon aus Gründen der Ehrfurcht die **Grannenkiefer** an erster Stelle nennen müssen. Denn die ältesten Exemplare haben über 4000 Jahre auf dem zerzausten Buckel. Der Rekordhalter unter allen bekannten ***Bristlecone Pines*** (*Pinus aristata*) war **4844 Jahre alt**. Er wurde im *Great Basin National Park* in Nevada gefunden und zersägt, um die Jahresringe zu zählen, und erhielt posthum den Namen »Prometheus«. Am Leben und zu sehen sind *Bristlecon Pines*, die nur ab etwa 3.000 m Höhe wachsen, in Kalifornien bei **Bishop**, ➢ Seite 288. Indessen sind diese sog. *Methusalehs* »nur« alt, nicht wirklich spektakulär.

California Fan Palm

Palmen unterschiedlichster Art stehen in Südkalifornien überall, auch weiter nördlich hier und dort, aber nicht als Teil der endogenen Pflanzenwelt, sondern importiert.

Interessant ist aber die einzige einheimische Palme, nämlich die **Kalifornische Fächerpalme** bzw. ***California Fan Palm*** (*Washingtonia filifera*), die bis zu 18 m hoch wird mit einer bis zu 5 m weiten Krone. Ihr Aussehen kann erstaunlich unterschiedlich ausfallen. Ältere Exemplaren wirken wegen herunterhängender abgestorbener von Fasern durchsetzter Blätter besonders exotisch. Wenn die Blätter nicht abgenommen werden, bilden sie im Laufe der Jahre eine dichte weit nach unten reichende braune Manschette um den tonnenartigen Stamm. Jüngere Bäume mit entfernten Altblättern wirken wie eine andere Art. Im Internet findet man jede Menge Fotos zu diesen Unterschieden, in der Realität Kaliforniens gibt es sehenswerte Haine mit alten *Fan Palms* besonders im Bereich **Palm Springs und Umgebung**, ➢ Seite 440.

1000 Palms Oasis bei Palm Springs mit alten California Fan Palms

Yuccas/ Joshua Trees

Da sie sich auf dem Weg ins gelobte Land fühlten, benannten einst mormonische »Pioniere« das **größte Yuccagewächs**, auf das sie in der ***Mojave Desert*** stießen, nach dem Propheten *Josua*. Es schien ihnen, als wiese ihnen die Pflanze mit hoch erhobenen Armen den Weg. Damit hatte die *Yucca brevifolia* den Namen ***Joshua Tree*** weg. Die grüngelben Blüten des »Baums« zeichnen sich durch einen eher unangenehmer Duft aus; die braungrünen Früchte fallen bereits im Frühsommer und sind nicht genießbar.

Joshua Trees, die bis zu 13 m hoch werden können, meist aber viel kleiner bleiben, findet man nur in der *Mojave* in Höhenlagen ab 500 m bis 1800 m. Größere Bestände stehen im ***Joshua Tree Nat'l Park*** und in der ***Mojave Nat'l Reserve***, ➢ Seiten 443 und 447.

California Poppy

Im »Steckbrief Kalifornien« (➢ Seite 14) wurde der **Kalifornische Goldmohn** als offizielle Staatsblume bereits erwähnt. Er ist mittlerweile auch anderswo heimisch, stammt aber aus Kalifornien.

Ungemeinen Reiz entfaltet die ***California Poppy*** (*Eschscholzia Californica*) auf riesigen Wildblumenfeldern, wenn zigtausende *Poppys* gelb-rot-gold in der Sonne leuchten wie in der ***Antelope Valley State Reserve*** unweit Los Angeles, ➤ Seite 408 und **Foto unten**. Blütezeit etwa Mitte Februar bis in den Mai hinein.

Wildflowers

Und da hier schon die Rede ist von der Wildblume Goldmohn, sei auch gleich hingewiesen auf die – in guten Jahren – Blütenpracht der **Kakteen** und ***Ocotillos*** und **Wildblumen** aller Art im ***Anza Borrego State Park*** in Südkaliforien, ➤ Seite 487. Dort ist die Blütezeit noch kürzer und dauert von Mitte Februar bis Ende März.

Kalifornische Tierwelt

Situation

Die einst vielfältige und zahlreiche Fauna Nordamerikas wurde vor allem in den Dekaden nach dem Bürgerkrieg stark dezimiert. Einige vom Aussterben bedrohte Tierarten konnten aber nicht nur vorm Verschwinden gerettet werden, sondern ihre Bestände haben sich sogar wieder erholt. Die bekanntesten Fälle sind der ***Fish Otter***, der sich an einigen Stellen an der Pazifikküste (*Point Lobos*, Moss Landing u.a.) wieder in erklecklicher Zahl tummelt, und das Wappentier der USA, der ***Bald Eagle*** (Weißkopf-Seeadler).

Neben Arten, die ebenfalls in Europa beheimatet sind (vor allem Rotwild), sieht man auf Reisen durch Kalifornien in National - forsten und -parks auch eine Reihe von ungewohnten Tieren:

Erdhörnchen und Waschbären

In erster Linie sind dies ***Ground Squirrel*** (Erdhörnchen), Verwandte der in Amerika ebenfalls häufigen ***Squirrels*** (Eichhörn - chen) und ***Racoons*** (Waschbären) mit der »Banditenmaske« über den Augen. Sie gebärden sich auf der Suche nach Essbarem bisweilen als aufdringliche Pucknick- und Campingplatz-Gäste.

Pumas und Wildkatzen

In der Sierra Nevada wie auch in den Höhen der Küstengebirge und den LA-nahen San Gabriel und San Bernhardino Mountains gibt es nach offizieller Schätzung noch 6000-7000 ***Cougars*** (oder

Maskierter Bandit Racoon, ein häufiger Gast auf Camping-plätzen

Mountain Lion), eine zwar scheue und nachtaktive, dennoch nicht ganz ungefährliche Pumaart. Man bekommt sie aber äußerstenfalls auf Höhenwanderungen im Hinterland zu sehen.

Ähnlich rar wie Pumas machen sich auch die kleineren, ihnen ähnlichen ***Bobcats*** (Wildkatzen), die bis in die Wüsten hinein in größerer Zahl vorkommen und auch in gebirgsnahen Siedlungen auf der Suche nach Beute gesehen werden.

In der Wüste

Häufiger sind da schon die kleinen ***Desert Foxes*** mit den großen Ohren (Wüstenfüchse) und ***Coyotes***, die man auf Wanderungen in der Wüste durchaus zu Gesicht bekommt. Dabei sollte man auch achtgeben auf **Schlangen** – sogar hochgiftige ***Rattle Snakes*** (Klapperschlangen) kommen vor –, **Spinnen** und **Skorpione**. Die suchen zwar bei Erschütterungen des Bodens durch menschliche Schritte häufig das Weite, darauf darf man sich aber nicht verlassen.

Schwarzbär

Der als Fotomotiv gesuchte ***Black Bear*** ist in Kalifornien durchaus präsent und macht sich auch schon mal außerhalb seiner Gebirgsreviere über die Mülltonen menschlicher Siedlungen und auf Campingplätzen her. Trotz einschlägiger Warnungen und Belehrungen über das geeignete Verhalten für den Fall des Auftauchens

Bärenmutter und zwei Junge auf der Suche nach Blaubeeren ganze 10 m von der Straße durch den Sequoia National Park entfernt

von Meister Petz in den Nationalparks der Sierra Nevada – was seine häufige Präsenz suggeriert – trifft man auch dort eher selten auf Bären. Außer man wandert ins Hinterland, dort sind die Chancen (oder das Risiko?) besser. Nur so am Straßenrand kommen einem Bären nur mit Glück vor die Kameralinse.

Die Bestände sind immerhin so groß, dass Schwarz- und Braunbären nicht als bedrohte Tierarten gelten. Neben ihrer ohnehin ausgeprägten Scheu ist ein Grund für die »Abwesenheit« von Bären, dass sie bei Gewöhnung an den Aufenthalt in von Menschen frequentierten Gebieten (z.B. Anziehung durch Essensgerüche) als latente Gefahr angesehen werden. Die Forst- und Parkranger sorgen in solchen Fällen für die Verfrachtung allzu zivilisationsnaher Exemplare in entlegene Regionen.

Seehunde, -löwen und -elefanten

Von den trotz der Erholung der Bestände nicht sehr häufig anzutreffenden Fischottern war bereits die Rede. ***Auf größere Strand- und Meeresbewohner wie Seals, Sea Lions*** und ***Sea Elephants*** (**Seehunde, -löwen** und **-elefanten**) stößt man dagegen bei Fahrten entlang der Pazifikküste fast automatisch. Abgesehen von zivilisationsnahen Ruhezonen der Tiere etwa bei der *Pier 39* in San Francisco oder rund um Monterey und Pacific Grove herum, lassen sie sich am besten in der ***Año Nuevo State Reserve***, nördlich Santa Cruz, in der ***Point Lobos Reserve*** bei Carmel, in der ***Piedras Blancas State Marine Reserve*** unweit San Simeon und in **Moss Landing** beobachten, ➤ Seiten 301, 323, 327 und Foto unten.

Wale

Winterurlauber haben in Südkalifornien die Möglichkeit zur **Walbeobachtung**: Zwischen Dezember und März ziehen Grauwale die Pazifikküste in Richtung Mexiko hinunter. ***Whale Watching Tours*** starten dann vor allem in San Diego.

Monarchs

Eine hübsche Besonderheit sind die **Monarchfalter**, die sich für die Zeit von Ende Oktober bis März einige Orte an der Küste als »Winterquartier« aussuchen, u. a. sind das Montereys Stadtteil **Pacific Grove** und **Pismo Beach/Oceano**. Die Schmetterlinge hängen in dieser Zeit pittoresk in dichten Trauben in den Bäumen.

Seelöwen an der Monterey Bay

Schild an der Südeinfahrt in den Sequoia Park

1.1.3 Nationalparks, Nationalforste und State Parks

Begriffe

Wie selbstverständlich war in den vorstehenden Abschnitten bereits mehrfach die Rede von ***National Parks***. Davon hat natürlich jeder potentielle Amerikafahrer eine Vorstellung. Ebensowenig erscheint der Begriff ***National Forest*** erklärungsbedürftig, es handelt sich – wie der Begriff es andeutet – um Wälder unter Verwaltung einer nationalen Forstbehörde.

Unübersehbar sind auf Karten wie unterwegs die ***State Parks***, oft nichts weiter als öffentliche Strände oder – schön gelegene – Picknick- und Campingplätze, manchmal aber so etwas wie »kleine« Nationalparks. Mit dem Zusatz »***Reserve***« werden sie zu explizit ausgewiesenen Naturschutzgebieten mit begrenztem Zugang.

National Parks und weitere Gebiete unter nationaler Aufsicht

National Park Service
www.nps.gov

Die Schaffung der amerikanischen Nationalparks basiert auf dem Gedanken, außergewöhnliche Landschaften, Naturwunder und bedeutsame historische Stätten vor Zerstörung und kommerzieller Ausbeutung zu bewahren und gleichzeitig den Bürgern des Landes den (kontrollierten) Zugang zu ermöglichen. Bereits seit 1916 setzt der ***National Park Service*** die Nationalparkidee in vorbildlicher und weltweit nachgeahmter Weise in die Praxis um.

Dem *Park Service* unterstehen aber nicht nur die als solche deklarierten Nationalparks, sondern zusätzlich eine Vielzahl von *National Monuments, National Historic Sites, National Recreation Areas* und *National Lake- and Seashores.*

National Parks

Die Nationalparks umfassen größere Gebiete, in denen die Besucher neben herausragenden natürlichen Sehenswürdigkeiten auch einsames Hinterland finden. Sie sind Besichtigungs- und Ferienziel zugleich. In manchen Parks lassen sich ohne weiteres mehrere Tage, und mit parkbezogenen Aktivitäten sogar Wochen abwechslungsreich gestalten.

Im hier behandelten Süd- und Zentralkalifornien gibt es sechs ausgewiesene **Nationalparks: *Channel Islands, Death Valley, Kings Canyon, Joshua Tree, Sequoia*** und ***Yosemite***. Abstecher führen auch noch zu den Parks ***Bryce Canyon, Grand Canyon*** und ***Zion***.

National Monuments/ Historic Sites

In den strenger thematisch (Flora und Fauna, Geologie o.ä) ausgerichteten und meist kleineren ***National Monuments*** steht die einzelne Attraktion im Vordergrund. Im Bereich dieses Buches sind im wesentlichen drei Nationalmonumente (***Muir Woods, Pinnacles*** und ***Sequoia*** in der Nähe des gleichnamigen Nationalparks) touristisch relevant. Speziell Kalifornien verfügt außerdem über zahlreiche ***National Historic Sites***, in denen historische Bauwerke und geschichtlich bedeutsame Stätten gepflegt werden; vor allem sind das die **Missionsstationen** aus spanischer Zeit.

National Recreation Areas

Der Begriff »Nationale Erholungsgebiete« bezieht sich vornehmlich auf Landschaften, die sich für Aktivitäten und *Outdoor Fun* eignen, wegen ihrer Attraktivität aber ohne die Kontrolle des Staates lange ein Opfer der Spekulation geworden wären, so etwa die ***Golden Gate NRA*** rund um San Franciscos City, ➤ Seite 203.

National Lake- and Seashores

Die **Nationalküsten** an den Ozeanen und Großen Seen dienen ebenfalls Erholung und Freizeit. In ihnen wird der Naturschutz stärker betont. In Kalifornien gibt es in dieser Kategorie nur die ***Point Reyes National Seashore*** nördlich von San Francisco.

Verkehrsmäßige Anbindung der Parks

Die meisten Parks und Monumente sind ohne individuelles Fahrzeug nur schlecht zu erreichen, da sie abseits der Busnetze und der Schienen liegen. Zubringerbusse zwischen wichtigeren Parks und den nächsten großen Ort sind bei geringer Frequenz teuer.

Eintritt

Die meisten Einrichtungen des Nationalpark-Systems kosten **Eintritt**, und zwar **bis $25 für eine private (!) Wagenladung** (Pkw/ Kleinbus bis 6 Personen, max. 4 Erwachsene). Die Mehrheit der Nationalparks und -monumente erhebt $3-$15. Radfahrer, Wanderer oder Busreisende müssen $1-$10 pro Person entrichten.

Interagency Annual Pass

Seit einigen Jahren gibt es den ***America the Beautiful Annual Pass***, der nun **für alle Einrichtungen des Nationalparksystems und alle *Federal Recreational Lands*** gilt. Ohne diesen offiziell auch als »***Interagency Annual Pass***« bezeichneten Plastikausweis **im Scheckkartenformat** sollte niemand unterwegs sein, der mehr als nur ein paar Tage seiner Reise den Naturschönheiten der USA widmen möchte. Der Pass macht sich in kurzer Zeit bezahlt und erspart mit Sicherheit Frustration unterwegs.

Nutzung des Passes

Denn der ***National Forest Service***, der die riesigen Nationalforste der USA verwaltet (➤ übernächste Seite), das ***Bureau of Land Management***, eine für viele andere Ländereien (speziell Wüstengebiete) verantwortliche Organisation, das ***Corps of Engineers***, die Pioniere der US-Armee in Verantwortung vieler Stauseen, und weitere Bundesbehörden erheben auf den von ihnen betreuten Arealen Nutzungsgebühren. Wer also wandern oder einen

Picknickplatz benutzen, sein Schlauchboot zu Wasser lassen oder mit dem Quad (ATV=*All Terrain Vehicle*) durch die Wüste brausen will, wird an entsprechenden Stellen zur Kasse gebeten. An Ausgangspunkten für Wanderungen etc. stehen unübersehbare **Gebührentafeln** mit Hinweisen, wo Parkausweise zu erstehen sind (selten unter $5/Tag bzw. Einmalnutzung und oft genug meilenweit weit weg) samt Strafandrohung für Gebührenpreller.

Erwerb

Der ***Interagency Pass*** **kostet $80** und ist wie früher der *National Parks Pass* ein Jahr lang gültig. Man kann ihn in allen Einrichtungen des Systems kaufen, am besten beim ersten Besuch eines Nationalparks oder in einem Büro der anderen sog. *Agencies,* die man unweigerlich irgendwo passiert. Der Pass kann auch im Internet erworben werden (www.store.usgs.gov/pass).

Weitere Details

Mit dem Pass erhält man einen sog. ***Hangtag***, der am Innenspiegel des Autos befestigt wird, wenn man eine nicht personell besetzte Einrichtung nutzt (vor allem *Picnic Areas* und Parkplätze von Freizeiteinrichtungen und *Trailheads*). Ein Fragenkatalog mit Antworten steht unter www.store.usgs.gov/pass/annual.html.

Information vor Ort

Im Eintritt eingeschlossen ist überall ein Faltblatt mit Karte des Parks/Monuments und Basisinformationen zu Geschichte, Entstehung und spezifischen Einzelheiten. Nie fehlen ***Visitor Center***, die fast immer eindrucksvoll durch Schaubilder und Ausstellungen mit den Eigenarten des Parks vertraut machen. In den stärker besuchten Parks gehören Filme/Videos oder Multivisionsshows zum Standardprogramm der Besucherzentren. **Informationsmaterial in deutscher und anderen wichtigen Sprachen** gibt es in den von Ausländern häufig frequentierten Parks.

Im Bryce Canyon National Park

Ranger

Wo Campingplätze existieren (in der Mehrheit der Nationalparkeinrichtungen, ➤ Seite 120), werden während der Saison durchweg Abendprogramme (*Campfire Programs*) mit Lichtbildervorträgen oder Filmen angeboten. Zuständig dafür sind die ***Parkranger***, sowohl Aufsichtspersonen mit Polizeibefugnis als auch Spezialisten für Natur und Geschichte ihres Einsatzbereichs.

Saison

Die Nationalparks in Kalifornien weisen während der jeweiligen **Hauptsaison** (*Death Valley* im Winter) **sehr hohe Besucherzahlen** auf. Auf Übernachtungen in Unterkünften in den Parks *Yosemite* und *Sequoia/Kings Canyon* sollte man ohne Reservierung zwischen Mai und September nicht spekulieren (im *Death Valley* November bis Mai). Sie sind lange im voraus ausgebucht, ➤ Seite 44f. Beim Campen ist die Situation ähnlich. Details im Reiseteil.

National Forests www.fs.fed.us

Landschaftliche Attraktivität und unberührte Natur findet man nicht nur in Nationalparks, sondern auch in den riesigen **Nationalforsten** Kaliforniens. Das Gros der Gebirgsregionen des Staates steht faktisch unter Verwaltung der Bundesforstbehörde. In der Sierra Nevada setzen sich typische landschaftliche Merkmale der *National Parks* in den umgebenden ***National Forests*** fort.

Sie sind vor allem in der Hochsaison Geheimtipp für alle, die sich gerne auch abseits der Haupt-Besucherströme halten möchten. Die meisten Routen durch Nationalforste erfreuen fast immer mit schöner Streckenführung (z.B. in der *High Sierra*) und geringer Verkehrsdichte, soweit sie nicht gleichzeitig als Zufahrt zu bekannteren touristischen Zielen wie den Nationalparks dienen. Und auch in Kalifornien verfügen die Nationalforste über zahlreiche hervorragend angelegte **Campingplätze**, ➤ Seiten 120f.

State Parks www.parks.ca.gov www.ohranger.com/state/california

Ungewöhnliche geologische Formationen, historisch interessante Stätten und sehenswerte und für Freizeitaktivitäten geeignete Landschaften befinden sich nicht nur auf Bundesland, sondern auch auf Grundbesitz der Einzelstaaten. In Kalifornien gibt es auf Staatsland besonders viele *State Parks*. Eine entsprechende Markierung auf der Karte signalisiert generell das Vorhandensein einer gepflegten öffentlichen Anlage mit ***Picnic Area,*** oft eines **Besucherzentrums** und in vielen Fällen auch mit ***Campingplätzen***, ➤ Seite 120.

Oft findet man auch Spielplätze, Joggingpfade, Badestrände und Bootsanleger in den Parks. Sofern es sich nicht um reine Rastplätze oder nur Strandzugänge handelt, kosten *State Parks* bis $10 **Eintritt** auch für den sog. ***Day Use*** (Tagsüber-Nutzung).

Limantour Beach in der Point Reyes National Sea Shore; wie so viele der schönsten Ziele in Kalifornien ist sie ohne fahrbaren Untersatz nicht zu erreichen.

1.2 Die individuelle Kalifornienreise

1.2.1 Vorüberlegungen

Individuelles Reisen und Pauschalreise

Pauschalreisen

Von preisgünstigen Gruppenreisen für junge Leute im Kleinbus mit eigenhändigem Zeltaufbau bis zu teuren Weinreisen oder Trips für Motorradfans per Harley Daidson finden sich im Internet und in Katalogen der Veranstalter jede Menge Pauschalarrangements für Reisen durch Kalifornien und darüber hinaus.

Busreisen

Das Gros der Angebote bezieht sich auf **Rundreisen in Bussen aller Größen mit Hotelübernachtung**. Auf den meisten davon werden erstaunliche Strecken bewältigt und eine Vielzahl von Städten, Parks und Sehenswürdigkeiten angelaufen, oft verbunden mit knapp bemessenen Besichtigungszeiten und täglich sieben, acht und mehr reinen Fahrstunden. Wegen der dabei überwiegend üblichen gehobenen Unterkunftskategorie und der Reiseleitung sind Busreisen relativ kostspielig.

Vorab festgelegte Pkw-Rundreisen

Zu den von fast allen USA-Veranstaltern angebotenen Pauschalprogrammen gehören auch **Pkw-Rundreisen** mit vorreservierten Quartieren auf einer festgelegten oder selbst zusammengestellten Route. Sie wirken und sind bei eigener Routenplanung individueller als Busreisen, lassen aber beide für unterwegs aufkommende Änderungswünsche und -notwendigkeiten – etwa bei ungünstigem Wetter auf der an sich geplanten Route – keinen oder nur teuren Spielraum.

Durch die Vorabfestlegung der Tagesetappen wird ein großer Teil der an sich mit dem Mietwagen verbundenen Flexibilität von vornherein aufgegeben, andererseits profitiert man von der vorab gelösten Quartierfrage und verliert keine Zeit mit leidigen Diskussionen über die Tagesetappe und/oder die Unterkunftswahl. Beides kann unterwegs nervig sein, besonders in stark besuchten Bereichen, wenn bei zu später Ankunft und versäumter Reservierung auch schon mal alles ausgebucht sein kann.

Individuell reisen

Dennoch sollte immer überlegt werden, ob nicht individuelle Reisen ohne allzu viele Vorabfestlegungen ein Unterwegserlebnis ermöglichen, das den persönlichen Erwartungen und ggf. erst während der Reise auftauchenden Anregungen und Ideen letztlich am besten entspricht. Tatsächlich ist ein nicht hoch genug zu bewertender **Vorteil der Individualreise**, dass Reiserouten, Reisezeiten und Zwischenaufenthalte frei bestimmt und jederzeit nach Inspiration, Lust und Laune geändert und den aktuellen klimatischen Gegebenheiten angepasst werden können.

Die dichte touristische Infrastruktur der USA, ganz besonders in Kalifornien, macht diese Art des unabhängigen und flexiblen Reisens obendrein einfacher als in den meisten Ländern Europas.

Präferenz Auto

Für individuelle USA-Reisen gibt es zum »eigenen« Fahrzeug keine echte Alternative. Neben der hohen Flexibilität bei der Reisegestaltung ist vor allem von Bedeutung, dass **die meisten Sehenswürdigkeiten und Naturschönheiten abseits der Städte ohne Auto gar nicht oder nur unter Schwierigkeiten zu erreichen sind**.

Übernachtung

Ohne die durchs Auto gegebene Bewegungsfreiheit ist die **Lösung der täglichen Übernachtungsfrage** obendrein oft mühsam und leicht kostspieliger als erwünscht, gleich, ob man Hotel, Motel, *Bed&Breakfast, Hostel* oder einen Campingplatz sucht.

Camping erwägen

Apropos Camping: Für eine Reise durch Kalifornien und Umfeld, die sich nicht überwiegend auf die Städte konzentriert, sollte das Campen auch in Betracht ziehen, wer damit sonst wenig im Sinn hat, ➢ im Detail ab Seite 118. Am Lagerfeuer in einer sternklaren Nacht in der Sierra Nevada, unter Sequoias oder in einem Küstenpark am Pazifik wird kaum jemand mit dem Hotelzimmer tauschen mögen, gleichgültig ob im Camper oder Zelt.

Motel, aber das Zelt im Kofferraum

Es muss ja auch nicht die totale Entscheidung fürs Campen sein. Wer in Städten, bei ungünstiger Witterung oder im Falle besonders attraktiver Hotels aus gutem Grund das bequeme Zimmer vorzieht, eröffnet sich mit Zelt und Schlafsack im Kofferraum zusätzliche und obendrein kostensparende Möglichkeiten. Die sonst noch nötige Ausrüstung – ein bisschen Geschirr und Besteck ggf. aus Plastik, *Coolbox* und vielleicht einen Campingkocher – hat für Selbstverpflegung und Picknick oft sowieso an Bord, wer mit dem Auto fährt. Sie ist in den USA in den überall an den Ausfallstraßen vorhandenen Discount-Kaufhäusern wie ***K-Mart***, ***Wal Mart***, ***Target*** etc. sehr preiswert zu erstehen.

Selbst bei an sich klarer Präferenz fürs Hotelbett kann die Campingausrüstung im Kofferraum nicht schaden, die mitzunehmen bei heute nur noch 23 kg Freigepäck/Person zwar leicht Kosten verursacht, aber sich ggf. vor Ort noch preiswert beschaffen lässt, ➢ Foto rechts und Seite 87. Man hat damit sein Ausweichquartier dabei, falls es mit der Unterkunft mal nicht klappt oder dort, wo man gern länger verweilen würde, ein bequemes Bett weder vorhanden ist noch in die Landschaft passt.

1.2.2 Transport und Übernachtung

Miet-Pkw und Zelt

Kostenvorteil

Unter dem Aspekt der **Kostenminimierung** ist die Kombination Pkw und Zelt-Camping ab zwei Personen im Auto selbst dann unschlagbar, wenn ab und zu mal ein Motel aufgesucht wird, ➤ Seite 77f und eine Liste der für eine solche Reise nützlichen Utensilien zum Mitnehmen auf Seite 87.

Nachteile

Die grundsätzlichen **Nachteile** des Zeltens müssen hier nicht erörtert werden; bekanntermaßen handelt es sich in erster Linie um Komfortmängel, speziell bei Regen. In Kalifornien sind außerdem die **Höhenlagen einiger Reiseziele ein ungemütlicher Aspekt**. Mitten im Sommer können in 2.000 m Höhe selbst bei tagsüber angenehmen Temperaturen Nachtfröste eintreten. Und bis Mai/ab September wird es nach Sonnenuntergang über 1000 m Höhe immer empfindlich kühl.

Camping utensilien sind in den USA bei Wal- und K-Mart oder Target billig: Schlafsack ab ca. $20; einflammiger Gaskocher ca. $20; Luftmatraze $20, 12V-Pumpe $15; Kaufhauszelt aus der Heimat ab €39; in den USA ab $50

Campmobil

Vorzüge

Unbilden der Witterung lassen Campmobilfahrer dagegen kalt. Sie sitzen trocken und warm. Der für Campfahrzeuge typische Komfort (Küche, Wohn- und Schlafzimmer in einem, Toilette und ggf. Dusche), der bis zu eigenem Generator, Mikrowelle und Satelliten-TV reicht, bedarf keiner detaillierten Aufzählung.

Die Handhabung von Campmobilen erfordert auf normalen Straßen keine besondere Übung, lediglich eine kurze Eingewöhnungszeit, soweit man sich mit einem Modell begnügt, das nicht wesentlich über 22 Fuß (6,60 m) Länge hat. Für 2-3 Personen bietet diese Größe immer ausreichend Platz, auch für Eltern mit zwei kleineren Kindern. Neben der eingebauten Bequemlichkeit ist ein entscheidender Vorteil des Campers gegenüber anderen Reisealternativen der Entfall des täglichen Kofferpackens und immer wieder neuen Verstauens der Siebensachen, gegenüber dem Zelt auch noch des Auf- und Abbaus.

Campmobil 27 Fuß auf dem Campground des Refugio Beach State Park nur 30 m vom Strand entfernt

Nachteile

Nun besitzen Camper auch Nachteile. Obwohl oben und von den Vermietern die Handhabung der Fahrzeuge als einfach dargestellt wird, sind die erheblichen Ausmaße der großen Modelle (**über 25 Fuß Länge**) mit enormen Hecküberhängen durchaus nicht immer unproblematisch. Abgesehen davon, dass man mit Ausnahme von 17-19 Fuß-*Vans* mit Campmobilen im Stadtverkehr keine Freude hat, wird es bei großen Modellen auch beim Rangieren auf Campingplätzen, Parken vorm Supermarkt und auf kleineren, oft reizvollen Straßen auch schon mal schweißtreibend eng. Verfahren sollte man sich lieber selten, denn ein geeigneter Wendeplatz kommt meist gerade dann nicht in Sicht, wenn er dringend benötigt wird. Stressfrei fährt sich ein *Full-Size Motorhome* nur geradeaus auf gut ausgebauten Straßen und Autobahnen.

Technik und Wartung

Ein Reisemobil ist auch **nicht in jeder Beziehung bequem**. Damit alles funktioniert, sind bei den Komfortmodellen Schläuche und Kabel zu entrollen, festzumachen und wieder einzupacken. Die Frischwasser- und Abwassertanks wollen kontrolliert, aufgefüllt bzw. abgelassen werden, um sicherzustellen, dass unterwegs oder auf nicht so gut versorgten Plätzen der eingebaute und mitbezahlte Luxus genossen werden kann. Auch die Strom- und Gasversorgung an Bord bedarf gelegentlicher Kontrolle. Und nicht nur die **technische Checkliste**, ebenfalls der **Einkaufszettel** wird besser sauber abgearbeitet. Einmal am Campingplatz voll angeschlossen, darf nichts fehlen. Denn dann noch 'mal wieder los ...?

Kosten

Leider gelten von Mitte Mai bis Mitte Oktober **hohe bis sehr Miettarife**, die vor allem in der Hochsaison leicht zu Urlaubskosten über denen einer Reise mit Pkw und gehobener Hotelübernachtung führen können, ➤ Seite 79.

Abwägen

Abseits von Kostenaspekten ist der Camper optimal für Rundreisen, wenn vor allem Landschaft und Natur Kaliforniens, speziell der Besuch von Nationalparks im Vordergrund stehen. Die Entscheidung für ein Campmobil ist dann letztlich eine Frage der Abwägung: Wieviel Mehrkosten sind mir ggf. die Campervorteile gegenüber anderen Alternativen wert?

Camper oder Pkw/Zelt?

Kosten-vergleich

Bei der persönlichen **Bewertung des Campers** kommt es – wie gesagt – darauf an, wie man dessen Vor- und Nachteile im Verhältnis zu den hohen Mietkosten gewichtet. Manche Leute reduzieren die Kosten, indem sie ein größeres Fahrzeug durch zwei Parteien teilen. Das macht ökonomisch Sinn, da die Groß-Camper nicht wesentlich teurer als kleinere Modelle sind, führt aber sicher nicht immer nur zu ungetrübter Ferienfreude. Potentielle Campermieter, die vor den Kosten zurückschrecken, sollten zunächst intensiv **Preise vergleichen** und ggf. ein Ausweichen in die Nebensaison erwägen oder über die alternativen Angebote der Firmen ***Jucy*** und ***Escape*** nachdenken, ➤ Seiten 67 und 68.

Mietwagen und Zelt

Die zweifelsfrei **sparsamste Alternative** (➤ oben) ist ein **Pkw mit Zeltausrüstung,** die man mitbringt oder in den USA zu geringen Kosten komplettiert. Wer es bequemer haben möchte, mietet einen **SUV** mit höherer Sitzposition, der bis zu 3 Personen mit Campinggepäck reichlich Platz bietet (inkl. Vollkasko bei deutschen Veranstaltern ab wenig über €200 pro Woche). Wie oben erwähnt, muss man nicht unbedingt jede Nacht auf dem Zeltplatz verbringen, sondern kann bei Gelegenheit und schlechtem Wetter im Motel übernachten und dennoch preiswert reisen.

Carcamping, der SUV als Nachtquartier

Eine eher für junge Leute in Frage kommende Variante ist das Übernachten im Auto. Voraussetzung dafür sind die Miete eines ***Full Size SUV*** (denn die meisten *Midsize SUVs* sind zumindest für 2 Personen zu kurz), Schlafsäcke und Isomatten bzw. Luftmatratzen. Nach Umlegen der Rückbank zu einer möglichst ebenen Fläche steht ein enges Nachtquartier zur Verfügung. Preiswerte oder sogar Gratis-Campplätze für diesen Zweck finden sich vor allem in Nationalforsten oder in BLM-Gebieten, ➤ Seiten 120f.

Derart spart man die Mitnahme/ den Kauf eines Zelts, kann abends bei Kälte vor dem Schlafengehen noch mal kurz einheizen und ist vor »Getier« auch noch sicherer als im Zelt.

Miet-Pkw und Hotel/Motel

Sofern man nicht überwiegend in besonders teuren Quartieren absteigt, kostet eine Pkw-Rundreise selbst bei ausschließlicher Übernachtung im H/Motel nur in den Monaten Juli und August klar weniger als eine Reise im – und das ist wichtig – **frühzeitig gebuchten** Campmobil, ➢ Seite 79f.

Nachteilig und zu bedenken ist aber Folgendes:

Sondersituation USA

Hierzulande kann man in Dörfern und Städten nach Ankunft Bummeln gehen und schon mal ein für den Abend in Frage kommendes Restaurant oder die Kneipenszene »ausgucken«. In den USA ist das mit Ausnahme der Großstädte und weniger touristischer Brennpunkte selten möglich. Spätestens nach Einbruch der Dunkelheit sind die Zentren vieler Orte (sofern überhaupt vorhanden!) faktisch wie ausgestorben, bisweilen gefährlich. Los ist vielleicht noch ein bisschen in der nächsten *Shopping Mall* (bis maximal 21 Uhr), später nur vereinzelt und ausnahmsweise in bestimmten – verstreut liegenden – Lokalen.

Diese Nachteile schlagen im Frühjahr und Herbst, wenn es früher dunkel wird, noch stärker zu Buche.

Abends im Motel/Hotel

Erreichen lässt sich alles ohnehin nur mit dem Auto. Als Übernachter wird man oft irgendwo in der Nähe seiner Unterkunft landen, z.B. in einem der Kettenrestaurants an den Ausfallstraßen, und sich danach mangels besserer Zerstreuungsmöglichkeiten vorm Fernseher wiederfinden. Die (nicht überall vorhandene) Alternative zu Unter- bis Mittelklasse-Motels sind **teure, höherklassige Hotels**, die *Coffee Shop,* Restaurant und Bar, häufiger auch einen *Indoor-Pool* und ein bisschen Abendunterhaltung unter einem Dach bieten.

Bessere Hotels

Wer überwiegend bessere Hotels ($150 und mehr) bucht, reist in den USA eher günstiger als bei identischem Verhalten in Europa. Bei »richtiger« Routen- und Quartierwahl lassen sich in Kalifornien und in den Spielerhochburgen Nevadas abwechslungsreiche und angenehme Wochen verbringen. Voraussetzung ist dabei, dass die Höhe der Kosten keine besondere Rolle spielen sollte.

Kontakte

Kontakte zu anderen Reisenden ergeben sich in Motels und Hotels selten, weil man als Gast ziemlich isoliert ist. Camper, junge Leute und alle anderen, die in ***Hostels*** oder anderen **alternativen Quartieren** absteigen, ➢ Seiten 117f, haben es da leichter.

Typisches Billigmotel. In solchen Häusern kommt man oft noch für $50 und weniger unter

Greyhound Langstrecken-Standardbus, der zur Zeit gegen modernere Modelle mit Steckdose und Wifi an jedem Platz ersetzt wird

Bus und Eisenbahn

Eignung

Die starke Favorisierung der Autoren für die Amerikareise weist bereits darauf hin, dass andere Verkehrsmittel weniger geeignet erscheinen. Tatsächlich ist das **öffentliche Verkehrssystem** in den USA bei weitem nicht so flächendeckend wie in Europa und auch **in Kalifornien dünn**. Dort, wo Bus oder Eisenbahn existieren, liegt die Verkehrsfrequenz niedrig.

Greyhound

Die fast monopolistische Fernbuslinie ***Greyhound*** hat den Verkauf von Netzkarten, für die sie einst bei jungen Reisenden über Dekaden populär wurde, gegen Ende 2012 endgültig eingestellt (zu Details und Ticketkauf heute ➤ Seite 80). Wer dennoch an den Bus als Transportmittel denkt, muss Folgendes wissen:

Übernachtung

Haltestellen gibt es nur in Ortschaften von bestimmter Größe an aufwärts. Das hat den Vorteil schneller Reisezeiten mit wenigen Zwischenstopps, bietet aber dem Passagier kaum eine Möglichkeit zu spontanen Entschlüssen. Bei Langstrecken ist oft keine direkte Fahrt ohne Umsteigen möglich. Dann sind Wartezeiten durchaus schon mal morgens zwischen zwei und sechs Uhr fällig, manchmal in Busbahnhöfen in eher kritischen Ortsbereichen.

Abseits gelegene *National* und *State Parks* (das sind genaugenommen alle) und andere lohnenswerte Ziele mit dem Bus zu erreichen, stößt oft auf Schwierigkeiten. Wegen des unzureichend ausgebauten, teilweise nicht vorhandenen Nahverkehrs ist **Camping für Busreisende schwer realisierbar**, es sei denn unter Inkaufnahme von langen Fußmärschen und/oder hohen Taxikosten. Frustration bleibt nicht aus, wenn das einzige *Hostel* weit und breit kein Bett mehr frei hat und das einfache Stadthotel in der Nähe des *Bus Terminal* $89+*tax* für ein schäbiges Zimmer fordert.

Unterwegs-Kontakte

Wer Kontakt zu Amerikanern sucht, sollte bedenken, dass Reisen im *Greyhound* sich dazu nur bedingt eignet. Im wesentlichen ist der Bus ein Transportmittel für weniger Betuchte und von Randgruppen. Wer es sich in den USA irgend leisten kann, fliegt oder benutzt sein eigenes oder gemietetes Auto.

Auf einer Reise im Bus wird man Seiten Kaliforniens kennenlernen, die dem Auto-Urlauber großenteils verborgen bleiben.

Green Tortoise

Für junge Leute und manche Junggebliebene bietet die Firma ***Green Tortoise*** als überlegenswerte Alternative zu Linienbussen Rundfahrten durch Kalifornien und die Südweststaaten mit internationalen Passagieren. Mehr dazu auf der Seite 81.

Eisenbahn/ Amtrak

Genausowenig wie mit dem *Greyhound* erreicht man in ***Amtrak Passenger Trains*** Nationalparks und das Gros sonstiger kalifornischer Sehenswürdigkeiten. Immerhin gibt es von einigen Stationen Buszubringer zu Nationalparks und weiteren Zielen; mehr dazu auf Seite 81f.

Radfahren in Kalifornien

Thomas Schröder www.bikeamerica.de

California – bevölkerungsreichster Staat der USA, Megastädte – und das per Rad? Aber ja! Seit zu Anfang der 1970er-Jahre ein paar Freaks um *Gary Fisher* und *Tom Breeze* mit ihren alten *Schwinn Clunkers* die Hänge des Mt. Tamalpais droben im Marin County hinunterheizten und damit den Mountainbike Boom kreierten nahm eine weltweite Fahrrad-Welle ihren Lauf. Gerade in Kalifornien sind Fahrräder längst mehr als nur Hobby und Zeitvertreib, nämlich breit akzeptierte Verkehrsmittel. Fortschrittliche Unternehmen wie *Google*, aber auch Kommunen fördern *Bicycle Commuter* (Fahrradpendler). Im Bereich LA und im Silicon Valley sieht man außer den rennsportlich gestylten Sunnyboys längst auch Manager, die mit Top-Maschinen ins Büro biken; und selbst die Polizei jagt in manchen Städten mit dem Bike Gesetzesbrechern hinterher.

Ein gut ausgebautes **Radwegenetz** führt mittlerweile durch ganz Kalifornien, und auch in den Großstädten werden immer mehr ***Bike Lanes*** und ***Bike Paths*** eingerichtet. Gute Voraussetzungen also für alle, die sich Kalifornien (auch) per Rad erschließen möchten, sei es auf **Kurztrips** in den Ballungsräumen oder auf einer **Rundtour** mit Gepäck. So ist etwa die ***Pacific Coast Bicycle Route*** (sie durchmisst ganz Kalifornien und orientiert sich weitgehend am Verlauf des Highway #1) die mit Abstand beliebteste Fernradstrecke der USA, auch der ***Pacific Crest Bicycle Trail*** durch das bergige Landesinnere zieht jährlich Tausende von Tourenradlern an. Dazwischen gibt es jede Menge Querverbindungen, und selbst die trockenheißen Gebiete jenseits der Sierra Nevada sind längst kein radlerisches Niemandsland mehr.

Zur genaueren **Info und Vorplanung** gibt es etliche **Guidebooks**, für die Küstentour etwa ***Bicycling The Pacific Coast*** von *Tom Kirkendall* und *Vicky Spring*, erhältlich auch in Deutschland über große Buchhandlungen und Versandbuchhändler. Eine gute Auswahl an Radführern haben *Pete & Ed Books* im Programm (www.peteandedbooks.com, »*Bicycles*« und »*Southwest*« anklicken). Wer öfter in den USA radeln will, sollte sich überlegen, der ***Adventure Cycling Association*** (www.adventurecycling.org) beizutreten. Diese mit Abstand größte Organisation für Freizeitradler in den Staaten hat ein riesiges Netzwerk von ruhigen Rad(neben)straßen, *MTB-Trails* und weiteren Radrouten auch für Kalifornien kartografiert und mit *GPS-Waypoints* versehen, darunter alle wichtigen Fernwege. Sie bietet in ihrem ***Cyclosource Catalogue*** Bücher und Karten mit einem ordentlichen Mitglieder-Rabatt an. Dazu gibt es das Heft ***Cyclists' Yellow Pages***, das alles listet, was für Radfahrer irgendwie relevant ist, als da sind *Bike Shops*, Kartenläden, kommunale Info-Stellen, Ausrüstung, Radclubs und Infos zum gesamten *Bike Route System* der USA.

Für die Vorplanung einer individuellen Route ist natürlich auch der sehr detaillierte ***California Atlas and Gazetteer*** von *DeLorme Mapping* gut geeignet – in ihm sind auch Radfahr-Routen, *Campgrounds*, *Outdoor Recreation Facilities*, schöne Wegstrecken, Trails, historische Punkte und vieles mehr aufgeführt. Auch digital für GPS (www.delorme.com); apropos **GPS:** Kostenlose Garmin-taugliche Straßenkarten in recht guter Qualität gibt's bei www.mapsntrails.com/de. Auf www.bikely.com sind besonders viele Strecken für Kalifornien dokumentiert, z. B. die gesamte Küstenroute mit GPS-Daten und Karten. Eine Fundgrube für *California Cyclists* ist auch www.gpsies.com.

Weitere Infos: Wie jeder andere US-Bundesstaat hat auch Kalifornien seinen ***State Bicycle Coordinator*** des *Department of Transportation* (DOT), der Straßenverkehrsbehörde: www.dot.ca.gov/hq/tpp/offices/bike/contacts.html. Dort erhält man Auskunft über lohnenswerte Strecken, Ziele und weitere für Radfahrer wichtige Dinge. Auf der Website gibt es auch eine gute Linkliste und herunterladbare *Bike Maps*. Wer gerne in Gruppen radelt oder an Events teilnimmt, wird im ***Bike Calendar*** fündig. Dort sind ständig 300 bis 500 Radausfahrten gesammelt, übersichtlich sortiert nach Datum: www.bikecal.com.

Eine rührige Alltagsradler-Vereinigung ist die ***San Francisco Bicycle Coalition***. Auf ihrer Website www.sfbike.org gibt es u.a. ein Verzeichnis der *Bike Shops*, der Radausfahrten und Radclubs in der Bay Area. Eher für MTBler interessant ist The ***Bay's Best Bike Rides*** (www.bayinsider.com/recreation/ guides/biking) mit guten Streckenbeschreibungen (*Mileage Log*, Höhenprofil, Topo-Karten usw). Im Linkverzeichnis kann man gleichfalls *Bike Shops*, Radclubs u. a. m. abfragen. ***The Los Angeles Bike Paths*** (www.labikepaths.com) ist ein Radweg-Verzeichnis für LA. Auch die Seite der ***LA- Wheelmen*** (www.lawheelmen.org) ist recht brauchbar und bietet eine Menge Links.

Bleibt die Frage: **Welches Rad?** Wer nur wenig Zeit hat und kleinere Tagestouren fährt, ist sicher mit einem Mietrad am besten bedient – wenn man etwa ***california bike rentals*** in eine der gängigen Suchmaschinen eingibt, erhält man jede Menge Treffer. Für mehrtägige Touren bringt man besser das eigene Gefährt von zu Hause mit; schon deshalb, weil Räder mit ordentlichem Gepäckträger-System praktisch nicht zu mieten sind. Für detaillierte Infos wie etwa »Wahl des richtigen Flugs mit Radtransport«, »Verpackung« oder »welches Rad für die Tour?« empfehlen wir den Fahrrad Weltführer von Reise Know-How, der auch ein umfangreiches USA-Kapitel enthält. Viele weitere Tourentipps finden sich auch im BikeBuch USA/Canada. ***Happy Cycling***!

1.2.3 Amerikareise mit Kindern

Sollte man mit Kindern, womöglich mit ganz kleinen, eine Reise nach bzw. durch Kalifornien unternehmen?

Flugtarife für Kinder

Zunächst zum Flug: wer **Kleinkinder** im Alter von unter 2 Jahren mitnimmt, zahlt ohne Anspruch auf einen Sitzplatz – je nach Airline – 10%-15% des Erwachsenen-Tarifs oder einen geringen Fixbetrag. Empfehlenswert ist der Kleinkindtarif in Anbetracht der Flugdauer zu Zielen im US-Westen kaum, da Eltern mit ihrem Sprössling auf dem Schoß 10-11 Stunden Flug durchhalten müssen. Möchten Eltern vermeiden, erschöpft und entnervt anzukommen, bleibt nichts weiter übrig, als den Tarif 2-11 Jahre mit Sitzplatzanspruch fürs Baby zu bezahlen. **Kinder zwischen 2 und 11 Jahren** kosten je nach Airline 67% bis 75% des vollen Tarifs.

Reisekosten

Abgesehen von den Kosten fürs **Flugticket** und **Eintrittsgelder** für (leider immer teurer werdende) *Amusementparks* etc. erhöhen Kinder die Reisekosten nicht proportional, sofern die Familie per Auto unterwegs ist. Denn **Mietfahrzeugtarife** sind unabhängig von der Belegung. Die meisten **Hotelzimmer** verfügen über zwei Doppelbetten, wobei der Übernachtungspreis nur geringfügig mit der Anzahl der Personen im Zimmer steigt, ➤ Seite 109f. Häufig braucht für Kinder (u. U. bis zum Jugendlichenalter) im Zimmer der Eltern überhaupt kein Aufschlag gezahlt zu werden. Auch auf die **Campingkosten** haben zusätzliche Personen nur einen unwesentlichen (bei Privatplätzen) bis gar keinen Einfluss (staatliche Plätze). Das Eintrittsgeld in **Nationalparks** gilt weitgehend unabhängig von der Besetzung immer für die Wagenladung, wenn diese 6 Personen (max 4 Erwachsene) nicht übersteigt.

Unterwegs

Soweit zu den Kosten. Dass die Attraktion Kaliforniens und dort möglicher Aktivitäten auch für Kinder groß ist, bedarf keiner besonderen Erläuterung. Egal, welche Reiseroute, an praktisch jeder Strecke gibt es auch für die Kinder genug zu sehen und zu erleben, dazu sowieso die bei den meisten Kindern beliebten *Fast Food Restaurants*, Supermärkte und *Shopping Malls*.

Gute öffentliche Spielplätze findet man in vielen Orten, hier in Ojai östlich von Santa Barbara

1

Camping

Sofern gecampt wird, bieten viele amerikanische Campingplätze von Anlage, Einrichtungen und Gelände her für Kinder mehr als ihre europäschen Pendants. Kommerziell geführte Plätze wie auch viele *State Parks* verfügen über *Children's Playgrounds;* viele *Campgrounds* in den *National Forests* und anderswo sind oft schon als solche Abenteuerspielplätze.

Spielplätze

Möglichkeiten zum Austoben sind im übrigen selten schwer zu finden. Selbst in kleinen Orten gibt es **Stadtparks**, die sich zum Ballspielen und körperliche Aktivitäten eignen. Viele verfügen über einen Kinderspielplatz. Sehr praktisch an langen Fahrtagen sind die kompakten **Kinderspielplätze der *Fast Food* Ketten** in erster Linie *Burger King, McDonald's, Carl's Junior* u.a. Kleine Kinder lieben diese Plätze. Bei *McDonald's & Co*, ob man die *Fast Food*-Ketten mag oder nicht, lassen sich Zwischenmahlzeiten, «Pinkelpausen« und der Bewegungsdrang der Kinder sinnvoll miteinander verbinden.

Krankheit/ Unfall

Eigentlich gibt es auf Reisen mit Kindern nur eine, lediglich eventuelle Problematik: In den USA ist es schwieriger als bei uns, bei Krankheit oder kleinen Unfällen einen Arzt zu finden, ernste Notfälle ausgenommen. Da man in manchen Gebieten Kaliforniens weiter vom nächsten größeren Ort bzw. Hospital entfernt sein kann als bei uns, sollte man bei einem Urlaub mit Kindern einen gut sortierten **Erste-Hilfe-Kasten** dabei haben, ➤ auch Seite 86. Wenn die Kinder an sich gesund sind, birgt eine Kalifornienreise ganz sicher keine unkalkulierbaren Risiken.

1.2.4 Die konkrete Reiseplanung

Dieses Buch hilft bei der Vorbereitung, Planung und Realisierung einer Reise nach Kalifornien und darüberhinaus. Alle überhaupt touristisch sinnvollen Routen und Hunderte von Zielen und reizvollen Anlaufpunkten werden beschrieben und bewertet, alle möglichen Aspekte berücksichtigt. Dennoch kann selbst der dickste Reiseführer nicht alle Interessen und Details abdecken. Aber dafür gibt's ja heute das Internet. Die folgenden geprüften Adressen bieten zusammen eine hohe Informationsdichte, viele Anregungen und sorgen schon am Monitor für Vorfreude auf Kalifornien und Las Vegas.

Am Ende gilt: **je besser die Information, umso besser die Reise**.

Ohne Karte vor Augen funktioniert keine Reiseplanung, aber unterwegs braucht man vielleicht eine bessere, daher auch dazu ein gesonderter Abschnitt.

Reiseinfos

California Tourism

Kalifornien verfügt über eine ausgesprochen rührige Tourismusbehörde. Ein tiefer gestaffeltes Portal als ***California Tourism*** für alle erdenklichen touristisch relevanten Informationen zu Kalifornien hat kaum ein anderer Bundesstaat, zudem steht auch eine deutschsprachige Version im Netz:

www.visitcalifornia.com
www.visitcalifornia.de

Neben der Runduminformation kann man sich auch Regionalkarten hochladen und bei Bedarf ausdrucken und im 200-seitigen ***Visit California Guide*** am Bildschirm blättern, einem trotz einer gewissen Werbelastigkeit sehr gut gemachten Kalifornienmagazin mit Unterkunftsverzeichnis. In der deutschsprachigen Version war dieser »Besucherführer« 2012 abgespeckt auf 50 Seiten.

Wer gern die **gedruckte Version** hätte, erhält sie und weiteres Material auf Anfrage von der Kalifornienvertretung in Deutschland:

Touristikdienst Truber, Schwarzwaldstr. 13,
63811 Stockstadt/Main, © 06027/402820, Fax 402819
Email: TouristikdienstTruber@t-online.de

Zusätzliche Internet - portale

Weitere gute Portale mit Kalifornien-Infos **auf Deutsch** sind:

www.usa.de/ReiseZiele/Staaten/Kalifornien
www.kalifornien.citysam.de
www.info-kalifornien.de
www.kalifornien-tour.de
www.travelworldonline.de/kalifornien.html

Unter den englischsprachigen Websites fallen u.a. positiv auf:

www.california.worldweb.com
www.travel.org/cal.html
www.californiatraveldreams.com
www.travelcalifornia.com
www.roadsideamerica.com/location/ca

(**Für Kalifornien-Reiseinfos vor Ort** ➢ Seite 144)

Staat Kalifornien

Weit über touristische Aspekte hinausgehende Informationen zu Kalifornien findet man auf der offiziellen Seite des Staates:

www.ca.gov

Las Vegas

Für **Reiseinfos über LasVegas** ➢ Reiseteil Kapitel 3, Seite 500.

Info USA

Eine **komplette Übersicht** über alle Staaten der USA und allen nennenswerten Orten findet man u.a. auf den Portalen:

www.reiseinfo-usa.de und www.DiscoverAmerica.com.

An Information vor Ort fehlt es nirgendwo in Kalifornien; hier in geballter Form in Mariposa, einem der Einfallstore zum Yosemite National Park

Karten, Tourbooks und AAA/ADAC

Internet

Für eine erste vorbereitende Planung der Reise genügen die Karten dieses Reiseführers und ggf. der Blick ins Internet. Auch wer sich schon an *google maps* gewöhnt hat, sollte sich für die Kalifornienreise mal die Karten unter www.mapquest.com ansehen: Die Darstellung im Detail ist für eine Reiseplanung und Übersicht in Teilbereichen (nach Hochzoomen) sehr gut geeignet.

Straßenkarten

Sich zusätzlich für eine Kalifornienreise bereits in Deutschland teures Kartenmaterial zu beschaffen, ist eher unnötig. Denn US-Staaten verteilen **Straßenkarten kostenlos** oder gegen wenige Dollars. Mitglieder europäischer Automobilclubs erhalten in den Büros des amerikanischen Automobilclubs **AAA** (»***Triple A***«) sehr ordentliche Straßenkarten und weitere Unterlagen gratis.

Distanzen

In den meisten Straßenkarten findet man **Entfernungstabellen** und Grafiken mit Meilen und Fahrtzeitangaben zwischen wichtigen Städten (auch in den *Tourbooks*). Weder die in derartigen Übersichten noch im Internet angegebenen Meilen oder Zeiten sollte man 1:1 übernehmen. Denn dabei ist grundsätzlich die kürzeste Verbindung und eine selten realisierbare Durchschnittsgeschwindigkeit ohne Fahrpausen zugrundegelegt.

Distanzkalkulation

Zur Berechnung der auf einer bestimmten Route zurückzulegenden Entfernung entspricht ein **Zuschlag von 20%** auf die aus Kartenangaben ermittelte Gesamtdistanz meist ungefähr der wahrscheinlichen wirklichen Fahrstrecke. Die Mehrmeilen für Umwege, Stadtverkehr, Abstecher zu Sehenswürdigkeiten, Anfahrten zu Campingplätzen, gelegentliches Verfahren usw. werden in vielen Fällen sogar über 20% liegen.

Navis

Die Hinweise in den vorstehenden Absätzen gelten auch unterwegs bezüglich der »Mitteilungen« durch Navigationsgeräte. Sie sind im übrigen hilfreich und nützlich, aber nicht unabdingbar und schon gar nicht ausreichend als alleinige Führer auf amerikanischen Straßen.

Fazit

Die **Straßenkarte von *California Tourism*** sollte man sich gleich nach Ankunft besorgen. Besser sind die AAA-Karten, aber auch Karten, die man an Tankstellen und im Handel findet; die besseren kosten bis zu $10. Mit **Karten von *Rand McNally*** kann man nichts verkehrt machen. Der oft vorhandene *RandMcNally* Straßenatlas für ganz Nordamerika kostet in Sonderausgaben manchmal nur $5-$6, reicht aber für Kalifornien nicht aus.

Tour- und Campbooks

Der AAA hat sog. ***Tourbooks*** für alle US-Staaten, Reiseführer mit Betonung kommerzieller Attraktionen (aktuelle Öffnungszeiten, Eintrittspreise und Discounts für AAA-Mitglieder). *Tourbooks* enthalten ein umfangreiches ***up-to-date*** **Motel-/Hotelverzeichnis** für Häuser ab unterer Mittelklasse. Außerdem gibt es beim AAA auch noch ***Campbooks***. Sie listen zwar nicht alle Campingplätze, leisten aber in Ergänzung zu den Campingempfehlungen dieses Buches mehr als ausreichende Dienste, ➤ Seite 118.

AAA

Büros des AAA gibt es in allen größeren Orten, in den Cities mehrere davon. Ihre Adressen kennt jeder Polizist und Taxifahrer; sie lassen sich auch erfragen unter der **gebührenfreien Nummer 1-800-222-4357** (AAA-HELP) bzw. im voraus im Internet finden; am einfachsten geht das mit **google-Suche**: z.B. eingeben **»aaa san francisco«**, dann erhält man sogleich die in Frage kommenden Adressen mit Lageplan. Größere Filialen unterhalten neben dem Mitgliederbüro einen ***Bookshop***, in dem Reiseführer und Produkte rund ums Reisen preiswerter als üblich zu haben sind.

AAA Card/ Discounts

Gegen Vorlage des heimischen Mitgliedsausweises (der im Fall ADAC in der unteren rechten Ecke die AAA-Farben zeigt) gibt es alle gewünschten Unterlagen. Darüberhinaus sichert die Vorlage der Mitgliedskarte in ganz Nordamerika weitgehende Gleichbehandlung des Touristen mit amerikanischen AAA-Mitgliedern bei der Erlangung von *Discounts* und Sondertarifen in Motels, Parks etc. Details dazu unter www.aaa-calif.com.

ADAC

Beim ADAC gibt es ebenfalls Gratismaterial für die Kalifornienreise im Postversand sowie einen **Routenplaner** unter www.adac.de. Der früher mögliche Bezug der AAA-*Tour-* und *Campbooks* gegen Gebühr wurde 2012 eingestellt.

Reisezeiten der Amerikaner

Hochsaison in Kalifornien

Die Ferienmonate der Amerikaner sind insofern ein wesentlicher Gesichtspunkt der eigenen Reiseplanung, als dann die Nationalparks, populäre Urlaubsorte an der Pazifikküste und typische Brennpunkte des Tourismus wie *Disneyland* und *Universal Studios* in Los Angeles oder *Fisherman's Wharf* in San Francisco oft knallvoll sind. Hohes Verkehrsaufkommen, Parkplatzprobleme, ausgebuchte Unterkünfte bei heraufgesetzten Tarifen und schon am Vormittag besetzte Campingplätze bestimmen dann die Situation in vielen Bereichen, vor allem auch in den Nationalparks.

Auswirkung der Saison

In den USA gelten generell rund drei Monate von ***Memorial Day*** (letzter Montag im Mai) **bis *Labor Day*** (erster Montag im September) als **Hauptsaison**. Sie entspricht den Universitätsferien zwischen zwei akademischen Jahren. Auch die Sommerferien der Schulen fallen mit regional unterschiedlicher Länge in diese Periode. Der **intern-amerikanische Ferienboom** beginnt aber erst richtig Ende Juni, nimmt in der zweiten Augusthälfte schon spürbar ab und endet mit dem ***Labor Day*** schlagartig.

Strandcamping im Sommer dicht an dicht an der Emma Wood State Beach

Wochenenden An Wochenenden ist indessen ab *Memorial Day*- bis *Labor Day-Weekend* immer und überall mit viel Betrieb zu rechnen. Denn wegen der knappen Urlaubstage der meisten Amerikaner (selten über 2-3 Wochen pro Jahr) spielt das Wochenende eine weit größere Rolle als bei uns. Im zentralen und vor allem im südlichen Kalifornien werden die Wochenenden auch im April/Mai und nach dem *Labor Day* bis Ende Oktober bei gutem Wetter noch stark für Ausflüge und Kurzurlaube wahrgenommen.

Sonstige Saisonspitzen Darüberhinaus gibt es **geographisch-klimatisch bedingte Saisonspitzen** wie die Wintermonate in den Sierra Nevada Skigebieten (besonders am Mammoth Mountain und Lake Tahoe) und zugleich in den dann immer noch warmen Wüstentälern um Palm Springs herum und im Death Valley. Einiges los kann im Februar/März auch in der sonst verschlafenen *Anza Borrego Desert* zur Wildblumenblütezeit sein oder im *Antelope Valley*, wenn blühender Goldmohn, die offizielle Staatsblume Kaliforniens, riesige Flächen bedeckt, ➤ Seite 408.

Lokale Ereignisse können auch schon mal ein Wochenende oder länger für ausgebuchte Zimmer weit und breit sorgen, ➤ Liste populärer Veranstalungen auf den Seite 153f.

Zu guter Letzt

Empfehlung Man hat meist mehr von der Reise und vermeidet obendrein die Hochsaisontarife bei Flügen, Unterkünften und ggf. Campermiete, wenn es gelingt, sie außerhalb der absoluten Spitzenzeiten zu legen, also vor Mitte Juni und nach *Labor Day* (nach dem 1. Montag im September). Andererseits ist festzuhalten, dass von der Saison weniger spürt, wer Top-Attraktionen möglichst an Werktagen ansteuert und sich ansonsten abseits bestimmter touristischer Hauptpfade hält (siehe Streckenbeschreibungen).

Dimensionen Außerdem gilt, dass man sich nicht zuviel vornehmen sollte. Selbst der – bei Blick auf eine USA-Gesamtkarte – eher klein wirkende geographische Bereich, der in diesem Buch behandelt wird, hat immerhin eine Fläche von ca. 320.000 km^2. Nur ein Teil dessen, was in Kalifornien sehenswert und attraktiv erscheint, kann im Rahmen einer einzigen mehrwöchigen Reise erfasst werden.

Fahrleistung Bei einer Reise im Pkw oder mit dem Camper sind 200 mi (bzw. 320 km) pro Tag das absolute Maximum dessen, was man sich – Aufenthaltstage nicht mitgerechnet – im Schnitt zumuten sollte. Das sind bei einem 3-Wochen Urlaub mit 13 Unterwegstagen (+ 7 Tage in Cities und Nationalparks) schon um 4.000 km.

Länge der Tage Ein Punkt, der bei Reiseplänen früher oder später im Jahr oft vergessen wird, ist die Länge der Tage. Bedingt durch die Lage Kaliforniens (Zentralkalifornien auf Breitengraden des südlichen Mittelmeers, Südkaliforien wie Nordafrika) **geht die Sonne früh unter**. D.h., die Dämmerung setzt im September bereits gegen 18 Uhr ein. Letztlich bleibt weniger Zeit für gute Fotos, Besichtigungen und Unternehmungen als im späten Frühjahr und im Sommer.

Dollarkurs und Reisekosten

Die Kapriolen des Wechselkurses US$/Euro entziehen sich jeder Vorhersage. In Anbetracht der Staatsverschuldung der USA (nur der Bund am Ende des Fiskaljahrs 2011/12 im September 2012 $16.000 Mrd. = €12,8 Billionen; zum Vergleich Deutschland €2,2 Billionen) und außenwirtschaftlicher Defizite in ebenfalls schwindelnder Höhe sollte sich der Dollar selbst gegenüber dem ebenfalls problembehafteten Euro auf Dauer durchaus nicht »stark« zeigen. So verharrte der Kurs 2011 denn auch lange bei $1,30-$1,35 für den Euro (€0,77-€0,74), was dessen Kaufkraft, soweit es typische Unterwegskosten betrifft, etwas schlechter aussehen lässt als für identische Einkäufe in Deutschland. Bis August 2012 wertete der Euro bis ca. $1,20 weiter ab, erholte sich aber bis Anfang 2013 wieder auf $1,30.

Die weitere Entwicklung der Euro-/Dollar-Kursrelation ist nicht vorhersehbar. Für den Wechselkurs Euro zu Dollar wird im Folgenden »vorsichtig« von **$1,25 für den Euro** ausgegangen, der **Wert eines Dollars** daher für 2013 mit **€0,80** angenommen. Die Aussagen in diesem Kasten wurden auf dieser Basis getroffen.

Bei »**$1 = €0,80** « sind die USA für uns kein billiges Reiseland, was sie in den 1990er-Jahren bei ähnlichen Wechselkursen durchaus waren. Denn Jahr für Jahr war und ist die Inflation in den USA höher als bei uns, was sich stark bei der Campmobilmiete, bei Hotel- und Moteltarifen (dort indessen sehr saison- und ortsabhängig und flexibel gemäß der Auslastung), Campinggebühren und Eintrittspreisen, ganz besonders aber im Supermarkt und in Restaurants zeigt.

Dem steht nicht entgegen, dass es viele Produkte gibt, die in Dollar kaum oder gar nicht teurer wurden, in erster Linie importierte Waren w.z.B. Textilien. Ein Paar *Levis Jeans* – nach wie vor um $30 in den *Outlet Malls* zu haben – kostet heute um die €24 nach bis zu €35 noch vor 10 Jahren.

Und trotz der eklatanten Preiserhöhungen in Dollar sind die **Benzinpreise** für uns niedrig. Für den Liter bleifreies Normalbenzin zahlte man im Juli 2012 in Las Vegas ab ca. €0,68, also nur wenig über 40% der Literkosten bei uns (Benzinpreise für *Regular* etwa $3,20-$4,00, Mittelwert ca. $3,60/Gallone bei *self-serve*, also $0,95/€0,76 pro Liter). Dennoch verursacht eine **Rundreise im Auto oder Wohnmobil** über ein paar tausend Meilen rasch beachtliche Spritkosten, ➢ Seite 77f.

Im **normalen Supermarkt** der landesweit verbreiteten Ketten (*Safeway*, *Albert - sons* etc.) kostet das Gros der Produkte zu »Normalpreisen« ohne Kundenkarte etwas mehr als in Deutschland. Aber **mit Karte** ist dort manches billiger als bei uns. Dazu gehören leider nicht Obst und Gemüse (*produce*) außer zu Erntezeiten. Generell in etwa zu Preisen wie bei uns (aber nicht zu Preisen wie bei Aldi oder Lidl), kauft man in den Supermarktabteilungen der Kaufhäuser ***K-Mart, Wal Mart*** und ***Target***, in denen es keine Preisdifferenzierung nach Karteninhaber oder nicht gibt. **Günstiger** als bei uns sind oft **Großpackungen** jeder Art, auch Tiefkühlkost. Beides können die meisten Touristen aber unterwegs kaum nutzen.

Recht teuer sind **Alkoholika**, angefangen bei den »besseren« Biersorten (ab ca. $1,30 pro Dose/Flasche beim Kauf von *Sixpacks*) über Wein bis zum *hard liquor* wie Wodka, Bacardi und Whiskey. Wer sich größere Gebinde, etwa Kartons mit 15-30 Bierdosen/-flaschen oder halbe/ganze Gallonen Wein zulegt, kommt unserem Preisniveau schon näher.

Seit 9/11 stiegen zu den **Flugtarifen** die Sicherheitsgebühren etc. immer höher. Je nach Ziel, *Airline* und Saison zahlt man generell ab €700 fürs Transatlantikticket retour in der *Economy Class* nach Kalifornien, im Sommer klar über €1.000.

Das Preisgefüge bei den **Mietwagen** (nicht bei Campmobilen) macht die Wechselkursschwankungen nicht zeitgleich mit. Bei mindestens einwöchigen Mieten sind *Rental Cars* immer noch erstaunlich **günstig**, bedenkt man die grundsätzlichen Konditionen bei Vorausbuchung vom Ausland aus.

Man kann bei Start in Kalifornien/Nevada schon **ab ca. €180 pro Woche** ein kleines Auto reservieren. Für wenig über €200 gibt es die Typklasse »*Full Size*«. Wer höher sitzen möchte, bucht ein geräumiges *Sport Utility Vehicle* (*SUV*) für Wochentarife ab ca. €220 (*Midsize*). Cabrios und Minivans sind ab ca. €300/ Woche zu finden; alles Weitere ➤ Seite 62f.

Die **Campermiete** ist generell ein ziemlich teurer Spaß. Doch wer hier geschickt vergleicht, Frühbucherrabatte nutzt und die günstigeren Raten in der Vor- und Nachsaison in Betracht zieht, kann die Kosten deutlich senken, ➤ Seite 74f.

Die **Hotel-/Moteltarifen** unterliegen in Kalifornien und erst recht in Las Vegas kolossalen saisonalen wie wochentagabhängigen Schwankungen. Man zahlt zwar in der Hauptsaison (Mitte Juni bis Anfang September) in der Mittelklasse schon leicht $100-$150/Nacht und Zimmer (in der Nähe von Nationalparks und an beliebten Touristenrouten in der Hauptsaison und an Wochenenden auch erheblich mehr), aber außerhalb der Kernzeiten und erst recht in der Nebensaison Oktober bis Mai kommt man für $60-$80 akzeptabel, manchmal sogar richtig gut unter, mehr dazu ➤ Seite 108.

Wer zu besseren Quartieren neigt, muss in der Saison ab $150 pro Nacht und Zimmer ausgeben, kann aber sonst mit $120 auskommen. Dafür bietet dann manches Haus der gehobenen Klasse auch oft einen sehr guten Gegenwert (teurer sind oft auch außerhalb des Sommers Motels und Hotels in Großstädten und im Umfeld bekannter Attraktionen speziell an Wochenenden).

Hostels sind nicht nur für junge Leute eine Möglichkeit. Im Mehrbettzimmer bezahlt man $15-$30/Person und Bett, selten mehr, was vor allem in Großstädten lohnt. Auf dem Land ist der Abstand zum einfachen Motel zu zweit gering.

Es kann nicht schaden, **Zelt und Schlafsack** einzupacken, selbst wenn man ein Bett für die Nacht vorzieht (zu den Gepäcklimits und Kosten für Zusatzgepäck ➤ Seite 57). Wenn es mit der Quartiersuche nicht klappt, findet sich dann vielleicht noch ein Campingplatz mit einer freien Ecke. Und an Schönwetterabenden ist das sogar attraktiver als den Abend und die Nacht im Motel zu verbringen.

Die **Kosten unterwegs** sind ohne weiteres auch für knappe Budgets tragbar. **Automieter** mit Hotelbuchung können gut auf Selbstverpflegung und *Fast Food* setzen. Außerdem geht nichts übers **Picknick** in Amerika. *Picnic Tables* stehen unverfehlbar in Stadtparks, an Aussichtspunkten, an oft wunderschönen Stellen in *National* und *State Parks* und besitzen fast immer auch einen Grillrost.

Die Kosten für Übernachtungen auf dem Campingplatz (im Zelt wie Wohnmobil) variieren. Es ist möglich, im Schnitt mit $15-$25 auszukommen, aber – speziell im Camper – auch über $50/Nacht auszugeben.

Alles in allem gilt: Die laufenden **Ausgaben vor Ort** sind bei einer individuellen Reise höher als in Deutschland, aber niedriger als in vielen Ländern Europas.

2

Reisevorbereitung und -organisation

2.1 Einreisevoraussetzung in die USA

Einreise in die USA ohne Visum

Voraussetzung einer Einreise in die USA ohne Visum für Westeuropäer ist, dass der Aufenthalt in den USA

- besuchsweise erfolgt,
- nicht länger als **maximal 90 Tage** dauert und
- ein **Ticket mit Rückflugdatum** innerhalb der Frist vorliegt.

ESTA/Pass

Seit 2009 besteht die amerikanische Behörde »***Homeland Security***« zusätzlich auf einem Vorabcheck auch aller bis zu 90 Tagen in die USA Einreisenden, ➤ Kasten ESTA. Ist der mit positivem Ergebnis erfolgt, braucht man für die Reise nur noch den maschinenlesbaren weinroten **Pass und** – vorsichtshalber – auch noch den **o.k.-Ausdruck von ESTA** einzustecken.

Biometrische Daten im Pass

Seit Oktober 2005 müssen alle ab diesem Datum ausgestellten Pässe (auch für Kinder) **zusätzlich biometrische Daten enthalten**. Früher ausgestellte Pässe gelten noch bis Ablauf ohne Biometrie.

Landweg/ Rückflug

Die visafreie Einreise gilt auch für die **Einreise auf dem Landweg** von Mexiko und Canada aus, kostet aber beim Grenzübertritt eine Gebühr in Höhe von $7. Auch dabei muss das Rückflugticket zur Hand sein, das dem ***Immigration Officer*** zeigt, dass die Absicht besteht, nicht nur die USA, sondern **Nordamerika** (inkl. Mexico!) innerhalb der vorgegebenen 90 Tage wieder zu verlassen.

Kontroll-Prozedur

Obwohl also jeder USA-Tourist noch vor Besteigen des Flugzeugs überprüft wird, erfolgt eine weitere Kontrolle am Immigrations-Schalter im Ankunftsairport. Dabei werden biometrische Daten erfasst (Abdrücke aller 10 Finger und Foto; dauert maximal 30 sec), um später sicherzustellen, dass der/die Ausreisende wirklich der-/dieselbe wie bei Einreise ist, bzw. die Person, die im Pass steht.

ESTA - Einreisegenehmigung in die USA

Anfang 2009 wurde das Einreiseverfahren ergänzt durch **ESTA**, ein elektronisches System der Registrierung und Genehmigung. Ohne vorherige Anmeldung bei ESTA ist keine Einreise in die USA mehr möglich. Damit das rechtzeitig vor Abreise klappt, muss die Registrierung mindestens 72 Stunden vorher erfolgen. Die Genehmigung gilt für zwei Jahre und ggf. mehrere Einreisen. Auch kurzfristige Reiseentscheidungen sind damit möglich, sofern man sich bei ESTA schon mal hat registrieren lassen. Unter der Internetadresse http://germany.usembassy.gov/visa/vwp/esta finden sich alle Einzelheiten und ein Link zum Antragsvordruck unter https://esta.cbp.dhs.gov auch in deutscher Sprache. **Seit September 2010 kostet die Registrierung unter ESTA US$14,00**, zahlbar per Kreditkarte. Wer noch eine gültige ältere ESTA-Einreisegenehmigung besitzt, kann diese ohne weitere Kosten bis zu deren Ablauf benutzen.

Von der ersten grünen Antragsseite (zunächst nur den Block links beachten) geht's in der deutschsprachigen Version ganz unten einfach »weiter«. Ein Klick darauf und auf jeweile »ja« auf Folgeseiten führt zum eigentlichen Formular.

Mit Versand des Formulars erhält der/die Antragsteller/in einen Zugangscode, unter der er/sie nach spätestens 72 Stunden nachschauen kann, ob er/sie autorisiert wurde, in die USA einzureisen. Dafür ist wieder https://esta.cbp.dhs.gov aufzurufen. Man gelangt auf die identische Seite wie im Fall des Antrags, muss nun aber im grünen Formular unten den zugeteilten Code und noch einmal Geburtsdatum und Passnummer eintragen. Unter »Aktualisieren« erfährt man dann, ob alles geklappt hat. Wenn ja, steckt man mit allen abgelieferten Daten im Computer der *US-Homeland Security* als zugelassener Einreiser. Das kann so auch die Fluggesellschaft beim Einchecken aufrufen und ablesen, natürlich ebenso und vor allem die Immigrationsbeamten bei Ankunft in den USA.

Hinweis: Auf der Botschaftsseite wird explizit gewarnt vor unautorisierten Seiten, die den Eindruck erwecken, offizielle Seiten der US-Regierung zu sein, aber erst nach Kartenzahlung von z.B. $59 für eine überflüssige Informationsschrift den Antrag weiterleiten. Selbst der Hinweis auf nicht autorisierte ESTA-Portale fehlt dort nicht, dient sogar ganz raffiniert der Vertrauensbildung.

Ein **Passlesegerät** gibt Auskunft über vorherige Einreisen und dabei eventuell gespeicherte negative Kontakte mit der US-Obrigkeit. Ohnedem erhält der Ankömmling in der Regel den Einreisestempel für volle 90 Tage. Oft erkundigt sich der/die *Immigration Officer* auch nach Reiseabsichten des Touristen, seiner Berufstätigkeit, finanziellen Ausstattung für die Reise u.a.m.

Wartezeiten

Die Kontrolle am *Airport* dauert dank meist zahlreicher Schalter heute nicht länger als bereits vor 9/11, als man bei Andrang wegen gleichzeitiger Landung von fünf Jumbos auch schon mal 60 min warten musste. Sie ist im Ablauf nicht problematisch. Manche Schauergeschichten dazu kennzeichnen eher Einzelfälle.

Visumerfordernis

Bei Reiseplänen, die 90 Tage übersteigen und dann penibel erläutert werden müssen, benötigt man ein Visum. **Auch für USA-Reisen unter 90 Tagen Dauer benötigen ein Visum bei uns lebende Bürger aller Staaten, die nicht von der Visapflicht ausgenommen wurden** (Ausnahmen weltweit: EU, Australien & Neuseeland).

Funktion des Visums

Beim Visum (am. ***Visa***), handelt es sich um eine »Unbedenklichkeitsbescheinigung«, die dem Antragsteller nach persönlichem Interview vom zuständigen Konsulat in den Pass geklebt wird.

Antrag auf Erteilung

Das Besuchervisum wird gegen eine **Gebühr** (**€128,** Anfang 2013; wird von Zeit zu Zeit angepasst) von den US-Generalkonsulaten in **Berlin / München** oder **Frankfurt** erteilt. Welches Konsulat zuständig ist, ergibt sich aus dem Wohnort des Antragstellers.

Alle weiteren Informationen zum Visaantrag und das Visantragsformular DS-160 zum Ausfüllen/Ausdruck gibt's unter der Internetadresse http://www.usvisa-germany.com/germany/index.jsp. Um aber überhaupt am Prozess der Visaantragstellung teilzunehmen, muss man im Internet eine **PIN-Nummer** erwerben: **€10,00**, Zahlung per Kreditkarte.

Telefonauskunft dazu unter **✆ 0900 1 85005** (€1,24/min); Anruf nur möglich Mo-Fr 7-20 Uhr.

2.2 Versicherungen

Krankenversicherung

Eine USA-Reise ohne auch in Nordamerika geltenden Krankenversicherungsschutz anzutreten, wäre leichtsinnig. Denn ärztliche Behandlung und Krankenhausaufenthalte sind in den USA extrem teuer. Nur einige private Krankenversicherer bieten ihren Versicherten weltweiten Vollschutz. Wer nicht mit der Erstattung von in Übersee angefallenen Behandlungskosten rechnen kann – das sind u.a. alle gesetzlich Versicherten – ist dringend der Abschluss einer eigenen **Auslandskrankenversicherung** anzuraten.

Im Jahresbeitrag für **»Edelversionen« von Kreditkarten** ist ein Versicherungsschutz für Auslandsreisen oft bereits enthalten.

Versicherter Zeitraum

Ein **wichtiger Punkt** bei Auslands-Krankenversicherungsverträgen ist der **maximal versicherte Zeitraum** bei ununterbrochener Abwesenheit; überwiegend beschränkt sich der Schutz auf 6-8 Wochen. Bei längeren Reisen muss ein gesonderter Vertrag über die gesamte Reisezeit abgeschlossen werden.

Kosten

Preisgünstig sind Verträge bis zu 2 Monaten Gültigkeit. Für kurze Fristen ist auch die Auswahl groß. Das Spektrum der Angebote beginnt bei nur €12 für Reisen bis zu 8 Wochen (Alte Leipziger-Hallesche; www.al-h.de; ab 60 Jahre teurer). Günstige Tarife bietet u.a. auch die HUK-Coburg (www.huk24.de).

Behandlung und Zahlung

Im Krankheitsfall wird in den USA häufig **vor** der Behandlung ein **Nachweis der Zahlungsfähigkeit** verlangt. Eine **Kreditkarte** ist dabei hilfreich bzw. fast unabdingbar. Ohne ausreichende Mittel und/oder Kreditkarte muss man sich bei teuren Behandlungen ggf. per Fax oder Telefon an seine Auslandskrankenversicherung wenden und um Vorschuss bzw. Kostenübernahme bitten. Die **Kopie des Vertrags** und die Rufnummer der Versicherung sollte man daher vorsorglich mitführen.

Erstattung

Wer Arzt- und Rezeptkosten vorstreckt, muss für die spätere Erstattung in der Heimat **detaillierte Aufstellungen** mit Datum, Namen des behandelnden Arztes, Behandlungsbericht anfertigen.

Behandlungskosten, die aufgrund **chronischer Leiden** oder wegen Erkrankungen vor Reisebeginn anfallen, sind durch Reiseversicherungen nicht gedeckt. Zweifelsfälle sollten vor der Reise mit der Krankenversicherung erörtert werden.

Weitere Reiseversicherungen

Inwieweit man über die Krankenversicherung hinaus weiteren Versicherungsschutz benötigt, hängt von den bereits in der Heimat bestehenden Versicherungen und dem individuellen Risikoempfinden ab. Vor dem Abschluss spezieller **Reiseunfall-** oder **-haftpflichtversicherungen** sollte man schon vorhandene Versicherungsverträge prüfen, ob sie außerhalb Europas Deckung bieten.

Gepäckversicherung

Über den Nutzen der **Reisegepäckversicherung** sind die Meinungen geteilt. Bei sorgfältiger Lektüre des »Kleingedruckten« erkennt man, dass die Fälle des Haftungsausschlusses ziemlich zahlreich sind. Etwa gilt das **Zelten** versicherungstechnisch als ein besonders riskantes Unternehmen.

Reise-Rücktritts-kosten-Versicherung

Eine Reise-Rücktrittskosten-Versicherung ist in Pauschalreisepreisen bisweilen schon enthalten. Sie kann, sollte das nicht der Fall sein, aber auch separat abgeschlossen werden. Die Prämien sind erträglich (Elvia, Europäische u.a.). Man sollte darauf im Fall langfristiger Vorbuchung besser nicht verzichten. Der ADAC hat für seine Mitglieder eine derartige Versicherung für alle im Jahr anfallende Reisen gegen eine Jahrespauschale.

Das Betreiben »gefährlicher« Sportarten wie »River Rafting« ist versicherungstechnisch oft problematisch

2.3 Die Finanzen

2.3.1 Kreditkarten

Situation in den USA

Wer noch keine Kreditkarte besitzt, sollte sich anlässlich der Reise nach Amerika eine zuzulegen. Im täglichen Zahlungsverkehr der USA spielt sie eine weitaus stärkere Rolle als bei uns, obwohl sie die Barzahlung durchaus nicht so weitgehend verdrängt hat, wie gelegentlich berichtet wird. **Ohne Plastikgeld** setzt man sich in Amerika leicht dem Verdacht aus, nicht kreditwürdig zu sein. Es gibt viele Gelegenheiten, bei denen Barzahlung mit Stirnrunzeln quittiert, wenn nicht gar abgelehnt wird. Ohne die Angabe einer Kreditkartennummer, deren Gültigkeit und Deckung sofort online überprüft wird, ist z.B. eine verbindliche Reservierung von Hotelzimmern (für Ankunft nach 18 Uhr), Fähren, Veranstaltungstickets etc. nicht möglich.

Generell gilt: **Kreditkarten sind für eine USA-Reise außerordentlich hilfreich, in vielen Situationen unabdingbar**. Ihr Vorhandensein sichert darüberhinaus die Zahlungsfähigkeit im – wenn auch hoffentlich nicht eintretenden – Notfall.

Vorteile

In ganz Nordamerika und Mexico kann mit den international bekannten Kreditkarten ein Großteil der laufenden Ausgaben ohne Geldwechsel und/oder Vorwegbeschaffung von Reiseschecks bestritten werden. Eine übliche Frage in Läden und Tankstellen ist denn auch ***Cash or charge?***, »Bargeld oder Kreditkarte?«

Kosten

Der heute für viele »normale« Kreditkarten ohne Vergoldung und Sonderleistungen geforderte **Jahresbeitrag** ist so niedrig, dass er sich – unabhängig vom Einsatz unterwegs – schon durch die damit eingekaufte Sicherheit rentiert, selbst wenn man die Karte den Rest des Jahres kaum benötigt. Darüberhinaus bieten selbst »einfache« Karten oft geldwerte Zusatzleistungen (vor allem Versicherungen, ➢ vorstehenden Abschnitt), welche allein die Kosten wieder aufwiegen können.

Doch zunächst zu einigen wichtigen Details:

Unterschiede

In den USA grundsätzlich verwertbar sind die weltweit verbreiteten Kreditkarten ***American Express, Diners Club, Mastercard*** und ***VISA***. Es gibt jedoch Unterschiede bei der Einsatzfähigkeit.

VISA und Master-/ Eurocard

Unter dem Aspekt der Einsatzfähigkeit (und der Höhe der Jahresgebühr) geht nichts über die weltweit verbreiteten ***Mastercard*** und ***VISA Card***. *Mastercard*- und *VISA*-Emblem sind in den USA gleichermaßen allgegenwärtig. Mit beiden Karten lässt sich fast bargeldlos reisen, legt man es darauf an. Jahresgebühren und Konditionen hängen von der Vertragsgesellschaft ab. Im Falle von *VISA* oder *Mastercard* ist daher **Karte nicht gleich Karte**. Zur Frage, welche Karte man sich zulegen sollte, sind die **Kreditkartenvergleiche** der Stiftung Warentest und bekannter Wirtschafts-Magazine aufschlussreich (Capital, Impulse, Focus u.a.). Die individuell ideale Karte ermittelt man unter www.cardscout.de.

Diners/ American Express

Die *Diners Club Card* wird in Nordamerika erheblich seltener akzeptiert als die anderen Karten. Die ***AE-Card*** erfreut sich breiterer Akzeptanz, aber nicht vergleichbar MC und VISA. Mit AE-Karte kommt man am besten durch bei überdurchschnittlichen Ansprüchen und vor allem Ausgaben in höherpreisigen Hotels, »besseren« Restaurants, bei Autovermietern und Airlines.

Prepaid Kreditkarten

Für alle, die keine Kreditkarte haben oder keine erhalten (etwa Jugendliche), sind ***Prepaid-* Kreditkarten** ein mögliche Option. Sie müssen vor der Nutzung mit einem Guthaben aufgeladen werden. Die Jahresgebühren variieren mit dem Anbieter und den jeweiligen Zusatzleistungen. Inhaber der ADAC Clubmobil Karte genießen sogar 1% Tankrabatt weltweit. Übersicht der gängigsten *Prepaid Cards* unter www.cardscout.de/prepaid-kreditkarte-ohne-schufa. Man kann sie online erwerben.

Aber Achtung: Die Karten eignen sich nur für den unmittelbaren Zahlungsverkehr. Verbindliche Buchungen im Internet, etwa von Hotels und Flügen, sind mit ihnen nicht möglich.

Wechselkurs

Ggf. ein Vorteil der Zahlung per Karte kann die erst **nachträgliche Belastung** sein, die sich bei Ausgaben in den USA oft sogar noch verzögert, und die Zugrundelegung eines Wechselkurses (meist Devisenbriefkurs plus 1%-1,5%), der manchmal unter dem Abrechnungskurs der Banken für Reiseschecks und immer deutlich unter dem Verkaufskurs für Bardollars liegt.

Bargeld gegen Kreditkarte

Mit allen Kreditkarten lässt sich zu unterschiedlichen Konditionen auch Bargeld beschaffen. Mit ***Euro-*** und ***VISA-Card*** kann der Inhaber bei allen angeschlossenen Banken – die man noch bis ins letzte Dorf findet – Bargeld erhalten, vorausgesetzt, er weist sich durch seinen Reisepass aus. Ist die Geheimzahl bekannt, kann man sich auch bei den zahlreichen **Bargeldautomaten** bedienen.

Das ***Cashing*** kostet indessen hohe Gebühren (3%-4% der Summe), sofern kein Guthaben bei der Kartenorganisation gehalten wird, ➤ auch unter »Bargeld per EC-Geldkarte«. **Barentnahmen** werden im Gegensatz zu allgemeinen Ausgaben **umgehend** dem heimischen Konto belastet. Die häufige Entnahme kleiner Beträge ist nicht ratsam, da überwiegend (unabhängig von der Summe) eine Minimum- oder fixe Basisgebühr anfällt.

Grenzen

Die Bargeldbeschaffung per Karte unterliegt unterschiedlichen **Höchstgrenzen** in Bezug auf Höchstbetrag und Frequenz der möglichen Abhebungen. Wer unterwegs stark auf Kreditkartenzahlung und Bargeldbeschaffung per Karte setzen möchte, sollte sich über die für seine Karten geltenden Bedingungen genau informieren, um Überraschungen zu vermeiden.

»Edelkarten«

Weniger schiefgehen kann mit den **Edelausführungen** der *Credit Cards*, die meist einen höheren finanziellen Spielraum bieten.

Verlust

Bei Verlust einer Kreditkarte ist die Haftung in allen Fällen auf €50 beschränkt, gleichgültig, welcher Schaden zwischen Verlust und Benachrichtigung der Organisation eintritt. Nach der Verlustmeldung entfällt jede Haftung. **Für alle in Deutschland ausgestellten Karten gibt es für Verlustmeldungen die zentrale Rufnummer ✆ 116116; bei Anruf dort aus den USA 011-0049 vorwählen.**

2

2.3.2 Reiseschecks und Bargeld

Cash erforderlich

Barzahlung ist in den USA durchaus nicht *out-of-date*. Wegen der Provisionsabzüge durch die *Credit Card Companies* gibt es sogar hier und dort Barzahlungsrabatte. **Mit Kreditkarten oft nichts anfangen** kann man in ***Fast Food Places*** und auf staatlichen **Campingplätzen**; bisweilen wollen auch **Billigtankstellen *Cash*** sehen.

Reiseschecks

Dem sollten Kreditkarteninhaber Rechnung tragen. Bei richtiger Disposition vermeidet das ein teures *Cashing*. Da es aber kaum ratsam erscheint, größere Barbeträge mit sich herumzutragen, können **auf US$ lautende Reiseschecks** (**$20 und $50**; größere Stücke nicht sinnvoll) eine gute Reserve sein. ***Travelers Cheques*** (amerikanische Schreibweise) werden **in nahezu allen Geschäften** wie Bargeld akzeptiert. Unterschrift genügt. Nur bei Einreichung von Reiseschecks bei Banken ist der Reisepass vorzulegen. Zudem fallen dort beim Umtausch in *Cash* Gebühren an.

Verlustfall

Falls die Reiseschecks verlorengehen oder gestohlen werden, bekommt man für sie relativ leicht Ersatz. Dazu benötigt man die **Seriennummern** seiner Schecks, möglichst zu belegen durch Vorlage der selbst unterschriebenen Kopie der **Empfangsbestätigung**. Letztere sollte man dabei haben und separat aufbewahren. Wichtig ist es, die Nummern der Schecks zusätzlich an einem sicheren Ort zu hinterlegen, falls ggf. auch die Empfangsbestätigung abhanden kommt. Alle Scheckausgabestellen nennen ihren Kunden eine **Rufnummer** für den Verlustfall. Der Anrufer erfährt unter dieser ***Emergency Number*** der nächsten zuständigen Bank.

Banknoten

US-Dollar-Noten – die Scheine lauten auf 1, 2, 5, 10, 20, 50 und 100 Dollar – **unterscheiden sich nicht in der Größe** und wiesen früher immer **dieselbe Farbe** auf: Zahlseite grauschwarz, Rückseite grün (daher auch der Begriff ***Greenback*** für den Dollar). Beim Herausgeben ist deshalb mehr Aufmerksamkeit als hierzulande geboten. Seit ein paar Jahren gibt es Banknoten, denen auf der »grauen« Seite ein rosa Farbton unterlegt wurde.

Der **Dollar** wird umgangssprachlich oft ***Buck*** genannt. Speziell gilt dies bei Fragen nach dem Preis auf Märkten etc. Die Antwort lautet dann z.B. ***»five bucks«***.

Münzen

Münzen gibt es zu 1, 5, 10, 25 und 50 Cents. Die 50-Cents-Münze ist im täglichen Zahlungsverkehr allerdings äußerst selten. Die ebenfalls existierende silberne $1-Münze taucht im Zahlungsverkehr ebenfalls kaum auf. Auch eine **goldfarbene 1$-Münze** ist theoretisch im Umlauf. Aber man sieht sie fast nie; dabei werden angeblich jährlich 300 Mio. Stück nachgeprägt.

Folgende Bezeichnungen haben sich eingebürgert:

Penny 1 Cent ***Nickel*** 5 Cents ***Dime*** 10 Cents ***Quarter*** 25 Cents

Wichtigste Münze ist nach wie vor der ***Quarter***, man benötigt ihn für Automaten jeder Art und gelegentlich auch noch zum Telefonieren an Münzgeräten und für Automaten jeder Art.

Bargeld per EC-Geldkarte

Schon seit Jahren kann man **flächendeckend** auch aus **amerikanischen Bargeldautomaten** (**ATM** = *Automatic Teller Machines*; »*Teller*« ist das amerikanische Wort für Bankschalter) mit einer **EC-Geldkarte** Dollars ziehen, sofern diese das **Maestro-Logo** zeigt und man die Geheimzahl parat hat. Die Kosten sind niedriger als bei Bargeldbeschaffung per Kreditkarte.

ATM

Ein kleines Problem der ATM ist das immer wieder etwas andere Menü der Benutzerführung in englischer Sprache. Unklarheiten, ob nun »*yes*« oder »*no*« zu pressen ist, tauchen da schon mal auf. Häufig wird abgefragt: *»Debit« or »Credit«*? Grundsätzlich heißt dann die Antwort »*Credit*« auch bei der Geldkarte und der Abhebung vom eigenen Konto.

Achtung: Problem mit neueren EC-Karten

Seit 2011 gibt es ein Problem bei Bardollars aus Automaten mit EC-Karte. Einige deutsche Institute geben Karten mit einem sog. EMV-Chip aus, die zwar im europäischen Ausland funktionieren, aber nicht weltweit, sofern sie nicht zusätzlich einen Magnetstreifen besitzen, der von der Bank frei geschaltet werden muss. Wer eine neue Karte mit Magnetstreifen hat und in den USA auf bewährte Art Bargeld am ATM ziehen möchte, sollte vor der Reise unbedingt seine Bank kontaktieren und sich vergewissern, inwieweit er/sie mit der Karte Zugriff auf US-Automaten hat. Mit einer Karte ohne Magnetstreifen kann am US-ATM zur Zeit gar kein Geld ziehen.

Tipp

Besorgen Sie sich Bargeld aus dem Automaten – speziell beim ersten Versuch in den USA – lieber während der Öffnungszeit der Bank. Wenn etwas schiefgeht, lässt sich das dann klären. Bloß nicht den ersten Versuch am Samstag-Nachmittag machen!

Nötige Bardollars

Einen gewisser **Barbestand** für die ersten Ausgaben in den USA (ggf. bereits im Flugzeug, fliegt man mit einer US-Airline) sollte man auf jeden Fall dabei haben. Und zwar am besten **in relativ kleinen Scheinen bis maximal $50**. Mit größeren Banknoten gibt es bisweilen Probleme bei der Annahme. Ein **Vorrat an $1-Noten** darf nicht fehlen. Denn die braucht man ggf. für Gepäckkarren am Airport, für Trinkgelder und für weitere kleine Ausgaben vom Moment des Betretens amerikanischen Bodens an.

Generelle finanzielle Disposition

Eine gute, Risiken mindernde Vorsorge für die Reise ist eine **Mischung der 3 Zahlungsmittel**, wobei es darauf ankommt, wie die Reise gestaltet werden soll. Unter der Annahme, dass man das Fahrzeug für die Reise bereits hier gebucht und weitgehend bezahlt hat, wäre es für Leute, die überwiegend im Hotel übernachten und bessere Restaurants besuchen (d.h., per Kreditkarte zahlen), sinnvoll, zunächst nur etwa 10%-15% der kalkulierten Ausgaben in bar, weitere 20% in Reiseschecks und den Rest per Karte abzudecken. Bei Campingreisen, auf denen tendenziell mehr Ausgaben in bar anfallen, sollte man eine EC-Karte dabei haben, mit der man komfortabel Bardollars ziehen kann, und/oder den Reisescheckbestand erhöhen.

2.3.3 Geldbeschaffung im Notfall

Geld ist weg!

Was tun, wenn Reiseschecks, Dollars und Kreditkarten abhanden gekommen sind und ein Ersatz nicht zu beschaffen ist?

Mit Anruf in der Heimat gibt's nur noch eine sinnvolle Möglichkeit für einen raschen Geldtransfer.

Reisebank/ Western Union

Den bieten von Deutschland aus **Reisebank** und **Post** in Kooperation mit ***Western Union***, einer Unternehmung, die in fast allen Städten Nordamerikas ab mittlerer Größe ein Büro unterhält.

Filialen der Reisebank befinden sich in Bahnhöfen deutscher Großstädte, in Flughäfen und an Grenzübergängen. Nach Einzahlung bei der Reisebank oder Post kann die Summe nach wenigen Minuten in einem *Western Union Office* weltweit in Empfang genommen werden; die Gebühren sind indessen sehr hoch.

Auskunft in Deutschland unter
© 01805/225822 bzw. unter www.reisebank.de

Western Union in den USA:
© 1-800-Call-Cash; www.westernunion.com

Zur Auslandsvertretung

Wenn alle Stricke reißen, bleibt nur der Gang zum nächsten **Konsulat** (Adresse bei der Botschaft, ➤ Seite 142). Die Konsulate helfen nicht mit Bargeld, aber bezahlen ggf. Hotelkosten und Flugticket in die Heimat. Das Außenamt fordert vorgestreckte Auslagen dort sofort wieder zurück.

2.4 Der Flug nach Kalifornien oder Las Vegas

Situation

USA-Flüge kann man im Prinzip in jedem **Reisebüro** buchen. Direktbuchungen im **Internet** sind ebenfalls ohne weiteres möglich, aber oft mühsam und selten preiswerter zu arrangieren als durch eine auf USA-Flüge spezialisierte Agentur.

Übersicht

Im folgenden geht es um Flüge nach San Francisco, Los Angeles und Las Vegas ab Deutschland und den Nachbarländern.

Condor

Condor ist die einzige verbliebene Nicht-Liniengesellschaft, mit der man zu den genannten Cities im Westen der USA fliegen kann. **Non-stop-Flüge** gibt es mit *Condor* allerdings nur nach **Las Vegas**. Andere Ziele, aber auch Las Vegas an Tagen ohne *Condor*-non-stop-Flug werden in Kooperation mit ***Alaska Airlines*** via Seattle oder Anchorage/Alaska bedient. Eine »stille« Problematik aller Sonderflieger liegt bei der Rückreise. Vor Reiseantritt kann man den Flug gegen Zahlung der entsprechenden Gebühren ggf. noch umbuchen, sofern Platz ist. Einmal am Ziel, lässt sich am Rückflug oft nur schlecht rütteln, weil Flugfrequenzen und Buchungssituation kurzfristige Verschiebungen erschweren.

Air Berlin

Air Berlin hat sich mit dem Eintritt in den *Airline*-Verbund ***One World*** vom einstigen Ferienflieger im Prinzip zu einer Linienfluggesellschaft gewandelt. Ab Düsseldorf und Berlin wird eine Reihe von Zielen in Nordamerika mit eigenen Maschinen non-stop bedient, darunter auch – wiewohl saisonabhängig und nicht täglich – San Francisco, Los Angeles und Las Vegas. Außerhalb der Saison und an Tagen, an denen keine non-stop-Flüge zu diesen Zielen stattfinden, übernimmt *American Airlines* den Weitertransport ab anderen *Air Berlin*-Destinationen in den USA.

Komfort klassen Air Berlin & Condor

Beide Unternehmen bieten eine ***Business*** (*Air Berlin*) bzw. ***Comfort Class*** (*Condor*) zu – gemessen an den etablierten Linienfluggesellschaften – relativ moderaten, wenn auch absolut hohen Tarifen. Die bequemeren Sitze und der bessere Service kosten bei ihnen flugterminabhängig ab €1.000 bis über €1500 one-way. Kostenmäßig noch im Rahmen hält sich dagegen ***Premium Economy*** von ***Condor*** mit 15 cm mehr Sitzabstand und besserem Service für einen Aufpreis von €150-200 je Strecke.

Linienflüge

Viele etablierte Linienfluggesellschaften bieten das ganze Jahr über und täglich ab Deutschland oder den großen Airports der Nachbarländer Non-Stop-Flüge nach San Francisco und Los Angeles, aber nicht nach Las Vegas, das mit Ausnahme der entsprechenden Flüge von *Condor* und *Air Berlin* immer ein Umsteigen in den USA erfordert. Auf dem langen Weg zur US-Westküste gibt es daher die Möglichkeit zu Flugunterbrechungen in vielen US-Cities. Die Zuatzkosten solcher sog. ***Stopover*** sind abhängig von der Airline und variieren stark.

Zubringer in Deutschland

Während Flüge mit den in der ***Star Alliance*** kooperierenden Gesellschaften ***Lufthansa*** und ***United Airlines/US Air*** fast immer den Zubringerflug nach Frankfurt, ggf. auch München/Stuttgart/

Berlin einschließen, gilt dies in der Regel nicht für andere Flüge ab Deutschland. Bei ihnen ist für Zubringerflüge zum Startairport ein Zuschlag in unterschiedlicher Höhe fällig, manchmal jedoch ein Bundesbahnticket dorthin im Preis enthalten.

Flüge übers Ausland

Die günstigsten Flugangebote beziehen sich auf Flüge mit den Fluglinien einiger Nachbarländer, u.a. ***Alitalia***, ***KLM***, ***Air France*** und ***British Airways*** bzw. deren Partner in den verschiedenen *Airline*-Allianzen. **Zubringerflüge** nach Amsterdam, Paris, Rom oder London sind immer im Ticketpreis eingeschlossen. Von dort geht es dann non-stop an die US-Westküste. Ob man zunächst von Dresden nach Frankfurt oder Amsterdam, London oder Paris fliegt oder von München nach Rom, ist zeitlich kein sehr großer Unterschied und bei hohen Tarifdifferenzen ggf. erwägenswert.

2

Gepäckfreigrenzen und -kontrolle bei USA-Flügen

Für alle Transatlantikflüge in der ***Economy Class*** gilt: **1 Gepäckstück** nicht über 23 kg und 158 cm (Länge+Breite+Tiefe) wird frei befördert. **Übergepäck** (über 23 kg bis 32 kg und/oder über 158 cm) und/oder zusätzliche **Gepäckstücke werden teuer**. Bei ***Air Berlin*** fallen dafür noch relativ moderate €50 je Flugstrecke an, bei ***Condor*** €20 je Kilo zusätzlich je Strecke, bei der ***Lufthansa*** für Übergepäck über 23 kg bis 32 kg und über 158 cm pauschal €100, für ein zweites Gepäckstück bis 23 kg/158 cm €75. ***American Airlines*** z.B. begnügt sich aber noch mit $60 pro Zusatzstück unter 23 kg/158 cm und ebenso für Übergewicht bis max. 32 kg pro Gepäckstück. Darüber hinaus gelten allerhand Zusatzdetails, die mit den Gesellschaften variieren, ➤ Internetportale der *Airlines*. Wer nicht aufpasst, zahlt für Extragepäck und Gewicht- oder Maßüberschreitungen schnell erheblich drauf. Es sei denn, man bucht *Comfort*, *Business* oder *First Class*. Dann gelten erheblich höhere Freigrenzen.

Handgepäck darf die Größe 55x40x20 cm (z.B. *Air Berlin*), 55x40x23 (*Lufthansa*) oder 56x35x23 cm (andere) nicht überschreiten, **Gewichtslimit 6-8 kg** je nach *Airline*, meist, aber nicht immer **plus Laptop**. Auch was das angeht, sollte man sich vorab genau bei der gebuchten Airline informieren.

Im Handgepäck darf sich kein **Behälter mit Flüssigkeiten, wachs- und gelartigen Stoffen** über 100 ml befinden (offiziell 90 ml, aber 100 ml werden akzeptiert). Alle Behälter mit dieser Beschaffenheit müssen in einer verschlossenen transparenten Plastiktüte stecken, deren Volumen max. einem Liter entspricht.

Gepäckstücke werden im Transatlantikverkehr in großen Stichproben geöffnet und durchsucht. Verschlossenes Gepäck »knackt« man einfach. Also entweder alles von vornherein unverschlossen lassen oder – besser – ***Travel Safe Locks*** verwenden, Zahlenschlösser in unterschiedlichsten Ausführungen und gesicherte Gepäckgurte, die von der amerikanischen Checkinstanz TSA (und angeblich nur von dieser) geöffnet werden können. Erhältlich sind sie in Ausrüstungs-, Sport- und Gepäckshops ab ca. €10/Stück (USA ab ca. $7). Es gibt mittlerweile auch Koffer und Reisetaschen mit eingebauten ***TSA Locks***.

Mehr Information über die *TSA*-Schlossvarianten findet man im Internet z. B. beim Hersteller ***Eagle Creek***: www.eaglecreek.com/accessories/security_id.

Im neuen Superjumbo Airbus A 380 der Lufthansa

BA World Traveler Plus Class

Ein Aspekt, für den sich für manchen vielleicht der Flug über London Heathrow lohnt, ist die ***World Traveler Plus Class*** (= *Premium Economy*) von ***British Airways***. Diese *Premium Economy*-Klasse bietet gegenüber der normalen *Economy Class* in einer separaten Kabine einen höheren Komfort (15 cm mehr Abstand zwischen den Reihen, andere Sitze) und bessere Entertainment-Komponenten. Die Zuschläge dafür betragen zwischen ca. €100 bis €360 pro Strecke je nach Abflugtag und -zeit.

Kindertarife

Für Kinder zwischen **2 und 11 Jahren** wird von ab Deutschland fliegenden Gesellschaften überwiegend 67%-75% des Vollzahlertarifs berechnet. **Kleinkinder unter 2 Jahren** kosten ohne Sitzplatzanspruch zwischen €25 und 10%-15% des Ticketpreises der Eltern. Bei den langen Flügen an die Westküste der USA fragt sich, ob nicht besser für die ganz Kleinen ein Kinderticket mit Sitzplatzanspruch gelöst werden sollte; ➤ auch Seite 40.

Flugticket, Gebühren und Zuschläge

Zu den reinen Ticketkosten kommen **bis über €300 Flughafen- und Sicherheitsgebühren und Kerosinzuschläge** (**one-way**!). Auch **Flüge am Wochenende** sind oft mit Zuschlägen belegt. Üblicherweise werden heute von allen Anbietern von vornherein die **Gesamtkosten** eines Flugtickets genannt, reine Ticketkosten und die Extrakosten aber unterscheidbar ausgewiesen. Dabei erstaunen die oft erheblichen Gebührenunterschiede zwischen den *Airlines* bei identischen Flugzielen zur gleichen Zeit.

Tarifvergleich/ Konditionen

Beim Tarifvergleich ist es nicht ganz unwichtig, die »Nebenbedingungen« zu beachten. Das beginnt bei den **Umbuchungs- und Stornokosten** bei Datenänderung und eventuellem Rücktritt. Auch errechnen sich versteckte Kostenunterschiede für alle, die nicht in der Nähe der Großflughäfen wohnen, aus den Anreisekonditionen und ggf. Abflugzeiten (Übernachtung notwendig?) sowie den Parkgebühren am Flughafen. Die Tarife etwa der **Lufthansa**, die sich auf jeden deutschen *Airport* beziehen, sind für manchen Kunden letztlich preiswerter und auch bequemer als ein nominal günstigeres Konkurrenzangebot, das nur ab Frankfurt oder München gilt und ab Bremen oder Leipzig deutlich teurer kommt.

Flugdauer

Zur Beurteilung der **Verbindungsqualität** sollte man in die zeitlichen Details schauen. **Non-Stop-Flüge ab Mitteleuropa nach Kalifornien** bzw. Las Vegas dauern ca. 11-12 Stunden, zurück etwas kürzer. Mit Zubringerflug von 60-90 min und ausreichender Umsteigezeit von 90-120 min sind daher Verbindungen mit **14-15 Stunden Gesamtdauer optimal**, Verbindungen bis zu 18 Stunden noch erträglich. Alles, was über 20 Stunden hinaus geht, sollte meiden, wer nicht fix und fertig ankommen möchte.

Bei günstigem Ticketpreis und damit verbundenem Umsteigen mit Wartezeit in den USA, ist zu überlegen, ob man die Unterbrechung nicht für ein/zwei Extratage in einer US-City nutzt. Danach ist der Weiterflug nicht mehr so anstrengend.

Flugbuchung im Internet?

Zahlreiche **Internetportale** bieten heute eine scheinbar komplette Information zu Flügen weltweit und mehr und das passende Buchungstool gleich mit, z.B.

www.airline-direct.de	www.ebookers.de
www.expedia.de	www.flug.de
www.flugticket.de	www.mcflight.de
www.skyways.de	www.opodo.de
www.ticketman.de	www.travel-overland.de

Die Portale www.billiger-reisen.de, www.info-reisepreisvergleich.de und www.swoodoo.com vergleichen die Angebote dieser und weiterer Agenturen und listen sie nach Tarifen geordnet. Man sollte meinen, es sei damit ein Leichtes, für den eigenen Flugwunsch das passende und zugleich preisgünstigste Angebot herauszufiltern. Tatsächlich aber ist ein Großteil der vorgeschlagenen Verbindungen nach Los Angeles oder San Francisco ab einem heimatnahen Flughafen oft völlig außerhalb jeder Diskussion mit Flug- plus Wartezeiten auf Airports in Europa und in den USA von weit über 20 bis 35 Stunden und mehrfachem Umsteigen, teilweise Übernachten. Für richtig gute Ergebnisse werden Suche und Buchung in Eigeninitiative im Internet leicht zum zeitaufwendigen Unterfangen. Wobei die Mühe nicht immer mit Erfolg belohnt wird.

In den meisten Fällen lässt sich die Flugbuchung bequemer und sicherer durch eine auf die USA spezialisierte Reiseagentur erledigen, ohne dass dies teurer kommt; oft ist das Gegenteil der Fall. Wer kein passendes Reisebüro kennt oder um die Ecke hat, nimmt zunächst mal im Internet Kontakt auf, z.B. mit www.flywest.de, www.usareisen.com oder www.trans-amerika-reisen.de.

Schweizer sind z.B. bei www.globetrotter.ch gut aufgehoben.

Die Details klärt man dann im direkten Kontakt telefonisch.

Und es ist auch keine schlechte Idee – so lehrt die Erfahrung – bei den passenden Airlines die gewünschten Flugdaten direkt einzugeben, ➤ Liste Seite 60. Da kommen gelegentlich günstigere Verbindungen zum Vorschein als in den Tarif- und Angebotsrechnern im Internet ausgewiesen werden. Und zwar, ohne dass sich dadurch die Ticketkosten nennenswert höher stellen.

Gute aktuelle Informationsquellen für die Flugbuchung mit vielen Hinweisen und Links sind die Portale www.reise-preise.de und www.fliegen-sparen.de.

Information

Die Telefonnummern der wichtigsten **Airlines im USA-Luftverkehr** in Deutschland finden sich in folgender Liste, ebenso deren **Internetadressen**, über die man ggf. auch **Sondertarife** findet:

Airline	Telefon	Internetadresse
Air Berlin	01805/737800	www.airberlin.com
Air France	01805/830830	www.airfrance.com
American	01803/242324	www.aa.com
Austrian Air	01803/000520	www.austrian.com
British	01805/266522	www.britishairways.com
Condor	01805/7677570	www.condor.de
Continental	01803/212610	www.united.com!!!
Delta	01803/337880	de.delta.com
KLM	01805/214201	www.klm.com
Lufthansa	01803/8384267	www.lufthansa.com
SWISS	01803/000337	www.swiss.com
SAS	01803/234023	www.scandinavian.net
United	01803/212610	www.united.com
USAir	01803/000609	www.usairways.com
Virgin Atlantic	0044/870 2909090	www.virgin-atlantic.com

Rückfragen bei Flügen

Für Fragen im Zusammenhang mit der eigenen Buchung oder zur Rückversicherung von Abflugzeiten (auch im Internet oder über Handy-Apps) nutzt man die gebührenfreien Telefonnummern der Fluggesellschaften. Die wichtigsten ***toll-free numbers*** sind:

Air Berlin	1-866-266-5588
Air France	1-800-237-2747
American	1-800-433-7300
Austrian Air	1-888-817-4444
British	1-800-247-9297
Condor	1-800-524-6975
Continental	1-800-525-0280
Delta	1-800-221-1212
KLM	1-800-225-2525
Lufthansa	1-800-645-3880
SWISS	1-877-359-7947
United	1-800-864-8331
USAir	1-800-428-4322
Virgin Atlantic	1-800-862-8621

Toll-free numbers sind von jedem US-Telefon aus zu erfragen:
✆ 1-800-555-1212
oder im Internet unter http://inter800.com

KLM fliegt in Code Sharing mit Delta Airlines ab Amsterdam in die USA

2.5 Vorbuchung des Transportmittels

Die Eignung der verschiedenen Transportmittel für Reisen durch Kalifornien und umgebende Staaten wurde eingangs bereits erörtert, ➤ Seite 33ff. Hier geht es um Details der Alternativen, die noch vor der Reise gebucht werden können und/oder sollten.

2.5.1 Die Pkw-Miete

Voraussetzungen, Buchung, Kosten, Konditionen

Mindestalter

Voraussetzung jeder Wagenmiete ist in ganz Nordamerika neben – natürlich – dem Führerschein*) fast ausnahmslos, daß der/die Fahrer das **21. Lebensjahr** vollendet hat/haben. Für jeden **Fahrer unter 25 Jahren** wird in aller Regel ein **Zuschlag** von mindestens $20/Tag bis $60/Tag (plus Steuern) berechnet. Die Gebühr hängt ab vom Vermieter und vom Anmietort.

Sondertarif »Under 25«

Immerhin aber gibt es von der Firma ***Alamo*** bei Vorausbuchung ein Sonderpaket »***Under 25***« für 21- bis 24-jährige Mieter. Unter 25-jährige Mieter zahlen dabei – bei Entfall des Tageszuschlags – so um die €100 pro Woche mehr als Mieter ab 25 Jahren für **Super Inklusiv Plus** (das etwas billigere Standardpaket gibt's also nicht für junge Leute, ➤ Seite 63). **Wichtig**: Dieser Tarif ist nicht erhältlich bei Vor-Ort-Buchung.

Miete ab 19

Für 19+20-jährige Mieter hat die Firma ***Adventure Travel*** (www.usareisen.com) Angebote ab Los Angeles und San Francisco.

Verleihfirmen und Buchung

Bei hiesigen Reiseveranstaltern, Automobilclubs, zahlreichen Internetagenturen und Mietwagenvermittlern wie ***Holiday Autos***, ***Sunny Cars*** (zu buchen in Reisebüros oder im Internet unter www.holidayautos.de bzw. www.sunnycars.de), ***Mietwagenmarkt*** und ***billiger-mietwagen*** (nur im Internet: www.mietwagenmarkt.de bzw. www.billiger-mietwagen.de) wie auch direkt bei den Verleihfirmen kann man für Kalifornien die ganze Palette gängiger Fahrzeuge buchen. Überwiegend wird dabei mit international bekannten Verleihfirmen wie *Avis, Hertz, Alamo/National* etc., aber auch mit weniger bekannten *Rental Car Companies* wie *Enterprise, Dollar, Thrifty* zusammen gearbeitet.

In Deutschland unterhalten folgende US-Vermieter eigene Büros:

Alamo/	www.alamo.de
National	www.national.de
Avis	www.avis.de

*) In ganz Nordamerika genügt der nationale Führerschein. Es macht aber Sinn, zusätzlich einen **Internationalen Führerschein** dabei zu haben. Denn Regierungsabkommen und die Vorstellungen eines Sheriffs auf dem Land sind zweierlei. Bei Kontrollen oder Unfall leuchtet dem die ***International Driver's License*** eher ein als ein deutschsprachiges Dokument. Da Form und Größe der neueren Führerscheine im Scheckkartenformat dem amerikanischen Pendant entsprechen und selbsterklärend sind, gibt es damit zumindest kaum noch Probleme.

Budget	www.budget.de
Dollar	www.dollar.de
Enterprise	www.enterprise.de
Hertz	www.hertz.de
Thrifty	www.thrifty.de

Pkw-Kategorien

Pkw und Vans können ausschließlich nach **Größenklassen** von *Economy/Subcompact* (Ford Fiesta-Klasse) über *Compact* (wie Ford Focus) bis *Fullsize/Premium* (wie Ford *Lincoln*) und nach **Gattungskriterien** wie ***Convertible*** (Cabriolet), ***SUV*** oder ***Minivan*** gebucht werden. **Bestimmte Fahrzeugmarken und -typen lassen sich nicht reservieren**. Einige Vermieter führen überwiegend die Autos bestimmter Hersteller (z.B. Avis: *General Motors*, Hertz: *Ford)*, aber in allen Flotten finden sich auch koreanische und japanische Marken, selten indessen deutsche. **Dieselfahrzeuge** gehören ebenfalls nicht zu den Flotten der Großvermieter.

Ausstattung

Amerikanische Autos sind häufig etwas komfortabler als europäische Wagen vergleichbarer Größe. Mietwagen besitzen immer ein **Automatikgetriebe, *Air Condition*** und **Radio mit CD-Player**, neuerdings teilweise auch Satellitenradio. Ihr **Verbrauch** ist höher als bei ähnlichen Typen in Europa, hält sich aber heute wegen moderner Motoren und der Tempobeschränkungen (➤ Seite 101) auch bei größeren Fahrzeugen in noch erträglichen Grenzen.

Größe

Bei der Wahl der Größe sollte man sich nicht zu sehr vom Preis leiten lassen; die Unterschiede sind bei den Pkw von Größenklasse zu Größenklasse oft kaum der Rede wert (€20-€50/Woche).

Ein etwas geräumigerer Wagen bietet den Vorteil, dass der Kofferraum nicht so knapp ist. Bei 2 Personen ist ein **SUV** ideal. Ab drei Personen sollte man – speziell auf längeren Reisen – an einen **Minivan** denken (ab ca. €300/Woche).

Tarife und Kostenvergleich

Bei vielen Anbietern sind **kleine Pkw** in Kalifornien 2013 **ab ca. €180 pro Woche** zu mieten (Juli/August plus $30-$50), ***Midsize*** **SUV** (wie *Ford Escape*) kosten **ab €200/Woche, *Cabrios*** (z.B. *Ford Mustang*) **ab €300/Woche**. Ein Vergleich der Angebote von Reise-

Midsize Miet-Pkw im Anza Borrego Desert State Park (Südkalifornien)

Tipp

Ideal für Zelturlauber sind die SUVs (*Sport Utility Vehicle*: Bezeichnung für Großraumjeeps mit/ohne 4WD). Sie bieten viel Platz, hohe Sitzposition und ideale Be- und Entladung hinten. In den größeren Modellen (*Full Size SUV*) kann man zur Not auch (unbequem) schlafen, ➤ Foto Seite 35.

Bei ***Alamo*** gibt es die kleine Version, sog. *Midsize SUVs*, handliche gute Fahrzeuge mit relativ geringem Benzindurst ab ca. €200 pro Woche, also nicht teurer als *Midsize-/Fullsize*-Pkw. Bei *Alamo/National* darf man sich an einigen großen Stationen manchmal das Wunschfahrzeug aus dem Bestand aussuchen (sog. *Choice Line*). Mitunter interessiert sich dann niemand dafür, ob der »*Midsize*«-Bucher sich einen *Full Size SUV* (etwa den *Jeep Cherokee*) greift, der an sich teurer gewesen wäre.

Der auch bei uns wohlbekannte Toyota RAV4 gilt in den USA als Midsize SUV

veranstaltern, von Vermittlungsportalen und der *Rental Car Companies* zeigt für Standard-Pkw-Modelle vielfach keine substanziellen Unterschiede bei den Tarifen, eher für Cabrios und Mini vans. Aber es gibt erstaunliche »Ausreißer« nach oben, so dass ein Preisvergleich lohnt. Dabei sollte allerdings auf die Nebenbedingungen und Tarifinhalte im Einzelnen geachtet werden, damit nicht eine scheinbar preiswerte Miete letztlich teuer kommt.

Tarifinhalt

Bei **Vorausbuchung** sind unabhängig vom Vermieter vor Ort auch im günstigsten Tarif üblicherweise bereits die **Basiskosten**, Umsatz- und Lokalsteuern, **Haftpflicht-** und **Vollkaskoversicherung** enthalten. Außerdem **unlimitierte Meilen**. In Katalogen und Internetportalen sind die Details recht übersichtlich gelistet.

Leistungspakete

Fast alle Tarife sind seit Jahren in sog. **Leistungspakete** unterteilt, deren Bezeichnungen vom Anbieter abhängen, aber durchweg fast identische Inhalte kennzeichnen: »A« und »B«, »Spar Plus« und «Inklusiv Plus«, »Silber« und »Platin« o. ä. Das erweiterte, nicht wesentlich teurere Paket beinhaltet neben den genannten Punkten Zusatzversicherungen, Gebührenentfall für zusätzliche Fahrer und einen vollen Tank »gratis«. Bei kurzer Mietdauer (eine Woche) lohnen sich oft die Mehrkosten des teureren Pakets schon allein durch die bezahlte Tankfüllung. Bei längerer Miete ist sie eher interessant bei Eintragung mehrerer Fahrer.

Bevor man den Vermieter endgültig wählt und »A« oder »B« bucht, sollte man sich über die Tarifinhalte im Klaren sein, um keine Überraschungen zu erleben. Es ist nützlich, Folgendes zu wissen:

Vollkasko

Die **Vollkaskoversicherung** ohne Selbstbeteiligung ist als Tarifbestandteil Standard; sie gilt aber im allgemeinen nur bei Nutzung öffentlicher befestigter Straßen. Bei Übernahme des Wagens in den USA unterschreibt man entsprechende Klauseln. Wer mit dem SUV durch eine reizvolle, aber unbefestigte Wüsten- oder Gebirgsnebenstrecke prescht, darf dabei entstandene Schäden selbst tragen. Auch wer das Fahrverbot im Sommer durchs Death Valley missachtet, hat bei Schäden ausgerechnet dort schlechte Karten. Zumindest unklar ist die Angelegenheit, wenn Schäden auf – ja meist »privaten« – Parkplätzen, etwa von Supermärkten oder Hotels, oder Campplätzen anfallen. Also Vorsicht unterwegs!

Tankregelung

Fast alle günstigen Tarife basieren auf dem vor Ort extra zu bezahlenden vollen Tank – oft zu übertriebenen Kosten. Rückgabe dann leer. Ab er wer riskiert schon die Tankuhrnadel am Anschlag mit der Gefahr, 3 mi vorm Abflugairport liegenzubleiben? Meist schenkt man so dem Vermieter Gallonen teuer bezahlten Sprits. Gelegentlich wird der Restinhalt auch notiert und ein Schätzwert dafür gutgeschrieben. Fahrzeuge, die ohne Berechnung mit vollem Tank übernommen und voll zurückgegeben werden müssen, sind die Ausnahme. In der Regel ist dann der Tarif auch höher.

Kostenlose Einweg-mieten

Alle Tarife gelten zunächst unter der Voraussetzung, dass das Fahrzeug an den Ausgangsort zurückgebracht wird. Einwegmieten sind grundsätzlich kostenpflichtig. Aber im Bereich Kalifornien/Las Vegas ist die Mehrzahl der ***One-way-Rentals*** zwischen den großen Flughäfen San Francisco, Los Angeles und Las Vegas **kostenlos**, teilweise auch generell innerhalb von Kalifornien. Die **Ausnahmen** variieren mit dem Vermieter. So kann etwa San Francisco-Las Vegas kostenfrei sein, aber umgekehrt nicht. Oder eine Abgabe außerhalb der beiden Großflughäfen, z.B. in San Diego, wird berechnet. Kurz: wer im Bereich Kalifornien/Las Vegas ***One-Way-Pläne*** hat, kann mit der »richtigen« Firma Extrakosten dafür vermeiden, muss aber ein bisschen aufpassen.

Kostenpflichtig oder gratis: ***One-way*** **muss immer ausdrücklich gebucht und vom Vermieter rückbestätigt werden**.

Zusatzkosten

Neben in Kalifornien/Nevada nur eventuellen Sonderkosten für eine Einwegmiete können weitere Kosten anfallen, die vor Ort in Dollar beglichen werden müssen. So z.B. **Aufschläge** für junge/ zusätzliche Fahrer, für gerne angebotene, aber meist unnötige **Zusatzversicherungen** oder die Miete eines **Navigeräts**.

Steuern

Wie gesagt sind die staatliche Umsatzsteuer und ggf. anfallende lokale *Airport Taxes* bei vor der Reise bereits in der Heimat gebuchten Fahrzeugen üblicherweise im Tarif enthalten. Bei **Zusatzkosten**, die vor Ort entrichtet werden, kommen **immer *Taxes*** hinzu: In Kalifornien beträgt die ***Sales Tax*** **7,25% plus lokale Steuern in Höhe von 2,5%** plus weitere firmen- und ortsabhängige Zuschläge. In Nevada gelten Umsatzsteuern in Höhe von 6,85% plus lokale 1,25% plus ggf. sonstige Zuschläge.

Die Deckungssumme der Haftpflichtversicherung

Übliche Deckung

Die Frage der Haftpflichtdeckung ist bei Mietwagen in den USA ein wichtiger Punkt, der hier deshalb ausführlich behandelt wird. Es gibt in den USA (sofern vor Ort gebucht wird) tatsächlich Miettarife, die nur eine – wiewohl gesetzeskonforme – Minimaldeckung beinhalten. Sie kann bei lächerlichen pauschal $50.000 liegen.

Aufstockung der Deckung

Derartig geringe Deckungssummen resultieren aus der in den USA personenbezogenen Haftpflichtversicherung: Amerikanische Automieter bringen ihre persönliche (meist bessere) Versicherung mit. Sie gilt unabhängig vom Fahrzeug. Der ausländische Tourist hat keine solche Versicherung, kann sich aber eine Aufstockung beim Vermieter kaufen. Sie heißt *Liability Insurance Supplement* oder *Additional Liability Insurance* (LIS/ ALI) und kostet ab ca. $10/ Tag (plus *tax*) für eine Erhöhung auf $1 Mio.

Die Reiseveranstalter bei uns und die Vermieter kennen die aus Unterversicherung bzw. Zusatzkosten für ALI/LIS resultierende Problematik und bieten ihren europäischen Kunden eine im Tarif bereits enthaltene **Zusatzversicherung über mindestens $1 Mio**, teilweise **€1,7-€2 Mio**. Seit 2013 sind Automieter bei einigen deutschen Veranstaltern sogar bis **€7,5 Mio** zusatzversichert. Wer Risiken minimieren möchte, bucht sein Fahrzeug bei solchen Firmen..

Aufstockung der Haftpflicht-deckung und ggf. Vollkasko via Kreditkarte

Inhaber einiger **Goldkarten** genießen teilweise eine **Kfz-Reise-Haftpflicht-Versicherung** (= Aufstockung, z. B. ADAC Goldcard).

Bei der **Netbank** gibt es sogar eine **Platinkarte**, die sowohl Haftpflichtaufstockung als auch Mietwagen-Vollkasko beinhaltet. Mit der **Lufthansa Goldkarte** ist zwar keine Haftpflichtaufstockung, aber eine Vollkaskoversicherung für Mietwagen verbunden, was das Anmieten von Fahrzeugen vor Ort verbilligt.

Voraussetzung solcher Deckungen per Kreditkarte ist natürlich immer die Zahlung der Mietkosten mit Karte. Wer die Karte einsetzen möchte und Wert auf die Zusatzhaftpflicht legt, sollte »seine« **Kreditkarten-Bedingungen** daraufhin überprüfen.

Fazit

Vorbuchen oder Eigen-initiative vor Ort?

Vergleicht man die Möglichkeiten der Automiete vor Ort mit Angeboten bei uns, ist man mit Vorausbuchung im Allgemeinen besser beraten, soweit die Mietzeit ab einer Woche beträgt. Zwar gibt es drüben durchaus Sondertarife und Discounter, aber dazu muss man sich auskennen und ggf. Zeit investieren. Nicht übersehen werden darf dabei, dass niedrige Basistarife oft mit hohen Versicherungsprämien einhergehen, die bestenfalls Inhaber bestimmter Kreditkarten negieren können, ➤ oben. Die Sicherheit, dass zum Zeitpunkt der Ankunft der Wagen vollgetankt und versichert bereitsteht und keine stressige Suche nach dem günstigsten Tarif anliegt, ist so oder so ein Vorteil.

Zu **Suche und Miete von Fahrzeugen vor Ort in Kalifornien oder Las Vegas** finden sich die Details auf den Seiten 94f.

2.5.2 Die Miete eines Campmobils

Grundsätzliches

Altersgrenze/ Führerschein

Campmobile, welcher Größe auch immer, dürfen prinzipiell mit **Pkw-Führerschein** von Fahrern **ab 21 Jahren** bewegt werden. Niemand kümmert sich dort darum, ob der Mieter einen Führerschein der deutschen alten Klasse 3 bis 7,5 t oder nur einen neuen Führerschein Klasse B bis 3,5 t besitzt, ein Gewicht, das große Campmobile locker übertreffen.

Camper fahren, ein Problem?

Tatsächlich ist das Fahren im Campmobil – zumindest auf breit ausgebauten Straßen – selbst in großen Fahrzeugen einfacher, als es zunächst den Anschein haben mag. Man gewöhnt sich bald an die Größe, die meist etwas schwammige **Straßenlage** und **leichtgängige Lenkung**. Bei starkem Verkehr und auf engeren Spuren im Stadtverkehr und im Umfeld der *Big Cities* kann das Fahren im Campmobil dennoch stressig sein.

Im Gegensatz zum Pkw gibt es im Allgemeinen keinen Aufschlag für Fahrer zwischen 21 und 25 Jahren.

Zu den Fahrzeugtypen

RVs

In den USA gelten Camper vom kleinsten Modell bis zum Riesen-Motorhome als ***Recreational Vehicles*** – Kürzel ***RV*** (sprich: »Arwí«). *RVs* verfügen über 8-12-Zylinder-Motoren, automatisches Getriebe, eine vom Motor abhängige und zusätzliche 110-V-Klimaanlage. Damit verbunden ist ein ausgeprägter Benzindurst, der die Urlaubskasse oft ganz schön strapaziert. Campmobile mit **Dieselmotoren** werden zur Zeit **in den USA nicht** angeboten.

Kategorien

In Kalifornien/Las Vegas sind folgende Campertypen zu mieten:

- ***Van Camper***
- ***Compact RV*** (*Cruise America*)
- ***Motorhome Class C***
- ***Motorhome Class A***

Minicampmobil von Jucy mit Dachzelt im Mai auf der Höhe des Yosemite Park im Schnee, *➤ Seite 71*

Man kann sich alle Fahrzeuge gut im Internet ansehen und dabei auch die kleinen firmenbezogenen Unterschiede entdecken:

www.apollorv.com
www.cruiseamerica.com
www.elmonterv.com
www.moturis.com bzw www.campingworld.com/rvrentals
www.roadbearrv.com

Zu den verschiedenen Typen hier einige Anmerkungen:

Van Camper

Euro Tourer

Neuwertige bis zu 2 Jahre alte *Van Camper* zur Vermietung gibt es im US-Westen zur Zeit nur bei der Firma ***Apollo*** (Los Angeles, San Francisco und Las Vegas). Das kompakte ca. 5,70 m lange Fahrzeug nennt sich ***Euro Tourer*** und ist für zwei Personen ausgelegt (keine weiteren gesicherten Sitzplätze). Dank Hochdach hat es Stehhöhe innen und Ablagen oben, aber keine Betten unter dem Dach. Hinten im Fahrzeug befindet sich der große Tisch-/Sitzbereich, der nachts zum Doppelbett wird. Die Ausstattung bietet üblichen Komfort: Klimaanlagen, Heizung, Kochzeile, Kühlschrank, (enge) Dusche mit Heißwasser, Toilette. Im Grunde ein ideales Fahrzeug für Mieter, die auch in die Städte fahren und mal auf engen *Backroads* unterwegs sein wollen. Leider ist es, obwohl viel kleiner, nur in der Hauptsaison billiger, je nach Anbieter und Saison teilweise sogar teurer als große *Motorhomes*. Immerhin aber kommt es mit weniger Sprit aus (um ca. 15 l/100 km).

Ältere Vans

Ältere *Van Camper* unterschiedlicher Bauart und Ausstattung vermietet die Firma ***Adventures on Wheels***, www.wheels9.com, in Deutschland zu buchen über den Spezialisten für alternative Mietfahrzeuge, ***Adventure Travel***, www.usareisen.com.

Escape Flowerpower Van; alle Fahrzeuge sind unterschiedlich bemalt

Escape Vans

Erst seit kurzem auf dem Markt sind die peppig bemalten umgebauten **Minivans** der Firma ***Escape*** mit Stationen in Las Vegas, LA und San Francisco. Es handelt sich um ältere Vans von Ford oder GM, die als Gebrauchtwagen gekauft werden. Die Umrüstung zum **Einfachcamper** mit ***Flowerpower-Look*** erfolgt jeweils

bei Anschaffung neu durch *Escape*. Die hintere Sitzbank für ggf. zwei zusätzliche Passagiere wird nachts zum Doppelbett. Für sie kann ein Zelt dazugemietet werden. Weitere Details finden sich unter www.escapecampervans.com und www.usareisen.com.

Jucy Champ

Eine neue Variante, die erst 2012 auch von großen USA-Veranstaltern aufgenommen wurde, sind die *Campmobile* von **Jucy**, knallgrüne ***Chrysler Minivans* mit »Dachbett«**. Ähnlich ausgebaut wie die *Escape Vans* handelt es sich hier aber um neuere Fahrzeuge »aus einem Guss«. Als Clou haben sie einen aufklappbaren »Kasten« mit einem 1,20 m breiten Bett auf dem Dach, *Penthouse* genannt. Damit ist das Fahrzeug für 3-4 Personen geeignet, ➤ Foto Seite 67. Zwei Personen haben dadurch viel Platz auf einem Raum von nur ca. 5 m Länge. Alle Details unter www.jucyrentals.com, ebenso bei www.trans-amerika-reisen.de oder www.usareisen.com.

Compact RV und Motorhome Class C

Kennzeichnung

Die **technische Basis** eines *Compact RV* (19 Fuß) und von *Class C-Motorhomes* (23-28/38 Fuß) ist ein *Light Truck* amerikanischer Hersteller (*Ford*, *GM* oder *Chrysler* ohne Aufbauten und nach hinten offenem Fahrerhaus) mit Stahlträgern unterschiedlicher Länge und – bis auf den *Compact RV* – Zwillingsreifen, auf den die verschiedenen, meist 2,60 breiten »Campingkästen« montiert werden. Sie zeichnen sich heute bei allen Modellen durch einen weit über die Fahrerkabine hinausragenden **Dachüberhang** aus. In ihm verbirgt sich ein breites Bett. Das ist nicht nur zum Schlafen ganz gemütlich, sondern auch als Stauraum tagsüber praktisch (die kleine Kletterpartie nach oben bereitet halbwegs gelenkigen Mietern keine Schwierigkeiten).

Nachteilig ist die durch diese Bauweise **eingeschränkte Sicht nach oben** (im Stadtverkehr wegen gelegentlich höherhängender Ampeln und im Gebirge wegen des Ausblicks).

Einrichtung

Ab 23-Fuß-Fahrzeugen gilt: Gasherd, Mikrowelle, Spüle und Kühlschrank haben Haushaltsgröße. Schränke und Schubladen ebenso. Dusche und Toilette sind groß genug, um sich nicht »verbiegen« zu müssen. Sie wachsen mit der Länge des Fahrzeugs, das von vorne bis hinten immer gute Stehhöhe hat. Ein Doppelbett füllt das Achterschiff zusätzlich zur immer auch zum Bett umzubauenden Sitzecke. Bequeme Sessel ergänzen die Inneneinrichtung. Erkauft wird dieser Komfort mit einem hohem Gewicht, das der Straßenlage nicht gut tut, und langen Überständen des Aufbaus über die hintere Achse, die bei RVs ab 25 Fuß abenteuerlich wirken; ➤ Videos der Vermieter im Internet.

Anschlüsse

Das *Motorhome* ist nur dann so richtig komfortabel, wenn es auf dem Campingplatz voll angeschlossen werden kann (*full hook-up*): Wassserschlauch, armdickes flexibles Abwasserrohr und ein mindestens 7 m langes fingerdickes, fest mit dem RV verbundenes Gummikabel 110 V liegen bereit, eventuell auch noch die Antennenleitung für den TV-Kabelanschluss, wenn es nicht sowieso eine

Satellitenschüssel gibt. Und sollte mal in der Wildnis kein Strom da sein, wird der Generator angeschmissen, was aber extra kostet. Mit den Wasser- und Abwassertanks kommt man zur Not 2-3 Tage auch ohne Anschluss hin.

Slide-out

Bereits für die C-Klasse ab 23 Fuß gibt es ***Slide-out***-Versionen, die den Sitzbereich auf komfortable »Wohnzimmergröße« (ca. 3x3 m) ausdehnen, wenn der Campingplatz erreicht ist. Aber das *Slide out* ist schwer und kostet noch mehr Benzin als das Gefährt sowieso schon braucht. Für Mieter, die viel fahren, ist daher *Slide-out* kein Vorteil, nur für den Vermieter, der auf dem US-Markt gebrauchte Camper mit *Slide-out* besser verkaufen kann.

Compact RV 19 Fuß

Der **19-Fuß-RV von *Cruise America*** vereinigt Vorzüge der *Vans* mit denen der Wohnmobile. In ihm sind die Einbauten nicht ganz so wuchtig wie im Standard-*Motorhome* und auch das hintere Bett entfällt. Dafür gibt's einen Sessel extra. Das Fahrzeug wurde eigens für ausländische Mieter konzipiert und ist zeitweise (saisonabhängig) teurer zu mieten als ein Großcamper 25 Fuß.

Kompaktes Motorhome C-19 von Cruise America

Motorhome Class A

Ab 30 Fuß Länge wird aus dem typischen *Motorhome* ein **Riesen-Campingbus**, den man *Class A* nennt, ➢ Foto Seite 77. Die Überhänge verschwinden zugunsten eines integrierten Cockpits über die volle Breite von ca. 2,50 m mit viel besserer Rundumsicht als in den »kleinen« Modellen. An die Stelle eines Alkovenbetts tritt ein Doppelbett, das nachts über den Vordersitzen abgesenkt werden kann. Das Schlafzimmer hinten ist vom Wohnbereich separiert, die Nasszelle wird darin zum echten Badezimmer.

Welchen Camper?

Größenwahl Motorhome

Bei der Entscheidung für die individuell richtige Größe darf man seine eigentlichen Urlaubsabsichten nicht aus dem Auge verlieren. Je größer das *Motorhome,* umso weniger eignet es sich für Abstecher auf engen Straßen zu mitunter besonders reizvollen

Groß-Wohnmobil von Apollo auf einem Campingplatz mit Vollanschluss und ausgefahrenem Slide-out,
➤ Text links

Zielen oder Campingplätzen und in verkehrshektischen Bereichen. Wer mit einem *Van* nicht auskommt, sollte deshalb die Miete des 19-Fuß Compact RV erwägen. Es sei denn, ruhiges Reisen mit längeren Verweilperioden und/oder ein höherer Komfort- und Platzbedarf (mehr als 2 Personen) stehen im Vordergrund.

Benzinkosten

Ein weiteres Kriterium für die Entscheidung könnten auch die Benzinkosten sein. Der **Preis für Benzin** schwankt stark. Zur Zeit (Anfang 2013) kostet die Gallone Normalbenzin in Kalifornien im Mittel etwa **$3,60**, also $0,95/Liter bzw. um **€0,76** pro Liter (€1,00 = $1,25). Eine geringe Ungenauigkeit an dieser Stelle beeinflusst die Gesamtrechnung kaum. Bei Campmobilen sollte man – außer bei den *Vans* und Compact RVs (da um 16 Liter/100 km) – nicht unter 22 Liter/100 km rechnen bzw. mehr bei großen Fahrzeugen ab 25 Fuß. Die Spritkosten stellen sich bei 22 l/100km auch schon auf €17,00. Eine Reise über 3000 km durch Kalifornien kommt dann allein fürs Benzin auf ca. €500.

Welche Firma?

Man könnte auch fragen, welcher Vermieter **das beste Preis-/Leistungsverhältnis** und guten Service bietet:

Jedoch ist ein objektiv haltbares Urteil dazu kaum möglich, ein wesentlicher Aspekt aber, dass die Fahrzeuge in einem Zustand sein sollten, der technischen Ärger während der Reise möglichst vermeidet. In der Vergangenheit kamen den Autoren speziell zu den Firmen *Moturis*, *El Monte* und *Roadbear* negative Berichte nie bis sehr selten zu Ohren, eher das Gegenteil.

Moturis gehört seit 2008 der RV-Ausrüsterkette *Camping World*. Einen wichtigen Vorteil hat *Camping World* allemal: die nächste Vertretung ist selten weit, im Fall von technischem Ärger daher kompetente Hilfe meist in Reichweite.

Zu den größeren Van-Vermietern lässt sich noch nicht viel sagen. Mit Ausnahme von *Adventure on Wheels* sind sie alle erst vor kurzem in das USA-Geschäft eingestiegen. *Jucy* und *Apollo* expandierten beide von Australien/Neuseeland aus nach Amerika und halten dort schon nach wenigen Jahren erstaunlich gut mit.

Kosten und Konditionen

Tagestarife

Camper sind in den USA außer in der absoluten Nebensaison (etwa Mitte Oktober bis Mitte April) ein recht **teures Vergnügen**. Zu (täglich schwankenden!) Basis-Tagestarifen kommen Übergabegebühren/Endreinigungskosten, Pauschalen für die Ausstattung des Wagens mit Campingutensilien und Bettwäsche, Zusatzversicherungen, Zuschläge für Wochenend- und Vormittag - übernahme u.a.m.

Meilen und Meilenpakete

Die **Standardtarife** beziehen sich auf 0 mi, 60 mi oder 100 mi pro Tag. Mehrmeilen kosten bis $0,40 pro Meile plus *tax*. Statt einer Meilenabrechnung können zusätzliche Pauschalmeilen/Tag (+40, +100 etc.) oder 500-mi-Pakete gekauft werden.

Auch **unbegrenzte Meilen** sind zum Pauschaltarif oder als Tageszuschlag auf den Grundtarif erhältlich. Die Details wechseln von Firma zu Firma und in schöner Regelmäßigkeit von Jahr zu Jahr.

Meilenpakete und Pauschalen für unbegrenzte Meilen sind indessen vor Ort nicht verfügbar. Sie müssen hier vorgebucht werden. Das bedingt eine gute Vorausplanung der Route inkl. Meilenschätzung, damit man sich nicht für die falsche, sprich zu teure Variante entscheidet. Denn für nicht verbrauchte, aber gebuchte Meilenpakete gibt es keinen Ersatz, ebensowenig für unlimitierte Meilenkosten, wenn man am Ende mit der Abrechnung der Meilen besser gefahren wäre.

Internet-/ Frühbuchung

Frühbucher erhalten bei allen Vermietern unterschiedliche, z.T. sehr hohe Rabatte über sog. Flextarife, zusätzlich oft auch bei Internetbuchung, was zusammen die Kosten spürbar senken kann, ➢ Kostenbeispiele auf den Seiten 77ff.

Specials

Alle Vermieter offerieren in Abhängigkeit von der Buchungslage und von im voraus bekannten Ungleichgewichten bei der Buch - ungssituation für verschiedene Standort sog. ***Specials***. Teilweise sind sie schon bei unseren Veranstaltern zu finden, teilweise aber auch nur auf den Internetportalen der Vermieter. Es macht für zeitlich und geographisch flexible Mieter Sinn, danach zu suchen.

Preisvergleich

Es ist heute nicht mehr nötig, zum Preisvergleich mühsam Tarife und Nebenkosten zu addieren, denn Reiseveranstalter nehmen dem potenziellen Kunden die Mühe der Endpreisermittlung ab. Auf einer Reihe von Internetportalen führt die Eingabe der Daten und Anklicken aller gewünschten »Extras« (Zusatzversicherung, Meilenpakete etc) rasch zum Ergebnis.

Konditionen

Einige Details der Bedingungen bedürfen aber einer Erläuterung:

One-way

- **Unterschiedliche Ankunfts- und Abflug-Airports** erlauben un - ter Umständen attraktivere Reiserouten als die Rückkehr zum Ausgangspunkt. Das ist zwischen den hier vor allem interessanten Stationen Las Vegas, LA und San Francisco durchweg möglich, teilweise sogar kostenfrei, aber überwiegend mit Einweg-Zuschlägen belegt.

Death Valley National Park

- Für die Durchquerung des **Death Valley** gelten saisonale Beschränkungen (z.B. »nicht von Juni bis Oktober«). Die Nichtbeachtung bedeutet: alle Fahrzeugrisiken während der Durchquerung liegen beim Mieter. Wenn's gut geht, o.k., sonst war's ein teurer Spaß. Dennoch riskieren das nicht wenige.

Haftpflicht-Deckungssummen

- Die **Haftpflichtdeckungssumme** ist auch bei den Campern ein wichtiger Punkt. Campmobile sind in den USA wie Miet-Pkw oft nur mit der gesetzlich minimalen Summe abgesichert, ➤ Seite 66. Daher ist auch für Camper, die über hiesige Veranstalter gebucht werden, durchweg eine Aufstockung der Haftpflicht auf eine Deckungssumme von $1 Mio. bis zu €2 Mio. im Tarif enthalten. Wenn keine Zusatzdeckung existiert, kann der Mieter ggf. durch Zahlung mit der »richtigen« Kreditkarte für eine bessere Absicherung sorgen, ➤ Seite 66.

CDW

- Die **Abkürzung CDW** steht für *Collision Damage Waiver* (manchmal auch **LDW**, L für *Loss*) und suggeriert Freistellung von Kosten im Schadenfall. Faktisch ist sie immer in den Campertarifen enthalten, beinhaltet aber hohe Eigenbeteiligung bei Schäden am Fahrzeug (unabhängig davon, wer der schuldige Verursacher sein mag, zahlt der Mieter zunächst immer). Bei bestimmten Schäden (z.B. bei vom Dach abrasierter Klimaanlage und bei Unterbodenschaden) und Schäden, die auf nicht öffentlichen Straßen eintreten (z. B. Zufahrt zum Campingplatz), haftet der Mieter selbst mit CDW ggf. unbegrenzt.

VIP

- Die **Zusatzversicherung** mit der seltsamen Bezeichnung **VIP** (*Vacation Interruption Policy)* ergänzt CDW/LDW. Sie kostet vor Ort bis zu $20/Tag (plus Steuern), ist aber heute ebenfalls in den meisten bei uns angebotenen Tarifen enthalten (worauf man achten sollte!). Sie reduziert von CDW nicht abgedeckte Schäden und in anderen Fällen die Selbstbeteiligung. Letztere kann durch eine Sonderversicherung (€4/Tag) über den Veranstalter (nicht vor Ort) weiter reduziert bis ganz eliminiert werden. Im Fall grober Fahrlässigkeit, wie immer das definiert sein mag, haftet der Mieter meist auch mit VIP.

Klein - gedrucktes

- Die Detailregelungen bezüglich der Versicherungen etc. stehen »kleingedruckt« in den Unterlagen, die der Mieter bei Übernahme des Fahrzeugs meist ungelesen unterschreibt. Wer es vorab genau wissen will, sich vor allem für die in dieser Hinsicht beachtlichen Unterschiede zwischen den Vermietern interessiert, findet die jeweiligen AGBs im Internet.

Kaution

- Die **Höhe der Kaution** bei Übernahme des Campers ist unterschiedlich ($500-$1.000). Sie fällt immer an, kann normalerweise aber nicht bar geleistet werden. Üblich ist die Blankounterschrift auf einem Kreditkartenformular. Oder aber die Summe wird auf einem Formular eingetragen bzw. ausgedruckt und vom Mieter unterschrieben. Ggf. bucht man sie tatsächlich ab unter Verrechnung bei Rückgabe bzw. Erstattung, wenn keine $-Kosten anfielen.

Solche Busse – hier auf einem Wüstenplatz im Death Valley Nat'l Park – nennen sich Class A-Motorhomes. Auch sie sind bei den großen Wohnmobilvermietern verfügbar.

2

2.5.3 Ein Kostenvergleich: Camper versus Pkw/Zelt und Pkw/Motel (3 Wochen)

Nach einem Durchrechnen der Kosten, besonders für die Hochsaison, wird mancher vielleicht noch einmal seine Priorität für einen Camper in Frage stellen und die Alternativen Miet-Pkw mit Zelt und/oder Motel/Hotel bedenken. Hier eine Gegenüberstellung der Kosten für konkrete Fälle auf aktueller Basis 2013:

Campmobil oder Pkw/SUV mit Zelt

Annahmen und Details

Ausgangspunkt der folgenden Vergleichsrechnung sei ein 3-Wochen-Urlaub von **2 Personen im Juni ab/bis Los Angeles**. Dabei fallen **18 Tage Campermiete** an bzw. **3 Wochen SUV-Miete**.

Hier sei ein aus dem Internet (www.trans-amerika-reisen.de) entnommener **Frühbucher *Special*-Inklusivpreis** (*Camping Kit, Preparation Fee*, VIP und Haftpflichtaufstockung auf €2 Mio) für einen ***Cruise America C19* Camper** von **€1.853** inkl. aller Meilen zugrundegelegt (in der Saison **Juli/August** kostet dieses wie andere *Motorhomes* ohne Frühbuchung glatt das Doppelte!). Der kleine Camper brauche 16 l/100 km bei einem Literpreis von ca. €0,76/l (entspricht ca. $3,60 pro Gallone zu 3,8 l – Anfang 2013).

Ein ***Midsize SUV*** (*Ford Escape*) kostet inkl. Vollkasko,lokalen Steuern und Haftpflichtaufstockung auf €2 Mio (ohne »Gratis - tankfüllung« und Zusatzfahrer) z.B. bei ***Alamo/National*** über Trans Amerika Reisen für die hier anliegenden 18/19 Tage bis zu 21 Tagen **€699**. Angenommener Verbrauch: 12 l auf 100 km.

Beide Wagen fahren insgesamt 3.000 mi (4.800 km):

Berechnung

Camperkosten

18 Tage Miete etc. (➤ Text)	€1.853
Benzinkosten ca.	€ 584
Höhere Campinggebühren als Zelt ca. (angenommene +$20 bzw. €16/Nacht)	€ 288
Gesamtkosten Camper	**€2.725**

Pkw/SUV-Kosten

3 Wochen Miete	€ 699
Benzinkosten ca.	€ 438
Gesamtkosten Pkw	**€ 1.137**

Differenz

Die Differenz beträgt zunächst stattliche **€1.588**. Selbst bei Miete eines *Jucy Champ* würde sich noch eine Differenz von bis zu €1.000 ergeben (je nach Campingkosten). Zeltcamper müssten aber wohl entweder für Übergepäck retour mindestens €100 investieren oder Ausrüstung in den USA dazukaufen, ➤ Seite 33. Das vermindert weiter die Differenz. An Regen- und Stadttagen kämen möglicherweise noch Unterkunftskosten hinzu. Es ist in diesem Fall ein Rechenexempel und eine Frage der persönlichen Bewertung der Alternativen, was den Vorzug erhält.

Hochsaison

Wer in der Hochsaison unterwegs sein möchte oder muss, zahlt für den 19-Fuß-Camper und ebenfalls als Frühbucher plus €825, ohne Frühbuchung sogar bis €1.800 mehr, während sich die SUV-Miete nur um ganze €111 erhöht. Die Höhe der Campingkosten ist überwiegend saisonunabhängig.

Zeltcamping im Joshua Tree Park

Campmobil oder Pkw/SUV mit Motel/Hotel

Details

Aufschlussreich ist auch der Vergleich zwischen Camper und Pkw/Motel. Dabei sind die oben nur als Differenz berücksichtigten **Übernachtungskosten** explizit mitzurechnen.

Nimmt man nun (im Juni, noch Nebensaison!) **Motelkosten** in Höhe von **$100 pro Nacht** inkl. Steuern an (➤ Seite 110), für ein Campmobil moderate **$40 Campgebühren täglich** und – für beide Fälle – je eine erste und letzte Nacht im Stadthotel für je $180, dann ergibt sich bei einem **Wechselkurs** von **$1,00=€0,80**:

Berechnung

Camperkosten plus Übernachtung

Reine Fahrzeugkosten (➤ links: €1.853+€584)	€2.437
Campingkosten 18 Nächte zu €32 ($40) ca.	€ 576
Hotelkosten 2 Nächte	€ 288
Gesamtkosten Camper	**€3.301**

Pkw/SUV-Kosten plus H/Motelübernachtung

Fahrzeugkosten (➤ links unten)	€1.137
Übernachtungen (€288+18x €80)	€1.728
Gesamtkosten Pkw	**€2.865**

Differenz

Zwar liegen unter diesen Annahmen die Kosten für die Campervariante noch um **€436** über der Motelreise, aber die Übernachtungskosten sind relativ variabel. Sie können zwar – je nach Anspruch und unterwegs angetroffenen Gegebenheiten – durchaus niedriger, aber auch leicht höher ausfallen. Einer Ersparnis stehen höhere Kosten für Mahlzeiten gegenüber, da bei der Kombination Pkw/SUV+Motel die Selbstverpflegung schwieriger ist.

Hochsaison

Etwas anders sieht es aus in der Hochsaison, wenn Campmobile besonders teuer sind. Im berechneten Fall mit Frühbuchung kommen für den Camper €825 hinzu, beim SUV-Mieter €111 und höhere Übernachtungskosten, hier sei angenommen ca. €300 (aus +$20 pro Tag). Die Differenz steigt dann von €436 auf €850 bei sonst gleichen Gegebenheiten. Wem keine Camperfrühbuchung gelingt, hat es sogar mit einer Differenz von €1.824 zu tun. Und für Leute, die im Schnitt günstiger als für $120/Nacht unterkommen, steigt sie rechnerisch rasch auf über €2.000. Man müsste in Cafeterias und Restaurants schon täglich kräftig zulangen, um in 20 Tagen eine solche **Differenz** aufzufuttern.

Fazit

Camper genüber Pkw mit Zelt oder Billigquartier

Die **Reisekasse** schont gegenüber einer Campermiete erheblich, wer in der Hochsaison Pkw oder SUV mietet und in **Zelt** und/oder im ***Hostel***, gelegentlich im **Billigmotel** ($50-$60) übernachtet. Das gilt in geringerem Maße auch noch im Juni und im September. Davor und danach kommt ein (kleineres) Campfahrzeug, erst recht der ***Jucy Champ*** mit überschaubarem Benzindurst den Kos - ten der Mietwagenfahrer mit Zelt/Billigunterkunft schon näher.

Fazit Camper gegen Pkw/SUV +Motel

Wer gegenüber der Motelübernachtung klare Prioritäten pro *RV* hat, wird **bis Juni und ab September** inklusive der Ersparnisse aus Selbstverpflegung mit einem (kleinen) Campmobil die geringen Mehrkosten verschmerzen oder sogar Kostenvorteile realisieren können. Viel teurer wird's nur im Juli/August, ➤ oben.

Kostenteilung Campmobil

Ökonomisch ist ein dann größeres *Motorhome* sogar in der Hauptsaison kaum schlagbar, wenn Frühbucherrabatte genutzt werden und sich zwei Parteien mit vier oder mehr Personen, die sonst zwei Motelzimmer buchen würden, die Fahrzeugkosten teilen.

2.5.4 Öffentliche Verkehrsmittel

Bereits eingangs wurde die Eignung von Bus oder Eisenbahn für eine Reise in/durch Kalifornien mit Skepsis beurteilt, ➤ Seite 37. Andererseits kommt es auf die persönlichen Präferenzen an.

Greyhound

Greyhound-Tickets heute

Da es 2013 *Greyhound Discovery Pässe* nicht mehr gibt, muss man sich für Busreisen die gewünschten Einzeltickets im Internet zusammenkaufen, für die es je nach Vorbuchungszeitraum, Wochentag, Abfahrtszeit, Auslastung etc. variable Tarife gibt, ganz so wie bei einigen *Airlines*. Immerhin ist damit der Sitzplatz gesichert. Wer viel Mühe in Routenplanung und Herausfinden jeweils besonders vorteilhafter Verbindungen und Zeiten steckt, kann zwar mit dem *Greyhound* immer noch preiswert unterwegs sein, muss dafür aber aus diesem Grund hohen Aufwand treiben. Außerdem erhält man keine *Discounts* auf zusätzliche Tickets für Regionalbusse zu Zielen, die mit *Greyhound* direkt nicht zu erreichen sind wie vor allem viele *National* und *State Parks*.

Information und Netz in Kalifornien

Aktuelle **Informationen** und eine Karte mit dem **Streckennetz** zum *Download* und mehr gibt's im Internet: www.greyhound.com. Der untere linke Quadrant der heruntergeladenen Karte lässt nach Vergrößerung die in Zentral-/Südkalifornien bedienten Routen erkennen und auch – wie gesagt –, dass sie allesamt weit abseits der meisten Naturparks verlaufen.

Indirekte Zusatzkosten

Daher und außerdem ökonomisch macht der *Greyhound* für eine Kalifornienreise keinen besonderen Sinn. Autofahrer können sich zudem preiswerter selbst versorgen und **Zeltplätze** oder **billigere Quartiere** finden, die weitab der Busstationen liegen; Buspassagiere sind auf **Cafeterias** und ***Fast-Food*** angewiesen und müssen nicht selten mit überteuerten und/oder schäbigen **Unterkünften im Umfeld der *Terminals*** vorlieb nehmen. Im Schnitt lassen sich mit Auto die Übernachtungskosten der Busbenutzer deutlich unterbieten oder bei besserem Standard locker egalisieren.

Beurteilung

Das berücksichtigt kostet der *Greyhound* selbst für Einzelreisende rasch mehr als eine Fahrt im Mietwagen, zumal auch noch Ticketkosten für Zubringerbusse hier und dort hinzukommen. Nur junge Leute unter 25 Jahren reisen ggf. günstiger, ➤ Seite 61.

Ab zwei Personen sind der *Greyhound* und andere Linienbusse als Transportalternative ökonomisch indiskutabel.

Kalifornienreisen per Bus sind daher eher etwas für junge Leute, die (noch) kein Auto mieten können und für alle, die eindeutige Präferenzen für öffentliche Verkehrsmittel haben.

Green Tortoise Adventure Travel

Green Tortoise

Wer unterwegs stärker den **Kontakt zu anderen** – Amerikanern wie Touristen aus aller Herren Länder – sucht, ist mit den Bussen von ***Green Tortoise*** (sprich: Tortis) besser, sicher aber origineller bedient als mit *Greyhound.*

Im hinteren Teil der Busse sind statt der Sitze Schaumgummimatratzen (während längerer Fahrten entfällt damit das Übernachtungsproblem) und im vorderen Bereich Tische installiert. Musizierende Passagiere sind erwünscht. Halt macht der Busfahrer dort, wo die Mehrheit es wünscht. Einkauf und Essenszubereitung erfolgen gemeinschaftlich.

Die **»Grüne Schildkröte«** residiert in San Francisco und verkehrt regelmäßig auf verschiedenen Routen durch Kaliforнen. Außerdem gibt es Trips durch die Nationalparks des Westens und zu Mexikos Baja California.

Alles dazu (nur auf Englisch) unter www.greentortoise.com.

AMTRAK

Railpässe

Die Dachorganisation amerikanischer Eisenbahngesellschaften **AMTRAK** bietet für Eisenbahnfans sog. ***Rail Passes***. Sie gelten in den riesigen USA für das gesamte 25.000 Meilen-AMTRAK-Netz, ➢ Abbildung im Internet unter www.crd.de/amtrak. Dort kann man die Pässe auch erwerben. Im Verhältnis zu den Kosten für Einzeltickets ergeben sich mit dem Pass ggf. rasch Ersparnisse.

Netz in Kalifornien

AMTRAK bedient in Kalifornien nur zwei Nord-Süd-Strecken und das bestenfalls nur je einmal täglich in jede Richtung:

- ab San Diego über Los Angeles bis Pismo Beach zunächst an der Küste entlang und dann hinter dem Küstengebirge weiter nach San Francisco sowie von Bakersfield nach San Francisco und von dort via Sacramento bis Seatttle.
- außerdem drei Stränge ab LA und San Francisco nach Osten; Las Vegas liegt an keiner dieser Routen, wohl aber Reno.

Auf die Fahrpläne von Amtrak abgestimmte **Buszubringer** verkehren zu den Nationalparks *Yosemite*, *Sequoia* und *Grand Canyon* sowie zu stark besuchten touristischen Zielen wie Palm Springs, Monterey/Carmel und Santa Cruz. Dafür fallen **Extrakosten** an.

Kosten 2013

Der Preis für einen ***Rail Pass*** für das gesamte Netz (Pässe für Teilbereiche unterteilz nach Haupt- und Nebensaison gab es früher, jetzt aber nicht mehr) beträgt ganzjährig:

$439 für 15 Tage (aber begrenzt auf nur 8 Fahrten/Teilstrecken)

$669 für 30 Tage (begrenzt auf 12 Teilstrecken)

$859 für 45 Tage (begrenzt auf 18 Teilstrecken)

Reservierung

Ähnlich wie für Flugreisen besteht für die meisten Züge Reservierungspflicht. Für spontane Entschlüsse bleibt da wenig Raum. Einfach zum Bahnhof gehen, rasch ein Ticket kaufen und in den Zug springen, funktioniert meist nicht oder nur mit viel Glück.

Bombastisches Foyer des Grand Californian Hotel, das zum Disneyland-komplex in Anaheim gehört. Wer dort übernachten möchte, sollte im voraus reservieren

2.6 Vorbuchung von Unterkünften

Mietwagen und reservierte Unterkunft

Im Rahmen der Erörterung von Vor- und Nachteilen verschiedener Reisealternativen (➤ Seite 31f) war bereits von Rundreisen die Rede, die sich auf die Kombination **Mietwagen und vorausgebuchte Hotels** beziehen. Kritisch beurteilt wurde die damit unumgängliche Vorabfestlegung der Tagesetappen, die einen Teil der mit dem Auto an sich verbundenen Flexibilität zunichte machen kann. Indirekt suggerieren derartige Angebote obendrein, es gäbe unterwegs leicht Schwierigkeiten, ohne Reservierung angemessen unterzukommen.

Kapazitäten

Grundsätzlich ist aber gerade das in Kalifornien nicht sehr häufig der Fall. Im Umfeld vieler Städte und Touristenattraktionen gibt es – saisonabhängig – oft **Überkapazitäten** mit erfreulichen Auswirkungen auf die Effektivpreise, wenn weniger los ist.

Tarifsituation

Für die großen City- und Airporthotels findet man relativ günstige Übernachtungstarife heimischer Reiseveranstalter auch bei Einzelbuchung (d.h. unabhängig von als Paket zu buchenden Mietwagen-/Hotel-Reisen), die bei Eigeninitiative vor Ort oder selbst im Internet teilweise schwer zu realisieren sind.

Außerhalb der Cities ist die Chance groß, bei spontaner Buchung ohne Qualitätsabstriche preiswerter zu übernachten als bei Vorbuchung. Zudem gibt es viele günstige, durchaus nicht schlechte Alternativen, die in keinem Katalog bzw. Internetportal stehen.

Wann vorbuchen?

Grundsätzlich ist die Buchung von Unterkünften nur in folgenden Fällen bereits vor Reisebeginn ausdrücklich zu erwägen:

1. **Für die erste(n) Nacht/Nächte** in der Ankunftscity (Mieter von Campmobilen **müssen** ohnehin mindestens eine Übernachtung zwischen Transatlantikflug und Übernahme legen).
2. für **beliebte Hotels** w.z.B die ***Queen Mary*** in Long Beach/Los Angeles und eine Reihe von ***National Park Lodges***, in denen man nur bei langfristiger Voranmeldung unterkommt.
3. bei speziellen **Großveranstaltungen** und ganz allgemein Sportgroßereignissen oder Messen und Tagungen, deren Daten man als Tourist im Vorwege aber meist nicht kennt.

Mit saisonalen Einschränkungen gilt das auch noch

4. für **Wochenendübernachtungen** in der Umgebung von Touristenattraktionen und Nationalparks
5. für die **letzte Nacht** vor dem Abflug in Airportnähe.

2

City Hotels

Zu 1: In **San Francisco** im Sommer generell und in **Las Vegas** freitags und samstags ist diese Reservierung unabdingbar, möchte man nicht Gefahr laufen, nur noch in einem »Loch« und/oder zu Höchstpreisen unterzukommen. Um nach langem Flug Stress zu vermeiden, spricht auch anderswo viel dafür, die ersten Nächte schon mal geregelt zu haben, besonders wenn die Vorbuchungstarife günstig sind, w.z.B. im Bereich des *LA Airport*.

Populäre Hotels

Zu 2: Populäre und persönlich stark favorisierte Häuser kann man gar nicht früh genug buchen. Neben der ***Queen Mary*** in Long Beach kämen z.B. das ***Hotel del Coronado*** in San Diego oder in den Nationalparks das ***Awahnee Hotel*** im *Yosemite oder* die ***Grand Canyon Lodge*** am Nordrand der Schlucht in Frage. Auch das ***Mission Inn*** in Riverside, ➤ Seite 427, oder das ***Madonna Inn*** in San Luis Obispo, ➤ Seite 331, wären hier zu nennen,

Veranstaltungen/ Feiertage

Zu 3: Eine Liste großer **Veranstaltungen** und ihrer Termine findet sich ab **Seite 153**. Außerdem gilt: Montags-Feiertage und die daraus resultierenden langen Wochenenden markieren häufig auch **Veranstaltungsdaten**. In erster Linie sind das der ***Memorial Day*** und das ***Labor Day Weekend*** (letztes Wochenende im Mai bzw. erstes Wochenende im September) und auch das Wochenende um den **Nationalfeiertag des 4. Juli** herum, wenn der auf einen Freitag, Samstag oder Montag fällt. **Dann ist halb Amerika auf Achse**, und man tut gut daran, das bei der Planung zu berücksichtigen.

Wochenenden

Zu 4: Für die »normalen« Wochenenden (Freitag-/Samstag- ggf. noch Sonntagnacht) gilt, dass viele Airport- und City-Hotels halb - leer stehen und deshalb mit reduzierten Tarifen werben. Dort braucht man sich also wenig Sorgen zu machen, es sei denn, die City oder ein Ort an sich ist eine **Touristenattraktion** (z.B. Carmel oder ganzjährig San Francisco und San Diego).

National- und State Parks

In Kalifornien wird es vor allem in den **Nationalparks *Yosemite*** und ***Sequioa*** in der Saison und an Wochenenden in den park - eigenen Unterkünften und **auch im Umfeld oft rammelvoll**. Das gilt ebenso mit stärkerer saisonaler Schwankung für den ***Death Valley National Park*** (Saison ist dort aber erst ab Ende Oktober bis Mai), den ***Joshua Tree NP*** und begrenzt auf bestimmte Zeiten (siehe Reiseteil) auch *State Parks* wie die ***Anza Borrego Desert*** oder die ***California Poppy Reserve***. Die im Kapitel »Abstecher ab Las Vegas« beschriebenen Nationalparks ***Grand Canyon***, ***Bryce*** und ***Zion*** gehören ebenfalls zur Gruppe der meist ziemlich stark besuchten bis überlaufenen Ziele.

Dennoch genügt in den meisten Fällen die Reservierung ein paar Tage bis zu einer Woche vorher; USA-Telefonnummern und Internetadressen der wichtigsten Motelketten ➤ Seite 112. Wenn jedoch nach Ankunft in San Francisco am Mittwoch schon am Freitag/Samstag der ***Yosemite*** und/oder ***Sequoia Park*** auf dem Programm steht, sollte man besser längerfristig vorgesorgt haben.

Vor Abflug

Zu 5: Es beruhigt die Nerven, wenn die **letzte Nacht in Amerika** gebucht ist. Selten aber starten Flüge nach Europa von Flughäfen des US-Westens am Vormittag. Deshalb braucht man sich kein Hotel in unmittelbarer Airportnähe zu suchen. Sollte der Rückflugtermin auf Samstag oder Sonntag fallen, übernachtet man indessen gerade dort oft preiswert, ➤ z.B. in LA, Seite 355.

Hotel-/ Motelketten

Zur Kenntnis der Verteilung (Standorte) und offizieller Vor-Ort-Tarife, aber auch vieler Häuser im Einzelnen kann man sich bereits vor der Reise schon mal auf den Internetportalen der US-Hotel- und Motelketten umsehen, ➤ Liste auf Seite 112.

Voraus-buchung im Internet

Alle Hotels können auch über Hotelbuchungsportale wie www.hrs.de oder www.booking.com reserviert werden. Speziell bei langfristiger Vorausbuchung außerhalb der absoluten Hochsaison läuft man dabei Gefahr, relativ teuer zu buchen. Denn vor Ort schwanken die Auslastungen unvorhersagbar und damit auch die Höhe der Zimmerpreise am Ankunftstag. Nicht zu sehr beeindrucken lassen sollte man sich von Hinweisen auf den Buchungsplattformen wie »nur noch 3 Zimmer verfügbar«, wenn die Anfrage zwei Monate vor der Reise erfolgt und sich weder auf ein Wochenende bezieht noch ein Sonderereignis ersichtlich ist.

Alle weiteren Informationen zu Preisen, Buchung und Reservierung von Hotels und Motels <u>während</u> der Reise liefert Kapitel 3.5 im Unterwegs-Teil (ab Seite 107ff).

Wunderbar an der Bucht von Morro Bay (Nähe Hwy #1) gelegenes ketten-unabhängiges Hotel, nur einer von vielen Unterkunftstipps in diesem Buch

Jede Art von Outdoor Ausrüstung von einfach bis hochwertig hat die Kette REI. Allein im geographisch durch dieses Buch ab - gedeckten Bereich gibt es 30 Flilialen; www.rei.com

2.7 Was muss mit, was nicht?

Situation

In den Reisekoffer gehört alles, was man auch für eine ähnliche Reise in Europa mitnehmen würde – klimabezogen und aktivitätsabhängig. Die USA bieten den Vorteil, dass sich das meiste, was vergessen wurde, preiswert nachbeschaffen lässt, speziell Bekleidung, Sportartikel, Wander- und Campingausrüstung (dafür sind bei Rückkehr Zollbestimmungen zu beachten, ➤ Seite 157).

Reisefotos

- **Speicherchips** für Digitalkameras sind bei einem Kurs um €0,80 für den Dollar im Preis ähnlich wie bei uns. Man findet sie u.a. in den Fotoabteilungen der Kaufhäuser wie *K-Mart, Walmart* oder *Target* und in den häufig anzutreffenden Läden der Elektronik-Kette ***Radio Shack***, www.radioshack.com.
- Ein **Laptop** ist naturgemäß außer für Emailcheck und -versand und Internet unterwegs (zu *Hotspots* und *Wifi* ➤ Seite 156) auch bestens geeignet zum zeitnahen Speichern, Sortieren und Bearbeiten der digitalen Reisefotos. Nebenbei eignet er sich fürs Abspielen von DVDs und von Inhalten, mit denen man die Festplatte schon vorsorglich gefüttert hat.

Steckdosen-Adapter

- Föhn und Rasierapparat lassen sich nur benutzen, wenn sie auf **110/125 V** umschaltbar sind und ein **Adapter** für die amerikanischen Steckdosen zur Hand ist. Den findet man bei uns problemlos in *Travel Shops* oder Kaufhäusern, nicht so in den USA. Elektronische Geräte erkennen meist automatisch die Spannung und stellen sich auf 110V ein; aber einen Adapter braucht man ebenso. Wer ein **Ladegerät fürs Auto** (12 V) dabei hat: der bei uns üblichen Stecker passt auch in den USA.

Bekleidung

- Man packt am besten weniger als die »eigentlich« benötigte Bekleidung ein. Denn in den USA sind Textilien einschließlich Kindersachen allgemein recht preiswert (bis auf qualitativ sehr Hochwertiges), ganz besonders bei markenloser Ware in Kaufhäusern. Aber auch Markenklamotten gibt's unter den bei uns gewohnten Preisen, speziell in ***Outlet Malls***, ➤ Fotos Seiten 87+430. Dort zahlt man z.B. für ***Levis Jeans*** ab ca. $30 (plus *tax*).

2

Medikamente

- Seine Reiseapotheke kann man in Amerika in Drugstores und Supermärkten mit rezeptfreien Medikamenten zu ähnlichen Preisen wie bei uns in Selbstbedienung komplettieren, ➢ Seite 141. Wer indessen rezeptpflichtige Medikamente braucht, sollte dafür besser nicht auf amerikanische Ärzte angewiesen sein, sondern einen für die Reisezeit ausreichenden Vorrat dabei haben. Außer in Notfällen ist es für durchreisende Touristen mühsam, kurzfristig einen Termin zu bekommen, ohne den es für eine neue Rezeptausstellung nicht geht, ➢ Seite 141.

Drogerie-Artikel

- Seit eh und je erstaunlich **teuer sind Artikel wie Seife, Zahnpasta, Haarshampoo, Sprays, Nivea-Creme, Sonnenschutzmittel** u.ä., sofern man von – eher seltenen – Eigenmarken der Kaufhäuser und Supermarktketten absieht. Man tut gut daran, seinen Reisebedarf aus der Heimat mitzubringen.

Brille

- Brillenträgern sei empfohlen, neben einer Reservebrille den **Brillenpass** mitzunehmen. Damit kann man bei Brillenverlust oder -beschädigung ohne den Umweg über einen Augenarzt (obligatorisch in den USA) direkt einen Optiker aufsuchen. In großen Optikerläden gibt es angestellte Augenärzte.

Insektenschutz

- Gegen Mücken und andere Quälgeister helfen Essenzen aus Europa nicht so gut. Mit amerikanischen Mitteln hält man sich sämtliche Biester besser vom Leib. Dafür sind die noch hautschädlicher als bei uns. Insektenspray und -lotions und Antimückenspiralen gibt's auch noch im kleinsten Laden. Das nie billige Zeug ist am preiswertesten in ***Discount Drugstores***, am teuersten in Brennpunkten des Tourismus.

Hinweise für Fahrzeugmieter

- Unsere gängigen **Auto-Verbandskästen** sind für unterwegs eine gute Idee. In amerikanischen Mietfahrzeugen befinden sich keine oder nur dürftig ausgestattete Verbandskästen. In *Drugstores* und Kaufhäusern erhältliche *First Aid Boxes* für $10-$20 enthalten zu wenig im Ernstfall brauchbares Material.
- **Taschenlampe** oder Kabellampe für die Autosteckdose
- **Automobilklub-Mitgliedskarte** für Straßendienst und Gratismaterial von den amerikanischen Klubs. Mit ihrem Aufdruck der AAA-Farben ist sie auch gut für *Discounts*, ➢ Seite 44.
- Wer ein gängiges tragbares **Navigerät** hat, kann es mit einem Chip für USA/Canada aufrüsten bzw. die entsprechende Datei aus dem Intenet herunterladen und auf eine leere Speicherkarte übertragen. Das ist bei längeren Reisen oft billiger als ein Navi vor Ort mitzumieten. Und der Chip lässt sich auch noch bei der nächsten Amerikatour verwenden. In Frage kommt ebenfalls ein Kauf vor Ort; man fügt dann zu Hause die Europakarte ein.
- **Autokindersitze** sollte man mitnehmen, statt sie teuer dazuzumieten, zumal – soweit gesehen – die amerikanischen Mietsitze meist nicht die Qualität neuerer Modelle bei uns haben. Bei Kleinkindern ist der Sitz praktisch im Flugsessel. Er fällt nicht unter die Gewichtsbeschränkung fürs Gepäck.

Zu bedenken für Camp - urlauber

Wer auf Campingreise geht, könnte außer ohnehin selbstverständlichen Utensilien vielleicht noch einpacken, was im Folgenden genannt ist, sofern das kostenfreie Gepäckgewicht dies zulässt. In Abhängigkeit von den Kosten für ein zusätzliches Gepäckstück bzw. Übergepäck ist die Entscheidung, noch dies oder jenes mitzunehmen, auch ein Rechenexempel. Wenn auf dem Hinflug das zweite Gepäckstück unter 23 kg wiegt und Platz ist, können die »freien« Kilos für Einkäufe in den USA genutzt werden.

- Eigene **Bestecke** (und ggf. ein bisschen persönliches Geschirr + Gläser). Denn was von den Camper-Verleihern im teuer extra berechneten *Convenience* oder *Camping Kit* in dieser Hinsicht geboten wird, erreicht kaum untere Kantinenqualität.
- Liebgewordenen **Kleinkram** für die Küche nach individuellem Gusto, z.B. Salz-/Pfefferfässchen, Knoblauchpresse, Schnapsgläser, Salatbesteck etc. Man verliert Geld und Zeit beim Zusammenkaufen vonSachen, die einerseits unterwegs fehlen, aber nach wenigen Wochen obsolet sind und nur noch weggeworfen werden können, da sich die Mitnahme selten lohnt.
- **Eigenen Schlafsack und Bettwäsche**. Die im Camper vorhandenen Decken (üblicherweise im *Kit* enthalten) können ebenfalls häufig nicht befriedigen. Da mit Ausnahme der (früher Schweizer!) Firma *Moturis*, heute *Camping World*, die Camper-Vermieter nur Laken (jeweils 2 pro Schläfer) liefern, sind außerdem eigene Bettbezüge für viele sicher eine gute Idee..
- Das **Zelt** aus der Heimat, wenn »richtig« gecampt werden soll. Die preisgünstigeren US-Kaufhausqualitäten taugen oft nicht ganz viel und sind z.T. unpraktisch in der Handhabung, andererseits reichen einige Modelle (durchaus unter $50 zu haben) für eine Gutwetter-Urlaubsreise aus, und man spart Gewicht.
- Wer *Laptop*, digitale Kamera und mehr dabei hat, was per **Akku** versorgt wird, könnte sich vor der Reise einen **Spannungsumwandler** beschaffen (ab ca. 30 Euro bei uns), der aus 12 V aus der Autosteckdose 110 V oder 230 V macht und während der Fahrt die Geräte wieder auflädt. Ohnedem müsste man für jedes Gerät ein eigenes Autoanschlusskabel haben.

2

Textilien, Sportartikel und vieles mehr findet man preiswert in Outlet Centers

3

Unterwegs in Kalifornien

3.1 Glückliche Ankunft

Zeit-umstellung

Auf der Reise nach Kalifornien oder nach Las Vegas »gewinnt« man neun Stunden (oder acht für kurze Perioden, wenn die Umstellungsdaten von Sommer- und Winterzeit oder umgekehrt in den USA von denen in Europa abweichen) mit der Folge, gemäß Ortszeit nur 2-3 Stunden nach dem Start eines Non-stop-Fluges auf US-Boden zu stehen. Es empfiehlt sich, aufkommender Müdigkeit möglichst nicht zu rasch nachzugeben, sonst sitzt man mitten in der Nacht (= 9-13 Uhr MEZ) hellwach im Bett.

Gelingt das, ist die Zeitumstellung schnell geschafft. Nach dem Rückflug und »Verlust« der entsprechenden Stundenzahl ist das schwieriger und dauert ein paar Tage bis zu einer Woche.

Formulare/ Sicherheits-check

Vor dem Einlass ins Reiseland USA stehen jedoch zunächst die Einreisekontrolle (***Immigration***) und der Zoll (***Customs***), seit dem 11. September 2001 besonders misstrauische Instanzen. Für beide gibt es bereits beim Einchecken, spätestens im Flugzeug Formulare, die sorgfältig in **Druckschrift und Großbuchstaben** ausgefüllt werden müssen. Seit Oktober 2010 entfällt für ESTA-Einreiser (➤ Seite 88f) der sog. *Departure Record*, an den sich mancher sicher noch erinnert. **Visa-Inhaber** müssen den *Departure Record* aber immer noch ausfüllen.

Beim **Ausfüllen** sind folgende Punkte besonders zu beachten:

Immigration

- Die Zeilen für »**Adresse in den USA**« dürfen keineswegs leer bleiben, obwohl die meisten Touristen keine feste Anschrift in den USA haben, da sie ja irgendwo unterwegs sind. Ersatzweise tut es dann der ersten gebuchten Unterkunft, sofern keine Anschrift von Freunden oder Bekannten zur Hand ist.

Zoll-vorschriften

- Bei **Mitbringseln** gibt es zwar eine **offizielle Wertbegrenzung von $100**, und mehr als eine Flasche hochprozentiger Alkoholika wird nicht toleriert, aber das scharfe Auge des Gesetzes schaut vor allem auf die **schriftliche Zollerklärung**: Dort darf um nichts in der Welt ein »Yes« angekreuzt sein bei der Frage »Ich habe Früchte, Gemüse, Fleischwaren u. a. m. dabei und war kürzlich auf einem Bauernhof«.

Ankunft

Grundsätzlich erfolgen Einreise/Passkontrolle und Zollfreigabe dort, wo man erstmals amerikanischen Boden betritt. Zwischenlandung oder Flugzeugwechsel vor dem endgültigen Ziel haben immer die Erledigung aller Formalitäten zur Folge. Immerhin läuft die Ankunft am eigentlichen Ziel danach stressfrei.

Biometrie und Passkontrolle

Bei der Passkontrolle werden zunächst einmal elektronisch die **Abdrücke aller 10 Finger** erfasst und ein **Foto** gemacht (dauert zusammen maximal 30 sec); dann folgt die Frage nach Zweck und Dauer der Reise: Ersteres ist ***Travel*** oder ***Visiting Friends/Relatives*** (bloß keine weiteren Erklärungen!). Die meisten Reisenden erhalten die maximalen 90 oder mehr Tage (nur Visainhaber).

Kein Departure Record mehr für »ESTA-Touristen«

Früher wurde der untere Abschnitt des ausgefüllten Formulars in den Pass gelegt und bei der Ausreise wieder entnommen. Nur Reisenden, die mit Visa – also nicht über ESTA-Genehmigung – einreisen, heftet oder legt der *Immigration Officer* nach wie wie vor den *Departure Record* in den Pass.

Zoll

Der Zoll macht beim grünen Schildchen (***nothing to declare***) nur **Stichproben** und stempelt das Zollpapier. Am Ausgang ist dies abzugeben. Ohne **Zollstempel** bleibt die Tür verschlossen.

Gepäckwagen

Die durchweg reichlich vorhandenen Gepäckwagen (***baggage cart***) sind bei der Ankunft in der Regel gratis. Dafür kosten sie umso mehr im Abflugterminal. Erst nach Einschieben mehrerer Dollarscheine (bis zu $5) oder der Kreditkarte gibt die dort meist in eine Schiene eingebaute Sperre einen Wagen frei.

Umsteigen/ Weiterflug

Bei Fortsetzung der Reise über einen **inneramerikanischen Anschlussflug** muss in vielen Fällen das Gebäude gewechselt werden. Zwischen den *Terminals* der verschiedenen *Airlines* oder zwischen dem *International* und *Domestic Terminal* verkehren regelmäßig ***Airline Connection-***Busse oder – in Flughäfen wie in NY-Newark, Denver oder Seattle – Schnellbahnen.

Hotel-/ Mietwagen Pick-up Service

Hat man eine **Hotelbuchung** in Airportnähe, genügt ein Anruf, um den **Abholservice** (*Pick-up*) zu aktivieren (bei großen Häusern pendelt der Bus laufend in kurzen Abständen). Dafür muss man wissen, vor welchem *Terminal* man wartet (z.B. *International Arrivals, United Airlines* etc.). Üblicherweise existieren an den Fahrspuren markierte Bereiche für die verschiedenen Busdienste. **Hotel- und Mietwagenzubringer** stoppen durchweg im selben Abschnitt. Den ***Shuttlebus*** zu außerhalb des Flughafengeländes liegenden **Mietwagen-Parkplätzen** braucht man nicht zu alarmieren. Die Kleinbusse von *Avis, Hertz, Budget* etc. verkehren laufend und stoppen sowieso oder auf Handzeichen. In **San Francisco** geht's per Bahn zu den ***Rental Car*-Schaltern** im eigenen Parkhaus.

Zu weiter entfernten **City-Hotels** ist der Transport per Flughafen-Bus oder Taxi in der Regel selbst zu organisieren.

Die Busse der Autovermieter pendeln auf den Airports LAX und LAS in kurzen Abständen zwischen Station und Terminals. In SFO geht's per Flughafenbahn dorthin

3

Buchung eines Hotels bei Ankunft

Ohne Buchung sind die in allen Ankunftshallen vorhandenen **Hotel-/Motel-Werbetafeln** hilfreich. Über kostenfreie Telefone erreicht man die angeschlossenen Häuser direkt. Nach Reservierung und Angabe des *Terminals* dauert es meist nur wenige Minuten, bis der Hotel-Kleinbus vorfährt. Bei derartigen Anrufen sollte man sich gut auf Englisch verständlich machen können; Fremdsprachenkenntnisse des Gegenübers am Telefon sind eher selten. Und keinesfalls gibt's bei Anruf und Buchung erst ab Airport Sondertarife.

Typische Info-Wand mit Werbung plus Direkttelefon zu H/Motels, Limou- und Taxiservice, u.a.m

3.2 Übernahme des vorgebuchten Mietfahrzeugs

Vorausgebuchte **Pkw/SUV/Minivans** können gleich bei Ankunft am Flughafen übernommen werden. Die **Camper-Verleiher** holen ihre Kunden in der Regel im (vorgeschriebenen!) Hotel ab; bei größerem Buchungsaufkommen deutschsprachiger Touristen verfügen sie oft über Personal mit Deutschkenntnissen. Bei den Pkw-Verleihern darf man damit nicht rechnen.

Pkw/SUV/Minivan

Prozedur

Dafür geht die Übernahme eines Pkw rasch über die Bühne: *Voucher* des Veranstalters, Pass, nationalen (!) Führerschein vorlegen, ggf. noch Beschlussfassung über Zusatzversicherungen (**Achtung**: **gerne werden Kunden unnötige Versicherungen aufgeschwatzt**, auch wenn der Vertrag bereits Vollkasko und Haftpflichtaufstockung etc. enthält, ➤ Seite 66), Unterschrift und Hinterlassung der Kaution (Kreditkartenerfordernis), Schlüssel steckt schon, Tank ist voll, fertig. **Kein Mensch kommt auf die Idee, irgendetwas zu erklären**. Leuchtet die Eigenart etwa der Zündschloss- oder Anlassersperre etc. nicht ein, muss man ausdrücklich fragen. Alle Warntöne schalten sich aus, wenn die Türen geschlossen und die Gurte eingerastet sind. Bei der üblichen Vollkasko ohne Selbstbeteiligung ist nicht einmal eine Inspektion ums Auto nötig.

Auswahl

Manchmal ist das reservierte Fahrzeug noch nicht dem einzelnen Kunden zugeordnet (eher bei *Alamo/National*), lediglich der Typ steht fest. Der Kunde kann dann aus dem Fahrzeugbestand der gebuchten Klasse selbst wählen. Die formale Zuordnung in den Papieren erfolgt in diesen Fällen bei der Ausfahrtkontrolle.

Tankfüllung

Wer sein Auto nicht in der Kategorie B/Super Inklusiv/Platin gebucht hat (➤ Seite 63) und damit die erste Tankfüllung »gratis« erhält, dem wird diese – hochpreisig – in Rechnung gestellt. Der Kunde spart dadurch zwar die Fahrt zur Tankstelle kurz vor Rückgabe, kann aber natürlich nicht den Tank exakt leerfahren. Befindet sich noch ein nennenswerter Rest im Tank, wird meist nach Benzinuhrablesung grob zu Gunsten der Firma geschätzt und ein entsprechender Betrag gutgeschrieben.

Rückgabe

Die Rückgabe ist **unkompliziert** und **rasch erledigt**. Das Personal hat im Fall großer Stationen kleine Handcomputer, auf denen die Ankunft registriert wird – und das war's dann auch schon. An einem Schalter auf Abfertigung warten etc. muss der Kunde nicht mehr. Man braucht also keinen besonderen Zeitbedarf für Rückgabeformalitäten einzukalkulieren. In maximal 30 min inklusive kurzer Wartezeit auf den Bus bzw. Schnellbahn in San Francisco von der Rückgabestation zum Flughafenterminal und ein paar Minuten Fahrt ist alles erledigt. Das heißt, noch nicht ganz:

Trinkgeld

Der Fahrer des *Airport Shuttle* muss noch seinen »*Tip*« haben: Für jedes Gepäckstück neben dem Handgepäck zumindest $1. Das gilt auch schon auf dem Transport (so der anfällt, nicht in San Francisco) vom *Airport* zum Vermieter zu Beginn der Mietzeit.

Campmobile

Formalitäten

Beim Camper sieht alles anders aus. Zunächst identisch ist das Formale, wenn man zur vorgesehenen Übergabezeit zur Stelle ist. Die Kaution bzw. Blanko-Kreditkartenunterschrift deckt hier nicht nur Risiken ab, sondern bezieht sich auf die **Extrakosten** wie Zusatzversicherungen, Zusatzmeilen, eventuell noch nicht bezahlte Gebühren für *Convenience Kits*, Kindersitze, Generator, Steuern und ggf. Schäden; Abrechnung nach Rückgabe.

Inspektion

Nach Klärung der Formalitäten erfolgt die **Inspektion des Fahrzeugs** verbunden mit einer **Einweisung**. Schließlich muss der Kunde wissen, was es mit Umbauliegen, Nebenaggregaten, Wasser- und Schmutzwassertanks, Gasherd, Kühlschrank, Dachklima etc. auf sich hat. Bei Andrang sind die unter Zeitdruck gegebenen Erläuterungen nicht immer optimal. Aber die Bedienungsanleitungen wurden in den letzten Jahren von den größeren Verleihern stark verbessert und liegen meist auch auf Deutsche vor.

Erster Tag

War es früher bei den Camperverleihern üblich, den Vormittag weitgehend für die Rückgabe einlaufender Wagen zu reservieren und die Neukunden erst ab 11-13 Uhr »anzukarren«, ist heute der garantiert vormittägliche *Check-out* bei allen großen Vermietern möglich (Sonderregelung, meist mit Zusatzkosten).

Ratsam ist, sich nach der Einweisung noch einmal gründlich mit der Technik des Fahrzeugs vertraut zu machen und die wichtigen Funktionen zu checken, bevor man den Hof verlässt. Wenn sich erst später herausstellt, dass der Kühlschrank nicht richtig funktioniert, der Wasserschlauch fehlt oder die Bremsen schief ziehen, ist das nicht nur ärgerlich, sondern ein Zurückfahren in Anbetracht des damit verbundenen – möglicherweise erheblichen – Zeitverlustes oft problematisch.

Checkliste

Zu Beginn und mehr oder weniger vor jeder Abfahrt muss allerhand verstaut, verzurrt und festgemacht sein, auch außen 'rum darf nichts mehr hängen oder ungewollt offenstehen. Besonders ohne vorherige Camper-Erfahrung ist eine Checkliste hilfreich, die man vor Aufbruch abspult.

Wartung

Ebensowenig wie bei der Pkw-Miete sind Wartungsfragen bei den Campmobilen normalerweise ein Thema. Nur bei sehr langen Mietzeiten können Ölwechselintervalle schon mal überschritten werden. In dem Fall erhält der Mieter bei der Übernahme dazu Anweisungen. Bei großer Hitze (und daher höherem Verbrauch des Kühlaggregats) und Kälte (hoher Verbrauch für die Heizung) müssen Mieter unterwegs gelegentlich **Gas auffüllen** lassen. Das ist auf vielen Campingplätzen und an Tankstellen möglich und kein Problem.

Ladepistole und *Gasanschluss unter dem Campmobil*

Reparaturen

Reparaturen dürfen – wenn sie minimale Kosten übersteigen – **erst nach Rücksprache mit der Verleihfirma** ausgeführt werden. Dazu gehört auch der Ersatz unterwegs verschlissener Reifen. Die größeren Vermieter haben Verträge mit landesweit operierenden Reifenfirmen wie ***Goodyear***, ***General Tire*** oder ***Firestone***, die auch Routinereparaturen ausführen. Deren Ableger sind auch in kleinen Ortschaften zu finden. Der Mieter kann sie ggf. von sich aus anlaufen. Das hat den Vorteil, dass die Kommunikation mit dem Vermieter von der Werkstatt übernommen wird.

Pannen

Spätestens bei der ersten Panne wird man feststellen, dass es **kaum Bordwerkzeug** gibt. Es gibt Vermieter, die sogar Wagenheber und Radschlüssel entfernen. Hintergrund dafür ist, dass der Vermieter über die dann notwendige Hilfe durch den AAA-Pannendienst oder eine lokale Werkstatt objektiv erfährt, wo und wie die Panne erfolgte. Der Mieter darf sie also ggf. selber bezahlen, sollte er z.B. ausgeschlossene Gebiete (speziell *Death Valley* im Sommer) oder unbefestigte Straßes befahren haben.

Dumpstation: Unten auf der Betonfläche sitzt der Verschluss des Auffangtanks fürs Abwasser, darüber ein flexibler Arm mit Brauchwasser für die Säuberung. Über den blauen Mast links fließt Trinkwasser

Das hört sich dramatisch an, bleibt aber die Ausnahme. Ernster Ärger mit den überwiegend ziemlich neuen und bei jeder Miete wieder neu durchgecheckten Fahrzeugen (das versichert man zumindest) der großen Vermieter tritt eher selten auf.

Rückgabe des Campers

Vor der Abreise steht die Rückgabe des Wagens, bei den meisten Vermietern am Vormittag. Möchte man zusätzliche **Endreinigungskosten vermeiden**, muss der Camper besenrein und mit entleerten Abwassertanks zurückgegeben werden, oft auch mit gefülltem Frischwassertank und – falls man ihn voll übernommen hat – Benzintank. Die Vermieter akzeptieren im Allgemeinen äußerlich »normal« verschmutzte Fahrzeuge. Ist nichts beschädigt, sind die **Formalitäten** (Inspektion des Wagens, Abrechnung von Mehrmeilen, Steuern etc.) rasch erledigt.

Flughafen-Transfer

Der Vermieter sorgt für den Transport zum Hotel bzw. zum Airport. Bei Planung von **Rückgabe und Abflug am selben Tag** sollte auf reichlich Zeit geachtet werden: besser nicht unter 4 Stunden zwischen Ankunft in der Station und Abflug bei einer angenommenen **Transferzeit** von etwa 1 Stunde. Denn gelegentlich entstehen Wartezeiten, etwa auf andere Kunden, die im selben Fahrzeug transportiert werden müssen. Auch Verkehrsstaus in den kalifornischen Cities und Las Vegas sind immer drin.

Station von Moturis/Campingworld, zugleich Zubehörshop und Werkstatt für Campmobile

3

3.3 Regelung des Transports vor Ort

Eigeninitiative

Steht am Ankunftsort kein vorgebuchtes Fahrzeug bereit, und stecken weder *Greyhound*- oder *Amtrak*-Netzpass in der Tasche, muss Eigeninitiative dafür sorgen, dass es in den USA weitergeht.

Fahrzeugmiete

Voraussetzungen

Ein Auto zu mieten, ist im Prinzip eine unkomplizierte Angelegenheit. Der Kunde muss dieselben Voraussetzungen erfüllen, wie auf Seite 61 erläutert. Darauf hingewiesen sei noch einmal, dass unter einem Alter von 21 Jahren fast und ohne Kreditkarte gar nichts läuft. Nur in den *Big Cities* gibt es hier und dort lokale Unternehmen, die sich den Service für Kunden **ab 18/19 Jahren** mit Höchsttarifen honorieren lassen. Damit verbunden ist oft die Auflage, das Stadtgebiet bzw. einen engen Radius um die Stadt herum nicht zu verlassen, so dass größere Reisen nicht möglich sind. Die Haftpflichtdeckung für junge Leute ist zwar durchweg teuer, aber dennoch unzureichend.

Pkw/SUV/Minivan

Typen

Über die in den USA als Leihwagen zur Verfügung stehenden Wagentypen und -kategorien kann man sich in Reisekatalogen und im Internet leicht informieren. Hilfreich ist dabei u.a. das Portal www.usamietwagen.de. Die Unterschiede zwischen den verschiedenen *Car Rentals* bezüglich der Autotypen und Kostenkategorien sind im Allgemeinen nicht wesentlich.

Tarife am Airport

Jeder amerikanische *Airport* verfügt über Vertretungen der bekannten wie lokaler *Rental Car*-Firmen. Fahrzeuge sind fast immer vorhanden, **die kleineren, preisgünstigen Fahrzeuge** indessen, mit deren Tarifen in den Zeitschriften der Fluggesellschaften gerne geworben wird, **oft ausgebucht**. Dagegen hilft nur zeitige Reservierung; ➢ Telefonnummern und Websites unten rechts. Generell liegen die Flughafenpreise um mehrere Dollar/Tag über den sonst ortsüblichen Miettarifen.

Billigvermieter

Für eine **kostengünstigere Wagenmiete** sollte man daher besser einen Bogen um die Schalter im Airport machen und im Internet nach lokalen Lösungen geschaut haben. Denn immer besitzen einige Billigvermieter (ohne Flughafenschalter) eine Station im Umfeld. Häufig stehen dort aber niedrigen Basistarifen hohe Versicherungskosten gegenüber.

Wer seinen **Laptop** dabei hat oder ins **Internet Café** geht, findet die besten Angebote im Netz. Eine gute Adresse mit übersichtlicher Darstellung der Angebote vor Ort ist www.orbitz.com.

Tarifunterschiede

Die **Konditionen für gleichartige Fahrzeuge** fallen bisweilen erstaunlich unterschiedlich aus. Der Vorteil der großen Vermieter besteht im wesentlichen darin, dass die Wagen neuer und gepflegter sind als bei kleinen Firmen, und bei Problemen unterwegs die nächste Station nicht so weit entfernt ist.

Voraus-reservierung

Ist man bereits in den USA unterwegs, erspart die Anschlussreservierung per Telefon bzw. Internet Kosten. Denn das sichert die gewünschte Wagenklasse und überwiegend auch einen besseren Tarif als direkt am Schalter vor Ort.

Die ***toll-free*** **Telefonnummern** und noch einmal **Internetadressen** (➤ bereits Seite 61f) der wichtigsten Vermieter lauten wie folgt:

Firma	Toll-free ✆	Internet-Adresse
Alamo	1-800-GO ALAMO	www.alamo.com
Avis	1-800-331-1212	www.avis.com
Budget	1-800-527-0700	www.budget.com
Dollar*	1-800-800-4000	www.dollar.com
Enterprise*	1-800-736-8227	www.enterprise.com
Hertz	1-800-654-3131	www.hertz.com
National	1-800-CAR RENT	www.nationalcar.com
Payless	1-800-PAY LESS	www.paylesscar.com
Thrifty*	1-800-THRIFTY	www.thrifty.com

*) *Thrifty* und *Enterprise* unterbieten die Tarife der Marktführer oft deutlich. Sie sind großflächig fast überall vertreten, verfügen aber seltener über Airportschalter.

Gebraucht-wagenmiete

Noch günstiger als die preiswertesten Neuwagen-Vermieter sind ältere Wagen von ***Rent-A-Wreck*** mit 14 Stationen in Kalifornien und einer in Reno/Nevada, ➤ www.rentawreck.com.

Rent-a-Wreck

Die Miettarife für die in Wahrheit mitnichten an »Wracks«erinnernden Autos liegen um $5 bis $10 pro Tag unter den offiziellen Normaltarifen der Konkurrenz, aber nicht unbedingt unter denen billiger Vermieter wie *Thrifty*. Ein festgelegter Aktionsradius um den Sitz der Firma darf oft nicht überschritten werden. Solche Wagen eignen sich also eher für den reinen City-Aufenthalt. Sie sind ggf. für **Fahrer unter 25 Jahren** vorteilhaft, da hier manchmal kein Zuschlag berechnet wird.

Campmobile

Saison-situation

Eine kurzfristige Campermiete während der Hochsaison ist generell schwierig. Das gilt auch für die Buchung vor Ort. In Kalifornien ist der Zeitraum **Ende Juni bis Anfang September** kritisch. **Vor *Memorial Day*** Ende Mai und **nach dem *Labor Day*** im September sind die Aussichten, auch kurzfristig einen Camper der gewünschten Kategorie aufzutreiben, schon besser. Von Mitte Oktober bis April freuen sich alle lokalen Verleiher, aber auch die international tätigen Firmen über jeden Kunden. Dennoch sind keine Dumpingtarife zu erwarten.

Kosten

Wer also in der **Vor- und Nachsaison** in einer der Großstädte die Mühe auf sich nimmt, »seinen« Camper direkt zu buchen, wird ein Fahrzeug finden. Die Wahrscheinlichkeit aber, damit günstiger zu fahren als bei Buchung in der Heimat, ist selbst bei Wechselkursen über $1,40 für den Euro nicht hoch; bei einem Eurokurs von $1,25 gleich Null.

Die **Voraussetzungen** für eine Campermiete sind weitgehend identisch mit denen der Pkw-Miete, siehe oben.

Camper mieten, wo?

Adressen/Telefonnummern von Verleihfirmen findet man in den Gelben Seiten unter ***Automotive/RV-Rental*** oder ***Recreational Vehicles***, außerdem in Kleinanzeigen (*Classified Ads*) in jeder Tageszeitung. Da es bei *RV*s mit dem Anruf nicht getan ist, sondern auch die Begutachtung der angebotenen Fahrzeuge erfolgen muss, benötigt man bis zur endgültigen Klärung einen Leihwagen. Die Ergebnisse im **Internet** (*Google*) unter ***RV Rental USA*** u.ä. führen zu den bekannten Vermietern (*Apollo, Cruise America, Camping World, El Monte* etc) und anderen, die nicht international anbieten, mit oft sogar ungünstigeren Konditionen.

Versicherung

Bei Buchung vor Ort wird die **Vollkaskoversicherung** mit hohen Tagessätzen extra berechnet. Da die Basishaftpflichtversicherung der Fahrzeuge immer zu gering ist, muss entweder eine **Haftpflicht - aufstockung** durch Zuzahlung vereinbart werden, oder man zahlt mit einer entsprechenden Kreditkarte (➤ Seite 66), die bei Fahrzeugmieten im Ausland eine Haftpflichtaufstockung beinhaltet. Sofern überhaupt eine Haftpflichtversicherung für das Mietfahrzeug besteht. Das muss definitiv geklärt sein. Wenn nicht, gibt's auch keine Aufstockung!

Erst drüben mieten?

Die Frage **»Lohnt es sich, erst drüben zu mieten?«** muss mit **»seit Jahren bis heute nicht«** beantwortet werden. Erst für einen unter €0,70 sinkenden Dollarkurs (also €1,00 über ca. $1,45) mag sich das vielleicht wieder ändern. Aber Suche/Auswahl können stressig und nicht der ideale Einstieg in die Amerikareise sein.

Ein wenig ermunternder Gedanke ist zudem, dass bei Problemen wie Mängeln des Fahrzeugs, die man erst unterwegs entdeckt, und eventuellen Schäden eine daraus folgende Auseinandersetzung im fremden Land geführt werden müsste.

Auto Drive-Away

Autotransport

Eine typisch amerikanische Möglichkeit, gelegentlich billig und trotzdem relativ selbständig zu reisen, ist das sogenannte ***Auto Drive-Away***. Es handelt sich um den Fahrzeugtransport im Auftrag von Unternehmen und Privatleuten, die z.B. ihren Wohnsitz an einen anderen Ort verlegen und nicht die Zeit oder das Personal haben, alle vorhandenen Wagen selbst zu überführen. Für diesen Job sucht man Fahrer, die ohnehin zum entsprechenden Ziel wollen und daher nicht bezahlt werden müssen.

Die Mehrheit der Autotransporte fällt bei großen Entfernungen an, aber auch schon mal auf mittleren Strecken wie von San Francisco nach San Diego oder Las Vegas bzw. umgekehrt.

Touristen als Fahrer

Touristen können ebenfalls Fahrzeug-Überführungen übernehmen; eine Arbeitserlaubnis benötigen sie dafür nicht. Voraussetzung ist ein Alter von **mindestens 21 Jahren** und der Führerschein. Als Nicht-Amerikaner sollte man vorsichtshalber auch die internationale Version dabei haben.

Kosten

Bei »Anstellung« gehen je nach Fahrtziel und Firma nur die Kosten fürs Benzin voll oder teilweise zu Lasten des Fahrers, und das nicht einmal in allen Fällen.

Bedingungen

Die Wagen sind gegen Schäden durch **selbstverschuldete Unfälle** weitgehend versichert; die Kaution deckt eine eventuelle Selbstbeteiligung. Man erwartet, dass der Fahrer **400 mi bis 500 mi pro Tag** schafft. Weitere Einzelheiten unter www.autodriveaway.com

Adressen

In Kalifornien hat die ***Auto Drive-Away Company*** drei Niederlassungen: San Diego, Long Beach und San José. Ein weiteres Büro residiert in Las Vegas; © **1-800-346-2277** oder im Internet oben.

Die Campmobile von Cruise America sind rundherum mit wunderbaren Landschaftsfotos (hier Yosemite Park) verziert. Das sieht attraktiv aus. Aber ob jeder Cruise-Kunde begeistert davon ist, mit einer bunten Reklame - schachtel herumzu - fahren?

Öffentlicher Transport zu Lande

Greyhound/ AMTRAK

Auf den Seiten 37f stehen bereits die wichtigsten Informationen zum Schienenverbund AMTRAK und zu den Überlandbussen von *Greyhound*. Weitere Details zur Nutzung der beiden Verkehrsmittel und außerdem auch zum Ticketkauf vor Ort unter www.greyhound.com und www.amtrak.com.

Regional- und Lokal - transport

Obwohl die USA, was öffentliche Verkehrsmittel betrifft, insgesamt keinen guten Ruf besitzen, trifft die Pauschalierung durchaus nicht auf alle Regionen und Städte zu. Im Bereich der **San Francisco Bay**, **in den Großräumen Los Angeles** und **San Diego** und in einigen mittelgroßen Städten wie **Sacramento**, **Monterey/ Carmel**, **Santa Barbara** und **Palm Springs** mit Umgebung, aber auch in **Reno** und **Las Vegas** sind Orts- und Kurzstreckennetze recht gut ausgebaut, die Tickets sogar meist relativ preiswert.

Airport-transport

Die ***International Airports*** von San Francisco und Los Angeles sind beide an die U- bzw S-Bahn angeschlossen (*BART* bzw. *Metro Rail LA*). Auch lokale Buslinien verkehren stoppen dort wie auch in Las Vegas und San Diego. Deren Nutzung zum normalen City-Tarif ist mit Gepäck zwar ziemlich unbequem, aber es vermeidet die Buchung teurer Express-Busse oder Taxifahrten.

In der Abfertigungshalle von United Airlines(und Lufthansa) in Los Angeles

Abseits der Städte

In und zwischen mittelgroßen und kleinen Städten und auf dem Land außerhalb der Ballungsgebiete sieht es bei den öffentlichen Verkehrsmitteln eher flau aus.

Flugbuchung vor Ort

Flug-frequenz

Bis zu 90% des öffentlichen Personenverkehrs zwischen amerikanischen Cities werden per Flugzeug abgewickelt. Auch noch zu kleinsten Städten existieren Linienflüge. Auf viel frequentierten Strecken gibt es stündliche oder häufigere Abflüge, so zwischen Los Angeles, San Francisco, San Diego und natürlich Las Vegas.

Die Zeiten, in denen das Fliegen in den USA unkomplizierter als bei uns war, sind dank 9/11 leider vorbei. Wer mit Gepäck nicht spätestens 90 min vor Abflug am Abfertigungsschalter steht, hat keine Garantie mehr, mitgenommen zu werden, und das Gpäck kommt dann sowieso erst mit der nächsten Maschine. Wohlverstanden »am Schalter«. Einzukalkulieren ist auch noch die Wartezeit am Ende einer möglicherweise langen Schlange bis dorthin.

Kosten

Inneramerikanische Flüge sind nicht preiswert, kauft man die Tickets drüben kurzfristig und erwischt keinen Spezialtarif oder eine *Discount Airline*. Speziell Anschlussflüge zu entlegenen Orten, die nur von einer Gesellschaft bedient werden., sind teuer.

Tarife

Jede Fluglinie hat ihr eigenes Tarifsystem. Wenn mehrere *Airlines* eine Strecke bedienen, gibt es unterschiedlichsteTarife in Abhängigkeit von Buchungs- und Flugdatum und der Abflugzeit. Günstig sind als ***Night Coach*** geltende Flüge abends nach 21 Uhr.

Buchung

Der konventionelle Weg zum Ticket ist das nächste Flugreisebüro. Wer seine Automobilklubkarte dabei hat, kann sich auch an die **Reisebüros des AAA** wenden, ➤ Seite 44, die es in allen Groß- und Mittelstädten gibt.

Reservierung

Wenn die *Airline* für einen geplanten Flug vorab klar ist, bucht man am besten direkt, entweder im Internet oder unter der jeweiligen gebührenfreien **800-Telefonnummer**.

- ***Alaska***: ✆ 1-800-252-7522 www.alaskaair.com
- ***American***: ✆ 1-800-433-7300 www.americanair.com
- ***Continental***: ✆ 1-800-241-6522 www.united.com
- ***Delta***: ✆ 1-800-221-1212 www.delta.com
- ***Jet Blue***: ✆ 1-800-538-2583 www.jetblue.com
- ***Southwest***: ✆ 1-800-I-FLY-SWA www.southwest.com
- ***United*** : ✆ 1-800-241-6522 www.united.com
- ***US-Airways***: ✆ 1-800-428-4322 www.usairways.com

Um sich zunächst eine Übersicht zu verschaffen, könnte man auch ein amerikanisches Buchungsportal aufrufen und zunächst die Tarife vergleichen. Gute Erfahrungen machten die Autoren mit www.orbitz.com.

Mit den Zubringerflugzeugen sog. ***Commuter Airlines*** *geht es von den Groß-Flughäfen (hier Las Vegas) zu Mittelstädten und Nationalparks.*

3

Alle Schulbusse in den USA gehören der jeweiligen Schulbehörde und sind ausnahmslos knallgelb. Sie werden nur für den Schüler-transport eingesetzt

3.4 Auf Amerikas Straßen

Verkehrssituation

Autofahren ist in Nordamerika insgesamt einfacher und im Allgemeinen weniger stressig als etwa in Deutschland oder in der Schweiz. Außerhalb der Ballungsgebiete sind geringe Verkehrsdichte, weitgehend beachtete Tempolimits, Getriebeautomatik der meisten Fahrzeuge und größere Gelassenheit der Amerikaner am Steuer einige Gründe dafür. Dennoch sind **Unfallhäufigkeit** und **Verkehrstote** bezogen auf die Zahl der Einwohner im landesweiten Schnitt viel höher als bei uns. Also Vorsicht!

Es wird rechts gefahren, und die wenigen für uns neuen Verkehrszeichen erklären sich weitgehend von selbst. Ein Umdenken des europäischen Autofahrers ist also nicht notwendig.

Wohl aber gibt es eine Reihe von Verhaltensregeln und gewisse Andersartigkeiten, die zu kennen wichtig ist und in bestimmten Situationen sogar unabdingbar sein kann:

3.4.1 Abweichende Verkehrsregeln

Zunächst die kurze Liste der von unseren Normen abweichenden Verkehrsregeln, deren Kenntnis erforderlich ist:

Vorfahrt

- **Stoppzeichen** für alle Fahrtrichtungen an Kreuzungen bedeuten »wer zuerst kommt, fährt zuerst«. Das Anhaltegebot gilt auch bei offensichtlich leeren Querstraßen und wird strikt befolgt (und gelegentlich von der Polizei aus unauffälliger Position kontrolliert). Die Regel ist genauer als »rechts vor links« und in vielen Wohngebieten Standard. Dabei überqueren mehrere sich der Kreuzung nähernde Wagen diese nach kurzem Halt in **Reihenfolge der Ankunft**. Das gilt auch bei aufgestautem Verkehr (Ankunft **am weißen Balken** auf der Fahrbahn zählt); die Überquerung läuft dann meist ringsum einer nach dem anderen. Unklarheiten löst man durch Zuvorkommenheit.

Ampeln

- Zeigt eine Ampel **rot,** darf unter Beachtung der Vorfahrt des Querverkehrs rechts abgebogen werden, es sei denn, eine Schrifttafel untersagt dies ausdrücklich (***No Turn on Red***). Im Fall einer gesonderten Abbiegerspur **muss** sogar bei Rot abgebogen werden, solange dies der Querverkehr zulässt. Die **Lichterfolge** an der Ampel ist **Grün-Gelb-Rot-Grün**; die Rot/Gelb-Phase vor dem Grün entfällt also.

Schulbus

- Die gelben Schulbusse dürfen weder überholt noch vom **Gegenverkehr** (!) passiert werden, wenn sie anhalten und Kinder ein-/aussteigen lassen. Warnblinkleuchten an allen Ecken der Busse und ausgeklappte Schilder markieren die Stopp-Phase. Das Verbot besitzt die Schärfe der Stoppvorschrift an roten Ampeln. Ein Nichtbeachten gilt als schweres Verkehrsdelikt.

Überholen

- Auf mehrspurigen Straßen wird in Amerika legal rechts überholt. Theoretisch ist dies zwar nur erlaubt, wenn dafür nicht die Spur gewechselt wird, aber in der Praxis sind **Überholmanöver auf der rechten Seite** üblich. Daran muss man sich gewöhnen und den rechten Fahrbahnen auf *Freeways* hohe Aufmerksamkeit schenken. Eines der obersten Gebote auf mehrspurigen Straßen ist nicht zuletzt deshalb das **sture Spurhalten**. Auf voll besetzten Straßen kann daher ein Spurwechsel schwieriger sein als bei uns.

Carpool Lanes/ Fast Lanes

- Als Maßnahme zur Verkehrsreduzierung während des Berufsverkehrs (*Rush Hours*) wurden auf City-Autobahnen ganz sog. ***Carpool*** oder ***Fast Lanes*** eingerichtet. Diese Fahrspuren ganz links dürfen zu definierten Zeiten nur von Bussen, Taxen und von Fahrzeugen benutzt werden, in denen mindestens 2 Passagiere sitzen. Mit Glück fährt man auf ihnen an manchem Stau vorbei. Indessen ist das Ausfahren nicht einfach, wenn man sich durch 4-6 dicht besetzte Normalspuren kämpfen muss. Außerdem dürfen Nutzer der *Carpool Lane* nicht an jedem *Exit* 'raus, was selbst das Navi nicht weiß.

Linie/ Doppellinie

- Durchgezogene **Fahrbahn-Trennmarkierungen** dürfen zum Überholen oder Abbiegen überfahren werden. Die Funktion der in Europa einfachen Linie übernimmt in den USA eine auf keinen Fall zu überfahrende Doppellinie.

Tempolimits

- In Kalifornien und Nevada gelten auf ***Freeways*** **und auf autobahnähnlichen Straßen *Speedlimits* von 65-75 mph. Auf allen anderen Straßen gilt 55 mph, innerörtlich von 30 mph**, wenn nicht ausdrücklich anderes erlaubt bzw. vorgeschrieben ist.

  Eine Unterscheidung zwischen Lkw und Pkw gibt es bei *Speed Limits* nur vereinzelt mit der oft unangenehmen Folge, dass ***Trucks*** schneller als der sonstige Verkehr fahren.

Kontrolle

Die **Überwachung** erfolgt durch in Polizeiwagen installierte **Radargeräte**. Wer am geschickt postierten Sheriff zu schnell vorbeibrettert, hat bald einen Polizeiwagen im Rückspiegel und wird sogleich zur Kasse gebeten.

Parken und Parkverstöße

Die **Parkvorschriften** in den USA sind streng und tunlichst zu beachten. Die Polizei ist ständig unterwegs, verteilt ***Tickets*** oder lässt abschleppen (Gebühr in Cities leicht $100 und mehr). Auch wer auf Parkplätzen ohne Parkuhr die Zeit überschreitet, ist vor einem *Ticket* nicht sicher. Kontrolleure verbinden per Kreidestrich den untersten Punkt des Autoreifens mit dem Straßenasphalt. Ist bei der nächsten Kontrolle nach Ablauf der maximalen Parkzeit der Strich zwischen Reifen und Straße noch durchgängig, wurde der Wagen nicht bewegt. Also gibt's ein *Ticket.*

Hydranten

Hydranten – die Dinger stehen überall – dürfen nicht zugeparkt werden: ca. 5 m nach rechts und links müssen freibleiben.

Kantsteinmarkierungen

Rote Kantsteinmarkierungen signalisieren ein strenges Halteverbot. **Gelbe Markierungen** mit Zeitangaben stehen für Ladezonen, **weiße** ebenso fürs Kurzzeitparken zum *Drop-off* von Passagieren. **Blau** kennzeichnet »Parken nur für Behinderte« und **grün** mit Zeitangabe eine entsprechend begrenzte Parkerlaubnis.

Polizeikontakt und Alkohol am Steuer

Um einen Autofahrer zu stoppen, überholt die amerikanische Polizei nicht etwa, sondern bleibt hinter ihm und betätigt kurz Sirene und rote Rundumleuchte, das unmissverständliche Zeichen zum »Rechtsranfahren«.

Nach dem Anhalten wartet man im Wagen*, alles andere könnte falsch gedeutet werden. Es ist auch nicht ratsam, unbedachte Bewegungen zu machen, etwa in der Absicht, die Papiere aus dem Handschuhfach zu holen. Am besten bleiben die Hände auf dem Lenkrad.*

Ein solches Verhalten ist üblich, um der Polizei – die in Amerika mit überraschendem Schusswaffengebrauch rechnen muss – eine defensive Position zu signalisieren. Polizisten verhalten sich in Kontrollsituationen sachlich-korrekt und – nach dem ersten »Abtasten« und kooperativer Haltung des Gestoppten – auch bei Übertretungen im Allgemeinen nicht unfreundlich.

Die Eröffnung eines ernsthaften Disputs mit einem ***Sheriff*** *ist in Anbetracht seiner (für uns) erstaunlichen Machtbefugnis nicht ratsam. Die respektvollen Anreden lauten* ***Officer*** *oder* ***Sir.*** *In Nationalparks besitzen die* ***Ranger*** *einen ähnlichen Status wie außerhalb die Polizei.*

Alkohol am Steuer *wird in Amerika noch weniger toleriert als bei uns. Es gilt zwar die* ***0,8-Promille-Grenze****, solange nichts passiert. Aber die geringste Auffälligkeit genügt für jede Menge Ärger auch bei weniger Alkohol im Blut. Angetrunkene, sogar trinkende Beifahrer neben einem stocknüchternen Fahrer zählen bereits zum Tatbestand »Alkohol im Verkehr«. Es darf sich keine geöffnete Flasche mit einem alkoholischen Getränk im Innenraum des Fahrzeugs befinden – theoretisch nicht einmal die bereits entkorkte, aber nicht geleerte Weinflasche vom Vorabend im Kühlschrank des Campers. Weitere Details sind staats- und landkreisabhängig. Daher besser nur mit 0‰ fahren.*

Gegenüber ***Drogen*** *am Steuer gilt* ***Zero Tolerance****.*

Wer in beider Beziehung auffällt, wird registriert und nach Bestrafung und Heimreise in Zukunft nicht wieder ins Land gelassen – ESTA weiß alles.

Zahlung von Tickets

Wer ein ***Ticket*** erhält, darf entweder im beigelegten Umschlag **Dollars bar** verschicken oder bei einer Bank per ***Money Order*** das Bußgeld einzahlen. Bei Versäumnis hat der Autovermieter die Angelegenheit bald auf dem Tisch. Da er die Kreditkartennummer seines sündigen Kunden kennt, zahlt er üblicherweise (muss er in den meisten Staaten) und belastet dessen Karte. Und zwar plus einer hübschen Bearbeitungsgebühr ($50-$75), deren genaue Höhe sich im Kleingedruckten der Mietverträge findet. Man sollte sich also nicht wundern, wenn Monate nach der Reise ggf. noch einmal eine Belastung auf dem Kreditkartenkonto erfolgt.

Eine weitere amerikanische Besonderheit sind »Pilot Cars«, die einem »Geleitzug« von Autos durch Baustellen vorausfahren. Oft ist es aber ab der roten Ampel noch ein ganzes Stück bis dahin (hier im Sequoia National Park)

3.4.2 Straßensystem und Orientierung

Highways/ Freeways

Eine durchgehende Autostraße, welcher Qualität auch immer, ist grundsätzlich ein ***Highway.*** Ein begrifflicher Unterschied zum englischen Wort ***Road*** existiert prinzipiell nicht. Lediglich einen *Interstate Highway* würde man kaum als *Road* bezeichnen. Für *Interstate*-Autobahnen und alle sonstigen autobahnartig ausgebauten Straßen existiert der Begriff ***Freeway*** *(Free* im Sinne von freie Fahrt/keine Kreuzungen).

Interstate Autobahnen

Wie der Name sagt, sind die *Interstates* die Verbindungsstraßen zwischen den Staaten und faktisch auch innerhalb der Staaten die verkehrstechnischen Lebensadern. Auf Reisen durch Kalifornien und nach Las Vegas sollte man sie nur abschnittsweise befahren; vor allem zur raschen Überwindung größerer Distanzen und als City-Zubringer. Für die touristische Routenplanung sollten die *Interstate Freeways* trotz auch existierender landschaftlich reizvoller Teilsabschnitte eher gemieden werden, soweit Alternativen bestehen. Denn man fährt auf den Autobahnen leicht an manchem vorbei, was eine Amerikareise abrundet. Ihr Zustand hat sich in Kalifornien als Folge katastrophaler Kürzungen des Staatshaushalts in den letzten Jahren arg verschlechtert.

3

Picnic Areas

An den *Interstates,* aber auch an anderen Straßen gibt es zahlreiche **Rastplätze** (*Picnic/Rest Areas)*. Die meisten sind ähnlich wie Campingplätze **mit Picknicktischen und Grillrosten** ausgestattet, sauberen Toiletten sowieso.

Nebenstraßen

Das Netz asphaltierter Straßen ist generell in guter Verfassung. Man darf davon ausgehen, dass sich auch kleinste, in den Karten als befestigt ausgewiesene Nebenstrecken ohne Vorbehalte befahren lassen. Aber auch ihr Zustand verschlechtert sich zur Zeit.

Gravel und Dirt Roads

Für uns ungewohnt sind **Schotterstraßen** (*Gravelroads* oder *Unpaved Roads*). Schotter ist bevorzugter Belag für wenig benutzte Nebenstrecken. In Zentral- und Südkalifornien gibt es nur wenige touristisch interessante *Gravel Roads,* sieht man von Zufahrten zu Campingplätzen in *National Forests* und *State Parks* sowie Nebenrouten in der *Mojave Desert* ab.

Bei anhaltender Trockenheit sind sie staubig, bei Nässe rutschig und nach längerem Regen voller »Sumpflöcher«. Bei gutem Wetter lassen sich Schotterstraßen meist problemlos befahren. Indessen ist das Befahren derartiger Straßen mit den meisten Mietfahrteugen laut »Kleingedrucktem« in den Verträgen ausdrücklich untersagt. Übertriebene Sorge ist aber zumindest bei kurzen Fahrten kaum angebracht. Auch *Motorhomes* »überstehen« *Gravel* gut, mag der Wagen auch noch so scheppern. Bei zurückhaltender Fahrweise sind auch kaum Reifenpannen zu befürchten. Fahren auf Schotter lässt sich schon deshalb nicht ganz vermeiden, weil bei Straßenbauarbeiten die Umleitung (selbst auf *Interstate-Freeways)* gelegentlich über *Gravel* und Matsch läuft.

Der niedrigsten Stufe in der Straßenqualität entspricht die ***Dirt Road***, auch ***Unimproved Road*** genannt. Die »Dreckstraße« ist ein besserer Feldweg, der sich aber bei Trockenheit häufig angenehmer befahren lässt als eine *Gravel Road,* bei Regen jedoch schnell verschlammt.

Orientierung

Trotz der aus deutscher Sicht niedriger Tempolimits kann der Verkehr auf dichtbesetzten *Freeways* ganz schön hektisch sein. Mit defensiver Fahrweise und klarer Zielvorstellung behält man die Übersicht. Wer keinen kartenkundigen Beifahrer hat, wird im Freewaygewirr von LA, San Diego und der San Francisco Bay ein **Navi** zu schätzen wissen.

Innerhalb der Städte – also abseits der hindurchführenden Autobahnen – ist die Orientierung erheblich einfacher als bei uns, denn die meisten Städte sind überwiegend schachbrettartig angelegt, die Straßen durchnumeriert.

Stadtpläne

Zu Straßenkarten wurde im Zusammenhang mit der Reiseplanung bereits einiges angemerkt, ➤ Seite 43. Für eine Grobübersicht reichen die Karten dieses Buches und die Stadtpläne auf der Rückseite von Kalifornienkarten, z.B. des offiziellen Tourismusbüros. Genauere Stadtpläne gibt es in *Department Stores* und in Tankstellen für wenige Dollar. Mitglieder von Automobilklubs erhalten beim **AAA** auch Stadtpläne kostenfrei.

3.4.3 Tanken, Wartung, Pannenhilfe

Benzin

Die **Benzinpreise** in den USA schwanken mit dem Rohölpreis und nach Region stark. So in **Kalifornien** Normalbenzin im zweiten Halbjahr **2012 $3,60-$4,60/ Gallone** (3,8 Liter) und in **Nevada $3,30-$4,20/Gallone**. **Aktuelle Benzinpreise** erfährt man im Internet z.B. unter http://sandiegogasprices.com, wobei die hier fett geschriebene Ortsangabe ausgetauscht werden kann durch »los angeles«, »nevada« etc.

Spritpreise Kalifornien Ende 2012

Self Service

Wegen der enormen Preisunterschiede zwischen Selbstbedienung und *Full-Service* sind ***Self-serve-Stations*** die Regel.

Wer selbst tankt, muss zunächst einen **Hebel an der Tanksäule** ziehen, drücken oder umlegen, sonst fließt kein Sprit.

Tankstellen/ Gas Stations

Die Mehrheit der Preisannoncen bezieht sich heute auf ***Cash or Credit Card – Same Price***. Die günstigsten Benzinpreise bieten **Mini-Marts** mit einigen Tanksäulen vor der Tür. Dafür gibt's selten Wassereimer und Schwamm fürs Scheibenwaschen, Druckluft für die Reifen schon gar nicht.

Discount-Tankstellen mit und ohne Markt überraschen gelegentlich damit, dass sie keine Kreditkarten akzeptieren. Darum sollte der erste Blick des potentiellen Kartenzahlers bei Einfahrt in die *Gas Station* den *Master Card*/VISA-Symbolen gelten.

Tanken mit Kreditkarte

Es überwiegen heute **Kreditkarten-Tanksäulen**, die den Gang zur Kasse (fast) überflüssig machen. Nach Einschieben der Karte und kurzer Prüfungspause wird der Benzinfluss freigegeben und am Ende ein Beleg gedruckt. Wenn alles gut geht. Denn in Ballungsgebieten fragt der Computer häufig nach der Postleitzahl der Rechnungsadresse; manchmal klappt's mit einem beliebigen amerikanischen *Zip Code* (z.B. 90210). Auf nicht-amerikanischen Karten findet der korrekt ins System zugreifende Rechner die aber nicht und verlangt: »*See Cashier*«! Dann hilft nur Barzahlung oder siehe umseitig.

Die Zahlen unten stehen für die amerikanischen Oktanwerte (87 = normal). Diesel gilt als umweltfreundlich und ist daher grün gekennzeichnet.

3

Cash oder Kreditkarte am Tresen

Es gibt auch ***Self-serve*** **Stationen**, an denen nur nach **Voraus-zahlung** getankt werden kann. Der Kunde legt dort eine Dollarnote auf den Tisch und erhält die Freigabe der Zapfsäule. Ist der Betrag verbraucht, stoppt das Gerät automatisch. Überschießende Vorauszahlung wird abgerechnet. Alternativ hinterlegt man vorm Tanken seine Kreditkarte an der Kasse in der Hoffnung, dass sie nach dem Tanken noch da ist und niemand ihre Daten samt dreistelliger Ziffer auf der Rückseite notiert hat.

Reifendruck

Einen Druckluftservice, wie bei uns selbstverständlich, vermisst man an den meisten Tankstellen. Wo vorhanden, findet man einen sperrigen Schlauch, dessen Ventil unter Druckbelastung eine Skala freigibt, oder man muss selbst mit eigenen, billig zu erwerbenden Prüfern im Kugelschreiberformat nachchecken. ***Mini Marts*** haben auch schon mal einen schwachbrüstigen Münzkompressor, der gegen *Quarters* ein paar Minuten anspringt.

Wartung/ Ölwechsel

Nur bei sehr langfristig ausgeliehenen Fahrzeugen stellt sich die Wartungsfrage. Bei Wagen von *Avis, Hertz* etc. überlässt man das nicht den Mietern, sondern macht mehrere Verträge hintereinander, bei deren Ablauf die Stationen der Firmen anzufahren sind und das Fahrzeug gewechselt wird. Die eigenständige Wartung (insbesondere der **Ölwechsel**) wird bei Langzeitmiete ggf. beim Campmobil verlangt. Ist die entsprechende Meilenzahl überschritten, läuft man eine der allerorten vorhandenen **Service-Stationen** mit Bezeichnungen wie ***Jiffy Lube, Quick Lube*** (*to lube* = abschmieren/ölen). Neben Öl- und Filterwechsel werden dort auch sonstige wichtige **Checkpunkte** abgepüft und erledigt (z.B. Bremsflüssigkeit, Getriebeöl auffüllen). Die Preise dafür sind moderat und werden bei Fahrzeugrückgabe verrechnet.

Unfall/ Panne

Alle Auto- und Campervermieter geben ihren Kunden eine Telefonnummer mit auf den Weg, die bei Panne oder Unfall angerufen werden muss. Bei den großen, landesweit operierenden Firmen ist das Telefon Tag und Nacht besetzt.

AAA Straßendienst

Ebenfalls helfen kann der ***TripleA*** (AAA=A*merican Automobil Association*), der einen ***Emergency Road Service*** unterhält. Einsatzwagen patrouillieren wie bei uns auf Autobahnen und vielbefahrenen Strecken. Im Fall einer Panne wählt man gebührenfrei © **(800) 336-4357** (4357=*HELP*) und erfährt dort die lokale ***Emergency Number***. Mitglieder europäischer Automobilklubs, die ihre Mitgliedskarte (*Membership Card*) vorweisen, sind AAA-Mitgliedern weitgehend gleichgestellt.

Notruf

Vor einigen Jahren wurde in Zusammenarbeit von AAA und ADAC ein kostenfreier zentraler **Notruf in deutscher Sprache** für Urlauber in ganz Nordamerika eingerichtet:

© 1-888-222-1373

Die Notrufzentrale ist im Sommerhalbjahr rund um die Uhr, in den Wintermonaten November bis April 8-18 Uhr *Eastern Time* besetzt (in Kalifornien also 10/11-20/21 Uhr).

3.5 Hotels, Motels und andere Unterkünfte

3.5.1 Hotels und Motels

Alles Wissenswerte

Situation

Touristen wird die Suche nach einer geeigneten Unterkunft in den USA leicht gemacht. Hotels und Motels konzentrieren sich **unübersehbar** an den Ausfallstraßen von Städten und Ortschaften, an typischen Ferienrouten und in der Nähe der Flughäfen. Vor allem *Motels* und *Motor Inns* zeigen fast immer mit

Vacancy/No Vacancy

Welcome/Sorry

oder ganz einfach

Yes/No

in Leuchtschrift unmissverständlich an, ob sich die Frage nach einem freien Zimmer lohnt.

Suche

Während man in Europa im Sommer besser schon zur Mittagszeit mit der Quartiersuche beginnt, genügt es in Amerika in der Regel, **ab spätem Nachmittag** Ausschau zu halten (Ausnahmen sind besonders populäre Regionen/Orte, Veranstaltungstage und typische Wochenendziele). Wer sichergehen möchte, ruft einige Tage vorher bis vormittags des Übernachtungstages das Haus seiner Wahl an bzw. reserviert *online*, ➤ im Detail weiter unten.

Abgrenzung der Begriffe

Die Begriffe ***Hotel, Motel*** und ***Motor Inn*** werden in den USA ohne klare Abgrenzung verwendet. Für die Qualitätseinstufung spielen sie eine nachrangige Rolle:

Motel

- Im ***Motel*** kann der Wagen meist nahe am Zimmer oder Apartment abgestellt werden; Be- und Entladung des Autos sind auf kurzem Wege möglich. Ein Motel verfüg über ebenerdige und bisweilen doppelstöckige (von außen zugängliche) Zimmertrakte und eine Rezeption, **nicht aber über eine eigene Gastronomie**. Der Service beschränkt sich auf Cola- und Snacktüten - automaten sowie Eiswürfelmaschinen.

Cabins

Auf dem Lande besteht manches Motel aus einer Ansammlung sogenannter ***Cabins***, zimmergroßen Holzhäuschen, gelegentlich in Blockhausbauweise. *Cabins* können aber auch komplett ausgestattete Ferienhäuser sein.

Motor Inn

- ***Motor Inns*** unterscheiden sich oft durch nichts außer ihrer Bezeichnung vom Motel. In besseren *Inns* erfolgt der Zutritt zu den Zimmern wie im Hotel über die Rezeption oder für Nicht-Gäste verschlossene Eingänge und Korridore, also nicht über außenliegende Türen. Das ist zwar unpraktisch, kommt aber dem Sicherheitsbedürfnis vieler Gäste entgegen. Nur *Inns* gehobener Klassen verfügen über Restaurant und Bar.

Hotel

- Eine allgemein zutreffende Kennzeichnung wie für *Inns* und Motels lässt sich für **Hotels** kaum formulieren. Zwischen »Absteigen« in Randbezirken der Stadtzentren und Luxusherbergen aus Glas und Beton liegen Welten. **Gemeinsames Merkmal**

Discount Coupons für Hotels und Motels

In den Touristeninformationen, aber auch in den Rezeptionen mancher H/Motels und Restaurants wie ***Denny's*** einschließlich mancher Häuser von *Fast Food* Ketten wie *McDonald`s* liegen zur freien Bedienung sog. ***Travelers*** oder ***Exit Guides*** voller ***Discount Coupons*** für Hotels und Motels. Sie beziehen sich überwiegend auf Häuser der Ketten an *Interstate Freeways*, in Städten und rund um touristische Attraktionen. Man kann diese Tarife auch im **Internet** aufrufen und bei Nutzungsinteresse unter www.hotelcoupons.com ausdrucken.

Ein Anspruch auf Einlösung der *Coupons* besteht indessen nicht; es kommt auf die – täglich wechselnde – Situation an. Bei Ankunft nicht zu spät am Tage hat man erfahrungsgemäß gute Chancen, zu den Vorzugstarifen der *Discount Coupons* unterzukommen.

Wer einen Coupon-Sonderpreis nutzen möchte, kann dafür ggf. bereits von unterwegs im ausgewählten Haus anrufen und nach dem Tagestarif fragen: *What's your best rate today*? ... *AAA rate today*? Gelegentlich liegt der ganz ohne Discount auch schon mal unter der Couponangebot. Ist das nicht der Fall, bringt man den Gutschein ins Spiel.

Nebenbei: Die Coupon-Hefte sind mit ihren Übersichtskarten sehr gut geeignet zur Identifizierung der Lage von Motelansammlungen.

So sieht ein Couponheft aus (in etwa DinA4-Format), das gratis verteilt wird. Links ein $40-Angebot des Super-8-Motels in Las Vegas (2012). Zur Einlösung wird der Coupon mit der Schere aus dem Heft getrennt.

fast aller Hotels ist die zum Haus gehörende **Gastronomie** und die Erhältlichkeit von **Alkoholika** (**nie** in Motels, selten in *Motor Inns*). Bei innerstädtischen Hotels fehlt oft Parkraum. Gehören bewachte Parkplätze/-garagen zum Haus, werden dafür meist hohe Gebühren berechnet. Beim sog. ***valet parking*** durch Hotelpersonal, fällt zusätzlich Trinkgeld an.

Lodge

- Vor allem in landschaftlich reizvollen Gebieten und Nationalparks nennen sich Hotels gerne ***Lodges*** und signalisieren damit, dass **Aktivitäten** wie Reiten, Fischen, Kanufahren, *Whitewater Rafting* etc. geboten werden oder dort möglich sind.

»Schlüssel«

Die Mehrheit der M/Hotels ab unterer Mittelklasse hat keine Türschlüssel mehr, sondern auf **Türöffner im Kreditkartenformat** umgestellt, die mit den Buchungsdaten programmiert werden und am Abreisetag ab 11/12 Uhr nicht mehr funktionieren.

Zur Art der Zimmer

Üblich sind in der Mehrheit der Unterkünfte heute ***smoking*** und ***non-smoking rooms***. Für viele bedeutsam ist auch die Alternative ***first*** oder ***second floor*** (= 1. Stock). In Motels mit Außenkorridoren ist das Erdgeschoss mit Auto vor der Tür »gepäckgünstig«,

dafür ist das Obergeschoss ruhiger, erfordert aber manchmal erhebliche Gepäckschlepperei über entfernte Treppen. ***Connecting Rooms*** (Zimmer mit Verbindungstür) sind für Familien ideal, können aber (obwohl meist doppelt) Abstriche in Sachen Sicherheit und Lärmbelästigung bedeuten.

Komfort und Ausstattung

Die **Innenausstattung** amerikanischer Hotel- und Motelzimmer zeichnet sich durch eine **weitgehende Uniformität** aus: Je nach Größe des Raums ein Bett*) oder auch zwei davon, gegenüber ein Schränkchen mit Fernseheraufsatz (heute mehr und mehr Flachbild), ggf. eine kleine Schreibplatte, in der Ecke Sessel/Stühle plus Tischchen. Oft auch **Kühlschrank** und **Mikrowelle**. Man schläft zwischen zwei Laken unter einer Wolldecke, deren Zustand (nicht nur) in billigen Unterkünften schon mal zu wünschen übrig lässt.

Ein **separates Bad** gehört noch zum preiswertesten Raum, in Kalifornien und Nevada immer eine **Klimaanlage**, doch nur in besseren Hotels leise. Oft befinden sich Waschbecken mit Platte für den *Coffeemaker* in einer abgetrennten offenen Ecke des Raums. Nur Dusche/Badewanne und Toilette sind dann per Tür separiert.

Unterschiede im Preis drücken sich weniger in generell vorhandenem Mobiliar und Zimmergröße als in Qualität/Gediegenheit der Ausstattung und Grad der Abnutzung aus. Neuere Häuser der oberen Mittelklasse bieten für $100-$180 einen Raumkomfort, der denen in weitaus teureren Hotels häufig kaum nachsteht.

Saisonale Tarife

Die Preise für die Übernachtung unterliegen erheblichen regionalen und saisonalen **Schwankungen**. Sieht man ab von Brennpunkten des Tourismus und der jeweiligen Hauptsaison kommt man

*) ***Double***: 1,35x1,90 m, ***Queensize***: 1,50x2 m, ***Kingsize***: 1,95x2 m; Einzelbetten kleiner als *Double* gibt es nicht.

zu durchaus moderaten Tarifen unter. Es gibt viele einfache Motels, die bei Belegung mit 2 Personen selbst in der Hochsaison unter $70 pro Nacht und Zimmer fordern – vor allem an Wochentagen auf dem Land und in kleinen Ortschaften.

Die Mehrheit der Unterkünfte in der durchweg akzeptablen **unteren Mittelklasse** liegt in Kalifornien ohne Sonderfaktoren wie Nähe zu Nationalparks (extreme Preise in Oakhurst und Mariposa beim *Yosemite*, ähnlich in Carmel) im **Tarifbereich $70-$130**. In der Spätherbst- und Frühjahrssaison übernachtet man in dieser Kategorie auch schon mal für $50 und darunter. Entsprechende Angebote sind dann an *Highways* und Ortsdurchfahrten nicht zu übersehen. Auch im Internet wird man fündig.

Motels und *Motor Inns* der **Mittelklasse** fordern ohne Faktoren wie Großstadt, Nationalpark- oder Airportnähe, Wochenende, Veranstaltung etc. meist unter $100 (+ *tax*) fürs normale DZ. Bei schlechter Auslastung und in der ***Off-Season*** sinken die Preise. **Guter Standard** ist vor *Memorial Day* und ab Oktober, manchmal schon gleich nach *Labor Day* um **$70-$80** zu haben.

Einzel/ Doppel

Gerne wird in der Werbung der günstigste Preis herausgestellt, nämlich für Einzelbelegung. Dann steht ein kleines **sgl** für ***single occupancy*** hinter der Zahl. Tatsächlich gibt es in Nordamerika so gut wie nirgends »echte« Einzelzimmer, mindestens steht ein Bett der Größe ***Double*** im Raum, der auch für ***double occupancy*** genutzt wird. Der Preis liegt dann nur wenig über dem fürs Einzel oder ist sogar identisch. In ***Twin Bedrooms*** (mit zwei *Double, Queen- oder Kingsize*-Betten) können bis zu 4 Personen übernachten, ohne dass dafür immer ein Aufgeld verlangt wird. **Kinder** sind – oft bis zum Alter von 16/18 Jahren – im Zimmer mit ihren Eltern normalerweise »frei«.

Steuern

Alle Preisangaben sind netto; hinzu kommt immer die *Sales Tax*, die im Hotelgewerbe häufig höher liegt als sonst (bis zu 16%).

Kaffee und »Frühstück«

Ein »richtiges« Frühstück ist grundsätzlich nicht im Zimmerpreis enthalten, aber es wird vielfach geworben mit ***free coffee*** und ***free continental breakfast***. Der **Gratiskaffee** bezieht sich dann auf eine Kaffeemaschine oder Pumpkanne in der Rezeption oder ein kleines Heißwassergerät im Zimmer plus einige Tütchen Pulverkaffee. **Kontinentales Frühstück** umfasst oft nichts weiter als Kaffee oder Teebeutel und ein Tablett mit *Donuts* und *Muffins*, bestenfalls noch Waffeln mit Ahornsirup zur Selbstbedienung bei der Rezeption oder in einem schmucklosen Raum.

Ketten der Mittelklasse wie ***Hampton***, ***Best Western***, ***La Quinta*** u.a. bieten ortsabhängig ein zwar reichhaltigeres, aber selten wirklich gutes Frühstück. Wo Letzteres dennoch der Fall ist (in besseren Hotels), muss das auch entsprechend bezahlt werden. Im Übernachtungstarif enthalten ist das sehr selten.

Motelgäste, die Wert auf ein preisgünstiges Frühstück legen, begeben sich zu ***McDonalds*** und ähnlichen *Fast Food Places* oder in die Filialen von Restaurantketten wie ***Denny`s*** u.a.

Pay TV

Gratisfilme am laufenden Band (fast) ohne werbliche Unterbrechung gibt es auf den Kanälen des ***Cable-TV (HBO)***, das manche Motels abonniert haben. Bessere Häuser bieten als Hausprogramm eine Auswahl neuester Produktionen und abends Softpornos. Nach Einschalten oder nach ein paar Freiminuten wird in solchen Fällen eine **hohe Gebühr** fällig.

WLAN/WIFI

Ab unterer Mittelklasse, speziell, was die Ketten betrifft, finden **Laptop- und Tabletnutzer** in der Mehrheit der H/Motels kostenfreien kabellosen Zugang zum Internet (***free Wifi***), nur selten sind noch Gebühren fällig. Das **Passwort** gibt's an der Rezeption.

Zimmersuche/ Hotelverzeichnisse

Man kann in den USA komplikationslos ohne Hotelverzeichnis und Empfehlungen in Reiseführern unterkommen, indem man sich ganz einfach auf die Werbung entlang von Autobahnen, an Ausfallstraßen oder in Flughäfen verlässt. Die hohe Zahl der **Hotel- und Motelketten** in allen Kategorien, deren Häuser weitgehend identisch sind, erleichtert die Unterkunftswahl. Aber darüberhinaus gibt es auch viele **unabhängige Motels und Hotels**, mehrheitlich im Billigsektor oder in der Luxuskategorie.

Tourbooks

Wer nicht ganz auf sein Glück vertrauen möchte und Wert auf ein gutes Preis-/Leistungsverhältnis bei der Übernachtung legt, besorgt sich ***Tourbooks* des AAA**, die ziemlich umfassende **Unterkunftsverzeichnisse** mit aktuellen Preisen und Daten für Häuser ab der unteren Mittelklasse mit **Discount-Angeboten für Klubmitglieder** enthalten, ➤ Seite 43. Auch die in vielen ***Welcome*** oder ***Visitor Centers*** gratis ausliegenden regionalen ***Accommodation/Hotel Guides*** (Unterkunfts-/Hotelführer) sind hilfreich.

Senioren

Für Senioren gibt es oft Nachlässe, wobei man auch schon mal ab 55 Jahren so definiert wird. In den meisten Hotels beginnt der discountberechtigende Seniorenstatus aber mit 63, ➤ Seite 149.

So sieht's bisweilen aus: »Continental Breakfast« eines durchaus nicht billigen Motels in einem zugigen Durchgang neben der Eiswürfelmaschine, Kaffekanne, kleine Styroporbecher mit Coffemate, Zucker und ein paar Muffins im Korb

Die wichtigsten Hotel-/Motelketten (✆ bei uns ➤ Seite 139f) soweit sie auch in Kalifornien/Nevada vertreten sind

Kettenbezeichnung	toll-free ✆	www.
Obere Preisklasse ($150-$400)		
Doubletree/Hilton*1)	1-800 560-7753	doubletree.hilton.com
Hyatt (alle *Brands*)*2)	1-888-591-1234	hyatt.com
Marriot/Renaissance*3)	1-888-236-2427	marriott.com/
(Darunter Fairfield Inn ist Mittelklasse)		renaissance-hotel/travel.mi
Radisson	1-800-395-7046	radisson.com
Starwood Hotels*4)	1-800-325-3535	starwoodhotels.com
(darunter Sheraton Four Points ist Mittelklasse)		
Mittlere Preisklasse ($80-$140)		
Best Western	1-800-780-7234	bestwestern.com
Budget Inn	1-800-780-5733	budgetinn.com
Choice Hotels*5)	1-877-424-6423	choicehotels.com
Country Inn & Suites	1-800-596-2375	countryinns.com
Howard Johnson	1-800-I-GO-HOJO	hojo.com
Holiday Inn*6)	1-800-465-4329	ichotelsgroup.com
La Quinta	1-800-SLEEPLQ	lq.com
Ramada Inn + Ram. Ltd.	1-800-2RAMADA	ramada.com
Red Lion	1-800-547-8010	redlion.rdln.com
Shilo Inn	1-800-222-2244	shiloinns.com
Shoney's	1-800-222-2222	shoneysinn.com
Vagabond	1-800-522-1555	vagabondinn.com
Wyndham*7)	1-877-999-3223	wyndhamworldwide.com
Untere Preisklasse ($50-$80)		
Budget Host	1-800-283- 4678	budgethost.com
Motel 6	1-800-466-8356	motel6.com
Red Roof	1-800-733-7663	redroof.com
Thriftlodge	1-800-525-9055	kein zentrales Internet

Wer ein bestimmtes Hotel einer Kette telefonisch reservieren möchte, kann auch über die im Reiseteil angegebenen individuellen 800er-Nummern (nicht alle Häuser haben eine) direkt das gewünschte Quartier anrufen.

---

*) weist darauf hin, dass unter der identischen zentralen Telefonnummer und Website die Häuser weiterer Ketten zu buchen sind, die auch ein eigenes Portal haben können, z.B. www.rodewayinn.com im Konzern www.choicehotels.com:

*1) Doubletree/Hilton, Hilton Garden, **Mittelklasse**: Embassy Suites & Hampton Inn

*2) Hyatt und alle Ableger wie Hyatt Regency u.a.m.

*3) Renaissance/Marriott & Marriott Courtyard, Residence & Fairfield Inn u.a.m.

*4) Starwood Hotels mit Meridien, Westin, Sheraton, Four-Points, St. Regis u.a.m.

*5) Choice Hotels mit Comfort Inn, Comfort Suites, Quality Inn, Sleep Inn, Clarion, Friendship Inn, Econolodge, Rodeway Inn u.a.m.

*6) Holiday Inn & Express, Intercontinental, Crown Plaza (Oberklasse) u.a.m.

*7) Wyndham Hotels (großenteils Oberklasse), Days Inn, Howard Johnson, Ramada Inn, Super 8, TraveLodge, Knights Inn, Baymont Inn & Suites

Finden und Reservieren von Unterkünften

800/888/ 877/866 = toll-free

Dank der in den USA allgemein verbreiteten gebührenfreien **800-Nummern** (auch 888/877/866) fallen bei Reservierungsanrufen von öffentlichen oder Hoteltelefonen nicht einmal Telefonkosten an. Über 800-Nummern verfügen nicht nur Ketten, sondern auch die Mehrheit unabhängiger Häuser. Unter den auf der Folgeseite gelisteten *toll-free numbers* erreicht man die Reservierungszentralen der Ketten und Hotelgruppen.

Internet

Wer seinen **Laptop** dabei hat oder unterwegs anderweitig Zugang zu einem Computer sucht (im Internetcafé), kann unterwegs in den USA auch kurzfristig noch Zimmer für die nächste Nacht reservieren. Der Vorteil der Internetbuchung liegt nicht zuletzt in der detaillierten Information samt Fotos der in Frage kommenden Häuser. Totale »Fehlgriffe« lassen sich damit ganz gut vermeiden.

Buchungs - portale

Wer sich zunächst einmal mit der gesamten H/Motelauswahl in den jeweiligen Tageszielen vertraut machen möchte, besucht am besten zunächst Buchungsportale wie:

www.all-hotels.com, www.hotels.com, www.orbitz.com

Buchung per Navi oder Smartphone

Es geht natürlich auch ganz ohne Laptop. Wer sein Navi dabei bzw. gemietet hat, kann auch damit Unterkünfte finden und reservieren. **Apps für alle Unterkünfte** Kaliforniens sind sowohl im ***iTunes App Store*** als auch im ***Android Market*** zu kaufen. Für einzelne oder miteinander verbundene Ketten lassen sie sich kostenfrei herunterladen. Infos z.B. unter www.allstays.com

Kategorien

Die Ketten in der Übersicht sind nach **Ober-, Mittel- und Untere Preisklasse** aufgeteilt, wobei die Grenzen insbesondere zwischen Unterer und Mittelklasse fließend verlaufen. Ein Haus der unteren Kategorie der Mittelklasse muss nicht notwendig immer über dem Standard eines einfachen unabhängigen Motels liegen. Ver - glichen am identischen Ort wird es aber immer teurer sein als die in der letzten Gruppe zu findenden Quartiere.

Tarife

Die angegebenen Tarifintervalle in Klammern geben nur einen Anhaltspunkt. Sie können unter- aber auch überschritten werden.

Verbreitung der Ketten

Die Verteilung und Dichte von Hotels und Motels der verschiedenen Ketten ist sehr unterschiedlich. Die **Ober- und Luxusklasse** konzentriert sich dabei eher auf die **Großstädte**. Auf viele Namen der Mittelklasse (*Super 8, Econolodge, Ramada, Travelodge, Fairfield, Days Inn, Best Western, Holiday Inn/HI-Express, Comfort/ Quality Inns*) stößt man allerorten. Auch einige der preiswerteren Kettenmotels sind relativ stark, wiewohl mit regionalen Schwerpunkten vertreten.

Neue 800 ✆ ?

Sollte eine Motelkette unter der aufgeführten Nummer nicht mehr erreichbar sein, ruft man – ebenfalls gebührenfrei – die ***Toll-free Information*** an: **1-800-555-1212**.

Abgrenzung der Kategorien

Während die Unterkünfte der Mittel- und Oberklasse in den meisten Fällen einen Standard bieten, der den Erwartungen und dem Preis (im jeweiligen lokalen bzw. saisonalen Rahmen) gerecht wird, sind **in der *Budget*klasse die Unterschiede groß**. Das gilt insbesondere für die Vielzahl der kleinen preiswerten *Motels*, die keiner Kette angehören. Bei ihnen erkennt man erst vor Ort, ob man sich für $49 eine heruntergekommene Absteige einhandelt oder ein Sonderangebot in einem gerade halbleeren Motelkleinod.

Vorteile der Ketten

Wichtig zu wissen ist, dass ein Teil der Kettenmotels in der unteren Preisklasse den Komfort der Mittelklasse oft erreicht oder nur mit kleinen Abstrichen darunter bleibt. Andererseits bieten u.a. die Mittelklasse-Ketten ***Best Western, Fairfield, Holiday Inn Express, Ramada Limited, La Quinta, Vagabond*** u.a. außerhalb der jeweiligen Saison und/oder in reiseschwachen Gebieten für Preise um dann $70-$90 einen angenehmeren Aufenthalt als manches Billigmotel für nicht viel weniger Geld.

Da die Qualität der Häuser auch innerhalb einer Kette mehr oder weniger schwankt und auch die Lage eine Rolle spielt, wird der Leser mit der gewählten **Einordnung** nicht immer übereinstimmen, aber sie liefert einen Anhaltspunkt.

Ein- und Auschecken

Übliche Prozedur

Bei Ankunft unterschreibt der Gast einen *Credit Card Slip*, der den Zimmerpreis plus Steuern ausweist, und erhält den Schlüssel bzw. den nur für die gebuchten Nächte aktivierten Türöffner des zugewiesenen Raums. Eine Barzahlung ist zwar möglich, aber eher unüblich. Eine Abrechnung am folgenden Morgen/Ende des Aufenthaltes ist nur nötig, wenn Zusatzleistungen in Anspruch genommen werden können und wurden, etwa Gebühren für Filmprogramm, Zimmer- oder Restaurantservice. Im Durchschnitts - motel ist mit Einchecken und Zahlung meist alles erledigt.

Zimmerwahl

Man kann die Zuteilung des Zimmers durchaus beeinflussen, wobei ***Non-Smoking-Rooms*** heute fast durchgängig die Regel sind. Es wird niemandem verwehrt, zunächst den zugedachten Raum in Augenschein zu nehmen. Man sollte nicht zögern, nach einer Alternative zu fragen, wenn

- die **Schnellstraße** vor dem Fenster verläuft.
- der **Fahrstuhl** sich nebenan befindet; manche Fahrstühle verursachen bei jeder Bewegung ein mittleres Zimmerbeben.
- **Eiswürfelmaschine** und/oder der **Cola-Automat** in der Nähe stehen; das ständige Klappern bis tief in die Nacht hinein kann erheblich stören.
- im Airport-Hotel das Zimmer die ***Runways*** überblickt.

Verbundene Räume

Wer mit einem Zimmer auskommt, ist besser bedient mit einem ***Non-Connecting Room***: Erstens aus Sicherheitsgründen, weil es für einen Profi kein Problem ist, derartige Türen ohne größeren Lärm zu öffnen. Und zweitens, um nicht das Fernsehprogramm und den Ehestreit der Zimmernachbarn ertragen zu müssen.

Check-out

Wer spät nachts ankommt und erst am Nachmittag das Zimmer räumen möchte, kann nach einem ***Late Check-out*** fragen, was meist akzeptiert wird und bei vorheriger Klärung nichts oder nur wenige Extradollars kostet. Ohnedem muss man Zimmer **zwischen *10am* und *Noon*** räumen, bei unangekündigtem Überziehen der Zeit im Extremfall den vollen Tarif zusätzlich bezahlen.

Trinkgeld

Ein kleines Problem ist für europäische Touristen die Frage der »richtigen« **Trinkgeldbemessung** in Hotels und Gastronomie.

Da Angestellte in Hotels und Restaurants in Amerika viel stärker vom Trinkgeld abhängig sind als ihre deutschen Kollegen, wird bei allen Dienstleistungen im Hotel ein ***tip*** erwartet. Der ***Bellhop*** (Hotelpage) erhält fürs Koffertragen $1 pro Gepäckstück, der ***Doorman*** (Türsteher) $2 fürs Taxiholen und die ***Room Maid*** $2-$3 täglich, die man im Zimmer hinterlässt. Es ist keine schlechte Idee, bei mehreren Tagen Aufenthalt das Zimmermädchen bereits nach dem 1. Tag mit einem *Tip* zu erfreuen.

Hochsaison – immer alles voll?

Im Einzugsbereich der Ballungsgebiete Los Angeles, San Diego und San Francisco Bay (bis ca. 200 mi bzw. 3 Autostunden im Umkreis) sind alle populären Ziele an **Sommerwochenenden** stark gebucht. Die bekanntesten wie **Monterey/Carmel**, die Umgebung des ***Yosemite Park*** oder des **Lake Tahoe in Ferienzeiten** auch an Wochentagen. Wer dort nicht bis 16 Uhr sein Zimmer sichert (im Fall *Yosemite* und Umgebung möglichst mehrere Wochen oder länger im voraus), hat schlechte Karten. Ansonsten sind mittel- oder langfristig komplett ausgebucht meist nur bekannt gute und zugleich preiswürdige Häuser und sog. Resort-Hotels mit allen Schikanen für *Holiday Fun*.

Wer die **Wochenendproblematik** beachtet und freitags/samstags die Touristenmagnete meidet, findet auch im Sommer meist ohne größere Probleme ein Nachtquartier, sofern

- eine gewisse örtliche Flexibilität vorhanden ist
- die Suche nicht erst nach 18 Uhr beginnt
- keine zu engen Präferenzen bezüglich Preis und/oder Qualität existieren

Weiß man definitiv im voraus schon, wo übernachtet werden soll, kann eine telefonische oder Internet-/App-Reservierung nicht schaden. Trotz der dort ansprechenden Fotos sieht man aber natürlich immer erst vor Ort, ob die getroffene Wahl glücklich war. Denn mitunter entsprechen die ins Netz gestellten Bilder nicht so ganz den wirklichen Verhältnissen. Die gammligen Ecken im Badezimmer bleiben naturgemäß ohne Foto.

Freitags- und Samstagsbuchungen bereits ein paar Tage vorher sind nicht nur in der Hochsaison eine gute Idee. Denn man weiß ja nie, ob nicht lokale Ereignisse selbst im Mai oder Oktober schon mal für ausgebuchte Zimmer sorgen.

Zur **Sondersituation in Las Vegas** ➤ Seite 505ff.

3.5.2 Sonstige Unterkünfte

Bed & Breakfast

Situation

Bed and Breakfast in Privathäusern und ***B&B Inns*** ist in Kalifornien recht verbreitet. In ländlichen Regionen wird man ***B&B*-Schilder** häufiger entdecken als in größeren Städten, wo indessen bei weitem nicht alle Gastgeber ihr Angebot öffentlich machen. Daher sollte sich einen ***Bed & Breakfast Guide*** kaufen, wer sich vorstellen kann – anstelle anonymer Motels und Hotels – öfter mal Zimmer mit Frühstück zu buchen. In größeren ***Bookstores*** findet man *B&B*-Führer meist in regionaler Gliederung. Der Übergang zum ***Country Inn***, faktisch einem Hotel, ist dabei fließend. Hier und dort sind auch **Listen mit allen *Bed & Breakfast Places*** einer Stadt/Gegend in den Büros der *Tourist Information* erhältlich, etwa für Kalifornien die Gratisbroschüre ***Bed and Breakfast Inns*** mit vielen höherkarätigen Angeboten.

Internet

Im Internet finden sich zahlreiche Websites von B&B-Betreibern und Vermittungsportale w.z.B. www.bedandbreakfast.com oder, speziell für Kalifornien, www.cabbi.com. **Google** liefert unter **b&b** (so oder ausgeschrieben) plus Region jede Menge Adressen.

App

Von der *California Association of Bed and Breakfast Inns* (CABBI) gibt's seit 2012 im ***iTunes App Store*** und auch für ***Android*** ein freies App für alle angeschlossenen *B&Bs* in Kalifornien.

Sehr erfolgreich, heißt es, sei auch die Privatzimmervermittlung für Sparfüchse: www.airbnb.com. Unbedingt mal `reinschauen!

Bed & Breakfast Place »Heritage Park Inn« nahe der Old Town von SanDiego

Kosten

***B&B* ist aber sonst nicht die billige Alternative zum Hotel**; das Preisniveau liegt im Rahmen der Mittelklasse, aber oft auch höher, so ab $120/DZ und Nacht und auch schon mal in edlen Quartieren $300 und mehr. Attraktiv ist sich für viele aber der – im B&B oft erleichterte – Kontakt zu Amerikanern.

International Hostels

Jugendherbergen/ Hostelling International (HI-Hostels)

Das Jugendherbergswesen ist in den USA im Vergleich zu Europa zwar unterentwickelt, aber einige Herbergen befinden sich in günstiger Lage im Brennpunkt der Cities oder in einem besonders attraktiven Umfeld. Die Kosten in Häusern der ***American Youth Hostel Federation*** (***HI-Hostels***) sind speziell für Einzelreisende konkurrenzlos billig. Bei zwei Personen ist aber manches *Hostel* schon teurer als die untere Motelkategorie. Immer mehr Herbergen bieten auch EZ/DZ an, teilweise sogar mit eigenem Bad zu Kosten der preiswerten Motelkategorie.

Reservierung

Zu den *HI-Hostels* in den USA findet man alle Informationen unter www.hiusa.org. Dort kann auch zentral reserviert werden.

Hostels in den Cities und in der Nähe attraktiver Ziele (Nationalparks/Küstenorte) sind Wochen **im voraus zu reservieren**.

Alternative Hostels

Eine **Alternative zu Jugendherbergen** im konventionellen Sinn bieten zahlreiche unabhängige Unterkünfte, ebenfalls (*International*) ***Hostels***, aber unter freier Trägerschaft. Sie verfügen über Mehrbettzimmer (ab ca. $15 bis über $30 pro Bett) und meist auch EZ/DZ ab ca. $40. Bei ihnen geht es im Allgemeinen etwas lockerer zu als in den *Hostels* der Herbergsorganisation.

Im Internet sind die unabhängigen *Hostels* fast ausnahmslos unter folgenden Reservierungsportalen im Detail gelistet:

www.hostels.com www.hostelsclub.com www.hostelworld.com

Hostel Verzeichnis

Das *Hostel Handbook* für die USA, ein auf dünnem Papier in privater Initiative gedrucktes leichtes Büchlein für den Rucksack ist unterwegs außerordentlich hilfreich. Denn man hat ja nicht jederzeit PC-Zugang. Es erscheint im Frühjahr jeden Jahres neu.

Die Ausgabe 2012 listet rund 450 Hostels und Billighotels, davon 35 in Kalifornien und Nevada. Das Büchlein gibt es exklusiv für Leser der Reise-Know-How-Nordamerika-Reiseführer direkt beim Verlag. Inklusive Versand kostet das *Hostel Handbook* – die jeweils neueste hier verfügbare Auflage – **€5,00** gegen **Voreinsendung** in Briefmarken an den

Reise-Know-How Verlagsservice
Am Hamjebusch 29
D-26655 Westerstede

www.reisebuch.de/usa/info/unterkunft/hostel_handbook.html

Apps

Smartphonenutzer finden Apps für HI-Hostels wie auch für die Unabhängigen im ***iTunes App Store*** und im ***Android Market***.

Studenten - wohnheim

Eine Übernachtungsalternative sind in den Sommermonaten (Ende Mai Mai bis einschließlich August) die dann teilweise leerstehenden Studentenwohnheime, die ***University Residences*** oder ***College Dormitories***. Fast jede größere Stadt verfügt über mindes - tens ein *College*. Das ***Department of Housing*** der jeweiligen Ins - titution ist zuständig für die Vermietung, wobei die Bedingungen (z.B. keine Einzelübernachtungen) und Preise stark variieren.

3.6 Camping in Kalifornien und Nevada

3.6.1 Die Situation

Ausstattung der Plätze

Die USA bieten Campern alles, was das Herz begehrt, sei es nun Komfortcamping im Wohnmobil oder eher ein Campieren unter einfachsten Bedingungen weitab jeder Zivilisation. Die meisten Campingplätze sind großzügig angelegt, und die **Stellplätze** fürs Campmobil oder Zelt beschränken sich nicht auf wenige Quadratmeter, sondern umfassen ein eigenes **kleines Areal mit Picknicktisch und Grillrost**, oft auch mit Feuerstelle – letzteres aber , in erster Linie auf staatlichen Plätzen, ➤ weiter unten.

Campingführer/Apps

Bislang ging nichts ohne Campingführer, für Automobilclubmitglieder beim AAA sogar gratis erhältlich. Doch der AAA stellte die Herausgabe seiner *Campbooks* 2012 ein.

Die mittlerweile verfügbaren ***Camping Apps*** sind den gedruckten Listungen in allen Belangen überlegen. Im ***iTunes App Store*** und ***Android Market*** gibt's solche **Apps** für alle US-Staaten. Neben dem Blick auf *»All Campgrounds«* kann man selektiv auch Plätze nur für Zeltcamper, nur für RVs, nur in Nationalparks oder Nationalforsten etc. aufrufen. Hinter den Kurzinformationen der Appliste steht damit auf dem Monitor jeweils das ganze Paket mit alle Detailinformationen einschließlich Anfahrtkarten zur Verfügung, ➤ www.all stays.com.

Verbreitet und in vielen Miet-RVs noch vorhanden ist ***Woodall's North American Campground Directory*** (für ganz Nordamerika \$32; ab 2013 heißt es ***Good Sam RV Travel Guide***), ein stark auf kommerziell betriebene Plätze ausgerichteter Führer. Sein Aufbau macht die Benutzung mühsam; viele Plätze – so des *Corps of Engineers*, des *National Forest Service* und des *BLM* (➤ folgenden Abschnitt) – bleiben in diesem telefonbuchdicken Band unerwähnt.

Billig oder sogar gratis campen

Noch vor wenigen Jahren gab es Führer wie den *»**Guide to free Camping**«*. Doch freie und spottbillige, zugleich gut erreichbare Plätze sind seltener geworden. Wer besonders preiswertes Camping sucht, findet eine Liste unter www.freecampgrounds.com. Es gibt auch eine **App für sog. *Boondocking***, also für Parkplätze, *Truckstops* etc., auf denen Campmobile ohne Campgebühren über Nacht stehen dürfen.

Kosten

Auf allen **staatlichen Plätzen** gilt eine **pauschale Einheitsgebühr (*fee*) pro Stellplatz** unabhängig von der Personenzahl (Obergrenze 4-9 Personen und oft 2 Fahrzeuge). Die Gebühren werden überwiegend im ***Self-Registering*** Verfahren erhoben. D.h., die Camper stecken Bargeld nach Eintragung ihrer Daten in einen bereitliegenden Umschlag und werfen diesen in eine gesicherte ***Deposit Box***. Es gibt aber auch Automaten für Kreditkartenzahlung.

Auf **privaten Plätzen** überwiegt eine Basisgebühr für 2 Personen plus Aufschlag für jeden zusätzlichen Gast.

Strom, Wasser, Abfluß/ Hook-up, TV & Internet

Die meisten kommerziellen *Campgrounds* und viele *State Parks* (➢ Seite 120) verfügen über sog. ***Hook-ups***, d.h., Steckdosen, Wasserhahn und Abwasserloch an den Stellplätzen. Häufig sind auch ***Sites***, die nur ***Electricity & Water*** bieten. Sind alle drei Anschlüsse vorhanden, spricht man von einem ***Full Hook-up***. Oft gibt's auch die **TV-Buchse** für die zentrale Satellitenschüssel oder das Kabelnetz. In rascher Verbreitung begriffen ist der **Internetzugang** (Wifi) mit oder (meistens) ohne gesonderte Gebühr. Komfortplätze mit solchen Vorzügen kosten naturgemäß mehr.

Notwendigkeit der Hook-ups

Mit vorausschauender Disposition kommen RV-Fahrer auch ohne *Hook-up* aus. Denn auf manchen Rastplätzen und vielen *Campgrounds* ohne *Hook-up* sowie in dem Plätzen in *National-* und *State Parks* befinden sich sog. ***Dump-*** oder ***Sewage-Stations***, wo – meist gegen Gebühr – Schmutzwasser abgelassen und Trinkwasser aufgefüllt werden kann. Auch **Tankstellen, *Truck Stops*** und lokale Besucherbüros (*Visitor Information* oder *Chamber of Commerce*) bieten bisweilen eine ***Dump Station*** als Service.

Strom benötigt man im Camper an sich nur zum Betreiben der Dachklimaanlage bei großer Hitze oder für die Mikrowelle, Fernseher und Haartrockner, und fürs Aufladen von Akkus, obwohl das auch in der 12-V-Steckdose geht, ➢ Seite 87 unten. Fürs Licht genügt die Kapazität der in Campmobilen vorhandenen zweiten Batterie (sie wird automatisch neben der Motorbatterie mit aufgeladen), sofern man keine längeren Standzeiten einlegt. RV-Mieter haben im übrigen in Fahrzeugen ab 23 Fuß immer einen Generator mit an Bord, der im Notfall für »Saft« sorgen kann.

Einfacher National Park Campground im Kings Canyon ohne Hook-up, nur ein Wasserhahn und »Trockentoilette« in der Nähe ($-Dusche ca. 1 km entfernt), dafür Feuerstelle mit Grillrost, Picknicktisch und vor allem viel Platz; Kostenpunkt $20.

3.6.2 Alles über Campingplätze

Staatliche Plätze – Public Campgrounds

National Parks

Die Campingplätze in Nationalparks und -monumenten Kaliforniens liegen überwiegend in reizvoller Umgebung und zeichnen sich durch eine großzügige Aufteilung aus. Einige sind wegen des Massenandrangs in der Hochsaison von erheblichen Ausmaßen. Die Mehrheit verfügt neben den üblichen Ausstattungsmerkmalen (➤ oben) nur über einfache sanitäre Einrichtungen.

Die Campgebühren in den Parks in Kalifornien liegen bei **\$12-\$20/Nacht**, im *Death Valley* gibt es einige Gratisplätze. Manchmal gratis sind ***Walk-in-Campgrounds*** abseits der Straßen. Für ihre Benutzung benötigt man ein ***Camping-Permit***, das in Besucherzentren und *Ranger Stations* der Parks ausgestellt wird.

National Forest

In den riesigen Bergwäldern Kaliforniens hat der *National Forest Service* zahlreiche Campingplätze der – sanitär gesehen – Einfachkategorie angelegt. Unter ihnen befinden sich **traumhafte Anlagen** inmitten sonst unberührter Natur. Ein paar Extrameilen auf Forststraßen (*Forest Road*) lohnen sich fast immer, wenn man ein hübsches, ruhiges Plätzchen für die Nacht sucht. Auch in der Hochsaison sind abgelegenere ***NF-Campgrounds*** nur ausnahmsweise voll belegt. Und wenn, dann hindert den Reisenden niemand, legal und gebührenfrei Quartier abseits im Wald zu nehmen (mindestens 400 m vom offiziellen Campground entfernt). Das ist erlaubtes sog. ***Dispersed Camping***.

Lage und Gebühren der NF-Plätze

NF-Plätze sind nur sporadisch in Campingführern verzeichnet, viele davon immerhin im *AAA Campbook*. Man findet sie z.T. auch auf der Website www.freecampgrounds.com. Genaue Karten gibt's in den regionalen Büros des *Forest Service*. Die Übernachtungskosten betragen zwischen **\$0 und \$24**. Die Höhe richtet sich weniger nach der Ausstattung, die über fließend Kaltwasser und Plumpsklos/Chemietoiletten fast nie hinausgeht, als nach ihrer verkehrstechnischen Lage. Am teuersten sind leicht erreichbare Plätze im Umfeld von Nationalparks. Mit zunehmender Entfernung zur nächsten Asphalttraße fallen die Gebühren.

National Forest Campgrounds unterliegen durchweg der **Selbstregistrierung**. Dafür müssen Dollarscheine zur Hand sein.

State Park Campgrounds

Alle amerikanischen Bundesstaaten unterhalten ***State Parks***, Kalifornien besonders zahlreich. Zu vielen *State Parks* gehören Campingplätze; oft stand das Campingmotiv bei deren Errichtung sogar im Vordergrund. Manche verfügen über hohen sanitären Komfort mit Wasser- und Stromanschluss an allen Stellplätzen (in **Kalifornien** vielfach mit **Wifi**!), andere sind eher den *National Forest Campgrounds* vergleichbar. So oder so, Lage und Anlage der *State Park* Areale sorgen mit wenigen Ausnahmen für **erfreulichste Campingbedingungen**. Die **Nutzungskosten** wurden in Kalifornien vor einigen Jahren leider verdoppelt und liegen heute bei \$25-\$45/Nacht, in Einzelfällen sogar darüber.

Lage – ***State Parks*** sind fast ausnahmslos in Campingführern verzeichnet und **auf den meisten Karten** deutlich markiert.

BLM – Das ***Bureau of Land Management*** (des Innenministeriums) unterhält **sanitär einfache *Campgrounds*** auf Ländereien, die nicht in die Zuständigkeit des *National Forest Service* fallen. Sie liegen in Kalifornien vielfach in Wüstengebieten abseits großer Straßen mit bisweilen sehr rauhen Zufahrten. Die Gebühren für Plätze des *Land Management* sind niedrig; Details unter www.blm.gov.

Corps of Engineers – Die **Pioniere der US-Armee (CoE)** sind in Friedenszeiten mit zivilen Projekten befasst, speziell mit Staudammbau und Stauseewartung, davon vielen in Kalifornien. Die vom CoE angelegten Plätze gehören meist zur preiswerten Einfachkategorie; Details z.B. unter www.rv-camping.org/COECampgrounds.html.

Cities & Counties – Auch **Städte** und **Landkreise** unterhalten Campingplätze sehr unterschiedlicher Qualität und Ausstattung. Die **Kosten** variieren entsprechend. Ein typisches Beispiel ist der teure, aber relativ citynahe Campingplatz an der ***Dockweiler Beach*** in Los Angeles unterhalb des *Int'l Airport*, ➤ Seite 358.

Kommerziell betriebene Plätze

Ausstattung/ Kosten – Über die kommerziell betriebenen Campinglätze lassen sich **allgemeingültige Aussagen** nur sehr grob machen. Alle bezüglich Komfort und Lage denkbaren Kategorien sind vorhanden. Es überwiegen Anlagen mit ***Hook-up*-Angebot** (➤ oben) und knappem Zuschnitt der Stellplätze. Die **Preisgestaltung** orientiert sich an Ausstattung und Nähe zu touristischen Reiserouten und -zielen. Die **preisliche Untergrenze** für einfache/abgelegene Privatplätze liegt in Kalifornien bei etwa **\$20-\$25**. Im Umfeld von Attraktionen (Nationalparks, Badeorte) und im Einzugsbereich der *Big Cities* wird es teurer. Campmobilisten finden dort ab **\$45/Nacht** und teilweise weit mehr ein ebenes Plätzchen, meist saubere Sanitäreinrichtungen, Pool, Shop, natürlich auch TV-Anschluss und Wifi, aber auch die Nachbarn auf Tuchfühlung.

Traumhafter Campplatz im Nevada State Park Valley of Fire nördlich von Las Vegas, ➤ Seite 549

Lage

Nur wenige kommerziell geführte *Campgrounds* können es in punkto landschaftliche Einbettung und Attraktivität der Anlage mit der staatlichen Konkurrenz aufnehmen. Zwecks guter Auslastung liegen sie eher in **günstiger Position**, d.h., häufig in der Nähe vielbefahrener Straßen und *Interstate Freeways*.

Qualität privat geführter Plätze

Wer sich bei der Auswahl des Platzes von Werbebroschüren und Campingführern mit entsprechenden Anzeigen leiten lässt, wird bisweilen staunen über die Diskrepanz zwischen Werbung und Realität. Der **Zustand der Sanitäranlagen** kann trotz hoher Tarife manchmal ein wunder Punkt sein.

Camping-Ketten

Die Mehrheit der *Campground*-Betreiber ist unabhängig. Aber es gibt auch Campingplatz-Ketten. *Good Sam Campgrounds* garantieren nur die Einhaltung gewisser Standards. Aber die rund **400** ***Kampgrounds of America***, www.koakampgrounds.com, gehören zu einer straff geführten Kette, bieten überall eine fast identische Qualität vor allem im Sanitärbereich und haben alle ein **1-800-Reservierungstelefon**. Außerdem sind sie zentral über www.reserveamerica.com zu reservieren wie auch die staatlichen Plätze.

Eine KOA-Spezialität sind kleine Blockhäuser, ***Cabins*** (auf 90% aller KOA-Anlagen) und ***Cottages***, für bis zu 4 Personen für $45-$65/Nacht. Der Schlafsack ist selbst mitzubringen.

Im allgemeinen empfehlenswert sind die unabhängigen *Campgrounds*, die vom ***Good Sam Club*** eine Art Gütesiegel erhalten. Die Qualität der sanitären Einrichtungen und sonstige Merkmale sind bei *Good Sam*-Plätzen stärkeren Schwankungen unterworfen als bei KOA; www.goodsamclub.com.

Reservierung

Außerhalb der Monate Juli bis August besteht keine generelle Notwendigkeit zur Reservierung außer an bestimmten Wochenenden (*Memorial* und *Labor Day*) und für bestimmte stark frequentierte Ziele. Selbst im Hochsommer findet oft noch gut Platz, wer nicht zu spät am Tage ankommt (Ausnahmen im Reiseteil).

Private Plätze

Alle kommerziell betriebenen *Campgrounds* lassen sich telefonisch, mehr und mehr auch per Internet reservieren. Die Telefonnummern finden sich in Campingführern und – im Fall besonders empfehlenswerter Plätze – im Reiseteil dieses Buches. Wie bei Hotels werden Reservierungen nur dann für eine Ankunft nach 18 Uhr garantiert, wenn der Anrufer eine **Kreditkartennummer** nennt. Auch bei Nichterscheinen wird diese dann belastet.

Staatliche Plätze

Für die staatlichen Plätze galt früher einmal überwiegend die Regel ***first-come-first-served***. Das hat sich in Kalifornen geändert, in Nevada gilt das noch.

Die kalifornischen ***State Park Campgrounds*** können über eine **zentrale Telefonnummer** **und** übers **Internet** reserviert werden:

© 1-800-444-PARK (7275); www.reserveamerica.com

Nationalparks

Der ***National Park Service*** vergibt **einen Teil** (nie alle) seiner *Campground*-Plätze in den populärsten Parks ebenfalls über ein zentrales Reservierungssystem. In Kalifornien betrifft das alle Nationalparks: ***Channel Islands, Death Valley, Joshua Tree, Pinnacles, Sequoia & Kings Canyon*** und ***Yosemite***. Das gilt auch für Campingplätze in den – in diesem Buch als Abstecher behandelten – Nationalparks ***Bryce Canyon, Grand Canyon*** und ***Zion***.

Wer sichergehen möchte, in diesen im Sommer stark frequentierten Parks unterzukommen, kann **ab dem jeweils 5. eines Monats bis zu 5 Monate im voraus reservieren**; nur im Fall des ***Yosemite Nat'l Park*** ab dem jeweils 15. jeden Monats alle Tage des fünf Monate in der Zukunft liegenden Monats (Buchungsbeginn immer um 7 Uhr Pacific Time = 16 Uhr MEZ):

Zentrale Reservierung: www.recreation.gov, **© 1-888-444-6777**

Alle verfügbaren ***Yosemite Sites*** eines Monats werden jeweils innerhalb des ersten möglichen Buchungstages voll vergeben, heißt es.

Wunderbarer Zeltplatz im Lodgepole Campground des Sequoia National Park: Picknicktisch, Feuerstelle mit Grill und bärensicherer Kasten für Essbares über dem – hier noch – Wildbach Kaweah River

Nat'l Forest Service, BLM und CoE

Gleichzeitig sind in diesem Reservierungsportal auch **alle Campingeinrichtungen** des ***National Forest Service***, des ***Bureau of Land Management*** und des ***US-Army Corps of Engineers***, also alle unter nationaler Verwaltung stehenden Plätze zu reservieren, soweit sie nicht der Reihenfolge der Ankunft vorbehalten blieben (bei diesen Organisationen ist das noch die Mehrheit).

Ein großer Teil dieser Plätze unter nationaler Verwaltung mit Ausnahme der *National Park Campgrounds* sind alternativ auch unter www.reserveamerica.com zu reservieren.

Beurteilung

Eine **Internetreservierung** ist einfacher zu bewerkstelligen als **Anrufe** bei der Zentrale und verursacht keine Telefonkosten. Eine Reservierungsgebühr fällt in beiden Fällen an (*Reserve*: **$8**; *Recreation*: **$10**, jeweils pro Platz unabhängig von der Zahl der Nächte). Obendrein bieten die (identisch aufgebauten) ***Portale*** eine Menge genauer Informationen. Alle Parks sind kurz beschrieben samt einer Liste der Einrichtungen, einer Anfahrtskarte und Detailkarte der Plätze oft zusätzlich mit der Möglichkeit, auf den Platz und die Region zu zoomen. In vielen Fällen kann man sogar einen spezifischen Stellplatz (am Wasser, im Schatten, in Sanitäranlagennähe etc.) bestimmen und gezielt reservieren.

Für eine Teilnahme an den Reservierungssystemen muss man sich unter der unauffälligen Schaltfläche »***sign in***« zwar registrieren, eine Kreditkartennummer aber erst bei konkreter Buchung angeben. Die Belastung der Campingkosten plus Gebühren erfolgt unmittelbar danach. Den am Campingplatz vorzulegenden **Voucher** darf man sich dann **selbst ausdrucken**.

Eine **Stornierung** zieht ab **$10 Gebühren** pro Reservierung nach sich; sie lohnt daher nur bei sicheren Daten.

Empfehlung

Vorteile und Nachteile der verschiedenen Plätze

Die meisten staatlichen Plätze sind – unabhängig von Kostenüberlegungen – privaten Anlagen vorzuziehen, sofern der Vollanschluss nicht im Vordergrund der Bedürfnisse steht. Das Campen auf ihnen ist mehrheitlich erfreulicher. Wie bereits erläutert, finden Campmobilfahrer genügend Möglichkeiten, die Ver- und Entsorgung ihres Fahrzeugs auch ohne *Hook-up* am Stellplatz zu erledigen. Der Nachteil nicht vorhandener Duschen auf sonst herrlichen Plätzen ist zu verschmerzen. Denn Wohnmobilmieter haben ohnehin eine Dusche an Bord. Gegen Gebühr können andere unterwegs die Duschen von Privatplätzen oder *Truck Stops* nutzen oder – so in einigen Nationalparks (*Yosemite, Sequoia/Kings Canyon* & *Bryce Canyon*) – öffentliche Duschanlagen aufsuchen.

Optimal sind ***State Parks***. Gut angelegt in schöner Landschaft verfügen sie meist über zumindest akzeptable, häufig bessere Sanitäranlagen als mancher Privatplatz. Leider sind sie in **Kalifornien** sehr teuer geworden, ➤ die Einzelempfehlungen im Reiseteil. In Nevada und anderen Staaten gelten deutlich moderatere Tarife.

Campen ohne Campingplatz

National Forest

Wer auf Forststraßen in die Einsamkeit der *National Forests* vordringt, benötigt nicht unbedingt die Gewissheit, am Ende auf einen Campingplatz zu stoßen, um übernachten zu dürfen. **In den Nationalforsten ist Campen auch abseits offizieller Plätze erlaubt**, soweit man mindestens eine Viertelmeile (ca. 400 m) Abstand zum nächsten offiziellen *Campground* hält, ➤ Seite 120.

Cities

In den Cities und manchen Großstädten gibt es keine, extrem teure und/oder nur weit vor den Toren der Stadt gelegene *Campgrounds*. Von der möglichen Idee, **in städtischen Parks** oder auf deren Parkplätzen stadtnah gratis zu übernachten, muss dringend abgeraten werden, denn die Gefährdung durch **Kriminalität** ist erheblich. Parks werden eben deshalb regelmäßig von Polizei kontrolliert. Da **Übernachten in Fahrzeugen auf innerstädtischen**

öffentlichen Plätzen und Straßen in Kalifornien – wie anderswo in den USA auch – **untersagt** ist, wird der Übeltäter günstigenfalls verscheucht, aber bei Pech mit einer Geldstrafe belegt.

Rest Areas

Auf den ***Rest Areas*** an ***Freeways*** in Kalifornien darf man zwar nicht übernachten, aber acht Stunden parken und ausruhen. Über Nacht stehen kann man auch bei ***Truck Stops*** wie ***Flying J*** am Rande von *Interstate Freeways*. Dort ist es meist laut, aber im Zweifel sicherer als auf irgendeinem Rastplatz in der Wallachei.

Wal Marts

Auf den Parkplätzen der Kaufhaus ***Walmart*** (über 2.500 Filialen in den USA) war es jahrelang gestattet, mit Campfahrzeugen über Nacht zu bleiben. Diese Möglichkeit wurde stark zurückgefahren. In **Kalifornien** verblieben keine Märkte, die das erlauben.

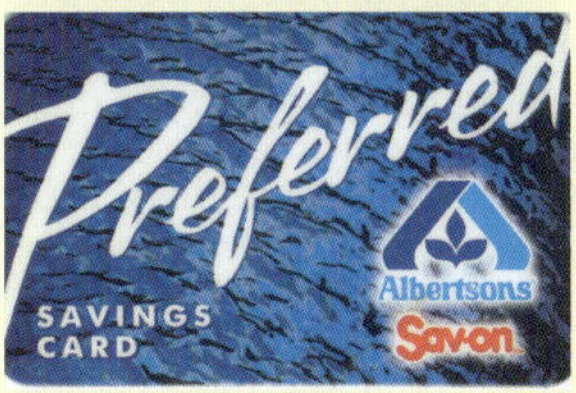

Preiswert einkaufen mit Kundenkarte

Mit Kundenkarten können auch Touristen den relativ hohen regulären Supermarktpreisen Paroli bieten und ebenso wie Einheimische die oft erheblich reduzierten »Sonderpreise« nutzen. Sie gelten vielfach für über 50% des Sortiments und zwar für »gute« Kunden, die als solche über Kunden-/Clubkarten definiert sind.

Die erhält jeder, der will. Man geht einfach vor dem Einkauf bei *Safeway* & *Vons* (die Karten dieser beiden werden wechselseitig anerkannt), *Albertsons* und vielen anderen *Food Marts* zum *Service Desk* und lässt sich dort mit einer beliebigen Adresse samt *Zip Code* rasch und problemlos registrieren.

3.7 Essen und Trinken

3.7.1 Selbstverpflegung

Lebensmittel

Supermärkte

Die Selbstversorgung auf Reisen ist in den USA eine leichte Übung. Supermärkte (***Food Marts***) von regelmäßig erheblichen Ausmaßen findet man bis hinunter ins kleinste Nest. Die meisten sind Filialen nationaler oder regionaler Ketten wie ***Safeway, Albertsons, Vons*** u.v.a.m. Wer auf Qualität und Bio wert legt, kauft für hohe Preise bei ***Whole Foods*** und sucht die Märkte unter www.wholefoodsmarket.com/stores/all/index.php. ***Trader Joe's*** (eine Alditochter!) ist ebenfalls auf Bio und *Gourmet Food* spezialisiert: www.traderjoes.com.

Wal Mart Supercenter umfassen immer auch einen Discount Supermarkt, dessen Preisniveau deutlich unter dem der reinen Food Mart-Ketten liegt (gilt auch für Big K-Mart)

In größeren Ortschaften sind ***Food Marts*** häufig integriert in ***Shopping Center/Plazas***, die alle Ausfallstraßen zieren. Sie haben fast ausnahmslos **bis 21 Uhr**, **bisweilen Tag und Nacht** geöffnet.

Mini-Märkte

Außer in Supermärkten gibt es Lebensmittel, aber kaum Obst, Gemüse und Frischprodukte, in oft rund um die Uhr betriebenen ***Mini-Marts*** (*Circle K Stores, K-Food, am/pm, 7 to 11 Store*s u.a.). Sie sind meist mit Tankstellen kombiniert und fungieren außerdem mit *Cold Drinks, Coffee, Ice Cream, Popcorn, Hot Dogs* und weiteren Snacks als **Versorgungsstationen für Autofahrer**.

Ländliche Läden

Weitab des modernen *American Way of Life* stößt man immer noch auf den ländlichen ***General Store***, einen klassischen Gemischtwarenladen, der von der Milch bis zum Angelhaken alles führt, was die Kunden im Einzugsbereich nachfragen. Zu dieser Kategorie gehören auch die (teuren) Läden in Nationalparks, die voll auf die Touristenversorgung eingestellt sind.

Nettopreise/ lbs-kg

Die Nettopreisauszeichnung bezogen auf die englische Maßeinheit *lb (=pound*; ein Pfund entspricht etwa 450 Gramm) lässt Preise niedriger erscheinen, als sie in Wirklichkeit sind. Der Endpreis für ein Kilo beträgt das 2,2-fache des *lb*-Preises (keine *sales tax* für Lebensmittel in Kalifornien und Nevada).

Folgende Hinweise erleichtern den Einkauf

Brot

Akzeptable **Brotsorten**, die unserem Grau- oder Mehrkornbrot nahe - kommen, sind generell teuer. Das pappige Einfachbrot, ob weiß, braun oder »schwarz« ist dagegen billig.

Fleisch/ Steak

Fleisch kauft man nur im Supermarkt. Schlachterläden gibt es nicht. Die vielfältigen Bezeichnungen für Rindfleisch sind uns wenig geläufig. Für den abendlichen Grill eignen sich vor allem ***Rib Eye, Sirloin, New York*** und ***Porterhouse Steaks***. ***Tenderloin*** **(Filetsteak)** ist noch besser, aber teuer wie auch *Rib Eye* und das ***T-Bone Steak***. Man hüte sich vor Stücken mit Bezeichnungen wie *Brisket, Chuck-* und *Roundsteak*, auch wenn sie gut aussehen; sie sind oft zäh wie Leder und nur nach Behandlung mit ***Meat Tenderizer*** (chemischem Weichmacher) zu genießen.

Fisch – Gleich neben dem Fleisch befinden sich in allen Supermärkten die Fischvitrinen. In großen Supermärkten gibt es in Kalifornien ein große Vielfalt an Frischfisch. Im Bereich der Pazifikküste ist das Angebot enorm und eher fangfrisch als im Hinterland.

Wurst – Wurstwaren, überwiegend vakuumverpackt mit oft ans Deutsche angelehnten Bezeichnungen, schmecken nicht wie gewohnt. Die Liste der Zusätze ist bei Wurstprodukten noch länger als bei uns.

Milch und Käse – **Milch** gibt es von ***Non Fat*** (ohne Fett) über 1%-2% ***Low Fat*** bis zu 3,5%iger ***Homo Milk*** (Vollmilch). Sie ist immer mit Vitamin A+D angereichert. Der amerikanische ***Cheddar Cheese*** in vier Abstufungen von *mild* bis *extra sharp* schmeckt gut. In ***Delis*** und Delikatesstheken in Supermärkten findet man (teure) importierte und ausgefallene einheimische Käsesorten.

Obst und Gemüse – Das Angebot an Obst und Gemüse variiert mit der Region und Saison. Normalerweise ist die Auswahl reichhaltig, dafür aber oft auch reichlich bis extrem teuer – über $4 für 1kg Äpfel sind keine Seltenheit. Preiswerteres ***Produce*** gibt's zur Erntezeit an Straßenverkaufsständen in den Obstanbaugebieten.

Tiefkühlkost – Besonders gut gefüllt sind Tiefkühltruhen und -schränke. Wer im Wohnmobil über einen Backherd oder Mikrowelle verfügt, findet akzeptable tiefgefrorene **Fertigmahlzeiten**.

Kuchen – Kuchen und Kekse (***Cake*** bzw. ***Cookies***) erfreuen sich erheblicher Beliebtheit, aber für Mitteleuropäer findet sich im Supermarkt nicht viel Genießbares. O.k. sind meist ***Donuts***, wenn sie frisch aus der (Supermarkt-) ***Bakery*** kommen.

Kaffee/Tee – Der grob gemahlene und anders geröstete amerikanische Kaffee stößt bei vielen Kaffeefreunden auf keine Gegenliebe. Hier und dort gibt's ***Melitta*-Kaffee**, der fast so schmeckt wie bei uns, und **Kaffeebeutel** fürs schnelle Aufbrühen. Die **Teeauswahl** ist – außer in wenigen Fachgeschäften – dürftig und besteht vor allem aus Teebeuteln einiger großer Hersteller.

Wer seine Kaffee- oder spezielle Teesorte auch im Urlaub nicht missen möchte, bringt seinen Bedarf von zu Hause mit und spart.

Leitungswasser ist selten Trinkwasser

Das **Leitungswasser** in Kalifornien und Nevada wird stärker als bei uns mit Chemikalien versetzt; man riecht und schmeckt es dann. Trotzdem stammt in Restaurants angebotenes Eiswasser meist aus dem Wasserhahn. Es eignet sich auch nicht sonderlich für Kaffee und Tee, kritisch betrachtet auch nur bedingt fürs Kochen von Gemüse, Kartoffeln und Pasta. Besser ist ***Purified*** oder ***Spring Water*** in 1- bis 2-Gallonen-Behältern (ab $0,79/Gallone = $208/$m^3$!) aus dem *Food Mart*.

Gelegentlich gibt es Automaten, mit denen man auch Behälter »billig« auffüllen kann ($0,25/g macht $66/$m^3$).

Alkoholfreie Getränke

Bei nicht-alkoholischen Getränken muss man aus der Vielfalt farbenprächtiger Sprudel- und Brausearten sehen, was schmeckt. *Sprite, Fanta, Coca-* und *Pepsi Cola* sind süßer als bei uns.

Der natürliche Fruchtgehalt von preiswerten Fruchtsäften ist oft extrem niedrig. Hundertprozentige **Fruchtsäfte** sind relativ teuer, es sei denn, man kauft sie gallonenweise oder als tiefgefrorenes Konzentrat. **Stilles Mineralwasser** ist immer verfügbar, aber teurer als bei uns. Mit Kohlensäure versetztes Mineralwasser gibt es als ***Soda Water*** in 1-2-*Quarts*-Plastikflaschen halbwegs bezahlbar nur in Supermärkten. In kleineren Läden findet man äußerstenfalls unverhältmäßig teure Flaschen von *Canada Dry* oder *Perrier.*

Alkoholika

Erhältlichkeit

Alkoholische Getränke jeder Art werden in Kalifornien und Nevada in **Supermärkten** und ***Liquor Stores*** verkauft. Sie sind durchweg teurer als in Deutschland.

Überall untersagt ist die Abgabe von Alkohol an **Personen unter 21 Jahren**. Auf die Einhaltung dieser Vorschriften wird im Allgemeinen und im Gegensatz zu Deutschlansd streng geachtet.

Konsumgesetze

Besitz und Konsum von Alkoholika unterliegen konsequenterweise den gleichen Beschränkungen. **Alkoholika dürfen nur auf privaten Grundstücken** (dazu gehören laut Rechtsprechung auch der Stellplatz auf dem *Campground* und das *Open-air* Lokal an der Straße) **und in Räumen** konsumiert werden. Öffentlicher Alkoholgenuss ist nicht nur *Prohibited by Law,* sondern unterliegt obendrein sozialer Ächtung. Oft stehen auch **Verbotsschilder** an Orten, wo die Obrigkeit zu Recht den Konsum geistiger Getränke befürchtet: *No Alcoholic Beverages on Beach, in the Park* etc. Also nichts mit Picknick im Park/am Strand mit Wein und Bier (nur bei einigen Veranstaltungen mit offizieller Genehmigung).

Bier

Nordamerikanische Biere sind relativ leichte Sorten (***Lager***), an denen ein rechter deutscher Biertrinker keinen sonderlichen Gefallen finden wird. Sie sind aber gute Durstlöscher. Die teureren kanadischen Marken wie ***Molson*** und ***Labatts*** weisen mehr Würze auf als das Gros der US-Sorten. Unter den besseren US-Marken (ab $1/Flasche) befinden sich ebenfalls ausgesprochen gute Biere (z.B. ***Samuel Adams***, $8-$10 fürs *Sixpack*). Bei den hochpreisigen Importbieren besitzen ***Heineken*** und das deutsche ***Beck's Bier*** nennenswerte Marktanteile, schmecken aber nicht wie in Europa. Preisgünstiger ist u.a. ***Löwenbräu*** – es wird in den USA produziert und lässt sich trinken. Es kostet wie ein ***Sixpack*** des Marktführers ***Budweiser*** selten unter $6; andere Marken findet man auch schon mal für $4-$5/*Sixpack*. Substantiell billiger wird Bier, wenn man Kartons mit 18-30 Dosen/Flaschen kauft.

Pfand

Bier gibt es in den **USA** nur in **Einwegflaschen** oder **Dosen**, die mit einer Abgabe belegt sind (durchweg 10 Cents). Kinder und Obdachlose sammeln sie gerne. In vielen ***State*** und ***National Parks*** findet man gesonderte Abfall-Container dafür.

Micro Breweries

In vielen Orten wurde die alte Tradition kleiner Brauereien wiederbelebt. Diese ***Micro Breweries*** – mit eigenen Kneipen und Restaurants verbunden – erzeugen heutzutage qualitativ gute, teilweise auch ungewöhnlich schmeckende Biere.

Wein

Speziell **kalifornische Weine** können es bekanntlich mit europäischen Produkten ohne weiteres aufnehmen, aber nur soweit es sich um die besseren, relativ teuren Sorten ab ca. $10 handelt, ➤ Kasten Seite 229. **Portwein und Sherries** von Gallo sind preiswert und akzeptabel. **Deutschen Weißwein** gibt es etwa ab **$8-$10** für eher unauffällige Qualitäten. Man findet auch gute Importweine aus Europa, jedoch zu exorbitanten Preisen. Erschwinglicher sind Weine aus Osteuropa, Chile, Südafrika und Australien.

So sieht McDonald's in Palm Desert in Südkalifornien aus, stilistisch der dort vorherrschenden Wüstenarchitektur angepasst

3.7.2 Von Fast Food bis zu Feinschmecker-Restaurants

Was zu essen gibt's in den USA an jeder Ecke, erst recht in Kalifornien; die Palette reicht vom *Fast Food* Hamburger- bis zum Feinschmecker-Restaurant in allen Ausprägungen.

Fast Food Places

Übersicht

Zwar regt sich selbst in Amerika seit Jahren – wiewohl eher intellektueller – Widerstand gegen ***Junk Food*** (Abfallnahrung), doch das Angebot von *McDonald's* & *Co* wird von der Mehrheit der Amerikaner voll angenommen. Von der Kleinstadt aufwärts besetzen die Flilialen der *Fast Food*-Ketten die Straßen des Hauptverkehr. Wo sich ein ***McDonald's*** niedergelassen hat, sind ***Carls Jr.*** und der ***Burger King*** mit ihren Hamburgern nicht weit; und ***Wendy's*** oder ***Jack-in-the-Box*** stehen spätestens am nächsten *Freeway Exit*. Für Hähnchenteile von ***Kentucky Fried Chicken***, *Sandwiches* von ***Subway*** und das Eis der ***Dairy Queen*** muss man dann oft auch nicht mehr weit fahren. Um die Gunst der eiligen Kunden konkurrieren zudem jede Menge lokale Snackbars, Cafeterias und *Coffee Shop*s.

Kein Alkohol

Allen gemeinsam ist ein moderates, wenngleich nicht mehr – wie früher einmal – extrem niedriges Preisniveau und der weitgehend identische Geschmack der gängigen Gerichte. Fast ausnahmslos erfolgt **kein Alkoholausschank**.

Frühstück

Unabhängig von ihrer Spezialisierung für den Rest des Tages gibt es in vielen *Fast Food Restaurants* morgens 6-10 Uhr oder bis 11 Uhr ***Breakfast***.

Zu den mittlerweile auch bei uns schon lange bekannten Ketten bedarf es keiner Erläuterung, ein paar Anmerkungen genügen:

Hamburger Lokale

- Nach ***McDonald's*** und dem ***Burger King*** ist in Kalifornien ***Carls Jr.*** die auffälligste Hamburger-Kette; die die Marktführer qualitativ in Schach hält. ***Jack-in-the-Box*** und ***Wendy's*** folgen.

  Große Konkurrenz liefert man sich mit **Spielplätzen**, die es in den sommerheißen Gebieten sogar als *Indoor*-Spielpalast mit Klimatisierung gibt. Kinder lieben die oft enormen Anlagen mit Röhren, Kletternetzen und Rutschen.

Kentucky Fried Chicken

- In den rot-weiß gestreiften Filialen von *Kentucky Fried Chicken (**KFC**)* geht's in erster Linie um überbackene Hähnchenteile. ***Chicken Meals*** sind bei KFC nicht billig, erfreuen sich aber bei Amerikanern überraschender Beliebtheit.

Dairy Queen

- Auch die ***Dairy Queen*** Filialen sind in Kalifornien oft zu finden. Ursprünglich spezialisiert auf **Milch-Mixgetränke**, Eis und Yoghurt, bietet *Dairy Queen* heute die übliche Palette der ***Hamburger* Varianten**. *Dairy Queen* präsentiert sich uneinheitlich. Es gibt sowohl die etwas schmuddelige Dorf-Cafeteria wie den modern gestylten City-Plastikschuppen. Immer schmeckt das **Eis**, besonders ***Banana Split*** und *Frozen Yoghurt* aller Geschmacksvarianten unter der Bezeichnung ***Blizzard***.

Taco Places

- ***Tacos, Burritos*** und ***Tostados*** haben sich nicht nur im mexikanisch geprägten Südkalifornien durchgesetzt. Ob nun in der Filiale einer der großen Ketten, wie ***Taco Bell, Taco John's, Jack-in-the-Box*** (Hamburger und Tacos) oder beim »Dorf - mexikaner«, kaum irgendwo sonst lässt sich für so wenig Geld der Magen füllen. Und meist schmeckt es sogar.

Sonderpreise

Alle Ketten werben nahezu kontinuierlich mit Sonderpreisen für bestimmte Gerichte oder **Kombinationen von *Items***, z.B.: ***Large Coke & Cheeseburger & French Fries*** (Pommes Frites) für \$3,99 oder *McDonald's* **Big Mac** für \$1,99! Oder ***2 Tacos*** für \$0,99. Wer auf derartige Angebote achtet und es darauf anlegt, kann mitunter billiger, wiewohl nicht besser essen als bei Selbstverpflegung.

Drive-in

Der eilige Gast verlässt zum *Fast Food*-Imbiss sein Auto nicht, sondern fährt am ***Drive-in-Counter*** vor. Tatsächlich geht es dort bei Andrang oft schneller als im Lokal selbst. Aber das kennt man ja auch bei uns. Wieder im Kommen sind nostalgische ***Drive-Ins*** **à la 1950er-Jahre**, wo dem Kundenauto ein Tablett in die Tür gehängt wird, so z.B. bei den nostalgischen Schuppen im 1950er-Jahre-Look von ***Sonic***.

Kaffee und Coffee Bars

Kaffee ist in den USA allgegenwärtig. In vielen Supermärkten stehen heiße Glaskaraffen zur Selbstbedienung, in jedem Tankstellen-*Mini-Mart* sowieso. Sofern der Kaffee nicht schon seit Stunden auf der Warmhalteplatte wartet und dabei langsam »verbrannte«, ist er trinkbar, zumindest mit *Coffee Whitener* und/oder Zucker. Manchmal ist er auch hellbraun durchsichtig und eher Plörre als Kaffee. Farbe und Geruch helfen bei der Entscheidung, ob man sich einen Plastik- oder Pappbecher gönnen sollte; oft kostet das unter $1,00.

Wie Pilze aus dem Boden schossen in den 1990er-Jahren ***Coffee Bars*** wie ***Coffee Connection*** oder ***Starbucks***, aber auch Unabhängige. *Fast Food*-Ketten wie *McDonald's* zogen nach.

Neben eigenartig aromatisierten Kaffeesorten produzieren die Maschinen auch ***Espresso, Cappuccino*** oder ***Café aux Lait***. Aber auch die sind in den USA nicht jedermann's Geschmack und dazu teuer. Und sogar für raffinierte teure Edelkaffeearten gibt's nur selten Porzellan.

Family Restaurants

Obwohl der Begriff des *Family Restaurant* durchaus auch auf die *Fast Food Places* ausgedehnt wird, bezieht er sich doch eher auf ein **Zwischending** zwischen *Fast Food* und *Full Service Restaurants* mit Alkohollizenz, wie sie weiter unten beschrieben sind. Ein Familienrestaurant ist gekennzeichnet durch ein Preisniveau, das sich auch **Familien mit Kindern** leisten können bzw. vor der Wirtschaftskrise 2008 konnten. Kennzeichnend ist eine **große Auswahl »amerikanischer« *Items***, eine gehobene Plastikeinrichtung und die weitgehende **Abwesenheit von Alkoholika**.

Denny's

Das ***Family Restaurant* an sich ist *Denny's***. Filialen von *Denny's* gibt es überall. Ihre Anzahl dürfte nur von *McDonald's* übertroffen werden. Viele *Denny's* sind Tag und Nacht geöffnet und servieren reichhaltige *Menus* vom Frühstück bis zum Nachtisch jederzeit. Bei *Denny's* gibt es eine Theke für den eiligen Gast und die in den USA so beliebten Tischabteile (wie in alten Eisenbahn-Speisewagen). Dort wird normal bedient wie im richtigen Restaurant, aber schneller. Empfehlenswert für unterwegs, wenn *Fast Food* nicht mehr läuft, aber »richtige« Restaurants zeitlich und finanziell zu aufwendig erscheinen.

Stuckey's und andere

Im US-Westen ist ***Stuckey's*** die **#2** nach *Denny's:* dasselbe Grundmuster, aber »deftiger« und häufig mit *Truckstops* verbunden. Ähnliche, wenn auch nicht so oft vertretene Restaurants dieser Art sind ***Shoney's, J.B's, Boston Market, Steak'n Shake***.

Sizzler

Für ein **preiswertes** Steak und eine ***Salad Bar*** geht nichts über das ***Sizzler Steakhouse***. Auch geeignet mit Kindern, da oft gilt: ***Kids eat free with adults***. Aber selbst wenn nicht, auf jeden Fall gibt's **Kinderteller** und **Kinderauswahl** am Dessertbuffet. Mit der Salat-, Nachtisch- und Sonstwastheke praktiziert Sizzler eine Mischung aus *Self-Service* und Bedienung. ***Steaks, Seafood***, heiße Beilagen und Getränke werden gebracht und kosten einen *Tip*.

Pizza Hut

Unerwähnt bleiben darf an dieser Stelle auch die ***Pizza Hut*** nicht. In ihren Lokalen gibt's *Pizza und Pasta* in großer Vielfalt (gelegentlich sogar Bier und Wein!). An der Qualität gibt es nicht viel auszusetzen, aber man muss sich erst an die ungewohnten **Pizza-Größenkategorien** und das ausgeklügelte Zuzahl-System für die ***Toppings*** herantasten. Die *Pizza Hut* bietet zur Mittagszeit günstige ***Lunch-Specials*** und meist auch preiswerte Kinderteller.

»Richtige« Restaurants

Überblick

Kalifornien rühmt sich gern und zu Recht seiner zahlreichen Restaurants jedweder Provenienz. Neben typisch amerikanischem *Cooking* ist die innovative und experimentelle ***West-Coast*** bzw. ***Pacific Cuisine*** ebenso vertreten wie mexikanische, karibische, asiatische und europäische Küche. ***Sea Food*** versteht sich dank Kaliforniens über 1300 km Ozeanküste ohnehin von selbst.

Eine derart differenzierte Gastronomie findet sich indessen eher in Cities und Großstädten. Mit punktuellen Ausnahmen beschränkt sich das Angebot in Kleinstädten und auf dem Lande oft auf Hamburger- (auch im *full-service* Restaurant) und Steakgerichte, ggf. erweitert um Pizza, Spaghetti und *Mexican Food*.

Mexican Food

In **mexikanischen Restaurants** überwiegen die in Tortillas eingerollte, mit Zwiebeln gewürzte und mit Käse überbackene Fleisch- und Hackfleischvariationen. Wer auf eine bessere Fleischqualität Wert legt, sollte sich beim Mexikaner an ***Fajitas*** halten, marinierte und gegrillte Steakstreifen. ***Enchiladas*** und ***Burritos*** können auch mit Huhn oder – für Vegetarier – nur mit Käse und/oder Bohnen gefüllt sein. Manchmal gibt es auch modische Abwandlungen wie *Spinach-Enchiladas* oder ***Shrimp Burritos***. Als Beilagen dienen immer schwarze Bohnen (*Refried Beans*) und rötlich gewürzter Reis (*Spanish Rice*), oft auch gemischter Salat und Avocadomus (*Guacamole*).

Italian und Asian Food

Relativ häufig stößt man auf **italienische Restaurants** mit hausgemachter Pizza und Pasta. Auch **asiatische Restaurants** sind verbreitet. Neben den chinesischen und thailändischen Lokalen findet man in Kalifornien viele japanische ***Sushi Bars***.

Sea Food

Auch in Restaurants, die nicht ausdrücklich auf Fisch und Meeresfrüchte spezialisiert sind, gibt es Fisch- und *Seafood*-Gerichte, in erster Linie Krabben (*Shrimps)*, Thunfisch (*Tuna*), Lachs (*Salmon*) und Schwertfisch (*Swordfish*). Fisch wird gegrillt (*grilled, broiled*) oder frittiert (*deep fried*) serviert.

Mahlzeiten

Das traditionelle ***American Breakfast*** ist reichhaltig und schwer. Es besteht aus Eiern, Speck oder Würstchen, *Hash Browns* (gerösteter Kartoffelpamps), je nach Geschmack kombiniert mit Pfannkuchen, Waffeln oder auch schlicht Toast mit süßem *Jam* aus dem Portionscontainer . Die Eier gibt es meist als Rührei (*scrambled eggs*), als Spiegelei (*sunny side up*) oder in Form eines Omeletts. Diese Art Frühstück serviert man in Hotelrestaurants, in *Family Restaurants* wie *Denny's* (➤ oben), und in unabhängigen Cafeterias allerorten, in »abgespeckter« Form auch bei *McDonalds* und Co.

Wem dies zu viel ist, dem bietet das ***Continental Breakfast*** eine leichtere Alternative. Hier gibt es zum Kaffee einfach nur Gebäck, etwa *Donuts, Croissants, Muffins* oder *Bagels* mit *Philadelphia Cheese.* Manche Motels werben mit – einem meist sehr schlichten – *free Continental Breakfast*. Wer Wert auf »richtigen« Kaffee möglichst aus einem Porzellanbecher, geht in einen besseren *Coffee Shop* oder eine *Coffee Bar*, wo immer auch ein Sandwich oder eine kleine Auswahl an Gebäck wartet.

Im Vergleich zum üppigen Frühstück fällt das ***Lunch*** üblicherweise bescheidener aus. Sandwich oder Salat sind typische Mittagsspeisen. Viele Lokale offerieren mittags leichte Kombinationen wie ***Soup & Salad*** und berechnen mittags niedrigere Preise als abends für identische Gerichte.

Im Allgemeinen wird das **Abendessen** in den USA **früher** serviert als in Europa. Man sieht amerikanische Urlauber oft schon um 18 Uhr beim *Dinner*. Wer außerhalb großer Städte unterwegs ist, denkt besser relativ zeitig ans Abendessen, da oft schon ab 21 Uhr kein warmes Essen mehr zu bekommen ist.

Das ***Dinner*** ist die tägliche **Hauptmahlzeit** mit 2-3 Gängen. Man beginnt mit *Appetizers* oder *Starters* (Vorspeisen), widmet sich dann dem *Main Course* oder *Entree* (Hauptgericht) und schließt mit *Dessert* (Nachspeise) und Kaffee.

Getränke stehen unter der Rubrik ***(Alcoholic) Beverages***. Das ***Glas of Wine*** (*red or white*, oft ohne weitere Spezifikation), sofern man sich darauf einlässt, ist Glücksache. Im Weinstaat Kalifornien führen indessen mehr Restaurants als anderswo eine ***Wine List*** und fragen nicht nur »rot oder weiß«?

Nach dem Hauptgericht fragt man den Gast, ob er noch ***Sweets*** oder ***Dessert*** wünscht. Zur Vermeidung übersüßer Farb - überraschungen sollte man Nachtisch – mit Ausnahme von Eis und Früchten, womit sich wenig falsch machen lässt – nur nach Inaugenscheinnahme, nie nur nach Karte bestellen.

Kaffee im Anschluss an eine Mahlzeit wird in den meisten Fällen beliebig nachgeschenkt, aber nur einmal berechnet.

3

Vegetarisch Dank des in Kalifornien verbreiteten Gesundheitsbewusstseins ist es dort weniger als in anderen US-Landesteilen ein Problem, Restaurants mit vegetarischen Gerichten zu finden. Dazu gibt es eine wachsende Zahl rein vegetarischer Lokale.

Standorte Mit Ausnahme von Fußgängerzonen in touristisch geprägten Orten, spektakulären Positionen über der Küste, Altstadtbereichen und bestimmten Großstadtvierteln ist ein geeignetes Restaurant nicht einfach beim – in Amerika sowieso selten angezeigten – Ortsbummel zu entdecken. ***Full Service-Restaurants*** (also mit Alkohollizenz) findet man ebenso wie die *Fast Food*-Konkurrenz oft an den Hauptverkehrsstraßen zwischen Einkaufszentren und Tankstellen.

Preisniveau Gemessen an dem, was hinsichtlich Ausstattung, Ambiente und Küchenqualität im Allgemeinen geboten wird, sind kalifornische Restaurants selbst bei einem günstigen Dollarkurs **oft kein –** im Sinne des Wortes **– preiswertes Vergnügen**. Gutes Essen bei ebensolchem Service in angenehmer Umgebung ist immer ziemlich teuer. Dabei gelten mittags und abends fast immer unterschiedliche Karten. Ein ***Lunch***-Gericht kostet weniger als die identische Speisenfolge zum ***Diner***.

Folgendes ist wichtig zu wissen:

Platzierung

- In den USA werden Restaurantbesucher «platziert«. Auch wenn freie Tische vorhanden sind, wartet der geduldige Gast, bis sich ein ***Waiter/Host*** oder eine ***Waitress/Hostess*** seiner und der dzugehörenden ***Party*** annimmt und einen Tisch zuweist. Ist kein Tisch frei oder noch nicht voll abgeräumt, werden die **Namen** der ankommenden Gäste **notiert** und der Reihe nach aufgerufen. »*Muller, party of three!*« soll heißen, für den Gast Müller und insgesamt 3 Personen ist nun alles bereit. Bis dahin können sich Müllers die Zeit mit einem *Drink* an der Bar vertreiben, so vorhanden.

Die Karte

- Die Speisekarte heißt ***Menu***, sprich: »Mänjuh«. Vorspeisen sind ***Appetizers*** oder ***Starters***, Hauptgerichte ***Entrees***. Die Beilagen zum *Entree* heißen ***Side Dishes/Orders***.

Salattheke

- Vor allem ***Steak Restaurants*** verfügen über eine ***Salad Bar***, an der unbegrenzt nachgefasst werden darf. Häufig sogar ohne ein Hauptgericht zu bestellen, obwohl das nicht immer ausdrücklich auf der Karte steht. Das kostet nur ein paar Dollar und ersetzt leicht eine ganze Mahlzeit.

Alkoholkonsum

- Alkoholika werden nur in Verbindung mit einer Mahlzeit gereicht (an über 21-jährige Gäste!). Ausgedehnteres Verweilen und der Wunsch nach alkoholischem Nachschub, wenn die Mahlzeit eigentlich beendet ist, ruft Befremden hervor. Wer noch ein paar Gläser mehr konsumieren möchte, geht dazu an die Bar oder in die *Cocktail Lounge* desselben Hauses oder in ein anderes Lokal.

Ende der Veranstaltung

- Kurz: Ein Restaurantbesuch ist in den USA keine abendfüllende Angelegenheit. Selbst nach einem üppigen Menü mit Vor-, Haupt- und Nachspeise hat es die Bedienung gelegentlich störend eilig, dem Gast nach dem letzten Bissen zu signalisieren, dass das Vergnügen nun beendet sei. Nach einem knappen »*Anything else?*« wird rasch die Rechnung präsentiert.

Rechnung/ Trinkgeld

- Der ***Cheque*** weist neben den Nettopreisen des *Menu* zusätzlich die Umsatzsteuer aus (in der Gastronomie bis 8,75% in Kalifornien, in Nevada bis 8,1%). Da der ***Service*** nie im Preis enthalten ist, wird ein für europäische Verhältnisse **üppiges Trinkgeld** erwartet. Üblich sind **15%**, bei guter, freundlicher Bedienung auch deutlich mehr nicht ungewöhnlich. Ein ***Tip*** von **$10** bei einer **Rechnung von zum Beispiel $60** gilt in Restaurants der mittleren bis gehobenen Kategorie nicht nur als normal, sondern wird so ungefähr erwartet. Zu den Preisen der Karte muss man also rund 25% addieren, um ungefähr auf die **Effektivkosten des Restaurantbesuchs** zu kommen. Vereinfacht kann man die Kartenpreise auch mit Euro gleichsetzen, solange der zwischen $1,20-$1,30 schwankt.

  In **Touristenrestaurants** mit hohem Ausländeranteil unter den Gästen ist es gelegentlich üblich, die 15% Trinkgeld gleich mit auf die Rechnung zu setzen; also aufpassen, sonst zahlt man am Ende den **Tip doppelt**.

  Eine gute Übersicht zum **Thema »*Tipping*«** liefert auf Englisch das Portal www.money.cnn.com/pf/features/lists/tipping.

Zahlung

- Gezahlt wird bisweilen an einer Kasse am Ausgang. In diesem Fall hinterlässt man seinen ***Tip*** besser bar am Tisch. Bei Rechnungsbegleichung per Kreditkarte kann man das Trinkgeld auch auf dem Beleg vermerken.

Denny's, das Family Restaurant an sich, angesiedelt zwischen Fast Food und »richtigem« Restaurant. Große Portionen amerikanischer »Items« und relativ preiswert, *➢ Seite 131.*

Restaurant in Pismo Beach mit Bar und Happy Hour

3.7.3 Bars und Saloons

Kneipen

Über die Auswahl an ***Watering Holes*** für durstige Kehlen kann man in Kalifornien und Nevada nicht klagen. Die Atmosphäre in ihnen entspricht weitgehend dem Bild, das uns Fernsehserien und Filme liefern. Hotels besitzen üblicherweise eine ***Bar*** oder ***Cocktail Lounge***. In kleinen Orten findet man noch originale ***Saloons*** im Westernstil: Klapptür, lange Bar, einige Tische und Stühle, vielleicht eine kleine Band mit *Country-Music*. In den Cities existieren viele **originell ausgestattete Kneipen**, vor allem in restaurierten »alten« Vierteln und in aufgepeppten künstlichen Restaurant- und Kneipenzentren. Eine **uramerikanische Besonderheit** sind ***Sports Bars***, Kneipen, in denen zahlreiche Monitore die verschiedensten Sportsendungen gleichzeitig übertragen.

Happy Hour

Was fehlt, ist »unsere« **Gastwirtschaft**, Restaurant und Kneipe in einem. Dafür wird in manchen *Bars* und *Lounges* abends oder zur ***Happy Hour*** (meist 17-19 Uhr) ein kleines *Buffet* aufgebaut, an dem sich die Gäste bedienen dürfen. Solche ***Snacks*** ersetzen zur Not ein Abendessen. Gezahlt wird nur für den Getränkekonsum.

Getränke - auswahl

In den Kneipen trinkt man überwiegend **Bier**. Hochprozentiges wird in reinem Zustand – außer *Whiskey* und *Rye* (kanadischer Whiskey) mit viel Eis *on the rocks* – so gut wie nicht konsumiert, sondern nur zum Mixen benutzt. Beim Bier stehen meist mehrere Sorten Flaschenbier und Zapfbier (***draft beer***) zur Auswahl. Das eiskalte Nass fließt fast ohne Schaumbildung flott ins Glas. Beliebt sind ***pitcher***, Karaffen, aus denen sich eine fröhliche Runde Bier einschenkt. Ein ***Glas of Wine*** gibt's auch in Kneipen oft nur unterteilt nach *red or white* ohne weitere Unterscheidung.

Preise

Alkoholische Getränke sind ein recht teurer Spaß. Ein Bier (0,3 l) unter $5 (*+tax+tip*) gibt es in Kalifornien kaum noch, selbst wenn es im Plastikbecher kommt. Wein beginnt bei $7 netto pro Glas.

3.8 Sportliche Aktivitäten

Hier geht es um Aktivitäten, denen man unterwegs bei Lust und Laune ohne große Vorbereitung oder Vorbuchung bei Gelegenheit nachgehen kann:

Surfen

Der Sport, der das Freizeitgefühl einer ganzen Generation (dank der *Beach Boys*) und das Image von *Southern California* mitgeprägt hat, muss hier an erster Stelle stehen:

Gesurft wird von San Diego bis südlich von San Francisco. Anfänger freunden sich am besten an den ***La Jolla Shores*** mit dem Surfbrett an. In Richtung Los Angeles ziehen **Oceanside**, **Laguna** und **Huntington Beach** die Wellenreiter an, im Stadtgebiet von LA alle Strände von **Torrence** und **Redondo Beach** bis **Malibu**. Nördlich von LA gehören die Strände von **Oxnard**, **Ventura** und **Rincon** (bei Carpinteria) zu den beliebtesten Revieren.

Je weiter man nach Norden kommt, desto kälter wird das Wasser. Dessen ungeachtet surft man überall, wo es geht, von Santa Barbara bis hinauf nach **Monterey** und **Santa Cruz** vorm ***Lighthouse Point***, ➤ Seite 312. An stärker frequentierten Stränden im Umfeld der Städte findet man Surfboardverleiher. Alles Wichtige zum Surfen in Kalifornien unter

www.surfing-waves.com/travel/california.htm
www.caoutdoors.com/Surfing-California.htm

Baden/ Schwimmen

Kalifornien verfügt zwar über viele natürliche Gewässer, aber dort, wo sie besonders attraktiv sind (z.B. in der Sierra Nevada) erreichen die Wassertemperaturen der Seen und Flüsse selten ein badefreundliches Niveau (wunderbare Ausnahmen sind u.a. der **Merced River** im *Yosemite National Park*, ➤ Seite 351, und der **Kern River** im *Sequoia Nat'l Forest*, ➤ Seite 414f). Anders sieht es aus bei den zahlreichen Stauseen. Viele von ihnen haben Badestrände und sind im Sommer warm. Aber nur, wenn der Wasserstand nicht weit abgesunken ist, eignen sie sich zum Schwimmen, zumal mit niedrigem Wasserstand auch die Wasserqualität sinkt.

Surfer vorm Strand von Morro Bay

Nur im südlichsten Kalifornien bis etwa Santa Barbara erlauben die Wassertemperaturen ein (kurzes) Bad ohne Neoprenanzug im Pazifik. Auch im Hochsommer erreichen sie bestenfalls in San Diego schon mal knapp über 20°C, in Santa Barbara werden selbst 18°C selten gemessen. Weiter nördlich sind die Wassertemperaturen endgültig nur etwas für Hartgesottene.

Öffentliche Pools gibt es viel seltener als bei uns, und dann sind die Becken selten über 25 m lang. Maschendrahtgitter umzäunen das Gelände, da die Betreiber für Unfälle rigoros haften. Viele kommerziell betriebene Campingplätze und natürlich Motels und Hotels haben zwar Pools, oft jedoch in einer Größe, die sich zwar zur Abkühlung, aber kaum zum Schwimmen eignet. Das Ambiente ist dann selten einladend. Zwar gibt es wunderbare Poolanlagen in Hotels, jedoch eher im oberen Preissegment.

Selbst an den Stränden des in vielem etwas freizügigeren Kalifornien ist **Nacktbaden** nicht verbreitet. Ausnahmen von dieser Regel sind z.B. die ***Gray Whale Cove Beach*** südlich von San Francisco, der Strand ***Pirate's Cove*** südlich von San Luis Obispo und die ***Black Beach*** nördlich von La Jolla (San Diego).

Big Sur Beach, schöner, sauberer Strand, aber zum Baden lädt das Wasser dort selbst im Hochsommer nur Abgehärtete ein

Tauchen

Ob in den kühleren Fluten von Malibu bis Monterey und rund um die Channel Islands oder vor Südkalifornien einschließlich Santa Catalina Island – die Unterwasserwelt vor der Pazifikküste hat auch Tauchern allerhand zu bieten. Eine sehr gute Gesamtübersicht mit Links zu Kursen, Touren und Ausrüstungsvermietern etc. pp. liefert das Internetportal http://diver.net.

Angeln

Angeln ist in den USA eine Art Volkssport, sei es an den zahlreichen Binnengewässern oder an bzw. auf dem Pazifik auf Charterbooten zum Hochseefischen. Es bedarf keiner Kurse oder Prüfungen, um bei der Jagd auf den Fisch mitzumachen, sondern lediglich einer *Annual Sport Fishing License*, die sich jeder Bürger des Staates beim ***California Department of Fish and Game*** relativ billig kaufen kann; Ausländer dürfen zwar mitfischen, aber zahlen ein Mehrfaches der Gebühren für den Angelschein. Außer lokalen Vertretungen dieser Behörde fungieren auch Ausrüstungsläden und Outdoor-Abteilungen in Kaufhäusern als Agentur. Alle Details dazu unter www.dfg.ca.gov.

Fahrradverleih in Santa Barbara

Biking

Spaßradler nutzen in LA, Santa Barbara, Monterey, La Jolla und anderswo die ***Bike Routes*** entlang an der Küste. ***Mountain Biker*** finden jede Menge Pfade in *State* und *National Parks*. **Straßenfahrern** wurde bereits ein Extrakasten gewidmet, ➢ Seite 38f.

Das **Mountainbike** wurde sogar in Kalifornien geboren, nämlich nördlich von San Francisco im **Marin County** jenseits des *Golden Gate*. Dort gibt's auch jede Menge *Trails* für MTBs. Im Raum **Los Angeles** ist im Sommer u.a. die Skiregion um den Big Bear Lake in den San Bernardino Mountains ein beliebtes MTB-Ziel.

In den Großstädten und z.B. im *Yosemite National Park* finden sich *Bike Rentals*; alle Vermieteradressen in Kalifornien unter http://bicycle-rental.regionaldirectory.us/california.htm

Golf

Auf einer Fahrt durch Kalifornien passiert man unzählige Golfplätze, davon sind viele öffentlich. Sie bieten jedermann ohne irgendeine Clubmitgliedschaft die Gelegenheit, den Schläger in die Hand zu nehmen. Die meisten Clubs pflegen keinen Exklusivitätsanspruch und stehen Gastspielern bei moderaten Gebühren offen. Also warum nicht mal ein paar Abschläge versuchen? Umfassende Infos und Links unter www.golfcalifornia.com.

Joggen

In manchen städtischen **Parks** übertrifft die Zahl der Jogger regelmäßig die anderer Besucher. Der Frauenanteil ist deutlich höher als bei uns. Wer mitrennen möchte, findet für jede Großstadt Infos zu den örtlichen Joggingpfaden. Auch in Nationalparks und auf Campingplätzen samt Umfeld gibt es geeignete Strecken. Eine Übersicht mit Routenkarte guter Strecken liefert für viele Städte und Bereiche in Kalifornien das Internetportal www.runmap.net/regional/United+States/State+of+California.

Mancher Jogger in den USA hat sich dem sportlichen ***Walking***, bei uns eine asketische Spezialdisziplin, zugewandt, nachdem Laufenthusiasten Gelenk- und Sehnenschäden beklagten. Das hierzulande populärere *Nordic Walking* sieht man kaum.

Reiten

In Kalifornien gibt es zahlreiche Gelegenheiten zum **Reiten**, besonders in und um Nationalparks und in typischen Touristenregionen. Möglichkeiten für kurze Ausritte, Tagestouren und mehr listet für ganz Kalifornien das Portal

www.horserentals.com/california.html

Tennis

Tennisspieler sollten überlegen, für die Kalifornienreise den Schläger einzupacken. Allerorten findet man in öffentlichen Parkanlagen der Allgemeinheit zugängliche **gebührenfreie Plätze**. Stark frequentiert werden sie eigentlich nur in Feriengebieten und ab 17 Uhr bis Dunkelheit. Früher am Tag gibt es selten Wartezeiten.

Wandern

Die Möglichkeiten zum ausgiebigen Beinevertreten in *National Parks*, *State Parks* und *National Forests*, aber auch an den teilweise endlosen Stränden des Pazifiks sind so gut wie unbegrenzt. Es gibt kurze, touristische Rundwege über nicht mal eine Meile Länge, Endlosrouten in der Sierra Nevada wie den ***John Muir Trail*** oder den ***Pacific Crest National Scenic Trail***, der sich von Süden nach Norden durch den ganzen Staat schlängelt, und alles dazwischen. Im Reiseteil finden sich zahlreiche Hinweise für Kurz- bis Ganztagswanderungen. Gute Wanderportale sind:

www.hikingandbackpacking.com/california.html

http://bestcaliforniahikes.com

www.californiahike.com

Wintersport

Kaum zu glauben, aber von Los Angeles aus sind es bis zu den nächsten Wintersportmöglichkeiten in den **San Gabriel Mountains** und den **San Bernardino Mountains**, die die Metropole von der südkalifornischen *Mojave Desert* trennen, nur ein paar Autostunden Fahrt. Rund um den **Lake Tahoe** und in der **Sierra Nevada** zwischen dem See und dem *Yosemite National Park* wie auch an deren Osthängen (**June** und **Mammoth Mountain**) dauert die Skisaison von Anfang November bis in den Mai hinein. Wer zwischen November und Frühjahr unterwegs ist, hat in Kalifornien also auch die Möglichkeit, sich mal die Bretter unterzuschnallen. Eine komplette Übersicht liefert www.californiaskiresorts.com.

Mammoth Mountain Ende Oktober kurz vor Beginn der Skisaison

3.9 Alles Weitere von A – Z

Apotheken

Reine Apotheken (***Pharmacies***), wiewohl hier und dort vorhanden, findet man relativ selten. Meistens ist bestimmten *Drugstores* und großen Supermärkten eine *Pharmacy* zugeordnet, wo es nicht verschreibungspflichtige Medikamente in Selbstbedienung gibt. Rezeptpflichtige Medikamente werden an einer Sondertheke für ***Prescriptions*** ausgegeben.

Ärzte und Zahnärzte

Für den Eventualfall einer auf Reisen notwendigen Behandlung sollte unbedingt vorgesorgt sein. Es gibt Fälle, in denen die Behandlung auch im Notfall verzögert oder sogar abgelehnt wird, wenn unklar ist, wie und ob sie bezahlt werden kann, ➢ Seite 50.

Trotz einer insgesamt hohen Dichte bei der ärztlichen und zahnärztlichen Versorgung, ist es in den USA für Touristen bisweilen nicht einfach, einen Arzt (***Physician***) oder Zahnarzt (***Dentist***) zu finden bzw. einen Termin zu erhalten. Im Prinzip benötigt man lokale »Fürsprache«, etwa des Hotel- oder Campingplatzpersonals. Relativ zwecklos ist der Versuch, ohne Anmeldung in einer beliebigen Praxis (***Doctor's Office***) vorzusprechen. Eine Ausnahme bilden ***Walk-in Clinics***, auf »Laufkundschaft« eingestellte Gemeinschaftspraxen, die man in Städten ab mittlerer Größe findet. Mit **akuten Beschwerden** und **Verletzungen** kann man sich direkt zum ***Emergency Room*** (Notaufnahme) des nächstgelegenen Hospitals begeben.

Bei Problemen hilft ggf. die Touristenorganisation ***Traveler's Aid*** weiter (➢ im lokalen/regionalen Telefonbuch, alle Adressen auch unter www.travelersaid.org). In *National* und *State Parks* sind die ***Ranger*** Ansprechpartner und meist sehr hilfsbereit.

Notfälle

Die im ganzen Land gültige Telefonnummer für Notfälle aller Art *(Emergencies)* ist 911, **➢ auch Seite 147.**

Banken

Eine Bankfiliale findet sich noch im kleinsten Ort. Die meisten akzeptieren die gängigen **Reiseschecks** und zahlen (mit oder ohne Gebühren) den Nennwert aus. Meist muss der Pass vorgelegt werden. Das gilt ausnahmslos auch für die Auszahlung von Dollars gegen Kreditkarte ***(Cashing)***. Die Mehrheit der Banken honoriert ***Mastercard/Eurocard*** und ***VISA***.

Banken sind von Montag bis Freitag (manchmal auch samstags) ab 9 Uhr bis mindestens 14 Uhr, spätestens bis 16 Uhr geöffnet.

Geldautomaten (ATMs)

Geldautomaten (***ATM***: ***A****utomated* ***T****eller* ***M****achine****)*** stehen für Abhebungen mit Kreditkarte oder auch per **EC-Karte** (mit Maestro Logo, ➢ Seite 54) rund um die Uhr zur Verfügung. Üblich sind ***Drive-in ATMs***, an denen man das Auto nicht verlässt.

Botschaften und Konsulate

Die diplomatischen Vertretungen des eigenen Landes in den USA sind für Touristen normalerweise nur von Interesse, wenn **Not am Mann** ist, in erster Linie bei Verlust der Finanzen und der Papiere. Soweit »lediglich« Reiseschecks und Kreditkarten abhandengekommen sind, helfen die ausgebenden Organisationen und Eigeninitiative, ➢ Seiten 53+55.

Ist der **Pass weg**, lässt sich für Deutsche der Gang zu den Konsulaten nicht vermeiden. Sie und nicht etwa die deutsche **Botschaft in Washington** (4645 Reservoir Road NW, ✆ (202) 298-4000; www.germany.info) sind die zuständigen Anlaufstellen:

Deutsche Generalkonsulate in Kalifornien

Los Angeles	für Südkalifornien, Arizona, Nevada, Utah und Colorado: 6222 Wilshire Blvd, Suite 500, ✆ (323) 930-2703, www.los-angeles.diplo.de
San Francisco	für Nordkalifornien, Oregon, Washington, Montana, Idaho, Wyoming: 1960 Jackson Street, ✆ (415) 775-1061, www.san-francisco.diplo.de

Botschaften von Österreich und der Schweiz

Schweiz	***Embassy of Switzerland,*** 2900 Cathedral Ave NW, **Washington DC** 20008; ✆ (202) 745-7900, www.eda.admin.ch/washington
Österreich:	***Austrian Embassy,*** 3524 International Court NW, **Washington DC** 20008; ✆ (202) 895-6700; www.austria.org

Hilfreich sind im Verlustfall **Fotokopien** der abhanden gekommenen Unterlagen, noch besser auf dem **Laptop** oder Server eines Providers hinterlegte ***Scans***. Mit der Hilfeleistung verbundene Aufwendungen holt sich der Staat in der Heimat zurück.

Datum

In Amerika ist die Datenschreibweise Monat/Tag/Jahr. Der **25. September 2011** schreibt sich demzufolge **09/25/10**.

Elektrischer Strom

Die USA verfügen über ein Wechselstromnetz mit 110-125 Volt Spannung und einer Frequenz von 60 Hertz. Apparaten, die sich auf 110/125 V umschalten lassen, schadet der Frequenzwechsel von 50 auf 60 Hertz nicht; Rasierapparate laufen etwas rascher. Viele elektronische Geräte passen sich automatisch an (*Laptops*).

Feiertage

An Feiertagen bleiben Banken, Postämter und öffentliche Verwaltungen geschlossen. **Private Unternhmen brauchen kein Feier - tagsgebot zu beachten**. Umseitig die landesweiten Feiertage.

Feiertagsbezeichnung	Datum	Bemerkungen
New Years Day	1. Januar	Neujahrstag wie bei uns
Martin Luther King Day	3. Montag im Januar	Gedenktag an den ermordeten Prediger wider den Rassenhass
President's Day	3. Montag im Februar	an sich Washingtons Geburtstag, heute Feiertag zu Ehren aller ehemaligen Präsidenten
Good Friday	Freitag vor Ostern	Karfreitag, nur bedingt ein Feiertag
Memorial Day	Letzter Montag im Mai	Tag zur Ehrung aller Gefallenen. Das Wochenende läutet den Sommer ein
Independence Day	4. Juli	Unabhängigkeitstag, wichtigster Feiertag der USA, Umzüge und Paraden, Feuerwerk
Labor Day	1. Montag im September	Tag der Arbeit, wie bei uns der 1. Mai. Ende der Feriensaison.
Columbus Day	12. Oktober (nicht in CA+NV)	Gedenktag an die Entdeckung Amerikas
Veteran's Day	11. November	Ehrentag für die Veteranen der US-Armee
Thanksgiving (»*Turkey Day*«)	4. Donnerstag im November	Erntedankfest, großer Familientag
Christmas Day	25. Dezember	Nur **ein** Weihnachtstag

3

Fernsehen

Private Stationen

Das amerikanische Fernsehen mit zahlreichen Kanälen wird von einer Handvoll großer, auf privatwirtschaftlicher Basis operierender Gesellschaften dominiert. Gegen die in kurzen Abständen von Werbung unterbrochenen überwiegend seichten Programme wirkt das Angebot unserer öffentlich-rechtlichen Sender extrem intellektuell, und auch unsere Kommerzsender schneiden im Vergleich dazu nicht schlecht ab. Die »locker« gemachten amerikanischen Nachrichten vermitteln mehr noch als bei uns nur oberflächliche Informationen in krasser Momentaufnahme, außerdem sind sie viel stärker auf ***National News*** beschränkt.

Nachrichten

International berichtenswert ist nur, was die Politik und Interessen der USA direkt tangiert oder Sensationswert besitzt. Die Welt außerhalb der USA ist für den durchschnittlichen US-Fernsehkonsumenten daher *terra incognita*.

Talk-Show

Die täglichen *Talkshows* sind vielfach witzig und unterhaltsam, plätschern aber ohne Tiefgang oft noch flauer dahin als bei uns. Insgesamt besitzen **anspruchsvollere Sendungen Seltenheitswert**.

Kabel

Für alle, die der ewigen Werbebotschaften überdrüssig sind, kommt **werbefreies Kabelfernsehen gebührenpflichtig** ins Haus. Filme am laufenden Band von jugendfrei bis Softporno ohne Unterbrechungen durch Werbespots gibt es auf speziellen ***Movie Channels***. Viele Hotels und Motels werben damit.

Information vor Ort

Welcome/ Visitor Center

Eine wichtige Institution der touristischen Besucherinformation sind die ***California Welcome Centers***. Sie werden in Kooperation mit *California Tourism* (➤ Seite 41f) in allen großen und mittleren Städten betrieben und haben ein gemeinsames Webpotal:

www.visitcwc.com

Lokale Info Center

Aber auch in – oft sehr kleinen – Orten ohne *Welcome Center*, in *National Parks* und größeren *State Parks* gibt es ***Visitor*** oder ***Tourist Information Center***. Sie nennen sich gelegentlich auch *Convention & Visitors Bureau (CVB)* oder fallen in die Zuständigkeit der örtlichen Handelskammer (*Chamber of Commerce*). Zur Selbstbedienung liegt dort immer eine Fülle von Material der lokalen/regionalen Tourismusindustrie bereit.

Internet ➤ unter W-LAN/Wifi auf Seite 156

Nicht zu übersehender Hinweis auf die Besucher-information des Ortes im örtlichen Stadtpark in Bishop östlich der Sierra Nevada an der Strecke zwischen den Nationalparks Yosemite und Death Valley

Klimaanlagen

Die weite Verbreitung von Klimaanlagen ist in Anbetracht der in manchen Regionen enormen sommerlichen Hitzegrade einerseits eine Wohltat. Andererseits besteht in den USA – trotz wachsenden Energiesparbewusstseins – immer noch die Tendenz zur Übertreibung. Eisiger Wind empfängt bisweilen die Besucher von Restaurants, Banken und *Shopping Malls*, während an kalten Tagen überheizt wird. **Hotelzimmer** besitzen fast ausnahmslos ***Air Conditioning***. In den preiswerteren Kategorien handelt es sich aber regelmäßig um unter Fenstern angebrachte Apparate, die lautstark ihr Werk verrichten. Bei nächtlicher Schwüle hat man dort oft nur die Wahl zwischen schweißtreibender Hitze oder dem Lärm der Anlage. **Mietfahrzeuge** verfügen ausnahmslos ebenfalls über Klimaanlagen, deren Betrieb bis zu einem Extraliter Benzin pro 100 Kilometer schluckt. Oft fährt man mit ein bisschen Fahrtwind angenehmer. Ganz besonders mit Kindern im Auto ist Zurückhaltung beim Umgang mit dem amerikanischen *Air Conditioning* angezeigt. Ein allzu extremen Wechsel zwischen Backofenhitze draußen und vergleichsweise niedrigen Temperaturen im Wagen bekommt manchen nicht gut.

Kriminalität

Wie allgemein bekannt, ist die Kriminalitätsbelastung, speziell die Menge der Gewaltverbrechen in den USA beachtlich. Das gilt generell auch für Kalifornien und Nevada. Indessen ist die Mehrheit davon mit Situationen und Orten verbunden, in die ein Tourist normalerweise gar nicht erst kommt bzw. bei umsichtigem Verhalten vermeiden kann. Wer etwa sein Auto in Problemviertel – die erkennt man selbst ohne besondere USA-Erfahrung schon rein von den Gegebenheiten her ganz gut – steuert, dort auch noch parkt oder zu Fuß auf Entdeckungstour geht, nimmt eine vielfach höhere persönliche Gefährdung in Kauf als z.B. bei einem Bummel durch San Franciscos Chinatown. Im Grunde genügt gesunder Menschenverstand, um das eigene Risiko weit unter die insgesamt selbst in den USA niedrige statistische Gefährdungsrate zu senken.

Touristische Anziehungspunkte in Großstädten von den *Universal Studios* über *Amusementparks* und die *Golden Gate Bridge* bis hin zum *Casino Strip* in Las Vegas sind nicht bekannt für Mord und Totschlag. Die seit 9/11 in Bereichen mit hohem Verkehrs- und Besucheraufkommen verstärkte Überwachung sorgt zusätzlich für Sicherheit. Dennoch sollte man Geld, Kamera und Papiere immer fest im Griff haben.

Reisen durch Kalifornien und Nevada sind für viele Touristen auch oder sogar überwiegend verbunden mit Fahrten durch dünnbesiedelte Gebiete, den Besuch von Nationalparks und Übernachtungen in Kleinstädten und Dörfern oder auf Campingplätzen, alles von Gewaltkriminalität kaum belastete Orte.

Literatur

Ob als **Einstimmung** auf die Reise oder als **Urlaubslektüre**, die folgenden Titel sind eine kleine Auswahl an Romanen, die sich auf Kalifornien und Las Vegas beziehen.

Ein Klassiker aus dem 19. Jahrhundert ist *Richard Henry Danas* ***Two Years Before the Mast*** (»Zwei Jahre vorm Mast«), in dem er u. a. die Zeit des mexikanischen Kaliforniens beschreibt.

100 Jahre später verfasste ***John Steinbeck*** sein berühmtes Werk ***Cannery Row*** (»Die Straße der Ölsardinen«) und ***The Grapes of Wrath*** (»Die Früchte des Zorns«). Ebenfalls in der erste Hälfte des 20. Jahrhunderts entstanden die berühmten Westküstenkrimis von ***Dashiell Hammett*** (*The Maltese Falcon* und *The Thin Man*) und ***Raymond Chandler*** (*The Big Sleep, Farewell My Lovely*).

Was eine Glitzermetropole unter der Einwirkung von Halluzinogenen bewirken kann, beschreibt ***Hunter S. Thompson*** in *Fear and Loathing in Las Vegas* (»Angst und Schrecken in Las Vegas«).

Über kalifornisches Leben aus der Sicht von *Chinese-American Women* ließen sich ***Amy Tan*** (»Töchter des Himmels«) und ***Maxine Hong Kingston*** (»Die Schwertkämpferin«) aus.

Die Erben der Krimitradition heißen u.a. ***James Ellroy*** (»LA Confidential«), ***Walter Mosley*** (»Teufel in Blau«) und ***Sue Grafton*** (»Ruhelos«, »In aller Stille«, »Abgrundtief«).

Das regenbogenbunte San Francisco ist der Star in ***Armistead Maupins*** *Tales of the City* (»Stadtgeschichten«).

Maße & Gewichte

Obwohl auf dem Papier die Einführung metrischer Maß- und Gewichtseinheiten seit Jahren gesetzlich beschlossene Sache ist, findet man bis heute nur in Broschüren und auf Wegweisern der Nationalparks so exotische Angaben wie Kilometer, Liter und in Celsius gemessene Temperaturen.

Ansonsten gelten *Miles, Gallons, Pounds* usw.:

1 inch			2,54 cm
1 foot	12	inches	30,48 cm
1 yard	3	feet	91,44 cm
1 mile	1760	yards	1,60 km
1 acre	4840	square yards	0,40 ha
1 square mile	640	acres	2,59 km^2
1 fluid ounce			ca. 30 ml
1 pint	16	fluid ounces	0,47 l
1 quart	2	pints	0,95 l
1 gallon	4	quarts	3,80 l
1 barrel (Öl)	42	gallons	159 l
1 ounce			ca. 28 g
1 pound (lb)	16	ounces	ca. 454 g
1 ton	2000	pounds	ca. 907 kg

Notfälle – Notfall © für Deutsche 1-888-222-1373

- **Krankheit/Unfall**

Anruf

In dringenden Notfällen, gleich ob man in erster Linie einen Arzt, den Unfallwagen oder die Polizei benötigt, ruft man die **Nummer 911** an. Sollte die ***Emergency Number*** nicht funktionieren, wählt man die »**Amtsleitung**« **0**. Der ***Operator*** verbindet dann weiter.

Vor jedem Notfall-Anruf sollte man sich über den eigenen **Standort** vergewissern und für Rückrufe die Nummer des Apparates, von dem aus man telefoniert, parat haben. In den USA besitzen auch Münzfernsprecher eine Nummer und können angerufen werden.

- **Pass-/Geldverlust**

Pass

Bei Verlust des Passes helfen (nur) deutschen Staatsbürgern die **Generalkonsulate** in Los Angeles und San Francisco, anderen ihre Botschaften in Washington, ➤ Seite 142, aber auch die Notfallzentralen der Kreditkartenunternehmen.

Reiseschecks

Falls Reiseschecks verlorengehen oder gestohlen werden, ruft man die ausgebende Institution (*Toll Free Number*) an und erhält dann vom Aufenthaltsort abhängige Direktiven für die Ausstellung von Ersatzschecks. Voraussetzung für den Ersatz ist das Vorhandensein des Kaufnachweises und eine »Buchführung« über ausgegebene Schecks.

Hilfe

Sind alle Unterlagen und auch die Kreditkarten abhanden gekommen, hilft ggf. auch ***Western Union*** (Büros in vielen Städten der USA) in Kooperation mit der **Reisebank** (Filialen in den Bahnhöfen deutscher Großstädte und an Grenzübergängen). Wer sich **aus der Heimat Geld schicken lassen** möchte/muss, kann wenige Minuten nach Einzahlung bei der Reisebank/Post in einem *Western Union Office* seiner Wahl über den Betrag verfügen. Details unter © 01805/225822, www.reisebank.de. *Western Union*: © 1-800-325-6000; www.westernunion.com.

Polizei

Äußeres und Verhalten der amerikanischen Polizei entsprechen dem aus **Fernsehserien** bekannten Bild. Tatsächlich häufig der Colt am Halfter, und auf dem Lande und in der Kleinstadt steht auf dem Wagen der Obrigkeit wirklich unübersehbar ***Sheriff***.

Der amerikanische Arm des Gesetzes ist mit erheblichen Vollmachten ausgestattet und greift in der Ausübung seiner Pflichten im Bedarfsfall härter durch als sein europäischer Kollege; in Anbetracht des im Zweifel bewaffneten Gesetzesbrechers ist das verständlich. Mit amerikanischen Polizisten ist bei Fehlverhalten also nicht gut Kirschen essen, der Kontakt im Allgemeinen aber eher entspannt und freundlich. Zur Situation bei **Verkehrs - kontrollen** und **Übertretungen** ➤ Seite 102.

3

Post

Laufzeiten/ Gebühren

Die amerikanische Post funktioniert zuverlässig, ist aber nicht immer sehr schnell. Brief- und Postkartengebühren:

Postkarten nach Übersee: $0,94; **Briefe** nach Übersee $0,98 **Inlandsbriefe** bis 28 g: $0,45; **Postkarten** $0,32.

Post nach Übersee geht (mit der Ausnahme von Paketen) automatisch per Luftpost, wenn ***Air Mail Stamps*** benutzt werden. Briefe nach Europa laufen **bis zu 1 Woche**. Postämter befinden sich auch noch im kleinsten Nest und sind dank der zu den Schalterstunden (Zeiten ungefähr wie bei uns) immer aufgezogenen **Nationalflagge** selten schwer zu finden.

Briefmarken gibt es auch in **Automaten** in Supermärkten und Einkaufszentren. Dort allerdings mit einem Aufschlag, d.h., ein Nennwert von beispielsweise $0,98 kostet $1,25 oder ähnlich.

Postlagernd

Wer in den USA Post empfangen möchte, kann das postlagernd (***General Delivery***) tun, vorausgesetzt, es herrscht Klarheit über das Postamt. Jedes von ihnen ist durch eine Postleitzahl (***Zip-Code***) eindeutig identifiziert. Alle US-Zip Codes findet man im Internet unter http://zip4.usps.com/zip4/citytown.jsp

Radio

Radiostationen sind meist **Lokalsender** mit geringen Reichweiten. In dünn besiedelten Regionen ist das Radio daher 10 Autominuten außerhalb größerer Ortschaften ziemlich tot (es sei denn, man hat ein Satellitenradio im Wagen, zu erkennen durch die Taste **XM**). Zumindest gilt das für **FM** (=UKW). Auf **AM** (Mittelwelle) findet man zur Not immer noch einen *Country & Western*-Sender und/oder Stationen mit religiösen Botschaften und Musikprogrammen erbaulichen Liedguts.

Politik

Faszinierend sind landesweite politische Sendungen, die von extrem konservativen bis rechtsradikalen Organisationen gesponsert werden. In die mit aktuellen Tagesereignissen verknüpften

In den USA gibt's auch in kleinen Orten noch große Postämter. Die Gemeinde Joshua Tree hat gerade mal um 7000 Einwohner weiträumig verteilt am Rande der Mojave Desert.

Jedes Postamt zeigt deutlich den Zip-Code (PLZ) des Bezirks

Tiraden können sich Hörer telefonisch einklinken und mitdiskutieren. Wer sprachlich fit genug ist, um den Ausfällen (nicht nur) des Stars seiner Zunft, ***Rush Limbaugh*** (sprich: Limbo), folgen zu können, mag kaum glauben, dass so etwas straffrei möglich ist. Die Gegenseite mit liberaleren Positionen (etwa auf Obama-Linie, aber nicht einmal nach europäischen Maßstäben »links«) kann da nicht mithalten.

Trost & Rat

Kulturell aufschlussreich sind auch **Trost- & Ratsendungen**, in denen Hörer für ihre Privat- und Berufsprobleme oft – aus unserer Sicht – äußerst ungewöhnliche Ratschläge/Lösungen erhalten.

Rauchen

Kalifornien

Das Rauchen in öffentlichen Räumen, Büros, Restaurants, Bars, Museen und Konzerthallen ist **in Kalifornien generell untersagt**, da das Gesetz Rauchen in allen geschlossenen Räumen verbietet, in denen Menschen arbeiten. Dazu gehören z.B. auch Taxen und Fahrzeuge des öffentlichen Nahverkehrs. **Ausnahmen** gibt es bei Unternehmen mit bis zu fünf Mitarbeitern, wenn alle der Raucherlaubnis zustimmen. Daher findet man auch **Bars**, in denen geraucht werden darf.

In vielen Orten/Landkreisen (*Counties*) gelten **zusätzliche Restriktionen**. Fast nirgendwo darf man in öffentlichen Parks und auf Bürgersteigen rauchen, ebenfalls nicht in unmittelbarer Nähe von öffentlichen Gebäuden. Raucher müssen mindesten 20 Fuß (= 6 m) Abstand halten. **Motels und Hotels** haben einen relativ großen Verfahrensspielraum. Sie dürfen theoretisch bis zu 65% oder 50% (größenabhängig) ihrer Kapazität als Raucherzimmer ausweisen, und in 25% oder 50% der Lobby das Rauchen gestatten. In der Praxis liegt die Anzahl der Raucherzimmer oft weit niedriger als erlaubt; manche, vor allem kleinere Quartiere, sind komplette ***Non-smoking Areas***.

Nevada

In **Nevada** gelten, was die Öffentlichkeit angeht, die weitgehend gleichen Regeln wie in Kalifornien. Ein Sonderfall sind dort **Bars**, **Kasinos** und **sonstige Etablissements**, zu denen nur Personen über 21 Jahren Zutritt haben: dort ist das Rauchen erlaubt. In **Restaurants** schon deshalb nicht, weil sich dort auch jüngere Gäste aufhalten. Aber es können Bereiche ohne Zutritt für Jugendliche unter 21 Jahren abgetrennt werden, in denen geraucht werden darf.

Senioren

Der Begriff des ***Senior*** für alle älteren Mitbürger ist eine amerikanische Erfindung, die sich auch bei uns durchgesetzt hat. Wichtig ist, dass es in Amerika für vieles **Seniorenrabatt** gibt: auf die Eintrittspreise in Museen, beim Camping, in *Family Restaurants* und auch in Hotels. In den **USA** gilt oft schon als Senior, wer **60 Jahre** alt ist, bisweilen genügen sogar 55 Jahre für diesen schönen Status. Spätestens ab 60 macht es daher Sinn, bei Dienstleistungen und Eintrittsgeld nach dem ***Senior Discount*** zu fragen.

Telefon

System

Nordamerika inklusive Mexiko verfügt über ein einheitliches Telefonsystem. Jeder Bundesstaat besitzt eine dreistellige Vorwahl, den ***Area Code***, einige dicht besiedelte Staaten wie Kalifornien gleich mehrere davon. Dieser ersten Vorwahl folgt eine **zweite, ebenfalls dreistellige Ziffer**, die sich auf das Dorf, einen Landkreis oder Stadtteil bezieht. Die **Apparatnummer ist vierstellig. Bei Gesprächen über den regionalen *Area Code* hinaus muss die »1« vorweggewählt werden**. Bereits Anrufe beim Nachbarn, der eine abweichende zweite Vorwahl besitzt, sind »Ferngespräche«. Statt des Ortsgesprächstaktes gilt dann der Minutentakt.

Bei den **gebührenfreien 1-800/888/877/866-Nummern** gehen die Kosten ganz zu Lasten des Angerufenen. Diese Rufnummern sind auch vom Ausland aus zu erreichen mit der Vorwahl 001 anstatt der »1«. Aber dann gelten die normalen Gesprächstarife.

Das Gegenteil der 800-Nummern sind 900-Nummern, für die im Minutentakt eine Honorierung für den Angerufenen fällig wird.

International

Über die Vorwahl 01, gelegentlich auch 011, öffnet man den Zugang zum internationalen Netz. Mit

49 für Deutschland **41** für die Schweiz **43** für Österreich

und die um die Null reduzierte Ortsvorwahl sind Verbindungen in die Heimat (von Privattelefonen aus) leicht hergestellt.

Münztelefone

In den – in Zeiten der Handys (*Cell Phones*) – weniger werdenden Münzfernsprechern (***Pay-Phones***) ist eine direkte Durchwahl, national wie international, nicht möglich, es sei denn via Telefon- oder Kreditkarte. **Ferngespräche** einschließlich solcher im Nahbereich lassen sich bei **Münzeinwurf nur mit Hilfe eines *Operator***, häufig einer Computerstimme führen, die standardisierte Anweisungen gibt.

Telefonieren mit Münzeinwurf

Wer keine Telefonkarte zur Hand hat, muss für Ferngespräche in *Pay Phones* **jede Menge Kleingeld** bereithalten. Barzahlung in Telefonzellen kostet deutlich mehr als Telefonate von privaten Anschlüssen aus bzw. per *Phone Card*, zumal immer mindestens 3 min (!) zu bezahlen sind. Für Anrufe nach Europa benötigt man **rollenweise *Quarters***, denn die Cash-Telefonate nach Übersee kosten ab $5 für die ersten 3 min. Mit dem *Operator* gibt es selbst bei guten Englischkenntnissen schon mal Missvertändnisse.

Phone oder Calling Cards

Solche Komplikationen sind aber im Grunde Schnee von gestern dank überall (Kaufhäusern, Tankstellen, Hotels, *Mini Marts* etc.) zu kaufender ***Phone Cards***. Bei den verschiedenen **in den USA angebotenen Karten** sind dabei die **Minutenpreise** verblüffend unterschiedlich, wenn auch in den letzten Jahren kontinuierlich gesunken, wobei **2013 Gebühren ab $0,015/min für Ferngespräche in den USA** und $0,035/min für Gespräche nach Europa möglich sind (Karten von www.cyberscans.com). Die $5-$20-Karten von Supermärkten/ Warenhäusern liegen mit ihren Minutentarifen höher.

Vergleichsweise niedrigere Minutentarife bieten ***Phone Card*s**, die man typischerweise in Automaten in *Truck Stops* kaufen kann. Damit kostet **2013** günstigstenfalls die Minute innerhalb Nordamerikas $0,04, das Gespräch nach Europa $0,10/min.

Funktion

Die ***Phone*** oder ***Calling Cards*** funktionieren wie folgt: 800-Nummer für die jeweils gewünschte Sprachansage wählen (selten deutsch) und dann nach Anweisung die Codenummer der Karte eintasten, die Nummer wählen und fertig. Noch verfügbare Restminuten werden jeweils angesagt.

Der **Haken dieser Karten** liegt in ihrer Unterschiedlichkeit; nicht nur variieren die Minutentarife, sondern auch fixe Verbindungskosten bis $0,50 pro Gespräch. Ein paar vergebliche Anrufe nach Europa oder zu Anrufbeantwortern, und zack ist die Karte leer.

Telefonieren mit Kreditkarte

Auch möglich ist ein Anruf bei der Telefongesellschaft **AT&T: ✆ 1-800-CALL ATT**, dann die Ziffer »1« für Kreditkartengespräche eingeben, dann die übliche Wahl – für Deutschland z.B. 011 49 – Vorwahl ohne Null und Apparatnummer, dann Kartennummer und Verfallsdatum eintippen. Dort, wo Karten eingeschoben werden können, also z.B. in *Airports* oder *Shopping Malls*, lässt sich direkt ohne die lästige Zahlentipperei per Kreditkarte telefonieren. Die **Gebühren** für einen *Credit Card Call* sind indessen mehrfach **höher als bei Nutzung einer vor Ort gekauften preisgünstigen *Phone* bzw. *Calling Card*.**

Im Hotel

Aufschläge für Telefonate aus Hotels/Motels sind zwar allgemein niedriger als in Europa, dennoch oft happig genug. Bisweilen werben aber auch Motels mit Netto-Telefongebühren. **Ferngespräche** lassen sich im übrigen **vom Hotelzimmer aus** bequemer führen als von einem *Pay Phone* in Wind und Wetter. Das gilt auch für Anrufe zum **Nulltarif** bei einer **800-Nummer**, etwa zur Reservierung eines Mietwagens oder Hotelzimmers für die nächsten Nächte oder in die Heimat per ***Calling Card***.

Für **gebührenfreie** und **Kartengespräche** vom Zimmertelefon aus berechnen Hotels und Motels manchmal nichts, meist aber einen Fixbetrag von $0,50-$1 pro Anruf.

Mit Handy in den bzw. aus den USA telefonieren

Handy-Besitzer ohne Tri- bzw. Quad Band können in Nordamerika nicht angerufen werden bzw. telefonieren. Das betrifft nur noch relativ wenige alte Handys. Wer aber einfach sein neueres Tri- oder Quad-Handy mitnimmt und drauflos telefoniert, wird am Ende mit einer exorbitanten Rechnung erfreut. Handy-Komfort zu moderaten Gebühren (wenn auch nicht ganz so günstig wie manche amerikanische *Telephone Card*) verspricht dagegen

Cellion Card

die ***Cellion Sim Card***, die man für die Dauer der Reise ins eigene (nicht SIM-Lock gesperrte!) Handy einsetzt. Faktisch hat man damit eine nordamerikanische Nummer, mit der man innerhalb der USA für $0,29/min und nach Europa für $0,39/min telefonieren kann (ankommende Gespräche $0,29/min). Das System ist einfach zu handhaben. Alle Details unter www.cellion.de.

No-contract phones

Eine andere Möglichkeit sind **Billig-Handys** (sog. ***pay-as-you-go*** oder ***no-contract phones*** ab ca. $30), die man z.B. bei ***Walmart***, ***K-Mart*** oder ***Best Buy*** findet. Mit dem Kauf verbunden sind meist die ersten 200-300 min. Für Auslandsgespräche muss man es freischalten lassen, und die Freiminuten reduzieren sich dann natürlich. Zusätzliche Minuten können ab $20 nachgekauft werden.

Skype

Wer sein ***Notebook*** dabei hat oder die entsprechende ***App*** im ***Smartphone***, kann unterwegs das ***free Wifi*** nutzen und mit ***Skype*** kostenlos (video-)telefonieren. Auch wenn der Gesprächspartner über keinen *Skype-Account* verfügt, sind die Gebühren für Anrufe ins europäische Festnetz nicht hoch ($0,22/min). Hierfür benötigt man aber ein *Skype*-Guthaben. Nähere Informationen und die *App* unter: www.skype.com.

Temperaturen

In den USA werden Temperaturen in °Fahrenheit (**F**) gemessen. Die Formel für die Umrechnung von Celsius (**C**) in Fahrenheit und umgekehrt lautet:

°F = 32° + 1,8 x°C bzw. **°C** = (**°F – 32°**) **: 1,8**

Näherungsformel: °F = 30° + 2 x°C bzw. **°C** = (**°F – 30°**) **: 2**

Celsius	-15°	-10°	-5°	0°	5°	10°	15°	20°	25°	30°	35°	40°
Fahrenheit	5°	14°	23°	32°	41°	50°	59°	68°	77°	86°	95°	104°

Trinkgeld

In der heutigen amerikanischen Dienstleistungsgesellschaft ist das Trinkgeld (***Tip***) fester Bestandteil des Entlohnungssystems nicht nur in der Gastronomie oder im Taxigewerbe. Ein *Tip* wird

Trinkgeld

nicht nur im besseren Hotel von den diversen dienstbaren Geis - tern erwartet, sondern auch im Supermarkt (!), sofern der höfliche junge Mann hinter der Kasse den Einkauf in Tüten verpackt und beim Transport zum Wagen behilflich ist (nur fürs Einpacken ist-kein *Tip* üblich), oder bei einer Stadtrundfahrt.

So 100%ig klare Regeln für die Höhe des *Tip* wie im Restaurant oder Hotel, ➤ Seiten 187 und 214, gibt es ansonsten nicht, außer dass Münzgeld nicht mehr ausreicht. Eine **Dollarnote** muss es selbst bei kleinsten Handreichungen schon sein, möchte man indignierte Reaktionen vermeiden.

Eine komplette Übersicht zum **Thema »*Tipping*«** liefert auf Englisch das Portal www.money.cnn.com/pf/features/lists/tipping.

Veranstaltungen

Festivals, ***Fiestas*** und ***Fairs*** sind zahlreich in Kalifornien. Sie reichen von altmodischen Jahrmärkten mit Karussells und Achterbahnen über Rodeos und Autorennen bis zu hochkarätigen Musik- und Filmfestivals. Im Internetportal www.visitcalifornia.com/events kann man seine Aufenthaltsdaten eingeben und **erhält eine komplette Liste** aller *Events* in Kalifornien in dieser Zeitspanne, die sich dazu auf geographische Bereiche/Städte und persönliche Interessen einengen lässt.

Hier einige der populärsten Veranstaltungen nach Monaten:

Januar

Tournament of Roses: Berühmte, blumenübersäte Neujahrsparade in Pasadena, www.tournamentofroses.com

Februar

Chinese New Year: In den Chinatowns von San Francisco und Los Angeles wird das Neue Jahr mit bunten Figuren und Knallfröschen begrüßt; z.B. www.chineseparade.com

Las Vegas International Marathon: Gut 26 Meilen oder mehr als 42 km zu Fuß durch die Stadt der Spieler, www.adventure-marathon.com/Las-Vegas-Marathon.aspx

März

San Jose Jazz Festival: Hochklassiger Jazz im Südosten der Bay Area, www.sanjosejazz.org

Carmel Kite Festival: Drachen steigen lassen am Pazifik, und das schon seit über 70 Jahren

Santa Barbara Whale Festival: Ende März sind die Meeressäuger die Stars, www.santabarbara.com/events/whale_festival/

Old Sacramento Easter Bonnet Promenade: Zu Ostern macht man sich in Sacramento im Stil der letzten Jahrhundertwende schick und flaniert zum *Waterfront Park*

April

Pasadena Cherry Blossom Festival: Kirschblüten läuten Anfang April den Frühling ein, www.pasadenacherryblossom.org

Sebastopol Apple Blossom Festival: Im Sonoma Valley feiert man die Apfelblüte, www.sebastopolappleblossom.org

Ventura Music Festival: Jede Menge Konzerte an zehn Tagen von Ende April bis Anfang Mai, www.vcmfa.org

Big Sur International Marathon: Einer der schönsten Marathonläufe der Welt führt an der atemberaubenden Küste entlang, www.bsim.org

Sacramento Valley Scottish Highland Games & Gathering: *Kilts* und *Tartans* an der Westküste findet man im späten April in Woodland westlich von Sacramento, www.saccallie.org/games

Mai

Cinco de Mayo Fiesta: Mexikaner und *Mexican Americans* feiern landesweit in Städten und Stadtteilen mit einer nennenswerten Bevölkerung mexikanischen Ursprungs, ein gutes Portal dazu ist www.fiestacincodemayo.com

Marina Festival of the Winds in Marina nördlich von Monterey mit Drachen, Heißluftballons etc., www.marinafestival.com

3

Las Vegas Helldorado: Ein höllisches Rodeo mit viel Spaß vor allem für Westernfans, www.elkshelldorado.com

Calaveras County Fair & Jumping Frog Jubilee: In der dritten Maiwoche springen die Frösche in Frogtown bei Angels Camp wie schon in *Mark Twains* berühmter Geschichte um die Wette, www.frogtown.org und www.gocalaveras.com

Santa Cruz Blues Festival: Blues unter *Sequoias* in einem natürlichen Amphitheater, www.santacruzbluesfestival.com

Examiner Bay to Breakers Foot Race: 12 km Laufwettbewerb durch San Francisco, http://zazzlebaytobreakers.com

Lake Tahoe Jazz Festival: Ende Mai eine ganze Woche lang traditionellen und zeitgenössischen Jazz vor der schönen Kulisse des nördlichen Lake Tahoe, www.laketahoejazzfestival.com

Juni

Central Coast Shakespeare Festival: Der Barde aus Stratford besucht den Pazifik; Stücke von ihm und anderen Dramatikern, http://centralcoastshakespeare.org

North Beach Festival: San Franciscos *Little Italy* feiert mit Kunst, Kunsthandwerk und Spezialitäten, http://sresproductions.com/north_beach_festival.html

Juli

Laguna Beach Art-A-Fair Festival: Das erste von drei Sommerfestivals des Ortes rund um die Kunst von Juli bis Anfang September, www.art-a-fair.com

Sawdust Art Festival: Auch hier täglich in Laguna Beach zwei Monate mit Künstlern und Festen, www.sawdustartfestival.org

Festival of Arts & Pageant of the Masters: Das dritte Festival von Laguna Beach, sechs Wochen mit Stücken, Führungen, Paraden, www.foapom.com

Pacific Grove Feast of Lanterns: Laternen, Feuerwerk und mehr in Montereys westlichem Stadtteil in der letzten Juliwoche, www.feast-of-lanterns.org

Lake Tahoe Shakespeare Festival: Noch einmal Shakespeare, diesmal in Sand Harbor am Lake Tahoe und in Reno von Mitte Juli bis Ende August, www.laketahoeshakespeare.com

August

Sutter Creek Ragtime Festival: Am zweiten Augustwochenende wandelt man im *Gold Country* auf den Spuren amerikanischer Musikpioniere, www.suttercreekragtime.com

California State Fair: Drei Wochen lang bis in den Sepember hinein Ausstellungen, Konzerte und Unterhaltung im Zeichen des *Golden State* in Sacramento – und das schon seit 1854! www.calexpo.com und www.bigfun.org

San Diego Street Scene: Ende August/Anfang September wird das *Gaslamp Quarter* noch lebendiger, www.street-scene.com

Santa Cruz Cabrillo Music Festival: Klassik für Groß und Klein in der ersten Augusthälfte unter der Leitung der Dirigentin *Marin Alsop*, www.cabrillomusic.org

September

San Francisco Fringe Festival: Nicht so bekannt wie das gleichnamige Theaterfestival in Edinburgh, aber ebenfalls mit jeder Menge Bühnenleben, www.sffringe.org

Draft Horse Classic & Harvest Fair: In Grass Valley, im Nevada County nördlich von Sacramento, gibt's Mitte September mehrere Tage Westernfeeling, und Zugpferde zeigen, was sie können, www.nevadacountyfair.com/dhc

Autumn Food & Wine Festival: Abstecher für Gournets nach Northstar am Lake Tahoe Nordwestufer, 1. Septemberwoche, www.gotahoenorth.com/events/autumn-food-and-wine-festival

Lobster Festival: In LAs Stadtteil San Pedro im Ports o'Call Village, das dabei von Piraten besetzt wird, Klamauk und Hummer satt gibt's dort Mitte September, http://lobsterfest.com

Monterey Jazz Festival: Am dritten Wochenende im September das älteste Jazz Festival der Welt Freitag bis Sonntag non-stop Jazz, www.montereyjazzfestival.org

Oktober

Big Sur Jade Festival: Schöne Steine zum Bestaunen und Kaufen, dazu viel Musik, www.bigsurjadefest.com

Halloween: am 31. Oktober mit allerhand Aufstand und Events schon Wochen im voraus

November

Día de los Muertos: Der mexikanische Totengedenktag läuft zwischen Ende Oktober oder Anfang November mit Umzügen, Vorstellungen und Musik durchaus nicht nur traurig ab, z.B. www.dayofthedeadsf.org oder www.ladayofthedead.com

San Diego Bay Wine & Food Festival: 150 Winzer und viele Restaurants verwöhnen Mitte November die Besucher, www.sandiegowineclassic.com

Dezember

Los Angeles Holiday Festival of Lights: Im Griffith Park werden den ganzen Monat die Weihnachtslichter angemacht, etwas kitschig, aber insgesamt auch wieder großartig, www.laparks.org/calendar/lightfestival/lightfestival.htm

The Nutcracker: Jeden Dezember präsentiert das San Francisco Ballet drei Wochen lang fast täglich, teilweise auch nachmittags, Tschaikowskis Familienklassiker, www.sfballet.org/tickets/production/overview/nutcracker

New Year's Eve in Las Vegas: In Vegas findet zu Silvester immer ein Riesenprogramm statt, www.vegas.com/newyears

Halloween Day ist der 31.Oktober, aber die Vorbereitungen laufen den ganzen Monat und sind allerorten unübersehbar

3

Wäsche unterwegs

Bei Campern und auch bei vielen Motelübernachtern gehört unvermeidlich gelegentliches Wäschewaschen, wenn die Reisezeit zwei Wochen überschreitet. Münzwaschautomaten gibt es auf den meisten kommerziellen Campingplätzen. In Dörfern und Städten sind ***Coin Laundries*** oder ***Laundromats*** an den Ausfallstraßen kaum zu übersehen. In den dort installierten Maschinen bewegt sich aber statt der – wie bei uns üblich – Trommel eine Art Propeller hin und her und quirlt die Wäsche durcheinander. Die Einstellung »*hot*« heißt nicht etwa Kochwäsche, sondern entspricht der Temperatur des zulaufenden Heißwassers (keine Nachheizung in der Maschine). Nach etwa 20-30 min ist der Vorgang beendet und das Ergebnis entsprechend. Bei höheren Ansprüchen an den Grad der Sauberkeit fügen Amerikaner ihren Waschmitteln (***Detergent***) die bei uns als »Extra« lange vergessene Bleiche (***Bleach***) zu.

W(ireless)-LAN bzw. Wifi

Internetzugang

Der Zugang zum Internet ist den USA, speziell in den dichter besiedelten Gebieten, flächendeckend möglich. Die meisten Motels und eine große Zahl kommerzieller Campingplätze, sogar ***California State Parks*** werben mit ***free Wifi*** (***wi****reless* ***fi****delity* = WLAN). Kostenlosen Zugang gewähren ebenfalls Cafés und Restaurants, darunter alle ***Starbucks Coffeehouses*** und seit 2012 die Filialen von ***McDonalds*** u.a.m. Nur und ausgerechnet in Hotels der gehobenen Kategorien kostet der Zugang oft noch extra.

Listen für **freies Wifi** findet man

für **Kalifornien** unter
www.wififreespot.com/ca. html

und für **Nevada** unter
www.wififreespot.com/nv.html.

Zeit

In den USA steht »**am**« (*ante meridiem*, vormittags) oder »**pm**« (*post meridiem*, nachmittags) hinter einer Zeitangabe:

9 Uhr	9 am
21 Uhr	**9 pm**

Besonders zu beachten ist:

12.00 Uhr	**12:00 pm**	**oder *noon***
12.20 Uhr	**12:20 pm**	
24.00 Uhr	12:00 am	oder ***midnight***
0.20 Uhr	12:20 am	

In **Fahrplänen** werden »am-Zeiten« häufig in Normalschrift, »**pm-Zeiten**« in **Fettschrift** gekennzeichnet.

Zeitungen und Zeitschriften

Zeitungen/ Nachrichten

Die einzige landesweit verbreitete Zeitung ist ***USA Today***. Sie besitzt ein akzeptables Niveau. Bei Interesse für aktuelle Ereignisse in den USA lohnt sich ihr Kauf (überwiegend in Automaten für $0,75/$1). *USA Today* ist auf nationale Neuigkeiten fixiert. Die wenigen »besseren« Zeitungen Kaliforniens mit mehr internationalen Nachrichten (***Los Angeles Times, San Francisco Chronicle***) werden außerhalb der Cities kaum gelesen. **Lokale Zeitungen** beschränken sich fast nur auf die Neuigkeiten der Region.

Zeitschriften

Bei den **Zeitschriften** existieren ein breites Sortiment für alle denkbaren Spezialbereiche und massig Blätter der seichten Unterhaltung. Darüber hinaus gehen nur die bekannten ***Newsweek, Time*** etc. und einige Wirtschaftsmagazine. Insgesamt ist das Zeitungs- wie Zeitschriftenangebot mit europäischer Vielfalt und vor allem dem bei uns gewohnten Niveau nicht vergleichbar.

Deutsche Presse

Internationale Publikationen gibt es nur in ausgewählten ***News Shops*** der großen Cities (Gelbe Seiten unter *News*). Für viel Geld ergattert man dort schon mal »**Spiegel**«, »**Stern**«, »**Die Welt**« und »**Bild Zeitung**« usw., oft aber nicht aktuell. Da kann man besser übers Internet auf die entsprechenden Portale zugreifen.

Sieht man von wenigen Ausnahmen ab, führen die ***International News Stands*** in den Flughäfen neben amerikanischen nur britische und spanischsprachige Produkte aus Lateinamerika.

Zeitzonen

In Kalifornien und Las Vegas gilt ***Pacific Time***. Sie liegt gegenüber der MEZ um 9 Stunden zurück; z.B. entspricht 15 Uhr in Mitteleuropa 6 Uhr morgens in Los Angeles.

Da die Amerikaner ebenfalls im Herbst und Frühjahr ihre Uhren um eine Stunde umstellen, aber nicht am selben Wochenende wie wir, kommt es während 1-2 Wochen zwei Mal im Jahr zu einer Zeitverschiebung von nur 8 Stunden.

Zoll bei Rückkehr aus den USA

Zum Zoll bei der **Einreise in die USA** ➤ Seite 88. Wer aus Nordamerika **nach Deutschland** zurückkehrt, braucht bis zu folgenden Werten **weder Zoll noch Umsatzsteuer** zu zahlen:

Mitbringsel im Wert **bis zu €430 pro Person**
(Kaufbelege aufbewahren, sonst schätzt der Zoll!).

Unabhängig davon max. **500 g Kaffee** und **50 g Parfüm** und **200 Zigaretten** und **1 l Spirituosen**. **Außerdem 4 l Wein** und **16 l Bier**, aber Letzteres sind wohl eher theoretische Werte.

Bei Warenwerten bis €700 pro Person zahlt man eine **Pauschalabgabe** von 13,5%. Erst darüber kommen die vollen Sätze Zoll (überwiegend gering) zum Tragen, die mit der Warenart etwas variieren, immer aber sind dann 19% Einfuhrumsatzsteuern auf den Warenwert plus Zoll fällig.

Reise-
routen
durch
Kalifornien

Routenplanung und Aufbau des Reiseteils

Zum Reisegebiet

Kalifornien ist mit einer Fläche von knapp 430.000 km^2 deutlich größer als Deutschland mit 357.000 km^2. Das in diesem Reiseführer behandelte Gebiet bezieht sich auf den touristisch ergiebigsten Teil Kaliforniens in etwa südlich der Linie San Francisco–Sacramento–Lake Tahoe–Reno bis hinunter zur mexikanischen Grenze und außerdem auf Teilbereiche von Nevada rund um Las Vegas sowie auf die Umgebung von Reno und Nevadas Hauptstadt Carson City. Das sind zusammen über 320.000 km^2, immerhin noch rund 70.000 km^2 mehr als die Fläche der alten Bundesrepublik vor der Wiedervereinigung.

Distanzen und Etappen

Viele USA-Urlauber nehmen sich selbst bei nur 2-3 Wochen Aufenthalt Touren über mehrere tausend Kilometer durch eine ganze Reihe von Staaten vor. Besonders beliebt sind dafür die Südweststaaten inkl. Kalifornien. Nachteil solcher Trips sind die oft sehr langen Tagesetappen und die Beschränkung auf die bekanntesten Sehenswürdigkeiten. Nun ist gerade in den USA mit zahlreichen landschaftlich reizvollen Routen auch der »Weg ein Ziel«, aber die Zeit für kleine wie große Entdeckungen unterwegs meistens viel zu kurz bemessen.

Geographie und Reisezeit

Diese Problematik vermeidet, wer den geographischen Rahmen seiner Reise nach Amerika enger fasst und sich z.B. auf Kalifornien und Nevada »beschränkt«. Tatsächlich ist der Raum Süd- und Zentralkalifornien mit angrenzenden Gebieten Nevadas allein schon groß genug, um eine monatelange Reise zu füllen. Erst die würde ausreichen, um die Vielfalt der Landschaften, die großen Cities der Westküste wie auch Las Vegas und die zahlreichen weiteren Highlights im äußersten Südwesten intensiv kennenzulernen und nicht nur »abzuhaken«. Wer die üblichen 2-3 Wochen hat, muss die Route sorgfältig planen und zusammenstellen, um zumindest die persönlich wichtigsten Anlaufpunkte zu schaffem und dort genügend Zeit einplanen. Das ist selbst für eine Reise »nur« durch Kalifornien mit Abstechern etwa nach Las Vegas oder sogar bis zum Grand Canyon gar nicht so einfach.

Zur Routenplanung

Tatsächlich gibt es sogar in diesem überschaubareren Rahmen erstaunlich **viele Möglichkeiten für eine Zusammenstellung einer Reiseroute**. Je nach Jahreszeit, geplanter Reisedauer und persönlichen Präferenzen können Reisende mit identischen Zwischen - zielen – auch abhängig vom Ausgangspunkt – auf unterschiedlichsten Strecken unterwegs sein. Ein typisches Beispiel dafür wäre die Kombination der Cities von Los Angeles, San Francisco und Las Vegas mit den Nationalparks *Yosemite, Death Valley* und *Joshua Tree*. Diese populären Eckpunkte lassen sich leicht über touristische »Trampelpfade« verbinden, aber auch gut über weniger befahrene, manchmal reizvollere Alternativen.

Haupt- und Nebenrouten

Das rasche Vorankommen und die Dominanz bekannter Routen steht bei vielen USA-Reisenden stark im Vordergrund. Das erklärt, weshalb manche Straßen trotz ihres grandiosen Verlaufs nicht besonders beachtet werden. Eine Rolle spielt dabei oft auch die fehlende Information. Nur mit dem Straßenatlas oder gar nur mit dem Navigerät vor Augen kann man vielleicht die verkehrstechnisch beste Route bestimmen, selten jedoch die schönste oder touristisch ergiebigste. Die üblichen Kennzeichnungen in den Karten für schöne Streckenführung helfen dabei auch nur bedingt, da sie – wie es scheint – oft mit der »Gießkanne« verteilt werden und Nebenstraßen kaum berücksichtigen.

Empfehlung

Es kann daher gar nicht genug empfohlen werden, der **Routenplanung hohe Aufmerksamkeit** zu **schenken**. Denn nicht nur die angesteuerten »großen« Sehenswürdigkeiten bestimmen Intensität und Erlebniswert einer Kalifornienreise, sondern gerade dort die oft überraschenden »kleinen Attraktionen« am Weg dorthin.

Aspekte

Bei der **Routenplanung** geht es um drei Aspekte:

- **die Auswahl der Reiseziele im einzelnen**
- **die Verbindung zwischen ihnen**
- **die zur Verfügung stehende Zeit**

Streckenauswahl in Reiseführern

In den meisten Reiseführern wird nur der erste Punkt ausführlich berücksichtigt. Je nach Schwerpunktsetzung findet der Leser eine mehr oder minder umfassende Beschreibung der Sehenswürdigkeiten einer Stadt oder Region in kompletter oder ausgewählter Form. Die Verbindung von A nach B nach C etc. ist ein eher untergeordneter Punkt. Angaben dazu gehen selten über rein technische Daten (Straßennummern, Meilen) hinaus. Am ehesten geschieht dies noch dort, wo die Behandlung der Reiseziele nach Maßgabe einer bzw. mehrerer Vorschlagsrouten erfolgt. Aber auch dann sind mögliche Alternativen mit ihren Vor- und Nachteilen selten Gegenstand der Erörterung.

Die Frage der Zeit ist sehr subjektiv. Enggefasste Vorgaben, die von der Mehrheit der Leser nachvollziehbar wären, sind in vielen Fällen unmöglich:

Sind zwei, drei oder mindestens vier Tage für San Francisco ausreichend? Kann man den Highway #1 von San Francisco nach LA in zwei Tagen »schaffen« ober wären eher vier Tage zu veranschlagen mit allem Drum und Dran? Hier ist die individuelle Präferenz ausschlaggebend. Eine gute Vorinformation hilft bei der Zeitbemessung für Strecken und Zwischenziele.

Dieses Buch

Aufbau wie Art und Weise der Behandlung von Reisezielen und -routen in diesem Buch trägt diesen Anmerkungen und den besonderen Gegebenheiten des individuellen Reisens durch Kalifornien Rechnung. Dazu gehört der Umstand, dass es nicht nur eine Handvoll attraktiver Routen, sondern eine Vielzahl von Strekken gibt, die man zur **persönlich optimalen Reiseroute** vielfältig kombinieren kann und das auch ganz bewusst machen sollte.

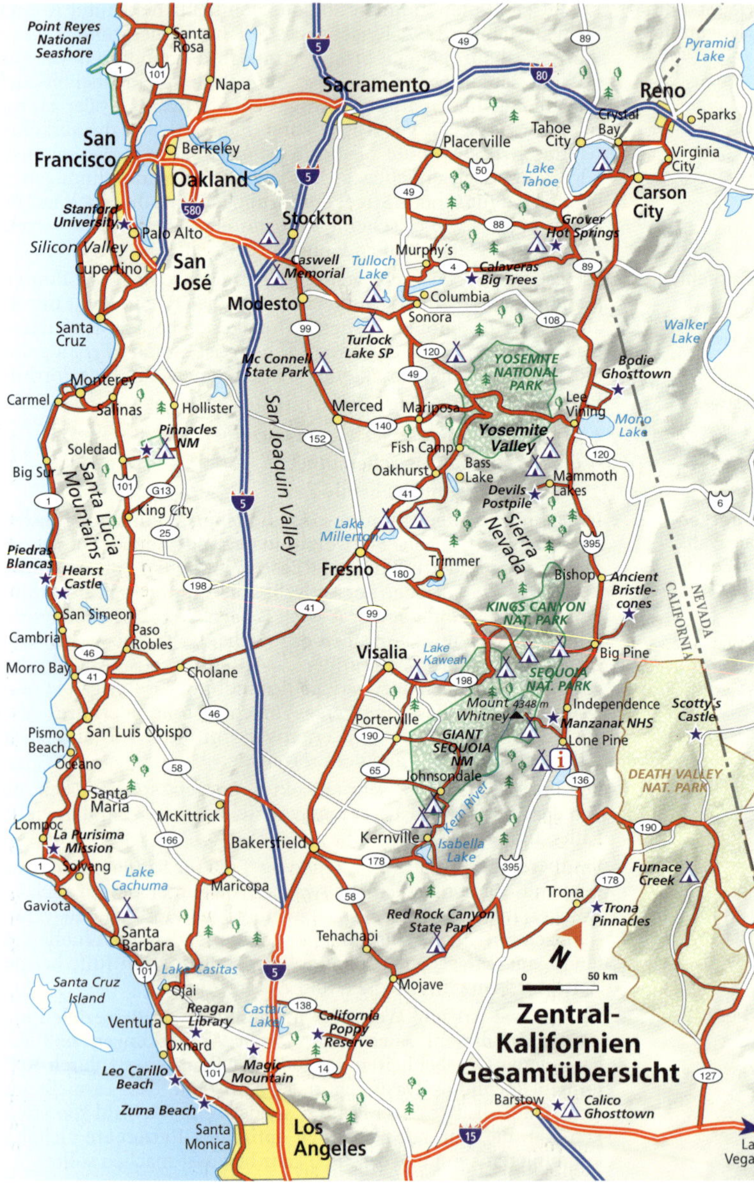
Zentral-Kalifornien Gesamtübersicht
Point Reyes National Seashore
Santa Rosa
Napa
Sacramento
Reno
Sparks
Pyramid Lake
Crystal Bay
Tahoe City
Placerville
Lake Tahoe
Virginia City
Carson City
San Francisco
Berkeley
Oakland
Stanford University
Palo Alto
Silicon Valley
Cupertino
San José
Stockton
Grover Hot Springs
Murphy's
Calaveras Big Trees
Caswell Memorial
Tulloch Lake
Modesto
Columbia
Sonora
Turlock Lake SP
Santa Cruz
Walker Lake
Mc Connell State Park
Yosemite National Park
Bodie Ghosttown
Monterey
Carmel
Salinas
Hollister
Pinnacles NM
Merced
Mariposa
Lee Vining
Mono Lake
San Joaquin Valley
Yosemite Valley
Soledad
Fish Camp
Bass Lake
Oakhurst
Mammoth Lakes
Big Sur
Santa Lucia Mountains
Devils Postpile
King City
Lake Millerton
Sierra Nevada
Piedras Blancas
Hearst Castle
Fresno
Trimmer
Bishop
Ancient Bristlecones
San Simeon
Kings Canyon Nat. Park
Nevada
California
Cambria
Paso Robles
Visalia
Lake Kaweah
Big Pine
Morro Bay
Cholane
Sequoia Nat. Park
Mount Whitney 4348 m
Independence
Scotty's Castle
Manzanar NHS
Porterville
Giant Sequoia NM
Lone Pine
Pismo Beach
San Luis Obispo
Oceano
Johnsondale
Death Valley Nat. Park
Santa Maria
McKittrick
Kern River
Lompoc
La Purisima Mission
Bakersfield
Kernville
Isabella Lake
Solvang
Lake Cachuma
Maricopa
Furnace Creek
Gaviota
Trona
Trona Pinnacles
Red Rock Canyon State Park
Tehachapi
Santa Barbara
Lake Casitas
Santa Cruz Island
Ojai
Mojave
0 50 km
N
Reagan Library
Castaic Lake
California Poppy Reserve
Ventura
Oxnard
Magic Mountain
Leo Carillo Beach
Zuma Beach
Barstow
Calico Ghosttown
Santa Monica
Los Angeles
Las Vegas

Routennetz

In den Karten links und oben (dazu **Karte Seite 446** für die ***Mojave Desert*** und **Las Vegas**) vermitteln die rot markierten Straßen ein Bild von der Dichte der hier intensiv behandelten und zumindest kurz erläuterten Strecken. Die **Routenkarte** in der vorderen Umschlagklappe liefert dazu eine vereinfachte Gesamtübersicht.

Startrouten und Rundstrecken

Die Erfassung aller besuchenswerten Sehenswürdigkeiten erfolgt über **Startrouten** ab den beiden internationalen **Ankunftsflughäfen San Francisco** und **Los Angeles**, die entweder zu einer Rundstrecke oder – für den Fall unterschiedlicher Ankunfts-/Abflugairports – hintereinander geschaltet werden können. Wer in **Las Vegas** startet, findet Routen nach San Francisco, Los Angeles und San Diego, muss aber teilweise gegen die beschriebene Richtung lesen.

Auf spezifische **Routenvorschläge** wurde hier verzichtet, weil die bewusste Fixierung der Leser dieses Buches auf Kalifornien zeigt, dass bereits Ziel- und Routenvorstellungen vorab existieren.

Cities

Den Cities **Los Angeles, San Francisco, San Diego und Las Vegas** sind umfangreiche Kapitel gewidmet. Die Beschreibung von Städten mittlerer Größe (Sacramento, Santa Barbara, Palm Springs, Reno u.a.) wurde in die jeweiligen Routenkapitel integriert.

In allen Stadtkapiteln kommen die »technischen« Fragen der Stadtbesichtigung von der Orientierung bis zu Unterkunfts- und Restauranthinweisen besonders ausführlich zur Sprache.

National Parks und Monuments

Auch für die großen kalifornischen Nationalparks **Yosemite**, **Death Valley, Sequoia/Kings Canyon** und **Joshua Tree** gibt es separate Kapitel, ebenso für die Abstecher zu den Nationalparks **Grand Canyon** (Arizona), **Zion** und **Bryce Canyon** (Utah). Nationalmonumente und *State Parks* finden sich in den Routenkapiteln.

Bewertung von Zielen und Routen

Um bei der Fülle der Ziele und Routen dem Leser die Auswahl zumindest zu erleichtern, dürfen **bewertende Aussagen** nicht fehlen. Dieser Reiseführer beschränkt sich daher nicht auf die reine Beschreibung, sondern liefert auch Beurteilungen. Obwohl Leser nicht in allen Fällen mit der Einschätzung der Autoren, wo sie explizit erfolgt, übereinstimmen werden, sind doch nach kurzer Benutzung des Buches deren Urteilskriterien in Bezug auf die eigene Position einigermaßen nachvollziehbar.

Piktogramme

Auf mehrheitlich persönlicher Erfahrung beruhen die **Camping- und Wanderempfehlungen**:

- Die Bedeutung der nebenstehenden **drei Campingsymbole** ist klar. Die meisten Plätze eignen sich für Campmobile und Zelte; einige ausschließlich für Zelte, andere nur für Wohnmobile.

  Die positive Einschätzung bezieht sich überwiegend auf landschaftliche Einbettung und Großzügigkeit der Anlage, berücksichtigt aber auch die relative Höhe der Übernachtungskosten (➤ dazu im Detail auch Seiten 118ff). Die Qualität sanitärer Anlagen und anderer zivilisatorischer Einrichtungen standen bei der Empfehlung nicht im Vordergrund.

- Das Piktogramm des Wanderers weist vor allem auf Tageswanderungen von kurzer bis mehrstündiger Dauer hin.

Die **Quartierempfehlungen** beziehen sich auf außergewöhnliche Unterkünfte, solche mit gutem Preis-Leistungsverhältnis und auf preiswerte Einfachquartiere. Das Piktogramm findet sich auch, wenn die Unterkunftssituation an bestimmten Orten nur generell beschrieben ist. Mehr zu den amerikanischen **Hotel-/Motelketten**, auf deren Häuser man überall trifft, ab Seite 107.

Die weiteren Piktogramme sind leicht zu deuten:

Die oberen kennzeichnen die Aussicht auf eine **Kaffeepause**, einen **Drink** oder eine **Kneipe**. Darunter geht's um einen guten Snack oder ***Fast Food*** bzw. um ein empfehlenswertes **Restaurant**.

Das Schwimmerpikto bezieht sich auf **Badegelegenheiten** in Seen und Flüssen wie im Ozean. Die Kamera weist auf besondere Standpunkte für ein **optimales Foto** hin

Karten

Alle Karten wurden **eigens für dieses Buch** angefertigt. Sie sind geographisch so korrekt wie möglich, erheben jedoch keinen Anspruch auf Vollständigkeit. Sie enthalten alle wichtigen Straßen, Orte, *National-* & *State Parks*, Gewässer, Sehenswürdigkeiten und Wanderwege, die im Text erwähnt werden.

Die **Regionenkarten** sind in erster Linie gedacht zur Orientierung bei der Lektüre dieses Buches. Darüberhinaus leisten sie in **Ergänzung zur separaten Gesamtübersicht** gute Dienste bei der Reiseplanung. Rot gekennzeichnete Straßen entsprechen weitgehend den beschriebenen Routen und möglichen Alternativen.

Die **Stadt- und Nationalparkpläne** vermitteln ein ausreichend klares Bild von den jeweiligen Gegebenheiten. **Vor Ort** gibt es in allen Informationszentren regelmäßig genauere **Gratiskarten**.

1 Start in San Francisco

1 Start in San Francisco

1.1. San Francisco

1.1.1 Allgemeine Informationen

Geographie und Klima

Geo- und Topographie

San Francisco liegt am Nordende einer Landzunge, die im Westen vom Pazifik und im Norden und Osten von der San Francisco Bay begrenzt wird. Im engeren fast quadratischen Stadtgebiet (ca. 120 km^2) an der Spitze der Halbinsel leben heute über 800.000 Einwohner, rund um die gesamte Bucht herum in der sog. ***Bay Area*** (San Francisco, Berkeley und Oakland, San José, Palo Alto u.a.) über 5 Mio. Menschen.

Die hügelige Topographie der Region tat der dichten Besiedelung keinen Abbruch. Gerade einige Parkareale und die *Twin Peaks* blieben von der Bebauung verschont, wobei die Stadtplaner weitgehend die Eigenheiten des Terrains ignorierten und für die Straßenführung **Schachbrettmuster** zugrunde legten. Nur wo das beim besten Willen nicht durchzuhalten war, wich man davon ab. Zahlreiche schnurgerade **Straßen** mit bis zu 30% Steigung bzw. Gefälle verlaufen daher **achterbahnähnlich**. Sie stellen recht hohe Ansprüche an den Durchhaltewillen bei Stadterkundungen per pedes, aber die Anstrengung wird an höhergelegenen Punkten immer wieder mit wunderbaren Blicken und Perspektiven belohnt, etwa in der Hyde, der Filbert und natürlich der berühmten Lombard Street, ➤ Seite 201, es sei denn, der berüchtigte Nebel liegt mal wieder über der Stadt.

Mehr dazu z.B. unter http://de.wikipedia.org/wiki/San_Francisco

Klima

Auf der Halbinsel und rund um die Bucht herrscht **kein einheitliches Klima**, vielmehr ergeben sich aus der exponierten Lage San Franciscos und der wechselnden Topografie lokale Mikroklimata. So ist es an der *East Bay*, in den Städten östlich der Bucht, meist wärmer und sonniger als auf der Halbinsel, wo sich oft dichter **Seenebel** an der *Golden Gate Bridge* fängt und auf einer Linie bis hinüber zu den Twin Peaks hängen bleibt. In *Downtown* kann es dann durchaus sonnig sein, während die westlichen Viertel bis zum Meer im feuchtkalten Dunst liegen. Die Temperaturen werden davon stark beeinflusst. Sie steigen selbst im Hochsommer selten über 20°C. Erheblich kühlere Witterung bildet keine Ausnahme. Dieses Phänomen ist nicht etwa eine typische Wintererscheinung, sondern eher **im Sommer** anzutreffen. Gern zitiert wird in Kalifornien ein Ausspruch *Mark Twains*: »Der kälteste Winter, den ich je erlebt habe, war der Sommer in San Francisco«. Juni, Juli und August sind daher weniger günstige Reisemonate für die Stadt, sondern eher Mai, September und Oktober. Sie sind relativ **sonnenreich** und damit im Schnitt wärmer und trockener.

Der spärliche Regen konzentriert sich auf die Wintermonate, deren mittlere Temperaturen nur um 8°C vom Sommerdurchschnitt abweichen.

Geschichte

Geschichte/ Gründung

Die ersten Siedler im Bereich des heutigen San Francisco waren die ***Ohlone***-und ***Miwok***-Indianer, die bis zur Ankunft der spanischen Eroberer und Missionare im 18. Jahrhundert ungestört an der Bucht leben konnten. Im Zuge ihrer Missionsgründungen entlang der kalifornische Küsten (➤ Kasten Seite 456) errichteten Franziskanermönche um den aus Mallorca stammenden Pater ***Junípero Serra*** im amerikanischen Unabhängigkeitsjahr 1776 eine Missionsstation, die ***Mission Dolores*** (➤ Foto und Seite 211), um die Indianer der Region zu christianisieren. Wie in so vielen Gebieten der neuen Welt fruchteten die frommen Pläne wenig. Vielmehr starben die Ureinwohner, da sie den eingeschleppten Krankheiten der Alten Welt nichts entgegenzusetzen hatten.

Die Mission Dolores ist die Keimzelle San Franciscos und zugleich das älteste erhaltene Bauwerk der Stadt; rechts von ihr steht die Mission Dolores Basilica von 1918

1846-1900

Nach einem mexikanischen Zwischenspiel und der vorübergehenden Bezeichnung ***Yerba Buena*** (»gutes Kraut«) fiel die Siedlung rund um die Mission 1846 im mexikanisch-amerikanischen Krieg ohne Kampfhandlungen an die USA. Sie erhielt ein Jahr später zu Ehren des Schutzheiligen ihrer Gründer ihren heutigen Namen. Während des kalifornischen Goldrausches (1848-1851 im Gebiet der Sierra Nevada zwischen *Yosemite National Park* und Lake Tahoe) ging es mit San Francisco steil bergauf. Bereits 1870 zählte die Stadt 150.000 Einwohner. Sie schwamm danach auf der Welle der amerikanischen Gründerjahre. Arbeiter und Abenteurer aus aller Welt strömten in die Stadt, und Eisenbahnbarone ließen sich Villen auf dem ***Nob Hill*** bauen. San Francisco wurde auch Heimat Tausender Chinesen, eines Deutschen namens ***Levi Strauss***, der mit seinen widerstandsfähigen Beinkleidern für Furore sorgen sollte, und eines Schotten namens ***Andrew Hallidie***, dessen Erfindung ***Cable Car*** heute noch über die Hügel bimmelt.

Das 20. Jahrhundert

Das mittlerweile auf über 300.000 Einwohner angewachsene San Francisco erlebte am **18. April 1906** ein desaströses **Erdbeben** mit einer Stärke zwischen geschätzten 7,9 und 8,3 auf der erst noch zu erfindenden Richter-Skala. Die nachfolgenden Brände legten die Stadt in Schutt und Asche. San Francisco erholte sich davon in nur wenigen Jahren und feierte 1915 mit der *Panama Pacific Exposition* zur Eröffnung des Panamakanals zugleich seine mittlerweile vollendete Wiederauferstehung.

Die Zeit zwischen den Weltkriegen stand ganz im Zeichen der Brücken: In den 1930er-Jahren wurden die ***Golden Gate Bridge*** (➤ Kasten Seite 205) und die ***Bay Bridge*** errichtet, ➤ Seite 230.

Bis Ende des 2. Weltkriegs beherrschte Kriegswirtschaft die Bucht, die vorübergehend zum wichtigsten Industrie- und Werftstandort (in Oakland jenseits der Bay) der Pazifikküste geworden war.

In der Nachkriegszeit bewies sich wieder die immer schon vorhandene Attraktivität San Franciscos für »Andersdenkende«: So machte in den 1950er-Jahren die ***Beat Generation*** die Stadt zu ihrem Hauptquartier. Ab der zweiten Hälfte der 1960er bevölkerten ***Hippies*** aus Nah und Fern das Viertel Haight Ashbury und vertäuten bei Sausalito jenseits des *Golden Gate* eine riesige Armada von abenteuerlich zusammengebastelten Hausbooten an der Richardson Bay.

Gay Community

In den 1970er-Jahren erwarb sich San Francisco den Beinamen »Welthauptstadt der Schwulen«. Die in der Hippiezeit ausgelöste sexuelle Liberalisierung sorgte für eine ***Gay Community***, die heute auf 20% der wahlberechtigten Bürger der Stadt geschätzt wird. Als politischer und wirtschaftlicher Faktor – die Einkommen der schwulen Bevölkerung liegen deutlich über dem Durchschnitt – ist die Homosexuellenbewegung nicht mehr wegzudenken. Als ihre »Hochburg« gilt ein Bereich unterhalb der *Twin Peaks* und *Buena Vista Park* mit Zentrum in der Castro Street zwischen 17. und 19. Straße.

Erdbeben 1989

1989 erschütterte ein weiteres Starkbeben die Region: Beim ***Loma Prieta Earthquake*** (Stärke 7,1) gab es zwar einige spektakuläre Schäden wie den Einsturz von doppelstöckigen Autobahnsegmenten, darunter ein Teilstück der *Bay Bridge*, aber die Zerstörungen hielten sich insgesamt in Grenzen, nur wenige Menschen starben – ein Erfolg der mittlerweile relativ bebensicheren Konstruktion der meisten Häuser und öffentlichen Bauwerke. Dennoch wurden danach die Bauverordnungen weiter verschärft, und viele ältere Gebäude und Großkomplexe wie die Brücken erhielten zusätzliche Erdbebensicherungen. Denn das nächste Beben kommt bestimmt. Man erwartet, dass der ***The Big One*** bis 2030 irgendwo am San-Andreas-Graben stattfindet, ➤ Seite 304.

Wirtschaft

Die sich schon vor dem 2. Weltkrieg abzeichnende Position San Franciscos als wichtigstes **Finanzzentrum Kaliforniens** verstärkte sich nach wechselhaften 1960er- und 1970-er Jahren in den letzten Dekaden des 20. Jahrhunderts. Der über mehr als zwanzig Jahre ununterbrochene Aufstieg der Stadt – wirtschaftlich wie bevölkerungsmäßig – wurde zwar ab 2001/2002 nur vorübergehend vom Platzen der sog. Dotcom-Blase für einige Jahre unterbrochen. Viele Internet ***Start-ups***, die vor allem im Bereich *South of Market* residierten (➤ Seite 190), mussten damals aufgeben. Aber der folgende Web 2.0-Hype sorgte bald für einen neuen Aufschwung.

Finanzkrise

Die globale Finanzkrise indessen, die 2008 durch den Zusammenbruch des – bis 2012 noch nicht wieder erholten – US-Immobilienmarktes ausgelöst wurde, traf San Francisco hart. Haus- und Grundstückspreise sanken dramatisch und sorgten für Insolvenzen. Auch die Staatsfinanzen Kaliforniens litten stark. Im budgetieren Haushalt für 9/2012-9/2013 fehlen $17 Mrd von $110 Mrd, die nur durch weitere Ausgabenkürzungen und/oder Steuererhöhungen zu decken sind). Nicht zuletzt spürte die Tourismusindustrie, ein für die Stadt bedeutsamer Wirtschaftszweig, in den letzten Jahren die krisenbedingt gesunkene Reiselust der US-Bürger.

Orientierung

Zentrum

Die Orientierung **im zentralen San Francisco**, wo sich ein Großteil der Sehenswürdigkeiten und populären Attraktionen befindet, ist wegen des Stadtaufbaus **relativ einfach**. Gleich, aus welcher Richtung Besucher die Innenstadt erreichen (einschließlich der ersten Anfahrt vom *International Airport* an der San Francisco Bay bei San Bruno), fast unweigerlich geraten sie auf oder über die **Van Ness Ave**, ein mitten durch die City führendes Teilstück der Nord-Süd Küstenstraße #101. Diese sechsspurige Allee und die auf Pylonen geführte Interstate #80 (Verlängerung der *Oakland Bay Bridge*) trennen den in der nordöstlichen Ecke der Halbinsel gelegenen Kern vom weitläufigen «Rest« San Franciscos. Innerhalb dieses Gebietes befinden sich auf nicht einmal 10 km^2 Fläche u.a. ***Downtown San Francisco*** mit dem Union Square und den für amerikanische Großstädte typischen Hochhäusern des ***Financial District***.

Zentrale Neighborhoods

Außerdem liegen dort so bekannte *Neighborhoods* wie das quirlige ***Chinatown***, ***North Beach*** mit seinem italienischen Flair und die schönen, steilen Hügelviertel ***Nob Hill***, ***Russian*** und ***Telegraph Hill***, nicht zuletzt auch der erst in den letzten Dekaden zu Bedeutung gelangte Bereich ***South of Market/SoMa***. Dazwischen fließen Arterien wie die **Market Street** und die **Columbus Avenue**, dazu unzählige kleine Lebensadern, deren Namen und Straßenekken an Szenen aus dem »***Malteserfalken***« oder aus »***Vertigo***« erinnern: Turk Street, Macondray Lane oder der krumme Abschnitt der Lombard Street östlich der Hyde Street. Das Nordufer der Bay zwischen Hyde Street und Pier 39 dominiert der komplett touristifizierte Besuchermagnet ***Fisherman's Wharf***.

Bereiche westlich von Downtown

Auf der Market Street gelangt man in Richtung Südwesten in den ***Mission District*** mit der Wiege der Stadt (➤ oben) und seinem nach wie vor lateinamerikanischen Grundrhythmus sowie ins schwul-lesbische Mekka ***Castro***. Nur wenig weiter nordwestlich liegen die frühere Hippie-Hochburg ***Haight Ashbury*** und der ausgedehnte ***Golden Gate Park***.

An die ***Fisherman's Wharf*** schließen sich westlich erst der ***Fort Mason Park***, dann der ***Marina District*** mit seinen Yachthäfen und pittoresk bunten Holzfassaden und das frühere Militärgelände (heute *National Recreation Area)* ***Presidio of San Francisco*** mit dem Freizeitgelände ***Crissy Field*** am Ufer der Bay an. Am Ende des *Crissy Field* erreicht man das ***Fort Point*** unterhalb der ***Golden Gate Bridge***, die an ihrem Südende die nun zunächst zusammen verlaufenden Straßen #101 und #1 aufnimmt.

Südlich der Brücke geht es durch die Wohnviertel ***Seacliff*** und ***Richmond*** bis ans Nordwestende der Halbinsel mit den ***Lincoln*** und ***Sutro Heights Parks*** hoch über dem Pazifik.

Aussichtspunkte

Wer sich vor **Beginn einer Stadterkundung** erst einmal einen Überblick verschaffen möchte, könnte zunächst einen der hochgelegenen Aussichtspunkte anlaufen. Dank seiner Topographie bietet San Franciscos mehrere schöne Möglichkeiten:

- Der ***Coit Tower*** auf dem Telegraph Hill ist der optimale Aussichtspunkt für einen Blick auf *Downtown* und die Bucht.
- Komfortabler, aber teurer, geht's in der Dachgeschossbar *Top of the Mark* des ***Mark Hopkins Hotel*** zu (*Interconti*, 1 Nob Hill).
- Vom Uferweg des **Crissy Field** ist der Blick auf die *Golden Gate Bridge* bei klarem Wetter wie auch dann eindrucksvoll, wenn Nebel durch die Brücke hindurch in die Bucht zieht.
- Beim ***Fort Point*** blickt man von ganz nah unten auf die konstruktiven Details der Brücke; am jenseitigen Ufer wartet eine groß ausgebaute Terrasse mit Blick über die Bay auf die *San Francisco Skyline* (➤ genauer auf Seite 205f).
- Sehr beliebt als Aussichtspunkt ist auch der **Alamo Square**, ein begrünter Platz zwischen Innenstadt und *Golden Gate Park* (ab Van Ness Ave auf der Hayes Street 8 Blöcke westlich, sofern

man aus *Downtown* kommt). Den Vordergrund bilden dort hübsch bemalte viktorianische Häuser (die ***Painted Ladies*** an der Steiner Street), dahinter sieht man die *Skyline* der City.

- Die ***Twin Peaks*** sind ohne Auto schwer zu erreichen. Ohnedem schließt man sich für diesen Aussichtspunkt am besten einer Stadtrundfahrt an. Bei klarem Wetter hat man von dort einen sagenhaften Blick über ganz San Francisco und mehr.
- Das gilt ähnlich auch für den kleinen ***Grand View Park***, der kaum von Touristen besucht wird. Er liegt südlich des *Golden Gate Park* an der Noriega Street/14th Ave (Buslinie 66).

49-mile-Drive

Die interessantesten Besuchspunkte lassen sich durch einen Rundkurs gut miteinander verbinden, den sog. ***Scenic Drive***, ➤ auch Übersichtskarte Seite 197. Er wurde früher touristisch propagiert und gut beschildert. Wegen damit verbundener verkehrstechnischer Probleme weist man darauf nur noch verhalten hin.

Information und Transport

Internetinfo

Zur aktuellen Vorabinfo in Ergänzung dieses Buches eignet sich in erster Linie das offizielle Portal des *Convention and Visitors Bureau* www.onlyinsanfrancisco.com. Übersichtlich, wiewohl zu kommerzorientiert ist auch www.sanfrancisco.com.

Gute Portale in deutscher Spache sind www.sanfrancisco4you.com und www.sfjourney.com.

Anlaufstellen

Wer noch zusätzliche Unterlagen und Infos benötigt, findet die erste Anlaufstelle gleich im **Ankunftsbereich des *Int'l Airport***. Die zentrale ***Visitor Information*** residiert im Pavillon an der Hallidie Plaza mitten in der Innenstadt (tiefer gelegter Vorplatz der U-Bahn Station Powell/Market Street).

Blick von den Twin Peaks über San Francisco

Bereits im Terminal für internationale Flüge findet man in SFO eine gut sortierte Visitor Information

Sehr gut ist das kostenlose »***Where San Francisco***« im Magazinformat, ein monatlich aktualisiertes Heft mit Karten und up-to-date Informationen zu allem Sehenswerten, Restaurant- und Kneipenempfehlungen für alle Stadtteile und Veranstaltungskalender. Weitere Infohefte wie ***San Francisco Chaperon*** (auch auf deutsch erhältlich; www.chaperon.com) und ***Bay City Guide*** (www.baycityguide.com) sind ebenfalls informativ, haben Stadtpläne und dazu *Discount Coupons* für Geschäfte und Restaurants. In der Besucherinformation Hallidie Plaza kann man auch **Transport-** und ***City Pass*** kaufen, ➤ Seite 174.

Erkundung am besten per pedes

San Francisco besitzt eine in den USA nur von wenigen Cities geteilte Sonderstellung: Das Zentrum einschließlich *Fisherman's Wharf* etc. lässt sich **besser zu Fuß und mit öffentlichen Verkehrsmitteln** erkunden als per Auto. Einerseits liegt das an der Überschaubarkeit der Innenstadt, andererseits an der Verkehrsdichte und Parkplatzmangel, was Stress bereitet und ein Fahrzeug leicht zum Klotz am Bein werden lässt. Außerdem gibt es für längere Distanzen Busse und vor allem die ***Cable Car***, deren Benutzung ohnehin zum touristischen Pflichtpensum gehört.

Parken

Wer per Auto aus der Umgebung anfährt, sollte in Anbetracht der in vielen Straßen kolossalen Steigungen bzw. Gefälle (bis 30%) bei gleichzeitigem *Stop-and-go* und der dort katastrophalen Parksituation in das vom Wasser, Van Ness Ave und Market Street begrenzte Dreieck **am besten gar nicht erst hineinfahren**, erst recht nicht mit einem Wohnmobil (ggf. Abstellen im Bereich der *Wharf*, am *Exploratorium* – ➤ Seite 202 – oder auf einem bewachten Parkplatz *South of Market*). Mit Pkw kommt man immerhin in Parkkhäusern unter, wird aber ganz schön zur Kasse gebeten.

Parken am Hang

Beim Parken an einer der vielen abschüssigen Straßen ist man verpflichtet, zusätzlich zum Anziehen der **Handbremse** die **Vorderräder** so zum Kantstein hin **einzuschlagen**, dass ein Wegrollen

(***Runaway***) des Wagens unmöglich wird. Wer das vergisst, kriegt ein *Ticket*, und zwar blitzschnell wie bei Parkzeitverstößen.

Öffentlicher Transport/ BART

Vom Touristenbüro in der Hallidie Plaza gelangt man auf eine Ebene mit der U-/S-Bahn Station Powell/Market für die Züge von ***BART*** (***B****ay* ***A****rea* ***R****apid* ***T****ransit*) in Richtung Oakland, Berkeley, Airport und den Süden der SF-Halbinsel.

Streetcars

Nostalgische Straßenbahnen (***F-Market & Wharves Street Car Line***, *Ticket* $2,00) verkehren von der ***Fisherman's Wharf*** entlang der Bay (*The Embarcadero*) bis zum ***Ferry Building*** und dann via Stewart Street auf die **Market Street** und auf dieser hinunter bis zu den Stadtteilen Castro/Mission. Ein Verlängerung über das *Ferry Building* hinaus (***Embarcadero Street Car Line***) ist im Bau und sollte bereits 2011 eröffnet werden. Möglicherweise nimmt sie bis Ende 2012 ihren Dienst auf.

MTA/MUNI

Außer der *Streetcar* wird das System des öffentlichen Nahverkehrs von **MTA** (***M****unicipal* ***T****ransportation* ***A****gency*) unterhalten. Wer mehr als nur eine kurze Fahrt mit der ***Cable Car*** im Auge hat, sollte sich die ***San Francisco Street & Transit Map*** besorgen ($3), die alle Systeme detailliert beschreibt, und bei der *Visitor Information* gleich einen **Tagespass** für **MUNI** (*Municipal Railway*) kaufen (**$14**; auch 3- und 7-Tage-Pässe: **$21** bzw. **$27**) . Die Pässe schließen die Benutzung aller Busrouten von **MUNI**, der ***Street Cars*** und der ***Cable Car*** mit ein. Die einfache Fahrt in den Bussen von MTA/MUNI kostet **$2,00**.

Aber **Achtung**: Wer sich zu weit außerhalb einquartiert und dort mangels Alternative in die Busse von ***samTrans*** (z. B. ab Airportbereich) steigt, kann die Pässe von MTA/Muni offiziell nicht nutzen und zahlt extra.

Cable Car

Details und Tarife zur *Cable Car* ➤ Kasten Seite 192.

Info für alle Systeme

Internet-Info zu den Transportsystemen:
www.bart.org, www.streetcar.org, www.sfmta.com

Sightseeing per Bus

Das Angebot unterschiedlichster Bustouren für Touristen ist speziell in San Francisco enorm, seien es konventionelle Stadtrundfahrten auf kleinem oder großem Radius ohne und mit Abstechern nach Sausalito, Tiburon und zu den Redwoodbeständen der *Muir Woods* oder inkl. *Alcatraz*-Trip. Eine Übersicht mit aktuellen Tarifen findet man z.B. unter www.supersightseeing.com oder www.buysanfranciscotours.com.

Auch in San Francisco keine schlechte Idee sind Stadtrundfahrten mit – im Oberdeck *open-air* – **Doppeldecker-Bussen**, die auf einer vorgegebenen Route in kurzen Intervallen alle wesentlichen Sehenswürdigkeiten abfahren und beliebige Fahrtunterbrechungen zulassen, ***hop-on-hop-off*** also. Bei ***Big Bus Tours*** gibt es 24- und 48-Stunden Tickets für eine recht weite Runde inkl. *Golden Gate*-Aussichtspunkt und *Golden Gate Park*, wobei die 2-Tage-Tickets kaum mehr kosten als 24-Stunden ($32 bzw. $36); alle Details unter www.bigbustours.com, Schaltfläche unten links »San Francisco«. Bei ***City-Sightseeing*** gibt's den *Downtown Loop* ab $25; Erweiterungen extra, ➤ unter www.city-sightseeing.us.

Ride the Ducks

Eine Rundfahrt ab der ***Fisherman's Wharf*** (Taylor/Ecke Jefferson Stret) durch den östlichen relativ flachen Bereich von *Downtown* machen die **Amphibienfahrzeuge** (alte Landungsboote der Marine) der Firma ***Ride the Ducks***. Südlich des *South Beach Park* geht's dann ins Wasser der San Francisco Bay für einen kleinen Bootstrip unweit der *Bay Bridge*. Wer will, darf dort auch mal ans Steuer. ✆ 1-877-887-8225, www.sanfrancisco.rideth educks.com; Der 90-min-Trip kostet $34, Kinder und Jugendliche bis 17 Jahre $25. Anzahl der Abfahrten und Zeiten variieren.

»Ride the Ducks«: Sightseeing erst 'mal durch den Stadtverkehr, bevor am Schluss die Runde durchs Wasser folgt

Bootstouren

➤ Seite 198 unter ***Fisherman's Wharf***

City Pass

Erwägenswert für einen längeren San Francisco Besuch ist der **City Pass für $69**, Kinder 5-12 Jahre $39. **Details unter:** http://citypass.com. Er beinhaltet **7 Tage unbegrenzten Transport** mit der *Cable Car* und dem *MTA/MUNI System*, dazu *Bay Cruises*, Eintritt ins *Museum of Modern Art, in die California Academy of Science* & *Aquarium of the Bay*, ins *Exploratorium* oder *Fine Arts Museum* (*de Young*) und *Palace of the Legion of Honor*.

Unterkunft

Hotels/ Motels: Generelle Situation

In San Francisco ballen sich Hotels aller Preisklassen in **Innenstadtnähe** westlich und nördlich des Union Square und entlang der Straße #101 (**Lombard und Van Ness**). Hotels zu Spitzenpreisen findet man insbesondere an und nahe der ***Fisherman's Wharf***, an der **Market Street** und um den **Union Square** herum.

Große Bettenkapazitäten existieren rings um den Flughafen vor allem am **Airport Boulevard**, gut **20 mi südlich von *Downtown***, und südlich des *Airport*-Bereichs bis hinunter nach San Mateo.

Bei der ***Visitor Information***, ➤ vorstehend, gibt es Unterkunftsverzeichnisse mit aktuellen Telefonnummern und Preisen. Das Internet ist voll von SFO-Hotelangeboten. Gute Übersichten liefern z.B.
www.sanfrancisco.com/hotels und
http://san.francisco.hotelguide.net (stadtteilbezogene Listen)

Speziell für die Flughafenumgebung eignet sich
www.sanfrancisco.airporthotelguide.com.

Preisniveau

Angaben zum Preisniveau beziehen sich auf Sommer- und Herbstsaison. Im Winter und Frühjahr ist esbilliger

Während die **preiswerteren Hotels** im Zentrum nahezu ausschließlich in Straßen residieren, die man spätestens nach Einbruch der Dunkelheit nicht mehr allein betreten sollte, sind **Van Ness**, **Lombard und Nebenstraßen** einigermaßen unproblematisch. Außerdem liegen sie **verkehrsgünstig** und verfügen über viel Gastronomie im Umfeld. Parkplätze sind in der Regel vorhanden. **Dort ist es auch im Sommer von Sonntag bis Donnerstag Abend nicht sonderlich schwierig, ein Quartier zu finden**.

Akzeptable Unterkünfte der unteren Mittelklasse fordern dann an Werktagen etwa **ab $80 fürs Doppelzimmer** (plus 14% Steuern!). Die Mittelklasse kostet ab ca. $100 netto. Bei Leerstand offerieren manche Motels auch geringere Raten und annoncieren sie ggf. per Leuchtschrift. **Die besseren Hotels** in der City und ebenso an der *Fisherman's Wharf* (Mittelklasse Typ *Best Western/Holiday Inn* bis zur Oberklasse wie *Marriott/Hyatt*) sind deutlich teurer (ab $150) und in einigen Fällen per **Vorbuchung bei einem heimischen Veranstalter oder z.B. im Internet bei** www.hotels.com **preiswerter** zu haben als vor Ort bei Direktbuchung.

Weekend Rates

An Wochenenden mit hoher Nachfrage (Sommersaison) gibt es in ***Downtown*** und rund um das Zentrum auch noch im »letzten« Motel **kaum ein Zimmer unter $80**. Sofern überhaupt etwas zu finden ist. Auch teurere Häuser sind dann oft ausgebucht. Gleichzeitig herrscht mitunter im **Flughafenbereich** bei gleichen oder sogar niedrigeren ***Weekend-Specials*** in guten Hotels Leere. Für Freitag oder Samstag Abend sollte also grundsätzlich reservieren, wer in der Stadt und nicht irgendwo weit außerhalb logieren will.

Vorbuchung

Wer seine Reise in San Francisco startet und/oder abschließt, wird – gleichgültig, ob Wochenende oder wochentags – ohnehin oft die ersten und/oder letzten Nächte vorbuchen wollen. Zur Sicherheit und Stressvermeidung, aber auch aus Kostengründen, siehe vorletzten Absatz.

City Hotel buchen bei früher Ankunft

Bei **Ankunft des Transatlantikfluges** bis zum frühen Nachmittag ist ein **City-Hotel** den Häusern im Flughafenbereich vorzuziehen, auch wenn das **Taxikosten** (ca. $45 plus Trinkgeld) oder den Umstand einer **Bus-/Zugfahrt** mit sich bringt(Express Bus KX $4 für Leute ohne Gepäck halbstündlich, *ShuttleVans* ab $15, 2. Person ab $10; www.sftravel.com/shutl.html, *AirTrain*/BART am Ticketautomat: $5,25, www.sftravel.com/sfo-airport-transit-bart.html).

Im Zentrum kann man schon mal San Francisco beschnuppern und hat es dabei leichter mit der **Zeitumstellung**. Die **Hotels in Flughafennähe** liegen durchweg isoliert und bieten kaum mehr als sich selbst. Zu Fuß gelangt man von dort fast »nirgendwohin«.

City-Hotels Internet - buchung

bis €100

In der City gilt bei **Vorbuchung**, dass Preis- und Qualitätsunterschiede sich nicht recht entsprechen: ausgesprochen guter Standard kostet in einigen Fällen nur €25-€40 pro Zimmer und Nacht mehr als die untere Mittelklasse bei gleichzeitig deutlich besserer Lage. In **Internet-Reservierungsportalen** werden bei Eurozahlung mitten in der Hochsaison schon **gute Hotels zu Tarifen unter €100** angeboten (www.hotels.com, www.usareisen.de oder www.usatourist.com); empfehlenswert in dieser Preisklasse sind das ***Hotel Whitcomb/Market Street*** (früher *Ramada Plaza*), das ***King George*** am Union Square, das ***Savoy***, Geary Street/Union Square und das ***Chancellor Hotel***/Union Square.

€130-€180

Im Bereich €130-€180 fürs DZ sind das moderne ***Parc Fifty Five***, die palastartigen ***Sir Francis Drake*** und ***Westin St. Francis*** sowie das komfortable ***Serrano*** gute Optionen. Bevor man langfristig in Euro vorbucht, macht es aber Sinn, zunächst das Hotel selbst anzuklicken und sich den Preis in Dollar für die bevorzugten Tage geben zu lassen. Oft gibt es bei Festbuchung im Internet erstaunlich günstige Tarifangebote.

Blick auf Downtown San Francisco bei aufziehender Dunkelheit

Auch für die **letzte Nacht** ist man in der City gut aufgehoben, sofern der Flug nicht früh am Morgen geht.

Airport-bereich

Wer erst am späten Nachmittag aus Europa eintrifft, möchte sich vielleicht nicht mehr dem Stress unterziehen, auch noch in die City zu fahren, zumal nicht werktags zur *Rush Hour*. Die Hotels in der *Airport-Area* holen ihre Gäste kostenfrei (plus Tip für den Fahrer: $1 pro Gepäckstück) per *Shuttle Bus* ab. Die preiswerteren Alternativen bedeuten oft einen höheren Qualitätsnachteil als durch die Preise zum Ausdruck kommt. Ein gutes Preis-Leistungsverhältnis bieten das ***Marriott Courtyard***, ***Sheraton Gateway***, ***Doubletree, Westin*** und ***Hyatt at Airport*** (nach Zimmer mit Bayblick fragen), Internetportale ➢ Seite 112.

Auch für die letzte Nacht im Airport-Bereich sollte man vorbuchen. Sie kostet z.B. im guten ***Millwood »Boutique« Inn***, einem Motel 2 mi südwestlich des *Airport*, bei Internetbuchung ab **$85**: ✆ 1-800-516-6738, www.millwood.inn. Ab **$76** kommt man bei Internetbuchung im recht ordentlichen ***Vagabond Inn*** am Bayshore Hwy unter, ✆ 1-800-522-1555; www.vagabondinn-san-francisco-airport-hotel.com.

BW Pacifica

Einen guten **Kompromiss** zwischen Entfernung, Niveau und Preisgestaltung (Mittelklasse, sehr große bestens eingerichtete Zimmer und Parkdeck unter dem Komplex) bietet das ***Best Western Lighthouse Hotel*** in Pacifica direkt am Ozeanstrand. Das Haus ist über deutsche Veranstalter zu buchen und kostet dann im Sommerhalbjahr ca. €80-€100, sonst €70-€90 inkl. Steuern. Entfernung zum Airport 10 mi (15 min), in die City 16 mi (25 min).

Zentrale Reservierung

Alle hier genannten Häuser lassen sich vor Ort auch über **800-Nummer** reservieren, ➤ Seite 112.

Zentrale Hotelbuchung: ✆ 1-888-782-9673 oder Internet: www.onlyinsanfrancisco.com (dann »*OnlineReservations*«)

Central Reservation Service auch:
✆ 1-800-555-7555; www.crshotels.com/contact.asp

Hotel Tax

In San Francisco gilt eine generelle Hotelsteuer von 14%.

Im folgenden sind Unterkünfte genannt, die sich überwiegend nicht preisgünstiger über Veranstalter buchen lassen:

Preiswerte Quartiere

Trotz des alles in allem hohen Preisniveaus kann man in San Francisco in guter Lage auch preiswert übernachten. Allerdings befinden sich die meisten Billigquartiere im Zentrum überwiegend in Straßen, die man nach Einbruch der Dunkelheit nicht mehr allein betreten sollte. Auch die ***Tourist Information*** hat eine separate Liste solcher Unterkünfte.

- ***Fisherman's Wharf Hostel*** **(HI)**, ✆ (415) 771-7277, beste Lage im *Fort Mason Park* unweit der Wharf; 160 Betten, etwas in die Jahre gekommen, aber beliebt, $26-$30; www.sfhostels.com.
- ***Downtown Hostel*** **(HI)**, ✆ (415) 788-5604, 312 Mason Street/ Union Square; $25-$30; EZ/DZ $79/$105; www.sfhostels.com.
- ***Pacific Tradewinds***, ✆ (415) 433-7970, 680 Sacramento Street, Wifi, Unterkunft ab $24, www.sanfranciscohostel.org.
- ***Globetrotter's Inn Hostel***, ✆ (415) 346-5786, 225 Ellis St, zentral, Wifi, ab $20, EZ/DZ $58; www.globetrottersinn.com.
- ***Green Tortoise Guest House***, 494 Broadway, ✆ (415) 834-1000; alternativ, $25-$30; EZ/DZ $50/$60; www.greentortoise.com
- ***Amsterdam Hotel & Hostel***, ✆ (415) 673-3277, 749 Taylor Street, ab $24, zentrale Lage; www.sfhostels.com,
- ***International Hostel*** **(HI)** in den ***Marin Headlands***, ✆ (415) 331-2777, hoch überm Pazifik jenseits *Golden Gate Bridge*; ➤ Seite 214. Bett ab $22, DZ ab $72, www.norcalhostels.org/marin.
- ***USA Hostels San Francisco***, 711 Post Street, ✆ 1-877-483-2950, ab $26 im 4 Bett-Raum, DZ ab $64; Wifi; www.usahostels.com.

Mittelklasse

Entlang des Straßenzuges **Van Ness** und **Lombard** und Nebenstraßen findet man in erster Linie Motels der Einfachkategorie und der unteren bis mittleren Mittelklasse, z.B.:

- ***America's Best Inn***, ✆ (415) 776-3220, 2850 Van Ness Ave, einfaches Motel $59-$120; www.vannessinn.com
- ***Nob Hill Motor Inn***, ✆ (415) 775-8160, ✆ 1-800-343-6900, 1630 Pacific Ave, $74-$164; www.nobhillmotorinn.com
- ***Coventry Motor Inn,*** ✆ (415) 567-1200, 1901 Lombard, $82-$150. Gute Zimmer; www.coventrymotorinn.com
- ***Beck's Motor Lodge,*** ✆ (415) 621-8212, ✆ 1-800-227-4360, 2222 Market Street abseits der hier beschriebenen Straßenzüge im Bereich Castro Mission unterhalb der *Twin Peaks*, $93-$151; www.becksmotorlodgesf.com.

- ***Hotel Red Victorian,*** © (415) 864-1978, 1665 Haight Street in Haight Ashbury, $79-$139 in sehr individuell eingerichteten Zimmern. Etwas für *Flower Power Fans*; www.redvic.com.

Oberklasse

Die Grenzen zwischen der oberen Mittel- und der Hotel-Oberklasse sind fließend, preislich wie qualitativ. Die eingangs genannten City-Hotels (ab €100) gehören noch zur Mittelklasse, kosten aber bei Buchung vor Ort auch schon mal über $160 plus Steuern. Die besseren Häuser der Oberklasse verlangen über $200 pro Nacht und Zimmer außer bei fester Internetvorbuchung:

- ***Renaissance Parc Fifty Five***, © 1-800-595-0507, zentrale Lage, in deutschen Katalogen ab ca. €130 in der Nebensaison; im Internet bereits ab $150; www.parc55hotel.com
- Wer sich direkt am Union Square ein **tolles Nostalgiehotel** gönnen möchte, bucht das ***Westin St. Francis,*** www.westinstfrancis.com, oder das ähnliche ***Sir Francis Drake***, www.sirfrancisdrake.com, nach Preisvergleichen im Internet (dort Preise plus *tax*!) für viele Termine am besten über hiesige Veranstalter.

Kunstmarkt auf dem Union Square mit Westin Saint Francis Hotel im Hintergrund. Das Hotel ist von außen ein graubrauner Klotz,aber die inneren Qualitäten haben es in sich.

Im höherklassigen Hotelsegment auch zu empfehlen ist das

Luxustipp

- ***Hyatt Regency***, 5 Embarcadero Center, über $200, ein Spitzenhotel mit Riesenatrium und Drehrestaurant/Bar im obersten Stockwerk. Die Lage ist jedoch etwas abseits an der Endstation der *California Street Cable Car.* Nebenan liegt die *Embarcadero Shopping Mall* mit vielen Restaurants. Zum *Ferry Building* (Fähren zu Zielen jenseits der Bay und *Market - place* mit Shops und *Eateries*) sind es nur ein paar Schritte über die Herman Plaza und die Straße Embarcadero; direktes © (415) 788-1234, http://sanfranciscoregency.hyatt.com.

Sausalito

Wer lieber im ruhigen und edlen Vorort Sausalito (➤ Seite 214f) jenseits der Bay nächtigen möchte (H/Motels sind hier noch etwas kostspieliger als südlich der *Golden Gate Bridge*), findet sehr schöne Zimmer in beiden folgenden Hotels:

- ***Gables Inn***, eine kleines, feines Haus in der 62 Princess Street, ✆ 1-800-966-1554, www.gablesinnsausalito.com, ab $195
- ***Hotel Sausalito***, kaum minder edles Haus in der 16 El Portal Street, ✆ 1-888-442-0700, www.hotelsausalito.com, ab $155.

Camping

Die privaten Campingplätze in akzeptabler Nähe zur City sind in San Francisco kostspielig:

- Der stadtnächste und teuerste ist der ***Candlestick RV Park & Campground***, 650 Gilman Ave am *Candlestick* Stadion nahe der gleichnamigen *State Recreation Area* im Südosten (halbe Distanz zum *Airport* unweit der #101, Ausfahrt 429 C; ✆ 1-800-888-2267, www.sanfranciscorvpark.com; dort gibt's auch Stellplätze für **Zelte**. $69-$74/Tag, *free Wifi; Shuttlebus* City $5/$8.
- Etwa so weit wie der Flughafen von Downtown entfernt ist das ***San Francisco RV Resort*** (nur für *Motorhomes*) nördlich von Pacifica, ➤ Seite 177, unmittelbar am Ozean. Von dort erreicht man die City aber ebenfalls gut (in 20-25 min, ca. 15 mi); 700 Palmetto Ave unweit Hwy #1, Ausfahrt 506; ✆ 1-800-822-1250, www.sanfranciscorvresort.com; ab ca. $50/Tag, *free Wifi*

Wer speziell im Zelt preisgünstiger übernachten oder in schönerer Umgebung als auf einem asphaltierten Platz die Nacht verbringen möchte, findet nördlich der Bay mehrere Möglichkeiten:

- ***China Camp State Park*** an der San Pablo Bay ca. 25 mi; $35; www.parks.ca.gov/?page_id=466.

Wer exklusiv auf Angel Island in der Bay of San Francisco campt, muss mit der Fähre von Tiburon oder von San Francisco aus übersetzen

- ***Mount Tamalpais SP*** in der Nähe *Muir Woods Nat'l Monument* **an sich nur für Zelte** ($25). **RVs** dürfen über Nacht auf dem Parkplatz stehen (18-9 Uhr »*Enroute Camping*«: ebenfalls $25); www.parks.ca.gov/?page_id=471.
- ***Samuel Taylor State Park*** abseits der Straße #1 unweit der *Point Reyes National Sea Shore*. Ein schöner Platz für Zelte und Campmobile, aber bereits ziemlich cityfern; $35; www.parks.ca.gov/?page_id=469.
- ***Marin Headlands*** in der *Golden Gate National Recreation Area* westlich oberhalb der *Golden Gate Bridge* nur für Zelte: Die Plätze ***Kirby Cove*** und ***Bicentennial*** haben Platz für gerade mal 4 bzw 3 Zelte für je 2 Personen. Ersterer befindet sich unweit der Brücke mit tollem Blick bei gutem Wetter und nervtötenden Nebelhörnern bei schlechtem; steile Schotterzufahrt $25/Nacht. Reservierung nötig unter www.recreation.gov.
  Letzterer Platz liegt am Ende der Conzelmann Road (➤ Seite 214) unweit der Straße und ist kostenfrei, Reservierung nur unter ✆ (415) 331-1540. Die maximale Verweildauer auf beiden Plätzen beträgt 3 Tage.
- ***Angel Island State Park***, Miniplätze für Zelte (»*environmental camping*«) auf der Insel bei Tiburon. Reservierung nötig. ✆ 1-800-444-7275; www.parks.ca.gov/?page_id=468; $30. Fährboot ab Tiburon $13,50; ab San Francisco $15, jeweils retour.

Jenseits von Oakland befinden sich – indessen weit abseits der Autobahnen – die folgenden beiden sehr schönen Parks:

- Für Pkw-Fahrer/Zelt und *Van Camper* hat der ***Mount Diablo State Park*** bei Danville (Anfahrt über I-680, von dort ca. 12 mi Serpentinen; **leider nicht mehr für *RV*s über 20 Fuß**) zwei prima Plätze an der Summit Road (am besten ist *Juniper*) über den Wolken oder bei klarer Sicht Weitblick über Oakland und bis nach San Francisco. Kein *Hook-up,* aber Duschen; $30; Reservierung ➤ Seite 122 und www.parks.ca.gov/?page_id=517.
- Stadtnäher liegt der ***Anthony Chabot Regional Park*** südöstlich von San Leandro. Dessen Campingplatz im Eukalyptus Bergwald ist nur »rückwärtig« über die kurvige **Redwood Road** zu erreichen, entweder von Castro Valley (I-580) oder ab der #13 nördlich von San Leandro; $20, mit *hook-up* $28; Reservierung (sehr empfehlenswert bei *hook-up*-Bedarf): ✆ 1-888-327-2757; www.ebparks.org/parks/anthony_chabot.

Speziell für die letzte Nacht vor der Rückgabe eines Wohnmobils bietet der *Anthony Chabot Park* eine landschaftliche schöne stationsnahe Lösung für Kunden der *RV Rental Companies*, die auf der Ostseite der Bay (Oakland, San Leandro, Hayward) residieren.

Was die sanitären Anlagen angeht, eignet sich dafür noch besser

- der ***Trailer Haven RV Park*** in **San Leandro**. Dort gibt's neben *Full hook-up* auch die Möglichkeit zur Wagenreinigung; **2399 East 14th Street, ✆ (510) 357-3235** (keine eigene Website).

Restaurants und Lounges

Situation

San Francisco quillt über von Restaurants jedweder Provenienz, Das liegt nicht zuletzt an der geografischen Lage der lokalen Töpfe und Pfannen: Neben kulinarischen Einflüssen aus Europa, Amerika und Asien ist dort die pazifische Küche angesagt, eine Mischform, die besonders in hochpreisigen Gourmetrestaurants zelebriert wird. Aber auch für weniger Geld gibt es durchaus Essbares auf den Teller.

USA Grill

Amerikanische Klassiker zuerst:

- Der ***Tadich Grill*** in der 240 California Street, © 1-415-391-1849, rühmt sich, das älteste Restaurant der Stadt zu sein. Besonders der Fisch ist gut, aber nicht billig. Wie's dort aussieht, zeigt die Website www.tadichgrill.com.
- ***John's Grill*** in der 63 Ellis Street, © (415) 986-0069, ist ganz ähnlich mit nostalgischem San-Francisco-Flair. Unverändert, seit Krimiautor *Dashiell Hammett* seinen legendären Privatdetektiven ***Sam Spade*** in den 1920er- und 1930er-Jahren dort einkehren ließ; www.johnsgrill.com.

Fisch und mehr

Seafood liegt in der Bay Area dermaßen nahe, dass man es in fast jedem Restaurant in irgendeiner Form bekommen kann. Die vielen Adressen an der ***Fisherman's Wharf*** sind von unterschiedlicher Qualität. Als sehr ordentlich haben sich trotz der stark touristisch geprägten Klientel

- der ***Neptune's Palace*** (© (415) 434-2260) und das ***Sea Lion Cafe*** (© (415) 434-2288) am ***Pier 39*** erwiesen. Den Blick auf die Bucht gibt es gratis dazu, was vor allem bei Sonnenuntergang hinter der *Golden Gate Bridge* grandios ist; www.pier39.com.
- Auch im ***Ghirardelli Square*** (900 North Point Street, ➤ Seite 200, www.ghirardellisq.com) dominieren Meeresbewohner das Menü der Restaurants: dort ist zu empfehlen ***McCormick's & Kuleto's***; www.mccormickandschmicks.com.

Die Seelöwen (»Sea Lions«) auf ihren Pontons am Pier 39 sind beliebte »Sea Lebrities«; dahinter erkennt man Forbes Island mit Leuchtturm und Edelrestaurant, zu dem die Gäste per Boot übersetzen, ➤ oben rechts

Forbes Island

Eine tolle (und teure) Angelegenheit ist das ***Forbes Island Restaurant*** (französische Küche) auf einem als Insel getarnten fest verankerten Riesenwohnboot mit Palmen und Leuchtturm 300 m vom Ufer entfernt gleich hinter den Seelöwenplattformen (➤ Seite 199). Ein Boot bringt die Gäste ($3), vom Anleger neben der Pier 39 hinüber. Die Gäste im Speisesaal sitzen so tief, dass sie durch Bullaugen in die Unterwasserwelt blicken. Von dem *Sea Lions Room* schaut man aus kurzer Distanz auf die Pontons voller Seelöwen; © (415) 951-4900, www.forbesisland.com.

Leucht-reklamen über den Restaurants in der Chinatown

Chinatown

In jedem zweiten Gebäude dieses kleinen Kontinents scheint man Touristen und Einheimische zu bekochen, doch das nicht immer in gleichbleibend hoher Qualität. Die seit eh und je empfehlenswerten Restaurants liegen nicht direkt im Trubel rund um die Grant Street, sondern eher am Rande des Viertels, so etwa das

- Stammhaus von ***Henry's Hunan***, 924 Sansome Street, © (415) 956-7727; www.henryshunanrestaurant.com, oder
- ***Brandy Ho's*** an der 217 Columbus Ave, © (415) 788-7527) mit glutamatfreier Küche; www.brandyhos.com.

North Beach

Für den Cappuccino am Vormittag oder für den Espresso nach dem Dinner kann man gleich in dieser Gegend bleiben: **North Beach** ist das, was *Little Italy* für New York ist, mit höchst angenehmen Cafés, in denen man zu den Klängen einer Opernarie leicht die Zeit vergessen kann. Die meisten von ihnen warten in kurzer Distanz zueinander entlang der **Columbus Avenue**, z.B.:

- ***Caffè Greco***, 423 Columbus Ave, www.caffegreco.com
- ***Caffè Puccini***, 411 Columbus Ave
- ***Caffè Tosca***, 242 Columbus Ave, www.toscacafesf.com
- ***Caffè Vesuvio***, 255 Columbus Ave, www.vesuvio.com

In einigen von ihnen haben sich schon die Anhänger der *Beat Generation* getroffen, außerdem im ***Caffè Trieste***, 601 Vallejo Street, dem vielleicht originellsten von allen mit *Live Music* und *Rock Shop*; den unbedingt mal ansehen unter www.caffetrieste.com.

Columbus Avenue

Wer auch gleich zum Essen an der Columbus Ave, dem »*Corso Cristóforo Colombo*«, bleiben möchte, findet dort auch appetitanregende Speisekarten. Im Häuserblock des grünbeturmten *Sentinel Building* unweit der *Transamerica Pyramid* liegen nicht nur die *Zoetrope*-Filmstudios des Regisseurs *Francis Ford Coppola*, sondern an der Ecke Kearny auch das

- ***Café Zoetrope***, 916 Kearny Street, © (415) 291-1700, mit italienischer Küche, www.cafecoppola.com/cafezoetrope.

Definitiv vor Vampiren sicher ist man in

- ***The Stinking Rose***, 325 Columbus Ave, © (415) 781-7673; dort verarbeitet man von der Vor- bis zur Nachspeise jede Menge Knoblauch; www.thestinkingrose.com.

Financial District

Vielfältige Snacks zu zivilen Preisen gibt es in den Lokalen des ***Embarcadero Center*** zur Mittagszeit. Dort befindet sich auch das japanische Restaurant ***Sushi Kinta*** mit – was sonst? – *Sushi*-Spezialitäten; www.embarcaderoshop.com/pages/sushikinta.html.

Nebenan im ***Hyatt Regency*** sitzt man in der **Cafeteria in der Halle** ausgezeichnet, zahlt aber dafür ein paar Dollar extra, z.B. Capuccino $7, aber dazu gibt's Knabbereien gratis. Im obersten Stock logiert die **Equinox Lounge** mit Rundumblick über die Bay; http://sanfranciscoregency.hyatt.com.

Snacks

Für den kleinen Hunger muss man nicht zwangsläufig einen *Fast Food Place* suchen. Zwischen Telegraph Hill und Bucht hat der

- ***Fog City Diner*** typisch amerikanische *Items*; 1300 Battery Street/Embarcadero, © (415) 982-2000; www.fogcitydiner.com

Eine auf **1950er-Jahre getrimmte *Diner*-Kette** ist

- ***Lori's Diner*** mit vier zentralen Filialen:149 Powell Street, © (415) 677-9999; dazu 500 Sutter, 336 Mason Streets und im *Ghirardelli Square* an der *Wharf*. Außerdem auch in den Terminals #1 und #3 im Airport; www.lorisdiner.com.

Max's

Ein genereller Tipp bezieht sich auf

- ***Max's Restaurants*** rund um die Bay of San Francisco; www.maxsworld.com. In der City warten ***Max's Opera Café***, 601 Van Ness Ave (mit singenden Kellnern) und ***Max's Market***, 555 California Street, gehobene Küche bei moderaten Preisen.

Taquerias

Große kalorienreiche Portionen gibt's in den überwiegend recht schlichten, aber preiswerten ***Taquerias*** im *Mission District*, z.B.:

- ***Taqueria Cancun***, 1033 & 2288 Mission Street
- ***Taqueria El Farolito***, 2777 & 4817; www.elfarolitoinc.com
- ***Taqueria San Jose***, 2830; http://taqueriasanjose1since1980.com
- ***Taqueria Pancho Villa***, 3071 16th St; http://sfpanchovilla.com

Der Drink am Abend

Wer sich in ***Harry Denton's Starlight Room*** im obersten Stock - werk des Hotels ***Sir Francis Drake*** (450 Powell/Union Square) einen teuren Drink gönnt, kriegt die gute Aussicht gratis dazu; © (415) 395-8595, www.harrydenton.com.

Zum Abschluss eines langen Besichtigungstages eignet sich – vor allem wegen seiner diversen Biersorten – die populäre ***Thirsty Bear Brewing Company*** unweit des MoMa in South of Market, 661 Howard Street, © (415) 974-0905; www.thirstybear.com.

Weitere Empfehlungen

Ganz grandios liegt das

- ***Sutro Seafood Restaurant*** im ***Cliff House*** über der Pazifikküste, ➤ Seite 207; © (415) 668-1117, www.cliffhouse.com.

Auch nicht ganz billig sind die **Restaurants** und **Kneipen** in den San Francisco gegenüberliegenden Vororten **Sausalito** (unverfehlbar vor allem an der Hauptstraße Bridgeway, www.sausalito.org/visitor/dining) und **Tiburon** (Main Street am Yachthafen und Anleger der Fähren nach Angel Island und San Francisco: www.tiburonchamber.org/restaurants.htm).

Selbst in der Chinatown darf ein McDonald's nicht fehlen

Chinesischer Drachen in einem Kaufhaus der Chinatown

Shopping

Mitbringsel

Die Auswahl an Modischem, Hübschem und Ungewöhnlichem ist in San Francisco beträchtlich – es gibt nach einer Reise dorthin einfach nicht die Ausrede, kein passendes Mitbringsel gefunden zu haben. Wer ohne feste Vorstellung nach Originellem sucht, sollte den

- ***Cost Plus World Market*** nahe der *Fisherman's Wharf* aufsuchen, 2552 Taylor Street. Dieser riesige Shop hatArtikel aus aller Herren Länder; http://worldmarketcorp.com.

Kaufhäuser/ Shopping Malls

Regelrechte *Malls* oder *Shopping Center* sind in der Stadt selbst nicht so häufig. Das

- ***San Francisco Center*** (865 Market) mit dem Kaufhaus ***Nordstrom's*** liegt noch am zentralsten.

Überschaubare attraktive *Malls* sind der

- ***Ghirardelli Square*** und ***The Cannery*** im Bereich der *Fisherman's Wharf*, ➤ Seite 200.

Eigenständige Kaufhäuser wie

- ***Saks 5th Avenue***, ***Macy's*** und ***Neiman Marcus*** stehen am Union Square, ➤ Seite 191.

Die größte citynahe ***Shopping Mall*** ist das

- ***Stonestown Galleria Center*** mit den Kaufhäusern ***Macy's*** und ***Nordstrom*** sowie einem ***Apple Store*** an der Straße #1 (in der City ist das die 19th Ave), gute 2 mi südlich des *Golden Gate Park*; www.stonestowngalleria.com.

Bücher

San Francisco ist ein Dorado für Leser englischsprachiger Bücher. Nachdem ***Barnes & Noble*** die Konkurrenzkette *Border's Books* übernommen hat, gibt es im Bereich *Downtown* San Francisco nur noch eine einzige interessante Großbuchhandlung, die zahlreiche Themenbereiche abdeckt:

- ***City Lights Booksellers*** in der 261 Columbus Ave, Ecke Broadway; www.citylights.com.

Nicht ganz so groß, aber auch ein guter Buchladen ist

- ***Alexander Book Co.*** in der 50 2nd Street zwischen Market und Mission; www.alexanderbook.com.

Der größte Laden für gebrauchte Bücher ist

- ***Green Apple***, 506 Clement Street; www.greenapplebooks.com

Eine **Liste aller Buchläden** findet man samt Schwerpunkthinweis unter www.sfstation.com/book-stores/business-directory.

Musik

Musik- und Filmfreunde jagen rund um die Bucht alten Platten, CDs, Videos und DVDs nach, die man woanders nur schwer auftreiben kann. Geheimtipps für nostalgische und seltene Aufnahmen in bestem Vinyl sind

- ***Grooves*** in der 1797 Market

und der angestaubte

- ***Jack's Record Cellar*** in Haight Ashbury an der 254 Scott/Ecke Page Street, Mi-Sa 12-19 Uhr.

Die größte Auswahl an Neu- und Gebrauchtware hat

- ***Amoeba Music*** an der 1855 Haight Street nahe beim *Golden Gate Park*; www.amoeba.com

Mode

Jeans und artverwandte *Streetwear* sind in den USA bekanntlich viel billiger als in Europa sowohl in Kaufhäusern und *Shopping Centers.* Man kann in San Francisco z.B. direkt zum Shop von

- ***Levi Strauss*** gehen, 1155 Battery Street unweit Embarcadero; www.levistrauss.com

Individuelleres findet man in Läden wie

- ***Kaplan's Sporting Goods & Army Surplus***, 1055 Market Street

Eleganteres gibt's in Boutiquen wie

- ***MAC***, 387 Grove Street; http://modernappealingclothing.com

Auch für ***Second Hand*** und ***Retro*** ist San Francisco gut:

- ***Buffalo Exchange***, 1555 Haight St; www.buffaloexchange.com
- ***Wasteland***, 1660 Haight Street; www.shopwasteland.com

Sport

Sportswear für alle Sportarten und Zubehör für sämtliche sportlichen Aktivitäten findet man u.a. in

- ***Copelands Sports & Fitness Super Store***, 901 Market Street

Der ultimative Laden für jede Art Laufschuh und Sport-BHs ist

- ***Fleet Feet***, 2076 Chestnut St, www.fleetfeetsanfrancisco.com

Schuhe

Generell für ihre Schuhläden bekannt ist die Stockton Street

- ***Arthur Beren Shoes***, 222 Stockton und 88 Kearney Street, steht für teure Luxusschuhe; www.berenshoes.com
- ***Cole Haan***, 324 Stockton Street am Union Square, hat ebenfalls keine ganz niedrigen Preise; www.colehaan.com

Und wenn es nur schnell ein preisgünstiges Paar sein soll:

- ***Payless Shoe Source***, 45 Kearny und 865 Market Street.

Foto

Wer Preise für Kameras – in den USA und bei uns – vergleichen möchte, sollte bei ***Discount Camera*** 'reinschauen, 33 Kearny Street. Enorme Auswahl wartet: www.discountcamera.com.

Entertainment

Musik

San Francisco ist eine rock- und pophistorisch bedeutende Stadt. Dort treten bekannte Größen der Szene auf, etwa im

- ***Fillmore Auditorium***,1805 Geary Blvd/Ecke Fillmore Street, ✆ (415) 346-6000); www.thefillmore.com
- ***The Warfield***, 982 Market St, http://thewarfieldtheatre.com
- ***Great American Music Hall***, 859 O'Farrell Street, ✆ (415) 885-0750); www.slimspresents.com

Wer gerne Blues hört, findet exzellente Konzerte im

- ***Biscuits & Blues Club***, 401 Mason Street, ✆ (415) 292-2583; www.biscuitsandblues.com

und im vom seligen *John Lee Hooker* gegründeten

- ***Boom Boom Room***, 1601 Fillmore Street, ✆ (415) 673-8000; www.boomboomblues.com

South of Market

SoMa zieht Clubgänger und Nachteulen an, populär sind u.a.

- ***DNA Lounge***, 375 11th Street, www.dnalounge.com
- ***Ten15 Folsom***, 1015 Folsom Street, http://1015.com

Columbus Avenue

Jazz, Swing und noch eklektischere Sounds hört man in

- ***Bimbo's 365 Club***; 1025 Columbus Ave, ✆ (415) 474-0365; www.bimbos365club.com

- ***Rasselas***, 1534 Fillmore Street; www.rasselasjazzclub.com
- ***Elbo Room***, 647 Valencia Street; www.elbo.com

Kino

Zusätzlich zum legendären

- ***Castro Theater***, 429 Castro Street; www.castrotheatre.com

hatten Cineasten lange eine beachtliche Auswahl an Programmkinos; einige schlossen ihre Tore; noch spielen u.a.:

- ***Roxie***, 3117 16th Street im *Mission District*, ist das älteste Kino der Stadt voller Sonderprogramme; www.roxie.com
- ***Bridge***, 3010 Geary Blvd; www.landmarktheatres.com
- ***Lumière***, 1572 California Street, www wie *Bridge*
- ***Clay***, 2261 Fillmore Street, www wie *Bridge*
- ***Opera Plaza***, 601 Van Ness Ave, www wie *Bridge*

Wenn es eher ein *Blockbuster*-Kino sein soll; in den folgenden beiden ist die Auswahl an Filmen groß:

- ***Sundance Kabuki Cinemas***, 1181 Post Street; www.sundance cinemas.com
- ***Metreon*** im gleichnamigen *Restaurant* und *Shopping Center* an der 135 Fourth Street; www.westfield.com/metreon

Theater

Mit einer Theaterszene und -kultur wie der von New York kann San Francisco nicht ganz mithalten, aber allerhand Leben auf der Bühne gibt es trotzdem:

- Das ***American Conservatory Theater*** inszeniert seine Stücke in der 415 Geary Street, © (415) 834-3200; www.act-sf.org
- Im ***Fort Mason Center*** (*Building D*) ist das ***Magic Theater*** aktiv und bringt nicht selten Kontroverses auf die Bühne; © (415) 441-8822; http://magictheatre.org.
- Und was *Agatha Christies »Mousetrap«* für das Krimitheater in London war, ist ***»Beach Blanket Babylon«*** für San Francisco: im ***Club Fugazi*** (678 Green Street, © (415) 421-4222, http://beachblanketbabylon.com) wird schon seit einer ganzen Generation diese amüsante *San Francisco Comedy* mit jeder Menge ausgefallener Kostüme und Dekorationen zelebriert.

City Hall mit »Theaterportal«

Zuerst zum Golden Gate

Als Sehenswürdigkeit Nummer Eins San Franciscos gilt zu Recht die ***Golden Gate Bridge***. Wer nur wenig Zeit hat, sollte sich – gleich zu welcher Jahreszeit – als erstes auf den Weg zur Brücke machen, wenn die Wetterverhältnisse zunächst gut sind. Wenn nicht, muss man die Chance zur Besichtigung bei nächster Gelegenheit, d.h., bei klarer Sicht, sofort nutzen. Denn oft legt sich schnell wieder Nebel über das »Goldene Tor« und bleibt gleich mehrere Tage hängen. Weitere Details ➤ Seite 205.

1.1.2 Stadtbesichtigung Downtown

Downtown

Generell ist die **Ecke Market/Powell Street** (*Tourist Information*) ein hervorragender **Ausgangspunkt** zum Kennenlernen der Stadt. Die diagonal durch die City laufende breite **Market Street** trennte früher *Downtown* von südlichen, heruntergekommenen Straßenzügen, ***South of Market*** genannt.

South of Market/SoMa

Parken

In den 1990er-Jahren begann die Sanierung des Bereichs ***South of Market***. Architektonische Schmuckstücke der Hochhaus-Postmoderne verdrängten dort die Slums, auf die heute nichts mehr hinweist. Außer an zahlreichen immer besetzten **Kurzzeitparkuhren** bestehen Parkmöglichkeiten hier wie nördlich der Market Street faktisch **nur in Parkhäusern**, jedoch nur für Pkw, SUV und Minivans. Mit **RVs**, gleich welcher Größe, sollte man sich nicht einmal in den immerhin ebenen Bereich SoMa wagen.

SFMOMA

Das ***Museum of Modern Art*** entstand schon 1995 in *South of Market*: 151 3rd Street; geöffnet Fr-Di 11-18 Uhr, Do 11-21 Uhr; www.sfmoma.org, Eintritt $15, Kinder unter 12 frei.

Das MOMA San Francisco zeichnet sich durch seine ungewöhnliche Architektur und eine Sammlung von Werken ab Beginn des 20. Jahrhunderts aus, die nur vom New York MOMA übertroffen wird. Außerdem gibt es einen ***Rooftop Sculpture Garden*** über den Dächern von San Francisco und das ***Rooftop Café***.

Vermarktung von Modern Design im Shop des MOMA

Cartoon Art Museum

Für *Comic Fans* unverzichtbar ist das originelle und witzige ***Cartoon Art Museum*** in der 655 Mission Street, © (415) 227-8666, Di-So 11-17 Uhr; $6; http://cartoonart.org.

Hinweis

Ohne spezifisches Interesse an diesen beiden Anlaufpunkten ist *South of Market* kein prioritäres Ziel für SF-Kurzbesuche unter einer Woche.

Cable Car Wendepunkt/ Station

An der Einmündung der Powell in die Market Street befindet sich eine der **Wende- bzw. Endstationen der *Cable Car***, die ihre – meist in langen Schlangen geduldig wartenden – Passagiere zur *Fisherman's Wharf* befördert. Auf der **Powell Street**, wo sich ein *Shop* an den anderen reiht, erreicht man nach ca. 300 m den

Union Square

Union Square, eine palmenbestandene, oft bunt belebte Plaza und Mittelpunkt der San Francisco Geschäftswelt mit Filialen der größten Kaufhausketten in unmittelbarer Nähe (*Nordstrom, Fifth Avenue, Macy's, Neiman Marcus*) und diversen Hotels.

Die Cable Car, ein Unikum www.sfcablecar.com

San Franciscos weltweit einmalige ***Cable Car*** ist nicht nur ein nostalgisches Transportmittel mit Ursprüngen im 19. Jahrhundert (1873), sondern zugleich eine Art technischer Leckerbissen aus der Frühzeit der Industrialisierung. Die Wagen besitzen keinen eigenen Antrieb, sondern klinken sich mit Hilfe eines vom »Fahrer«, des sog. *Gripman,* betätigten Mechanismus, der Spannklaue, in mittig unter den Schienen laufende Stahlseile ein und aus. Eine zentrale Antriebsmaschinerie sorgt für den endlosen Umlauf von insgesamt vier Kabeln in gleichmäßiger Geschwindigkeit von ca. 15 km/h. Wer sich für die technischen Einzelheiten interessiert, findet z.B. unter http://de.wikipedia.org/wiki/San_Francisco_Cable_Cars weitergehende Informationen auf Deutsch.

Vor Ort geht nichts über eine Besichtigung der Maschinenhauses der Kabelbahn (***Cable Car Barn***) an der Ecke Mason/Washington Streets. Dort gibt es eine Besuchergalerie und das ***Cable Car Museum*** im Stockwerk darüber, in dem Historie und Technik der Bahn eindrucksvoll präsentiert werden: kein Eintritt, aber Spende, täglich 10-17/18 Uhr, www.cablecarmuseum.org.

Zwar ist die Bahn bereits über 130 Jahre alt, wurde aber seither technisch mehrfach modernisiert, in ihren Verläufen geändert und heutigen Sicherheitsstandards angepasst. Wer sie nutzen möchte, kann – statt an den Endstationen (vor allem an der *Wharf* Hyde/Beach oder Taylor/Bay Streets sowie in *Downtown* an der Powell/Market Street), wo sich immer lange Schlangen bilden – leichter an den zahlreichen weniger exponierten Haltepunkten in der Powell, Hyde oder Mason Street zusteigen. Weil sie *Downtown* mit der *Wharf* verbinden, sind die Linien ***Powell-Mason*** (#59) und ***Powell-Hyde*** (#60) besonders stark frequentiert. In den Wagen der quer dazu verlaufenden ***California Street Line*** (#61) ist es generell einfacher, einen Platz zu ergattern, ➤ **Karte Seite 191**.

Eine **Einzelfahrt mit der *Cable Car*** kostet mittlerweile **$5**, aber vor 7 Uhr und nach 21 Uhr $1. Wer einen Tagespass für das öffentliche Transportsystem kauft (➤ Seite 173), darf damit auch die Kabelbahnen beliebig nutzen.

Cable Car Power House

Chinatown

So können Banken auch aussehen

Nur wenige Blocks weiter nördlich liegt die berühmte ***Chinatown*** San Franciscos, etwa zwischen Bush Street und Broadway sowie Stockton und Kearney Streets, www.sanfranciscochinatown.com.

Am besten steuert man die *Chinatown* über die Grant Street an, auf der man sein Ziel durch ein buntes chinesisches Tor, das ***Dragon Gate*** betritt. Zwar ist die *Chinatown* mehr auf das Touristengeschäft eingestellt, als vielen gefallen dürfte, und immer fürchterlich zugeparkt und verstopft, aber dennoch sehenswert. Dort wird nicht nur chinesisches Amerika gespielt, sondern real gelebt. Einen Bummel vorbei an den farbenprächtigen Auslagen der 'zig Shops mit einem sagenhaften Angebotssammelsurium und an zahllosen Restaurants voller exotischer Wohlgerüche muss man unbedingt machen, und dabei auch einmal einen Blick auf die Fassaden oberhalb der Geschäftsebene werfen.

Glückskekse

Ein Pflichtstopp für manchen Besucher ist die Geburtsstätte der Glücksplätzchen, die man aus jedem chinesischen Restaurant kennt: In der ***Golden Gate Fortune Cookie Factory*** (56 Ross Alley/Jackson Street) sieht man, wie die Glücksbotschaften ins Gebäck kommen, und kann die Kekse natürlich auch kaufen.

Shoppen ist in der Chinatown auf jeden Fall drei Mal so spannend wie an der *Fisherman's Wharf*. Was die chinesische Küche bzw. empfehlenswerte Restaurants betrifft, ➤ Seite 183.

China Kultur

Wer dem Kulturphänomen China in Amerika weiter auf den Grund gehen möchte, sollte Nebenstraßen wie **Waverly Place** mit dem ***Tien Hou Temple*** (#125) besuchen und im ***Chinese Culture Center*** vorbeischauen (750 Kearny Street, www.c-c-c.org), wo es Ausstellungen, geführte *Chinatown Walks* und allerhand Informationsmaterial gibt; Di-Sa 10-16 Uhr, kein Eintritt, Spende.

Café de la Presse

Wer nach einem Bummel durch die *Chinatown* Entspannung in einer ganz anderen Welt sucht, findet im *Café de la Presse*, 352 Grant Ave schräg gegenüber des *Dragon Gate*, auch **deutsche Zeitungen und Magazine**, mit Glück sogar neuesten Datums; www.cafedelapresse.com.

Financial District

Unweit östlich der Chinatown beginnt die ***Wall Street of the West*** (offiziell: *Financial District*), das Finanz- und Bankenviertel mit einer verdichteten »Wolkenkratzer«-Bebauung im Dreieck zwischen Washington, Kearney und Market Streets. Am nördlichen Rand dieses Bereichs steht unübersehbar das schon 1972 errichtete pyramidenartige ***Trans America Building*** (Endpunkt der diagonal City und *Fisherman's Wharf* verbindenden Columbus Ave, Ecke Washington/Montgomery Street) durch seine – 1989 bewiesene – erdbebensichere Eleganz.

Trans America Pyramid

Die TA-Pyramide überragt mit 260 m Höhe alle anderen, darunter zahlreiche Hochhäuser neueren Datums. Stach das Bauwerk noch vor einer Dekade als auffälliges Wahrzeichen einsam aus seiner Umgebung heraus, wird es heute von massigen Nachbarn allseitig bedrängt. Im Erdgeschoss ersetzt heute ein **virtuelles *Observation Deck*** die einst mögliche Auffahrt; www.transamericapyramidcenter.com. Recht angenehm sitzt man im kleinen **Restaurant am Minipark** des *TA-Building*.

Alt und neu: Columbus Tower und dahinter die TA-Pyramide

Embarcadero

Zwei Blocks weiter östlich stößt man auf das ***Embarcadero Center***, einen enormen **Büro-Laden-Restaurant-Komplex** am Ostrand der City mit versetzten Ebenen, Terrassen, Grünanlagen, Wasserspielen und viel **Kunst am Bau**; www.embarcaderocenter.com.

Fähren und Marketplace

Das *Center* erstreckt sich bis zur **Justin Herman Plaza** gegenüber dem ***Ferry Building*** (von dort regelmäßige Fährverbindung nach Sausalito und Larkspur im Norden der Bucht und außerdem ein ***Marketplace*** mit ***Eateries*** und ***Food Shops***; www.ferrybuildingmarketplace.com). Insbesondere zur werktäglichen Mittagspausenzeit, wenn sich Gänge und Miniparks des *Embarcadero Center* und auch das *Ferry Building* füllen, lohnt sich der Besuch. Bei gutem Wetter finden dann auf der Herman Plaza vorm (einst) als avantgardistisch geltenden ***Villancourt Brunnen*** häufig Konzerte und allerhand Vorführungen statt.

Rincon Park/ San Francisco Oakland Bay Bridge

Ein kurzer Abstecher (400 m) vom *Ferry Building* am Ufer der Bay entlang in Richtung Südwesten (Fußgängerpromenade) führt zum kleinen ***Rincon Park*** fast schon unterhalb der gewaltigen doppelstöckigen ***San Francisco-Oakland Bridge*** (8300 m). In mancher Hinsicht ist diese Brücke technisch noch spektakulärer, aber fürs

Auge des Betrachters weniger attraktiver als die zur selben Zeit errichtete und nur sechs Monate später eröffnete ***Golden Gate Bridge***, ➤ Seite 205. Sie besteht aus mehreren unterschiedlich konstruierten Brückenelementen mit langen Auffahrten auf beiden Seiten und wird mitten in der Bucht auf Yerba Buena Island durch einen Tunnel unterbrochen. Beide Decks haben je fünf Fahrspuren; die unteren laufen Richtung Oakland, die oberen von Oakland nach San Francisco. Mehr Details zur Brücke ➤ Seite 230.

1

Cupid's Span

In der Anlage des *Rincon Park* installierte man im neuen Jahrtausend die überdimensionale Pfeil-und-Bogen-Skulptur »**Cupid's Span**«, ein Kunstwerk von *Claes Oldenburg* und *Coosje van Bruggen*. Sie macht sich besonders gut im Vordergrund von Brückenfotos oder Fotos der San Francisco-Hochhauszeile an und hinter der Straße Embarcadero; http://oldenburgvanbruggen.com/largescaleprojects/cupidsspan.htm.

Hyatt Hotel

In der äußeren Ecke der Herman Plaza an der Market Street beeindruckt das in dieser Umgebung äußerlich nicht besonders auffällige ***Hyatt Regency Hotel*** durch sein »Innenleben«, ein achtzehn Stockwerk hohes Atrium. In der Cafeteria sitzt man ausgesprochen angenehm (indessen bei gehobenen Preisen).

Parken/ Transport

Tipp zur Cable Car

Im ***Embarcadero Park Deck*** kann man für Einkauf oder Restaurantbesuch im *Center* preiswerter parken als anderswo. Da die ***Cable Car*** (*Washington Street Line)* am *Embarcadero Center* endet/beginnt, gelangt man von dort ggf. auch ohne lange Fußmärsche rasch in die zentrale City. Im Gegensatz zur *Powell Street Line* gibt es **dort selten Warteschlangen**.

Telegraph Hill: Auffahrt

Gute 20 min (rund 1,5 km) läuft man vom *Embarcadero Center* bis zum *Coit Tower* auf dem 100 m hohen ***Telegraph Hill***. Per Auto erreicht man diese Sehenswürdigkeit am besten über die Grant Ave/Lombard Street und an dessen Ostende den Telegraph Hill Blvd hinauf, sieht sich aber am Ziel meist erheblichen Parkproblemen gegenüber.

Kunstwerk Cupid's Span im Rincon Park

Coit Tower

Beim *Coit Tower* (68 m) handelt es sich um ein bereits1934 dank einer wohlhabenden Spenderin mit Namen *Lily Hitchcock Coit*, erbautes ***Memorial*** für die örtliche Feuerwehr, dessen Inneres durch Wandmalereien (*Murals*) mit – teilweise sozialkritischen – Szenen aus dem Arbeitsleben der 1930er-Jahre geschmückt ist. Der Turm dient heute ausschließlich dem *Sightseeing* (täglich 10-18 Uhr, im Winter kürzer $4,50, Kinder bis 12 Jahre $2,00). Seine günstige Position sorgt für einen hervorragenden Überblick über Teile der Stadt, die Bucht und hinüber zur *Golden Gate Bridge*. Oft warten lange Schlangen vor den Fahrstühlen. Wer keine Lusthat, sich anzustellen, oder den Eintritt sparen möchte, kann sich mit der fast ebenso guten Aussicht von der Terrasse vor dem Turm begnügen. Auch die lohnt schon Anfahrt oder Fußmarsch.

Christopher Columbus Statue and Coit Tower

Der Blick vom *Coit Tower* bzw. *Telegraph Hill* erlaubt nebenbei eine gute Vororientierung (bis zur *Golden Gate Bridge*) für alle, die den ***Scenic Drive*** abfahren wollen, ➤ unten. Der **Telegraph Hill** ist dafür ein guter **Ausgangspunkt**.

Zu Fuß vom Telegraph Hill zum Levi's Plaza Park

Der **Abstieg** vom Hügel nach Südosten führt über steile, ein biss - chen verwunschene Treppen, die ***Filbert*** Street zum hübschen ***Park Levi's Plaza*** und The Embarcadero, eventuell auch die Montgomery Street nach Norden, dann die ***Greenwich Steps***. Auf der Sansome oder Battery Street ist es von dort nicht mehr weit zur Uferstraße The Embarcadero und zur *Fisherman's Wharf*.

North Beach

North Beach ist das italienische Viertel von San Francisco in etwa südwestlich des *Telegraph Hill* (Kearny Street) bis zur Pow - ell Street. Im Gegensatz zur südlich des Broadway angrenzenden *Chinatown* hat North Beach die Atmosphäre einer echten, hektikfreien *Neighborhood*. Magistrale des Viertels ist die **Columbus Avenue** mit einer Vielzahl von Cafés und Restaurants. Eine Institution von North Beach ist der Buchladen ***City Lights Booksellers*** des *Beat-Generation*-Poeten *Lawrence Ferlinghetti* (261 Columbus Ave, täglich 10-24 Uhr, www.citylights.com, ➤ auch Seite 187), bis heute nicht wegzudenken aus der literarischen Szene San Franciscos. Zum Lesen setzt sich bei gutem Wetter mancher ins Grün des nahen ***Washington Square Park*** (Columbus/Ecke Union und Filbert Streets), der von der ***Saints Peter & Paul Church*** überragt wird.

1.1.3 Entlang des Scenic Drive durch San Francisco

49-mile-Drive

Die im Folgenden gewählte Reihenfolge der Beschreibung der weiteren San Fancisco Sehenswürdigkeiten entspricht ab *Fisherman's Wharf* dem Verlauf des früher stark beworbenen einst 49 Meilen langen ***Scenic Drive***, ➢ Karte unten. Dieser Rundstreckenvorschlag für Touristen lässt sich bei nur kurzen Zwischenstopps an den wichtigsten Anlaufpunkten ohne weiteres innerhalb eines Tages bewältigen. Bei etwas intensiverer Besichtigung der Zwischenziele, speziell der Museen, benötigt man für die komplette Tour mindestens zwei volle Tage und leicht mehr. Die frühere narrensichere Ausschilderung existiert überdies nicht mehr. Die markierte Route ist wegen einiger mittlerweile zu *One-Ways* in Gegenrichtung deklarierter Straßen nur mit Umwegen zu fahren, was aber mit einem guten Stadtplan, besser noch mit Navi kein Problem darstellt. Vermutlich kam es auch auf dem bereits 1938 »erfundenen« *Scenic Drive* im Laufe der Jahre in manchen Bereichen zu regelrechten Sightseeing-Staus, so dass man den Kurs nicht mehr sonderlich promoviert.

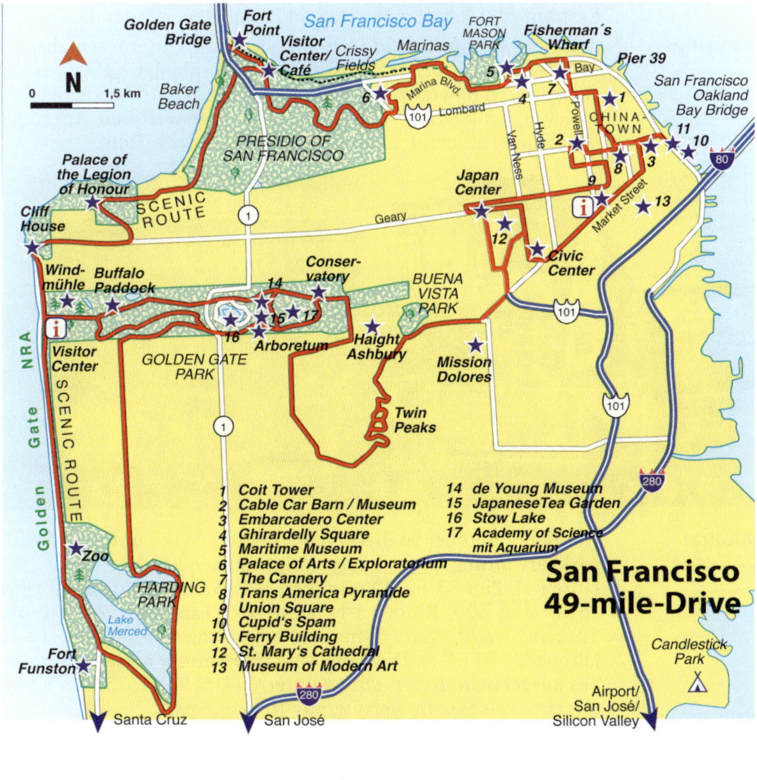

Scenic Drive zum Download

Auf der Website www.sanfrancisco4you.com (/willys-tipps/willys -66-mile-scenic-drive-san-francisco.html) findet man nicht nur den 49-Mile-Drive, sondern zusätzlich ein paar Erweiterungen auf dann insgesamt 66 Meilen und einen Link zum Download für Besitzer eines Tom-Tom Navi.

Fisherman's Wharf

»Touristen falle«

Erstes Ziel oder auch ein ebenfalls geeigneter Startpunkt ist der **Bereich *Fisherman's Wharf*** (800 m Fußgängerdistanz vom *Coit Tower*), eine komplett kommerzialisierte **Touristenfalle**.

Die Bezeichnung *Fisherman's Wharf* bezieht sich auf ein relativ kleines Gebiet rund um den ehemaligen Fischereihafen San Franciscos an der Jefferson Street. Die Fischerboote und Werften sind lange verschwunden; an ihrer Stelle liegen Privatyachten und Charterboote fürs Hochseeangeln an den Stegen. Eine **»weiße Flotte« –** www.blueandgoldfleet.com – wartet mit *Baytrips*, Touren hinüber zur Zuchthausinsel *Alcatraz* und Linienverkehr nach Tiburon und Angel Island auf Passagiere. An Land beherrschen unzählige *Souvenir Shops,* Boutiquen, Bars, *Fast* und *Sea Food Restaurants,* dahinter Hotels und Parkplätze/-häuser das Bild.

Bootstrips

Ob eine der ***Bayrundfahrten*** mit oder ohne Unterdurchfahrt der *Golden Gate Bridge* interessant erscheint, hängt sicher von der subjektiven Bewertung solcher Bootstouren ab. Wer sie machen möchte, findet im Fischereihafen die preiswerteren Angebote. Auf jeden Fall empfehlenswert ist die ***Alcatraz-Tour***:

Alcatraz

Die **Boote** hinüber zu dieser berüchtigten, heute **unter Nationalparkverwaltung** (www.nps.gov/alca) stehenden Zuchthausinsel fahren **ab Pier 33** im 30-min-Takt 9-2.15 Uhr; letzte Rückfahrt 16.30 Uhr; $26, Kinder 5-11 Jahre $16, Familie $79. Geführte Touren »*Night Tours*« am Spätnachmittag Do-Mo $33, 12-17 Jahre $32, 5-11 $20. **Die Trips sind im Sommer oft lange im voraus ausgebucht**. Reservierung unter ✆ (415) 981-7625 oder www.alcatrazcruises.com/website/buy-tickets.aspx.

Piraten auf der Pier 39, aber mit solchen Gesellen hatte man es in San Francisco nie zu tun

Die einleitende Kennzeichnung der *Fisherman's Wharf* gilt im Prinzip auch für die ***Pier 39*** am Ostende der *Wharf* – www.pier39.com. Dort gibt es auf den oberen Arkaden ein ***California Welcome Center*** mit jeder Menge Infomaterial und Broschüren zum Touristenziel Kalifornien. Als **Publikumsattraktion** gelten u.a.

Pier 39

- das ***Hard Rock Café*** gleich eingangs der Pier
- das ***Musicaltheater 39*** mit wechselndem Programm
- das ***Aquarium of the Bay***, das man in transparenten Röhren durchquert und damit die Unterwasserwelt aus der Taucherperspektive erlebt; Sommer 10-20, Winter 10-18 Uhr; $15/$8.
- das Simulationstheater ***Turbo Ride***, in dem die Besucher virtuell durch eine Dinosaurierwelt, eine verwunschene Mine und Wildwasser rasen können; 10-20/21/22 Uhr je nach Saison und Besucheraufkommen an der Wharf; Eintritt $18/$14.

An der Westseite der Pier 39 befindet sich eine Art **Seelöwen - reservat** auf Schwimmpontons, wo die Essensreste der Restaurants ganze Hundertschaften dankbarer Abnehmer finden.

Open-air **Darbietungen** vielerlei Art (Artisten, Zauberer u.a.) sorgen bei gutem Wetter für Zuschauerbelustigung.

Wenn **Speis und Trank** im *Wharf*-Bereich, dann auf dieser Pier: die besten Optionen sind ***Neptune's Palace*** und das ***Sea Lion Café*** am äußersten Ende. Besonders am frühen Abend kurz vor Sonnenuntergang sitzt man dort, unmittelbar über dem Wasser, goldrichtig. Ebenfalls auf Seite 183 bereits empfohlen wurde ***Forbes Island*** für Leute mit Zeit und größerer Brieftasche.

Fährboot mit Insel und Zuchthaus Alcatraz

Shopping

Mitbringsel und Originelles aus aller Welt gibt es vielfältiger und preiswerter als in den *Shops* in der Beach Street und auf der Pier 39 im ***Cost Plus World Market*** nahe der *Wharf* in der 2552 Taylor/Ecke North Point Street; http://worldmarketcorp.com.

Cannery/ Ghirardelli

Shopping und **Unterhaltung** durch Pantomimen, Musikgruppen und Puppentheater zum Nulltarif findet man an Wochenenden und täglich in der Touristensaison in den einstigen Fabrik- und Lagerhallenkomplexen ***The Cannery*** (Leavenworth Street/Jefferson) und ***Ghirardelli Square*** (Beach Street/North Point/Larkin) ein paar hundert Meter weiter westlich. Schon in den 1970er-Jahren wurden die alten Backsteingemäuer zu schicken Einkaufs- und Restaurantzentren umgestaltet; www.thecannery.com und www.ghirardellisq.com.

Optimale Besuchszeit

Den *Wharf-Bereich* sollte man vorzugsweise ab Nachmittag und in den frühen Abendstunden erkunden, wenn auf Straßen und Plätzen mehr »los« ist als am Morgen.

San Francisco Maritime National Historical Park

Dem *Ghiradelli Square* gegenüber befindet sich das ***Maritime Museum*** in einem Bau, der wie ein Dampfer gestaltet ist. Es gehört zum ***San Francisco Maritime National Historical Park***. Das Museum wurde 2009 zwecks Renovierung und Neukonzeption geschlossen. Es sollte schon lange wieder eröffnet werden; bei Redaktionsschluss dieses Buches war das noch nicht der Fall.

Ein ***Visitor Center*** befindet sich an der Ecke Hyde Street/Jefferson; www.nps.gov/safr.

Sehenswert sind dort vor allem die nostalgischen Originale draußen an der ***Hyde Street Pier***, die zusammen mit der *Municipal Pier* ein ruhiges Wasserbecken bildet. Der ***Aquatic Park*** und ein schmaler **Badestrand** säumen das hier meist ruhige Ufer. Am Kai der Pier (Eintritt \$5; Kinder bis 16 Jahren mit Vollzahlern frei. Frei ebenfalls mit ***America the Beautiful Pass***, ➤ Seite 28) liegen der **Dreimaster *Balclutha*** aus dem Jahre 1895, die alte **Fähre *Eureka***, der Raddampfer ***Eppleton Hall*** und vier weitere Boote.

Der bald 120 Jahre alte Segler »Balclutha« ist Teil des San Francisco Maritime Museum

1

The Crookedest Road of the World

www.sftravel.com/lombard-crooked-street. html

Fünf Blocks südlich der *Fisherman's Wharf* kreuzt die Hyde Street die Lombard Street, dessen steilster Abschnitt östlich der Hyde Street von der Touristenwerbung gerne als ***Crookedest Road of the World*** bezeichnet wird. In engen Serpentinen, die nur von Personenwagen und kleineren *Vans* nachvollzogen werden können, geht es – vorbei an Blumenbeeten und gepflegten Anwesen – ca. 200 m steil hinunter zur Leavenworth Street. Dank der Popularität dieser Abfahrt müssen interessierte Autofahrer dort oft Wartezeiten in Kauf nehmen, bevor sie sich im Schritttempo bergab quälen dürfen. Wem auch ein Foto – ohne den eigenen Mietwagen auf dem Parcours – genügt: Von oben, also von der Hyde Street, hat man einen besonders guten Weitblick die ganze Lombard Street entlang bis hinüber zum *Telegraph Hill*. Dabei kommt jedoch der Charakter der *crooked road* nicht recht ins Bild. Wer den festhalten möchte, muss von der Leavenworth Street von unten nach oben fotografieren.

Nebenbei: die **Steigung** der Lombard Street ist hier mit 16% für San Francisco-Verhältnisse mitnichten ungewöhnlich. Da gibt es ganz andere Fälle: nur zwei Blocks weiter südlich bringt es z. B. die Filbert Street auf über 30% und auf fast 30% kommt die Jones Street zwischen Filbert und Union Street.

Nicht zum Nationalpark gehört das vielleicht sehenswerteste Schiff an der *Wharf*, das **Pazifik-U-Boot *USS Pampanito***. Es liegt ein wenig weiter östlich vertäut am **Pier 45**; im Sommer 9-20 Uhr, sonst bis 18 Uhr, $10, 6-12 Jahre $4; www.maritime.org.

Für Schiffsfans: Das letzte Exemplar eines Weltkrieg-II-Versorgers der *Liberty- Klasse*, die ***Jeremiah O'Brien***, ist ebenfalls am **Pier 45** zu besichtigen, 9-16 Uhr; Eintritt $10, 6-14 Jahre $5.

Parken

Parken im Bereich der *Fisherman's Wharf* ist ein relativ teures Vergnügen. Speziell für Campmobile wird kassiert. Relativ gute Chancen auf einen Gratisparkplatz oder eine preiswerte Parkuhr (max. 2 Stunden) hat man im toten Ende (Richtung *Municipal Pier*) der Van Ness Ave zwischen *Fort Mason Park* und dem *Ghirardelli Square*.

Beim *Cost Plus World Market* (➤ oben) kann sogar zwei Stunden gebührenfrei parken, wer für mindestens $10 einkauft.

Sinn macht es ggf., das Auto von vornherein in größerem Abstand stehen zu lassen und den Rest des Weges zu Fuß, per *Cable Car* oder Bus zurückzulegen. In Frage kommt u.a. der Parkplatz des *Exploratoriums* (nächste Seite). Von dort fährt Bus #30 zur *Wharf*.

Die »Golden Gate-Ziele«

Marina Boulevard/ Fort Mason Center

Von der *Fisherman's Wharf* führt der ***Scenic Drive*** durch schöne Wohnviertel voller verschnörkelter viktorianischer Holzhäuser zunächst in Richtung *Golden Gate Bridge*. Zwischen Marina Blvd und Van Ness Avenue liegt das mit dem *Maritime National Historical Park* über einen Fußweg verbundene Gelände des *Fort Mason*. Im zweiten Weltkrieg diente dieser Bereich als Einschiffungsstation der Kampftruppen für den Pazifik. Dort befindet sich heute – in beneidenswerter erhöhter Lage – eine der beiden ***HI-Hostels*** (Jugendherbergen) San Franciscos. Die Gebäude an den Piers wurden als ***Fort Mason Center*** zu einem Kunst- und Kulturzentrum umfunktioniert mit Galerien, Werkstätten, experimentellen Bühnen, kleinen Museen und Restaurants.

Golden Gate Promenade

Der Weg ab der *Hyde Street Pier* (➤ Seite 200) zum *Fort Mason Center* ist zugleich der **erste Abschnitt der *Golden Gate Promenade***, einem Spazier-, Jogging- und Bike-Weg (➤ unten unter dem Stichwort *Crissy Field*).

Palace of Fine Arts

Auf der Bayseite des Marina Boulevard dümpeln im *East* und *West Harbor* – getrennt durch den Park Marina Green – Hunderte von Yachten. Weiter dem *Scenic Drive* folgend erreicht man über die Baker Street den bombastischen ***Palace of Fine Arts***. Es handelt sich dabei um ein auf die Weltausstellung von 1915 zurückgehendes Gebäude, das einem griechisch-byzantinischen Tempel ähnelt (www.palaceoffinearts.org).

Exploratorium

Der Bau hinter dem Palast beherbergt das ***Exploratorium***, ein Wissenschaftsmuseum der experimentellen Art im Stil der sog. *Science Center*. Eintritt $15, 13-17 Jahre $12, 4-12 Jahre $10; Di-So 10-17 Uhr, www.exploratorium.edu.

Crissy Field

Erst vor wenigen Jahren wurde das ***Crissy Field***, ein ausgedehntes Ufergelände zwischen der San Francisco Bay und dem Doyle Drive (der ab Ende des Marina Blvd wieder autobahnmäßig ausgebauten Straße #101), in die *Golden Gaten Recreation Area* einbe-

Ein Bike & Walk Trail läuft von der Wharf über das Crissy Field an der Bucht entlang bis zum Fort Point unterhalb der Golden Gate Bridge. Im Vordergrund das Infocenter der Golden Gate NRA mit Café

Golden Gate National Recreation Area www.nps.gov/goga

Eine Art Nationalpark mitten in und am Rande einer Großstadt, auch das ist eine erstaunliche Besonderheit San Franciscos. Die Schaffung und schrittweise Erweiterung der *Golden Gate National Recreation Area* begann erst in den 1970er-Jahren zunächst mit dem Kauf der ***Zuchthausinsel Alcatraz*** und dem Gelände des ***Fort Mason*** unweit der *Fisherman's Wharf* durch den *National Park Service*. Jenseits der Bucht erwarb man die ***Marin Headlands***, über 200 km² weitgehend unerschlossene Hügel- und Waldlandschaft voller mittlerweile obsoleter Militäranlagen an der Steilküste nördlich des *Golden Gate*. Später wurde auch das Areal des ***Muir Woods Nat'l Monument*** (➤ Seite 216) ins *NRA*-Gelände integriert .

In den 1990er-Jahren kam das ***Presidio of San Francisco*** dazu, eine ausgedehnte Parkanlage, die dem *National Park Service* vom Militär übereignet wurde. Zum *Presidio* gehören die bis ans Ufer der Bucht reichenden ***Crissy Fields***, das ***Fort Point*** unter der *Golden Gate Bridge* und die Uferbereiche am Pazifik bis zur *Baker* und *China Beach*. Auch das von Bebauung nahezu freie Gelände ***Land's End*** mitsamt vorgelagerten Robbeninseln in der Nordwestecke der Stadt wurde einschließlich des berühmten ***Cliff House*** vom *Park Service* übernommen. Mit der sich anschließenden **Qcean Beach** und dem Bereich **Fort Funston** hoch über dem Pazifik und weiteren Teilgebieten bis Pacifica erstreckt sich die *Golden Gate NRA* heute als breiter Grün- oder Strandstreifen von den *Crissy Fields* aus rund um die Stadt herum nach Süden. Einschließlich der *Marin Headlands* umfasst sie eine Fläche von rund 300 km².

Der Zugang zu den meisten Bereichen und Einrichtungen ist frei, lediglich der Besuch des *Muir Woods NM* kostet Eintritt (frei für NP-Passinhaber, ➤ Seite 28). Beim Besuch der Zuchthausinsel *Alcatraz* ist der Zutritt in den Ticketpreisen der Boote enthalten, ➤ Seite 198.

Anmerkung: Der an die Ocean Beach unmittelbar angrenzende ***Golden Gate Park*** gehört trotz Namensgleichheit nicht zur *Nat'l Recreation Area,* sondern zum Verantwortungsbereich der City of San Francisco.

zogen, ➤ Kasten obcn. Dort läuft die ***Golden Gate Promenade***, nachdem sie das *Fort Mason Center* und die Yachthäfen passiert hat, gute 3 km am Wasser entlang bis zum *Fort Point* unter dem Südende der *Golden Gate Bridge*. Wer sich diesen Weg vornimmt, behält die Brücke (oder den Nebel) jederzeit fest im Blick. Dafür und für weiterführende Touren per Bike findet man **Leihfahrräder** auf der Pier 39 (© (415) 202-8888, www.blazing saddles.com) und auch im *Marina District*, z.B. *New Holiday Adventure*, 1937 Lombard Street (#101), © (415) 567-1192.

Fast am Ende des *Crissy Field* steht ein kleines ***InfoCenter*** mit Café, die ***Warming Hut***. Ideal für die Pause zwischendurch oder auch zum Ansteuern per Auto (Parkplätze vorhanden). Vom Marina Blvd geht es dazu geradeaus weiter auf die Mason Street (nicht links ab in Richtung #101) und dann Hamilton Street. Von der Mason Street erreicht man über die Long Ave und den Marine Drive auch das ***Fort Point***, ➤ folgende Seite.

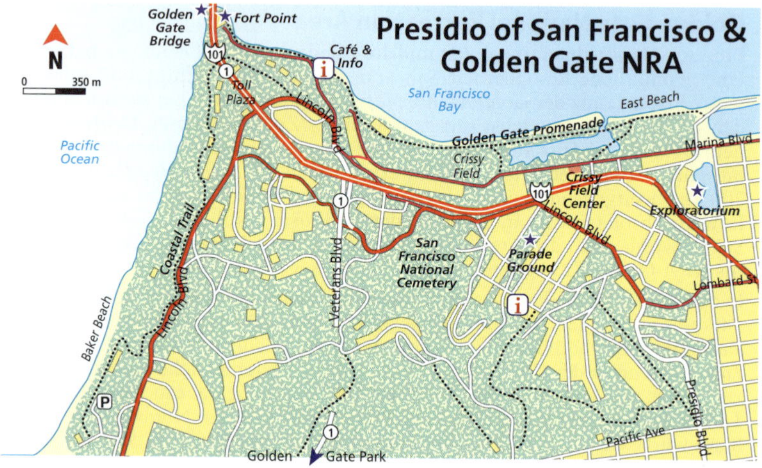

El Presidio

Der ***Scenic Drive*** (Lombard Street West geradeaus, wenn die #101 nach Norden abknickt und in die Richardson Ave übergeht) führt dagegen kurvenreich durch das parkartige Gelände ***El Presidio***, das schon von den Spaniern als Militästützpunkt genutzt wurde und später der 6. US-Armee als Hauptquartier diente. Man gelangt von der Lombard Street automatisch auf den Presidio Blvd und dann geradeaus weiter auf den **Lincoln Blvd**. Auf ihm passiert man am Südende des einstigen Paradenplatzes (*Parade Ground*) das ***Presidio Visitor Center***.

Fort Point

Den Abstecher Long Ave vom Lincoln Blvd (nach Unterfahren der #101) zur alten Befestigungsanlage ***Fort Point*** unterhalb der Auffahrt zur *Golden Gate Bridge* kann man leicht übersehen, ➤ oben. Der Blick aus der ungewöhnlichen Perspektive am Fuße der gewaltigen Brückenkonstruktion beeindruckt ebenso wie das Innere (nur Fr-So 10-17 Uhr) der heute innerhalb der *Golden Gate*

Einst exponiertes Fort Point, seit 1937 unter dem Bogen der Golden Gate Bridge

NRA als ***National Historic Site*** ausgewiesenen Befestigung, die niemals Kampfhandlungen sah.

Anfahrt Golden Gate Bridge

Zurück auf dem Lincoln Blvd muss man bei Ziel *Golden Gate Bridge* wieder aufpassen und vor der nochmaligen Unterführung unter die #101 nach rechts abbiegen hinauf zur *Toll Plaza* vor der Brücke. Dort befindet sich auch ein Parkplatz für alle, die die Brücke zu Fuß in Angriff nehmen möchten.

Wer dem *Scenic Drive* in Richtung Süden folgen will, bleibt weiter auf dem Lincoln Blvd und unterquert die #101, ➤ Seite 207.

Über die Brücke

Neben **sechs Autospuren** verfügt die Brücke über Fuß- und Radweg. Die **Brückenüberquerung zu Fuß** oder **Bike** (Verleih ➤ Seite 203) sei allen ans Herz gelegt, die eine Extrastunde dafür erübrigen können (bei Tageslicht, bei Dunkelheit nicht erlaubt). Vor der Zulassung als Passant/Biker steht ein *Security Check*; www.goldengatebridge.org/visitors.

75 Jahre Golden Gate Bridge www.goldengate.org

Die Einfahrt durch das »Goldene Tor« in die Bucht von San Francisco legte früh den Gedanken an eine Brücke nahe. Aber erst das 20. Jahrhundert sorgte für die technischen Voraussetzungen zur Überbrückung einer Meerenge von über zwei Kilometern Breite bei Wassertiefen von 30 m und mehr. Bis dahin gab es einen regen Fährverkehr zwischen San Francisco und dem Nordufer der Bucht. Wegen der plötzlich von See her einbrechenden Nebelwände kam es dabei häufig zu Havarien. Wer den »Seewolf« von *Jack London* gelesen hat, erinnert sich vielleicht, dass diese abenteuerliche Geschichte mit dem Untergang einer der *Golden Gate*-Fähren ihren Anfang nahm. Erst in den 1920er-Jahren begann man mit der konkreten Planung der Brücke und 1933 mit dem Bau.

Die *Golden Gate Bridge* wurde im Mai 1937 eingeweiht. Sie war damals die längste Hängebrücke der Welt und wartete mit weiteren Rekorden bezüglich der Höhe der die Kabelstränge tragenden Pylonen und der Unterwasserkonstruktionen auf. Die Gesamtlänge der Brücke beträgt 2737 m bei einer Spannweite zwischen den 227 m hohen Pfeilern von 1280 m. Die eine 27 m breite Fahrbahn (sechsspurig plus Fuß- und Radweg 67 m über der Hochwasserlinie) tragenden Kabel haben einen Durchmesser vom 92 cm. Die markante rote Farbe der Brücke geht auf das ursprünglich eingesetzte Rostschutzmittel Bleimennige zurück, die Erbauern und den *San Franciscans* derart gut gefiel, dass man für die später notwendigen Erneuerungsanstriche statt des üblichen Grau bei diesem Farbton blieb.

Bei strahlendem Wetter am Spätnachmittag erkennt man besonders von Aussichtspunkten in den *Marin Headlands* (➤ Seite 214), wenn die Brücke in gleißendem Rot und das Land in einem warmen Gelbbraun erstrahlen, den Ursprung der Bezeichnung *Golden Gate*. Aber auch an Tagen durchsetzten Wetters, wenn die orangeroten Pylonen aus dem Nebel hervorkommen und wieder verschwinden, ist der Blick auf die Brücke atemberaubend. Das kann auch bei einer Bootsfahrt der Fall sein, auf der man nur die Nebelhörner dröhnen hört und plötzlich die Brücke und ihre wolkenkratzerhohen Pfeiler zwischen den Schwaden erkennt. Mehr Details zur *Golden Gate Bridge* auf Deutsch unter http://de.wikipedia.org/wiki/Golden_Gate_Bridge.

Golden Gate Bridge/ Marin Headlands

Der bei guter Sicht immer äußerst betriebsame ***Viewpoint*** (mit *Fast Food Service* und Toiletten) auf der Nordseite des Goldenen Tors (ausgeschilderte Abfahrt nach der Überquerung) bietet bereits einen großartigen Blick auf die City von San Francisco, aber fürs »**Spitzenfoto**« gibt es noch bessere Positionen entlang der Zufahrt zu den ***Marin Headlands***: gleich hinter der Aussichtsterrasse verlässt man dazu die Autobahn (Alexander Ave nach Sausalito), unterquert sie aber sofort wieder nach links. Die linke Spur führt zurück auf die Brücke, **rechts** geht es auf der **Conzelman Road** steil den Hang hinauf. Von mehreren Halteplätzen entlang der Strecke fällt der Blick bei gutem Wetter durch und über das rote Wunderwerk auf die *Skyline* der City. Weitere Details zu den *Headlands* ➤ Seite 214

Toll

Nebenbei: Die **Brückenüberquerung kostet $6/Auto**, wird aber nur einmal auf der Südseite bei aus Norden kommenden Fahrzeugen kassiert. **Fußgänger/Radfahrer zahlen nichts.**

Abstecher zur Nordseite der Bay

Auf dieser Seite der Bay liegen mit **Sausalito**, **Tiburon** und der ***Angel Island*** hübsche Ziele für einen etwas ausgedehnteren San Francisco-Besuch. Bei ausreichender Zeit sind auch die *Redwood*-Bestände des ***Muir Woods National Monument***, ***Mount Tamalpais, Stinson Beach***, das »Aussteigerdorf« **Bolinas** und die ***Point Reyes National Seashore*** einen Abstecher wert, ➤ Seiten 218f.

Coastal Trail/ Golden Gate Strände

In San Francisco geht es weiter auf dem *Scenic Drive*: man folge weiter dem Lincoln Blvd, später dem Camino del Mar durch beste Wohnlagen oberhalb der Pazifikküste bis zum *Palace of the Legion of Honor*. Parallel zur Straße verläuft ein Fußweg, der ***Coastal Trail***, zunächst parallel zum Boulevard, dann bis zum *Cliff House* im Bereich *Land's End* hoch über dem Meer durch freies Gelände und weiter an Stränden und dem Great Highway entlang bis zu den Absprungdünen für Drachenflieger beim *Fort Funston*.

Nordende der Golden Gate Bridge im Nebel, fotografiert vom Hang der Marin Headlands aus, ➤ oben

Beachparks und baden?

Der Lincoln Blvd passiert zunächst die Zufahrten zum langgestreckten ***Baker Beach Park***, der eine kaum bekannte Perspektive für den Blick auf die *Golden Gate Bridge* bietet, und die kleinere ***China Beach***. Weder dort noch überhaupt am Pazifik im zentralen Kalifornien herrschen badefreundliche Wassertemperaturen. Lediglich Surfer halten es dank ihrer Neoprenanzüge im Wasser länger als ein paar Minuten aus.

Kunstmuseum

Im **Lincoln Park**, durch den sich die Route nach links wendet, liegt der ***California Palace of the Legion of Honor***. Der Palast ist dem gleichnamigen Pariser Vorbild nachempfunden und wurde 1924 zu Ehren der im 1. Weltkrieg gefallenen Kalifornier errichtet. Er beherbergt heute ein sehenswertes Kunstmuseum, das überwiegend europäische Werke ab dem Spätmittelalter zeigt, darunter Werke von *Rubens, Rembrandt und Picasso*. Stark vertreten sind Impressionisten wie *Manet* und *Renoir*; beachtlich ist die große Zahl der *Rodin*-Skulpturen; schon im Vorhof erwartet *Rodins* »Denker« die Besucher. Di-So, 9.30-17.15 Uhr, Ticket $10; es gilt am selben Tag auch fürs *de Young Museum*, ➤ Seite 209; www.famsf.org. Salate und gesunde Bio-Kost gibt's im **Restaurant** des Museums.

Vorhof des Palace of the Legion of Honor

Weitblick

Vom Portal des eindrucksvollen Bauwerks überblickt man die Parklandschaft und sieht – dieses Mal pittoresk von oben – die Einfahrt in die San Francisco Bay mit der *Golden Gate Bridge.*

Am hinteren Ende des Parkplatzes befindet sich ein kleines, aber sehr berührendes **Holocaust-Mahnmal**.

Cliff House

Nach dem Monument der Ehrenlegion erreicht man über den Geary Blvd/Point Lobos Ave das hoch über dem Strand der Ocean Beach und Pazifik gelegene ***Cliff House*** mit dem ***Sutro Seafood Restaurant*** und ***Bistro*** (beide nicht billig, aber unbedingt empfehlenswert bezüglich, Ambiente, Aussicht, Service und Qualität, besser reservieren: © (415) 668-1117, www.cliffhouse.com).

Seal Rocks

Der Küste vorgelagert sind dort die ***Seal Rocks***. Von einer Aussichtsplattform kann man die Seehundfelsen, die vor allem in den Monaten September bis Juni belebt sind, gut beobachten. *Ranger* der *National Recreation Area* informieren dort über Tier- und Pflanzenwelt dieses Küstenstrichs.

Zoo

Weiter führt der Rundkurs hinunter auf den *Great Highway*, der schnurgerade am breiten Strand der *Ocean Beach* entlangläuft und das Westende des *Golden Gate Park* passiert. Am Südende des Strandes befindet sich der Hagenbeck nachempfundene ***San Francisco Zoo*** mit einem erstklassigen Primatengehege (Gorillas und Orang-Utans), Koalas und Pinguinen. Auch ein Kinder-Streichelzoo ist vorhanden; 10-17 Uhr, Eintritt $10; Kinder 13-17 Jahre $6; www.sfzoo.org.

Drachenflieger

Südlichster Anlaufpunkt des *Scenic Drive* ist das zur *Golden Gate Recration Area* gehörende Gelände des einstigen ***Fort Funston*** mit Steilhängen über dem Ozeanstrand, die **Drachenfliegern** als Absprung- und Übungsgelände dienen. Vor und über einer Beobachtungsplattform demonstrieren *Hangglider*-Piloten dem staunenden Publikum gelegentlich aus nächster Nähe, was sich mit den bunten Fluggeräten so alles machen lässt.

Betrieb herrscht beim *Fort Funston* eher am späten Nachmittag und an Wochenenden, so das Wetter mitspielt. Denn über diesem Teil der Stadt hängt – wie bereits bemerkt – oft Nebel, selbst wenn jenseits der Hügel von *Haight Ashbury* und *Diamond Heights* die Sonne scheint.

Conservatory of Flowers im Nordosten des Golden Gate Park

Der Golden Gate Park

Kennzeichnung

Der rund 5 km lange, aber nur 800 m breite *Golden Gate Park* gilt als eine der ganz besonderen Sehenswürdigkeiten San Franciscos; www.golden-gate-park.com. Tatsächlich besitzt der Park durchaus hübsche Ecken, aber das hindurchführende, stark befahrene Straßennetz stört erheblich. Nur wenn **sonn- und feiertags** der Verkehr weitgehend unterbunden wird, zeigt der Park *Flair*. Eine ähnlich »farbige« Mischung seiner Besucher und ihrer Aktivitäten findet sich dann allenfalls noch in New Yorks *Central Park*.

Bikes mieten

Besonders an solchen Tagen lohnt sich der Besuch, idealerweise mit **Mietfahrrad** (z. B. *Stow Lake Bike & Boat Rentals* im Park; *Lincoln Cyclery*, 772 Stanyan Street, Ostabschluss des Parks, und *Golden Gate Park Bike & Skate*, 3038 Fulton Street, www.goldengateparkbikeandskate.com).

Anlaufpunkte: Büffel

Im **Westteil** befindet sich sogar ein **Büffelgehege** (*Bison Paddock*), aber für donnerndes Herumgaloppieren haben die zottigen Viecher zu wenig Platz. Die beiden **Windmühlen** in der Nordwestecke begeistern zwar Amerikaner, wirken aber auf europäische Besucher wenig sensationell. Die nördliche ***Dutch Windmill*** ist ein Geschenk der niederländischen Königin Wilhelmina, da darf ein Tulpengarten eben dieses Namens natürlich nicht fehlen.

Windmühle

Tulpengarten

Restaurant mit Brauerei

Von dort sind es keine 200 m zum ***Beach Chalet*** (1000 Great Hwy, © (415) 386-8439, www.beachchalet.com), einem beliebten, wiewohl nicht ganz billigen Restaurant (*Seafood*, Steaks) mit Strandaussicht, wo zudem mehrere Bierarten gebraut werden und sogar Düsseldorfer Altbier zu haben ist.

Gewächshaus

Anziehungspunkt im Osten ist das ***Conservatory of Flowers*** (Di-So 9-17 Uhr, Eintritt $7; www.conservatoryofflowers.org), ein nostalgisches Gewächshaus am Kennedy Drive.

Die alten Museen am ***Music Concourse*** unweit westlich des *Conservatory* machten enormen **Neukonstruktionen** Platz:

de Young Museum

Nach langer Bauzeit wurde das ***de Young Museum of Fine Arts*** erst 2007 eingeweiht. Schon architektonisch ist das riesige Kunstmuseum außen wie innen sehenswert. In erster Linie beeindrukken die Ausstellungen zur – im wesentlichen amerikanischen – Kunst des 20. Jahrhunderts, aber auch die Abteilungen zur *Native Art* der Amerikas und anderer Erdteile überzeugen. Geöffnet Di-So, 9.30-17.15 Uhr, Eintritt $10; Senioren $7; Jugendliche 13-17 $6. Ticket gilt am selben Tag auch fürs Kunstmuseum im *Palace of the Legion of Honor*; ➤ Seite 207; http://famsf.org/deyoung. Nach dem Kunstgenuss wartet eine große **Cafeteria** – an Gutwettertagen die Terrasse am angrenzenden **Skulpturenpark**.

Offene Cafeteria des de Young Museums, überdacht durch die ausladende rostbraune Struktur des avantgardistischen Baus

Aquarium und Science Museum

Der Ende 2008 eröffnete Neubau der ***California Academy of Sciences*** (vis-a-vis dem *Young Museum*) mit ***Steinhart Aquarium, Rain Forest*** und ***Planetarium*** benötigte rekordverdächtige sieben Jahre bis zur Fertigstellung. Rein architektonisch ist das scheinbar nur einstöckige Gebäude grandios. Die Präsentation seines Zentralthemas »Umweltschutz« fällt dagegen etwas ab; selbst der an sich gut gemachte »Regenwald« enttäuscht wegen der räumlichen Enge. Das Aquarium im Untergeschoss gehört nicht zur amerikanischen Spitzenklasse. Besser sind u. a. die Aquarien in Monterey und Long Beach, ➤ Seiten 318 bzw. 398.

Geöffnet Mo-Sa 9.30-17 Uhr, So ab 11 Uhr. Eintritt $25, 12-17 Jahre $20, Kinder unter 12 Jahre $15; www.calacademy.org. Der Eintritt liegt im üblichen Rahmen, ist aber fürs Gebotene hoch.

Teehaus

Im hübschen ***Japanese Tea Garden*** mit einem echten japanischen Teehaus (täglich 9-18 Uhr, Winter 16.45, Eintritt $5/Kinder $1,50-$3) kann man nach den touristischen Anstrengungen des Tages gut pausieren, ➤ www.japaneseteagardensf.com.

Boot mieten

Am **Stow Lake**, nur wenig westlich davon, warten Mietboote. Mit ihnen lässt sich der *Strawberry Hill* (mit künstlichem Wasserfall) umrunden. Dort befindet sich auch die Bikevermietung, ➤ oben.

Konzerte

Von April bis Oktober spielt die ***Golden Gate Park Band*** seit dem Jahr 1882 jeden Sonntag um 13 Uhr ein Potpourri aus populärer Klassik, Märschen, Broadway, Swing und mehr im sog. ***Bandshell*** des ***Spreckel's Temple*** am *Music Concourse* zwischen *de Young Museum* und der *Academy of Science*. Manches Bandmitglied sieht dabei so aus, als sei es von Anfang an mit von der Partie gewesen. Ein Erlebnis, das sich Sonntagsbesucher nicht entgehen lassen sollten.

Vom Golden Gate Park zurück in die City

Haight Ashbury

Unmittelbar **östlich des *Golden Gate Park*** unterhalb der schmalen Parkverlängerung ***Panhandle*** liegt der in Hippiezeiten (ab Mitte der 1960er-Jahre) als Hochburg der Bewegung berühmt gewordene, zugleich aber verschrieene Stadtteil ***Haight Ashbury***. Junge Menschen kamen mit Blumen im Haar von überall hierher, ganz wie es *Scott McKenzie* in seinem Song »*If you're going to San Francisco*« besungen hat. In den 1970er-Jahren wurde der

Traum von der Leichtigkeit des Lebens nach und nach zum Drogenalptraum, aber inzwischen ist alles wieder »normaler« und damit letztlich auch amerikanisch kommerzieller geworden. Viel blieb also nicht von der *Flower Power*, doch Reste der alten Blüte findet man noch im Bereich Haight/Ashbury Street in einer Reihe witziger Läden für psychedelische Souvenirs, Cafés mit Kaffeespezialitäten und gesunden Säften sowie Restaurants mit vegetarischer Kost. Auf den riesig großen Plattenladen bzw. CD-Shop ***Amoeba Music*** (www.amoeba.com) in der 1855 Haight Street wurde eingangs schon hingewiesen.

Nur drei Blocks vom *Golden Gate Park* entfernt steht in der 1665 Haight Street das oben empfohlene **Hotel *Red Victorian***, ➤ Seite 179, mit einem ***Peace Café***.

Die aus dem Fenster hängenden Damenbeine sind in Haight Ashbury ein beliebtes Fotomotiv

Twin Peaks

Der ***Scenic Drive*** führt vom *Golden Gate Park* auf etwas verschlungenen Wegen (Twin Peaks Blvd) zu den 300 m hohen ***Twin Peaks***, eine gute Meile südlich des Parks bzw. von Haight Ashbury. Die Aussicht von dieser höchsten Erhebung San Franciscos ist großartig. Auch wer nicht direkt den *Scenic Drive* abfährt, sollte den von der City relativ kurzen Abstecher dorthin unbedingt machen. Nicht empfehlenswert ist die Auffahrt indessen ab einbrechender Dunkelheit, auch wenn dann vielleicht ein Foto »San Francisco bei Nacht« lockt.

Mission

Auf der Fahrt von dort zurück in Richtung City (am besten zunächst über die Market Street) liegt die Wiege San Franciscos fast am Wege, die ***Mission Dolores*** (auch *Mission San Francisco de Asis* an der Ecke 16th/Dolores Street), ein eher schlichter Bau aus dem Jahre 1776, ➤ Foto Seite 167 und Kasten Seite 456.

Das mexikanisch angehauchte, aber insgesamt nicht sonderlich malerische **Viertel *Castro/Mission*** ist bis auf seine historische Bedeutung und zahlreiche Wandbilder eher weniger spannend.

Zumindest gilt das für alle Besucher, die sich nicht zur *Gay Community* zählen.

Murals

Im ***Mission District*** stößt man u.a. in der 19th Street zwischen Valencia und Guerrero Street, in der South Van Ness Ave/Ecke 22nd und in der 24th Street/Ecke Florida auch auf **sehenswerte Wandgemälde**. Wer sich näher dafür interessiert, schaut bei ***Precita Eyes Mural Arts*** vorbei (2981 24th Street) und bucht ggf. eine geführte Tour zu den Originalen. Eindrucksvolle Fotos der Wandbilder finden sich auf dem Portal www.precitaeyes.org.

Schwulenhochburg

Entlang der **Castro Street** schlägt das Herz des schwulen und lesbischen San Francisco. Die Ecke Market/Castro Street wurde nach dem ersten offen schwulen Lokalpolitiker San Franciscos, der 1978 zusammen mit Bürgermeister *Moscone* in der City Hall erschossen worden war, in ***Harvey Milk Plaza*** umbenannt.

Sehens- und erlebenswert ist das ***Castro Theater*** in der 429 Castro Street, © (415) 621-6129, www.castrotheatre.com), ein Kino mit Orgel, in dem regelmäßig Filmklassiker und Avantgarde in Originalsprache (oft auch Deutsch) auf die Leinwand kommen.

Abkürzung Scenic Drive/ Abschluss

Die Weiterführung des offiziellen *Scenic Drive* über die Dolores Street nach Süden und zurück über die I-280 nach *Downtown* leuchtet nicht ein. Von der *Mission Dolores* bzw. aus dem Bereich Castro nimmt man am besten die Dolores bzw. van Ness Ave nach Norden und schließtden Kreis der Rundfahrt über die Market Street in *Downtown* ab.

Anlaufpunkte westlich Downtown

In Frage kommen aber auch noch weitere Anlaufpunkte westlich von *Downtown*, so ab Haight Ashbury bzw. direkt ab *Golden Gate Park* der **Alamo Square** mit seinen *Painted Ladies*, ***Japantown*** und ***St. Mary`s Cathedral***:

Die Painted Ladies am Alamo Square

Painted Ladies

Egal, auf welcher Straße man zwischen *Golden Gate Park* und *Downtown* unterwegs ist, zum hochgelegenen **Alamo Square Park** und den bunt angemalten »Damen« geht's am besten auf der Steiner Street nach Norden. Die Häuser sind nicht zu verfehlen.

Japantown

Zwei Blocks westlich des Alamo Square verläuft die breite Webster Street. Gut eine halbe Meile nördlich erreicht man auf ihr ***Japantown*** (zwischen Geary Blvd und Post bis Fillmore bzw. Laguna Street). Der Bereich besteht im wesentlichen aus einem ***Shopping Center*** mit einigen reizvollen architektonischen Akzenten, darunter die auffällige ***Peace Pagoda***. Rund um die Friedenspagode finden an Sommerwochenenden folkloristische Veranstaltungen statt; www.sfjapantown.org.

St. Mary's und Holy Virgin Cathedral

Von der nur bedingt sehenswerten *Japantown* sind es bis zum modernen Marmorbau der ***St. Mary's Cathedral*** auf dem Geary Blvd je nach Ausgangspunkt nur zwei bis vier Blocks nach Osten. Diese Kathedrale kann Mo-Sa 9-12 Uhr und So nach Ende der 11 Uhr-Messse besichtigt werden (Spende); www.stmarycathedralsf.org. Wer sich für Kirchenarchitektur interessiert, wird auch die ***Holy Virgin Cathedral***, eine russisch-orthodoxe Basilica, eindrucksvoll finden, ebenfalls am Geary Blvd, aber weiter westlich (#6210). Leider ist das beachtliche Innere des Baus nur bei Teilnahme am Gottesdienst zugänglich; Zeiten unter http://sfsobor.com.

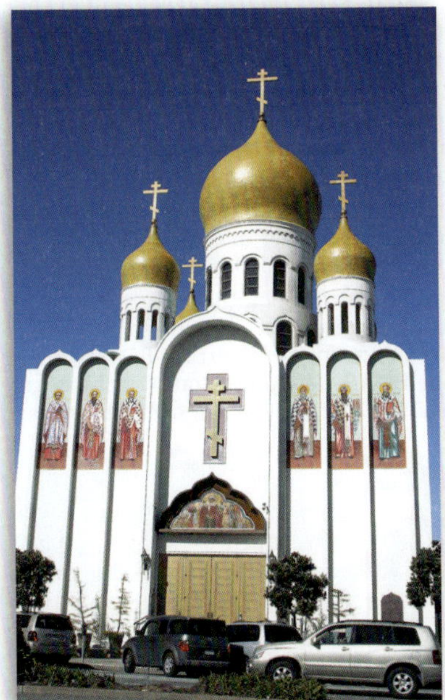

Holy Virgin Cathedral

Civic Center

Auf der Market Street passiert man unmittelbar östlich der Van Ness Ave das ***Civic Center***. Dort gruppieren sich die ***City Hall*** mit Säulenportal und einer dem Petersdom nachempfundenen Kuppel sowie Verwaltungsgebäude und Kulturtempel um eine zentrale, parkartige Plaza. Neben dem Rathaus verdienen außerdem das ***War Memorial Opera House*** und die Achitektur der ***Symphony Hall*** Interesse – beide liegen unverfehlbar an der Van Ness Ave (#101).

Asian Art Museum

Die *Civic Center Plaza* östlich der *City Hall* trennt das Gebäude des ***Asian Art Museum*** in der 200 Larkin Street. Es verfügt über eine außergewöhnlich große Sammlung asiatischer Kunstgegenstände, von denen immer nur ein Teil in der Ausstellung zu sehen ist. Geöffnet Di-So 10-17 Uhr, Do bis 21 Uhr (Februar-September); Eintritt $12, bis 17 Jahre $7, www.asianart.org.

1.1.4 Ziele nördlich der Golden Gate Bridge

Marin Headlands, Sausalito und Tiburon

Aussichts-route

Von den Aussichtspunkten jenseits der *Golden Gate Bridge* in den ***Marin Headlands*** war bereits die Rede (Abfahrt Alexander Ave von der #101 am Nordende der Brücke, dann – von San Francisco kommend – links unter der Autobahn hindurch und rechts halten; bei Anfahrt von Norden erst links und dann rechts halten). Folgt man der so erreichten **Conzelman Road** den Hang hinauf vorbei an den ersten *Viewpoints* weiter nach Westen, passiert man alte Batteriestellungen (Einbahnstraße) und gelangt schließlich zum ***Bird Island Overlook*** hoch über dem Pazifik. Ganz in der Nähe befindet sich der *Campground Bicentennial* (nur für max. 3 Zelte, ➢ Seite 181).

Zurück geht es – vorbei am ***Visitor Center***– auf der Field und dann Bunker Road. Die Stichstraße Mitchell Road führt ungefähr ab Besucherzentrum am Nordufer der ***Rodeo Lagoon*** entlang bis zum Parkplatz hinter *Fort Cronkhite* oberhalb der ***Rodeo Beach***. Hinunter ans Meer gelangt man auf kurzen ***Beach Trails***.

Bis zum 2. Weltkrieg standen auf den Höhen der *Marin Headlands* Küstenbatterien und im Kalten Krieg Nike-Flugabwehrraketen. Die Abschussrampe SF 88 kann sogar noch besichtigt werden: www.nps.gov/goga/nike-missile-site.htm.

Hostel

Unweit des *Visitor Center* steht das ***Marin Headlands-Golden Gate International Hostel***, ein preiswerter Ausgangspunkt im Grünen für San Francisco-Besuche, ✆ (415) 331-2777, Bett ab $24.

Sausalito

Hinter einem langen Tunnel stößt man bei Rückkehr von diesem Abstecher wieder auf die Alexander Ave. Sie führt in Richtung Nordosten nach Sausalito hinein, einem Vorort für Besserverdienende, der mit der größten **Yachthafenkonzentration** der Bay gesegnet ist. Die Durchgangsstraße Bridgeway, an der sich eine an

Dicht an dicht liegen in Sausalito »normale« Hausboote neben kreativen Eigenkonstruktionen der Besitzer

Yachtsport- und ***Aprés Sail***-Bedürfnissen orientierte Infrastruktur drängt, verläuft gleich hinter den Marinas. Eine Sausalito-Besonderheit ist die am Nordende des Ortes verankerte **Armada von Hausbooten**. Ordnungsgemäß vertäut an endlosen Stegen dümpeln dort neben vielen simplen Schwimmhäusern eigens fürs Wasser konzipierte Luxusvillen und auf Flöße oder alte Schuten gesetzte Fantasiekonstruktionen.

Essen und Trinken

Die Hafenluft macht Appetit; für mehr als als *Fast Food* sind gut

- ***Saylors Restaurant & Bar***, 2009 Bridgeway, © (415) 332-1512
- ***Winship Restaurant***, 670 Bridgeway, © (415) 332-1454
- ***Scoma's Restaurant***, 588 Bridgeway auf einer eigenen Pier über der Bucht, © (415) 332-9551, www.scomassausalito.com, *Seafood* und Steaks, italienisch orientierte Küche; hochpreisig

In Sausalito warten zahlreiche originelle Läden auf Kunden; hier ein Shop voller Kunstwerke aus Glas

Bay Model

Für technisch Interessierte ist das ***Bay Modell*** des *U.S. Army Corps of Engineers* ein Leckerbissen, 2100 Bridgeway Blvd, Zufahrt ausgeschildert. Die Bucht von San Francisco mit allen Nebenarmen und Zuflüssen wurde in einer riesigen Halle maßstabsgerecht nachgebildet, um den Effekt von Ebbe und Flut zu simulieren. Ein 24-Stunden-Rhythmus wird dort in 14 min mit 500.000 Litern Wasser nachvollzogen. *Visitor Center* im Sommer Di-Fr 9-16 Uhr, Sa+So 10-17 Uhr, sonst Di-Sa 9-16 Uhr. Kein Eintritt. Ob und wann im Modell Wasser fließt, erfährt man unter © (415) 332-3871 oder unter www.spn.usace.army.mil/bmvc.

Blick auf einen Teilbereich des San Francisco Bay Model

Tiburon

Den noch einige Meilen weiter nördlich gelegenen **Nobelvorort Tiburon** erreicht man über die #101 und den gleichnamigen Boulevard (zugleich Straße #131, Abfahrt #447). Noch ca. 5 mi sind es bis zum kleinen Zentrum mit Fußgängerzonen an der Bucht Belvedere Cove. Am Yachthafen warten hübsche **Restaurantterrassen**. Dort legt auch die Fähre nach San Francisco und zur gegenüberliegenden ***Angel Island*** ab, in Gänze einem ***State Park***, in dem man mit Weitblick auf San Francisco wandern, joggen und *biken* (*Bike Rental* vor Ort) und sogar campen kann, ➢ Seite 181.

Die **Angel Island-Fähre** kostet $13,50 retour inkl. Eintritt in den *State Park* (Kinder 6-12 $11, 3-5 $4), nach San Francisco $15 (*Wharf* und *Ferry Building*). Sie ersetzt glatt eine Bayrundfahrt. **Indessen**: Bei knapper Zeit sollte man einen Abstecher bis Tiburon nicht unbedingt ins Auge fassen, da reicht auch Sausalito.

Übers Muir Woods NM und die Point Reyes NSS bis Bodega Bay

Muir Woods

Die Küstenstraße #1 nach Norden, der *Shoreline Highway*, separiert sich oberhalb von Sausalito bei Marin City wieder vom *Freeway* #101. Auf ihm verlässt man die Autobahn und biegt nach ein paar Meilen auf den *Panoramic Highway* ab und folgt der Ausschilderung zum ***Muir Woods National Monument***. Dort gibt es einen kleinen ***Redwood*-Bestand**, dessen Besuch zum festen Programm aller größeren Stadtrundfahrten gehört. Wer keine Gelegenheit hat, die weit eindrucksvolleren *Redwood*-Haine in Nordkalifornien oder weiter südlich kennenzulernen (➢ z.B. Exkurs Seite 310), sollte unbedingt erwägen, *Muir Woods* einen Besuch abzustatten (Eintritt $3).

Muir Woods per Bus

Man kann *Muir Woods* zwischen *Memorial* und *Labor Day* an Wochenenden und Feiertagen sogar mit öffentlichen Verkehrsmitteln erreichen: Die Buslinien #70 und #80 fahren generell im

Redwoods und Sequoias

Ernst-Georg Richter

Nur (noch) in Kalifornien gibt es die Baumgiganten, die vor Millionen von Jahren weltweit zu finden waren. Vor Ankunft der weißen Siedler existierten entlang der zentral- und nordkalifornischen Küste riesige *Redwood* Wälder und in der Sierra Nevada große Areale voller *Sequoias*. Nach einem beispiellosen Raubbau ab Mitte des 19. Jahrhunderts verblieben fast nur noch die heute geschützten kleinen Restbestände beider Mammutbaumarten in *National* und *State Parks*. Bei aller Ähnlichkeit in Farbe und Oberfläche der dicken nur schwer entzündbaren und insektenresistenten Rinde sowie der Eigenschaft »immergrün« unterscheiden sie sich doch erheblich.

Die noch nicht uralten ***Redwoods*** ähneln in ihrer Struktur und im Nadelbild Douglasfichten (*Douglas Fir*), die im nebelfeuchten Klima der nordamerikanischen Pazifikküste ebenfalls erstaunliche Höhen bis zu 80 m erreichen. Dasselbe Klima lässt *Redwoods* bis zu 110 m hoch werden, wenn sie ein Alter von tausend und mehr Jahren haben. Die höchsten Exemplare findet man heute im Bereich der ***Avenue of the Giants***, ca. 230 mi nördlich von San Francisco, und im ***Redwood National Park*** noch einmal 100 mi weiter auf der #101. Sie haben am Fuß einen Durchmesser von bis zu 7 m und ein tiefreichendes Wurzelwerk. Oft stehen sie dicht nebeneinander und bilden dann schattige *Redwood*-Haine. Der Bestand in ***Muir Woods*** hat nur ein mittleres Alter; der höchste Baum misst dort 78 m.

Drei Sequoias, in ihrer »Jugend« von Redwoods kaum zu unterscheiden

Den ***Sequoias*** bekommt das trockene Klima an den (überwiegend) Westhängen der Sierra Nevada in Höhen von 1500 m bis 2000 m besser. Sie entwickeln nach der »Jugendphase« von ein paar hundert Jahren, in denen sie sich von den *Redwoods* noch nicht so sehr unterscheiden, einen extrem dicken immer höher werdenden astfreien Stamm, der erst weiter oben bis zur Spitze vergleichsweise kurze wie verstümmelt wirkende Äste austreibt (aber bis zu 2 m dick am Ansatz). Das Grün vor allem der älteren Bäume wirkt dürftig und ist weit weniger dicht als das der *Redwoods*.

Dennoch sind *Sequoias* die eindrucksvollere Baumart: Die Durchmesser von bis zu zwölf Metern am Boden (*General Sherman Tree* im *Sequoia National Park*, ➤ Seite 418, außerdem 416 und 423) lassen sie daher bombastischer erscheinen als ihre Küstencousins. Mit maximalen Höhen bis zu 84 m sind aber selbst die mächtigsten Exemplare kürzer als die älteren *Redwoods*.

Entwurzelte Sequoia als Kletterplatz

Aus touristischer Sicht macht auch der größere Abstand untereinander die *Sequoias* attraktiver. Er resultiert aus dem enormen Radius, den das flache kaum über einen Meter tiefe Wurzelwerk beansprucht. Daher lassen sich die besten Exemplare prima fotografisch festhalten, mit oder ohne Partner oder Familie als Vergleichsmaßstab. Gute Fotos von *Redwoods* zu schießen, welche die ebenfalls ziemlich eindruksvolle Realität wiedergeben, ist dagegen schwierig.

30-min-Wechsel bis **Marin City** ($4 *one-way*). Dort steigt man (nur an besagten Tagen) um in den ***Muir Woods Shuttle*** ($3,50 retour; erster Bus ab Marin City 9.30 Uhr, letzter Bus zurück19.00 Uhr); www.goldengate.org/news/transit/muirwoods.php.

Mount Tamalpais

Vom Nationalmonument geht es (zurück auf dem *Panoramic Highway*) weiter nordwestlich zum ***Mount Tamalpais State Park*** und von dort ggf. weiter auf der Pan Toll Road und dem Ridge - crest Blvd bis zum Ostgipfel des *Mount Tamalpais* (ca. 800 m). Eine grandiose **Aussicht** hat man von der Höhe selbst oder sogar gerade dann, wenn der typische Nebel über der *Golden Gate Bridge* und *San Francisco Bay* liegt. Weiße Wolkenberge unterhalb des Beobachters und die ferne Stadt in der Sonne sorgen oft für ein phänomenales Panorama.

Campen ist auf dem kleinen Platz am *Panoramic Highway* nur mit Zelt möglich ($25). Auf dem Parkplatz sind aber **Campmobile** über Nacht zugelassen, ➤ Seite 181.

Nach Stinson Beach

Mit oder ohne Stop an den *Redwoods* oder Fahrt auf den *Mount Tamalpais* ist bei Weiterfahrt in Richtung Stinson Beach der ***Panoramic Highway*** die beste Route für eine Hinfahrt. Zurück nimmt man dann die in diesem Sektor und dieser Fahrtrichtung spektakuläre #1 (Shoreline Highway).Von den Serpentinen hoch über dem Pazifik fällt der Blick auf die ***Skyline*** von San Francisco.

Stinson Beach mit allen Einrichtungen fürs Badeleben gilt als **der Strand** von San Francisco. An Schönwetter-Wochenenden baden dort Tausende in der Sonne und Abgehärtete sogar im Wasser. Besonders beliebt ist *Stinson Beach* in der Homosexuellenszene.

Bolinas

Wenige Meilen weiter nördlich am südlichen Rand der *Point Reyes National Seashore* liegt **Bolinas**, ein bis heute als solches noch erkennbares Dorf der **Alternativkultur** aus der Zeit der *Flower Power*-Bewegung (ca. 1 mi von der #1, jeder Hinweis an der Zufahrt Oleme-Bolinas Road ab dem nördlichen Ende der Lagune hinter Stinson Beach fehlt). Das hübsche Dorf zwischen Wald, Hügeln und Meer wird nach wie vor von Leuten bewohnt, die ein Leben etwas **außerhalb des *American Way of Life*** bevorzugen. Westlich des Ortes befindet sich im ***Agate Beach County Park*** der **beste Strand** weit und breit.

Point Reyes National Seashore

Die ***Point Reyes National Seashore*** gilt als ein Mekka der Ornithologen. Von **Olema**, auf dem Shoreline Highway #1 gut 15 mi nördlich von Stinson Beach, sind es noch 2 mi zum ***Bear Valley Visitor Center*** mit einem Informationsprogramm zu Flora und Fauna des Parks und zur **Erdbebenproblematik** der Region, verursacht durch die Nähe des St. Andreas Grabens, ➢ Seite 304.

Ein kurzer ***Trail*** führt zur Bruchlinie des Bebens von 1906, lange Wanderwege und einige Stichstraßen zu Steilküsten und endlosen Sandstränden (und ***Walk-in Campgrounds***, ein *Coast Camp* befindet sich in Parkplatznähe).

Wind, häufiger Nebel und die niedrigen Wassertemperaturen sorgen dafür, dass sich der Besucherstrom an den Küsten von *Point Reyes* in Grenzen hält. Einsamkeitsfans erfahren mehr unter www.nps.gov/pore und im **RKH-Titel »USA Südwesten, Natur und Wandern«** mit einem ausführlichen Kapitel auch zur *Point Reyes National Seashore*, ➢ Titel des Verlages auf den letzten Buchseiten.

Einzige Unterkunft im Park ist das ***Point Reyes Int'l Hostel***, © (415) 663-8811, Bett $20. In **Olema** gibt es *Lodges* und *Motels*.

Der ***Samuel Taylor State Park,*** einige Meilen landeinwärts von Olema auf dem Sir Francis Drake Boulevard, besitzt einen schön gelegenen *Campground* für Zelte und Campmobile ($35).

Ein guter Platz ist auch der ***Olema Ranch Campground*** an der #1, ✆ (415) 663-8106; www.olemaranch.com, ($30-$58).

Bodega Bay wurde einst berühmt durch den Hitchcock-Horrorfilm »Die Vögel«

Weiter bis Bodega Bay

Rund 30 mi sind es auf der hier zunächst malerisch an der Tomales Bay entlang laufenden Straße #1von Olema nach Bodega Bay. Der Ort liegt am ***Bodega Harbor***, einer Bucht, die durch eine lange Sandnehrung vor den Wellen des Pazifik geschützt wird und nur über eine schmale Ausfahrt verfügt.

Bodega Bay wurde einst durch den Hitchcock-Film »Die Vögel« bekannt (beachtliche Website www.filminamerica.com/Movies/TheBirds), ist aber sonst eher durch Fischerei- und Yachthäfen wie einige tolle Strände gekennzeichet. Die um die Bucht führende Westshore Road endet an der *Sonoma Coast State Beach* mit einer pittoresken Sandbucht am Pazifik; der Abzweig zum *Marine Laboratory* führt auch zu einer schönen Strandbucht.

Camping/ Quartiere

Von den **Campingplätzen** ist der ***Doran City Park*** auf der sandigen Nehrung unschlagbar: www.sonoma-county.org/parks/pk_doran.htm. Unter www.bodegabay.com findet man schöne Unterkünfte rund um die Bucht.

Von Bodega Bay zur #101

Von Bodega Bay lässt sich via Jenner (Straße #1) und die streckenweise sehr schön am Fluss entlang geführte Straße #116 durch die Region **Russian River Valley** eine Verbindung zur Autobahn #101 zurück nach San Francisco oder auch in die Weingebiete Sonoma und Napa Valley herstellen, ➤ Exkurs, speziell Seite 228.

Exkurs: In die Weinanbaugebiete nördlich von San Francisco

Vorbemerkung

Wer nach gelesenen, gehörten oder im Fernsehen gesehenen Neugier weckenden Berichten über die **Region Napa Valley** mit dem Gedanken spielt, einen Besuch in diesem wichtigsten Weinanbaugebiet Kaliforniens nördlich der Bucht von San Francisco in seine Reise einzubauen, sollte Folgendes wissen:

Weder das Napa Valley, das häufig als Synonym für die gesamte Region benutzt wird, noch die umliegenden Gebiete bieten – ungeachtet einiger punktueller Highlights – landschaftlich Herausragendes. Speziell bei begrenzter Zeit in Kalifornien dürfte mancher Besucher aus Europa leicht enttäuscht werden, es sei denn, eigene Weinkennerschaft und -begeisterung lassen diesen Aspekt in den Hintergrund treten. Aber auch bei starkem Interesse am kalifornischen Wein muss bedacht werden, dass

- es in Kalifornien keine romantischen Weindörfer mit ebensolchen Lokalen und Nostalgiekellern gibt, in denen man nach dem Genuss lokaler Spezialitäten noch bei einem Schoppen Wein den Abend gemütlich ausklingen lassen kann.
- die meisten *Vineyards* moderne Produktionsbetriebe sind mit schlichten Probierstuben (bestenfalls im europäischen Stilverschnitt) und begrenzten Öffnungszeiten (10-17/18 Uhr) fürs rationell abgewickelte *Winetasting* zu $-Pauschalen.
- in den Orten oder zwischen Ortschaften und Weingütern bzw. zwischen einem Restaurant und Quartier kaum die Möglichkeit besteht, mal einen Bummel zu Fuß zu machen oder nach Alkoholgenuss einfach das Auto stehen zu lassen, weil die gebuchte Unterkunft nicht weit ist (am ehesten noch im attraktiven Städtchen Calistoga).

Bei knapper Reisezeit wäre immer zu überlegen, ob nicht andere Ziele höhere Priorität verdienen.

Lage und Anfahrt

Region

Das Weingebiet liegt je nach Ziel und Anfahrtroute nur eine gute ein bis zwei Autostunden nordöstlich von San Francisco. Aber eigentlich sollten Weinliebhaber gar nicht mit dem Auto dorthin fahren. Hat man aber einen Freiwilligen, der Zurück - haltung bei den Weinproben gelobt und den Fahrdienst übernimmt, steht einem Ausflug mit eingebauter Verkostung nichts im Wege. Oder man plant die Übernachtung gleich mit ein.

Anfahrt mit dem Auto

Je nach dem, was im Rahmen oder nach der Besichtigung San Franciscos näher liegt, kann man sowohl über die ***Golden Gate*** oder die ***Bay Bridge*** anfahren. **Von der #101 North** geht es über die Ausfahrt 460A auf die Straße #37 und nach Überquerung des Petaluma River auf der #121 weiter in die beiden Zielgebiete. Durchs **Sonoma Valley** führt dann die Straße #12 North, durchs **Napa Valley** die Straße #29 North. Wer die ***Bay Bridge*** wählt, fährt am besten auf der I-80 bis zur Ausfahrt 33 und nimmt dann die #37 nach Westen vorbei am *Amusement Park Discovery*

1

Kingdom & Marine World in Vallejo, ➤ Seite 237. Die Straße #29 führt wie beschrieben nach und durch **Napa**, die Straße #121, dann #12 rund 20 mi weiter westlich nach und durch **Sonoma**.

Alternative Anfahrten via #101

Wer sich bei einer Fahrt in das Gebiet nicht auf die südlichen San Francisco nächsten Bereiche beschränken möchte, sollte erwägen, eventuell im Norden anzufangen, d.h., auf der Autobahn **#101 bis Santa Rosa oder sogar bis Geyserville** zu fahren und von durchs Sonoma bzw. Napa Valley nach Süden. Auf der #101 erreicht man auch am schnellsten die Regionen **Russian River Valley** und etwas nördlicher **Dry Creek Valley**. Das Tal des Russian River zieht dank des klaren Flusswassers und -stränden vor allem an Wochenenden und in den Schulferien Familien mit Kindern an, die dort campen, baden und Wassersport betreiben: River Road oder Westside Road und ab Guerneville Straße #116. Die Infrastruktur entspricht dem und ist weniger »edel« als in den bekannteren Anbaugebieten, aber auch preiswerter.

Verbindung Pazifikküste und Sonoma Valley

Wer die ***Point Reyes Nat'l Seashore***, mehr noch **Bodega Bay** besucht (➤ vorstehendes Kapitel), könnte erwägen, über Jenner (am Straßendreieck #1/#116) durchs Russian River Valley zu fahren und auf der #12 von Norden nach Sonoma, also ein eher raues Naturerlebnis mit einem Abstecher in die Weinkultur Kaliforniens zu verbinden (aber Achtung, die Straßen #1 und #116 sind kurvenreich und zeitraubend).

Öffentlicher Transport

Sowohl Napa als auch Sonoma sind **per Bus ab San Francisco** gut zu erreichen (*Baylink Bus* #200 mit 12-14 Abfahrten täglich nach Vallejo $13,50 *one-way*/$24 *day pass* wie die Fähre). Sogar ein **Expressbus ab Airport** fährt mehrfach täglich direkt zu diesen Zielen, kostet aber $30 *one-way* für die 60-80-min-Distanz.

Von Vallejo, Napa oder Sonoma geht es weiter mit den Bussen der ***Gesellschaften Napa Valley VINE*** (www.nctpa.net), die auch eine Verbindung mit dem Fährterminal in Vallejo herstellen (*Route* #10; Personenfähre ab *Ferry Building* am Embarcadero in

Typisches Aussehen der Weinfelder im Bereich Napa Valley

San Francisco ca. alle 120 min, one-way $13,50, Tagespass $24) und/oder ***Sonoma County Transit*** (www.sctransit.com). Beide Linien verbinden aber nur die Ortschaften miteinander und haben kaum Stopps in der Nähe von Weingütern.

Die **Alexander**, **Dry Creek** oder **Russian River Valleys** per öffentlicher Verkehrsmittel zu erreichen, ist mühsam und ohne große Probleme nur bis Santa Rosa/Healdsburg/Geyserville möglich.

Wine Train

Sollten Sie unterwegs auf der Straße #29 die parallelen Schienen bemerken oder sogar dem ***Napa Valley Wine Train*** begegnen: dieser Zug ist eine reine Ausflugsbahn mit Restaurantcharakter, die sich 25 mi hin und zurück zur *Lunch-* und *Dinnertour* durchs Tal bewegt. Stopps sind nicht vorgesehen, man bleibt im Zug und genießt die – nicht sonderlich aufregende – Aussicht, das Gourmet-Menu und natürlich Weine aus dem Napa Valley. Für mindestens $99 pro Person – je nach Tour – ist man dabei, weitere Details unter www.winetrain.com.

Napa und Alexander Valley

Klima

In der sanften Hügellandschaft von Napa und Sonoma weht ein anderer Wind als auf der Halbinsel jenseits der Bucht: Im Sommer wird es dort ziemlich heiß und trocken, und es wimmelt besonders an den Wochenenden von Besuchern. Frühling und Herbst, dabei die Wochentage, sind bessere Besuchszeiten.

Weinanbau

An der Straße 29 liegen nicht nur die bekannten Hauptorte des Weinanbaus **Napa** und **St. Helena** und schließlich weiter nördlich **Calistoga**, sondern eine ganze Reihe von kleineren Orten, die sich alle auf kalifornischen Weinetiketten wiederfinden. Der Weinanbau setzt sich nördlich von Calistoga fort (nun im **Alexander Valley**, durch das die Straße #128 und die Autobahn #101 führen). Westlich der #101 liegt das **Dry Creek Valley** mit weiteren Weingütern entlang der Dry Creek und West Dry Creek Roads unterhalb des hoch gelegenen Stausees Lake Sonoma.

Weingüter

Die ersten ausgedehnten Weinfelder und einige Weingüter passiert man schon in der Ebene südlich von Napa. Nördlich von Napa geht es dann aber richtig los, u. a. mit einem der *Big Player* des kalifornischen Weinbaus, der ***Robert Mondavi Winery*** (7801 St. Helena Hwy= Straße #29, Touren und Weinproben tägl. 10-17 Uhr, ✆ 1-888-766-6328, www.robertmondavi.com). Das Stammhaus dieser Firma im spanischen Kolonialstil ist meist stark besucht. Neben Führungen und Weinverkostungen gibt es dort regelmäßig auch Konzerte und andere kulturelle Veranstaltungen.

Silverado Trail

Weniger bekannt und besucht, aber bezüglich ihrer Weinqualität nicht minder gut sind die Winzerbetriebe an der vielleicht attraktivsten Straße im Napa Valley, dem zwischen Napa und Calistoga parallel zur #29 verlaufenden ***Silverado Trail*** (www.silverado trail.com) mit über 40 Weingütern; dort begann einst das kalifornische »Weinwunder«, ➤ Seite 229.

Weinkeller mit Eichenfässern für Rotwein bei Mondavi

Rutherford

Zu den ältesten Weingütern gehört das angesehene ***Beaulieu Vineyard*** bei Rutherford (1960 St. Helena Hwy = Straße #29, Probierstube tägl. 10-17 Uhr, © 1-800-373-5896, www.bvwines.com).

Restaurants

Es gibt viele gute und dann nicht billige **Restaurants**, so das

- ***Royal Oak Steakhouse*** im ***Silverado Resort*** (1600 Atlas Peak Road, Napa, © (707) 257-0200, www.silveradoresort.com).

Erschwinglicher sind

- ***Boon Fly Cafe***, 4048 Sonoma Hwy (#12/#121) westlich von Napa im *Carneros Inn*, © 1-888-400-9000, www.thecarnerosinn.com), populär für Frühstück und *Lunch*
- ***Café Society***, 1000 Main Street, Napa, © (707) 256-3232, mit Pariser Touch und Bistroküche

Unterkunft

Wer über Nacht bleiben möchte, findet im Napa Vallley neben den Häusern der Motelketten auch gute unabhängige **Quartiere** vor allem ab oberer Mittelklasse. Zu ihnen gehören die ***B&Bs***

- ***La Belle Epoque***, 1386 Calistoga Ave, Napa, © (707) 257-2161, www.labelleepoque.com, tolles Nostalgiehaus ab $179
- ***The Napa Inn***, 1137 Warren Street, Napa, © 1-800- 435-1144, www.napainn.com; auch ganz hübsch, ab $179)

St. Helena

St. Helena strahlt Wohlstand aus, ist grün, sauber und aufgeräumt. In der Stadt steht mit dem Domizil des ältesten Weinguts des Napa Valley, ***Beringer Vineyards***, ein richtiges »Weinschloss« (2000 Main Street, täglich 10-17 Uhr). Bereits 1876 begannen dort die deutschen Einwanderer *Jakob* und *Friedrich Beringer* mit dem Weinanbau nach dem Vorbild ihrer rheinischen Heimat.

Camping

Einen prima *Campground* hat der ***State Park Bothe-Napa Valley*** (www.parks.ca.gov/?page_id=477) mit Plätzen am Richey Creek (Straße #29/#128 zwischen St. Helena und Calistoga).

Calistoga

Calistoga ist schick und aufgepeppt wie kein anderes Städtchen weit und breit: www.calistogafun.com. Es besitzt eine Reihe heißer Quellen und Schlammbäder (***Hot Springs & Spas***; www.calistogaspa.com) und als Sehenswürdigkeit den ***Old Faithful Geyser*** (unverfehlbar ausgeschildert), der alle 30-40 min eine Heißwasserfontäne bis 20 m Höhe ausbläst. Das dürfen aber nur Ticketkäufer sehen ($10!, Kinder $3).

Old Faithful Geyser in der Nähe von Calistoga

Restaurants

- ***Bosko's Trattoria***, 1364 Lincoln Ave, Calistoga, © (707) 942-9088, www.boskos.com; Pizza und italienische Küche
- ***Pacifico Restaurante***, 1237 Lincoln Ave, Calistoga, © (707) -942-4400, mexikanische Küche

Quartiere mit Spa

Hotels mit Spa und (teuren) Massageangeboten sind das

- ***Calistoga Village Inn***, 1889 Lincoln Ave, Calistoga, © (707) -942-0991, www.greatspa.com, ab ca. $109
- ***Euro Spa & Inn***, 1202 Pine Street, Calistoga, © (707) -942-6829, www.eurospa.com, ab $117

Mehr und detailliertere Infos zu allen Orten des Napa Valley finden sich im Internet unter www.napavalley.com.

Alexander Valley

Geyserville ist der Versorgungszentrum des Alexander Valley, das nördlich an den Bereich Napa Valley grenzt. Die meisten der hier weniger nah beieinander liegenden Weingüter findet man unweit der Straße #128 zwischen Calistoga und Geyserville. Infos dazu unter www.alexandervalley.org

Sonoma und Russian River Valley

Zur Region

Die Anfahrt ins weiter westliche **Sonoma Valley** zwischen dem Städtchen gleichen Namens und Santa Rosa wurde ebenfalls bereits beschrieben. Es ist im Allgemeinen nicht so stark besucht wie das Napa Valley, obwohl das Tal und seine Orte mehr fürs

Auge bieten. Das gilt erst recht für das **Russian River Valley** zwischen Santa Rosa/Healdsburg und Guerneville/Sebastopol.

Sonoma

Im Städtchen **Sonoma** existierte 1846 für einen kurzen Monat das Kuriosum der ***Bear Flag Republic***: Aufgebrachte Kalifornier hatten gegen mexikanische Willkür aufbegehrt und die Flagge mit dem Grizzly gehisst, die dann später zur offiziellen kalifornischen Staatsfahne wurde.

Im Jahr 1857 pflanzte der ungarische Graf *Agoston Haraszthy* nicht weit von Sonoma die ersten Reben in dieser Region auf dem Gelände der heutigen ***Buena Vista Historical Winery*** (18000 Old Winery Road nordöstlich des Ortes, täglich 10-17 Uhr, © 1-800-926-1266, http://buenavistacarneros.com/historic-winery).

Jack London

Der Schriftsteller *Jack London* verbrachte seinen Lebensabend im Sonoma Valley. Sein Grundstück und ehemaliges Haus bilden samt seiner Grabstelle (1916) nun den ***Jack London Historic State Park*** (2400 London Ranch Road westlich von Glen Ellen, geöffnet 10-19 Uhr, **Museum** 10-17 Uhr, Eintritt/Parkgebühr $8,00).

Die Peanuts

Wem im Sonoma Valley außer Weingenuss und hübscher Landschaftauch noch der Sinn nach den Comic-Helden ***Charlie Brown*** und ***Snoopy*** steht, könnte in **Santa Rosa** das ***Charles M. Schulz Museum*** besuchen. Dort hat man dem Vater der ***Peanuts*** ein Denkmal gesetzt (2301 Hardies Lane, Mo-Fr 11-17 Uhr, Sa+So ab 10 Uhr, www.schulzmuseum.org, Eintritt $10, Kinder $5).

Weingüter Sonoma

Die aus Italien eingewanderte Winzerfamilie ***Sebastiani***, einer der bekanntesten Namen unter den kalifornischen Weinproduzenten, keltert auch schon seit über hundert Jahren in Sonoma (389 4th Street bei der Sonoma Plaza, täglich 11-17 Uhr, © 707-933-3230; www.sebastiani.com).

Bei der ***Ravenswood Winery*** (18701 Gehricke Road in Sonoma nördlich von *Sebastiani* via 4th und Brazil Street, tägl. 10-16.30 Uhr, © (707) 933-2332; www.ravenswoodwinery.com), Zinfandel-Spezialisten, darf man sich unter dem schönen Motto »*No wimpy wines!*« seinen eigenen Mix aus drei Sorten zusammengießen und als eigene Kreation mit nach Hause nehmen: Kostenpunkt dafür aber immerhin $50, nur Fr und Sa 11 Uhr.

Kenwood

Das **Weingut *Kenwood*** liegt 9 mi südöstlich von Santa Rosa in besonders schöner Umgebung bei Kenwood an der Straße #12 (9592 Sonoma Hwy/Ecke Warm Springs Road täglich 10-16.30 Uhr, © (707) 833-5891; www.kenwoodvineyards.com).

Essen und Trinken

Kalifornische Küche bieten in bzw. bei **Glen Ellen** das

- ***Wolf House Restaurant*** mit Terrasse am Creek als Teil der *Jack London Lodge*, ➤ unten, 13740 Arnold Dr, ✆ (707) 938-8510
- ***Glen Ellen Inn Restaurant*** auf höherem Niveau ebenfalls als Teil eines Hotels, 3670 Arnold Drive, ✆ (707) 996-6409

In Sonoma residiert das

- ***The Estate Restaurant*** in einem wunderbaren alten Gebäude mit umgebender Gartenanlage in der 400 West Spain Street, ✆ (707) 933-3663); italienisch inspirierte Küche.

Und wer das Thema Wein nicht mehr hören kann, geht in

- ***Murphy's Irish Pub*** auf ein *Guiness* und *Irish Folk Music* (Di und Do-So), 464 First Street East, ✆ (707) 935-0660).

Übernachtung

In **Sonoma** nicht kettengebunden sind

- ***El Dorado Hotel***, ein stilvoll eingerichtetes kleines Haus im Zentrum mit **Restaurant *The Kitchen*** (mit Terrasse ohne Plastik!) und *Corner Café & Bar*, 405 First Street W, ✆ (707) 996-3030, http://eldoradosonoma.com, ab $165
- ***El Pueblo Inn***, gut angelegte saubere Motel-Anlage mit schönem Poolgarten an der #12 (896 West Napa Street), ✆ 1-800-900-8844, www.elpuebloinn.com, ab $99
- ***Sonoma Hotel***, kleines Nostalgiehotel in der 110 West Spain Street, ✆ 1-800-468-6016, www.sonomahotel.com, ab $120

In **Glen Ellen** gehören die Restaurants oben zu den Hotels

- ***Jack London Lodge***, Motel mit viel Grün, Adresse wie oben, ✆ (707) 938-8510; www.jacklondonlodge.com, ab $95
- ***Glen Ellen Inn***, gemütliche *Cottages* (teilweise mit Kamin und/oder Badewanne im Schlafraum, hübsche Parkanlage, Adresse oben, ✆ (707) 996-1174, www.glenelleninn.com

Mehr und detailliertere Infos unter www.sonomavalley.com.

Camping

Zwischen Sonoma und Napa Valley liegt der durch Straßen kaum erschlossene ***Sugarloaf Ridge State Park*** mit einer in dieser Umgebung unerwartet einsamer Wildnis und weiter Aussicht. Wer einen schön gelegenen ruhigen Campingplatz sucht, muss über das Sonoma Valley anfahren (Straße #12) und nördlich von Kenwood die kurvenreiche Adobe Canyon Road bergauf nehmen; www.parks.ca.gov/?page_id=481.

Russian River und Dry Creek Valley

Nördlich von Santa Rosa und westlich der #101 schließt das **Russian River Valley** an das Sonoma Valley an. Die – bezogen auf den Weinanbau – wichtigste Straße des Bereichs, die nach Norden in die Anbauregion **Dry Creek Valley** hinein weiterführt, ist die **Westside Road** mit *Wineries* beidseitig ihres Verlaufs von Guerneville bis zum Lake Sonoma. Zentralort beider Regionen ist **Healdsburg** an der #101 mit einer grünen Plaza wie in Mexico.

Infos dazu unter www.rrvw.org und http://wdcv.com

Kalifornischer Wein Ernst-Georg Richter

Es ist inzwischen eine Generation her, dass Wein aus Kalifornien weltweit bekannt wurde: Bei einer Blindverkostung im Mai 1976 schlug ein ***Cabernet-Sauvignon*** der ***Stag's Leap Wine Cellars*** (Napa Valley) französische Rotweine mit großen Namen wie *Chateau Mouton-Rothschild, Chateau Haut-Brion* und *Chateau Montrose* aus dem Feld. Die Neue Welt war damit schlagartig auf der Weinlandkarte nicht länger *»terra incognita«*.

Zu den am meisten angebauten Rotweinen gehören immer noch der ***Cabernet Sauvignon*** und der ***Merlot***, die bei manchen Winzern eine schmackhafte, bordeauxartige Verbindung in der Flasche eingehen. Ein kalifornischer Favorit ist ***Zinfandel***, der häufig Brombeernoten aufweist; seine Freunde haben den Ausspruch *»Life is Hell without Zinfandel«* geprägt. Es wird auch ***White Zinfandel*** gekeltert, ein eher lieblicher Rosé. Auch der kalifornische ***Syrah*** war in den letzten Jahren im Kommen, und sogar der uritalienische ***Sangiovese*** macht sich an der Westküste immer besser. Wie Kinofans seit der oscarprämierten Tragikomödie ***»Sideways«*** wissen, ist ***Pinot Noir*** nicht so leicht zu kultivieren und schon deswegen etwas Besonderes.

Bei den Weißweinen sind eindeutig der ***Chardonnay*** und der ***Sauvignon Blanc*** führend. Auch klassisch-zentraleuropäische Rebsorten wie der ***Riesling*** (hier gerne ***Johannisberg Riesling*** genannt) und ***Gewürztraminer*** (in Kalifornien ohne Umlaut geschrieben) erlangen nach und nach größeren Bekanntheitsgrad. Weitere Weiße, die sich in Kalifornien bewährt haben, sind ***Chenin Blanc*** und ein ***Pinot Noir***, der dort auch als Weißwein gekeltert wird.

Empfehlungen lassen sich nur schwer aussprechen – die Geschmäcker sind bekanntlich verschieden. Wer sich für bessere und individuellere Weine, als man sie im Supermarkt findet, interessiert, bucht am besten einige Weinproben. Über die erwähnten Winzer hinaus geben die Internetportale von Napa und Sonoma Valley, ➤ im vorstehenden Text.

Und wenn die Zeit für einen Abstecher in die Weintäler nicht reicht, empfiehlt sich u.a. ein Besuch in der **Getränkekette *Beverages & More*** (www.bevmo.com) mit über 100 Filialen in Kalifornien und einer sehr guten Auswahl speziell kalifornischer Weine.

1.1.5 San Franciscos Nachbarstädte Oakland und Berkeley

Über die Bay Bridge nach Osten

Die Bay Bridge

Von Downtown San Francisco nach Oakland geht es über die doppelstöckige ***San Francisco Oakland Bay Bridge*** (Kurzform: ***Bay Bridge***), von der weiter oben bereits die Rede war, ➢ Seite 195. Mit fünf Spuren in jede Richtung nimmt sie erheblich mehr Verkehr auf als die *Golden Gate Bridge* und ist bei bis zu 300.000 Fahrzeugen pro Tag oft verstopft. Genaugenommen handelt es sich hier nicht um eine einzige Brücke, sondern um hintereinander geschaltete zwei Hängebrücken zwischen San Francisco und Yerba Buena Island auf etwa »halben« Weg (3,2 km) und östlich der Insel um 19 sogenannte Fachwerkbrücken in dichter Folge (3,1 km). Das Teilstück über Land auf Yerba Buena Island führt durch einen 165 m langen Tunnel. Eine Unterbrechung der Fahrt dort über den *Exit Treasure Island* wird mit schönen Blicken auf die City belohnt. Das gesamte Bauwerk kommt mit An- und Abfahrtrampen auf eine Länge von 8,3 km; mehr Informationen im Internet unter www.wikipedia.org/wiki/Bay_Bridge.

San Francisco Oakland Bay Bridge von Treasure Island aus mit Blick auf Downtown San Francisco

Neue Bay Bridge

Die Bauweise als solche geriet in die Diskussion, als sich während des Erdbebens 1989 (➢ Seite 168) Teilstücke aus der oberen Fahrbahn lösten, wodurch zahlreiche Autos ins Leere stürzten und andere samt Insassen unter den Trümmern begraben wurden. In der Zwischenzeit sind die Arbeiten zur Verhinderung solcher Brüche beim nächsten Beben bereits weit vorangekommen. Eine erdbebensichere Verstärkung der westlichen Hängebrücken wurde 2004 abgeschlossen, während die östliche Fachwerkbrücke durch eine gewaltige Hängekonstruktion über den Schiffskanal und ein langes Pylonenstück über flacheres Wasser mit nebeneinanderliegenden Fahrspuren ersetzt wird, geplante Fertigstellung noch in 2013.

Seit Jahren und bis dahin kommt es wegen dieser Großbaustelle an den Auf- und Abfahrten auf der Oaklandseite immer wieder zu erheblichen Verkehrsstaus. Mehr zur neuen Brücke und den Stand der Dinge unter http://baybridgeinfo.org.

Maut/Toll und BART

Die ***Toll Plazas*** stehen hier auf der Oakland-Seite. Wer aus San Francisco kommt, zahlt daher zunächst nichts. Kassiert wird auf der Gegenseite verkehrsabhängig und nach Personen im Auto (*Carpool*, hier 3 Personen). Tarife $4-$6, *Carpool* $2,50.

Wer Oakland und/oder Berkeley während eines Aufenthalts in San Francisco einen Besuch abstatten möchte, also wieder in die Stadt zurückkehren muss, sollte mit der Bahn fahren (**BART**, ➤ Seite 173). Eine Anfahrt mit dem Auto macht nur Sinn bei danach weiterführenden Plänen jenseits der Bay.

Hinweis

Bei knapper Zeit muss man Oakland trotz des schick am Wasser hergerichteten *Jack London Square* nicht unbedingt besucht haben. Für Berkeley sieht es anders aus. Speziell bei Interesse am Unicampus vermittelt schon ein Kurzbesuch zusätzlich wichtige Reiseeindrücke vom (studentischen) Leben in den USA, mehr noch ein ganzer Tag mit Abend vor Ort.

Oakland

Kennzeichnung/ Geschichte

Oaklands Gründungsjahr 1852 bezieht sich nur auf die (zunächst) »weiß-amerikanische« Geschichte der Region. Lange vorher siedelten rund um den heutigen Lake Merritt in Oaklands Zentrum indianische Stämme. Und Anfang des 19. Jahrhunderts erhielten erste spanische Siedler Teile des heutigen Stadtgebietes von der spanischen Krone als Lehen. Heute hat Oakland rund 420.000 Einwohner und ist weit vor San Francisco wichtigste Hafenstadt der Bay Area mit dem nach Umschlagszahlen größten Hafen der Pazifikküste. Oakland hat als Gegenpart zum westlichen Nachbarn das Image des hässlichen Entleins, aber die Stadt ist nicht so übel, wie sie oft gemacht wird. Immerhin endete hier und nicht etwa in San Francisco die berühmte Eisenbahnverbindung, die den ganzen amerikanischen Kontinent kurz nach dem Bürgerkrieg erstmals von Ost nach West überspannte. Wie wohlhabend Oakland zum Ende des 19. Jahrhunderts gewesen sein muss, kann man heute noch an den viktorianischen Villen des ***Preservation Park*** (Martin Luther King Jr. Way zwischen 12th und 14th Street) westlich des Zentrums erkennen.

»Schwarzes« Oakland

Seit 1945 hängen viele Vorurteile gegen Oakland damit zusammen, dass die Stadt heute einen sonst im US-Westen nirgendwo auch nur annähernd erreichten über 50%igen, schwarzen Bevölkerungsanteil hat. Er resultiert aus einer Zuwanderungswelle aus den Südstaaten während des Weltkriegs, als die Rüstungsindustrie Arbeitskräfte benötigte und sie prompt wieder entließ, als der Krieg vorbei war. Das schürte bei den *African Americans* jahrzehntelang Unzufriedenheit, die sich u.a. in militanten Aktionen in den 1960er- und 1970er-Jahren Luft machte.

Kriminalität Heute ist in Oakland weitgehend amerikanische Normalität eingekehrt. Nach wie vor hat Oakland mit Arbeitslosigkeit und Armut, auch einer hohen Gewaltkriminalität zu kämpfen, was in den von Afro-Amerikanern dominierten Stadtteilen sicht- und spürbar ist. Aber **tagsüber** muss man weder in ***Downtown*** noch abends am ***Jack London Square*** mehr Vorsicht als in anderen Großstädten vergleichbarer Größe walten lassen. Nach Einbruch der Dunkelheit sollte man Oaklands Straßen zu Fuß meiden.

Information Eine **Touristeninformation** befindet sich im Stadtzentrum unweit der BART-Station 12th Street/City Center (463 11th Street, © (510) 839-9000, www.oaklandcvb.com) und im Bereich des **Jack London Square** an der 540 Water Street.

Airport Oaklands Flughafen bietet nebenbei eine **Alternative** zum *San Francisco International Airport*, wenn es um inneramerikanische Verbindungen geht. BART-Züge fahren zur Station ***Airport/ Coliseum*** mit Anschluss an einen Flughafen-Pendelbus.

Downtown *Downtown* Oakland hat für Touristen nicht so ganz viel zu bieten, aber immerhin:

Art Deco Palast Das ***Paramount Theatre*** am 2025 Broadway/21st Street ist ein wunderschöner ***Art-Deco Entertainment Palace*** aus den frühen 1930er-Jahren. Bis heute gibt es dort Filmklassiker, Konzerte von Rock, Soul und Jazz, Symphonien und Ballett. Jeden ersten und dritten Samstag im Monat um 10 Uhr Führungen ($5); © 1-510-465-6400, www.paramounttheatre.com.

Oakland Museum of California

Wer sich für kalifornische (nicht nur lokale Oakland-) Geschichte interessiert, wird den Besuch im beachtlichen ***Oakland Museum of CA*** lohnenswert finden (1000 Oak Street, Mi-So 11-17 Uhr, wobei Fr bis 21 Uhr, Eintritt $12, Kinder $6, am ersten Sonntag im Monat Eintritt frei, www.museumca.org).

Merritt Lake

Von dort sind es nur noch ein paar hundert Meter zum **Merrit Lake**, einem einst tidenabhängigen Salzwassersee, der von den Auswirkungen der Gezeiten abgeschottet wurde. Rund 300 m vom *Oakland Museum* entfernt steht das populäre ***Restaurant Lake Chalet Seafood Bar & Grill*** unmittelbar am Seeufer (gehobenes Preisniveau). Ein Uferweg (ca. 5 km) für Jogger und Biker umrundet den See. An seiner nördlichen Einbuchtung (Grand Ave/Bellevue Ave) erstreckt sich der **Lakeside Park**, eine große Anlage mit *Children's Fairyland*, Badestrand, Bootsverleih u.a.m.

Jack London Square

Da der Schriftsteller *Jack London* (Der Seewolf, Ruf der Wildnis u.a.) Kindheit, Jugend und einen Teil der späteren Jahre seines nur 40-jährigen Lebens in Oakland verbrachte, wird dieser Umstand kräftig vermarktet. ***Jack London Square & Village*** (www.jacklondonsquare.com) im Hafenbereich mit den Hauptachsen Embarcadero und Water Street zwischen Webster und Clay bis zum Kai) bietet *Shops*, Restaurants und an Wochenenden im Sommer *Openair* Programm. Mehrere Yachtmarinas schließen das Aushängeschild der Stadt wasserseitig ab.

Kachelmural von Kinderhand am Jack London Square

Nostalgie

Eine rekonstruierte Blockhütte, ***Jack London's Cabin***, in der der Namensgeber des Komplexes vorübergehend in Alaska gelebt haben soll, steht etwas versteckt in der Ostecke, gleich dahinter das einzig wirklich Originelle am *Square*, der urige ***First and Last Chance Saloon*** an der Ecke Webster/Water Street; www.heinoldsfirstandlastchancesaloon.com. Dort habe einst auch der Meister seinen Whisky gekippt, heißt es; ➤ auch Seite 227.

USS Potomac

An Oaklands große Schiffbauvergangenheit erinnert die 50 m lange »Büroyacht« ***USS Potomac***, die Präsident *Franklin Delano Roosevelt* als »schwimmendes Weißes Haus« nutzte. Der eindrucksvolle Nostalgiedampfer liegt am Ende der Clay Street und kann nicht nur besichtigt werden, sondern sticht auch für kurze Bay-Rundtouren in See (Mi+Fr+So 11-15 Uhr; $10, Kinder bis 12 frei). Weitere Infos unter www.usspotomac.org.

Farmers Market

Eine Neueröffnung gleich hinter *Jack London's Cabin* und *Saloon* ist der mehrstöckige modern angelegte großflächige ***Farmers Market***, der indessen nur sonntags 9-14 Uhr seine Stände für *Produce* und Kunstgewerbe original aus Kalifornien öffnet.

Jazz und Sushi

Wer in Oakland Hunger verspürt, ist außer im Restaurant am Merritt Lake am besten am *Jack London Square* aufgehoben. *Fast Food* und »richtige« Restaurants gibt es dort reichlich. Reizvoll ist die Kombination **Jazz** (tägliches Programm) und japanische Küche in ***Yoshi's Restaurant*** am 510 Embarcadero West, täglich ab 17.30 Uhr, © (510) 238-9200; www.yoshis.com/oakland.

Im Oktober nach Universitätsjahrbeginn am Sonntag für eine Großfiesta gesperrte, sonst meist vom Verkehr verstopfte Shattuck Avenue

7

Berkeley

Berkeley

Nördlich von Oakland liegt **Berkeley**, Sitz einer der bekanntesten Staatsuniversitäten der USA. Anfahrt am besten über die I-80, *Exit* University Avenue, oder noch besser mit den Zügen des BART-Systems bis ***Downtown Berkeley***, denn Parkplätze sind in Berkeley absolute Mangelware. Dort ist man mitten im quirligen Zentrum (neben der University Ave vor allem die Shattuck Ave) des von den Bedürfnissen der Studenten geprägten *Business* und der Gastronomie (vielfältige ethnische *Eateries*) westlich und südlich des Universitätsgeländes.

Zahlreiche kulturelle Veranstaltungen auf dem Campus wie im Umfeld und eine gute **Kneipenszene** bilden für manchen sicher gute Motive für einen Abstecher nach Berkeley. In den Sommerferien (Juni bis Ende August) ist weniger los, dafür treibt man dann leichter eine **preiswerte Unterkunft** auf, u. a. in den *University Residences* (ggf. im *Visitor Center* danach fragen).

Information

Touristeninformation: 2030 Addison Street (südliche Parallele zur University Ave, einen halben Block westlich Shattuck Ave), © 1-800-847-4823, http://visitberkeley.com

Berkeley Campus

Die staatliche ***University of California*** mit über 30.000 Studenten besitzt einen Campus, über den europäische Besucher nur staunen können. Wer sich dafür interessiert, sollte zunächst das ***Visitor Center*** in der ***Sproul Hall*** an der gleichnamigen Plaza ansteuern (Verlängerung der Telegraph Ave vom Bancroft Way aus); http://visitors.berkeley.edu. Mit **Campus-Lageplan** in der Hand fällt ein gezielter **Rundgang** nicht schwer. Die Karte samt Info zu einzelnen Anlaufpunkten kann man sich auch aufs *Smartphone* oder den *iPod/MP3-Player* laden. Apropos: auf dem Campus und der nahen Umgebung gibt es eine ganze Reihe von gebührenfreien ***Wifi Hot Spots*** für *Smartphones* und *Laptops*.

Campustouren

Es gibt auch geführte Besichtigungen (90 min, kostenlos, Anmeldung erforderlich): Während der Vorlesungsmonate (Sept.-Mai) Mo-Fr um 10 Uhr ab Besucherzentrum. Die Touren in den Ferien und Sa starten um 10 Uhr ab *Sather Tower*; So 13 Uhr ebenfalls ab *Sather Tower*. Reservierung im Internet unter http://campustours.berkeley.edu/free_reservation.html.

Campanile

Ob mit oder ohne Tour: nicht auslassen sollte man den Blick vom 94 m hohen ***Sather Tower*** (*Campanile*) über Universitätsgelände, Berkeley und die San Francisco Bay (Auffahrt Mo-Fr 10-15.45 Uhr; Sa bis 16.45 Uhr, So 10-13.30 und 15-16.45 Uhr, $2).

Kunstmuseum

Von den verschiedenen Museen der Universität ist das ***Berkeley* Art Museum** (*BAM*, 2575 Bancroft Way, Mi-So, 11-17 Uhr $10, Fr 17-21 Uhr $7) mit – in erster Linie – asiatischer und amerikanischer Gegenwartskunst (einschließlich 20. Jahrhundert) besonders

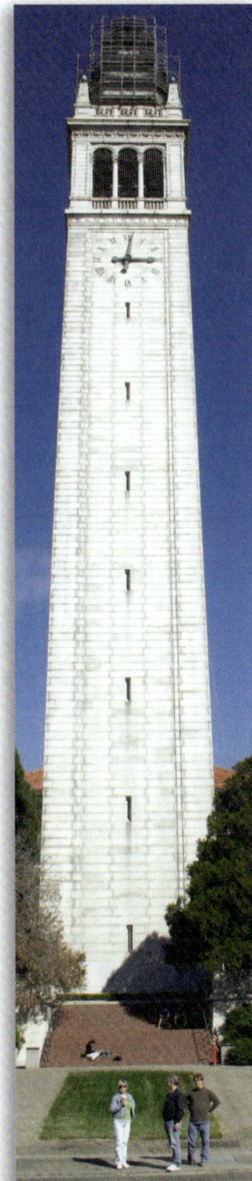

Sather Tower auf dem Berkeley Campus

sehenswert; www.bampfa.berkeley.edu. Auch ein Theater für Filmkunst, das ***Pacific Film Archive*** (PFA) mit einem niveaumäßig beachtlichen Filmangebot, gehört zum Komplex.

Botanischer Park

Nicht nur für Gartenfreunde lohnt sich der Besuch des ***UC Botanical Garden*** im *Strawberry Canyon;* Anfahrt über University Ave, an deren Ende links Oxford Street, dann rechts Hearst Ave und immer weiter bergauf bis Centennial Drive. Mo-Fr verkehrt vom Campus auch ein **Shuttlebus** dorthin. Dieser botanische Park mit einer Vielzahl von unterschiedliche Klimazonen, geografische Gebiete und Pflanzenfamilien abbildenden Gärten ist mit seinen 12.000 Pflanzenarten eine der herausragenden Sehenswürdigkeiten im Bereich Berkeley/Oakland. Wer ein paar Stunden erübrigen kann, wird den Besuch nicht bereuen. Täglich 9-17 Uhr, Eintritt $9, ermäßigt $7; http://botanicalgarden.berkeley.edu.

Science Hall

In den Hügeln über dem Campus liegt außerdem das Wissenschaftsmuseum ***Lawrence Hall of Science*** (Centennial Drive sogar noch »über« dem Botanischen Garten, *Shuttle Service* ab *BART Station* Mo-Fr) täglich 10-17 Uhr, www.lawrencehallofscience.org; $12, 7-18 Jahre $9.

Telegraph Avenue

Südlich des Campus reihen sich an der Telegraph Ave Läden für alles aneinander, was das Studentenherz begehrt: Bücher, T-Shirts und CDs sowie günstige Restaurants, Cafés und Bistros.

Amoeba Music hat auch hier (➢ Seite 187) eine riesige Filiale (#2455), und einen Block weiter macht ***Rasputin Records*** mächtig Konkurrenz (#2350). Bücherwürmer wird man aus dem Antiquariat ***Moe's*** (#2476) und dem regulären ***Book Shop Cody's*** (#2454) nur mit Mühe weg bekommen.

Microbrewery

Wie bereits bemerkt, fehlt es nicht an Restaurants im Umfeld der Universität. Explizite Erwähnung verdient dort eine der ältesten Kneipenbrauereien Kaliforniens, die ***Triple Rock Brewery*** mit bis zu 11 verschiedenen Biersorten (1920 Shattuck Ave nördlich der University Ave, © (510) 843-2739; http://triplerock.com).

Fast Food Bude mit studentischer Klientel an der University Ave in Berkeley

1.2 Über die Sierra Nevada nach Reno

Zur Route

Diese Route bezieht sich zunächst auf den kurzen Trip zum Lake Tahoe mit einer eventuellen Erweiterung bis zum Nevada-Spielerparadies Nr. 2, Reno. Sie ist aber auch als Start für weiterführende Reisepläne in Richtung *Yosemite* und *Death Valley National Parks* und Las Vegas geeignet. Nach den Zwischenzielen Lake Tahoe und/oder Reno kann man sich auf verschiedenen Wegen leicht nach Süden wenden und ab dem *Yosemite Nat'l Park* den Anschluss an die im folgenden Kapitel beschriebene Route 1.3 suchen, ➢ Seite 264. Die Route 1.2 ist ganz oder teilweise auch eine Alternative für alle, die den *Yosemite Park* zunächst auslassen oder ihn erst später auf der Rückreise besuchen wollen.

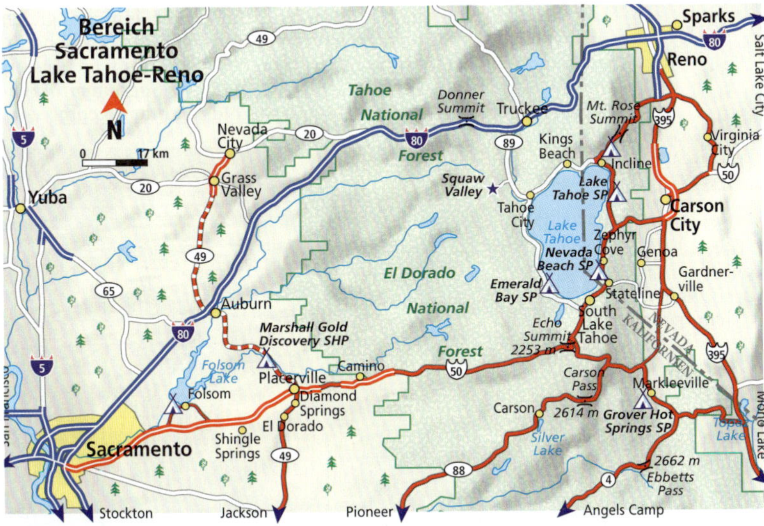

1.2.1 Von Oakland/Berkeley zum Lake Tahoe

Nach Sacramento

Anfahrt

Von der Ostseite der Bay (Oakland/Berkeley) sind es auf der im wesentlichen langweiligen Strecke (zur I-80 gibt's da keine Alternative) durch eine flache Landschaft nur ca. 80 Meilen bis zur kalifornischen **Hauptstadt** Sacramento.

Vallejo: Amusement Park

Nach ca. 20 mi passiert man die Stadt Vallejo. Dort hat sich der Vergnügungs- und Aquapark ***Six Flags Discovery Kingdom*** etabliert (im Sommer 9.30-18/19 Uhr, Eintritt $50, online $30; Anfahrt über Exit 33, dann noch ca. 5 mi auf der Straße #37), eine Art Zoo mit Seelöwen-, Hai-, Killerwal- und Delphinvorführungen ergänzt durch Wasserskizirkus und *Rollercoaster*. Lohnend eher mit Kindern ($30 bis 1,20 m Größe). Von der *Fisherman's Wharf*, Pier 39, verkehrt ein Katamaran dorthin, ➤ www.sixflags.com.

Sacramento

Im Gegensatz zu manch anderem US-Staat, wo die Regierung ebenfalls nicht in den wirtschaftlich bestimmenden Metropolen residiert, ist Kaliforniens ***Capital City*** kein farbloses Städtchen am Rande des Geschehens. Von ihren historischen Anfängen unter dem Schweizer *Johann August Sutter*, der 1838 am Sacramento und American River sein ***Neu-Helvetien*** gegründet hatte, entwickelte sie sich zu einer respektablen **Großstadt mit 470.000 Einwohnern** (Großraum über 2 Mio) und einem ungewöhnlich attraktiven Stadtbild.

Old Town

Die **Orientierung** ist im schachbrettartig angelegten Zentrum mit breiten, palmengesäumten Einbahnstraßen **einfach**, gleich aus welcher Richtung man in die von Autobahnen förmlich eingekreiste Innenstadt hineinfährt. Von der I-80 kommend passiert man automatisch die Zufahrt zur ***Old Town Sacramento*** zwischen Sacramento River und I-5; www.oldsacramento.com.

Brücke über den Sacramento River, von deren linker Seite man auf die OldTown schaut und das Bild links vor Augen hat. Geradeaus geht's direkt auf das Kapitolgebäude zu

Die teils restaurierte, teils nach historischen Plänen neu errichtete Altstadt ist ein ***State Historic Park*** und bietet das aus Filmen bekannte typische Bild einer (größeren) alten ***Western Town***. Nur die vor ***Saloons*** und ***Boardwalks*** geparkten Autos, reichlich Plastikobjekte und *Fast Food* in den altmodisch dekorierten Shops und Touristen passen nicht so recht zum nostalgischen Gesamtbild. Insgesamt aber gibt es nirgendwo sonst eine derart stimmige und gleich über mehrere Blocks gehende »originale« Westernstadt dieser Art. Der dazugehörige Bahnhof und das ***Railroad Museum*** ($9, Kinder 6-17 Jahre $4, tägl. 10-17 Uhr; www.csrmf.org) mit Dampfloks und alten Waggons auf den Gleisen bilden einen sehenswerten Gesamtkomplex.

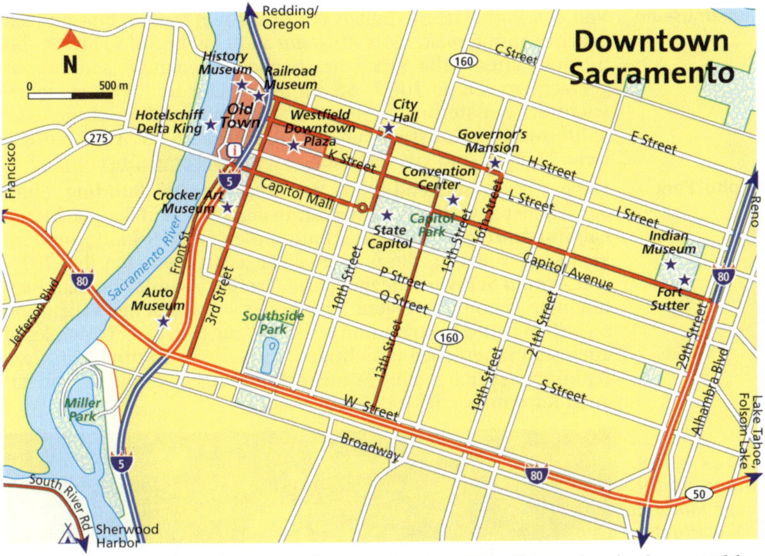

Touren Klar, dass von dort auch eine Rundfahrt durch den »Wilden Westen« startet (3 km für $8, Kinder $3). Alternativ schifft man sich auf Raddampfern zur ***River Cruise*** ein.

Fazit ***Old Sacramento*** ist kein Museumsdorf mit begrenzter Besichtigungszeit, sondern ein Stadtteil, wo Kneipen, Restaurants und das ***Eagle Theatre*** auch am Abend geöffnet bleiben und von Einheimischen besucht werden.

Das riesige ***Delta King Riverboat*** dient als nostalgisches Hotel; ab ca. $120 (2 Personen im DZ); © (916) 444-5464 oder © 1-800-825-5464; www.deltaking.com.

Info ***Eine Visitor Information*** gibt's in *Old Town* natürlich auch, und zwar in der 1002 2nd Street; www.sacramentocvb.org

Delta King Riverboat, Hotelschiff auf dem Sacramento River

Kunstmuseum

Von den Parkplätzen südlich der *Old Town* sind es nur ein paar Schritte zum ***Crocker Art Museum*** an der Ecke 3rd/O Street, das in einer alten Villa mit fantastischer Innenarchitektur untergebracht ist (Di-So 10-17; $6, So bis 13 Uhr frei). Das Hauptgewicht der Ausstellungen liegt auf – überwiegend beachtlichen – kalifornischen Kunstwerken des 19. Jahrhunderts. Auch europäische Meister sind gut vertreten; www.crockerartmuseum.org.

Capitol Park

Höchst beeindruckend wirkt das ***State Capitol Building***, eines der schönsten Gebäude seiner Art in den USA. Auf der prächtigen ***Capitol Mall*** fährt man direkt auf diesen Sitz der kalifornischen Staatsregierung zu, die über zwei Legislaturperioden (bis 2011) von ***Arnold Schwarzenegger*** (*Arnie*) geführt wurde. Der Bau liegt in einem schön angelegten Park voller subtropischer Vegetation zwischen L und N Street und reicht bis zur 15th Street. Man kann auch sein Innenleben besichtigen. Ein eigenes *Information Center* kümmert sich um die Besucher (Führungen stündlich) und hat auch Kartenmaterial (täglich 9-17 Uhr).

California State Capitol, dem Capitolgebäude in Washington nachempfunden

Downtown

Gleich nördlich des *Capitol Park* liegt das Geschäftszentrum der Stadt mit einigen gut erhaltenen bzw. restaurierten Bauwerken aus dem 19. Jahrhundert, darunter der alte Gouverneurspalast ***Governor's Mansion*** an der H Street/Ecke 16th Street. Der Komplex ist heute eine ***State Historic Park***, Stündliche Touren 10-16 Uhr, $5; www.parks.ca.gov/?page_id=498.

Nur einen Block östlich der *Old Town* (Trennelement ist die I-5, der *West Side Freeway*) erstreckt sich die riesige ***Westfield Plaza*** zwischen L und J Streets. Ein paar Blocks weiter östlich stehen die alte und dahinter die die neue ***Sacramento City Hall*** vor dem Plaza Park. Die von der *Shopping Mall* im westlichsten Stück »geschluckte« K Street dient östlich als Fußgängerzone und Straßenbahntrasse bis zum ***Convention Center*** an der 13th Street.

Fort Sutter

Erwähnung verdient in Sacramento das ganz pittoreske ***Fort Sutter*** (10-17 Uhr, 54, bis 17 Jahre $3), eine weiß getünchte Adobefestung an der Ecke L/27th Street; www.parks.ca.gov/?page_id=485, ebenfalls ein ***State Historic Park***. Er umfasst neben dem nach altem Vorbild wieder aufgebauten Fort des einstigen Sacramento-Gründers *Sutter* ein kleines und nur mäßig interessantes **Indianermuseum** ($3) nebenan.

H/Motels & Restaurants

Wer in Sacramento übernachten möchte, findet eine ganze Reihe Motels und Hotels der bekannten Ketten verschiedener Preisklassen (*Motel 6* bis *Hawthorne Suites*) und eine Restaurant-Ballung von *Fast Food* bis *Excellent Dining* im Bereich der **I-5 Nord/#99**, *Exit* Richards Blvd (vor der Brücke über den American River) rechts, dann nach links Bercut Drive, oder von der Abfahrt links unter dem *Freeway* hindurch zur Jibboom Street.

Camping

Motorhome-Fahrer campen in Sacramento angenehm auf dem

- ***CalExpo RV Park***, 1600 Exposition Blvd, Exit der I-80 *Business* nordöstlich des Zentrums. *Free Wifi* und der übliche *Hook-up*-Komfort; © 1-877-225-3976, www.calexpo.com; ab $35.

Noch citynah und ruhig am Fluss liegt der

- ***RV Park*** der ***Sherwood Harbor Marina*** in West Sacramento, South River Road, I-80 *Exit* Jefferson Blvd, © (916) 371-3471, www.sherwoodharbor.com.

Der ***Folsom Lake State Park***, ca. 20 mi entfernt von Sacramento, hat drei Campareale, aber nur der schlichte wasserferne Platz

- ***Beal's Point*** nördlich des Staudamms ist leicht zu erreichen: Anfahrt auf *Freeway* #50, *Exit* Folsom Blvd, dann 6 mi quasi geradeaus auf die Folsom Auburn Road, dann den Oak Hill Drive nach rechts; www.parks.ca.gov/?page_id=500 ($25-$45).

Folsom und der American River

Der Folsom Lake hat seinen Namen vom kleinen Ort Folsom, der 2,5 mi unterhalb des eindrucksvollen ***Folsom Dam*** am Ufer des American River bzw. Ostende des **Lake Natoma** liegt, einem weiteren Stausee des Flusses. Danach bis zu seiner Mündung in den Sacramento River ist er ein beliebtes Freizeit- und Badegewässer. Beidseitig wird er von Parkanlagen begleitet, durch die der ***American River Bike Trail*** bis zum Folsom Lake läuft.

Folsom entstand wie fast alle Siedlungen der Region während des Goldrausches. An den Ufern des American River wurde ebenfalls fleißig Gold gewaschen. In der »historischen« Hauptstraße Sutter Road (➤ oben unter Fort Sutter) pflegt man sorgfältig die Fassaden von Anno Dunnemals, die heute vor allem Souvenirshops und *Eateries* beherbergen. Ruhig zwischen Ort und See liegt das komfortable ***Lake Natoma Inn*** am Gold Drive, © (916) 351-1500, www.lakenatomainn.com; ab $119.

Outlet Mall

Verlässt man die #50, den ***El Dorado Freeway***, in Richtung Folsom auf dem gleichnamigen Boulevard, passiert man gleich rechterhand die ansehnliche Anlage der ***Folsom Premium Outlets*** mit 80 *Shops* fürs garantierte Schnäppchen.

Der California Gold Rush Ernst-Georg Richter

Am Montag, den **24. Januar 1848**, fand ein ***James Marshall*** am Südarm des American River Goldstaub (*Goldflakes*), als er mit einigen Männern im Auftrag des reichen Schweizer Einwanderers *Johann August Sutter* dort eine Wassermühle errichten sollllte (➤ vorstehend »Fort Sutter«). Der Fund ließ sich nicht geheimhalten, und so strömten bald die ersten Prospektoren in der Hoffnung auf schnellen Reichtum hinauf in die Sierra Nevada.

Aber erst als im März die Zeitung *The Californian* darüber berichtet und im Mai der ehemalige Partner von *Sutter* echte *Goldnuggets* in San Francisco herumgezeigt hatte (um dann mit zuvor aufgekauften Ausrüstungen und Vorräten ein Bombengeschäft zu machen), ergoss sich ein Strom der Goldsucher zunächst an den American River und seine Zuflüsse und – nach Verbreitung der Nachricht bis an die Ostküste, nach Australien und Europa – in voller Wucht ab **1849** an jeden Bach in den westlichen Ausläufern der Sierra Nevada zwischen dem heutigen Oroville (nördlich von Sacramento) und Coarsegold (südlich des *Yosemite Park*). Allein in jenem Jahr sollen 40.000-50.000 Goldsucher auf dem Land- und Seeweg über San Francisco in die gerade erst im amerikanisch-mexikanischen Krieg den USA zugefallene Provinz *Alta California* (➤ »Geschichte«, Seite 575) geströmt sein.

So kam es zur Wortschöpfung ***Fortyniners*** für die Glücksritter des kalifornischen Goldrausches, wiewohl sich auch **1850** der *Gold Rush* weiter fortsetzte, als weitere 90.000 *Argonauts* (wie man die Goldsucher in Anlehnung an die griechische Sagenmythologie auch nannte), in die Sierra Nevada gezogen sein sollen. Nicht zuletzt wegen dieses kolossalen Bevölkerungszuwachses wurde Kalifornien schon im September 1850 der 31. Staat der Union. Als aber 1851 in Australien und anderswo Gold gefunden wurde, kehrte sich der Zug der Prospektoren wieder um. Nichtsdestoweniger waren damit Goldsuche und Erzabbau in Goldminen nicht vorbei. Erst als sich der Goldgehalt der Sedimente an Fluss- und Bachufern durch die extensive Suche stark vermindert hatte, keine neuen Goldadern mehr gefunden wurden und nennenswerte Erträge nur noch mit hohem maschinellen Aufwand zu realisieren waren, galt der Goldrausch 1854 als vorüber. Tatsächlich aber wird bis heute in der Sierra Nevada nach Gold gesucht, sei es »kleinunternehmerisch« oder als Freizeitbeschäftigung, denn aus versteckten Goldadern tief im Fels spült das Wasser immer noch winzige Mengen Gold an die Oberfläche. Und trotz gründlichster Suche über all die Jahre blieb auch mal ein *Goldnugget* unentdeckt.

Beim heutigen Goldpreis von über $1.500 für die Feinunze lohnt sich ja auch einige Mühe (eine Feinunze entspricht ca. 31 g oder ganzen 1,6 cm³). Die Süddeutsche Zeitung schrieb schon 2008 darüber, Überschrift »Es ist wie 1849« (www.sueddeutsche.de/wissen und Sucheingabe »Goldrausch Kalifornien«).

Von den weit über 100.000, die gekommen sein sollen, wurden trotz der – nach heutiger Bewertung – Milliardenerträge nur wenige reich. Die meisten rackerten sich an den eiskalten Wasserläufen oder in den Minen ab und fanden selten mehr Gold, als sie bei exorbitanten Versorgungs- und Materialkosten zum Überleben brauchten. Selbst *Marshall* und *Sutter* brachte das Gold der ersten Stunde langfristig kein Glück; beide starben verarmt in den 1880er-Jahren.

Die größten Gewinner des Goldrausches waren Händler. Der Grundstock der Vermögen amerikanischer Legenden wie ***Levi Strauss*** (Arbeitskleidung, heute Jeans), ***Macy*** (Versorgung mit allem, heute Kaufhäuser) oder ***Studebaker*** (Kutschen, später Autos) wurde in den Jahren des *California Gold Rush* gelegt.

Wer etwas tiefer in die Goldrauschhistorie eindringen möchte, findet im Internet zahlreiche Abhandlungen, am besten in englischer Sprache, so z.B.

www.enwikipedia.org/wiki/California_Gold_Rush

www.historichwy49.com/goldrush.html

http://comspark.com/Chronicles/index.html

www.museumca.org/goldrush

Weiter zum Lake Tahoe

Straße #50

Von Sacramento zum Lake Tahoe gelangt man am schnellsten auf der Ferien- und Wochenend-Rennstrecke des ***El Dorado Freeway #50***, der bis weit in die Berge hinein als kreuzungsfreie Autobahn, und danach fast durchgehend 4-spurig ausgebaut durch die Sierra Nevada an den Lake Tahoe mit dem kalifornischen Grenzort South Lake Tahoe führt.

Placerville

Unterwegs passiert die #50 zunächst 40 mi östlich von Sacramento das quirlige Goldrauschstädtchen **Placerville**, das es 1848-1850 zu Berühmtheit brachte (➤ Seite 249) und danach weitere, weniger bekannte Orte. Man muss die weitgehend durch Waldlandschaft führende Autobahn schon verlassen, um von den Ortschaften überhaupt etwas mitzubekommen. Die Abfahrt hinein nach Placerville (10.000 Einwohner) sollte man nicht auslassen, und sei es nur für ein paar originelle Fotos. Gute Motive finden sich unverfehlbar entlang der durch seine Fassaden, Dekoration und Läden streckenweis auf nostalgisch gemachten Hauptstraße.

Hangtown Fry

Eine Spezialität des Ortes ist das ***Hangtown Fry***, eine Kombination aus Eiern mit Speck und Austern, hinter der eine Goldrauschanekdote steckt. »*Hangtown*« war zeitweilig der damalige Name des Ortes, nachdem dort ein paar Gauner ohne Gerichtsverfahren von der Menge aufgeknüpft worden waren. Das *Hangtown Fry* kann man in diversen Restaurants am Broadway/an der Main Street bestellen. Es steht aber nicht immer auf der Karte.

Rail Trail

Zwischen Sacramento und Placerville und weiter bis Camino liegen immer noch die Schienen einer seit Jahrzehnten stillgelegten Eisenbahn. Parallel zum Verlauf der Trasse hat man ab **Shingle Springs** (halber Weg zwischen Folsom und Placerville) einen sog. ***Rail Trail*** für Biker, Jogger und Spaziergänger angelegt. Ab Placerville ist er als ***El Dorado Trail*** markiert und soll bis Camino ausgebaut werden (Anfahrt über Broadway, dann nach Nordosten Smith Flat Road und weiter auf Jacquier Road).

Marshall Gold State Park

Ab Placerville könnte man gut einen Abstecher zum ***Marshall Gold Discovery State Historic Park*** ins Auge fassen (10 mi nördlich auf der Straße #49). Der Park, dessen Gelände das historische Dorf **Coloma** samt Flussufer umfasst, ist den ersten Goldfunden am American River gewidmet, die 1849 zum Kalifornischen Goldrausch führten. Im *Visitor Center* im unverfehlbaren ***Gold Discovery Museum*** erfährt man alles zum Thema. Von dort sind die interessanten Punkte im Dorf entlang der Main Street und am Fluss (der Fundort und eine Rekonstruktion von *Sutter's Mill*, ➤ unter Sacramento, Seite 241) leicht zu Fuß zu erreichen. Auf der Monument Road (Schotter) etwas südlich des Ortes geht es zur **Statue** des berühmten ***James Marshall*** in erhöhter Position über dem Flusstal.

Soviel »Placer Gold« bleibt nur fürs Foto in der Waschpfanne zurück; winzige, kaum in Gramm zu messende Spuren sind schon ein Erfolg.

Goldwaschen

Mit der Waschpfanne in der Hand und gebeugtem Rücken darf man bei Coloma am Ufer des American River auch ohne eigenen Claim sein Glück versuchen. Am Nordufer des Flusses ist ein Streifen fürs ***Recreational Gold Panning*** der Besucher des *State Park* reserviert. Bei einem Goldpreis von über $1.500 pro Feinunze (ca. 31g) lässt sich selbst im mühsamen Handbetrieb mit Glück sogar ein akzeptabler Stundenlohn realisieren, steuerfrei und ganz legal.

Alternative Route von Oakland zum Lake Tahoe

Wer auf den Besuch von Sacramento verzichtet, spart bei Start in Oakland/Berkeley auf den ***Freeways* #24/I-680/#4** über Concord/Antioch nach Stockton und von dort auf der **Straße #88** oder der **Kombination #26/#88** bis South Lake Tahoe allerhand Meilen. Gleichzeitig ist das die – gegenüber der #50 – schönere und weniger verkehrs-, wiewohl kurvenreiche Strecke über den ***Carson Pass*** (2.614 m) und dann – auf einem kurzen Stück auf der **Straße #89** – über den ***Luther Pass*** (2.360 m) durch die Sierra Nevada.

Goldminen

Diese Route führt durch **Jackson**, eine alte *Gold Rush Town* mit der ***Kennedy Gold Mine*** (Besichtigung ohne Führung nur oberirdisch, geöffnet an Wochenenden und Feiertagen; Eintritt $10/$6) und passiert das 2 mi – auf der #49 nördlich – entfernte **Sutter Creek** mit ebenfalls gut erhaltenen Fassaden aus der Goldrauschzeit und der ***Sutter Gold Mine***, wo man mit klobigen Fahrzeugen in den Stollen einfährt (Touren 9-17 Uhr, jeweils 60 min, Tarif $18/$12; www.caverntours.com/sgmt.html.

Lake Tahoe

Der in 1900 m Höhe liegende Lake Tahoe besticht durch die glasklar türkisfarbene Wassertransparenz im Uferbereich und das dunkle Azurblau des Tiefenwassers. Er bedeckt eine Fläche von 520 km² und ist stellenweise **500 m tief**. Ringsum überragen die Berge der Sierra Nevada den See um bis zu 1200 m. Von der überwiegend hoch gelegenen Rundstraße (72 mi) bietet insbesondere das Ostufer herrliche Ausblicke auf ein grandioses Panorama.

Rund zwei Drittel des Sees gehören zu Kalifornien, ein Drittel zu Nevada. Aber gleich, in welchem Staat man sich gerade befindet, die **Ufer des *Lake Tahoe*** sind – soweit nicht als *State Parks* oder öffentliche Ortsstrände dem Tourismus erschlossen – in Privatbesitz oder wegen steil abfallender Hänge kaum oder gar nicht zugänglich.

Die besten **Strände** (alle Eintritt bzw. Parkgebühr für den *day-use*) findet man in der Südwestecke rund um die kalifornische ***Emerald Bay*** (*State Park* 2012 leider geschlossen) und ca. 4 mi südlich des **Incline Village** in der *Nevada State Recreation Area* ***Sand Harbor Beach***.

Auf dem (zum Baden meist zu kalten) See wird **Wassersport** groß geschrieben. In **Tahoe City** am Nordwestufer erfreut sich das ***Inner Tubing*** im Autoreifen oder Schlauchboot im Truckee River großer Beliebtheit; Verleih der Reifen und Boote im Ort, Transport zum Ausgangspunkt in der Mietgebühr enthalten. Wer nicht selbst aktiv surft, segelt oder Wasserski läuft, kann auf Ausflugsbooten den See genießen. Sogar ein sog. ***Sternwheeler***, wie man ihn früher auf flachen Flussgewässern wie dem Mississippi einsetzte, schippert ab South Lake Tahoe über den See.

Westlich und nördlich des Lake Tahoe liegen bekannte **Skigebiete**. Populär ist **Squaw Valley**, Austragungsort der olympischen Winterspiele von 1960.

Ausflugsboot auf dem Lake Tahoe

Glasklarer Lake Tahoe; im Hintergrund die schneebedeckten Berge der Sierra Nevada

South Lake Tahoe/ California

Der Ort **South Lake Tahoe** auf der kalifornischen Seite empfängt die Besucher mit einer kompletten touristischen Infrastruktur. **Zahllose Hotels** und **Motels** säumen die #50 über Meilen und dominieren in geballter Form den zentralen Bereich in Grenznähe. Das gilt auch für die Filialen der bekannten *Fast Food*-Ketten wie für zahlreiche unabhängige Restaurants.

Mehr Information unter
www.tahoesouth.com, www.southlaketahoe.com

Stateline/ Nevada

Das wichtigste Ziel vor allem von Wochenendausflüglern liegt jedoch jenseits der Staatsgrenze. Gleich hinter der *Stateline* warten **Spielkasinos** und Hochzeitskapellen für die Eheschließung im Schnellverfahren. Neben Las Vegas, Laughlin am unteren Colorado River und Reno ist der Lake Tahoe Bereich – mit Schwerpunkten in Stateline und Crystal Bay/Incline Village – **Nevadas vierte Glücksspiel-Hochburg**, ➤ www.visitrenotahoe. com.

Unterkunft

Im **Hochsommer** und an **Wochenenden** ist der Lake Tahoe auch von anderen als Glücksspieltouristen stark besucht und teuer. An Brennpunkten des Tourismus wie South Lake Tahoe, Kings Beach oder Incline Village findet trotzdem fast immer noch ein Motelzimmer, wer nicht erst am späten Nachmittag zu suchen beginnt. Während der Woche stehen außerhalb der Saison große Kapazitäten leer. Die Übernachtung ist dann sogar in guten Häusern preiswert, oft auch ein *Discount Coupon* einsetzbar, ➤ Seite 108.

Im **Nevada-Bereich** kommt hinzu, dass die **Kasinohotels** ihre **Preise von Sonntag bis Donnerstag Nacht** niedrig halten, um Spielkundschaft ins Haus zu ziehen. Zum Wochenende dorthin zu fahren, empfiehlt sich weniger.

Ein weit besseres Preis-/Leistungsverhältnis als viele einfache Motels in South Lake Tahoe bieten unter der genannten Wochenendeinschränkung u.a.:

- ***Harvey's Resort & Casino***, Stateline Ave/Straße #50, Großkomplex verbunden mit *Harrah's* nahe der Staatsgrenze, mehrere Restaurants (auch mit weiter Aussicht) und Bars, ✆ 1-800-CAE SARS, www.harveystahoe.com, ab $69
- ***Lakeside Inn & Casino*** an der Straße #50 etwas weiter nördlich, rustikale Mittelklasse, motelartig, auch Bars und *Eateries*, ✆ 1-800-624-7980; www.lakesideinn.com, ab $69

Camping

Die Campmöglichkeiten auf der Ostseite des Sees sind begrenzt; nur ***Nevada Beach*** (1,5 mi oberhalb Stateline) und der Privatplatz ***Zephyr Cove*** (4 mi nördlich Stateline) bieten **Camping am See**.

Am West- und Nordufer existiert dagegen eine Reihe guter *Campgrounds,* vor allem in den ***State Parks***; erste Wahl wäre der Platz im ***Emerald Bay SP***, der 2012 geschlossen blieb; 2013?

Exkurs: Vom Lake Tahoe direkt oder durchs Goldrauschgebiet zum Yosemite National Park

Direkte Route

Wer ab Lake Tahoe keinen Besuch von Reno plant, sondern die Reise von dort gleich in Richtung Süden zum **Osteingang des *Yosemite Park*** und ggf. weiter nach Las Vegas fortsetzen will, hat zur Straße #395 an der Ostseite der Sierra Nevada entlang keine Alternative. Über die #207 oder ggf. auch #50 steigt man dann aus der Höhe direkt hinunter zur #395 oder wählt den kleinen Umweg über die Straßen #88 und #89 (Markleeville/*Grover Hot Springs*), wie im Folgenden beschrieben.

Durchs Gold Rush Country

Eine abwechslungsreiche, wiewohl zeitraubende Route führt zum **Nordwesteingang des *Yosemite Park***. Sie wäre in erster Linie von Reisenden zu erwägen, die eine Fahrt durch das kalifornische Goldrauschgebiet mit historischen Relikten, Tropfsteinhöhlen und *Backroads* reizt, und dafür mindestens einen vollen Tag Extrazeit investieren mögen.

Straße #88

Die Straße #88 über den *Carson Pass* (2614 m) ist hier zwar die naheliegende Route nach Westen zur Straße #49. Ab **Pioneer** führt zudem die **Railroad Flat Road** in Verbindung mit der **Sheep Ranch Road** abkürzend nach **Murphys** unweit der #4, eine ***Backroad*** durch streckenweise sehr hübsche Landschaft, auf der man aber wegen der Kurverei und Verlangsamung bei Gegenverkehr stundenlang unterwegs ist.

Straße #4

Die **empfehlenswertere Strecke** entspricht hier zunächst der #89 über Markleeville/*Grover Hot Springs* und dann auf der ebenfalls gut ausgebauten **Straße #4** über den ***Ebbetts Pass*** (2.662 m) nach Westen. Man gelangt auf ihr etwas rascher ins interessante Gebiet um die Orte Murphys, Angels Camp und Columbia. Aber Achtung: die #4 wird früher im Jahr komplett gesperrt bzw. später wieder für den Verkehr geöffnet als die #88 (Sperrung möglich ab Oktober bis Ende Mai). Information zum Straßenzustand ➤ Seite 280.

Calaveras Big Trees

Ca. 25 mi vor Erreichen des *49ers Highway* in Angels Camp passiert man den grandiosen ***Calaveras Big Trees State Park*** (© 209-795-2334; www.parks.ca.gov/?page_id=551) voller mächtiger ***Sequoias*** im ***Big Trees Grove***, der durchaus mit dem *Mariposa Grove* des *Yosemite* mithalten kann ➤ Seite 274. Ein Ablaufen des ***Loop Trail*** (etwa 45 min) durch diesen Bestand ist die Fahrtunterbrechung selbst dann wert, wenn man im weiteren Reiseverlauf auch die Mammutbäume in den Nationalparks *Yosemite* und/oder *Sequoia* noch bewundern wird.

Der ***Campground*** des Parks liegt schattig mit vielen Stellplätzen direkt unter *Sequoias*; Reservierung ➤ Seite 122.

Untertunnelte Sequoia im Calaveras Big Trees State Park

Murphys

Einen Zwischenstopp sollte man für **Murphys** einplanen, **das hübscheste Städtchen der ganzen Sierra Nevada**. Es liegt etwas abseits der Durchgangsstraße #4; www.visitmurphys.com und www.gocalaveras.com.

Das nostalgische ***Murphys Hotel*** (historisches Monument) mit echten Einschusslöchern alter Pistolenduelle und einem ***Saloon* von 1856** ist das unverfehlbare *Highlight* an der Main Street im Ortszentrum. Mit Tarifen von $89-$125 ist es nicht zu teuer, © 1-800-532-7684; www.murphyshotel.com.

Der Ort hat neben dem Restaurant im Hotel eine ungewöhnlich hohe Zahl an ordentlichen ***Eateries*** gemessen an der Ortsgröße von 2.300 Einwohnern. Da in dieser sonnenreichen Gegend auch Wein angebaut wird, macht es Weinliebhabern vielleicht Spaß, die teuren Kreszenzen zu probieren. Der *Tasting Room* der ***Bodega del Sol*** befindet sich mitten im Ort an der 457 South Algiers Street; © (209) 728-9030, http://bodegadelsur.com.

Höhlen

Viele kleine durch Stiege und viel Auf und Ab miteinander verbundene Räume haben die attraktiven ***Mercer Caverns*** an der Sheep Ranch Road, ca. 1 mi nördlich von Murphys (9-17 Uhr im Sommer, sonst nur Sa+So 11-16 Uhr. Der Eintritt ist nicht niedrig, aber diese Tropfsteinhöhle ist mit vielen ungewöhnlichen

Formationen und Kristallen schon etwas Besonderes: Die geführten Touren kosten $14, Kinder 3-12 Jahre $8; www.mercercaverns.com; ✆ (209) 728-2378.

Vallecito

Von **Murphys** sind es nur wenige Meilen bis Vallecito. Ca. 2 mi südlich an der Moaning Cave Road (ab der #4 zunächst Parrots Ferry Road) befindet sich der Eingang zum größten Tropfsteinhöhlenkomplex Kaliforniens, die ***Moaning Cavern*** (täglich 9-18 Uhr im Sommer, sonst 10-17 Uhr. 45-min-Tour $15, Kinder bis 12 Jahre $8; Abenteuertouren mit Kletterseil $65-$130, www.caverntours.com/MoCavRt.htm).

Der 49er's Highway

Von Oakhurst über Mariposa südlich bzw. südwestlich des *Yosemite National Park* schlängelt sich die mit Bedacht derart nummerierte **Straße #49** durch die Ausläufer der Sierra Nevada bis zur Straße #89 (Sattley) etwa 45 mi nördlich des Lake Tahoe. Sie verbindet einen Großteil der einst während des ***California Gold Rush*** berühmten und berüchtigten Städte wie **Sonora, Angels Camp, Jackson, Sutter Creek, Placerville, Nevada City** u.a. Der Bezug dieser Strecke zu den ***49ers***, den Goldsuchern des Jahres 1849 (➤ Kasten Seite 242), wird extrem ausgeschlachtet. Wer die lokalen und regionalen Werbebroschüren liest, aber auch »objektive« Reiseliteratur, muss den Eindruck gewinnen, es handle sich bei der #49 um eine Art touristische Superroute. Das ist in Wirklichkeit kaum der Fall. Trotz hübscher Teilstücke ist ihr Verlauf im Sierra Nevada-Maßstab landschaftlich eher unterdurchschnittlich und obendrein auf vielen Abschnitten von Frühsommer bis Spätherbst sehr stark befahren, das Vorankommen zwischen den lohnenswerten Zielen daher oft mühsam.

In den Ortschaften am Wege gibt es eine Reihe kleiner historischer Museen, Tropfsteinhöhlen, Goldminen und manches mehr oder weniger sehenswerte Relikt aus der Goldrauschzeit, am besten noch im *Columbia State Historic Park* (➤ Seite 250) und im *Marshall Gold Discovery State Park* (➤ Seite 244). Die obigen Städtchen, vor allem Nevada City (nördlich der I-80 außerhalb des hier behandelten Gebietes), verfügen zwar alle über pittoreske alte Straßenzüge, aber die sind nur zu oft überkommerzialisiert, beherbergen Restaurants, Kneipen und natürlich jede Menge Souvenir- und Antiquitätenläden.

Oldtimer vorm Antiquitäten - shop im Goldrausch - städtchen Placerville

Mark Twain und das Calaveras Frog Jumping Jubilee

Samuel Langhorne Clemens wurde 1835 in Hannibal/Missouri geboren, einem Städtchen am Westufer des Mississippi. Schon früh absolvierte er eine Ausbildung als Schriftsetzer und schrieb ein erstes Buch und Berichte von Reisen in die Großstädte des US-Ostens fürs *Hannibal Journal*. Ab 1855 lebte er in St. Louis und brachte es zum Lotsen auf dem großen Strom. Als mit dem Bürgerkrieg 1861 der zivile Schiffsverkehr auf dem Mississippi abbrach, zog er als verspäteter Prospektor nach Westen und landete zunächst als Bergarbeiter in einer Goldmine in **Virginia City**, ➤ Seite 253, heuerte aber bald bei der Zeitung *Territorial Enterprise* an. Unter dem Pseudonym ***Mark Twain*** schrieb er Stories mit Lokalkolorit aus den *Saloons* und Goldgräbercamps Kaliforniens und Nevadas. Erstmals über die Grenzen dieser Staaten hinaus bekannt wurde er 1865 mit seiner Geschichte von ***Jim Smiley and the jumping Frog*** (»Der berühmte Springfrosch von Calaveras«) in der Wochenschrift *The Californian*. *Twain* hatte diese Anekdote in **Angels Camp** gehört, einem während des Goldrausches entstandenen Städtchen im Landkreis Calaveras. Es geht darin um den wettversessenen *Jim Smiley*, der einen Frosch abrichtet, weiter als jeder andere zu springen, und andere animiert, dagegen zu wetten. Als ein Fremder darauf besteht, jeder beliebige Frosch könne so weit springen wie *Smileys*, kommt es zu einer Wette mit hohem Einsatz. *Smiley* darf sogar selbst den »Gegner« bestimmen. Während er daraufhin einen passenden Frosch aus dem Sumpf holt, verbleibt das Springwunder in der Obhut des Wettkumpans, der es derweil mit Schrotkugeln abfüllt. Natürlich springt der »untrainierte« Frosch bei seiner Freilassung sogleich davon, und *Smileys* Zucht verharrt am Boden. Erst als derGewinner auf aund davon ist, kommt *Smiley* auf den Trick.

Von dieser kleinen Episode aus dem Jahr1865 zehrt die Region noch heute. **Jedes dritte Wochenende im Mai findet in Angels Camp** am ***49ers Highway***, keine 10 mi südlich von Murphys, das große ***Frog Jumping Jubilee*** statt. Die besten »Athleten« schaffen immerhin Weiten von über sechs Metern.

Neben solchen Geschichten und bis heute gelesener Weltliteratur hinterließ Mark Twain der Nachwelt einen erstaunlich zeitlosen **Zitatenschatz**, nachzulesen auf Deutsch z.B. unter www.zitate-welt.de/zitate (dort Nummer 140).

Ernst-Georg Richter

Columbia State Historic Park

Auch ohne Absicht, die *Moaning Cavern* zu besuchen, macht es Sinn, ab Vallecito der *Parrots Ferry Road* E 18 zu folgen, um den ***Columbia State Historic Park*** ohne den Umweg über Angels Camp und die #49 anzusteuern. Columbia war in den Jahren 1850-1870 eine der wichtigsten Goldminenstädte Kaliforniens. Ihr damaliger Zustand wurde wiederhergestellt und als relativ authentisch wirkendes ***Living Museum*** der Öffentlichkeit zugänglich gemacht. Zwar sind die einzelnen Gebäude und das Museum nur 10-17 Uhr geöffnet (Sommerhalbjahr, sonst kürzer), aber der Komplex ist nie ganz geschlossen, da auch *Shops*, Cafés und *Saloons* integriert wurden. Im ***Fallon House Theater*** gibt's im Sommer täglich Vorstellungen humoriger Melodramen.

Die **Nostalgiehotels *Columbia City*** und ***Fallon*** (✆ (209) 532-1470 bzw. ✆ (209) 532-1470) beherbergen in ihren Wildwest-Gemäuern nach wie vor Gäste, wiewohl zu modernen Tarifen und mit *Wifi*, Reservierung für beide unter ✆ 1-800-444-7275. Weitere Einzelheiten unter www.columbiacalifornia.com.

Zum Yosemite Park

Von Columbia geht es dann auf der #49 über Sonora und Jamestown zur Straße #120, der – ab San Francisco – Hauptroute in den ***Yosemite National Park***; Anschluss ➤ Seite 264.

Merced River im Yosemite Valley; oben die Lower Yosemite Falls

1.2.2 Vom Lake Tahoe nach Carson City und Reno

Nach Reno

Der **direkte und kürzeste Weg** vom Lake Tahoe nach Reno, die Straße #431, führt von **Incline Village** am Nordende des Sees über den ***Mount Rose Pass*** (2.700 m) und dann hinunter in die Halbwüste Nevadas auf 1350 m Höhe.

Unweit des Passes passiert man die Zufahrt zum herrlich gelegenen ***Campground Mount Rose*** im *Toyabe National Forest, $17* (Reservierung möglich, ➤ Seite 122)

Die **interessantere Route** nach Reno ist allerdings die Straße #50 in Verbindung mit der #341 über Carson und Virginia City. Den Umweg über die alte Silberstadt sollte man möglichst einplanen.

Carson und Virginia City

Carson City/ Railroad Trip

Die Hauptstadt Nevadas (55.000 Einwohner) ist trotz historischer Gebäude kein »touristisches Muss«, außer man möchte von dort mit der ***Virginia & Truckee Railroad*** nach Virginia City weiterfahren. Der 3-stündige Rundtrip mit der nostalgischen Bahn startet beim *Eastgate Depot* am Flint Drive, 6 mi östlich von *Downtown* an der #50; nur Fr-So von Ende Mai bis Mitte Okt.; $48, Kinder bis 12 Jahre $28; ✆ (775) 847-0380; www.virginiatruckee.com.

Wer Carson City passiert, könnte zudem einen Stopp beim ***Nevada State Railroad Museum*** ins Auge fassen mit schöner alter Wildwest-Lok im Freigelände, die zu wechselnden Zeiten über einen Rundkurs dampft ($6, Kinder frei). Das Museum liegt zusammen mit dem ***Visitor Center*** an der 2180 South Carson Street (#395 *Business*) im Süden der Stadt; www.visitcarsoncity.com.

Museumslok in Carson City

Museen

Das ***Nevada State Museum***, an der Hauptstraße Carson Street (= #395 *Bus*) etwas nördlich des (hier ausnahmsweise nicht prächtigen) *State Capitol*, thematisiert in erster Linie die Geschichte Nevadas und den Gold- und Silberbergbau – ansehenswert; geöffnet Mi-Sa 8.30-16.30 Uhr, Eintritt $6, bis 17 Jahre frei.

Schräg gegenüber im ***Carson Nugget Casino*** liegen hinter Panzerglasscheiben in Nevada gefundene große **Original-Goldnuggets**.

Unterkunft

Carson City eignet sich mit seinen moderaten Unterkunftstarifen gut für Zwischenübernachtungen. Zahlreiche **Motels und Hotels** finden sich **entlang der gesamten #395 *Business*** durch die Stadt. Speziell etwas nördlich des Zentralbereichs gibt es oft besonders preiswerte Angebote in der unteren Mittelklasse.

Gold Hill

Nach Virginia City geht es zunächst auf der #50 einige Meilen nach Osten und dann auf der #341 hinauf in die Berge. Nach kurzer Strecke teilt sich die Straße: hier unbedingt den westlichen Ast

Nostalgisches Golden Hill Hotel bei Virginia City/Nevada an der Endstation einer alten Minenbahn. Dazu gute Küche, uriger Saloon und es spukt sogar ein Hausgeist.

über **Gold Hill** fahren (steil, aber auch für die meisten RVs kein Problem). Der Ort besteht im Wesentlichen aus einer weiteren Station der *Virginia & Truckee Railroad* (Abfahrt nach Virginia City mehrmals täglich, 35 Minuten, $9-$11, Kinder bis 12 Jahre $5; weitere Details umseitig unter Carson City) und dem nostalgischen ***Gold Hill Hotel*** mit einem absolut urigem ***Saloon*** (1540 Main Street; ✆ (775) 847-0111; www.goldhillhotel.com).

Virginia City

Virginia City war in den 70er-Jahren des 19. Jahrhunderts mit ca. 30.000 Einwohnern die größte Stadt zwischen Chicago und San Francisco. Die ***Comstock Lode***, eine der ertragreichsten je gefundenen Gold- und Silberadern, hatte für das Entstehen dieser *Boom - town* gesorgt. Die Fassaden der im Gegensatz etwa zu Bodie (➤ Seite 282) nie ganz vergessenen Stadt entsprechen in der Hauptstraße weitgehend dem damaligen Aussehen.

Information

Für alle, die sich das schon mal aus der Ferne anschauen möchten, sind zwei ***Webcams*** installiert. Der Link zu ihnen und überhaupt alle Infos über Virginia City findet sich unter der Website www.virginiacity-nv.org.

Kneipen

Absolut authentisch wirkt das Innenleben einiger ***Saloons***, ganz so, wie man es aus Wildwest-Filmen kennt.

Mark Twain

Von den großen Jahren Virginia City's, in der ***Mark Twain*** (➤ Seite 233) für den *Territorial Enterprise* schrieb, die erste Zeitung Nevadas, künden mehrere kleine Museen und historische Gebäude entlang der Straße #341 durch den Ort.

Shops

Originell sortiert sind auch einige der Läden. Kaum sonstwo findet man ausgefallenere Souvenirs und Mitbringsel. Auch wer ein komplettes ***Cowboy-Outfit*** sucht, ist hier richtig. Gut ausgestattet mit Kostümen, Kulissen und Wildwest-Zubehör sind ebenfalls die ***Old Tyme Foto Shops***. Wer gern ein Nostalgiefoto von sich im Outfit der Wildwest-Jahre und in passender Rolle hätte (*Sheriff*, *Outlaw*, *Can-Can Girl* u.v.a.m.), sollte das hier realisieren: so vielseitig und authentisch gibt's das selten!

Gold- und Silbermine

Den Kehrseiten der guten, alten Zeit kann man hautnah bei einer Führung durch die engen Stollen der ***Chollar*** **Gold- und Silbermine** unter dem Ort in der F Street auf die Spur kommen. Die ***Underground Tour*** kostet $7, Kinder $2: www.chollarmine.com. Wer die Mine kaufen möchte, ist einschließlich der Abbaurechte schon mit rund $550.000 dabei. Sie steht seit Jahren zum Verkauf.

Unterkunft Virginia City

Leider nimmt der **Tourismus** an manchen Tagen etwas überhand, und auch auf die **Spielautomaten** mag man nicht verzichten. Da aber Virginia City inkl. einiger »witziger« *B&Bs* auf eine maximale Übernachtungskapazität von nur rund 300 Betten kommt, die obendrein selten alle belegt sind, wird es ab spätem Nachmittag wieder ruhig. Abends ist kaum noch etwas los. Dann sind Einheimische und die wenigen Gäste in den Kneipen unter sich. Wem dieser Aspekt gefällt, sollte versuchen, im historischen ***Silver Queen Hotel*** unterzukommen; ein ***Saloon*** befindet sich im Haus (✆ 1-775-847-0440, $50-$125). Eine Liste aller Quartiere mit Details steht unter www.visitvirginiacitynv/com/lodging.aspx.

Camping

Der ***Virginia City RV-Park*** befindet sich unterhalb der Hauptstraße (F Street) beim öffentlichen *Pool* und Spielplatz (gegenüber). Zwar ist der Komplex etwas eng, hat aber einige schöne Stellplätze mit Weitblick; Reservierung unter ✆ (1-800-889-1240 oder im Internet unter www.vcrvpark.com, (*Wifi*; auch Zelte).

Nach Reno

Die bis Reno laufende **Straße #341** verwöhnt den Reisenden im Abstieg von der Höhe mit Aussichtspunkten für den weiten Blick über das Reno-Carson Valley und hinüber auf die Höhen der Sierra Nevada.

Nostalgische Kneipe und Automatenhalle in diesem früheren Hotel in Virginia City

Reno

Geographie, Information, Unterkunft und Shopping

Lage

Las Vegas' kleine Schwester **Reno**, die ***Biggest Little City in the World***, ist eine respektable Großstadt, die es zusammen mit dem Nachbarn **Sparks** auf gut 250.000 Einwohner bringt und sich mittlerweile über rund 130 km² Wüste erstreckt. Die Stadt liegt 15 mi östlich der kalifornischen Grenze und 30 mi nördlich der Hauptstadt Carson City am Rande der Wüste von Nevada auf einer Höhe von 1.250 m. Zum Lake Tahoe sind es nur 40 mi. Aus dem See entspringt der **Truckee River**, ohne dessen Wasser Reno nicht lebensfähig wäre.

Klima

Wegen der bis zu 3.000 m hohen Berge im Westen bilden Bewölkung und Niederschläge in Reno eher die Ausnahme. Sonnenschein überwiegt, wobei die Temperaturen dank der Höhenlage selbst im Hochsommer selten über 30°C steigen. Aber auch größere Hitze bleibt bei der normalerweise geringen Luftfeuchte erträglich, zumal es abends schnell abkühlt. **Mai, Juni und September sind die besten Besuchszeiten**.

Kennzeichnung

Reno stand nach seiner Gründung 1868 lange im Schatten der *Boomtown* Virginia City (➤ oben), bevor es sich nach der Jahrhundertwende eigenständig entwickelte. Aber erst mit der Zulassung des Glücksspiels in Nevada in den 1930er-Jahren begann der Aufstieg von Reno/Lake Tahoe zur zweitgrößten Kasinoballung des Staates. Im Gegensatz zu Las Vegas sind Glücksspiel und das damit zusammenhängende *Business* nicht die dominierenden Faktoren der lokalen Wirtschaft, auch wenn dies im grell-bunten *Downtown* und entlang der Hauptzufahrtstraße Virginia Street mit ihrer touristischen Infrastruktur auf den ersten Blick so aussieht. Außerdem geriet Reno schon in den 1990er-Jahren gegenüber Las Vegas arg ins Hintertreffen, denn mit den Superlativen dort konnte man nicht mithalten. Die Finanzkrise seit Mitte

2008 tat ein Übriges und hinterließ auch in Reno Spuren, die sich u.a. durch weiter gesunkene Übernachtungstarife manifestierte, ➤ unter Las Vegas, Seite 404f.

Information

Das ***Reno Sparks Convention & Visitors Center*** residiert in der 4001 South Virginia Street und hat Info- und Werbematerial in Hülle und Fülle; ✆ 1-800-367-7366 und 1-888-HIT-RENO, www.visitrenotahoe.com. Kommerzielle Adresse: www.reno.com.

Unterkunft

In der Spielerstadt Reno ist es generell nicht schwierig, eine passende Unterkunft zu finden. Zahlreiche **Motels aller Kategorien** – geballt entlang der **South Virginia Street** – konkurrieren mit relativ und absolut günstigen Preisen um Gäste. Man braucht die Straße nur einmal 'rauf und 'runter zu fahren. Eine ganze Reihe **Billigmotels** gibt's nördlich der Kasinoballung.

Discounttarife und -coupons finden sich speziell für Reno zahlreich in den *Exit/Traveler Guides* (➤ Seite 108). Die Kasinohotels werben So-Do mit günstigen Sondertarifen. Wochenenden sind

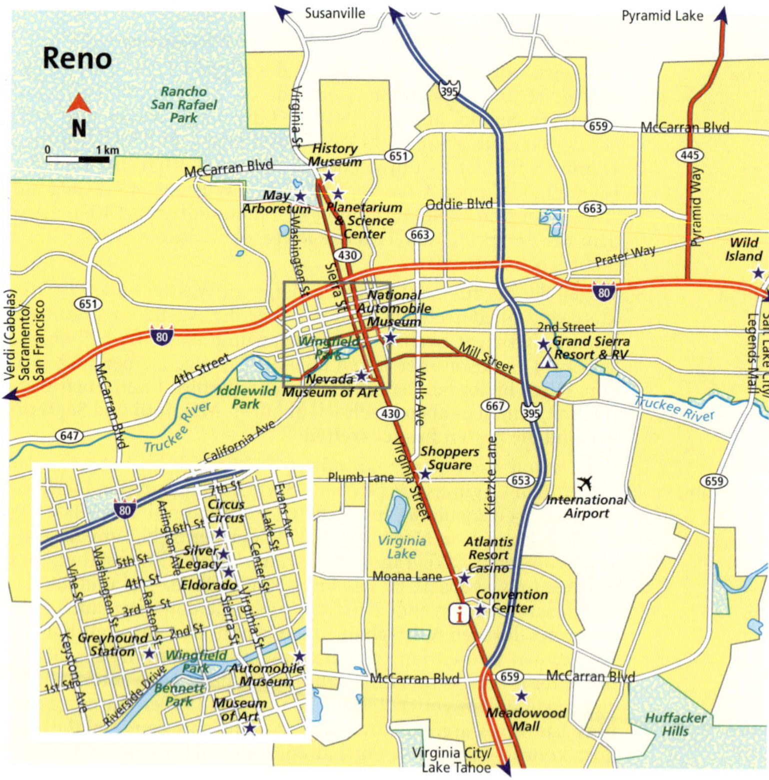

teurer. Die beste Übersicht mit aktuellen Tarifen und Link zu allen Häusern findet man über die Google-Eingabe »hotels reno nevada«, dann Doppelklick auf die Karte.

Folgende Kasinohotels bieten bei fehlender Auslastung oft besonders niedrige Tarife für große, gut ausgestattete Räume (12% tax):

- ***Circus Circus***, ✆ 1-800-648-5010, 500 N Sierra St, traditionell eines der preiswertesten Hotels bei einem relativ niedrigeren Standard der Zimmer und Gäste, ab $30; www.circusreno.com
- ***Silver Legacy***, ✆ 1-800-687-8733, 219 North Vigiñia St, Hotelhochhaus mit 1700 Zimmern hinter einer an einen Atommeiler erinnernden Kuppel, ab $50; www.silverlegacyreno.com
- ***Harrah's***, ✆ 1-800-427-7247, 219 North Center Street, eins der besten, ab $45; www.harrahs.com
- ***Grand Sierra Resort*** (früher *Hilton*), ✆ 1-800-501-2651, 2500 E 2nd Street östlich des *Freeway* #395, mit 2000 Zimmern das größte Kasino der Stadt, ab $50; www.grandsierraresort.com
- ***Peppermill***, ✆ 1-800-648-6992, 2707 South Virginia Street, mit über 1600 Zimmer nicht viel kleiner als das *Grand Sierra*. Der Komplex steht unübersehbar 2,5 mi südlich von *Downtown*; ab $50, www.peppermillreno.com
- ***Atlantis***, ✆ 1-800-723-6500, 3800 South Virginia Street, ein mit 1000 Zimmern auch noch beachtlicher Kasinopalast beim Kongresszentrum noch einmal eine halbe Meile südlicher unweit der I-580, ab $40; www.atlantiscasino.com

Die angegebenen Tarife beziehen sich immer auf den »normalen« Standardraum, für *Luxury Rooms* und Suiten sind sie leicht um das Doppelte bis Vielfache höher.

Camping

Kommerzielle **Campingplätze** der Komfortklasse gibt es gleich ein ganzes Dutzend. Ein **Gratis-Busservice** zur Innenstadt gehört bei den cityferneren Plätzen zum Gäste-Service.

- Der größte von allen mit jedem Komfort und Golf-Übungsplatz und -teich befindet sich auf dem Gelände des ***Grand Sierra Resort***: East 2nd und Mill Street/*Freeway* #395, © 1-800-258-7366, www.grandsierraresort.com/hotel/rv-park, ab $24 (keine Zelte).
- Ein guter Campingplatz abseits der Straße im lichten Wald am Fuße der Sierra Nevada ist der ***Davis Creek County Park*** (mit Duschen/*Hook-up* $20), ca. 18 mi südlich von Reno (#395).
- Einige Meilen weiter befindet sich der ***Washoe Lake State Park***, © 1-775-687-4319; http://parks.nv.gov/wl.htm. Alle Nevada *Visitor Bureaus* haben eine Broschüre: ***Nevada Campsites & RV Parks***, die diese Campingplätze mit Details beschreiben.
- In Sparks, nur wenig abseits der I-80, liegt der relativ Reno-nahe ***Sparks Marina RV Park*** am Lincoln Way zwischen dem künstlichen See *Sparks Marina* und der im Folgenden beschriebenen *Outlet Mall*. Komfortabler Riesenplatz vor allem für Groß-RVs. © 1-775-851-8888; www.sparksmarinarvpark.com.

Shopping

Reno ist mit ***Shopping Centers*** gut bestückt. Am größten ist die ***Meadowood Mall*** im Stadtsüden an der I-580/#395 S/McCarran Blvd, beliebt ***Shoppers Square*** an der S Virginia/East Plum Lane.

In **Sparks** östlich von Reno an der I-80 liegt die ***Outlets at Legends Mall***; I-80, *Exit* 20 (Sparks Blvd); www.experiencelegends.com. Neben den auch sonst in *Outlet Malls* vertretenen Läden und Marken ragt dort die Filiale des ***Scheel's Sports Store*** heraus, der angeblich weltweit größte Shop für Sportbekleidung und -ausrüstung mit 26.000 m^2 Verkaufs- und Nebenflächen; www.scheels sports.com.

Ein weiteres ***Shopping Highlight*** darf nicht unerwähnt bleiben, obwohl es ca. 10 mi von Reno entfernt an der I-80 bei Verdi (8650 Boomtown Road) nahe der Grenze zu Kalifornien liegt. Die riesige Filiale der Kette ***Cabela's*** für Outdoor-Bedarf hat nebenbei auch noch Aquarien und ein Tierweltmuseum; www.cabelas.com/retail-stores-reno.shtml.

Eine kilometerlange Jogging und Bike Route läuft am Nordufer des Truckee River entlang mitten durch die Stadt

Spielkasinos und mehr

Casino Row

Auch wer mit dem Glücksspiel wenig im Sinn und es eher auf Ziele in der Umgebung abgesehen hat, sollte auf einen Kurzbesuch der Spielhöllen nicht verzichten. Am intensivsten wird man in der ***Casino Row*** bedient, einem ca. 400 m langen Teilstück der **Virginia Street**, aber auch in der parallelen **Sierra Street** und einigen Nebenstraßen. Dort befinden sich – bis auf die unter »Hotels« schon gelisteten **Großkomplexe *Grand Sierra, Peppermill*** und ***Atlantis*** – alle größeren Kasinos der Stadt. Mögen die glitzernden Lichtreklamen draußen auch Unterschiede suggerieren, von innen wirken die riesigen Säle mit ihren *Slot Machines*, *Roulette-* und *Black Jack*-Tischen alle ziemlich gleich. Ansehenswert sind

Ansehens-werte Kasinos

- das ***Grand Sierra***, 2500 East 2nd Street an der I-580 wegen der enormen Dimensionen, ➤ oben. *Shuttle Bus* nach *Downtown*.

- das ***Silver Legacy***, 407 North Virginia Street, das aufwendigste der Reno-Kasinos. Im *Silver Legacy* gibt es eine Goldminenanlage unter dem Kuppeldach. Dort finden auch ***Shows*** statt; www.silverlegacyreno.com.
- das ***Circus Circus***, North Virginia/5th Street. **Artistische Vorführungen** unter einer Zirkuskuppel im 2. Stock sind das Markenzeichen dieses Kasinos. ***All-you-can-eat-Bufetts*** sind dort besonders preiswert; www.circusreno.com.
- das ***Eldorado Casino***, North Virginia/4th Street, wegen der ***Micro Brewery*** mir acht Biersorten (***Brew Brothers***) und des ***Seafood Buffet*** freitags+samstags; www.eldoradoreno.com

Auto Museum

Das ***National Automobile Museum*** befindet sich in einem architektonischen Vorzeigebau an der Mill, Ecke Lake Street und beherbergt eine phänomenale **Ausstellung historischer Fahrzeuge**. Die Autos aus aller Welt unter (zu) starker Betonung amerikanischer Modelle, die überwiegend so aussehen, als hätten sie soeben die Fabrik verlassen, wurden epochenweise geordnet und teilweise in ein der Zeit entsprechendes Ambiente gestellt. Eintritt $10, bis 18 Jahre $4. Zeitbedarf mit Multimedia-Show 2-3 Stunden. Mo-Sa 9.30-17.30 Uhr, So 10-16 Uhr; ✆ 1-775-333-9300; www.automuseum.org.

Heiraten

Kurzentschlossen heiraten kann man nicht nur in Las Vegas. Auch in Reno gibt's die kitschig-originellen **Hochzeitskapellen** für die Nevada-Schnellehe (➤ Seite 502). Eine Reihe von ihnen steht unübersehbar an der South Virginia Street.

City Parks

In Reno fällt die relativ hohe Zahle kleiner und großer Parks auf. Attraktiv gestaltet ist u.a. der **Uferbereich** des Truckee River im Zentrum. Der ***Wingfield Park*** ist über eine ausgebaute ***Bike & Jogging Route*** (Truckee River Lane) mit dem ***Idlewild Park*** im Stadtwesten verbunden.

Abseits der City

San Rafael Park

Im ***Rancho San Rafael Park*** (Nordende Sierra Street) warten das ***Wilbur D. May Arboretum & Museum*** auf Besucher und nebenan, unter der Bezeichnung ***Great Basin Adventure***, ein Spielpark für kleinere Kinder (Mai-September Di-So 10-17 Uhr, Eintritt $5/$2,50). Museum und Arboretum (das vor allem ist besuchenswert) sind geöffnet Mi-Sa 10-17 Uhr, So ab 12 Uhr, $4,50/$2,50).

Wasserpark

Bei Hitze liegt der Planschpark ***Wild Island*** näher, der aber – weil etwas eng – oft arg voll wird. Er liegt östlich von Sparks an der I-80; Juni-August 11-19 Uhr, Mai+September nur Sa oder Sa+So bis 17 Uhr; Eintritt $25, Kinder bis 1,20 m $20; ab 15 Uhr $17.

Balloon Race

Jeweils Do-So in der ersten Septemberwoche findet im erwähnten ***Rancho San Rafael Park*** der ***Reno Balloon Race***, eine Ballonshow mit Massenaufstiegen bunter Fesselballons in allen Farben und Formen statt; Programmdetails unter www.renoballoon.com.

Reno Air Race

Eine Woche später gehen beim ***Reno Air Race*** jede Menge Flugzeuge in die Luft: von Doppeldeckern des 1. Weltkriegs über *World War II*-Typen mit martialischer Bemalung bis zu modernen, darunter viele militärische Maschinen; www.airrace.org. Die Show findet 11 mi nördlich der Stadt auf dem ***Stead Airfield*** unweit det #395 (Stead Blvd) statt. Shuttle Bus Service ab Reno.

Pyramid Lake

Als **Abstecher von Reno** kommt eine Fahrt zum ungewöhnlichen Pyramid Lake (480 km^2) in der gleichnamigen Reservation der *Paiute* Indianer in Frage. Der von Höhenzügen aus Sandstein eingerahmte See in der Wüste gilt als der Rest eines einst 20.000 km^2 umfassenden prähistorischen Gewässers.

Schwimmen (bis Oktober warmes Wasser) und auch **campen** darf man überall am Seeufer. Man benötigt dafür aber ein ***User-Permit*** **($6 Day-use, $9 Camping)**, erhältlich in der *Ranger Station* in Sutcliffe, am Südende des Sees in Nixon oder online: http://plpt.nsn.us/rangers/htmls/permits.htm (dauert!). In den letzten Jahren ist der Wasserstand stark gefallen und die Wasserlinie ziemlich weit entfernt von den meisten Zugängen. In **Sutcliffe** existiert gleich hinter dem Strand bzw. Bootsanleger ein ***Campground***; www.plpt.nsn.us.

Ballonaufstieg beim Reno Balloon Race

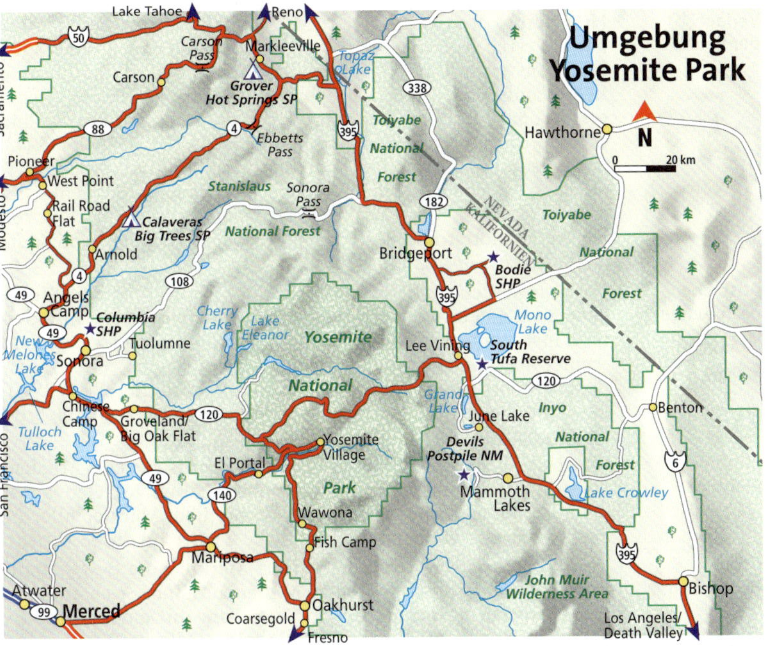

1.2.3 Von Reno zum Mono Lake/Yosemite Park auf der #395

Zwei Routen nach Süden

Nach einem Abstecher bis Reno auf den beschriebenen Routen gibt es zur Fortsetzung der Reise in Richtung Süden nur zwei sinnvolle Möglichkeiten:

durch das Goldrausch - gebiet

- Rückkehr zum Lake Tahoe auf der Straße #431 oder über Carson City auf der #50 und dann über die Straße #88 (**Achtung**: Wintersperre bzw. Schneekettenerfordernis ggf. schon Mitte Oktober bis Ende Mai) aus der Höhe der Sierra Nevada wieder hinunter ins Goldrauschgebiet und weiter entlang des *49ers Highway* (➢ Seite 249) zur **Nordwesteinfahrt *Big Oak Flat* des *Yosemite National Park*** auf der Straße #120.

Straße #395 nach Süden

- Verbleib über Carson City hinaus auf der #395 nach Süden. Sie verläuft auf voller Länge östlich der Sierra Nevada und erreicht beim Topaz Lake ca. 60 mi südlich von Reno wieder kalifornisches Territorium und nach weiteren 70 mi **Lee Vining** am Mono Lake, das östliche Einfallstor zum *Yosemite*. Die Strecke ist bei direkter Fahrt ohne Abstecher in 3-4 Stunden zu schaffen. Die Osteinfahrt zum Nationalpark via ***Tioga Pass*** (3032 m) liegt 1000 m höher als Lee Vining. Die breit ausgebaute #120 führt von dort in steilem Verlauf nach oben (ca. 10 mi). Weitere Details dazu ➢ Seite 281.

Verlauf der Route

Hier geht es nur um die zweite Möglichkeit, da die Route zurück nach Westen bereits beschrieben wurde. Die Fahrt auf der #395 bietet bis zum **Topaz Lake** an der Grenze Nevada/Kalifornien keine landschaftlichen Highlights, läuft aber südlich des Grenzortes **Topaz** (dort die letzten bzw. ersten Hotels mit Spielkasino und ein ***County Campground*** am See, $18-$25, © 1-775-266-3343) zunächst pittoresk durchs Tal des West Walker River. Nach Überquerung des ***Devils Gate Pass*** taucht die Straße in die Senke des *Mono Lake Basin* ein. Ca. 7 mi südlich von Bridgeport zweigt von ihr die Zufahrtstraße #270 zur sehenswerten ***Ghosttown Bodie*** ab, einem *California State Park*, ➤ Seite 282.

Abstecher nach Genoa

Ein paar Meilen südlich von Carson City passiert man die Straße #206 nach **Genoa** (ca. 4 mi), einem 200-Einwohner-Nest mit kleinem historischen Museum (*Genoa Courthouse*) und – vor allem – einer nostalgischen **Bar**, www.genoabarandsaloon.com. Außerdem lädt dort ***David Walley's Hot Springs & Spa*** zum Bade, Wellness und Bleiben (DZ ab $119, © 1-866-507-1428; www.celebrityresorts.com/pages/locations/carson_valley.php.

Straßen #88 & #89

Eine bedenkenswerte **Umgehung des Abschnitts der #395 Minden/Gardnerville bis zum Topaz Lake**, wäre, südlich von Genoa erst der #88 zu folgen und dann der Straße #89 über Markleeville, die ein paar Meilen südlich des Topaz Lake wieder auf die #395 trifft.

Grover Hot Springs

Vom als »alternativ« geltenden Dorf **Markleeville** (www.alpinecounty.com) sind es nur wenige Meilen auf einer Stichstraße zu den ***Grover Hot Springs***, einem *State Park* mit einem attraktiv zwischen Felsen angelegten **Campingplatz** ($35, im Sommer unbedingt reservieren, ➤ Seite 122).

Der von *Memorial* bis *Labor Day* trotz der nüchternen Anlage immer gut besuchte **Freiluft-Heißwasserpool** kostet $7 Eintritt, www.parks.ca.gov/?page_id=_508 (*Memorial* bis *Labor Day* tägl. geöffnet bis 21/22 Uhr, sonst verkürzte Zeiten, ggf. durch Anruf erfragen: © 1-530-694-2249).

In der Bodie Ghost Town, ➤ Seite 282

Topaz Lake an der Grenze zwischen Kalifornien und Nevada

Camping

Kommt man im *State Park* nicht unter, gibt es um Markleeville Ausweichmöglichkeiten. Neben dem kleinen ***NF-Campground Markleeville Creek*** südöstlich des Ortes an der #89ist vor allem der **BLM-Platz *Indian Creek*** (mit Duschen) am gleichnamigen Reservoir nördlich von Markleeville empfehlenswert: nach kurzer Fahrt auf der #89 folge man der Airport Road.

Komfortcamping für RV-Eigner gibt's im ***Carson River Resort*** ($30; ideal für Angler), außerdem ein paar rustikale *Cabins* ($100): © 1-877-694-2229, www.carsonriverresort.com.

Markleeville

Abgesehen von den heißen Quellen bietet der Ort den Charme des abgelegenen Dorfs in einer weitgehend ökologisch intakten lieblichen Gebirgslandschaft am Carson River. Trotz der weniger als 200 Einwohner gibt es neben dem *General Store* noch zwei ganz originelle Bars & Restaurants (***Wolfcreek*** und ***Cutthroat***) sowie zwei H/Motels (beide ab $85):

- ***Creekside***, © 1-530-694-2507, www.markleevilleusa.com
- ***Marklee Toll Station***, © 1-866-602-7335, www.tollstation.com

»Geheimtipp«

Einige B&Bs verbergen sich in der Umgebung, außerdem *Cabins* und Ferienhäuser, darunter das wunderbar konzipierte urgemütliche ***Quail Hollow*** am Fluss mitten in der Natur für Leute mit größerer Brieftasche, die mal ein bisschen länger ausspannen wollen. Tarife auf Anfrage: © 1-530-694-1155, www.quailhollow.net.

Zum Mono Lake

Von Markleeville gelangt man auf schöner Strecke über den ***Monitor Pass*** (2.535 m) in einer guten halben Stunde etwas südlich des Topaz Lake zurück auf die Straße #395. Der weitere Verlauf bis zum Mono Lake wurde eingangs dieses Abschnitts kurz beschrieben, ➢ Seite 261.

Straße #4

Wer den Besuch des ***Yosemite Park*** von der Westseite her bevorzugt, sollte von Markleeville aus auf der bereits beschriebenen Straße #4 die Sierra Nevada queren, ➢ Karte Seite 261.

1.3 Von San Francisco über die Nationalparks Yosemite und Death Valley nach Las Vegas

1.3.1 Anfahrt zum Yosemite National Park Karte Seite 261

Zeitplanung

Viele Reisende zieht es ab San Francisco zunächst zum ***Yosemite National Park***. Von dort lässt sich die Fahrt entlang der Ostseite der Sierra Nevada gut zum ***Death Valley*** und nach **Las Vegas** fortsetzen. Diese Route bietet neben den populären *Highlights* eine ganze Reihe teilweise kaum bekannter und wenig frequentierter »kleinerer« Attraktionen. Es wäre schade, wenn bei zu knapper Planung für Zwischenstopps und kurze Abstecher zu wenig Zeit bliebe. **Auf keinen Fall optimal wäre etwa, an einem Tag bis zum *Yosemite* durchzufahren und für die Strecke *Yosemite*–Las Vegas nur 2 Tage vorzusehen, wie es leider viele Rundfahrer machen**.

Start in San Francisco

Zum *Yosemite National Park* (ca. 170-200 mi ab San Francisco je nach Startpunkt und Route) geht es über die *San Francisco Bay Bridge* und ab Oakland am besten auf der ***Interstate* #580** (die I-880 ist oft extrem stark befahren). Die ebenfalls mögliche Kombination *Freeway* #24/I-680 (dann erst bei Dublin auf die I-580), kommt bei einigen Umwegmeilen dann in Frage, wenn kurz hinter/vor San Francisco gecampt werden soll: der ***Mount Diablo State Park*** verfügt über einen spektakulär gelegenen *Campground (Juniper,* ➤ Seite 181), der den Abstecher bei ausreichend Zeit durchaus auch ohne Camping lohnt (Weitblick über die Bay).

Zum Nordwesteingang auf der Straße #120

Beste Route

Die **Straße #120, kürzeste und schönste *Yosemite*-Zufahrt**, erreicht man rund 70 mi östlich von San Francisco. Sieht man ab von der Überquerung der mit fast **5000 Windgeneratoren** bepflasterten Hügelkette östlich Castro Valley (noch auf der I-580), ist der Straßenverlauf aber vor dem Aufstieg in die Höhe der Sierra Nevada – östlich von Chinese Camp – eher langweilig. Erwähnenswert sind nur die vielen Straßenverkaufsstände für ***Fresh Farm Produce*** (Obst und Gemüse) zu Erntezeiten.

Big Oak Flat Road

Über den Nordwesteingang – dort eine sog. ***Information Station***, an der man auch den Eintritt bezahlt bzw. einen Jahrespass kaufen kann, ➤ Seite 28 – fährt man in den Park ein. Die ***Big Oak Flat Road*** von dort zum *Yosemite Valley* ist ab dem Straßendreieck Crane Flat **eine der spektakulärsten Straßen des Parks**.

Groveland

Einzig nennenswerter und letzter Ort in der Nähe des *Yosemite Park* auf dieser Route ist das 3000-Einwohner-Städtchen **Groveland-Big Oak Flat** (www.groveland.org), das aber für Touristen trotz *Goldrush*-Vergangenheit und einem gewissen *Wildwest-Look* entlang eines kurzen Stücks an der Hauptstraße kaum mehr bietet als die Möglichkeit zur Vorratsaufstockung (***Mar-Val Food Store***) und/oder Restaurantbesuch zu noch relativ normalen Preisen und ggf. einer letzten Übernachtung vor dem Park. Äußerst pittoresk ist der unübersehbar mit Sierra Nevada Landschaft bemalte ***Iron Door Saloon & Grill*** samt ***General Store*** nebenan.

Unterkunft

In direkter Nachbarschaft dazu bzw. ein paar Häuser weiter an der Main Street stehen das

- ***Groveland Hotel Inn*** mit altmodischen, aber gemütlichen Zimmern (im Sommer ab $140 inkl. Frühstück und *Wifi*, © 1-800-273-3314, www.groveland.com/lodging.htm) und Restaurant. In den Sommermonaten gibt's dort abends *Live Entertainment*, oft auch im erwähnten *Iron Door Saloon*.
- ***Hotel Charlotte***, auch altmodisch, aber deutlich einfacher (im Sommer ab $120 inkl. Frühstück und *Wifi*, © 1-800-961-7799, www.hotelcharlotte.com), ebenfalls Restaurant im Haus.

Weitere Quartiere unter www.groveland.org, Schaltfläche *Lodging*.

Als **Standquartier** für einen längeren Parkbesuch eignet sich Groveland weniger wegen der noch großen Entfernung zum *Yosemite Valley* auf kurvenreicher Strecke (ca. 55 mi). Die tägliche Anfahrt ist ab Mariposa kürzer (ca. 42 mi) und wegen der geringen Steigung im Flusstal des Merced River von dort aus schneller zu bewältigen, ➢ nächste Seite.

Cabins im Nat'l Forest

Diese Aussage gilt nicht für die ***Evergreen Lodge*** mit einer wunderbaren Anlage mitten im Wald ca. 20 mi östlich von Groveland schon deutlich näher dran. Die *Cabins* und *Cottages* kosten dort ab $95/$115, im Sommer allerdings ab $160/$200. Restaurant und Bar sind ebenso vorhanden wie ein *General Store*; © (209) 379-2606, www.evergreenlodge.com.

Preiswert

Die preiswerteste Lösung für Nicht-Camper sind ca. 2 mi östlich von Groveland die **Yurten** und ***Cabins*** der Anlage ***Yosemite Pines*** (bis zu 4 Personen ab $59 bis $179), ➢ unter »Camping« Seite 269.

Die Straße #120 führt durch den Yosemite Park hindurch über die Höhe des Tioga Passes (3000 m) bis Lee Vining. Hier am Tenaya Lake verläuft sie eingezwängt zwischen Felswänden und Seeufer.

Zur Westeinfahrt auf der Straße #140

Schnellste Route

Trotz gut 20 Mehrmeilen erreicht man das *Yosemite Valley* **am schnellsten** auf der **Autobahn #99** über Modesto/Merced und dann auf der gut ausgebauten **#140 über Mariposa**, das westliche Haupteinfallstor zum Nationalpark bereits in den *Sierra Nevada Foothills* (ab San Francisco dorthin ca. 160 mi, bis ins *Yosemite Valley* weitere ca. 42 mi).

Castle Air Museum

Am Wege unweit der #99, nur 8 mi nordwestlich von Merced passiert man bei Atwater das ***Castle Air Museum*** (Autobahnabfahrt Buhach Road, dann östlich ca. 2 mi bis Santa Fe Drive fahren) mit einer tollen Ausstellung von über 50 Militärflugzeugen. Dort lassen sich aus nächster Nähe enorme Maschinen wie der britische Vulkanbomber, eine SR 71 oder eine B-52 *Stratofortress* bestaunen. Auch Jagdflugzeuge aus jüngerer Vergangenheit wie z.B. ein *Starfighter* sind vorhanden. Täglich 9-16/17 Uhr (Winter/Sommer); Eintritt $10/$8; www.castleairmuseum.org.

RV-Camper können dort gleich übernachten. Der kleine Platz an der Hospital Road kostet ohne/mit *Hook-up* $25/$35, wobei der Eintritt ins Museum inklusive ist; Info: © (209) 388-1033.

B-47 Bomber (Flying Fortress) auf dem Freigelände des Castle Air Museum

Mariposa als Einfallstor zum Yosemite Park

Mariposa, das wie so viele Städtchen entlang des *49ers-Highway* auf den Goldrausch von 1849 zurückgeht (➤ Seite 249) ist mit Motels, Hotels, *Lodges* und Restaurants voll auf den *Yosemite*-Tourismus ausgerichtet. Die ***Visitor Information*** am nordöstlichen Ortsausgang (Richtung *Yosemite*) hat aktuelle Details für Mariposa und Umgebung wie auch für den Nationalpark, www.yosemiteexperience.com.

Ab Ende Mai bis Ende September ist in Mariposa Saison, an Wochenenden immer alles knackvoll. Vom historischen Hintergrund ist zwar nicht mehr viel geblieben, aber der zentrale Bereich der Main Street lässt noch einen Rest Wildwestatmosphäre verspüren. Dort steht auch das nostalgische

Mariposa, letzte Etappe vor dem Westeingang des Yosemite National Park

Unterkunft

- ***Mariposa Hotel Inn*** mit Zimmern wie im Western (im Sommer $95-$135, © 1-888-244-9905, www.mariposahotelinn.com).

Generell kommt man im Sommer selbst an Werktagen schwer für weniger als $100 im Ortsbereich unter, mit Glück im ***Super 8*** oder im ***Best Value Inn*** (***Mariposa Lodge***). Ein Mittelklasse-Motel wie das ***Comfort Inn*** hat dann Tarife ab $140. Weitere Quartiere, auch *B&Bs*, unter www.visitmariposa.net/lodging.html.

B & B

In Anbetracht dieser Preise für Durchschnittsquartiere sind die B&B-Angebote in der Umgebung vielleicht die bessere, immer jedoch die individuellere Wahl, wobei das Frühstück mitgeliefert wird, ➤ auch www.yosemitebnbs.com; z.B. im

- ***Poppy Hill B&B***, ein paar Meilen nördlich von Mariposa, schlafen wie zu Großmutters Zeiten, nur 4 Zimmer, $145, © 1-800-58-POPPY, www.poppyhill.com.

Hostel und Tent Cabins

Im ***Yosemite Bug Rustic Mountain Resort***, ca. 10 mi nördlich von Mariposa an der #140, gibt es sogar ***Hostel*-Betten**, außerdem sog. *Tent Cabins* und normale Hotelzimmer, © 1-866-826-7108, www.yosemitebug.com/lodging.html. Übernachtung im 6-Bettzimmer ab $22; ***Tent Cabin*** für 2 ab $55, Zimmer ab $75. Gelobtes Cafe-Restaurant mit zivilen Preisen. Prima und preiswerter Ausgangspunkt für Ausflüge in den Park. Sogar dort hat man *Wifi*.

Für alle Unterkünfte in/bei Mariposa und generell im Bereich des *Yosemite Park* ist für Sommerbuchungen immer eine möglichst langfristige Reservierung angezeigt.

Mining Museum

Die Geschichte des Ortes und der Region, speziell die Periode des *California Goldrush* wird im nahen ***California State Mining & Mineral Museum*** aufbereitet. Es liegt eine gute Meile südlich des Zentrums an der Straße #49 beim ***Fairground***. Was dort an Goldnuggets, Mineralien und Gerätschaften zu sehen ist, lohnt den kleinen Abstecher und den Eintritt auch für Leute, die sich in Mariposa nicht weiter aufhalten; Eintritt $4; Kinder bis 12 frei, im Sommer täglich 10-17 Uhr; www.parks.ca.gov/?page_id=588.

Brauerei

In der Nachbarschaft des Museums befindet sich die Ortsbrauerei ***Mariposa Brewing Company*** mitsamt einer schlichten Kneipe. Wem nach Frischgebrauten zumute ist, kann dort erstaunliche Sorten probieren, aber nur von 13 Uhr bis 19 Uhr.

Yosemite Zip Lines

Ein noch relativ neuer Spaß sind in Mariposa Seilbahnen durch die Baumwipfel (➢ auch Seite 309). Ca. 1 mi südlich des Ortes an der #140 steht die ***Adventure Ranch***, wo es losgeht. Das Abenteuer läuft über 5 Teilstrecken und kostet $85/Person. Details unter http://yosemiteziptours.com.

El Portal Road

Von Mariposa ins *Yosemite Valley* geht es auf der bestens ausgebauten #140 am Merced River entlang in den Park hinein; dort heißt sie dann »El Portal Road«. Die Streckenführung ist bei geringer gleichmäßiger Steigung abschnittsweise attraktiv, aber nicht sensationell. Am *Arch Rock Entrance* gibt's Parkkarte und -information. Auch der Eintritt muss dort entrichtet werden.

Motel der einfachen Mittelklasse in Mariposa, aber unter $100 gibt's Zimmer nur bis Mai und wieder ab Oktober

Camping westlich des Yosemite Park

Caswell SP (für beide Anfahrten)

Wer noch vor Erreichen des Yosemite bzw. (bei später Abfahrt) unweit San Francisco campen möchte, findet nur einen ***State Park*** mit Camping am Wege, den

- ***Caswell Memorial State Park*** (www.ohp.parks.ca.gov/?page_id=557) etwas abseits der #99/#120 am Stanislaus River (Baden). Er verfügt über einen gut angelegtenen *Campground* mit schattigen Plätzchen in der Ufervegetation.

Straßen #108/#120

An heißen Tagen verspricht der **Tulloch Lake** nördlich der #108/#120 Abkühlung. An seinem Südufer gibt's den empfehlenswerten

- ***Lake Tulloch Campground*** mit *Hook-up*, © 1-800-894-2267, www.laketullochcampground.com. Zufahrt über die Tulloch Road, die zwischen Knights Ferry und Keystone von der #108/#120 abzweigt.

Stanislaus National Forest

Von den diversen Plätzen im ***Stanislaus National Forest*** vor Erreichen des Parks auf der #120 ist

- ***Lost Claim*** der beste (14 mi östlich von Groveland an der #120, $15). Einige Meilen abseits der #120 befindet sich der Platz
- **Diamond »O«** an der Evergreen Road ($19), RVs nur max. 25 Fuß.

Groveland

Voll belegte *Campgrounds* im Vorfeld des *Yosemite* signalisieren erst recht Probleme im Park selbst. Wer noch ein freies Plätzchen findet, sollte es ggf. sichern oder sich im privaten Platz

- ***Yosemite Pines*** (www.yosemitepinesrv.com), etwa 2 mi östlich von Groveland am Old Highway #120, einbuchen. Dort gibt es auch **Yurten** und ***Cabins*** für 4-5 Personen relativ preiswert.

Straße #140

Camping beim ***Castle Air Museum*** (nördlich Merced) ➤ Seite 266.

Mariposa

Ein Massenplatz für Zelte & RVs befindet sich auf dem Gelände des

- ***Mariposa Fairground*** eine gute Meile südlich des Ortes an der #49. Keine Reservierung; Tarife ab $20 (Zelt) und $25 (RV).

KOA

Zwischen Mariposa und dem *Yosemite Park* (ca. 7 mi östlich des Ortes) gibt es einen großen, aber engen und oft knallvollen

- ***KOA-Campground*** an der Straße #140, Zelter zahlen dort heftige $40, RV-Eigner ab $50 pro Nacht.

Sierra National Forest

Wunderbare kleine ***Campgrounds*** hat der ***Forest Service*** am Merced River oberhalb von Mariposa eingerichtet. Gleich drei

- ***Mac Cabe Flat***, ***Railroad Flat*** und ***Willow Placer*** alle hinter - einander) mit zusammen ca. 30 Stellplätzen überwiegend für Zelte, aber auch einige für RVs, liegen 14 mi-17 mi nördlich von Mariposa: in **Briceburg** (12 mi) geht's nach links über die Brücke und dann noch ein bisschen weiter; keine Reservierung, kein Trinkwasser, $10.

Unweit von El Portal finden **Zeltcamper** zwei Miniplätze ebenfalls im ***Sierra National Forest*** am Nordufer des Merced River, nämlich

- ***Dry Gulch*** und ***Dirt Flat***. Zufahrt über Foresta und Incline Road parallel zur #140 zurück nach Westen 1,5 mi bzw. 2,5 mi. Reservierung möglich, ➤ Seite 122, daher $20.

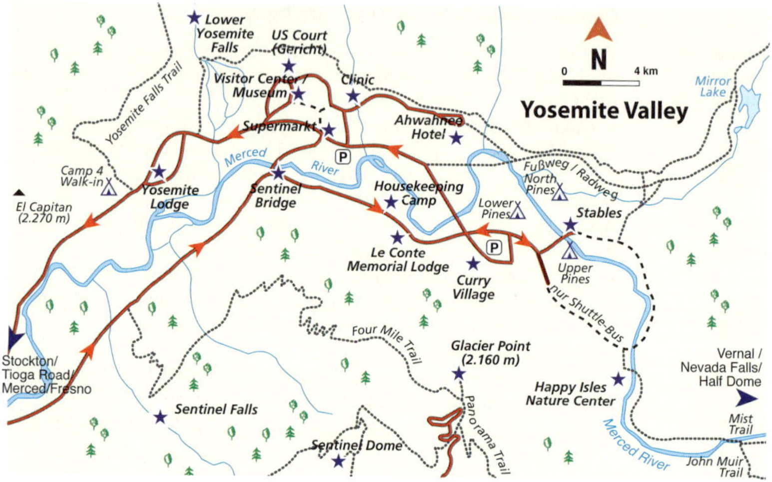

1.3.2 Yosemite National Park www.nps.gov/yose, www.yosemite.com

Kennzeichnung und Information

Popularität

Eintritt $25/Auto $10/Person oder Interagency Jahrespass

Der über 3000 km² großen ***Yosemite*** (**sprich *Jo-sé-mi-ti***) ist einer der attraktivsten und gleichzeitig vielseitigsten Landschaftsparks Nordamerikas. Sein populärster Teilbereich ist das malerische, tief in das Granit der *Sierra Nevada* eingeschnittene ***Yosemite Valley***. An manchen **Sommerwochenenden** kommt es dank der Nähe des Parks zu San Francisco und Los Angeles zu einem derartigen Andrang, dass die Einfahrt in das Tal im Laufe des Vormittags bis zum frühen Abend gesperrt wird. Auch dann ist immer noch die Einfahrt in den Park hinein bzw. die Durchfahrt über die Big Oak Flat/Tioga Road (#120) und/oder die Wawona Road (#41) möglich. Man muss aber wissen, dass sich an solchen Tagen oft ein Rückstau an den Einfahrten ergibt und auch auf den noch freien Routen die Parkplätze an *Trailheads* etc. knapp werden. Die Radiostationen der Umgebung informieren dann darüber.

Yosemite Valley

Trotz durchdachter Organisation bei der **Besucherbewältigung** entsteht aber auch schon an »normalen« Sommertagen häufig der Eindruck, dass das Tal mehr Verkehr und Besucher ertragen muss, als es eigentlich verkraften kann.

Parken

Weder das (Einbahn-) Straßensystem noch die Versorgungseinrichtungen in ***Curry*** und ***Yosemite Village*** sind der Situation jederzeit voll gewachsen. An welchem Tag auch immer man den *Yosemite* ansteuert, die Fahrt ins *Valley* hinein sollte man daher am unverfehlbaren **Zentralparkplatz** südlich des *Yosemite Village* oder am Parkplatz des *Curry Village* beenden. Die Parksituation direkt im *Yosemite Village* Bereich (***Visitor Center***/Supermarkt) ist oft katastrophal. Für Leute, die nicht gut zu Fuß sind, verkehrt im Sommer kontinuierlich ein **Bus zwischen Zentralparkplatz und Besucherzentrum** (ca. 500 m).

Shuttle Busse

Von den Parkplätzen geht es ganzjährig per ***Valley Shuttle*** (gratis) auf einem Rundkurs zu allen wichtigen Punkten im östlichsten Teil des Tals. Die **Frequenz** (10-20 min) der 7-22 Uhr verkehrenden Busse wird dem Besucheraufkommen angepasst. Im Sommer gibt es zusätzlich den ***El Capitan Shuttle*** zwischen *Yosemite Village* und der Brücke über den Merced River auf Höhe der *Cathedral Beach*, die vom mächtigen Felsmonolithen *El Capitan* überragt wird (6-18 Uhr); weitere Details unter www.nps.gov/Yose/planyourvisit/upload/valleyshuttle.pdf.

Bewertung

Auch wenn einige der einführenden Hinweise etwas abschreckend wirken, gilt fürs *Yosemite Valley*, was bereits zum Park insgesamt gesagt wurde: **Das Tal ist wunderschön**, selbst wenn im Spätsommer der mäandernde **Merced River** in manchen Jahren nicht mehr ganz so glasklar erscheint wie Anfang Juli, und die Wiesen, Strände und Picknickplätzchen am Fluss dann hier und dort ziemlich »mitgenommen« wirken.

Die Eindruckskraft der schroffen Felswände – vor allem das Granitmassiv des ***El Capitán*** – und der Wasserfälle leidet unter den Millionen von Besuchern nicht. Wichtig ist, auf die eventuell im *Yosemite* auftauchenden Probleme vorbereitet und nicht sofort enttäuscht zu sein, sollte eine hohe Erwartung nicht sogleich Bestätigung finden. Machen sich an Tagen mit weniger Andrang die skizzierten problematischen Aspekte nicht bemerkbar oder sind weniger dramatisch, um so besser.

Vorsaison im Valley am Merced River

Information

An jeder Einfahrt bekommen Yosemite-Besucher nicht nur die übliche **Nationalpark-Karte**, sondern auch den zeitungsähnlich aufgemachten ***Yosemite Guide***. Die Zeitung enthält alle aktuellen Informationen zu Verkehrsregelungen, Transport, Unterkünften, Versorgungseinrichtungen und allen möglichen Aktivitäten. Sie erscheint alle 6-8 Wochen mit aktualisierten Details dazu und den jeweils täglich laufenden Programmen wie Führungen und Vorträgen, und enthält außerdem genaue **Karten** der verschiedenen Parkbereiche.

Im *Yosemite* gibt es mehr **Unterlagen in deutscher Sprache** als in den meisten anderen Nationalparks. Sie sind vorrätig in den ***Visitor Centers*** und den Einfahrten ***Big Oak Flat*** (Straße #120), ***Arch Rock*** (#140), ***Tioga*** (#120 Ostseite) *und* ***Wawona*** (#41).

Camping im Yosemite

Camping-kapazitäten

Die Popularität des Yosemite bezieht sich auch und sogar ganz besonders aufs Camping:

Von Juni bis September einschließlich darf man auf freie Plätze auf den *Campgrounds* im Tal ohne Reservierung nicht hoffen. Nur Zeltcamper haben die Chance, bei früher Ankunft am Vormittag im ***Walk-in-Camp 4*** *(first-come-first-served)* unterzukommen; oft ist der Platz schon um 8.30 Uhr wieder voll belegt.

Reservierung

Die Reservierung der Plätze wird durch den zentralen ***National Park Reservation Service*** gehandhabt, ➤ Seite 123, ✆ **1-877-444-6777**, www.recreation.gov. Man kann bis 5 Monate vorausreservieren. Info: www.nps.gov/yose/planyourvisit/campground.htm.

Ein Kurzfrist-***Reservation Counter*** befindet sich vor Ort im ***Curry Village*** und an der *Tioga Road* für ***Tuolumne Meadows***. Dort besteht eine kleine Chance, Plätze aus kurzfristigen Absagen und *No-Shows* zu ergattern, für 50% der *Tuolumne Meadows*-Kapazität ist eine *same-day-reservation* vorgesehen, die aber oft nur bei Ankunft morgens vor 9 Uhr klappt.

Solche »Food Locker« sind mit Vorhängeschloss bärensichere Blechkästen für alles Essbare und nebenbei eine Art Safe für Wertsachen. Sie stehen auf allen Campplätzen im Yosemite zur Verfügung

Gebäude des historischen Wawona Hotelkomplexes im Yosemite Park (an der gleichnamigen Straße unweit der Südeinfahrt)

Wer unbedingt im *Yosemite Valley* unterkommen möchte, muss wissen, dass die Plätze im Tal (***North Pines***, ***Lower*** und ***Upper Pines***) durch Übernutzung ziemlich geschädigte unerfreuliche **Massen-*Campgrounds*** sind. Das gilt auch für das sog. ***Housekeeping Camp*** mit ***Tent Cabins***, deren Zustand unerfreulich wirkt.

Ebenfalls reservieren lassen sich ***Hogdon Meadow*** am Westeingang (Big Oak Flat), ***Crane Flat*** an der Abzweigung der *Tioga Road*, ***Tuolumne Meadows*** auf dem Tioga Plateau und ***Wawona*** an der Straße #41 unweit der Südeinfahrt in den Park.

Glacier Point und Tioga Road

Viel reizvoller sind die in Reihenfolge der Ankunft – *first-come-first-served* – vergebenen Campingplätze an der *Glacier Point Road* (***Bridalveil Creek***) und im Bereich der *Tioga Road* (***White Wolfe (!), Tamarack Flat*** sowie ***Yosemite*** und ***Porcupine Creek***), wobei *Tamarack* und *Yosemite* sich nicht für *Motorhomes* eignen. **Diese Plätze stehen wegen der Höhenlage nur Anfang Juni bis ca. Ende September zur Verfügung.**

Food Locker

Zu allen Stellplätzen gehören im Yosemite große, **bärensichere *Food Locker***, in die Lebensmittel und anderes, was durch Geruch Bären anlockt, eingeschlossen werden müssen.

Ausweichen bei vollen Camping-plätzen

Ausweichmöglichkeiten westlich des Parks wurden vorstehend aufgelistet, südliche Alternativen finden sich auf Seite 424ff. Östlich des Parks, insbesondere zwischen *Tioga Pass* und Mono Lake (Straße #120) gibt es mehrere am Wildwasser gelegene ***National Forest*** und ***Regional Campgrounds***, die zumindest bis Mittag meist noch nicht voll sind. Mit Glück kommt man mit einem Campmobil auf dem Platz ***Lower Lee Vining*** auch am Abend auf einem Vorplatz noch unter, wenn alle Stellplätze »eigentlich« belegt sind.

Bei allen Plätzen in der Höhe sollten **Zeltcamper** daran denken, dass auch dem besten Wetter selbst im Juli/August kühle, oft frostige Nächte folgen.

Quartiere im Yosemite und im Umfeld (samt Transport)

Motels/ Hotels

Für alle Arten von festen Unterkünften von der einfachsten ***Tent Cabin*** im *Housekeeping Camp* über ***Lodges*** in Wawona und an der Tioga Road bis hin zur Luxussuite im ***Ahwahnee Hotel*** sind die ***Yosemite Concession Services*** in Fresno zuständig: **© 801-559-4884** (*Lodging*), **© 1-877-444-6777** (*Camping*).

Reservierung online: www.yosemitepark.com

Die Übernachtungskosten liegen von Mai bis Oktober auf hohem Niveau, ab ca. $95 für die fest aufgebauten Zeltkabinen bis über $1000 (!) pro Nacht inkl. ***tax*** für eine Suite im ***Ahwahnee***, einem ideal gelegenen schönen Hotel im Blockhaus-Look. Selbst das Standarddoppelzimmer kostet dort im August schon $460.

Quartiere außerhalb

Die nächsten Orte **außerhalb des Parks** mit Motelkapazität sind die vorstehend behandelten Orte **Groveland** und **Mariposa**. Für **Fish Camp**, keine 2 mi vom Südeingang entfernt, und **Oakhurst** noch 12 mi weiter südlich finden sich Quartierhinweise auf den Seiten 425 und 426. **Lee Vining** am Mono Lake besitzt nur eine Handvoll – ebenfalls teurer – Motels in unattraktiver Lage an der stark befahrenen Straße #395 durch den Ort.

Zubringer

Ab **Merced** fährt ***VIA*** 4x täglich über Mariposa ins *Yosemite Valley* ab *Amtrak Station* und Stop am *Airport* der Stadt ($24 retour); © 1-888-727-5287, www.via-adventures.com. *Yosemite* ***G****ray* ***L****ine* Busse (***YGL***) verkehren ebenfalls **ab Fresno**, © wie oben.

YARTS (***Y****osemite* ***A****rea* ***R****egional* ***T****ransport*), © 1-877-989-2787, betreibt einen weiteren Busservice ab Merced und Mammoth Lakes über Lee Vining/*Tioga Pass* ins *Yosemite Valley* hinein mit vier Haltestellen im zentralen Besucherbereich: $13/$15 einfach, $25/$30 retour. Fahrpläne als PDF unter www.yarts.com.

Merced erreicht man mit ***Amtrak***-Zügen und per ***Greyhound*** von Los Angeles, Sacramento und San Francisco/Oakland mehrmals täglich, aber nur teilweise mit direktem Anschluss an die Busse in den *Yosemite National Park*.

Parkbereiche und Aktivitäten

Sequoias im Mariposa Grove

Nur bei Anfahrt von Süden passiert man gleich hinter der ***South Entrance Station*** die Stichstraße zum ***Mariposa Grove*** mächtiger Sequoias (ca. 3 mi). Vom *Mariposa*-Parkplatz fährt eine »Gummibahn« (9-16 Uhr, heftige $26/Person, Kinder $18) auf einem Rundkurs zu den relativ verstreut stehenden Bäumen. Inklusive kurzer Stopps und Ranger-Erläuterungen dauert das 60 min. Man darf durchaus laufen, würde aber für An- und Rundmarsch auf gleicher Route mehrere Stunden benötigen. Mit ein paar Auslassungen ereicht man die eindrucksvollsten *Sequoias* jedoch auch in kürzerer Zeit zu Fuß (ca. 90 min Rundgang). Wegen der starken Frequentierung empfiehlt sich im Sommer bis *Labor Day* Ankunft beim *Mariposa Grove* vor 10 Uhr oder nach 15 Uhr.

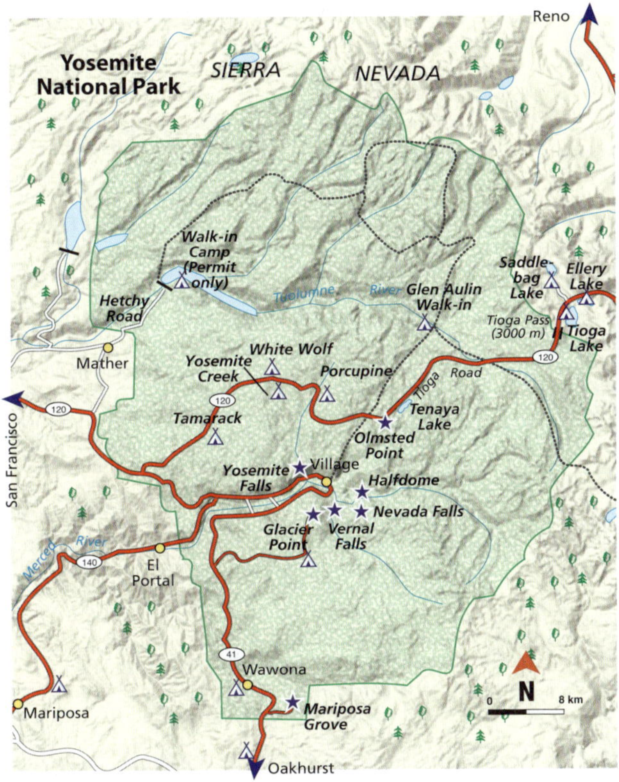

Shuttle ab Wawona

Wegen der geringen Parkkapazität in Mariposa können dort **im Sommer** keine RVs parken. Sie und generell alle Fahrzeuge finden Ausweichparkraum in Wawona, wenn der Parkplatz im Mariposabereich voll ist. **Ein *Shuttle Bus*** (gratis) verkehrt dann ab Wawona zum *Mariposa Grove* (mit Zwischenhalt am Südeingang).

Bewertung

Eine *Sequoia*-Besichtigung im ***Sequoia Kings Canyon Nat'l Park*** (➤ Seite 416ff) oder im ***State Park Calaveras Big Trees***, ➤ Seite 248, ist alles in allem weniger aufwändig, sofern die Reiseroute über diese Parks führt. Ohne die Möglichkeit, *Sequoias* im namensgleichen Nationalpark oder im *Calaveras Park* zu besichtigen, lohnt sich auch ein Umweg in die Südecke des *Yosemite*. **Sequoia-Minimalprogramm** sollte ggf. ein Spaziergang durch den leicht erreichbaren, aber weniger eindrucksvollen ***Tuolumne Grove*** bei *Crane Flat* sein (Straße #120).

Glacier Point

Auf kurvenreicher Strecke erreicht man mehrere Meilen vor dem *Yosemite Valley* die ***Glacier Point Road*** (Stichstraße, ca. 25 mi).

Hoch über dem Tal – die Felswand fällt 1.000 m steil ab – hat man vom *Glacier Point* einen sagenhaften Blick auf Wasserfälle und Granitmassive der Sierra Nevada, insbesondere auch hinüber zur »halbierten« Felskuppel des ***Halfdome***.

Am besten ist es am *Glacier Point* früh am Tage, bevor die Busse kommen (idealer **Frühstücks-/Picknickpunkt**: das Gelände vorm ersten bzw. unteren Parkplatz) oder am späten Nachmittag/frühen Abend, wenn sich Alpenglühen über die Sierra senkt.

Ein schöner, nicht allzu anstrengender ***Trail*** (ca. 1,5 km) führt dort oben zum ***Sentinel Dome***, einem Gipfel etwa 300 m über dem *Glacier Point*. Bei guter Kondition benötigt man nicht mehr als eine gute Stunde hin und zurück.

Yosemite Valley/ Visitor Center

Im Gegensatz zu vielen anderen Nationalparks macht es im *Yosemite Park* rein verkehrstechnisch keinen besonderen Sinn, nach der Einfahrt unbedingt zuerst das **Besucherzentrum** anzusteuern (denn ausreichend Infomaterial hat man schon bei der Einfahrt erhalten). Seine Lage im *Yosemite Village* erfordert meist ein ziemlich abseitiges Parken (➤ oben). Bei klaren Wander- und anderen Plänen im Osten des Tals können Autofahrer es ggf. besser bei der Ausfahrt besuchen (geöffnet 8-18 Uhr), wenn der Weg wegen der Einbahnstraßenführung im Tal ohnehin daran vorbei führt.

Museum

Einen Besuch des benachbarten **Museums** sollte man gleichzeitig mit einplanen. Die Ausstellungen zur Entstehung der Sierra Nevada und des *Yosemite Valley*, zu Geschichte, Flora und Fauna des Parks sind sehenswert. Hinter dem Museum befinden sich das ***Cultural Exhibit*** und rekonstruierte ***Ahwahnee Indian Village*** der *Miwok-Paiute*; beide enttäuschen.

Trails

Im Tal gibt es eine ganze Reihe hübscher, nicht anstrengender Spazierwege am Merced River und in der Umgebung des *Yosemite Village*. Ein schöner *Trail* dieser Art führt von den *Stables* zum langsam austrocknenden ***Mirror Lake*** unterhalb des *Halfdome*. Ein kurzer *Trail* führt etwas westlich des zentralen Hauptbetriebs von der Talstraße zu den ***Lower Yosemite Falls***. Ca. 5 mi westlich des *Village* sind es nur 600 m vom *Trailhead* an der Talzufahrt zu den ***Bridalveil Falls***. Beide Wasserfälle führen im Spätsommer kaum Wasser und fallen bisweilen auch ganz trocken.

Fahrrad/ Schlauchboote

Sehr gut lässt sich das *Yosemite Valley* auch per Fahrrad erkunden. Die Miete beträgt ab ca. $25/Tag, Verleih im ***Curry Village*** und an der ***Yosemite Lodge***.

An heißen Tagen paddelt es sich herrlich im Schlauchboot (*Raft*) den Merced River mit der Strömung über viele Meander langsam flussabwärts. Vermietung ebenfalls im *Curry Village*.

Reiten

Außer auf Schusters Rappen kann man bestimmte *Trails* auch hoch zu Ross angehen. **Reitställe** gibt es im ***Valley***, in **Wawona, *White Wolf*** und ***Tuolumne*** (an der *Tioga Road*). Angeboten werden 2-Stunden-, Halb- und Ganztages-Trips. Oft kommt man kurzfristig noch unter, speziell zu den 8 Uhr-Terminen; Reservierung unter © (209) 372-8348 bzw. 375-6502 oder 372-8427.

Karten/ Permits

Zum Befahren der Straßen und Ablaufen der populäreren *Trails* genügt im allgemeinen das bei der Einfahrt erhaltene Kartenmaterial. Genaue **Wanderkarten** sind im ***Visitor Center*** im *Yosemite Village* erhältlich. Dort gibt es auch das obligatorische ***Wilderness Permit*** für alle, die im *Backcountry* wandern und ggf. dort übernachten wollen. Die *Permits* werden nur in einer begrenzten Zahl pro Tag ausgegeben und können reserviert werden: **© (209) 372-0740**; www.nps.gov/yose/planyourvisit/wildpermits.htm.

Das führt leider dazu, dass spontane Entschlüsse für *Backcountry Trips* wegen ausgebuchter *Permits* oft nicht zu realisieren sind.

Tioga Road Bereich

Die *Tioga Road* führt über das 2.500 m hoch liegende **Plateau der Sierra Nevada**, deren faszinierende Landschaft alljährlich zahlreiche *Backcountry*-Wanderer anzieht. Während die Straße im Aufstieg durch dichten Wald führt, bietet sie nach Erreichen der Höhe **fantastische Ausblicke**, wenn sie die für die Sierra typischen, glattflächigen Felslandschaften voller rundgeschliffener Granitbrocken durchquert (vor allem im Bereich *Olmsted Point*). Dort können sich Kletterbegeisterte und Kinder auch ohne Sicherungsseile und Gerät gefahrlos austoben.

Weiter östlich erstrecken sich die weiten ***Tuolumne Meadows***, ein ebenes, wildreiches Wiesen- und Waldgebiet.

Im Sommer verkehrt ein ***Gratis-Shuttle*** halbstündlich zwischen dem Aussichtspunkt ***Olmsted Point*** und dem Tuolumne Lake.

Wie oben erläutert ist ein Aufstieg auf beachtliche Höhen über glatte offene Felsflächen im Bereich der Tioga Road selbst für Kinder kein Problem. Hierher ging's ab Olmstead Point (Parkplatz an der Straße); tief unten liegt der Tenaya Lake.

Vernal Falls im Hochsommer

Wanderempfehlungen

Wanderwege ab und ins Yosemite Valley

Drei konditionell etwas **anspruchsvollere *Trails*** mitten hinein in die Traumlandschaft der Sierra Nevada seien hier wärmstens empfohlen. Sie sind von unterschiedlicher Dauer und Schwierigkeit, aber alle innerhalb eines Tages zu schaffen, die erste Wanderung zu den *Vernal* oder/und *Nevada Falls* auch gut an einem Vor- oder Nachmittag. Die beiden ersten Vorschläge beginnen am ***Happy Isles Nature Center***. Alle drei enden dort. Die **Zeitangaben** beziehen sich auf Hin- und Rückweg ohne längere Pausen:

Vernal/ Nevada Falls

- Den Aufstieg bis zu den ***Nevada Falls***, mindestens jedoch bis zu den ***Vernal Falls*** sollte man sich auf keinen Fall entgehen lassen, auch wenn bis zur Brücke über den Merced River (ca. 1,5 km) an bestimmten Tagen ganze Heerscharen unterwegs zu sein scheinen. Oberhalb der Brücke (Aussichtspunkt auf die

Achtung Bären!!

Im Yosemite Park kommt es relativ häufig zu Begegnungen mit Bären. Hauptgrund sind Essensdüfte aus den Rucksäcken der Wanderer. Geruchs- und bärensichere ***Bear Canister*** kann man sich für $5 ausleihen, muss aber $65 Pfand hinterlegen. Für Übernachtwanderer sind diese Container obligatorisch.

Vernal Falls) wird der Strom der Wanderer schon dünner. Mit Ziel *Nevada Falls* kann man statt dem ***Vernal Falls Mist Trail*** besser dem normalerweise weniger frequentierten, weiter oben verlaufenden ***John Muir Trail*** folgen. Zurück geht es dann am Merced River entlang über die *Vernal Falls*. Hinter beiden Wasserfällen, die zu jeder Jahreszeit ein großartiges Schauspiel bieten, findet man idyllische Pools, aber hinter den *Vernal Falls* gilt nach Unglücksfällen »Baden verboten«.

Baden

Eine mit dem ***Emerald Pool*** oberhalb der *Vernal Falls* verbundene Besonderheit ist eine dahinter ansteigende Felsfläche, über die sich das Wasser in breitem Strom ergießt und eine wunderbare Rutschbahn bildet. Leider wurde das dort früher sehr beliebte Rutschen ebenso untersagt wie das Baden unterhalb davon. Wer weiter oben hinter den *Nevada Falls* im glasklaren Wasser der Bachpools zwischen den Felsen den Schweiß der anstrengenden Wanderung abspülen möchte, darf selbst dort auf keinen Fall sein Badezeug vergessen haben!

Zeitbedarf *Vernal Falls* ca. 3 Stunden retour,
Nevada Falls ca. 4,5 Stunden.

Weiter zum Halfdome

- Ein Fußmarsch für die wirklich erstklassige Kondition ist der **Aufstieg zum *Halfdome***, den alles überragenden Monolithen der südwestlichen Parkregion. Der Weg ist zunächst identisch mit dem *Nevada Falls Trail* (ca. 5 km) und erreicht nach weiteren 8 km die gerundete Rückseite der Felskuppel, die sich über einen (nur im Sommer) mit Stahlseilen gesicherten, anstrengenden Aufstieg erklimmen lässt. Bisweilen trifft man auch auf Kletterer, die den *Halfdome* an dessen Stirnseite bezwungen haben. Diese Wand ist nach dem *El Capitan* die Herausforderung für die Kletterelite.

Blick von einem Aussichtspunkt (ca. 3 km östlich) auf den Halfdome

Für den Aufstieg Fr-So und an Feiertagen ist ein ***Permit*** notwendig. Maximal 400 Personen pro Tag werden dann für die ***Cable Route*** auf den *Halfdome* zugelassen. Vergabe der *Permits* bis zu 4 Monate im voraus im Internet unter www.recreation.gov oder unter © 1-877-444-6777.

Zwischen *Nevada Falls* und dem Halbdom befindet sich in der bewaldeten Hochebene ein ***Campground*** für alle, die es ruhiger angehen lassen möchten (*Extrapermit* nötig, ➤ Seite 277). Übernachtungsgepäck erschwert andererseits den Aufstieg mindestens bis zum Campingplatz.

Zeitbedarf: kaum unter 10 Stunden.

An manchen Tagen geht's tatsächlich wie im Gänsemarsch am Kabel auf den Halfdome

Panorama Trail

- Eine leicht an einem Tag zu machende Wanderung beginnt am ***Glacier Point*** (➤ Seite 275f). Mehrmals am Tag fährt ein Bus von zentralen Punkten im Tal hinauf. Abfahrtszeiten im ***Tour Desk*** oder unter © (209) 372-4386. Der ***Panorama Trail*** führt über die Sierra und die ***Illilouette Falls*** von oben auf den *Nevada Falls Trail* (***John Muir Trail***). Dieser Weg besitzt den Vorteil, dass kein Stück zweimal gelaufen werden muss, und es fast nur bergab geht (14 km). **Zeitbedarf**: ab ca. 4 Stunden plus Anfahrt.

Weitere Trails

- Weitere beliebte *Trails* sind der Abstieg vom ***Glacier Point*** direkt ins Tal über den ***Four Mile Trail*** (ca. 2 Stunden) und der Aufstieg zu den ***Upper Yosemite Falls*** (ca. 4-5 Stunden; *Trailhead* beim Camp 4 an der Ausfahrtstraße aus dem Tal heraus). Beide sollte man aber erst in zweiter Linie in Betracht ziehen.

Weitwanderung ab Tioga Road

Die *Tuolumne Meadows* sind bester Ausgangspunkt für die tolle Wanderung zum ***Grand Canyon of the Tuolumne River*** mit den ungewöhnlichen ***Waterwheel Falls***. Die Schlucht erreicht man auf einem Teilstück des berühmten ***Pacific Crest Trail*** (von Mexico nach Canada) bis zum **Zeltplatz *Glen Aulin*** (10 km), von dem es weiter am Fluss entlang geht bis zu den – besonders im Juni/Juli – gischtsprühenden Wasserfällen (+ 5 km). Leute mit guter Kondition können das an einem Tag durchziehen (mindestens 10 Stunden), da die Steigungen auf diesem *Trail* keine wesentliche Rolle spielen.

Schneegefahr ab Oktober bis Mai/Juni

Bei allen Plänen für eine ***Sierra Nevada* Überquerung** muss beachtet werden, dass ein Teil der Straßen einschließlich der ***Tioga Road*** von (spätestens) November, bisweilen schon Anfang Oktober bis mindestens Ende Mai (***Memorial Day***) wegen Schnee **gesperrt** sind. **Offengehalten** werden – soweit möglich – die Straßen **#88** und **#50**, natürlich auch die **I-80** von Sacramento nach Reno. Schneeketten sind dabei oft vorgeschrieben; www.dot.ca.gov.

Wetteransage mit Straßenzustandsinfo auch unter © 1-800-427-7623.

1.3.3 Vom Yosemite zum Death Valley National Park

Rund um den Mono Lake

Über den Tioga Pass

Ein besonderer Reiz der **Yosemite-Ostausfahrt** über den 3000 m hoch gelegenen *Tioga Pass* (Straße #120) liegt im raschen Abstieg aus der Vegetation und den gemäßigten Temperaturen der *Sierra Nevada* in die Trockenheit und Hitze des 1000 m tiefer gelegenen ***Mono Valley***. An dieser Strecke befinden sich – wie bereits erwähnt, ➤ Seite 273 – einige schöne ***NF-Campgrounds***, u.a. direkt am Tioga und Ellery Lake.

Mono Lake

Der Mono Lake, mit 150 km^2 Ausdehnung weltgrößter **Kratersee**, steht seit Dekaden im Mittelpunkt heftiger Kontroversen, da sein Wasserspiegel durch **exzessive Entnahme von Grundwasser** (aus den unterirdischen Zuflüssen des Sees) **für Los Angeles** von 1941 bis 1982 um 15 m gefallen war. Gegen die dadurch verursachte Zerstörung des Ökosystems kämpft das ***Mono Lake Committee***, eine Umweltschutzbewegung mit einem ***Information Center*** in **Lee Vining** (an der Hauptstraße #395, geöffnet täglich 9-17 Uhr). Die Schaffung der ***Mono Basin National Forest Scenic Area*** zum Schutz der Mono Lake Region führte mittlerweile zu Erfolgen, d.h., zur Reduktion der Wasserentnahme und einem temporären Anstieg des Wasserpegels, der heute etwa 3 m über dem historischen Tief von 1982 liegt. Wer sich für den Fortgang des Tauziehens zwischen Wasserverbrauchern und Ökologie interessiert, findet die *latest news* dazu unter www.monolake.org.

Tatsächlich bietet der Mono Lake vor der grandiosen Kulisse der *Sierra Nevada*-Gipfel ein eindrucksvolles Naturschauspiel, das sich aber nur aus größerer Distanz offenbart und im Bereich Lee Vining kaum erfassen lässt. Ein ***Visitor Center*** des ***Forest Service*** liegt nur wenig außerhalb nördlich des Ortes im Uferbereich.

»Skulpturen« aus Tuffstein in der South Tufa Reserve am Südufer des Sees

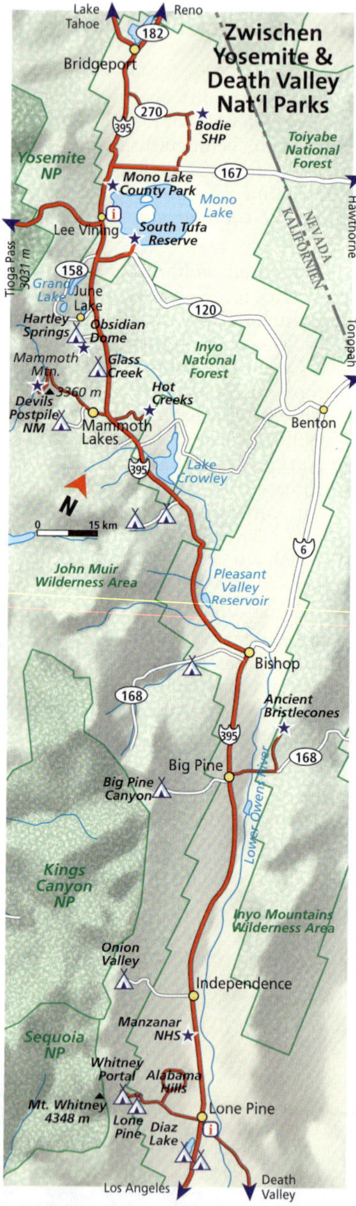

Zugang

Vom Park- und Picknickplatz des ***Mono Lake County Park***, 2 mi weiter nördlich, führt ein **Holzbohlenweg** über sumpfige Uferareale zu den sogenannten ***Tufas*** (Tuffstein) am und im tiefblau-grünen Wasser. Die skulpturengleichen Kalziumkarbonatformationen entstanden durch Ablagerungen der hochdrängenden Quellflüsse. Sie wuchsen im Laufe der Jahrtausende aus dem Wasser bzw. wurden durch Reduzierung des Wasserstandes freigelegt.

Ein Gebiet voller ***Tufa Tower*** ist die ***South Tufa Reserve*** am Südufer; Zufahrt von der #120. Eintritt $3/Person.

Wer den Bodie-Abstecher ins Auge fasst, könnte vom *County Park* aus die Straße #167 nehmen und am Wege noch die seltsamen ***Black Point Fissures*** sehen.

Zum Bodie State Park

Von dort sind es noch insgesamt 15 mi (zunächst 6 mi auf der Straße #167 und dann ca. 9 mi nach Norden auf der arg rauen) *Cottonwood Canyon Road* zur ***Ghost Town Bodie***, einem ***State Historic Park*** im kargen *High Desert Country* im Grenzgebiet zu Nevada, ➤ auch Foto Seite 262.

Diese einstige *Boomtown* entstand aus einem Goldrausch in den 70er-Jahren des 19. Jahrhunderts, verlor aber seine Bevölkerung von über 10.000 nach und nach und wurde in den 1930er-Jahren ganz verlassen. Dank geringer Luftfeuchte blieben viele Gebäude und Gerätschaften relativ gut erhalten. Seit 1962 wird Bodie im vorgefundenen Zustand konserviert und ist so eine Art Mittelding zwischen echter **Geisterstadt** und einem ***Living Museum***. Die Ausdehnung des Ortes und die Vielzahl der noch vorhandenen Relikte geben Bodie eine **Sonderstellung unter den *Ghost Towns***. Geöffnet 8-19 Uhr im Sommer, sonst bis 18/16 Uhr, so nicht eingeschneit; Eintritt $7, www.parks.ca.gov/?page_id=509.

Die **Zufahrtstraße #270** nach Bodie von Westen, also von der #395 aus, ist mit Ausnahme der letzten Meilen asphaltiert.

Die sind indessen oft in einem ziemlich desolaten Zustand. Speziell RV-Fahrer haben daran ebensowenig Freude wie auf der *Cottonwood Canyon Road* hinunter zum Mono Lake, ➤ oben.

Straße #395 von Lee Vining bis Lone Pine

Zur Route

Die überwiegend sehr gut (4-spurig) ausgebaute Straße #395 nutzen viele Touristen als rasche Verbindungsstrecke zwischen den Nationalparks *Yosemite* und *Death Valley*. Und tatsächlich sind die **220 mi von Lee Vining bis zur Oase *Furnace Creek*** mitten im *Death Valley* ja auch locker an einem Tag zu schaffen. Wer das konsequent durchzieht, fährt indessen an manchem vorbei, was einen Zwischenhalt und mehr unbedingt lohnt. Ein 3-Tage-Trip lässt sich auf diesem Abschnitt abwechslungsreich gestalten; zwei Tage wären gerade o.k.

Skigebiete

Ein Blick auf die Karte zeigt, dass nur wenig südlich von Lee Vining zwei Skigebiete liegen, **June** und **Mammoth Lakes**; beide sind gleichzeitig Sommerferienorte. Ein Hineinfahren nach June Lake ist weniger spannend, es sei denn zum Übernachten. Wer mehr Wert auf Lage und geringe Kosten legt als auf Komfort, sollte als **Campmobilist** noch ein bisschen weiter fahren.

Glasbasalt

Etwa 3 mi südlich der Abzweigung nach June Lake (Straße #158, südliche Einfahrt) führt eine *Gravel Road* (Hinweisschild an der Straße) zu einem gewaltigen *Lava Flow*, dem ***Obsidian Dome***. Die dort 20 m hohen Lavaströme – teilweise aus Glasbasalt – muss man sich einfach mal ansehen und erklettern. Die Anfahrt von der #395 beträgt ca. 3 mi. Vom Parkplatz (Info-Tafel) am Ende der Straße sind es nur ein paar Schritte zur Lavaauftürmung.

Campen unter Sequoias

Nur eine gute Meile entfernt davon liegt der ***NF-Campground Hartley Springs*** (*Forest Road* 2S48 von der *Glass Flow/Obsidian Dome Road* nach Norden), ein »unorganisierter«, weitläufiger *Platz* unter noch jungen ***Sequoias***. Schwere ***Picnic Tables*** in großen Abständen definieren Stellplätze. Plumpsklos sind der einzige Komfort. Platz ist dort immer, die **Übernachtung gratis**.

Gut erhaltener 20er-Jahre Truck und Handpumpentankstelle in der Bodie Ghost Town

Gratiscamping

Ebenfalls gratis steht man im **Campbereich *Glass Creek***, nur ein paar Meilen weiter südlich auf der #395, von ihr ca. 500 m nach Westen auf der kurzen ***Glass Creek Road*** (Abzweigung im zur Autobahn ausgebauten Abschnitt der Straße gegenüber der Straßenmeisterei, kein Hinweisschild). Am Glass Creek stehen RVs ungeordnet im kargen Waldareal (kaum Tische und Plumpsklos) und sparen so die hohen Campgebühren im Umfeld (auf NF-Einfachplätzen im Bereich Mammoth bis $21).

Mammoth Lakes

Etwas weiter südlich zweigt die Straße #203 nach **Mammoth Lakes** ab, einem populären Skigebiet rund um die gleichnamige weiträumig angelegte Ortschaft, das – anders als etwa der June Lake Bereich – auch im Sommer eine Menge zu bieten hat.

Unterkunft

Neben einer sehr dichten **Motel- und Hotelinfrastruktur**, die im Sommer nicht immer voll ausgelastet ist und dann bei durchweg guter Qualität relativ preiswert sein kann (***Motel 6*** ab ca. $49, Mittelklasse ab $75), gibt es eine große Restaurantauswahl. Sogar ein Jugendhotel, das ***Davison Street Guest House***, ist vorhanden, © (760) 924-2188, $25-$35; www.mammoth-guest.com.

Info

Das ***Mammoth Visitor Center*** und gleichzeitig ***Ranger Station*** des *Forest Service* liegen kurz vor dem östlichen Ortseingang an der #203. Man ist dort bei Unterkunfts- und Campingfragen in guten Händen, © 1-888-466-2666. Auf jeden Fall erhält man dort genaue **Karten**, die im etwas verwirrenden örtlichen Straßennetz hilfreich sind: www.visitmammoth.com.

Bergseen

Der **Sommerclou** von Mammoth Lakes besteht in den hoch über dem Ort auf mehreren Ebenen liegenden Seen, an deren Ufern sich **große Campingplätze** befinden ($16-$21). Zufahrt ist die **Lake Mary Road** in Verlängerung der Main Street. Die unteren **Twin Lakes** sind im Sommer warm genug zum Schwimmen und *Rafting* (Schlauchbootverleih).

»Kanadische« Impressionen in Kalifornien: Blick von der Lake Mary Road hinunter auf die verbundenen Twin Lakes

Horseshoe Lake

Die Stichstraße zu den oberen Seen, deren Wasser über malerische Fälle die tief unten liegenden Twin Lakes speist, ist touristische »Pflicht«. Man sollte unbedingt bis zum Straßenende an den **Horseshoe Lake** fahren, der von gespenstisch anmutenden Baumskeletten gesäumt wird und sich leicht zu Fuß umrunden lässt. Viele ***Trails*** führen von dort ins Hinterland; eine Karte gibt es in der *Ranger Station*. Die toten Bäume sind eine Folge anhaltender vulkanischer Aktivität mit CO_2-Emissionen durch den porösen Boden, nicht etwa früherer Waldbrände wie oft anderswo.

Großflächig abgestorbene Bäume kennzeichnen die Ufer des Horseshoe Lake

Mammoth Mountain Seilbahn

Am höchsten Punkt der zum Hauptskigebiet führenden **Minaret Road** befindet sich die Talstation der Seilbahn auf den ortsnamengebenden Gipfel ***Mammoth Mountain***. Die Gondeln überwinden immerhin 600 Höhenmeter und enden auf 3.360 m Höhe ($21, Senioren über 65 Jahre $11, Jugendliche $16). Wer ein Kombiticket »Auffahrt+Einfachlunch« (im Sierra Café ganz oben) kauft, bezahlt nur wenig mehr: $25, Senioren $20; www.mammothmountain.com/MountainActivities/SummerActivities/ScenicGondola.

Mammoth Mountain Trails & Bike Park

Zurück von oben führt ein **Wanderweg** mit Verzweigungen auf halber Höhe. Der absolute Clou ist jedoch der ***Mammoth Mountain Bike Park***, das neben der Region *Slick Rock* bei Moab/ Utah zweite **Bikerparadies** des US-Westens, hier aber nicht über nakkten Fels, sondern auf angelegten Pisten durch karge Gipfelvegetation und Bergwald. Der Mammoth Montain wurde überzogen mit einem Netz von ***Bike Tracks*** (mittlerweile 80 mi Länge), die es teilweise dank eingebauter Schikanen in sich haben. Aber auch einfachere Wege für Anfänger sind vorhanden. Wen das interessiert, der sollte sich mal die eindrucksvolle Karte des *Bike Park* anschauen: www.mammothmountain.com/MountainActivities/SummerActivities/BikePark/TrailMap.

Rent-a-Bike

Bike Pass

Sowohl in *Bike Shops* im Ort Mammoth Lakes als auch an der Talstation der *Gondolas* (***Adventure Center***) lässt sich die Ausrüstung für den Bikespaß mieten. Außerdem benötigt man einen ***Bike Pass*** ($10/Tag) für die Nutzung der Abfahrten und auch die Auffahrt will bezahlt sein. Es gibt aber auch *free ride*-Wege.

Devils Postpile NM/ Shuttle

Die Fortführung der Minaret Road führt steil hinab zum ***Devils Postpile National Monument***. Sie ist von etwa Mitte Juni bis *Labor Day* für den allgemeinen Verkehr gesperrt. Ein ***Shuttle Bus*** (**$7, Kinder $4**) befördert die Besucher ins Tal zu den Ausgangspunkten der Wege zum *Devils Postpile* und den *Rainbow Falls*.

Camping

Ausgenommen von der Buspflicht sind Camper: Ankunftsreservierung für einen der allesamt schön gelegenen ***NF/NM-Campgrounds*** im Tal (*Upper Soda Springs, Pumice Flate, Minaret Falls* und *Reds Meadow* kosten $20, der NM-Platz $14) gibt es auf der Basis *first-come-first-served* in der *Ranger Station* unten wie auch an der Kontrollstation hinter dem Parkplatz der Seilbahn. Reservierte Camper zahlen eine $10 *Transportation Fee*/Fahrzeug inkl. der Insassen, obwohl sie im eigenen Fahrzeug nach unten fahren. Um 19 Uhr wird der Shuttle-Betrieb eingestellt und die Strecke darf wieder von jedermann befahren werden. Dasselbe gilt für Anfahrten vor 7 Uhr morgens (aber auch dann sind $10 zu entrichten); www.nps.gov/depo.

Säulenbasalt

Der ***Devils Postpile*** ist ein pittoresker geologischer Aufschluss aus Säulenbasalt, ➤ Foto oben. Oberhalb der Säulen läuft man über deren Enden, die – wie auf einem gefliesten Boden – Flächen regelmäßig geformter Sechsecke bilden. Der Fußweg vom Bushaltepunkt zum *Postpile* beträgt nur ca. 600 m, so dass man für den Besuch inklusive Ersteigung des »Scheiterhaufens« maximal eine Stunde benötigt. Mitten durch das NM führen auf hier identischer Trasse der *John Muir* und *Pacific Crest Trail*.

Rainbow Falls

Der weiter zu den ***Rainbow Falls*** führende *Trail* (ca. plus 6 km retour) lohnt nur bedingt. Die Fälle sind nicht sensationell, aber der Weg ist hübsch und kann bei Start am *Rainbow Falls Trailhead* auf 2 km *one-way* verkürzt werden (der Shuttlebus verkehrt vom Stop am NM noch weiter bis dort bzw. bis *Reds Meadow Resort*). Am Wege passiert er den ***Campground Reds Meadow*** mit von heißen Quellen gespeisten Duschen.

Hot Tubs

Beliebt zu jeder Jahreszeit sind in der Gegend südlich von Mammoth Lakes sogenannte ***Hot Tubs***, von heißem Quellwasser gespeiste, teils künstlich geschaffene oder natürliche, kleine Pools, in denen mehrere Personen gleichzeitig Platz nehmen können. Das ***Hill Top Tub***, ➤ Foto unten, erreicht man über die Benton Crossing Road, die unmittelbar südlich des Flughafens von der #395 nach Osten abzweigt. Nach rund 3,5 mi geht es nach links auf eine Piste – je nach Fahrzeugtyp parkt man dort oder fährt die restlichen paar hundert Meter fast bis an den Pool heran. Karte und weitere *Hot Tubs* unter www.communitywalk.com/clothing-optional-places#0003@ (bei »Alpha« ➤ *Hill Top Tub* anklicken).

Relaxen im Hill Top Tub im Owens Valley südlich von Mammoth Lakes

Bishop

Zentralort des Owens River Valley östlich der *Sierra Nevada* ist **Bishop**, ein Städtchen von nicht einmal 4000 Einwohnern. Sieht man vom **Kasino** der *Paiute*-Indianer am nördlichen Ortsende, einigen übergroßen Fassadengemälden (*Murals*) im Zentralbereich und der **Galerie *Galen Rowell*** in der 106 South Main Street ab (täglich 10-18 Uhr mit umwerfend guten, weltweit aufgenommenen Fotos des 2002 verstorbenen Namensgebers; www.mountainlight.com), gibt es in Bishop keine nennenswerten Besonderheiten. Infos zu Stadt und Umgebung unter www.bishopvisitor.com.

Einkaufen

Bishop bietet durchreisenden Touristen aber die weit und breit einzige komplette **Versorgungsinfrastruktur** (Vons Supermarkt, K-Mart, *Fast Food*, Banken etc.) zu »normalen« Preisen.

Unterkunft

Die ***Motels/Hotels*** in Bishop gehören überwiegend zu den großen Ketten, liegen an der #395 durch den Ort (Main Street) oder gleich um die Ecke und bieten relativ preiswerte Zimmer ab ca. $49 (z.B. *Motel 6* oder *America's Best Value Inn*).

Ein relativ gutes Preis-Leistungsverhältnis haben das

- ***Comfort Inn***, das ***Days Inn*** und vor allem das ***Vagabond Inn*** (alle $90-$120 im Sommer). Kontakt und Reservierung der Kettenhäuser über deren zentrale Telefonnummer bzw. deren Internetportal, ➢ Seite 113.

Dem *Vagabond Inn* gegenüber liegt das beste Haus am Platze, das

- ***Creekside Inn***, ein attraktives Hotel mit *Mountain View Rooms* samt Terrasse oder Balkon. Ab $120, Sommer ab $140, © (760) 872-3044, www.bishopcreeksideinn.com.

Ancient Bristlecone Pine Forest

Nur wenige Touristen wissen von den über **4000 Jahre alten Grannenkiefern** im ***Patriarch Grove*** des ***Ancient Bristlecone Pine Forest***. Die Zufahrt zu diesem für Kenner sensationellen, wenn auch optisch durchaus schlichten Naturwunder erfolgt zunächst über die Straße #168 (nördlich des Dorfes Big Pine Abzweig von der #395 nach Osten). Nach ca. 13 mi geht es links auf der *White Mountain Road* noch einmal kurvenreiche, immerhin aber asphaltierte zehn Meilen weiter und immer höher bis zum ***Visitor Center Schulman Grove*** des *Pine Forest* (3.000 m; dort zwei *Nature Trails* mit mehreren Uraltkiefern); www.fs.fed.us/r5/inyo.

Weitere 12 mi sind es auf holpriger Schotterpiste (*Ancient Bristlecone Scenic Byway*; +400 Höhenmeter) bis zum Standort der ältesten *Bristlecone Pines* im »Hain der Patriarchen«. Für den Rekordhalter unter ihnen, den ***»Methuselah«***, hat man ein Alter von ca. 4750 Jahren errechnet.

Etwa 5 mi unterhalb des Besucherzentrums passiert man den ***NF*-Einfachcampground *Grand View*** (2600 m, auch im Sommer oft nachts eisig kalt!) mit einem – dank weiträumig abwesender »Lichtverseuchung« – sagenhaften Sternenhimmel (nur ca. Mitte Mai bis November).

Mehrere tausend Jahre alte, nur scheinbar abgestorbene Bristlecone Pine

Historisches Winnedumah Hotel in Independence

Independence

Die Kreishauptstadt Independence ist nur ein kleiner Flecken (ca. 600 Einwohner) zwischen Bishop und Lone Pine 40 mi südlich von Bishop. Sie besitzt mit dem ***Winnedumah Bed & Breakfast Hotel***, in dem früher Filmstars abstiegen, die in den nahen *Alabama Hills* – ➤ unten – Western drehten, eine sog. »historische« Unterkunft, ab $85; ✆ (760) 878-2040, www.winnedumah.com.

Manzanar NHS

Etwa auf halbem Weg zwischen Independence und Lone Pine liegt westlich der #395 der erst im neuen Jahrtausend, also rund 60 Jahre nach dem 2. Weltkrieg errichtete ***National Historic Site Manzanar***. Dessen Einrichtung bezieht sich auf ein riesiges **Internierungslager** (*War Relocation Center*) für japanischstämmige Amerikaner, das nach dem japanischen Angriff auf Pearl Harbor im damals fast menschenleeren *Owens River Valley* im Oktober 1942 eingerichtet und erst nach der Kapitulation Japans geschlossen wurde. Auf einer 3-mi-Rundfahrt mit Erläuterungspunkten kann man zwar die fühere Ausdehnung erfassen, gleichwohl gibt es nicht ganz viel zu sehen. Die einstige Lagerschule beherbergt ein ***Visitor Center*** mit einer ausführlichen Dokumentation samt zahlreicher Fotos bekannter Fotografen (so u. a. *Ansel Adams*). Ein 20-min-Film zeigt Hintergründe und Lagerleben im zeitweise über 10.000-Einwohner-Manzanar, das aus über 500 in Reih und Glied aufgebauten Einfachbaracken, Stacheldrahtzäunen und acht Wachttürmen bestand. Zu besichtigen ist auch die Rekon - struktion einer Lagerbaracke.

Geöffnet täglich, *Visitor Center* 9-16.30/17.30 Uhr im Winter/ Sommer, frei. Mehr Informationen unter www.nps.gov/manz.

Lone Pine

Lone Pine, einwohnermäßig mit Bishop vergleichbar, spielt eine wichtige Rolle für den immer stärker werdenden ***Mount Whitney-Tourismus***. Dennoch ist die Versorgungsinfrastruktur dort – wohl wegen der sehr kurzen Saison von Mitte Juni bis Mitte September – eher dürftig und teuer. Alles Wichtige zu Lone Pine findet sich sauber aufgelistet unter www.lonepinechamber.org.

Unterkunft

Wer in Lone Pine übernachten möchte, findet mit

- ***Best Western*** und ***Comfort Inn*** (beide ab $95) etwas südlich des Ortes zwei gute Häuser der Mittelklasse.

Im Ort gibt es ein paar Einfach-Motels und das ganz ordentliche

- ***Dow Villa Motel*** (ab $99) mit dem historischen ***Dow Hotel*** nebenan (ab $78). Letzteres besitzt immerhin noch einem Rest von Wildwest-Flair; www.dowvillamotel.com.

Camping

Ein hübscher und ruhiger, während der Woche in der Regel nicht sehr voller ***Campground*** des *Inyo County* befindet sich am

- **Diaz Lake** 3 mi südlich des Ortes, keine *Hook-ups* oder Duschen, $10; © (760) 876-4700; www.inyocountycamping.com.

Nur wenig weiter wartet das

- ***Boulder Creek RV Resort*** mit *Pool* und und den üblichen Einrichtungen für RVs direkt an der #395 auf komfortbewusstere Gäste; © (760) 876-4243; www.bouldercreekrvresort.com.

Alabama Hills

Eine tolle Angelegenheit sind die ***Alabama Hills***, unmittelbar westlich der Stadt. Einmalig abgerundete Felsen in tausenderlei Formen und Zusammensetzungen bilden dort charakteristische Hügel, die zahllosen Western und weiteren Filmen als Kulisse dienten. Mitten durch diese Landschaft führt die ***Movie Road***, die etwa 2,5 mi westlich Lone Pine von der Portal Road abzweigt (Ein *Movie Road self guided Tour Booklet* kann man sich unter der Adresse des *Film History Museum* herunterladen, ➤ unten). Bei knapper Zeit genügt es, die Schotterstraße samt einiger Verzweigungen 2-3 Meilen hineinzufahren. Man entdeckt automatisch sensationelle Formationen und Fotomotive, dazu im Hintergrund die schneebedeckten Zacken der *High Sierra*. **Klettern** in den Felsen ist wegen ihrer extrem rauen Struktur leicht, aber ggf. auch ein ziemlich hautabschürfendes Unterfangen, daher Vorsicht.

Auf einem verschlungenen Wegenetz kann man kreuz und quer durch das Felslabyrinth der Alabama Hills kurven, großenteils durchaus mit Pkw. Aber Achtung: Schäden dort zahlt keine Versicherung

Durch den Whitney Portal Arch schaut man direkt auf den Mount Whitney in der Ferne

Die Felsbögen der Alabama Hills

Isabel & Steffen Synnatschke

Nicht nur die ungewöhnliche Landschaft der Alabama Hills mit ihren wunderbar abgerundeten, beigegrauen Granitbrocken zu Füßen der imposant schneebedeckten Gipfel der Sierra Nevada lohnen den Abstecher von der Hauptstraße. Wind, Wasser und Eis leisteten hier zusätzlich eine ganz spezielle Arbeit. Viele der Felsen wurden aufgesprengt oder ausgehöhlt. Über 300 Felsbögen und -öffnungen sollen es sein, die so entstanden, die meisten kaum einen Meter breit, andere mit durchaus beachtlichen Spannweiten. Nicht selten befinden sie sich ganz nahe der Fahrwege durch das Gebiet und dennoch gut verborgen im steinernen Labyrinth.

Ein besonders schönes Exemplar ist der ***Whitney Portal Arch***, der sich mit einem ca. 2 m breiten »Fenster« wie eine falsche Häuserfassade aus der Umgebung erhebt. Der (nicht ausgeschilderte) Parkplatz für die kurze Wanderung dorthin (ca. 2 km retour) liegt rechterhand der *Whitney Portal Road*, 5,3 mi von der Straße #395 entfernt. Die Mehrzahl der Felsbögen findet man aber entlang der bereits erwähnten ***Movie Road***, der bei Trockenheit durchaus Pkw-tauglichen Staubpiste. Auf ihr erreicht man nach ca. 1,5 mi den Parkplatz zum ***Alabama Hills*** oder ***Mobius Arch*** (ca. 400 m). Unmittelbar davor versteckt sich der ***Lathe Arch*** und etwas weiter östlich an der *Movie Road* der treffend so benannte ***Heart Arch*** sowie das ***Eye of Alabama***. Faszinierend schön, aber nicht ganz leicht zu finden, ist der ***Cyclop's Skull Arch***, ein knapp 7 m hoher Gesteinsbrocken mit gleich vier Felsöffnungen.

Die Alabama Hills sind ein echter Geheimtipp abseits der großen Touristenpfade und ein wunderbarer **Abenteuerplatz für Groß und Klein**!

Weiterführende Informationen zu den oben genannten Felsbögen im Internet unter www.isaczermak.com/california-alabama-hills-arches.html

Information Eine spezielle ***Alabama Hills*-Karte** (*Movie Location Map*, auch im Intenet zum Herunterladen) und alles, was man über die hier gedrehten Filme wissen möchte, gibt's im Büro der ***Chamber of Commerce*** in der 126 South Main Street; www.lonepinechamber.org/siteseeing/movie-locations.html. Dort gibt es auch ein Büchlein »***On Location in Lone Pine***« mit noch mehr Details.

Viele der einstigen Stars haben sich per Schnitzmesser in der Tür des ***Lone Pine Indian Trading Post*** verewigt (137 S Main Street).

Film Museum Ein ***Museum of Film History*** mit *Wild West Movie Theater* ist auch vorhanden (am Südende des Ortes; Mo-Mi, 10-16 Uhr, Do-Sa bi 17 Uhr; So bis 16 Uhr. 17 Uhr, Eintritt $5; http://lonepinefilmhistorymuseum.org). Es hält mit alten Filmplakaten, jeder Menge Fotos der Celluloid-Cowboys und Filmutensilien die Erinnerung an die große Zeit der Drehs in den *Alabama Hills* wach. Außerdem gibt's abends Vorführungen der dort gedrehten nostalgischen Western und gelegentlich Konzerte.

Mount Whitney Von Lone Pine aus kann man sich auf der *Whitney Portal Road* bis auf wenige Meilen dem 4418 m hohen ***Mount Whitney*** nähern, dem höchsten, auch im Sommer schneebedeckten Gipfel der USA (ohne Alaska). Die ca. 13 mi von Lone Pine bis zum Ausgangspunkt des Gipfeltrails sind auf der bis oben asphaltierten **Portal Road** in 30 min bewältigt.

Whitney Portal Am Ende befinden sich der im Sommer meist voll besetzte ***Whitney Portal Campground*** und eine herrliche ***Picnic Area*** am obersten Parkplatz (ganz durchfahren bis Straßenende). Ein rauer, schöner ***Trail*** am Wildbach entlang verbindet beides (20 min). An gut besuchten Tagen gibt es jedoch Parkprobleme. Speziell Som - merwochenenden eignen sich weniger für den Abstecher.

Wer in diesem Bereich gern campen würde, aber oben nicht unterkommt, ist mit den ***Lone Pine*** (absolut traumhaft!) und ***Turtle Creek Campgrounds*** am Fuße der Sierra sogar besser bedient.

Idyllisches Plätzchen auf dem Campground Lone Pine am Fuß der Sierra Nevada

Portal Road in Richtung Mount Whitney gute 10 mi von Lone Pine entfernt und fast 1000 m höher.

Gipfeltrail

Der Gipfel des ***Mount Whitney*** ist vom Startpunkt etwa 18 km entfernt und als Tagesmarsch auf extrem gerölligen und steilen Pfaden retour nicht zu schaffen. En Route liegen einige *Camps*. Für den Gipfelsturm benötigt man ein ***Permit***, das in der ***NF-Ranger Station*** in Lone Pine (! gegenüber dem unübersehbaren *Film History Museum*) vergeben wird. Ohne *Permit* darf nur eine – durchaus erwägenswerte – Teilstrecke im unteren Bereich ohne Übernachtung abgelaufen werden.

Eine echte Alternative ist der **4-mi-*Trail*** vom Campingplatz *Lone Pine* hinauf zum *Mount Whitney Trailhead* bzw. als prima Light-Version von dort hinunter für alle, die den *one-way*-Transport organisieren können.

Zum Death Valley

Von Lone Pine zum *Death Valley* geht es auf den **Straßen #136/ #190** durch eine scheinbar endlose Einsamkeit.

Infomaterial und aktuelle Hinweise vorab hat das ***Interagency Visitor Center*** an der Abzweigung der #136 von der #395.

Weiter nach Las Vegas im Sommer

Im Sommer durch die Backofenhitze des *Death Valley* zu fahren, ist aber nicht jedermanns Sache und mit gemieteten Campmobilen sogar unzulässig. In beiden Fällen bleibt nichts anderes übrig, als den Nationalpark über Ridgecrest zu umgehen und Barstow an der I-15 (➢ Seite 430) anzupeilen. Die 180-mi-Strecke ist eintönig und bietet keine Abwechslung, sieht man von den ***Trona Pinnacles*** ab, Tuffsteingebilden ähnlich denen am Mono Lake, ca. 20 mi östlich von **Ridgecrest**. Mehr dazu auf Seite 411.

1.3.4 Death Valley National Park www.nps.gov/deva

Anfahrt von Westen/ Klima

Wer von Westen ins *Death Valley* kommt, durchquert auf den **Straßen #136** und **#190** auf schier endlosen Talfahrten und Aufstiegen über zwei Höhenzüge (über 1500 m auf und ab) totale Einsamkeit voll sagenhafter Formationen im Blickfeld.

Eintritt $20/Auto $10/Person oder Interagency Jahrespass

Das **Tal des Todes** ist der Boden eines ausgetrockneten Salzsees, dessen tiefster Punkt 84 m unter NN liegt (unweit der Straße #178 ca. 18 mi südlich Furnace Creek). Hohe **Gebirgszüge** zwischen Tal und Pazifik halten Niederschläge fast ganz fern. Die Sommer sind glühend heiß: Von Juni bis September über 40°C im Tagesdurchschnitt, bisweilen über 50°C; abends kühlt die Luft kaum ab. Annehmbare bis – im Winter – angenehme Temperaturen herrschen von Oktober bis April.

Durchfahrt

Die meisten Camper-Verleiher untersagen wegen der Hitze und der endlosen Steigungen bei der Ausfahrt über die Straße #190 in beide Richtungen Mai-September Fahrten ins *Death Valley*. Ob nun im Campmobil oder Pkw, vor einer Fahrt ins *Death Valley*im Sommer sollte man **Kühlwasser, Ölstand sowie Sitz des Keilriemens checken**. Im Fall einer Panne bei großer Hitze darf man nicht versuchen, zu Fuß Hilfe zu holen, sondern sollte am Auto warten. Eine gute Idee sind reichliche Vorräte an Trinkbarem und ein voller Tank. Bei Anfahrt von Westen, unbedingt **in Lone Pine volltanken**, denn vielleicht ist die nächste und einzige Tankstelle vor Stovepipe Wells in Panamint geschlossen oder *out of gas*.

Information

Das ***Visitor Center*** in der Oase ***Furnace Creek*** (60 m unter NN) informiert über die geologischen Ursprünge des Tals und den Artenreichtum von Flora und Fauna in scheinbarer Leere, 8-17 Uhr; Sommer ab 9 Uhr täglich. Dort ist auch der Eintritt für alle fällig, die noch nicht an den Einfahrten gezahlt haben, ➤ oben.

Furnace Creek, Camping und Unterkunft

Im Bereich der Oase gibt es einen großen ***Campground*** der Einfachkategorie (136 Plätze Wasser, keine Duschen!). Die Plätze unter Bäumen sind immer als erste vergeben. **Reservierung** übers zentrale NP-System, ➤ Seite 123; Sommer $12, Winter $18.

Im Winter von Oktober bis April öffnen zusätzlich die ***Campgrounds Sunset*** (sehr einfach) in Nachbarschaft zu Furnace Creek jenseits der #190 und ***Texas Spring*** ein paar Meilen entfernt zwischen Felsen mit 270 bzw. 90 Stellplätzen. Gebühr für beide $12.

PAY ENTRANCE FEE HERE
OPTIONS
START
PAYMENT
CASH COLLECTED DAILY
TICKET
Zahlautomat an einsamen Zufahrten ins Death Valley
Death Valley National Park
N
0
12 km
266
Scottys Junction
95
267
900 m
Scotty's Castle
Ubehebe Crater
Mesquite Spring
2660 m
2430 m
Ghost town Rhyolithe
Beatty
374
Titus Canyon
Teakettle Junction
2700 m
Racetrack Valley
58
95
Beatty Cutoff
Lathrop Wells
Las Vegas
Mesquite Flat Dunes
Mosaic Canyon
Stovepipe Wells Village
190
Amargosa Valley
Emigrant (nur Zelte)
Furnace Creek Oase und Visitor Center
Texas Spring
Zabriskie Point
NEVADA
CALIFORNIA
373
Pahrump
1500 m
Golden Canyon
Twenty Mule Team Canyon
190
Yosemite Park/ Lone Pine
Panamint Springs
Artists Drive
190
Pahrump/ Las Vegas
Wildrose
Wildrose Canyon
Death Valley
Death Valley Junction
Mahogany Flat
Dantes View (1670)
127
Badwater (86 m unter NN)
3370 m
178
Pahrump/ Las Vegas
178
Shoshone
Trona
Trona Pinnacles
Bakersfield
395
I-15 / Las Vegas

1

Die ***Furnace Creek Ranch Lodge*** verfügt über einen von einer warmen Quelle gespeisten großen ***Pool*** und ein Steakhouse mit Bar. © 1-877-444-6777; www.furnacecreekresort.com, $126-$211. Zum Motel gehört ein kleiner ***RV-Campground***, Reservierung unter © (760) 786-2345.

Die von Palmen gesäumte Luxusunterkunft im Death Valley heißt ***Furnace Creek Inn*** und liegt nahe dem Straßendreieck #190/#178. Reservierung wie oben, ab $320.

Stovepipe Wells

Eine einfachere Unterkunft als in Furnace Creek gibt es mit dem ***Stovepipe Wells Hotel***: © (760) 786-2387; ab $80; www.escapetodeathvalley.com. In Stovepipe Wells existiert auch ein kleiner ***RV Park*** ($30; Reservierung wie Hotel) und ein großer **Einfachplatz** des NPS (ca. 200 Stellplätze) auf der Basis *first-come-first-served* von Oktober bis April ($12). Alle Camper dürfen den Pool und die Duschen des Hotels gegen Gebühr nutzen.

Panamint Springs

Wer es einrichten kann, sollte überlegen, eine Übernachtung in ***Panamint Springs*** zu buchen. Der kleine Komplex aus **Restaurant, Motel mit *Cabins*, *Campground* und Tankstelle** liegt zwischen zwei Passhöhen, die von der Straße #190 im Westteil des Parks zu überqueren sind. Dort ist es wegen der Höhe bei weitem nicht so heiß wie im zentralen Teil, aber (auch abends) wärmer als etwa in Lone Pine. Die dort am Abend vorherrschende Ruhe und Einsamkeit ist beeindruckend. Und den Durst löscht man auf der Terrasse mit herrlichem Weitblick, am besten zum Sonnenuntergang. Dort schmecken auch die Steaks viel besser als in der nächsten Stadt. **Reservierung** unter © (775) 482-7680; www.deathvalley.com/psr. Die Übernachtung kostet ab $79 fürs DZ, das 4-Bett-Cottage $149; **Camping** für RVs ab $20; Zelt $15.

Mahogany Flat

In dieser Ecke des Parks kann man gratis (primitiv) **campen**, und zwar bei ***Emigrant Junction*** (nur Zelte) und auf kleinen Plätzchen im Bereich ***Mahogany Flat***. ***Wildrose*** (ganzjährig) und ***Emigrant*** haben sogar Wasser und kosten dennoch keine Gebühren.

Sanddünen

Bei Stovepipe Wells im Straßendreieck #190/#267 erstrecken sich **30 m hohe Sanddünen**, die sich auf vielen Fotos im Abend-/Morgenlicht oder bei Vollmond gut machen. Sie sind von mehreren Punkten an der #190 am besten zu erreichen. Unmarkierte ***Trails*** laufen von Parkbuchten an der Straße hinüber zu den weithin sichtbaren gelben Wanderdünen (ca. 400-500 m).

Einfahrt in den Artist Drive, so genannt wegen der gemäldeartigen »Farbigkeit« des Gebirges entlang der Strecke

Wichtigste Anlaufpunkte

Die reizvollste Strecke durch das Tal des Todes ist die **Straße #178** (Shoshone–Furnace Creek) in Verbindung mit dem Ostabschnitt der #190. Unbedingt muss man den farbenprächtigen ***Golden Canyon*** durchwandern (ab 30 min retour zum Parkplatz) und den noch ein paar Meilen weiter südlichen ***Artist Drive*** abfahren. Die goldfarbene Schlucht liegt unterhalb des phänomenalen ***Zabriskie Point***, dem absoluten Muss jeden Besuchs, ➤ Foto Seite 299.

20-Mule-Team/ Dantes View

Gleich dahinter beginnt der ***Twenty Mule Team***-Rundkurs, eine raue Schotterstraße durch weitere Sandsteinformationen eines *Canyon*. Wer über Extrazeit verfügt, wird auch die 26 mi retour (ab Straße #190) zum Aussichtspunkt ***Dantes View*** nicht bereuen (nicht für RVs länger 25 Fuß).

Badwater

Sehr beeindruckend am frühen Morgen und am späteren Nachmittag sind die Salzflächen bei ***Badwater***, dem tiefsten Punkt des nordamerikanischen Festlands, 86 m unter dem Meeresspiegel an der Straße #178, ca. 10 mi südlich des ***Artist Drive*** ungefähr auf Höhe ***Dantes View***. Wer vom Parkplatz dem meist gut sichtbaren ausgetretenen Pfad in Richtung Talmitte folgt, steht nach 15 min auf einer auskristallisierten Salzfläche, die sich bis zum Horizont zu erstrecken scheint.

Scottys Castle

Im nördlichen Death Valley kann man ***Scottys Castle*** bewundern, ein **schlossartiges Anwesen** in mexikanischem Stil. Für $11, bis 15 Jahre $6 Eintritt (geführte Tour, ggf. Wartezeit) gibt es in *Scottys* Palast sogar einen Wasserfall im und das Tunnelsystem unter dem Haus zu sehen. Dennoch: der hin- und zurück 72 mi weite (Um-) Weg auf teilweise kurvenreicher Strecke lohnt sich

Salzfläche bei Badwater

Scotty's Castle, eine Oase in der Wüste dank kontinuierlich sprudelnden Quellwassers

nur für Leute, die wirklich viel Zeit haben, und außerdem vielleicht noch den *Ubehebe Crater* besuchen wollen. Die Oase samt *Castle* und glasklarem Quellbach ist zwar sehenswert, erfordert aber für An-/Abfahrt auf der Scotty's Castle Road nach Norden leicht 2 Stunden. Mit Besichtigung, und sei es auch ohne Tourbuchung, aber Spaziergang hinauf zum Hügel mit *Scottys* Grab hoch über seinem Anwesen, ist schnell ein halber Tag vergangen. Touristinfo unter © (760) 786-2392.

Mesquite Spring

Am Wege ca. 3,5 mi vor Erreichen von *Scottys Castle* passiert man die Zufahrt zum ***Campground Mesquite Spring***, einem zwar schattenloser Platz in felsigem Ambiente, aber es gibt dort immerhin Wasser und eine *Dump Station* ($12).

Ubehebe Crater

Am Straßendreieck Grapevine nur ca. 0,5 mi nördlich der Zufahrt zum Campingplatz geht es nach Norden zu einem pittoresken auf ungewöhnliche Weise entstandenen Krater (ca. 5 mi). Der ***Ubehebe Crater*** ist bis zu 230 m tief und hat einen Durchmesser von fast einem Kilometer. Ob er erst vor 800 oder gar vor 7000 Jahren entstand, wird kontrovers diskutiert. Ein **Pfad** umrundet den Krater, ein weiterer führt tief hinein.

Racetrack Valley

Mit 4WD und dicken Reifen fahren Backroadenthusiasten noch 27 mi weiter auf einer rauen Schotterpiste ins Racetrack Valley. An der ***Racetrack Playa*** kann man das ungelöste Rätsel der wandernden Felsbrocken bewundern, die sich über die Jahre Hunderte von Metern vorangeschoben und dabei eine deutliche Spur hinterlassen haben. Etwa 7 mi vor Erreichen dieses Phänomens passiert man die ***Teakettle Junction***, wo 'zig Besucher im Laufe der Jahre – aus welchen Gründen auch immer – jede Menge Teekessel an den Wegweiser hängten.

Titus Canyon

Ebenfalls auf der *Scotty's Castle Road* #267 passiert man etwa 12 mi nördlich der Abzweigung von der #190 die Einfahrt in den ***Titus Canyon***. Nach gut 2 mi ist das Ziel erreicht, und man kann nur noch zu Fuß in die bei Off-Roadern beliebte Schlucht hinein, da sie bis hierher als *One-way-Road* markiert ist. Das ist für ein paar hundert Meter bei erträglichen Temperaturen zwar auch nicht ohne Reiz, aber der Clou ist hier eher das Abfahren der gesamtem ***Titus Canyon Road***, die außerhalb des Nationalparks ca. 5 mi südwestlich von Beatty von der Straße #374 abzweigt. Bei Trockenheit ist die Straße durchaus mit normalen Pkw machbar, aber mit Mietfahrzeugen darf man an sich nicht auf diese Piste.

Der Lohn für die anstrengende 26-mi-Tour über den *Red Pass* und eine immer enger werdende Straße (bis unter 3 m Breite) sind fantastische Felslandschaften mit immer wieder neuen Formationen und Farben. Eine recht anschauliche Beschreibung mit guten Fotos findet sich im Internet z.B. unter der Adresse www.canyon-trails.de/tituscanyonroad.htm.

Rhyolite

Etwa 3 mi westlich von Beatty (➤ Seite 543) geht es von der #374 2 mi nach Norden in Richtung **Rhyolite**, einer in vielen Veröffentlichungen zu positiv dargestellten sog. *Ghost Town*. Tatsächlich hat man dort ein paar der alten verlassenen Strukturen regelrecht restauriert und obendrein ganz originelle Skulpturen aufgestellt. Eine Ghost Town im eigentlichen Sinne ist Rhyolite daher nicht, aber für ein paar nette Fotos reicht es. Wer nicht ohnehin auf der Straße #374 unterwegs ist, sollte dafür einen größeren Umweg nicht erwägen. Die echte ***Ghosttown Leadfield*** an der *Titus Canyon Road* ist authentischer.

Nach Las Vegas über Pahrump

Las Vegas ist von der *Furnace Creek Ranch* auf der **Straße #190 über Pahrump**, der schnellsten Route, ca. 120 mi entfernt. Pahrump ist auf halber Strecke das größte »Einfallstor« zum Park mit kompletter Infrastrukur (Motels, Supermärkte, **Kasinos**). Vorm *Death Valley* kann man dort auch noch einmal richtig komfortabel (mit Wifi) campen: der ***Seibt Desert Retreat Luxury RV Park***, ✆ (775) 751-1174, liegt unweit der #160 an der 301 W Leslie Road.

über Shoshone

Wer den südlichen Teil des Parks mit dem tiefsten Punkt der USA durchqueren möchte, fährt über **Shoshone** bis Baker allein 130 mi. Von dort nach Las Vegas sind es weitere 90 mi.

Alles über Las Vegas findet sich auf den Seiten 494.

Blick vom Zabriski Point

1.4 Von San Francisco nach Süden auf dem California Coastal Highway #1

Zeitplanung

Viele Reisende wählen San Francisco als Ausgangspunkt für eine Fahrt auf dem berühmten *Coastal Highway* #1 nach Los Angeles (Autobahndistanz auf der #101: ca. 400 mi, auf der #1 ggf. in Kombination mit der #101 südlich von San Francisco, im Bereich von Santa Barbara und nördlich von Los Angeles je nach Route mindestens 100 mi zusätzlich).

Zwei Tage

Zur optimalen Etappenplanung spielt die dafür verfügbare Zeit eine ganz wesentliche Rolle. Bei knapper Vorgabe reichen **zur Not zwei Tage**. In diesem Fall sollte man auf eine Fahrt über Santa Cruz sowie Abstecher und Zwischenstopps (wie im folgenden Abschnitt beschrieben) ganz verzichten, und auf schnellstem Weg (I-280/#101/#156/#1) Monterey ansteuern, damit **möglichst viel Reisezeit für das mit Abstand beste Teilstück im Gesamtverlauf der #1 von Carmel bis San Simeon** verbleibt.

Highlights

Kurze Stopps in Monterey, in dessen Vorort Pacific Grove, ggf. mit dem *17-Mile-Drive*, und im nahen Carmel, im *Point Lobos State Park*, in Big Sur und ggf. am *Hearst Castle* lassen sich dabei ganz gut »einbauen«, wenn für den Rest nicht viel mehr als die reine Fahrzeit kalkuliert wird.

Drei Tage besser als zwei

Wer zusätzlich **Santa Cruz** und **Santa Barbara**, vielleicht **Pismo Beach** und noch einiges mehr besuchen möchte, braucht mindestens **3 Tage**. Erst bei einer Reisezeit von **4 Tagen** sind zusätzlich Strandpausen, kleine Wanderungen (z.B. *Point Lobos*, Big Sur, *La Purisima*, Dünen von Pismo Beach) und Besuche von Museen möglich (u.a. in den alten spanischen Missionen, in Monterey und Santa Barbara). Auch ein Abstecher zum ***Pinnacles National Monument*** könnte dann eventuell eingeplant werden.

1.4.1 Von San Francisco zur Monterey Bay

Auf der Straße #1 an der Pazifiküste entlang nach Santa Cruz

Alternative Routen
Karte Seite 339

Für die Route von San Francisco nach Santa Cruz stellt sich bei ausreichender Zeit die Frage, ob man von vornherein der Küstenstraße #1 folgen oder zunächst dem schnelleren *Freeway* #101 bzw. der I-280*) den Vorzug geben sollte.

Straße #1

Die **#1** erfordert **mehr Fahrtstunden**, ist aber vergleichsweise verkehrsarm und bietet – obwohl im Verlauf nicht durchgängig landschaftlich attraktiv – einige hübsche Abschnitte. Eine Reihe von *State Beaches* ermöglicht den Zugang zu Stränden unter Steilufern und in felsigen Buchten entlang dieser recht rauhen Küste.

Half Moon Bay SP

Camping bietet von den *State Beaches* am Wege nur ***Half Moon Bay*** oberhalb des gleichnamigen, zersiedelten Ferienortes. Die Anlage gehört nicht zur ersten Kategorie, liegt aber unmittelbar am Steilufer über einem endlosen Strand. Das kostet $35-$50. Mit unfreundlicher **Witterung** ist an dieser Küste immer zu rechnet. Erst südlich von Santa Barbara bessern sich die Aussichten auf überwiegend sonniges Wetter.

Butano SP

Oft außerhalb der Nebelschwaden in Küstennähe befindet sich indessen der einfache Campingplatz des ***Butano State Park*** mitten in einem Waldgebiet voller *Redwoods*. Er liegt einige Meilen landeinwärts auf der *Cloverdale* (ab Pescadero) oder ab der #1 auf der *Gazos Creek Road*; Einheitstarif $35.

Pigeon Point/ Año Nuevo State Reserve

Etwa 8-10 mi südlich des populären ***Hostels Pigeon Point Lighthouse*** (zugleich *State Historic Park* auf Höhe des des *Butano SP*, © (650) 879-0633, www.norcalhostels.com) passiert die #1 die ***Año Nuevo State Reserve***, ein Schutzgebiet für **See-Elefanten**. Man sieht die Tiere dort das ganze Jahr über, aber nur in der Paarungszeit zwischen Dezember und März bekommt man auch die

*) In **Colma** an der Straße #82 südlich Daly City (unweit der **I-280**) befindet sich das Grab des Wildwest-Sheriffs ***Wyatt Earp*** auf den sehenswerten »*Hills of Eternity*«. Im Friedhofsgebäude hängt ein Lageplan der Gräber.

See-Elefantenpaar mit Nachwuchs am Strand der Año Nuevo State Reserve

San Francisco Bay Area
Santa Rosa
Sonoma
Napa
Sacramento
Six Flags
Novato
Vallejo
Grizzly Bay
Suisun Bay
Pittsburg
Pinole
Martinez
San Pablo
Plesant Hill
Concord
San Rafael
Richmond
Wildcat Rec. Park
Briones Regional Park
Tilden Rec. Park
Mill Valley
Muir Woods NM
Mt. Diablo
Berkeley University
Tiburon
Angel Island SP
Muir Beach
Berkeley
Mt. Diablo SP
Sausalito
Yerba Buena Island
Redwood Regional Park
Golden Gate NRA
Lake Merritt
San Francisco
Jack London Square
Oakland
Golden Gate Park
Anthony Chabot Park
South San Francisco
Yosemite Park
Candlestick Park
Castro Valley
Daly City
Pleasanton
San Francisco Bay
Hayward
SFO RV
International Airport
Union City
Pacifica
San Mateo Hayward Bridge
Burlingame
San Mateo
Fremont
Montara State Beach
Santa Cruz Mountains
Montara
Facebook (ab 2013)
Redwood City
Menlo Park
Half Moon Bay State Beach
Intel Museum
Great Mall of America
Google
Palo Alto
Great America
Half Moon Bay
Stanford University
Hewlett Packard
Los Altos
Sunnyvale
Santa Clara Mission
Los Angeles
Skyline Blvd.
Page Mill Rd.
Los Trancos Open Space
Hidden Villa
Santa Clara
San Jose
La Honda
Cupertino
Apple
Mystery House
Pigeon Point
ButanoSP
Redwoods SP
Portola SP
Santa Cruz
N
0
5 km

riesigen Bullen zu Gesicht, dann ausschließlich auf von Rangern geführten Wanderungen zu den Stränden ($7), die im voraus reserviert werden sollten (✆ 1-800-444-4445 oder im Internet unter http://anonuevo.reserveamerica.com). Das Besucherzentrum am südlichen Ende des Gebiets nahe der #1 ist nicht zu verfehlen.

Über die Freeways I-280 und #17 nach Santa Cruz

San Andreas Graben und I-280

Von den beiden Autobahnen auf der Ostseite der San Francisco Halbinsel verläuft die ***Interstate #280*** **südlich San Bruno** abseits der Ballungsräume. Sie führt entlang der Stauseen *San Andreas* und *Crystal Springs*, die mitten im San Andreas Graben angelegt wurden, der Erdspalte zwischen den für die Erdbebengefährdung der Region verantwortlichen tektonischen Platten. Verlässt man die I-280 auf der Höhe von Palo Alto auf der *Page Mill Road* (Exit 20), gelangt man nach kurvenreichen 7 mi in südliche Richtung zur ***Los Trancos Open Space Reserve*** mit dem *San Andreas Fault Trail* (Hinweisschild; www.openspace.org). Der Verlauf des 2,5 km langen Pfads an der Bruchlinie des Bebens von 1906 und Erläuterungen vermitteln noch einen Eindruck von den damals aufgetretenen Erdverschiebungen. Erwähnenswert sind um 2 m gegeneinander versetzte originale Zaunstücke als konserviertes Relikt aus dem Jahr 1906.

Ab Exit 20 nach Stanford

Folgt man der Page Mill Road nach Norden, passiert man nach nicht einmal 2 mi die südliche Zufahrt zur ***Stanford University*** (Junipero Serra Blvd).

Straßen #35 und #9

Eine Weiterfahrt nach Santa Cruz über die Straßen #35 und #9 über den ***Henry Cowell Redwoods SP*** ist zwar zeitraubend, aber wegen der schönen Streckenführung erwägenswert, ➤ Seite 310.

Silicon Valley

Bei genereller Bevorzugung der Autobahn wäre die **I-280** nicht nur wegen ihrer Streckenführung und des *Los Trancos*-Abstechers samt reizvoller Weiterfahrt zu empfehlen, sondern auch wegen ihrer geringeren Verkehrsdichte im Vergleich zur #101 durch das ***Silicon Valley***. Unter diesem Begriff wurde ein heute weitgehend gesichtslos zersiedelter Landstreifen zwischen Palo Alto und San José bekannt, wo Anfang der 1970er-Jahre erstmals die Herstellung von Mikroschaltkreisen auf Silikonplättchen gelang. In der Folge expandierte dort die amerikanische **Computer- und High-Tech-Industrie** zunächst explosionsartig und hat sich – nach schwankender Entwicklung – auf heute wieder hohem Niveau stabilisiert. Wer sich dafür und den aktuellen Stand der Dinge interessiert, findet unter www.svdaily.com oder www.siliconvalley.com jede Menge Informationen.

Nebenbei auch über die **Immobilienpreise** der Gegend, die dank des Börsengangs von *Facebook* und mehrerer tausend (trotz Kursverlusten) wohl ziemlich reich gewordener ***Facebook***-Mitarbeiter in beachtliche Höhen stiegen. In Palo Alto sind schon mittelprächtige Einfamilienhäuser unter $1 Mio. kaum noch zu haben.

Erdbebenregion San Francisco www.sfgate.com/earthquakes

Das letzte schwere Beben in der Region von San Francisco ereignete sich im Oktober 1989. Es dauerte nur 15 Sekunden und erreichte eine Stärke von ca. 7 auf der Richter Skala. Dramatische Schäden wie die Einstürze der oberen Fahrbahn der *SF-Oakland Bay Bridge* und des Obergeschosses der I-880 auf mehreren hundert Metern Länge waren aber eher punktueller Natur. Das Funktionieren der seit Jahren praktizierten Bebenvorsorge wie z.B. der Flexibilisierung von Hochhauskonstruktionen, Gas- und Wasserleitungen wurde damit durchaus eindrucksvoll unter Beweis gestellt.

Ob jedoch die bislang realisierten und zusätzliche, aus jüngeren Erfahrungen in und bei Los Angeles abgeleitete Maßnahmen ausreichen werden, um auch in Zukunft Katastrophen zu verhindern, weiß niemand. Mit stärkeren Beben sei zu rechnen, behaupten die Seismologen, die das 1989er-Ereignis und das Epizentrum zwischen Santa Cruz und San Francisco damals einigermaßen korrekt vorhergesagt hatten. Die geologische Spannung im San Andreas Graben, der die »Nahtstelle« zwischen den tektonischen Platten des Pazifik und des nordamerikanischen Kontinents markiert, verminderte sich zwar durch die Erdverschiebung von 1989 um ca. 1-2 m innerhalb einer 50 km Zone, erhöhte sich jedoch in der Nähe San Franciscos und in Südkalifornien weiter. Denn bedingt durch den plötzlichen Abbau des aufgestauten Drucks, der seinerseits auf der Blockade einer gegenläufigen Bewegung der beiden Erdkrustenplatten von 5-6 cm pro Jahr beruht, kommt es anderswo zu verstärkter Spannung, die sich eines Tages ihrerseits entladen muss.

Beim schweren Erdbeben von 1906 (geschätzte 8,3 auf der damals noch nicht existierenden Richter-Skala), das eine erhebliche Zerstörung San Franciscos zur Folge hatte, wurden auf einer Zone von 450 km Länge Verschiebungen bis zu 6 m (!) gemessen. Damit war damals eine nahezu vollständige Entlastung des tektonischen Drucks eingetreten, und es dauerte mehrere Dekaden, bis sich eine neue Spannung nennenswerter Stärke entwickelte. Seit Ende der 1970er-Jahre wird Kalifornien nun wieder von Beben heimgesucht, zunächst in einer noch relativ harmlosen Größenordnung um den Wert 5, aber nach 1989 gab es weitere Beben über einer Stärke von 6.

Da auch dem 1906-Ereignis zahlreiche Beben mittlerer Stärke vorausgingen und die Grundmuster des Ablaufs seismologischer Ereignisse erfahrungsgemäß Parallelen zeigen, leben Kalifornier mit der Gewissheit, dass der »***Big Bang***« oder »***The Big One***« nicht mehr allzu fern ist. Das befürchtete Starkbeben zwischen 7,5 und 8,5 kann zwar theoretisch schon morgen eintreten, aber durchaus erst in dreißig Jahren oder später. So wenig der Zeitpunkt vorherbestimmbar ist, lässt sich das künftige Epizentrum im Vorwege lokalisieren. Seismologen tippen auf Bereiche nördlich und südöstlich von Los Angeles, aber auch auf die San Francisco Bay Region.

Hewlett Packard NHL

Mit **Palo Alto** eng verbunden und weltberühmt sind die Namen ***Hewlett & Packard***. Die alte Garage in der **367 Addison Ave**, in der diese beiden Studenten der *Stanford University* ihre ersten Computer zusammenschraubten, ziert die Bezeichnung ***National Historic Landmark***. Die Firma HP residiert heute in Sichtweite von *Stanford* an der 3000 Hanover Street/Page Mill Road.

Stanford University

Die zweite Universität an der Bucht von San Francisco, die nicht zuletzt wegen mehrerer Nobelpreisgewinner internationales Ansehen genießt, ist die (private) ***Stanford University***. Deren ausgedehnter Campus befindet sich eine gute Meile außerhalb der Stadt Palo Alto, die außer für *Stanford, Facebook, Hewlett Packard* u.a. auch für eine sehr hohe Kriminalitätsrate bekannt ist.

Die Stanford University verfügt mit der Memorial Chapel über eine eigene große Kirche mit vergoldeten Verzierungen des Portals und einem riesigen Mural an der Frontseite

Die Universität wurde vom Eisenbahnmagnaten ***Leland Stanford*** zum Andenken an seinen verstorbenen Sohn gegründet und 1891 eröffnet. Ein eigenes ***Visitor Center*** befindet sich an der Ecke Galvez Street/Campus Drive East unweit des zentralen Platzes *The Oval*; ✆ (650) 723-2560, www.stanford.edu/dept/visitorinfo/plan. Dort hat man u.a. eine **Campuskarte** und viel Infomaterial einschließlich eines Unterkunftsverzeichnisses für die Umgebung. Täglich um 11 Uhr und 15.15 Uhr starten kostenlose Führungen (*Campus Walking Tours*). Eine Besichtigung des Campus' ist aber nicht so ergiebig wie in Berkeley (➤ Seite 234f), wo der Campus ein integrierter Teil der Stadt ist.

Die einzelnen **Fakultäten** liegen weit verstreut. Sehenswert ist die zentrale *Plaza* mit basilikaähnlicher Kirche und einigen Gebäuden in pittoreskem mexikanischen Stil. Unübersehbar ragt der ***Hoover Tower*** in den Himmel (täglich 10-16 Uhr, $2); US-Präsident *Herbert Hoover* (1929-1933) war *Stanford*-Absolvent.

Aktuelle Informationen rund um *Stanford* liefert die universitätseigene Zeitung ***The Stanford Daily***; www.stanforddaily.com.

Kunstcenter

Wer sich die Zeit für den Umweg nach Stanford nimmt, sollte vielleicht auch einen Blick ins (eintrittsfreie) ***Cantor Center for Visual Arts*** werfen (328 Lomita Drive, Mi-So 11-17 Uhr, Do bis 20 Uhr, Mitte August bis *Labor Day* geschlossen). Eine Kollektion von Kunstwerken aller Kulturen ist zu bewundern, außerdem ein ***Sculpture Garden*** mit *Rodin*-Plastiken.

Linear-beschleuniger

Ein wesentliches Element von Stanfords wissenschaftlichen Erfolgen wird im ***Stanford Linear Accelerator Center*** (2575 Sand Hill Road) demonstriert, wo Positronen auf einer 2 mi langen Versuchsstrecke beschleunigt werden. Kostenlose Führungen (ab 12 Jahre) sind nach Anmeldung möglich unter © (650) 926-3300; www.slac.stanford.edu.

Facebook Headquarters

Facebook zog Ende 2012 vom *Research Park* der ***Stanford University*** in den früheren Komplex von *Sun Microsystems* unweit der San Francisco Bay im Stadtteil Menlo Park (#101 Ausfahrt 406. dann auf den *Bayfront Expressway* #84 und *Exit* Willow Road).

Mountain View/ Google

Vom neuen Facebook-Standort sind es auf dem ***Bay Shore Freeway #101*** nur ein paar Meilen bis zum ***Google Headquarters*** bei Mountain View. Die Firma belegt einen tollen futuristisch gestalteten Gebäudekomplex (zugepflastert mit Solarmodulen) am Amphitheatre Pkwy, Ausfahrten 400 B bzw. C; © (650) 253-0000.

Nasa Center

Bei weiterem Interesse an technischen Errungenschaften rund um die Bucht, könnte man auch noch dem ***NASA Ames Exploration Center*** auf dem ***Moffett Airfield*** einen Besuch abstatten. Es liegt in **Mountainview** unmittelbar nördlich der #101 (*Exit* 398) am Mofett Blvd. Auf einer gekrümmten Großleinwand werden dem Publikum dort u.a. Saturnringen und Marskanäle vorgeführt. Einige Objekte aus der Frühzeit der Raumfahrt wie eine *Redstone*-Rakete von 1960 und eine Gemini Raumkapsel gehören ebenso zum Austellungsbereich wie **Mondgestein**, das von der Apollo15-Mission mitgebracht wurde (Di-Fr 10-16 Uhr, Sa/So 12-16 Uhr, **Eintritt frei**, © (650) 604-6274, www.nasa.gov/centers/ames/home/exploration.html).

Keine US-Firma mit Rang und Namen im World Wide Web, die nicht im Silicon Valley zu finden wäre

Vorm Hauptquartier der Firma im Winde vereint wehen die Flaggen der USA, Kaliforniens und von Apple-Macintosh

Cupertino

Ca. 4 mi südlich von Mountain View liegt Cupertino (*Exit* 11 von der I-280). Von der Ausfahrt sind es nur noch 400 m zum Hauptquartier von ***Apple Macintosh*** am Infinite Loop gleich südlich des *Freeway*. Dort gibt es natürlich einen tollen ***Apple Store*** für alle, die noch i-mäßig aufrüsten wollen. Aber Achtung: die Zollfreigrenze bei der Rückkehr beträgt nur €430, ➤ Seite 157.

Great America

Was wären amerikanische Großstädte ohne ihre Vergnügungsparks? ***California's Great America*** in Santa Clara (nordwestlich von San Jose unweit der #101 und der Straße #237; von beiden heißt die Ausfahrt »Great America Parkway«) bedient die Bewohner der unteren San Francisco Bay Region mit einem riesigen Gelände. Das ***Amusement*** für $59/Person über 3 Jahre (nach 16 Uhr $30) besteht dort aus viel *Show* von Delphinspringen bis Bühnenglamour. Dazu gibt es die üblichen **Jahrmarkt-*Rides***, darunter **10 *Roller Coaster*** (Achterbahnen) und einen Schlauchboot-Trip über künstliche Stromschnellen, alles garniert mit Restaurants und Souvenirshops. Mo-Fr und So 10-21 Uhr, Sa 10-23 Uhr *Memorial* bis *Labor Day*; sonst nur Sa+So. Parken $12. © (408) 988-1776, www.cagreatamerica.com.

Intel Museum

Über den *Exit* 392 von der #101 erreicht man auch das ***Intel Museum*** am 2200 Mission College Blvd, www.intel.de, dann »museum« eingeben; Mo-Fr 9-18 Uhr, Sa 10-17 Uhr, frei. Gut nur für speziell an der Computer- und Chipentwicklung Interessierte, aber eine Broschüre steht sogar auf Deutsch zur Verfügung.

San José

1777 gegründet, war San José die erste Hauptstadt des alten Kalifornien und ist heute mit über 900.000 Einwohnern größer als San Francisco oder Oakland. Touristisch gesehen hat die Stadt trotz einiger modderner archtektonischer Highlights im Zentrum toristisch eher weniger zu bieten. Beachtlich ist indessen die ***Great Mall of the Bay Area***, das größte ***Outlet Shopping Center*** im Bereich der San Francisco Bay mit **200 *Stores*** zwischen den ***Interstates* I-880** und **I-680** im Norden der Stadt im **Vorort Milpitas** am Great Mall Parkway; www.simon.com/mall/great-mall.

Mission Santa Clara

Nicht weit entfernt steht auch das historische Highlight der Region an der Alviso Street auf dem Gelände der ***Santa Clara University*** (von der #101 Ausfahrt 391, den De la Cruz Blvd nach Süden und Lafayette Street links ab, dann Alviso Street wieder links). Die ***Mission Santa Clara*** gehört nicht zu den attraktivsten ihrer Art, verdient aber samt ihrer Einbettung in einen kleinen Palmenpark einen kleinen Abstecher. Täglich 8-18 Uhr.

Wasserspaß

Der Wasserrutschenpark bei San José heißt ***Raging Waters*** (www.rwsplash.com) und liegt im ***Lake Cummingham Regional Park*** (*Capitol Expressway, Tully Road*) unweit der *Freeways* I-680 und #101 (Ausfahrt 383). Ab Juni bis *Labor Day* täglich 10-19 Uhr, danach wetterabhängig. Tagespass $34, bis 1,20 m große Kinder $24; online $4,00 *Discount*.

Winchester Mystery House

Eine recht originelle, wiewohl nicht gerade preiswerte Attraktion ist das ***Winchester Mystery House*** ein wenig westlich von San José bzw. südlich von Santa Clara unweit des Kreuzungspunktes von I-280 und I-880 am 525 Winchester Blvd zwischen Stevens Creek Blvd und der I-280. Die Witwe des Erfinders des Winchester-Gewehres verbaute in diesem Haus einen Teil ihres Vermögens im Glauben, durch unaufhörliches Anbauen Unsterblichkeit zu erlangen. Bevor sich dies als Irrtum herausstellte, waren in 160 Räumen 10.000 Fenster, 2.000 Türen, 40 Treppen und 47 Kamine eingesetzt. Originell und für Fans von Handfeuerwaffen sicher das Eintrittsgeld wert: **$30**, bis 12 Jahre $20 inkl. Zugang zum ***Winchester Historic Firearms & Antique Products Museum***. Geöffnet 9-19 Uhr von Juni bis *Labor Day*, sonst kürzer; www.winchestermysteryhouse.com.

Luftbild des Winchester Mystery House

Fwy #17 nach Santa Cruz

Von San José verbindet der ***Freeway*** **#17** nach Santa Cruz die Autobahnen I-280 und via der I-880 auch #101 mit der Küstenroute her. Wer sich Santa Cruz ansehen möchte, wählt mit der Kombination I-280/#17 den raschesten Weg dorthin.

Nostalgiebahn

Ein Abstecher führt ab **Scotts Valley** (**Exits** 5 oder 3 von der #17) nach Felton, wo die ***Roaring Camp & Big Trees Railroad*** mehrmals täglich durch den ***Redwood Forest*** (75 min retour; $24/$17) oder ***nach Santa Cruz*** (*Beach Train*, 3 Std. retour; $26/$20) dampft. Details unter www.roaringcamp.com.

Redwood Canopy Tours

In Mount Hermon hat man im *Redwood Forest* Plattformen in bis zu 45 m Höhe angelegt und mit Hochseilen (*Zip Lines*) und Hängebrücken (*Skybridges*) verbunden. Der Spaß zwischen den Baumriesen kostet $80/Person, egal (ab 10 Jahre; Größe ab 1,30 m, Gewicht 34 -113 kg); http://mounthermon.org/redwoodcanopy-tours.

Straße #9 nach Santa Cruz

Von Felton gelangt man auf der Straße #9 durch Haine mit dem Kahlschlag entgangene ***Redwoods*** im ***Henry Cowell State Park*** auf direkter Route nach Santa Cruz.

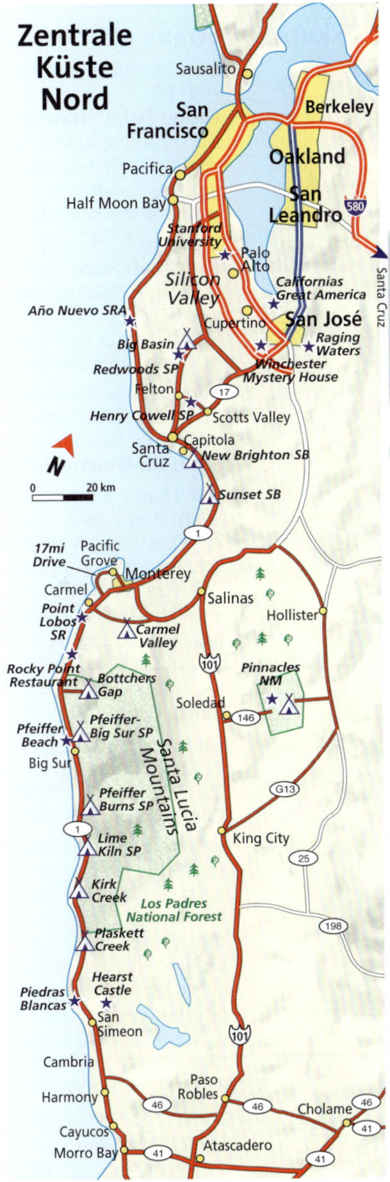

Exkurs: Straße #35 durch zwei Redwood State Parks

Route

Den besten und interessantesten, wenngleich zeitaufwendigsten Weg von San Francisco nach Santa Cruz bietet die **Kombination I-280/Straßen #35/#9**. Der ***Skyline Boulevard* #35** führt kurvenreich durchs Gebirge zwischen I-280 und der Küste und passiert den oben erwähnten *Los Trancos Park* (Page Mill Road) und die Zufahrten zu den ***State Parks Portola*** und ***Castle Rock*** (keine Zufahrt an der #9, nur #35 südlich der Kreuzung).

Big Basin Redwoods

Einen noch relativ großen ***Redwood Forest*** schützt der ***Big Basin Redwoods State Park*** (www.parks.ca.gov/?page_id=540) mit vier populären ***Campgrounds*** ($35, www.bigbasin.org/camping.html) und schönen Wanderwegen wie dem ***Redwood Loop Trail*** für Kurzbesucher und dem ***Sequoia Trail*** in mehreren Längen bis zu ca. 5 mi, beide ab dem *Park Headquarter*.

Man erreicht den Park über die **Straße #236** (von Süden *Freeway* #17, dann die #9 zunächst weiter nach Norden), die sich im höher gelegenen Bereich malerisch durch Eukalyptuswald schlängelt (**nicht für Wohnmobile über 22 Fuß Länge geeignet**).

Henry Cowell State Park

Der ***Henry Cowell State Park*** südlich von Felton ist alles in allem nicht ganz so attraktiv (speziell der *Campground* nicht), bietet aber auch im Hauptareal beidseitig der Straße #9 einige schöne *Trails* durch die *Redwoods*. Die ***Fall Creek Unit*** westlich von Felton (Empire Road), speziell der gleichnamige ***Trail*** am Fall Creek entlang, gilt als Geheimtipp (ca. 10 km retour auf nur teilweise gleichem Weg); www.parks. ca.gov/?page_id=546.

Santa Cruz

Santa Cruz

Santa Cruz steht als Ferien- und Studienort bei amerikanischen Teenagern und Studenten hoch im Kurs. Denn neben Stränden, Surfrevieren und ***High Life* für *Teenies*** besitzt die Stadt einen **Campus** der ***University of California*** (im Nordwesten).

Unterkunft

In Santa Cruz ballen sich Motels und Hotels im zentralen Bereich unweit des **Boardwalk**, speziell aber an der **Riverside Ave** ein paar hundert Meter oberhalb des *Boardwalk*, ➤ unten. Neben lokalen Häusern und auch ***B&B*** stößt man dort auf die bekannten Namen der Kettenhotellerie . Sehr viele **Unterkünfte**, speziell wiederum der Ketten, stehen auch an der **Ocean Street**, einer Verlängerung des *Freeway #17*. Wer auf dieser Route von Norden nach Santa Cruz hineinfährt, landet dort automatisch. Das gilt ähnlich für die #1. Vor der Kreuzung mit der #17 biegt man einfach rechts ab (nach Süden) in die Ocean Street und kann dann die *Motels* und *Inns* nicht übersehen.

Hotels in Strandnähe sind u.a. das

- ***Bay Front Inn***, 325 Pacific Ave, ✆ (831) 423-8564, www.bayfrontinnsc.com, HS ab $79/NS ab $58, kürzlich renoviert

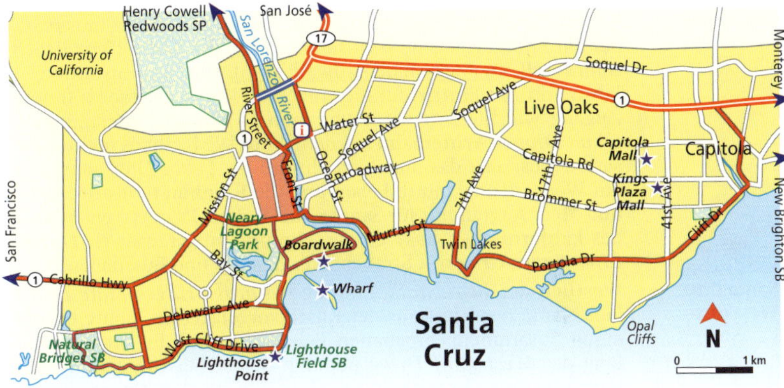

- ***Hotel Pure Beach Inn***, 600 Riverside Ave, © 1-888-832-7309; www.hotelpurebeachinn.com, ab $99/$49. Gutes Haus, teilweise mit Terrassen oder Balkon; ordentliches Frühstück
- ***Beachview Inn***, 50 Front Street, ©1-800-946-0614, www.beach-viewinn.com, ab $89/$59, einfach, aber sauber.

Essen und Trinken

Lunch, *Dinner* oder auch nur einen *Drink* mit Seeblick, in Santa Cruz gibt's dafür viele Alternativen:

- ***Andy's End of the Wharf*** bietet neben Speis und Trank auch noch den Blick auf Seelöwen (71-B Municipal Wharf).
- Selbst gebrautes Bier, *Good Food* (*Sandwiches* und *Seafood* zu moderaten Preisen) und *Live Music* hat die ***Seabright Brewery***; 519 Seabright Ave, © (831) 426-2739).
- Preiswertes *California Dining* und *Ocean View* verbindet die ***Ideal Bar & Grill*** (106 Beach Street eingangs der *Municipal Wharf*, © (831) 423-5271).

Information

Die ***Tourist Information*** befindet sich an der 303 Water Street, © (831) 425-1234 und © 1-800-833-3494, www.santacruzca.org.

Santa Cruz Strand beim West Cliff Arch

Boardwalk

Bekanntester Anziehungspunkt von Santa Cruz ist der unverfehlbar am Strand gelegene *Amusementpark*, der ***Santa Cruz Beach Boardwalk*** (www.beachboardwalk.com), ein fest installierter Jahrmarkt mit Eintritt für die einzelnen *Rides*, aber sonst freiem Zugang wie hierzulande. Sieht man ab von der nostalgischen ***Giant Dipper* Achterbahn** aus dem Jahre 1924, gibt es nichts Sensationelles, aber das dort (täglich Juni bis *Labor Day*, sonst nur am Wochenende) bunte Leben und die **Kombination mit Strand und Meer** sorgten mit für Santa Cruz' Ruf als Prototyp einer Stadt des kalifornischen *Easy Going*. Hip und aufgeräumt ist ***Downtown Santa Cruz*** mit Straßencafés, Bistros und Buchläden.

Santa Cruz Westküste

Westlich des *Boardwalk* sind die ***Natural Bridges State Beach*** (der Name resultiert aus der Küste vorgelagerten, heute bis auf einen zusammengebrochenen Felsbögen) und die Strände entlang des ***West Cliff Drive*** populär. Selbst bei ruhigem Wetter läuft hier eine erstaunlich hohe Dünung aus den Weiten des Pazifiks ein, die sich zwischen Strand und Steilküste bricht. Am ***Lighthouse Point*** zeigen *Surfer* atemberaubende Brettbeherrschung, wenn sie knapp an den Klippen vorbeischießen. Kaum irgendwo sonst besteht eine derart gute Gelegenheit, **gekonntes *Surfing* aus nächster Nähe** zu beobachten.

Der vorgelagerte Felsen beherbergt röhrende **Seelöwen**. Eine Zugabe ist dort der tolle **Sonnenuntergang**.

Küstenvororte

In den südöstlichen Vororten lösen **Strände** und **Marinas** hinter Wohlstand signalisierenden Sommerhaussiedlungen einander ab. Zufahrt über Portola Drive und den East Cliff Boulevard.

Capitola

Mehr schon ein eigenständiges Ziel als Vorort von Santa Cruz ist Capitola, ein vor allem bei jungen Leuten beliebtes Städtchen am Meer mit Yachthäfen, Kneipen und Discos. Capitola erreicht man über die Küstenboulevards oder auf der Straße #1.

Camping

Zwischen Santa Cruz und Monterey führt die überwiegend als *Freeway* ausgebaute #1 (*Cabrillo Highway*) durch flache Obstanbaugebiete abseits der Küste. Wie auch weiter nördlich sind Strand und Dünen in erster Linie über *State Beaches* zugänglich.

Die Campingempfehlungen in diesem Bereich lauten:
New Brighton ($35-$50) vor ***Sunset State Beach*** ($35).

Hinter dem Lighthouse Point unter der Steilküste befindet sich das beliebteste Surfrevier von Santa Cruz

Exkurs: Abstecher zum Pinnacles National Park

Ostseite

Ein Abstecher für Leute mit einem Tag **Extrazeit** könnte dem ***Pinnacles National Park*** gelten; www.nps.gov/pinn. Ab Watsonville geht es auf den Straßen #129/#156 nach **Hollister** und auf der #25 zur Südosteinfahrt dieses weniger beachteten Nationalparks (ca. 75 mi). Die #146 führt zum kleinen ***Visitor Center***; unweit davon endet die Straße am Ausgangspunkt mehrerer *Trails*. Zu den ***Pinnacles***, den namensgebenden schroffen Felszacken, sind es von dort 4 km. Vorrangiges Besuchsmotiv ist auch eher der raue Pfad durch die ***Bear Gulch Caves*** zum einige hundert Meter höheren *Bear Gulch Reservoir.*

Trails

Zwischen Höhlen bildenden Felsen geht es streckenweise steil bergauf (feste Schuhe und Taschenlampen erforderlich). Wem die Kraxelei durch den Tunnel zuviel war, kann auf dem Rückweg den ***Rim Trail*** nehmen. Mit guter Kondition lässt sich ab dem *Reservoir* der Weg fortsetzen zu den ***High Peaks*** (dann 10 km).

Zur Erholung von der Anstrengung wartet ein **kühler Pool** im ***Pinnacles Campground*** (sanitär komfortabel, sonst rustikal, © 1-877-444-6777; www.recreation.gov; nur auf der Ostseite).

Westseite

Die Zufahrt zum **Westteil** erfolgt von der #101/**Soledad** ebenfalls auf der (durch den Park unterbrochenen) #146. Man kann auch von dort zu den ***High Peaks*** hinaufsteigen (7 km retour). Ein prima *Trail* für weniger Ambitionierte führt durch die sog. »***Balconies***« mit Kurzkletterei durch eine dunkle feuchte Höhle (nur möglich mit Taschenlampe und Trittsicherheit; retour ab Parkplatz ca. 4 km). Ab 60 min ist er machbar und lohnenswert. Die Anfahrt bis zum NM-Eingang *Chaparral Ranger Station* ist kurvenreich und teilweise eng (sehr langsam mit großen RVs).

Weiterfahrt auf der #1 weiter südlich

Wer nicht bei Monterey/Carmel zurück an die Küste will, fährt nach dem Besuch der *Pinnacles* auf der #101 weiter nach Süden und könnte erstmalig auf der Verbindungsstraße #46 (südlich Paso Robles) auf die #1 zurückkehren und ggf. noch mit einem kurzen »Schlenker« ***Hearst Castle*** mitnehmen, ➤ Seite 328.

Nach Las Vegas

Bei anderen Reiseplänen – etwa in Richtung Las Vegas – unter Auslassung von Los Angeles und Südkalifornien würde man **ab Paso Robles** auf der #46/#99 **nach Bakersfield** fahren und von dort auf dem *Freeway* #58 weiter nach Barstow an der I-15, ➤ in diesem Buch Seiten 332f.

Zurück zur #1

Bei Rückkehr zur #1 **via Salinas** geht es von dort auf der Straße #68 nach Monterey. Landschaftlich weit attraktiver, aber etwas mühsam wäre eine Fahrt auf den Nebenstraßen **#G17/#G16** über das *Carmel Valley* nach Carmel. Auf ihr passiert man (ebenso wie bereits im Bereich Soledad) eine ganze Reihe von *Vineyards* und *Winerys*, die zum »***Monterey Wine Country***« gehören, einer weiter weniger bekannten Anbauregion als etwa das *Napa Valley* (➤ Seite 221). Ebenso wie dort bieten auch im

Bereich Monterey die meisten Weingüter ein *Wine Tasting*. Wer sich dafür interessiert, sollte in den Touristeninformationen auf den ***Wine Tasting Guide*** mit *Visitor Map* achten. Eigene Infostellen der Weinerzeuger gibtes in Salinas (127 Main Stret) und in der *Cannery Row* von Monterey (#700, Suite KK). In beiden kann man regionale Weine kosten, je nach Wochentag 11-16/18 Uhr. Weitere Details unter www. tastemonterey.com.

Salinas

In **Salinas** wurde ***John Steinbeck*** geboren (➤ *Cannery Row*, Seite 318). Teile seines Romans »Jenseits von Eden« mit *James Dean* hat man in und um Salinas verfilmt. Sein **Geburtshaus** steht in der 132 W Central Street zwei Blocks entfernt vom interessant gemachten ***John Steinbeck Center***. Täglich 10-17 Uhr, $11: 13-17 Uhr $8; www.steinbeck.org.

Equus

Ein anderer bekannter Bürger von Salinas ist ***Monty Roberts***, der Erfinder der Pferdesprache *Equus*, www.montyroberts.com.

Pfad hinunter in die »Balconies«, übereinandergefallene, höhlenbildende Felsbrocken, die man nur mit Lampe durchkraxeln kann.

Moss Landing

Auf etwa halber Strecke von Santa Cruz nach Monterey liegt beidseitig der Brücke über den tidenabhängigen »Kurzfluss« ***Elkhorn Slough*** die im wesentlichen aus Bootsmarinas bestehende Siedlung **Moss Landing**. An der langen Pier gleich nördlich der Brücke über den Fluss streiten sich Hunderte von Seelöwen lauthals um ein Plätzchen. Idyllisch ist die Gegend wegen des Kraftwerks auf der Südseite des *Slough* nicht, dafür hat man unweit der Durchgangsstraße Gelegenheit, neben Seelöwen auch -ottern und -hunde sowie Wasservögel aus nächster Nähe zu beobachten (Moss Landing Road und dann weiter Sandholdt Road). Im Hafen kann man Bootstouren (*Safari Tours*) auf dem *Slough* durch das Elkhorn Naturschutzgebiet buchen; www.elkhornslough.com.

Wer hier übernachten möchte, findet mit dem ***Captain's Inn at Moss Landing*** ein sehr schönes, aber nur in der Nebensaison bezahlbares *B&B*-Quartier (dann ab $155); www.captainsinn.com.

RV-Camper können den **KOA-Platz** am Hafen nicht verfehlen.

Bootstrip an der mit Seelöwen vollgepackten Pier entlang

1.4.2 Die besten 100 Meilen der Highway #1: Von Monterey nach San Simeon

Monterey und Pacific Grove

Anfahrt und Info

Vom ***Freeway #1***, bei Monterey zugleich **Stadtumgehung**, gelangt man von Norden am besten über die Del Monte Ave (*Exit* 402 B) oder die Fremont Street (*Exit* 401A), von Süden auf der Munras Ave (*Exit* 399B) nach ***Downtown Monterey***. Vor dem zentralen Stadtbereich passiert die Fremont Street den Camino El Estero. Auf Höhe Franklin Street liegt das Büro der ***Visitors Information***.

Eine weitere ***Visitor Information*** gibt es in der **Wave Street** im Bereich **Cannery Row**. Dort erhältlich ist der sehr gute ***Monterey Peninsula Visitor's Guide*** mit einem Restaurant- und Unterkunftsverzeichnis inklusive *B & B, Campgrounds* etc.

Gute **Internetportale** sind
www.seemonterey.com www.historic monterey.org,
www.monterey.com www.monterey.org

Darüber hinaus findet sich im Internet ein grandioser *Travelguide* »***Welcome to Monterey County***« zum Blättern am Monitor: www.nxtbook.com/nxtbooks/nxtbook samples/monterey1112/#/12.

Unterkunft

Es gibt hier drei **Übernachtungsbereiche**. Das Preisniveau ist an Werktagen moderat, an Wochenden und in den Ferien relativ hoch:

- **Ein Motel neben dem anderen steht entlang der Munras Ave**, einer der Haupteinfahrten in die Stadt hinein (➤ oben). Fast kein Name der mittleren Kettenkategorie, der dort fehlte. Diese Straße zeichnet sich durch viel Grün und eine auffällig gepflegtere H/Motellerie als andernorts aus. Werktags kommt man dort oft mit *Discount Coupons* günstig unter (➤ Seite 108).
- Etwas weiter außerhalb an der **Fremont Street** findet sich eine weitere Hotelballung östlich der Ausfahrt 401 A von der #1.
- Im Bereich ***Cannery Row*** ist man im Herzen des touristischen Lebens und zahlt für die dort überwiegend zur gehobenen Kategorie gehörenden Hotels heftige Tarife.

Die einfache Alternative ist das ***HI-Hostel Monterey*** auch im Bereich *Cannery Row* vier Blocks von der Uferpromenade und dem Aquarium entfernt, 778 Hawthorne Street. \$22-\$25/Bett; ✆ (831 649-0375; www.montereyhostel.org.

Hinweis Übernachtung

Südlich von Monterey wird das Übernachten (von Carmel bis St. Simeon) teuer, auch deshalb, weil bis Cambria die Gelegenheiten dünn gesät sind. Auf diesen ca. 100 mi kommt man ohne Reservierung an Wochenenden und zur Ferienzeit nur mit Glück unter.

Camping

Stadtnah campt man im ***Veterans Memorial Park Campground*** (von der #1, Ausfahrt 399 A Holman Highway nach Westen und nach ca. 1 mi rechts auf den Skyline Forest Drive, dann links Skyline Drive bis zum Ende; aus der City Jefferson Street nach Norden und dann weiter auf dem Veterans Drive). Schöner bewaldeter Platz unweit von Zentrum und *Cannery Row*, aber RVs nur bis 21 Fuß; ✆ (831) 646-3865. Duschen, keine Hook-ups; \$25.

Weitere gute *Campgrounds* liegen im Carmel Valley, ➤ Seite 321.

Essen und Trinken

Im **Bereich *Cannery Row*** ballen sich Restaurants, darunter auch die Filiale der *Seafood*-Kette

- ***Bubba Gump Shrimp Co.*** in der 720 Cannery Row, eine Kombination von *Fast Food* und »richtigem« Restaurant.

Wer am Wasser sitzen möchte, findet außer an der *Cannery Row* weitere *Eateries* auf Montereys Pier ***Fisherman's Wharf***.

In ***Downtown*** ist ganz originell das

- ***Lallapalooza*** in der 474 Alvarado Street, ✆ (831) 645-9036, eine Bier- und Cocktailbar mit Steakgerichten und *Seafood*.

Geschichte

Das heute 33.000 Einwohner zählende Monterey blickt auf eine für amerikanische Verhältnisse lange Geschichte zurück. Gegründet **1770 als Missionsstation** wurde sie bereits **1775 Hauptstadt** des spanischen, ab 1821 mexikanischen Kaliforniens und blieb es auch noch nach seiner Eroberung durch die Amerikaner 1846, bis 1854 Sacramento Kapitale des neuen US-Staates im Westen wurde. Die aus jener Zeit erhaltenen bzw. restaurierten Gebäude samt einiger frühamerikanischer Bauwerke wurden insgesamt zum ***Monterey State Historic Park*** erklärt und durch den ***Path of History*** (ca. 3 km) symbolisch miteinander verbunden.

Path of History

Ein in der ***Visitor Information*** gratis ausgegebenes **Faltblatt** erläutert den Verlauf des historischen Pfades und die Bedeutung der Gebäude im einzelnen, von denen eine Reihe musealen Charakter besitzt. Für einen europäischen Besucher ist der *Path of History* nur punktuell interessant; zu nennen sind in erster Linie die hübsche ***Custom House Plaza*** und vor allem die ***Royal Presidio Chapel*** (rekonstruierte erste Missionsstation) etwas abseits östlich des Zentrums an der Church Street.

Fisherman's Wharf, Beaches und Coastal Trail

Wie San Francisco besitzt auch Monterey eine ***Fisherman's Wharf***. Sie besteht hier indessen nur aus einer einzigen Pier mit Frischfisch-Verkauf, *Fast-Food*-Ständen sowie ein paar *Giftshops* und Restaurants. Es gibt dort nichts, was man unbedingt gesehen haben müsste. Östlich der ***Municipal Wharf*** (Verlängerung der Figueroa Street) erstrecken sich schöne lange **Strände** mit dahinter liegenden Parks. Sehr beliebt ist der ***Coastal Trail***, ein Jogging- und Bike-Weg, der vom *Lovers Point Park* in Pacific Grove bis über die *Monterey State Beach* hinaus ufernah um die Bucht läuft.

Cannery Row

Der wichtigste Anziehungspunkt Montereys liegt eine gute Meile nordwestlich *Downtown* und der *Wharf* im ***Cannery Row*** genannten Bereich (gleichzeitig Straßenname): Vom Del Monte Blvd an der Ecke Washington Street halbrechts durch den Tunnel und weiter auf der Lighthouse Ave. Die ehemaligen *Canneries* (= Fischfabriken) zwischen David und Hoffman Ave, die einst ***John Steinbeck*** zum Titel seines weltbekannten Romans ***Cannery Row*** (»Straße der Ölsardinen«), inspirierten, wurden fürs touristische Shopping und die unvermeidliche Restauration schick umfunktioniert, soweit sie nicht Parkplätzen weichen mussten.

Steinbeck, der hier mit seinem Roman Pate stand, ist mit einer Büste anwesend; gleich daneben illustriert ein Wachsfigurenkabinett (***Steinbeck's Wax Museum***, 700 Cannery Row) mit einigen Effekten das Leben, das er hier beschrieb.

Bereits im Kasten zum Abstecher zum Pinnacles NM wurde erwähnt, dass sich an der Cannery Row #700 eine Infostelle der lokalen und regionalen Weinerzeuger befindet mit ***Wine Tasting*** täglich 11-18 Uhr; www.tastemonterey.com.

Feuerquallen im Monterey Aquarium

Aquarium

Trotz der hübschen Lage am Wasser wäre die »**neue**« ***Cannery Row*** kaum einen längeren Zwischenstop wert, beherbergte sie nicht das ***Monterey Bay Aquarium*** an ihrem Nordende, eines der besten seiner Art in Nordamerika. Sowohl die Vielzahl der dort zu sehenden Meerestierarten als auch die Imitation ihrer Lebensräume bieten gelungenen Anschauungsunterricht zur Fauna der kalifornischen Pazifikküste (Broschüre auch in deutscher Sprache).

Sommer-/Winterhalbjahr geöffnet täglich 10-18 Uhr/bis 17 Uhr. Im Hochsommer und an Wochenenden herrscht großer Andrang, zeitiges Kommen oder späte Ankunft (nach 15 Uhr) hilft, den Hauptbetrieb zu vermeiden. Etwa 2-3 Stunden benötigt man für eine gründliche Besichtigung. Dafür ist der Eintritt heftig: $30, Kinder bis 12 Jahre $18; www.montereybayaquarium.org.

Bike Rental

Wer bei schönem Wetter ein paar Extrastunden hat, könnte sich z.B. bei ***Bay Bikes*** (640 Wave Street, © (831) 646-9090; www.baybikes.com) eine Fahrrad mieten und Monterey und ganz speziell Pacific Grove per Bike erkunden.

Scenic Drive Pacific Grove

Unverzichtbar in Monterey ist eine Rundfahrt im Stadtteil **Pacific Grove** an der pittoresken Küste entlang (Ocean View Blvd & Sunset Drive). Auch ein Fußweg für Spaziergänger wartet. **Seehunde und -löwen tummeln sich dort** auf den vorgelagerten Felsen).

1

PG Museum

Ein kurzer Halt könnte dem ***Pacific Grove Museum of Natural History*** gelten (165 Forest Ave, Di-So 10-17 Uhr, frei) mit zahlreichen ausgestopften Vögeln der Region und besonderem Gewicht auf den ***Monarch*-Schmetterlingen**, die sich Pacific Grove für ihren jährlichen Winterschlaf von Ende Oktober/Anfang November bis März ausgesucht haben. Ab 55° Fahrenheit (13°C) werden sie aktiv. Wer an einem sonnigen Tag zur richtigen Zeit dort ist, erlebt ein bemerkenswertes Schauspiel; www.pgmuseum.org.

Monarch Trees

Die **Schmetterlingsbäume** sind auf der Karte der **Touristeninformation** (Ecke Forest Ave/Central Ave; www.pacificgrove.org) eingezeichnet. Geballt findet man sie im ***Monarch Grove Sanctuary*** an der Ridge Road (ab Lighthouse Ave) und (seltener) im *George Washington Park* (Alder Street/Pine Ave).

Lighthouse Avenue

Vor allem entlang der sehr schönen Hauptstraße durch den Ort, der **Lighthouse Ave**, finden sich viele hübsche **Restaurants** und **kleinere Motels** und **Hotels**.

Point Pinos

In der äußersten Nordecke von Monterey steht das ***Point Pinos Lighthouse*** am Rand des *Pacific Grove Golf Course* (man folge einfach dem Ocean View Blvd/Sunset Drive. Der 150 Jahre alte Leuchtturm ist der älteste der ganzen Westküste und beherbergt ein kleines **Museum**, Sommer täglich 11.30-17 Uhr, Winter Do-Mo 13-16 Uhr, Eintritt $2. Etwas für Fans maritimer Objekte.

Seventeen-Mile-Drive

Auf dem **Sunset Drive** passiert man, wieder landeinwärts, das ***Lighthouse*** oder ***Pacific Grove Gate***, eine der Zufahrten zum sog. ***17-Mile-Drive***, einer hochgespielten **Touristenattraktion** und Programmpunkt aller Monterey berührenden Busreisen. Die Straße führt durch den Privatbesitz der millionenschweren *Del Monte Forest Community*, welche für die Besichtigung ihres Areals **$9,50 pro Auto** kassiert, und läuft größtenteils am Ufer des Pazifik entlang.

Strände und Buchten bieten (an sonnigen Tagen) zwar Einiges fürs Auge, aber die eintrittsfreie Umgebung in Pacific Grove und Carmel kann durchaus konkurrieren. Seehunde und Seelöwen tummeln sich hier wie dort, aber eben um und auf dem ***Seal Rock*** in besonders großer Zahl. Und das bekannte Fotomotiv der ***Lone Cypress*** auf vorgelagertem Felsen ist ein »Muss« für jede Kamera. Die großenteils enormen **Anwesen** von Reichen und Prominenten liegen mehrheitlich abseits der Rundstrecke an schmalen Nebenstraßen und verbergen sich fast ausnahmslos hinter hügeligem Gelände, Wald und Hecken.

Zypressen am 17-Mile-Drive

Carmel und Point Lobos

Anfahrt Carmel

Folgt man dem ***17-Mile-Drive*** in Nord-Süd-Richtung, gelangt man am Südostende der Halbinsel an das ***Carmel Gate*** und befindet sich sogleich mitten im Städtchen. Wer die teure Rundstrecke auslässt, folgt vom Sunset Drive der Straße #68 (zunächst Forest Ave, dann Holman Highway) und gelangt von ihr automatisch auf die **Straße #1** und wenig weiter südlich nach Carmel.

Kennzeichnung

Carmel ist der mit Abstand hübscheste (und teuerste) Ort der ganzen Westküste. Er gilt als Künstlerkolonie und besaß mit dem Filmschauspieler ***Clint Eastwood*** für einige Jahre einen äußerst publicitywirksamen Bürgermeister. Seither kümmern sich noch mehr teure Galerien, Modeboutiquen und Restaurants um die zahlreichen Besucher Das kommerziell bestimmte Leben und Treiben spielt sich hauptsächlich in der (auf den Strand zulaufenden) **Ocean Ave** und Umgebung ab.

Touristinfo

Eine ***Visitor Information*** mit Karten und Werbung (u.a. aber auch Faltblatt für *60-min-Walking Tour*) befindet sich in der San Carlos Street zwischen 5th und 6th Ave. Gute Internetportale sind

www.carmelcalifornia.org

www.carmel-california.com

www.carmelcalifornia.com

Unterkunft

Im dort erhältlichen ***Guide to Carmel*** findet man viele attraktive, aber sagenhaft hochpreisige **Quartiere zwischen Villen und Beach** als die individuelle und feine Alternative zu den Kettenmotels und *Motor Inns* in Monterey. Selbst ein *Comfort Inn* kostet in Carmel an der Ocean Ave schon mal $150. Ein gutes Preis-Leistungs-Verhältnis in ihrer Kategorie bieten die folgenden Häuser:

- ***Best Western Bay View Inn***, Junipero Street, und ***Town House Lodge***, 5th Ave, mit Tarifen ab $130, www.bestwestern.com
- ***Tally Ho Inn***, Monte Verde/Ecke 6th Ave, © 1-800-652-2632, www.tallyho-inn.com, kleines sehr feines Haus ab $199
- ***Sandpiper Inn***, 2408 Bay View Ave einen Block vom Strand entfernt, © 1-800-590-6433, www.sandpiper-inn.com; ab $129. Kleines Haus im Grünen mit relativ günstigen Tarifen.
- ***Sea View Inn***, Camino Real zwischen 11th und 12th Ave, © (831) 624-8778, www.seaviewinncarmel.com; ab $125. Sehr gemütliches kleines Haus drei Blocks vom Strand entfernt.
- ***Mission Ranch*** (Eigentümer ***Clint Eastwood***), 26270 Dolores Street, © 1-800-538-8221, www.missionranchcarmel.com, ab $130 bis über $300. Die *Mission Ranch* ist ein parkartiger Komplex aus mehreren Gebäuden in der Nähe der Missions - kirche mit Mittelklassezimmern und Luxussuiten (*Triplex*). Auch ein **Aussichtsrestaurant** gehört dazu. Empfehlenswert.

Camping

In Ortsnähe kann man nicht campen, aber es gibt mit dem

- ***Carmel by the River RV Park*** (keine Zelte, © 831-624-1617)

und dem hochgelegenen

- ***Saddle Mountain Recreation Park*** (© 831-624-9329)

zwei gute *Campgrounds* im Carmel Valley, ca. 5-6 mi östlich von Carmel (Straße #G16/Schulte Road).

Carmel River Beach auf der Südseite des Ortes; im Hintergrund Point Lobos

Essen und Trinken

Gut bestückt ist Carmel mit besseren **Restaurants**. Viele verfügen über schöne **Open-air-Terrassen**.

- Das ***Merlot Bistro***, Ocean Ave zwischen Lincoln und Monte Verde Street, © (831) 624-5659, hat ein eindrucksvolles Menü mit *American, Italian* und *Mexican Food*
- ***Jack London's Neighborhood Pub & Grill***, Dolores zwischen 5th und 6th Ave, © (831) 624-2336; Sportsbar und Restaurant mit *American Food*, Pizza, Pasta & *Mexican Items*, preiswert.
- ***Mission Ranch Restaurant***, Dolores Street hinter der Carmel Mission, erstklassige Lage im gleichnamigen Hotelkomplex (➤ oben), Terrasse mit Weitblick, amerikanische Küche, verfeinert und hochpreisig. Reservierung: © (831) 625-9040.
- Das ***Hogs Breath Inn*** in der San Carlos zwischen 5th und 6th Ave gehörte einst *Clint Eastwood* und kam deshalb zu Popularität, weil man den Bürgermeister und Schauspieler dort gelegentlich antraf. Aber auch ohne diesen Vorzug handelt es sich um eine gute Kneipe mit Karte; © (831) 625-1044.

Ortsbild

Der überwiegende Teil des Ortes besteht nichtsdestoweniger aus beneidenswert gelegenen und gestalteten Privathäusern inmitten einer von Kiefern und Zypressen bewachsenen, leicht hügeligen Landschaft. Die weißen **Strände** entlang der ***Scenic Road*** gehören zu den schönsten der USA. Am Südende dieser Straße stößt man auf den wunderbaren **Strand** der ***Carmel River State Beach*** mit Vogelschutzgebiet und Süßwasserlagune, die nur durch einen **Dünenstreifen** vom Ozean getrennt ist. Mit ein wenig Glück sieht man dort possierliche **Seeotter** unweit des Strandes in den Wellen spielen. Vor Jahren schienen sie fast ausgerottet, heute sind sie oft wieder zahlreich vorhanden.

Nach Disneyart verspielte typische Carmel-Villa

Carmel Mission

An der Rio Road, steht eine der attraktivsten der 21 spanischen Missionsstationen in Kalifornien. Die ***Mission San Carlos Borromeo del Rio Carmelo*** wurde 1770 erbaut. In ihr liegt der Gründervater der Missionen begraben, der Franziskanermönch ***Junipero Serra***, ➤ Seite 456. Zu besichtigen sind Kirche, Innenhof und Gärten + kleines Museum Mo-Sa 9.30-17 Uhr, So ab 10.30 Uhr; Eintritt $6,50, Kinder ab 7 Jahre $2; www.carmelmission.org.

Arboretum

Hübsch ist auch das benachbarte ***Arboretum*** (Hatton Road).

Point Lobos State Park

Der Strand von Süd-Carmel endet mit der *Monastery Beach* an der Grenze zur ***Point Lobos State Reserve***, einem zu Recht populären Naturschutzpark. **$10 Eintritt** pro Wagen sind dort im Grunde besser angelegt als für den *17-Mile-Drive*. Die Zufahrt erfolgt direkt von der Straße #1, etwa 4 mi südlich des Zentrums von Carmel. *Point Lobos* ist eine felsige Halbinsel mit einer zerklüfteten Küste, vorgelagerten Inselchen, Buchten und kleinen sandigen Einsprengseln. Eine sehr gute Website zu diesem Park ist www.pointlobos.org.

Die Halbinsel wird durchzogen von ***Nature Trails***. Ein Uferpfad umrundet sie. Er verläuft meist hoch über dem Ozean. Von ihm sichtet man garantiert Seehunde und Seelöwen, oft auch Ottern sowie viele Vogelarten. Das Minimalprogramm im *Point Lobos Park* sollte ein Spaziergang auf dem kombinierten ***Sand Hill/Sea Lion Point Trail*** sein (45 min).

Zahlreiche Seelöwen bevölkern normalerweise auch die ***Sea Lion Rocks*** vor der Küste. Gleich nebenan läuft der ***Cypress Grove Trail***. Besonders zur Vogelbeobachtung (Kormorane) eignet sich der zum *Pelican Point* führende ***Bird Island Trail*** mit Startpunkt ganz am Ende der Stichstraße. Auch zu empfehlen ist der Aufstieg zum ***Cannery Point*** auf der Nordseite der Halbinsel. Die *Whalers Cove* unterhalb dieses Aussichtspunktes ist ein bekanntes und populäres **Tauchrevier**.

Straße #1 ab Point Lobos

Camping

Campen kann man in *Point Lobos* nicht, dafür gibt es eine halbe Autostunde südlich von Carmel den großartig gelegenen **Einfach-*Campground Bottchers Gap*** hoch in den Bergen des *Los Padres National Forest*. Rund 13 mi südlich von *Point Lobos* zweigt die ***Palo Colorado Road*** von der #1 ab und führt auf kurvenreicher Strecke (teilweise extrem) bergauf. Etwa 8 mi von der Küste entfernt liegt *Bottchers Gap* (oft ohne Wasser) über einem Steilhang. Schattige Plätzchen für **Zelte** befinden sich abseits im Wald ($12). Der Parkraum für RVs ist begrenzt; **3-4 *Van Camper*** finden aber Platz. Eine Alternative (nur für **Zelte**) ist der ***State Park Andrew Molera*** nördlich von Big Sur mit einem *Walk-in Campground* in gut 500 m Entfernung vom Parkplatz (zum Strand 1.600 m).

Campmobilfahrer können dort zur Not die Nacht überbrücken, falls im Sommer – wie häufig – alle anderen Plätze der Region belegt sein sollten. Auch im ***Pfeiffer Big Sur State Park*** dürfen **RVs** über Nacht den Parkplatz nutzen.

Straße #1 von Point Lobos bis Sant Simeon

Ab *Point Lobos* befindet man sich definitiv **auf dem schönsten und einsamsten Abschnitt der #1**, der erst 1937 nach 16 Jahren Arbeit (überwiegend durch Strafgefangene) fertiggestellt wurde. **Bis San Simeon** gibt es **keine echte Ortschaft** mehr (Achtung: nur 2 Tankstellen mit Höchstpreisen). Die »Orte« in der Karte beziehen sich auf kaum erkennbare Siedlungen mit teilweise nur Motel und *Coffee Shop*. Großartige Ausblicke auf Buchten und Steilküste belohnen immer wieder die Serpentinenfahrt.

Bixby Bridge

Ca. 13 mi südlich von Carmel überspannt die eindrucksvollste der 32 Brücken auf dem Stück von Carmel nach San Simeon den vom Bixby Creek gebildeten Canyon in ca. 75 m Höhe über dem Pazifik. Zum Zeitpunkt ihrer Fertigstellung 1932 war die 200 m lange Bogenbrücke die größte ihrer Art in den Weststaaten. Die ***Bixby Bridge*** wirkt in ihrem in eine Straßenkurve eingefügten Verlauf immer noch spektakulär und ist ein beliebtes Fotomotiv.

Highway #1 im Bereich der Bixby Bridge zwischen Carmel und Big Sur

Tipp

Noch nördlich dieser Brücke passiert man das etwas abseits der #1 hoch über dem Pazifik gelegene ***Rocky Point Restaurant*** mit einer herrlichen Open-air-Terrasse und einem voll verglasten Gastraum! Viel besser als das *Nepenthe* Restaurant in Big Sur (➤ weiter unten), www.rocky-point.com. Nicht billig, aber dafür stehen auch keine Plastikstühle auf der Terrasse, und drinnen geht es edel und gepflegt zu. Reservierung im Internet oder telefonisch unter ✆ 831-624-2933 und nach einem *Window Table* fragen. Bei Dunkelheit werden Meer und Küste mit Flutlicht ausgeleuchtet.

Big Sur

Dies ist ***Big Sur Country***, das dank *Henry Millers* Buch »Big Sur oder die Orangen des Hieronymus Bosch« weltweit Bekanntheit erlangte, ➤ www.henrymiller.org. Auch **Big Sur** – www.bigsurcalifornia.org – ist kein »echter«, von der Straße aus erkennbarer Ort.

Ein paar halb versteckte ***Lodges***, zwei private ***Campgrounds*** (gut *Big Sur Campground* und *Cabins*, ✆ (831) 667-2322, www.bigsurcamp.com), ein ***State Park***, das legendäre ***Nepenthe Restaurant*** (mit Bistro fürs Lunch und Nachmittagskaffee) und gegenüber eine tolle **Skulpturengalerie** (www.hawthornegallery.com) sind die einzig auffälligen Eckpunkte einer Ansammlung verstreuter Anwesen in den Bergen und entlang der Zufahrt zur ***Pfeiffer Beach***.

Sonnenuntergang hinter dem Felstor an der Pfeiffer Beach bei Big Sur

Pfeiffer State Park

Der ***Pfeiffer Big Sur State Park*** (guter, aber sehr großer *Campground*, $35-$50; www.parks.ca.gov, oft voll) liegt landeinwärts am Big Sur River. ***Trails*** führen zum pittoresken *Big Sur Canyon* mit Wasserfällen (1 km) und kleinen natürlichen Badepools.

Pfeiffer Beach

Außerdem besitzt Big Sur die erwähnte ***Pfeiffer Beach*****, eine der schönsten Sandbuchten** zwischen Carmel und San Diego. Zufahrt über **Sycamore Canyon Road** hinunter zur Küste (sie zweigt ca. 200 m nördlich der Brücke über den *Pfeiffer Canyon* ohne weitere Kennzeichnung von der Straße durch Big Sur ab – keine RVs (aufpassen: nicht die Pfeiffer Ridge Road nehmen, die 100 m weiter nördlich von der #1 abzweigt). Vom kleinen Parkplatz ($6) sind es 200 m zu Fuß bis zum malerischen, von Felsen eingerahmten Strand. Leider ist der Pazifik kalt; selbst im Hochsommer erreicht die Wassertemperatur maximal 16°C.

Strecke bis San Simeon

Schnell kommt man auf dieser Straße nicht voran, und das sollte man auch nicht: Es gibt immer wieder neue Gründe, anzuhalten, die Kamera zu zücken oder die Aussicht zu genießen.

Keine Quartiere

Camping

Spontane Entschlüsse zum Verweilen über Nacht fallen indessen südlich von Big Sur schwer. Motels/Hotels gibt es gar nicht mehr. Camper finden aber in den ***State Parks Julia Pfeiffer Burns*** und ***Limekiln*** ($30-$35) sowie den ***Forest Campgrounds Kirk Creek (!)*** und ***Plaskett Creek*** ($22, ca. 35 mi bzw. 30 mi nördlich vor San Simeon) schöne Stellplätze. Deren attraktive Lage über der Küste sorgt für oft komplette Belegung, zumal alle Plätze reserviert werden können, ➤ Seiten 122.

Kleiner Wasserfall am Strand des Julia Pfeiffer Burns State Park

Wasserfall am Strand

Unterwegs lohnt auch ohne Campabsicht der Stopp im ***Julia Pfeiffer Burns SP***: Der etwa 500 m lange ***Waterfall Trail*** läuft durch einen Tunnel unter der #1 hindurch bis zu einem Aussichtspunkt hoch über dem Pazifik. Tief unten befindet sich ein Strand, auf den sich malerisch ein Wasserfall ergießt. Der früher vorhandene steile Pfad hinunter von der Südseite der kleinen Bucht wurde nach einem Erdrutsch leider gesperrt. Auch das Foto auf Seite 300 wurde dort aufgenommen; www.parks. ca.gov/?page_id=578.

Piedras Blancas State Marine Reserve

Wenige Meilen nördlich des Hearst Castle Besucherkomplexes passiert man auf dem Cabrillo Highway #1 die Zufahrt zur ***Piedras Blancas Light Station*** (www.piedrasblancas.gov) und das zum *San Simeon State Park* gehörende **Schutzgebiet *Piedras Blancas***. Wie auch in der weiter oben beschriebenen *Año Nuevo State Reserve* dürfen sich dort neben Robben, Seelöwen und Seevögeln auch **See-Elefanten** weitgehend ungestört fühlen. Dennoch hat

See-Elefant bei Piedras Blancas

man ohne besondere Restriktionen Zugang zu Beobachtungspositionen. Oft trifft man in *Piedras Blancas* auf Mitglieder der Organisation »*Friends of the Elephant Seals*« (www.elephantseals.org), die wissbegierige Besucher gerne über den Lebensrhythmus der Tiere informieren, aber auch Störungen von den Tieren fern zu halten versuchen.

San Simeon und Cambria

Hearst Castle

Bei San Simeon ließ sich der Pressezar ***Randolph Hearst*** ab 1919 in 28-jähriger Bauzeit das Schloss seiner Träume errichten. Das enorme Bauwerk ist ein Verschnitt aus architektonischer Phantasie und Nachbau europäischer Vorbilder. Teilelemente des Komplexes sind sogar echt; sie wurden eigens aus der Alten Welt herübergeschafft. *Hearst Castle* gehört heute als öffentliches ***Hearst San Simeon State Historical Monument*** dem Staat Kalifornien.

Besuchsdetails/ Touren

Ein **Kurzbesuch** des *Hearst Castle* ist nicht möglich, denn man kommt auf sich gestellt nur bis zum ***Visitor Center*** in respektvoller Entfernung. Es öffnet März-September täglich 8-18 Uhr; im Winter 9-17 Uhr, Sa+So bis 15 Uhr; www.hearstcastle.org.

Von dort aus starten vier unterschiedliche, etwa 2-stündige **Führungen durch Teilbereiche des Palastes**. Sie kosten **$25** pro Person, Kinder bis 17 Jahre $12, und schließen den Transport per *Shuttle-Bus* ein. Wer mehr sehen möchte, kann dies nur über die Buchung einer weiteren Tour.

Entstehungsgeschichte, Paläste, Prunk und Park machen *Hearst Castle* zwar attraktiv, für Europäer – die den Originalen näher sind – stellt sich aber die Frage, ob eine partielle Besichtigung des Schlosses das hohe Eintrittsgeld und ggf. Wartezeiten lohnen.

Eingangsportal Hearst Castle

Zur Geschichte des Hearst Castle

Ernst-Georg Richter

Als *William Randolph Hearst* (1863-1951) im Jahr 1919 mit dem Bau seines *Pleasure Dome* begann, konnte er kaum ahnen, dass die damals noch kaum erschlossene wilde Küste Kaliforniens lange vor der endgültigen Fertigstellung seines grandiosen Palastes (1947), nämlich bereits 1937, durch eine von Los Angeles bis San Francisco durchgehende neue Küstenstraße von der automobilen Zivilisation erobert sein würde. Der Highway #1 bringt heute um 1 Mio. Besucher jährlich in dieses kalifornische Schloss. Es wurde bereits 1958, nur sieben Jahre nach dem Tod seines Erbauers, von den Erben an den kalifornischen Staat weitergereicht, der es als *Historical Monument* der Öffentlichkeit zugänglich machte.

Die konnte und kann bis heute nur staunen über die unüberschaubare Sammlung von Kunstwerken aus aller Herren Länder in den rund 160 Räumen des Anwesens und die Skulpturen im Außenbereich. Zu *Hearsts* Lebzeiten sahen die riesigen Säle statt schnöder Touristen in Gruppenführung ein stetes Kommen und Gehen eingeflogener prominenter Gäste, und im römischen Pool wurde zu jeder Tages- und Nachtzeit in verschiedensten Bekleidungsstadien geplanscht. In dieser Glitzerwelt feierten einst *Hearst*, seine Geliebte *Marion Davies* und ihre Hollywood-Freunde Parties, für die der Begriff »ausgelassen« stark untertrieben wäre. In den amüsanten Autobiografien des Schauspielers ***David Niven*** (»Stars, die nicht vom Himmel fielen« und »Vielleicht ist der Mond nur ein Luftballon«) findet sich eine ganze Reihe hübscher Anekdoten dazu. Ein anderer Filmschaffender setzte sich auf seine Weise mit der schillernden Figur *Hearsts* auseinander; der legendäre ***Orson Welles*** nahm ihn in ***Citizen Kane*** (1941) zum Vorbild des ***Charles Foster Kane***, der nach einem turbulenten Leben einsam in seinem Schloss stirbt.

Neptune Pool

Erste Tour 8.20 Uhr, letzte Tour spätestens um 16 Uhr. Danach findet eine Abendtour statt ($36/$18). An Wochenenden unbedingt reservieren: © 1-800-444-4445, http://hearst.reserveamerica.com. An Wochentagen gibt's oft auch Warten noch freie Plätze.

Die **ausgezeichnete (eintrittsfreie) Ausstellung im *Visitor Center*** mit Fotos vom Innenleben des Schlosses vermittelt bereits einen guten Eindruck und mag vielen genügen. Bei Verzicht auf eine Tour bietet auch der Film ***Hearst Castle, Building a Dream*** im *National Geographic Theatre* einen »Ersatz«, jeweils zur halben Stunde (ab 8.15 bis 18.45/17.15 Uhr); Eintritt $10, Kinder $8, oder Buchung Tour #1 (dann ist der Film inklusive).

Unterkunft Cambria

Im **Bereich San Simeon/Cambria** warten zahlreiche ***Lodges*** und ***Motels*** auf Gäste, darunter auch unabhängige Häuser, z.B.

- ***Silver Surf Motel*** am 9390 Castillo Drive in San Simeon, © 1-800-621-3999, www.silversurfmotel.com, Hauptsaison ab $69, Nebensaison ab $39/$49, gutes Preis-/Leistungsverhältnis, *free Wifi, Indoor Pool.*
- ***Creekside Inn***, 2618 Main Street in Cambria, © 1-800-269-5212, www.creeksidecambria.com, gehobenere Ausstattung, *free Wifi*, Sommer bis Herbst ab ca. $99, sonst ab $79.
- ***Cambria Palms Motel***, 2662 Main Street in Cambria, © 1-866-489-4485, www.cambriapalmsmotel.com, ganz nett angelegt, kleine Räume, nicht so plüschig: NS ab ca. $39, HS ab $69.

Die Häuser der Ketten ***Best Western***, ***Quality Inn*** oder ***Motel 6*** sind an der Durchgangsstraße #1 und am parallelen Moonstone Beach Drive nicht zu übersehen.

Unterkunft Cayucos

15 mi südlich von Cambria lädt auch das hübsche **Cayucos** mit vielen Quartieren und schönem Strand (*State Beach*) zum Stop - over ein; www.cayucosbythesea.com.

Camping

Ein guter *Campground* befindet sich im ***Hearst San Simeon State Park*** ($35), den man im Sommer tunlichst reserviert, ➤ Seite 122.

1.4.3 Noch 200 Meilen bis LA

Morro Bay

Morro Bay

Ungefähr ab Morro Bay, das vor der Küste mit dem imposanten ***Morro Rock*** (176 m) ein weithin sichtbares Wahrzeichen besitzt, beginnt **Southern California**. Von Norden kommend passiert man schon weit vor der Stadt die ***Morro Strand State Beach*** mit breiten Stränden und **Campingplatz** ($35).

Blick über die Morro Bay auf den Morro Rock

Morro Bay ist eine gute Station für einen Zwischenstop und auch für eine Übernachtung. Vom Cabrillo Highway #1 fährt man über die Main Street auf den Harbor Boulevard und ist dann rasch am – für amerikanische Verhältnisse – malerischen kleinen Hafen mit einer ganzen Reihe von **Fischrestaurants** und ***Fast Food Eateries***, teilweise mit Terrassen über dem Wasser. Nach rechts geht es auf der Front Street, dann Embarcadero und Coleman Drive rund um das Nordufer der Hafenbucht herum bis zum Straßenende unter dem ***Morro Rock***. Gut für einen **Strandspaziergang** eignet sich die ***Morro Rock Beach*** rechts der Straße.

Unterkunft

Im zentralen Bereich von Morro Bay ist – so scheint es – fast jedes zweite Haus ein Motel, *Motor Inn* oder Restaurant. Wie üblich überwiegen die Kettenhäuser. Zumindest werktags akzeptieren einige von ihnen *Discount Coupons*.

- Das ***Twin Dolphin Inn*** hat eine Parkgarage unter den Hotelräumen und ist recht gepflegt; 590 Morro Ave ein paar hundert Meter südlich des zentralen Bereichs, © 805-772-4483, www.thetwindolphin.com; ab $69

Eine der attraktivsten Optionen ist das wunderbar gelegene

- ***The Inn at Morro Bay*** an der Main Street, ca. 1 mi südlich des Zentrums, © (805) 780-5733; www.innatmorrobay.com; ab $120

Camping

Der kleine ***Morro Bay State Park*** (22 Stellplätze) liegt im Wald abseits der Küste; viel attraktiver ist der relativ abgelegene einfache ***Montana de Oro Park*** (südlich der Morro Bay am Pazifik, vom Vorort Los Osos ca. 6 mi, Stichstraße Los Osos Valley Road und weiter Pedro Valley Road). Picknicktische stehen dort direkt an der schönen Strandbucht ($25).

Wenn an der Küste alles voll sein sollte: der ***NF-Campground Cerro Alto*** befindet sich 6 mi landeinwärts an der Straße #41.

Von Morro Bay nach Santa Barbara

San Luis Obispo

Hinter Morro Bay verlässt die #1 die Küste und vereinigt sich in San Luis Obispo für ein kurzes Stück gemeinsamen Verlaufs wieder mit dem ***Freeway* #101**. Als wichtigste Sehenswürdigkeit dieses insgesamt recht ansehnlichen Städtchens gilt die für die Stadt namensgebende **Missionsstation** im zentralen Bereich (Chorro/Monterey Street); ➤ Kasten Seite 456. Der Besuch ist kein »Muss«.

Restaurant im famosen Madonna Inn

Madonna Inn

Mindesten einen kurzen Blick geworfen haben sollten San Luis Obispo passierende Reisende auf das famose ***Madonna Inn*** an der gleichnamigen Road (unmittelbar westlich der Brücke über die #101), in dem die Zimmer »thematisch« unterschiedlich hergerichtet sind. Für **Dschungel, Steinzeithöhle, Ritterkemenate, roten Salon** u.a.m. zahlt man $190-$450/Nacht. Eindrucksvolle Beispiele kann man im Internet unter www.madonnainn.com bewundern. Auf der Website finden sich auch Sonderangebote und *Packages*, speziell So-Do; © 1-800-543-9666.

Hostel

In San Luis Obispo gibt es ein ***HI-Hostel*** am 1617 Santa Rosa Highway (Straße #1) in einer alten Villa, © (805) 544-4678, www.hostelobispo.com; ab $25/Bett.

Exkurs

Straßen #46/#41 und #58 in Richtung Osten

Zu den möglichen Routen

Ab San Luis Obispo besteht die Möglichkeit, sich Richtung Osten zur Route Los Angeles-*Sequoia+Yosemite National Parks* (Kapitel 2.2, ➤ Seiten 416 und 424f) oder ggf weiter zum *Death Valley* und/oder nach Las Vegas zu wenden, indem man der #101 zunächst ein kurzes Stück nach Norden folgt.

zum Sequoia Nat'l Park

Mit Ziel ***Sequoia Park*** wechselt man auf die Straße #41 Richtung Fresno, und ab **Lemoore** geht es dann auf der #198 weiter über Visalia zur Südeinfahrt des Parks. Die meilenmäßig etwas weitere, aber raschere Alternative dorthin wäre nach ca. 25 mi auf der #41 ab Shandon die #46 bis zur Autobahn #99 und auf ihr nach Visalia etc.

zum Yosemite Park

Bei Zielsetzung ***Yosemite Park*** bleibt man einfach weiter auf der #41, die ab Lemoore bestens und durch Fresno hindurch als Autobahn ausgebaut ist. Sie gilt für Besucher aus dem Süden Kaliforniens als »Rennstrecke« in den Park, ➤ Seiten 424f.

James Dean

Die **Straße #46** kam im Jahr 1955 zu trauriger Berühmtheit, als der ***Hollywood Shooting Star James Dean*** am Straßendreieck #46/#41 (25 mi östlich von Paso Robles, gleich östlich von Cholame) mit einem nagelneuen Porsche Spider auf dem Weg zu einem Autorennen tödlich verunglückte. Ein Schild »***James Dean Memorial Junction***« weist auf den damals weltweit mit Bestürzung aufgenommenen Unfall hin.

Nach Las Vegas/ Death Valley über Bakersfield

Wer hinüber nach **Bakersfield** und weiter Richtung ***Death Valley*** und/oder **Las Vegas** fahren möchte, nimmt ab Santa Margarita die **Straße #58**, die in Bakersfield auf die #178 stößt (wichtig für *Death Valley*- bzw. Straße #395-Aspiranten, ➤ Kasten auf Seite 414) und nach zwei Meilen gemeinsamen Verlaufs mit der #99 als Autobahn weiter nach **Barstow** führt. Dort endet sie mit Erreichen der I-15, ➤ Seite 430.

Abkürzung

Wer San Luis Obispo auslässt, könnte bereits zwischen Cambria und Harmony die #46 oder ab Morro Bay die #41 nehmen.

Pismo Beach/ Oceano

Bei Pismo Beach trennt sich nach ca. 12 mi gemeinsamen Verlaufs die Straße #1 wieder von der Autobahn #101. Pismo Beach, Grover Beach und Oceano sind ineinander übergehende eher schlichten Seebäder mit hoher Motel- und Campingkapazität. Südlich von Oceano liegt das ausgedehnteste **Küstendünengebiet** Kaliforniens.

Monarchs

Die berühmten **Monarch-Schmetterlinge** kann man nicht nur in Pacific Grove (➤ Seite 319) bewundern, sondern ab November bis Februar um die Mittagszeit auch in einem Eukalyptushain am südlichen Ende des ***North Beach Campground*** der ***Pismo State Beach***; www.monarchbutterfly.org.

Oceano Dunes SVRA/ Beach Camping

Neben Komfortcamping entlang der #1 und im *State Park* gibt es dort (nirgendwo sonst an der Westküste) auch offiziell erlaubtes **Camping direkt am Strand** in der ***Oceano Dunes State Vehicular Recreation Area*** südlich des Ortes (keine Infrastruktur außer Chemietoiletten! Gebühr $10, ✆ 1-800-444-7275; Reservierung bis zu 7 Monaten im voraus möglich unter www.reserveamerica.com). Von der Einfahrt auf den Strand am Ende der Pier Ave ist es bis zum gekennzeichneten Campbereich etwa 0,7 mi.

Jahrelang durften Campmobile und Pkw nicht mehr auf dem Strand fahren; erst 2010 wurde das Verbot wieder gelockert. Doch das Campen findet in Bereichen mit lockerem Sand statt, was mit Fahrzeugen ohne 4WD problematisch ist. Teure Abschleppunternehmen, die gerne helfen, pendeln jedoch mit ihren Fahrzeugen am Strand entlang und sind selten weit.

Motels

Wer nicht am Strand, sondern mangels Zelt oder RV in einem richtigen Bett schlafen möchte, findet im Bereich Pismo/Grover Beach und Oceano zahlreiche Unterkünfte, z.B.

- ***Sea Gypsy Motel*** am Strand von Pismo Beach mit Meerblickterrassen (nur Studios $94-$199), 1020 Cypress Street, ✆ 1-800-592-5923, www.seagypsymotel.com, ohne Seeblick ab $65.

- ***Ocean Breeze Inn*** in der 2. Reihe von Pismo Beach, 250 Main Street, © 1-800-472-7873, www.oceanbreezeinn.net. Eher einfaches Haus, Indoor Pool: NS ab &60, HS ab $80.

Off Road Vergnügen

Nur ein Teil der Dünen ist für *All Terrain/Off-road Vehicles* freigegeben (südlich der Campingzone). Zu ihnen geht es nach Zahlung von **$5** von den Zufahrten in Oceano am Strand entlang (ca. 1 mi). In Strandnähe an der Grand Ave und Pier Ave findet man mehrere **ATV/ORV-Verleiher**. **Miete ab $45/2 Stunden**, z.B.

- ***Arnie's ATV***; © 1-800-213-1590, www.pismoatvrentals.com
- ***Angello's ATV***, © (805) 481-0355, www.angellosatvinc.com.

An Wochenenden und zu gut besuchten Ferienzeiten stehen Verleiher mit Fahrzeugen praktischerweise auch im Campbereich bzw. am Strand. Indessen tummelt sich dann halb Kalifornien gleichzeitig dort.

Wer sich nicht selbst ans Steuer setzen, aber dennoch durch die Dünen brausen möchte, bucht für $42 (Kinder bis 10 Jahren $24) eine Stunde Strand- und Dünenspaß im Superjeep *Hummer*; © 1-866-543-6355, www.xtremehummeradventurees.net.

Dünenwandern

Aber auch **ohne ATV** ist der Besuch eine schöne Sache. In den geschützten Bereichen hinter der Campzone kann man ungestört herumwandern; von den Höhen hat man herrliche Ausblicke.

Weiter auf der #1

Von Oceano könnte man der schnelleren #101 folgen oder auf der #1 bleiben, die am Ostrand der *Vandenberg Air Force Base* durch eine (ebenfalls) wenig aufregende Landschaft führt.

Mission La Purisima

Am Wege liegt aber im Tal des Santa Ynez River an der Straße #246 unweit östlich von Lompoc eine weitere Missionsstation (***State Historic Park Mission La Purisima***, www.lapurisimamission.org), ein großer restaurierter Komplex mit authentisch wie um 1820 eingerichteten Gebäuden und Garten: Täglich 9-17 Uhr; Eintritt $6/Auto. Ganz interessant, aber kein unverzichtbarer Stop, speziell nicht als Abstecher.

All Terrain Vehicle (ATV) in den Dünen bei Oceano

Camping

Die Jalama Road zweigt südlich von **Lompoc** von der #1 ab und führt zur ***Jalama Beach*** mit prima **Camping** im *Santa Barbara County Park* am Ozean, © (805) 736-3504; www.sbparks.org; *first-come-first-served*, \$20-\$30. Ohne Lust auf den 20 mi-Abstecher an die Küste campt man nur wenig östlich der Mission, dann südlich auf der Sweeney Road im ***River Park*** der Stadt Lompoc (\$21, nur RVs; © (805) 875-8034).

Weiterfahrt

Bei Gaviota stößt die #1 wiederum auf die vierspurig ausgebaute #101 und bildet bis Ventura mit ihr zusammen eine **stark befahrene Küstenstraße**. Eine **Eisenbahnlinie** läuft ab Gaviota zwischen Straße und Meer. Die Küste ist hier nur noch über diverse ***State Beaches*** zugänglich, von denen sich nur ***Refugio Beach***, ein paar Meilen östlich Gaviota, auch als **Campingplatz** in Strandlage wirklich empfehlen lässt; Plätze erste Reihe \$35, in der Sommersaison \$45; www.parks.ca.gov/?page_id=603. Er ist aber ebenso wie die anderen straßen- und schienennah.

Schattige Picknicktische direkt über dem Strand im Refugio Beach State Park. Free Wifi ist auch noch im Eintrittsgeld bzw. in den Campinggebühren enthalten

Solvang: Dänemark in Kalifornien

Eine **Alternative zur Küstenroute** nach Santa Barbara ist ab Lompoc/*La Purissima* die **Straße #246** über **Solvang** und dann die **#154**. Mit Solvang, nur wenige Meilen westlich der #101, existiert mitten in Kalifornien **ein Städtchen** fast wie aus Dänemark importiert. Der Ort entstand erst Anfang des Jahrhunderts als Gründung dänischer Einwanderer. Zwar ist kaum zu erkennen, welche Gebäude noch Originale und welche Nachbauten sind, aber es gibt in den USA kaum ein anderes »ethnisches« Städtchen, das dem europäischen Vorbild – zumindest im Kernbereich abseits der Hauptstraße – so nahe kommt. Klar, dass es dort in den *Giftshops* von »dänischen« Waren nur so wimmelt, und die Restaurants ***Danish Food*** auftischen. Einen kurzen Zwischenstop für eine Stunde samt Bummel ist das **»kalifornische Dänemark«** allemal wert; www.solvangusa.com.

Uriges Western Steakhouse A.J. Spurs mit großen Portionen Tex-Mex-Food in Buellton an der Straße #246 Richtung Solvang östlich der Kreuzung mit der #101

Film Sideways

Filmfreunde können in Solvang (z.B. im ***Solvang Restaurant***, 1672 Copenhagen Drive) und im Nachbarort **Buellton** auf den Spuren von *Paul Giamatti* und *Thomas Haden Church* wandeln, den Reisenden in Sachen Wein und Liebe im Spielfilm ***Sideways*** (2004), www.hitchingpost2.com/sideways.html.

Weingüter

Wer sich wie sie auf die Suche nach dem perfekten Pinot-Noir-Tropfen machen möchte, könnte Abstecher zu den Winzern des ***Santa Maria*** und des ***Santa Ynez Valley*** erwägen. Im erwähnten Film kommen vor die

- ***Kalyra Winery*** (343 North Refugio Road in Santa Ynez, Winter Mo-Do 11-16, Fr-So 11-17 Uhr, Sommer länger; ✆ (805) 693-8864, www.kalyrawinery.com
- ***Foxen Vineyard*** (7200 Foxen Canyon Road, Santa Maria, Fr-Mo 12-16 Uhr, $4); ✆ (805) 937-4251, www.foxenvineyard.com
- ***Firestone Vineyard*** (5017 Zaca Station Road, Los Olivos, ✆ (805) 688-3940, www.firestonewine.com).

In **Buellton** gibt es tatsächlich die seit dem Film höchst populäre (und deshalb oft überlaufene) ***Hitching Post Winery*** und das gleichnamige Restaurant (406 East Hwy 246, © (805) 688-0676, www.hitchingpost2.com/HPWinery.html).

Straße #154

Die #154 führt durch die *Santa Ynez Mountains* am ***Cachuma Reservoir*** vorbei (riesiges *Santa Barbara County Park* ***Massencamping*** auf engen RV-Stellplätzen, Baden *und* Bootsverleih) und kurvenreich durch den *Los Padres National Forest* nach Santa Barbara. Südöstlich des Sees, noch in der Höhe, passiert man die ***Paradise Road*** (*Forest Road* 5N18), an der drei gute ***Forest Campgrounds*** der Einfachklasse liegen (ca. 3-5 mi ab der #154); am besten ist der Platz ***Fremont*** ganz unten mit Zugang zum Fluss.

Santa Barbara

Kennzeichnung

Wirkte Santa Barbara (90.000 Einwohner, Großraum ca. 220.000) nicht so **makellos**, könnte es sich fast um eine mexikanische Stadt handeln. Nicht nur alle historischen Gebäude im Zentrum präsentieren sich mit roten Ziegeldächern, weiß getünchten Fassaden, dazwischen üppiger Vegetation, Blumenpracht und Palmen, sondern der Stil setzt sich großflächig bis in zentrumsferne Wohn- und Geschäftsviertel fort, die sich hügelan in Richtung *Santa Ynez Mountains* ziehen. Santa Barbara ist mit Abstand Kaliforniens **schönste Stadt** mittlerer Größe.

Freeway #101

Selbst der überaus verkehrsbelastete ***Freeway #101***, hier zugleich die #1, der die Altstadt von der ***Harborfront*** mit den zentralen Stränden trennt, ist im Citybereich derart begrünt, dass man seine Existenz von außen kaum wahrnimmt.

Harborfront/ Restaurants

Jenseits der Uferallee Cabrillo Blvd liegt die ***East Beach*** getrennt von der ***West Beach*** durch die ***Stearns Wharf***, eine lange ***Fishing***

Pier mit Restaurants (empfehlenswert: ***The Shellfish Co.***). Eine enorme Yachtmarina begrenzt die ***Harborfront*** nach Norden. Dahinter erstreckt sich die lange ***Leadbetter Beach***. Der Cabrillo Blvd wird dort zum **Shoreline Drive**.

Ein populäres **Seafood-Restaurant** über dem Yachthafen ist ***Brophy Bros***. (119 Harbor Way, © (805) 966-4418).

Channel Island NP

Gleich hinter der Marina führt der Harbor Way zu den Serviceeinrichtungen des Yachthafens. Im Gebäude #114 ist im 4. Stock ein ***Visitor Center*** des *Channel Islands National Park* untergebracht. Boote zu den Inseln des Nationalparks und zu Tauchtrips in ihren Gewässern legen am Cabrillo Blvd ab. Mehr dazu auf Seite 341 und www.nps.gov/chis & www.truthaquatics.com.

Maritimes Museum

Dort (113 Harbor Way) steht auch der nostalgische weiße Bau des ***Maritime Museum*** direkt am Wasser. Schiffsmodelle und alles Mögliche, was mit dem Meer, speziell dem Pazifik zu tun hat; Do-Di 10-18 Uhr, $7/$4, © (805) 962-8404; www.sbmm.org.

Tourist Information

Ein städtisches ***Visitor Center*** befindet sich am Cabrillo Blvd/ Ecke Garden Street gegenüber dem *Chase Palm Park*; © 1-800-799-7666, www.sbchamber.org und www.santabarbaraca.com.

Sightseeing Tours

Wer Santa Barbara per geführter 90-min-Tour im Schnellgang kennenlernen möchte, sollte den ***Land Shark*** buchen, der um 12, 14 und 16 Uhr an der ***Stearns Wharf*** »ablegt« zum **Land- und Wassertrip**; www.out2seeSB.com; $25, Kinder $10.

Hotellerie/ Gastronomie

Santa Barbara verfügt über **erhebliche Motel- und Hotelkapazitäten** und – in der Altstadt – eine Dichte an **Restaurants und Bistros mit open-air Terrassen**, wie man es sonst in den USA kaum kennt. Das Preisniveau der Hotellerie ist – besonders an Wochenenden – relativ hoch. Die meisten **Häuser** (vor allem der großen Mittelklasse-Ketten, von denen einige auch *Discount Coupons* akzeptieren) passiert man unübersehbar entlang der **State Street West** (Abfahrt 101 B von der #101 nordwestlich von *Downtown*).

Lunch Break an einem Hamburger Fast Food Place in Downtown Santa Barbara. Da sieht's ganz anders aus als sonst in den USA gewohnt

Viele Unterkünfte finden sich auch an der **State Street** im Bereich der Altstadt und unweit der ***Harborfront*** (West Cabrillo zwischen State und Castillo Streets sowie East Cabrillo, Straßen Corona und Orilla de Mar).

Die einfache Alternative ist das strand- und altstadtnahe

- ***Santa Barbara Tourist Hostel***, 134 Chapala Street, © (805) 963-0154, Bett $22-$37/Bett; DZ $59-$109, www.sbhostel.com.

Tipp

Ein sehr ordentliches ***Ramada Limited*** wartet westlich von Santa Barbara auf Gäste (Ausfahrt 103 von der #101, Calle Real nördlich parallel zur #101). Alle Zimmer mit Balkon/Terrasse, viele mit Blick auf den begrünten Teichgarten, großer Pool, Wifi; Tarife ab ca. $100; © 1-866-398-4668; www.sbramada.com.

Camping

Direkt in/bei Santa Barbara gibt es keine vernünftigen Campingplätze. Über die besten *Campgrounds* verfügen die *State Beaches* der Umgebung. Nicht fern sind die oben bereits genannten Plätze des *Forest Service* an der Straße #154 in Richtung Solvang.

Scenic Drive/ Lage Downtown

Für eine **Besichtigung von Santa Barbara** macht es Sinn, dem ausgeschilderten ***Scenic Drive*** zu folgen. Von Nordwesten folgt man (ab *Exit* 99 von der #101) am besten der Mission Street bis zur **State Street** und fährt auf ihr rasch in die Innenstadt. Wer aus Richtung Los Angeles kommt, sollte zunächst von der **Abfahrt State Street** ins Zentrum fahren und sich damit automatisch auf dem *Scenic Drive* befinden. Zwischen **State** und **Santa Barbara Street** liegen im Bereich zwischen **Anapamu** und **Ortega Streets** alle sehenswerten Bauwerke der Altstadt.

Parken

Leider ist das Parken dort oft ein Problem; am einfachsten lässt es sich mit den Parkebenen unter dem *Shopping Center* ***Paseo Nuevo*** lösen, Einfahrt von der Chapala Street aus (westlich parallel zur State Street) zwischen Ortega und Canon Perdido.

Altstadt

Abgesehen von Besichtigungen ist ein Besuch der Altstadt einfach zum Bummeln und Ausspannen in einem der vielen **Straßencafés** eine gute Idee. Einzukaufen gibt es eine Menge. Attraktiv ist die ***Shopping Mall Paseo Nuevo*** an der State Street (➤ oben), www.paseonuevoshopping.com

Am Eingang der Shopping Mall Paseo Nuevo

Besichtigung

Als touristisches Minimalprogramm sollte man sich das historische ***Presidio of Santa Barbara*** vornehmen (ein Block an der Ecke Cañon Perdido und Santa Barbara Street), das auf den ersten militärischen Außenposten von 1782 zurückgeht, und das ***County Courthouse*** (1100 Anacapa Street). Dort geht's nach Besichtigung der Außen- und Innenarchitektur (tolle *Murals*) mitsamt *Sunken Gardens* per Lift in den 25 m hohen ***Clock Tower*** (frei) mit Aussicht über Stadt und Meer.

Ein ***Historical Museum*** für intensiver Interessierte befindet sich in der De la Guerra/Santa Barbara Street einen Block südöstlich des *Presidio* (Di-Sa 10-17, So ab 12 Uhr, Spende).

Mission Santa Barbara

1

Mission Santa Barbara

Das kulturhistorische Bonbon Santa Barbaras ist die *Mission* am Ende der Los Olivos/Laguna Streets. Wegen ihrer erhöhten Position mit früher vorhandenem Weitblick (heute zugewachsen) und der grandiosen Gesamtanlage wurde sie zu Recht als die *Queen of the Missions* bezeichnet. Die ***Mission Santa Barbara*** wurde erst 1786 ein paar Jahre später errichtet als einige ihrer »Nachbarn« und 1820 vollendet; ➤ Kasten Seite 456. Sowohl der Komplex als solcher als auch das darin vorhandene **Museum** (9-17 Uhr, $5) und die Gärten sind den Besuch wert; www.santabarbaramission.org.

Wer Zeit und Freude an botanischen Gärten hat, findet 3 km weiter an der *Mission Canyon Road* den ***Santa Barbara Botanic Garden*** voller typischer kalifornischer Flora. Ein ca. 9 km langer Pfad windet sich dort durch das hügelige Gelände. Geöffnet 9-17/18 Uhr Winter/Sommer; Eintritt $8, Kinder $4-$6, www.sbbg.org.

Fortsetzung Scenic Drive

Der *Scenic Drive* überquert weiter östlich die #101 (dort bei Anfahrt von LA die Rundfahrt beginnen) und passiert auf palmenbestandenen Alleen **Prachtvillen**, **Strände** und **Yachthäfen**. Am Cabrillo Boulevard am Hafen ist die ***Visitor Information*** (➤ oben) nicht zu übersehen. Weiter geht es durch bemerkenswerte Wohngebiete, bevor man auf dem ***Cliff Drive*** den einzigen öffentlichen Zugang zum Strand unterhalb der Steilküste zwischen Goleta und *Santa Barbara Harbor* erreicht:

Arroyo Burro Beach mit Restaurant »Boathouse« in optimaler Lage am Strand

Arroyo Burro

Die ***Arroyo Burro Beach*** hat den attraktivsten Strand im Großraum Santa Barbara. Dort gibt's sogar ein **Strandrestaurant** mit Niveau und einer windgeschützten Terrasse. Ideal auch für ein spätes Frühstück, viel besser als jede Motelabspeisung oder *Fast Food*: www.boathousesb.com.

Auf der #1 nach Malibu/Santa Monica

Surfen und Strände

Spätestens ab Santa Barbara wird klar, dass ***Surfing*** in Südkalifornien **Volkssport #1** ist. Was bis hinunter nach San Diego zahllose Könner auf ihren Brettern zeigen, fasziniert immer wieder. Aber viele Strände auf der verbleibenden Strecke bis Los Angeles sind für Nicht-Surfer nicht sonderlich einladend. Nur die ***State Beaches Carpinteria***, ***Emma Wood***, ***McGrath*** und ***Point Dume*** sowie die ***Zuma Beach (Regional Park)*** sind generell zu empfehlen. **Parken** kostet überall $6-$10 (nur teilweise mit **Camping**, so in *Emma Wood* einige Stellplätze schön über der Küste mit Blick).

Verlauf #1 bis Santa Monica

Die #1 entspricht südöstlich von Santa Barbara noch einmal für ein Stück dem *Freeway* #101 und kann rasch durchfahren werden.

Bei **Carpinteria** laden die gleichnamige *State Beach* (www.parks.ca.gov/?page_id=599) und nur wenig weiter südlich die ***Emma Wood State Beach*** zum Campen ein. In *Emma Wood* liegen Stellplätze (nur RVs) unmittelbar am Strand, aber ab Mitte Mai bis *Labor Day* muss reserviert werden, ➢ Seite 122. Vorher und nachher *first-come-first-served*; $30, Hochsaison $40; www.parks.ca.gov/?page_id=604.

Beide Plätze liegen straßen- und schienennah und sind laut.

Erst hinter Ventura separiert sich die #1 bei Oxnard weit landeinwärts von der #101. Nach wie vor bleibt aber auch sie weitgehend autobahnähnlich ausgebaut und trifft erst im Bereich *Point Mugu* wieder auf die Küste. Ab dort folgt sie ihr eng bis Santa Monica.

Camping

Im weiteren Verlauf bieten die ***State Parks Point Mugu*** (gegenüber *Thornhill Broom Campground* am Strand) und ***Leo Carillo Beach*** noch einmal gute (aber je nach Stellplatz teilweise auch arg laute) ***Campgrounds***.

Mit **Malibu/Topanga** wird *Metropolitan Los Angeles* erreicht, ➤ ab Seite 371.

Küsten straße Ventura/ Oxnard

Eine mögliche **Alternative zur #1/#101** im Bereich Ventura/Oxnard ist der **Harbor Blvd** (Straße #34), auf den man von der #101 über die Abfahrt 68 gelangt. Er läuft küstennah und ist Zubringer zum ***Ventura Harbo***r (mit dem hauptsächlichen *Visitor Center* des *Channel Islands National Park)* und gleichzeitig zur ***Mc Grath Beach*** (2 mi weiter) mit dem besten Strand zwischen Santa Barbara und Los Angeles und einem gutem ***State Park Campground;*** $35, im Sommer $45; www.parks.ca.gov/?page_id=607.

Weiter geht es im Bereich *Oxnard City Beach* über den West Channel Islands Blvd (#34), der hier über den *Oxnard Harbor* mit einer sagenhaften Flotte von Yachten führt, zurück auf die #1.

Ventura Harbor/ Channel Islands National Park

Auch wer das Naturschutzgebiet, der nahe vor der Küste liegenden – bis auf *Ranger* – unbewohnten Channel Islands nicht besuchen will, könnte hier (➤ auch unter Santa Barbara) einen Abstecher durch den *Ventura Harbor* bis zum Ende der Mole (Spinnacker Drive) zum **Besucherzentrum des Nationalparks** erwägen; www.nps.gov/chis. An derselben Mole und im Hafen von Oxnard legen die Boote zu den Inseln ab, ➤ www.islandpackers.com.

Man darf auf den Inseln auch **campen**; Transport inselabhängig inkl. Campgebühr $75-$140.

Whale Watching

Außerdem gibt es Juni-September Tagestrips zur **Walbeobachtung** für $72, im Winter 3-Stunden Trips für $33.

Open-air Terrassen beim *Shopping Center* eingangs der Mole la - den zum Pausemachen ein. An der Einfahrt in den Hafen stehen mit einem ***Holiday Inn Express*** (ab $89) und ***Four Points by Sheraton*** (ab $129) zwei gute mittelpreisige Unterkünfte.

Whale Watching im Bereich der Channel Islands. Touren dorthin werden von Juni bis März ab Ventura Harbor angeboten

Nach LA über Ojai und die #101

Ojai/Lake Casitas

Ein Abstecher könnte dem Hinterland der ***Sierra Madre*** im Bereich des spanisch/mexikanisch »angehauchten« Städtchens Ojai gelten (Straße #150 ab Carpinteria oder Ojai Hwy/Straße #33 ab Ventura). In der Umgebung des Ortes warten **Wanderwege**, klare Bäche und versteckte **Wasserfälle**. Im Zentrum gibt es ein paar originelle Shops und *Eateries*, den ***Libby Park*** mit Kinderspielplatz und Tennisplätzen sowie teure Quartiere. Denn Ojai ist bei Wochenendausflüglern aus dem nahen Los Angeles beliebt; alle Unterkünfte und Restaurants unter www.ojaichamber.org.

Eine gute Option ist dort das ***Best Western Ojai Inn*** am östlichen Ortsende, www.ojaiinn.com, ab $130. Nur $15 kostet das Bett im ***Farm Hostel***, das sich in den Bergen bei Ojai versteckt: 1040 Cielo Lane, ✆ (805) 646-0311, www.hostelhandbook.com/farmhostel.

Am oberen Ende des Stausees **Lake Casitas** wartet eine ausgedehnte **Camping- und Freizeitanlage**; www.lakecasitas.info, $25-$40. Gut auch zum *Day-use* mit Kindern an heißen Tagen.

8 mi nördlich an der #33 liegt der ***Wheeler Gorge Campground*** des *Forest Service* ($14-$20), Ausgangspunkt für einen ***Nature Trail*** mit Erläuterungen zu Flora und Fauna der Gebirgsregion.

Von Ojai zurück zur #101

Von Ojai zurück auf die #101 kann man ohne wesentlichen Umweg gut über das nächste Zwischenziel fahren. Am Ostende der #150 geht es ab **Santa Paula** auf der #126 noch ca. 10 mi weiter nach Osten bis **Fillmore** und auf der **Straße #23** über **Moorpark** zur ***Ronald Reagan Library*** (ausgeschildert).

Ronald Reagan Library

Hinter Ventura verlässt die #101 die Küste. Dieser Route bzw. der vorstehend ab Ojai beschriebenen Route muss folgen, wer sich die ***Ronald Reagan Library*** ansehen möchte, ein sog. ***Presidential Center*** (➤ Kasten) mit ***Lincoln*-Verehrung** und einem Stück Berliner Mauer im Außenbereich (Erinnern Sie sich an *Reagans* Satz: »*Mr. Gorbatchow, tear this wall down ...*«? Das half bekanntlich).

Noch ziemlich neu ist die riesige Halle für die ***Air Force One***, die *Boeing 707*, die 1973-2001 insgesamt 8 Präsidenten auf weltweiten Missionen diente. Dazu beherbergt die Halle auch noch den Helikopter ***Marine One*** und einen ganzen Korso gepanzerter Limousinen samt passender Begleitfahrzeuge. Wer nach der Besichtigung Stärkung braucht, setzt sich an die Bar des eigens aus Irland im Original herbeigeschafften ***Ronald Reagan Pub***. Nebenbei hat man vom Gelände einen tollen Weitblick auf die Berge der *Sierra Madre* und bis zum Ozean samt den *Channel Islands* vor der Küste.

Zufahrt: von der #101 auf die **#23 North**, dann auf die **Madera Road**. Geöffnet täglich 10-17 Uhr, inkl. *Air Force One*-Zutritt: $16, *Seniors* $13, 11-17 $9, 5-10 $6; www.reaganfoundation.org.

#101 nach LA

Mit **Thousands Oaks** erreicht man eine Vorstadt von Los Angeles. Die Verkehrsdichte nimmt nun sprunghaft zu. Sich nach 14/15 Uhr von dort aus auf der #101 nach LA »durchzukämpfen« ist hart, daher dann die #1 auch verkehrstechnisch die bessere Alternative.

Presidential Center

Memorials zu Ehren ehemaliger Präsidenten befinden sich außer im Simi Valley für *Ronald Reagan* ➤ auch noch im Süden von Los Angeles in der Vorstadt Yorba Linda mit der *Richard Nixon Presidential Library* (➤ Seite 407), im Osten der USA (z.B. für *J.F. Kennedy* in Boston, *Jimmy Carter* in Atlanta, *Bill Clinton* in Little Rock) und in Texas (*L.B. Johnson* & *George Bush senior* und *junior*). Die aufwändigen Verehrungsstätten beleuchten den politischen Werdegang »ihres« Präsidenten und seine Präsidentschaft unter dem Blickwinkel nachträglicher Verklärung (stark im Fall *Reagan*) und ggf. auch – wie im Fall *Nixon* – Auslassung und Rechtfertigung. Sie sind zugleich ergiebige historische Archive für den jeweiligen Abschnitt der Zeitgeschichte.

Ihre – trotz des recht hohen Eintritts – offensichtliche Anziehungskraft ist bemerkenswert. Für ausländische Besucher im US-Westen bieten die *Reagan* und die *Nixon Library* gute Gelegenheiten, diese Spezialität amerikanischer Politkultur kennenzulernen, wobei nur die *Reagan Library* dank Ihrer Lage und der *Air Force One* auch für europäische Besucher wirklich lohnt.

1

Exkurs: Von Ojai nach Bakersfield

Straße #33

Wer auf einer Inlandsroute – ggf. über die Nationalparks *Sequoia* und *Yosemite* – zurück nach Norden fahren oder sich unter Verzicht auf Los Angeles in Richtung Death Valley und/oder Las Vegas wenden möchte, findet mit der **Straße #33** eine kaum frequentierte, aber bestens ausgebaute und zudem reizvolle Route durch ein weitgehend menschenleeres Gebiet. Von Ojai geht es auf serpentinenreicher Strecke zunächst durch Orangenhaine und Wald und dann über Höhen mit nur noch spärlichster Vegetation nach Maricopa, einem Kaff in der zentralkalifornischen Tiefebene (ca. 80 mi, für die mindestens zwei Fahrstunden zu rechnen sind, kein Ort, keine Tankstelle unterwegs).

Weiter ab Bakersfield

Von Maricopa sind die *Freeways* I-5 und #99 südlich von **Bakersfield** auf der schnurgeraden #166 schnell erreicht (25 mi nach Osten) und damit die im Kapitel 2.2 detailliert behandelte Route ab Los Angeles zu den Nationalparks der Sierra Nevada.

Ökologie und Öl

Wer sich für Probleme der Ölförderung interessiert, bleibt zunächst auf der Nordroute und lernt mit der Region rund um **Taft** und mehr noch bis hinauf nach **McKittrick** einen Landstrich kennen, der dank seiner Ölvorkommen ökologisch komplett ruiniert wurde. Nickende und außer Betrieb gesetzte Förderpumpen soweit das Auge reicht. Entlang der Straßen passiert man einen erschreckenden Gewerbewildwuchs, dazu verrottendes Gerät und verfallene Gebäude allerorten zwischen einer meist schmuddeligen Infrastruktur, ein Bild, das man im Fernsehen ähnlich nur in Entwicklungsländern gesehen hat. Aber in Kalifornien?

Die Straße #119 ab Taft und die #58 ab McKittrick führen ebenfalls zu den Autobahnen I-5 und #99.

STUDIO
SADDLE RANCH
CHOP HOUSE

2 Start in Los Angeles

2 Start in Los Angeles

2.1 Los Angeles

2.1.1 Allgemeine Informationen

Geschichte, Klima und Geographie

Geschichte

Das mit rund 15 Millionen Einwohnern nach *Metropolitan New York* zweitgrößte Ballungsgebiet der USA blickt auf eine nur 240-jährige Geschichte zurück. 1771 gründete der aus Mallorca stammenden Franziskanerpater ***Junípero Serra*** die ***Mission San Gabriel Arcángel***. Rund 10 Jahre später entstand eine Siedlung mit dem klangvollen Namen ***El Pueblo de Nuestra Señora la Reina de los Angeles del Rio Porciúncula***.

Zur Zeit der Eroberung durch die Amerikaner im mexikanisch-amerikanischen Krieg 1847 beherbergte das »Dorf der Engel« ganze 1500 Einwohner. Wie im Falle San Franciscos gab der kalifornische Goldrausch von 1848-1851 den Anstoß für die folgende Expansion. 1876, im Jahr der Anbindung von Los Angeles an das transkontinentale Schienennetz, zählte die Bevölkerung immerhin schon 40.000 Köpfe, um die Jahrhundertwende über 100.000. Die dadurch verursachten **Wasserprobleme** löste *William Mulholland*, Chef der städtischen Wasserwerke, 1913 mit dem gewinnträchtigen Bau eines ersten Aquädukts, das Wasser aus der 400 km entfernten Sierra Nevada nach Los Angeles transportierte. Er schuf damit die Voraussetzung der Entwicklung der einstigen Wüstenoase zur Industrie- und Dienstleistungsmetropole.

Heute wird LA über ein System von Kanälen versorgt, das bis Nordkalifornien und den Stauseen des Colorado reicht. Nichtsdestoweniger ist die **Wasserversorgung** trotz mittlerweile scharfer Verbrauchsrestriktionen neben dem fast täglichen »Verkehrsinfarkt« und hoher Kriminalität eines der größten Probleme der Stadt. ***Roman Polanski*** hat das Thema schon 1974 in seinem Klassiker ***Chinatown*** filmisch verarbeitet.

Klima

Wechselhaftigkeit kennzeichnet das Klima von Los Angeles. Dabei liegen die **Tagestemperaturen** im Sommer statistisch im Bereich zwischen 23°C und 28°C bei hoher, schweißtreibender **Luftfeuchte,** im Winter zwischen 15°C und 20°C. Vorausgesetzt, weder Smog, Bewölkung oder Seenebel hängen über der Stadt. In den letzten beiden Dekaden hat sich aber immerhin die Luftverschmutzung deutlich gebessert, so dass die noch in den 1980er-Jahren häufige Smogglocke über der Stadt heute eher selten ist.

Erhebliche Abweichungen von den Mittelwerten, mitunter innerhalb weniger Stunden, sind häufig. **Klares Wetter** herrscht vor allem in der Periode August bis November; **Regen** fällt überwiegend in den Wintermonaten. aber auch dann gibt es Tage mit mildem, angenehmem Wetter.

Kennzeichnung des Großraums LA

Metropolitan Los Angeles setzt sich aus einer Vielzahl von Städten zusammen und verfügt über keinen natürlichen, gewachsenen Stadtkern wie etwa San Francisco, sondern über eine Vielzahl regionaler Zentren wie Pasadena, Santa Monica, Long Beach etc. Zwar existiert südlich des Kreuzungsbereichs der Autobahnen #110 (*Harbor Freeway*) und #101 (*Hollywood/Santa Ana Freeway)* unweit der historischen Ursprünge (*Pueblo de los Angeles*) ***Downtown Los Angeles***, ein Geschäftszentrum mit der für US-*Cities* typischen ***Skyline* aus Stahl und Glas** und ein zentraler Verwaltungsbezirk mit Rathaus und Gerichten, aber *Downtown LA* besitzt für den Großraum LA bei weitem nicht die Bedeutung der Zentren anderer Großstädte für deren Umgebung.

Als die älteste (weiße) Siedlung der Region lieferte der **Stadtteil *Los Angeles*** immerhin den Namen für die riesige heute aus allen Nähten platzende Megalopolis – über 100 km lang in nordwest-südöstlicher Ausdehnung (und immer noch wachsend) und bis zu 50 km breit zwischen Pazifik und *San Gabriel Mountains*.

Vororte

Während große Teile des Stadtgebietes einst wüstenartigen Ebenen abgetrotzt wurden, wachsen die Vororte entlang der nördlichen Tangente I-210 (*Foothill Freeway*) in die weitgehend menschenleeren San Gabriel Mountains hinein (*Angeles National Forest*). Kaum bekannt ist, dass dort – in Höhenlagen von 2.000 m bis 2.700 m nur rund 50 mi von *Downtown* Los Angeles entfernt – im Winter Ski gelaufen werden kann.

Im Nordwesten bildeten einst **Santa Monica** und **Verdugo Mountains**, zum Meer strebende Ausläufer des San Gabriel Gebirges, natürliche Grenzen für die Besiedelung. Heute ist der Moloch Los Angeles lange über sie hinausgewachsen in das jenseits der Berge liegende ***San Fernando Valley*** bis hinauf nach **Palmdale/Lancaster** entlang der zum *Freeway* ausgebauten Straße #14. Die Hügel wurden bis auf das Areal des ***Topanga State Park*** in Ozeannähe oberhalb Malibu und den populären *Griffith Park* weitgehend mit Nobelanwesen zugebaut: in Beverly Hills und Hollywood, aber auch in Glendale und Teilen von Burbank.

Blick auf Downtown LA

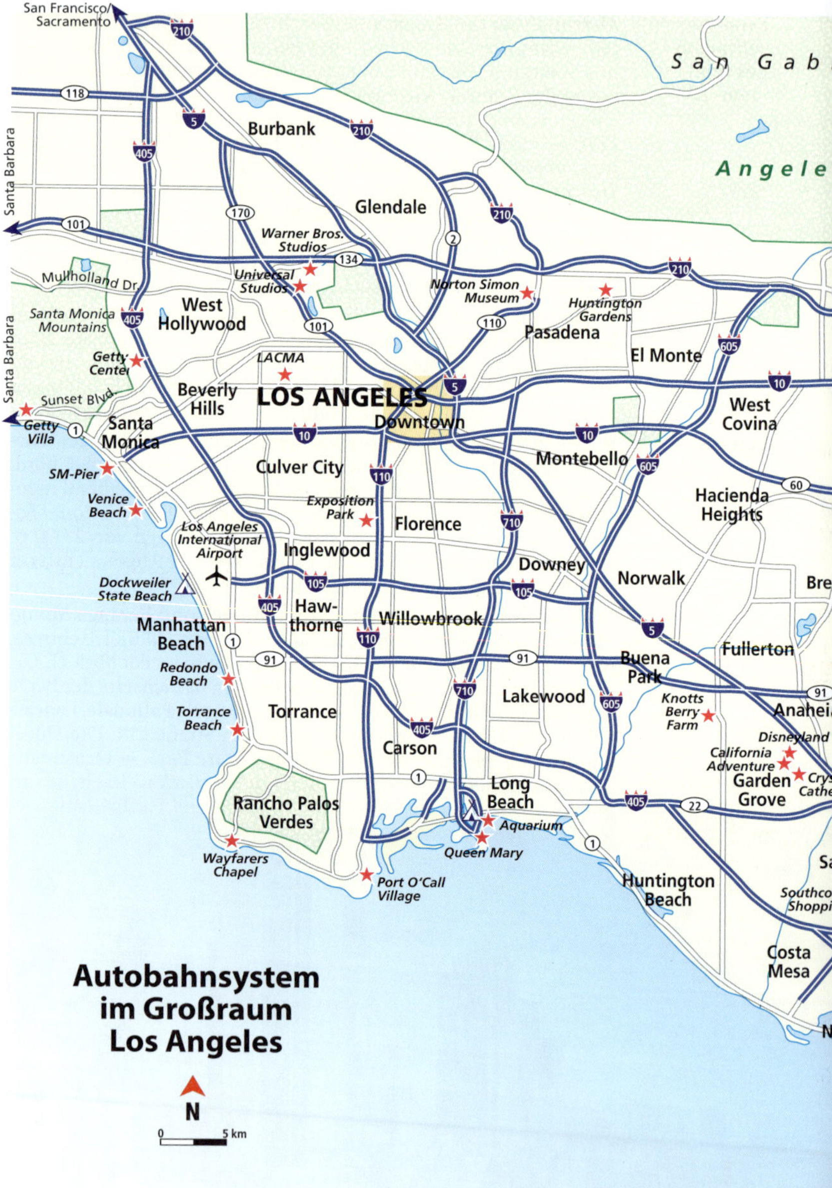

Autobahnsystem im Großraum Los Angeles

Las Vegas, Barstow
Mountains
ational Forest
San Bernardino National Forest
18
15
215
15
San Bernardino
ora
210
Ruancho Cucamonga
Fontana
Rialto
210
Raging Waters
10
10
10
Palm Springs
Pomona
Ontario
15
Colton
60
60
215
Diamond Bar
Mission Inn
Riverside
Chino Hills
Galleria Shopping Mall
91
60
Norco
Moreno Valley
Chino Hills State Park
California Citrus State Historic Park
90
Nixon Presidential Center
Yorba Linda
Fetherly Regional Park
91
Corona
Lake Mathews
15
Lake Perris
Orange
241
215
Cleveland National Forest
Tustin
261
241
Santa Ana Mountains
74
133
Lake Elsinore
405
74
Lake Elsinore
Irvine
241
5
15
73
Ortega Hwy
San Juan Canyon
Laguna Hills
Oso Parkway
1
Laguna Beach
Cleveland National Forest
Dana Point
San Juan, Capistrano, San Diego
San Diego

Letzte Freiräume zwischen **Anaheim/Santa Ana** und **Riverside/ San Bernardino** im (Nord-) Osten (*Riverside Freeway* #91) und entlang der Verkehrsachse I-15 (San Diego-Las Vegas) schließen sich immer weiter. Die **Küste von Malibu über Long Beach bis hinunter nach Laguna Beach** ist weitgehend zugesiedelt.

Freeways und Orientierung

Situation

Bekanntlich setzte Los Angeles noch stärker als andere amerikanische Cities auf das Auto und den Ausbau eines umfassenden **Schnellstraßennetzes**, ➢ vorstehende Karte. Nachdem die zehn- und zwölfspurigen Autobahnen und bis zu vierstöckigen Kreuzungen und Abzweigungen lange als vorbildlich galten, sieht sich die Stadt schon seit über 20 Jahren an den Grenzen des Individualverkehrs: die ***Rush Hour*** dauert auf den *Freeways* häufig ganztägig, endloser *Stop-and-Go*-Verkehr nervt Pendler wie Besucher. Aber Platz für noch mehr Straßen und Spuren gibt es nun keinen mehr; bereits existierende Pläne für doppelstöckige Straßenführungen wurden nach dem letzten Erdbeben 1993 fallengelassen.

Zeitplanung

Fürs allgemeine ***Sightseeing*** in Los Angeles sollte man sich vorzugsweise auf **Samstage, Sonn- und Feiertage** konzentrieren. Der Verkehr auf den *Freeways* hält sich dann in erträglichen Grenzen. **Vergnügungsparks** und **Museen** kann man dagegen besser **dienstags bis freitags** (letztere meist montags geschlossen) besuchen. Wenn sich Fahrten an Wochentagen nicht vermeiden lassen, empfiehlt sich entweder ein zeitiger oder relativ später Aufbruch, d.h., vor 7 Uhr oder erst nach 10 Uhr, und ein Antritt der Rückfahrt möglichst vor 14 Uhr oder nach 20 Uhr.

Diamond Lanes

Immerhin, wer zu zweit oder mit mehr Personen im Auto sitzt, findet im LA-Freeway-System häufig separate *Carpool* Spuren, in LA ***Diamond Lanes*** genannt, auf denen man schneller vorankommt. Aber das Einfädeln dort und das rechtzeitige wieder Herauskommen ist bei starkem Verkehr nicht ganz einfach.

Indessen ist ein **Ausweichen auf andere Straßen abseits der *Freeways*** bei größeren Distanzen trotz der breit ausgebauten und nicht permanent verstopfter Hauptverkehrsboulevards wegen unzähliger Ampeln extrem zeitraubend und bei Dunkelheit meist ziemlich mühsam.

Karten

Möchte man überfüllte *Freeways* verlassen, benötigt man einen besseren Helfer als die nur auf den ersten Blick akzeptablen Karten der Autoverleiher oder der ansonsten sehr brauchbaren ***Rand McNally***-Atlanten (sie gibt es auch als »harte« laminierte Karten von *RandMcNally* – hier: ***Southern California*** mit LA- und San Diego-Übersicht, ca. $8 – für den raschen Blick auf die Karte auch während der Fahrt). **Gratis** bekommen Automobilclubmitglieder die ***Southern California Map*** der *California State Automobile Association* (➢ Seite 43, AAA) mit der sehr übersichtlichen Karte ***Los Angeles Area Freeways*** auf der Rückseite .

Besonders hilfreich ist die **laminierte *Los Angeles Map*** der Firma *Borch* (www.borch.com) mit Detail- und Großraumkarten (€8,90).

Navi

Noch nützlicher in LA als in anderen großen Cities ist ein **Navi**, entweder mitgemietet (➤ Seite 64), billig in den USA gekauft (ab $100) oder mitgebracht und mit Nordamerika-Straßenprogramm gefüttert. **Eine LA-Karte zusätzlich darf nicht fehlen**.

Lage der Sehenswürdigkeiten

Den Los Angeles *Freeways* ist hier deshalb soviel Raum gewidmet, weil sich manche der touristisch besonders interessanten Sehenswürdigkeiten in weit auseinander liegenden, mit Bus und/oder Metro nur schwer zu verbindenden Stadtteilen befinden:

Nordwesten

Für LA-Verhältnisse relativ nah beieinander und in kurzer Distanz zum *Int'l Airport* (LAX) liegen **Santa Monica, Beverly Hills, Hollywood, der *Wilshire District* und *Downtown*** im Nordwesten des Großraums. Von Santa Monica und den beliebtesten Stränden (*Venice Beach*) über die Villenviertel am Sunset Boulevard, Hollywood, das alte Zentrum der Filmindustrie, die Museen im *Hancock Park, Downtown, Old Town* und *Chinatown,* den *Griffith Park* bis zu den *Universal Studios* konzentriert sich dort die Mehrheit der populären Besucherattraktionen. Außerhalb davon liegt **Pasadena** mit dem beachtlichen *Norton Simon Museum*, der *Huntington Library* samt *Art Gallery* und *Botanical Gardens*.

Südwesten

Rund 22-30 mi südlich von Downtown LA (*Harbor* oder *Long Beach Freeway*) bilden die felsige Halbinsel **Rancho Palos Verdes, Long Beach** mit der *Queen Mary* und die **Strände** von Long und Huntington Beach einen weiteren Anlaufbereich.

Südosten

Im Südosten beherbergen die Nachbarstädte **Buena Park** und **Anaheim** die Vergnügungsparks ***Knott's Berry Farm, Disneyland*** mit ***California Adventure*** sowie weitere Touristenattraktionen, u.a. die ***Crystal Cathedral*** und die ***South Coast Plaza***, eines der größten *Shopping Center* des US-Westens.

Information und Transport

Anlaufstellen

Greater Los Angeles Convention & Visitors Bureau
333 South Hope Street (zwischen 3rd und 4th Street)
© (213) 624-7300 oder © 1-800-733-6952,

Hollywood Visitor Center
6801 Hollywood Blvd, © (323) 467-6412.

Internet für beide: www.discoverlosangeles.com

Wie üblich erhält man in den Touristeninformationen **Gratis-Stadtpläne** und allerhand Material einschließlich *Discount-Coupons* für kommerzielle Attraktionen. Das zentrale Büro aufzusuchen lohnt aber nur, wenn man sowieso in der Nähe ist. Denn in den **Teilstädten** (Santa Monica, Long Beach, Anaheim etc.) gibt es **separate Infostellen**.

Auch an den Rezeptionen vieler Hotels und bei Autovermietern findet man weitgehend die gleichen Unterlagen wie in den Büros der *Tourist Information*.

City Pässe

- Für über **40 Sehenswürdigkeiten** lassen sich mit der ***Go Los Angeles Card*** und dem ***Go Los Angeles Select Pass*** Discounts bis zu 50% gegenüber regulären Tickets realisieren: ab $60, Kinder ab $50, © 1-866-652-3053, www.smartdestinations.com/los-angeles-attractions-and-tours/_d_Lax-p1.html.
- Der ***Hollywood City Pass*** bietet Zugang zu *Starline Tours, Madame Tussauds, Hollywood Behind-the-Scenes Tour, Dolby Theatre* und *Hollywood Museum* mit Preisnachlässen von bis zu 50%. Ab $59, Kinder $39; © 1-888-330-5008, www.citypass.com/Hollywood.

AAA

Wie bereits erwähnt, sind die **Karten des AAA** für LA besonders hilfreich. AAA-Büros findet man in allen Stadtteilen – Adressen erhält man am einfachsten gratis über **© 1-800-AAA-HELP**.

Orts- und Anfahrtsuche

Nützlich ist auch der Internet-Streckenplaner ***Explore Los Angeles***, der für das Gros der Sehenswürdigkeiten die nächstgelegene Station des öffentlichem Verkehrsnetzes nennt und Karten für die Anfahrt per Auto erstellt: www.experiencela.com/explore.

Busse

Der Großraum Los Angeles wird von diversen Busgesellschaften bedient, die wichtigste ist ***Metropolitan Transit Authority MTA*** (© 323-466-3876, www.metro.net), die mit 3000 Bussen ein Netz von 5000 mi Streckenlänge betreibt (**$1,50 Einheitstarif**). Auskunft und Routenkarte in einem der ***Service Center***; die Zentrale steht an der *One Gateway Plaza* unweit der *Union Station*.

Neben den Bussen in *Downtown* (➤ unten) betreibt **DASH** weitere Linien; Karte unter www.ladottransit.com/map/dashmap.php.

Im Norden und Nordwesten fahren die Busse der ***Santa Monica Big Blue Bus Line***, © (310) 451-5444, www.bigbluebus.com, $1-$2.

Im Airportbereich betreibt ***Culver City Bus Company*** einige Routen: www.culvercity.org/government/Transportation/Bus.aspx.

Und im Süden von LA verkehren die Busse von ***Orange County Transit***, © (714) 636-RIDE, www.octa.net.

Beurteilung Bussystem

Zwar verfügt LA über ein weitgespanntes Busnetz, aber die Busse sind – außer im Fall separater Spuren – langsamer als der Individualverkehr. Nach Busfahrten bleibt häufig zu wenig Zeit für das Ziel. Mitunter lange Wartezeiten an Haltestellen in praller Sonne und unterkühlte Fahrgasträume beschweren das Busfahren zusätzlich; dafür ist es relativ preiswert.

DASH

Eine **positive Ausnahme** bilden die in *Downtown* verkehrenden **DASH-Busse** (*Downtown Area Short Hop*, © 1-800-266-6883), mit denen man für **$0,50** pro Tour (*exact change!*) alle wichtigen Hotels, *Shopping Malls* und Sehenswürdigkeiten erreicht.

Route A fährt über *Little Tokyo*, **Route B** über *Chinatown* (Mo-Fr alle 7-15 min; Umsteigen kostenlos). **Route E** und **Route F** (*Exposition Park*) verkehren auch am Wochenende.

Eine hilfreiche Übersichtskarte dazu findet man unter www.ladot transit.com/dash/routes/down town/downtown.php.

U-Bahn

Für viele Milliarden Dollar entstand in den letzten Dekaden ein neues **U- und S-Bahn-Netz**. Es funktionieren jetzt **7 Linien**:

- von ***Downtown Metro Center* nach Long Beach** (blau)
- entlang des ***Airport Freeway #105*** von **Norwalk über den *Int'l Airport LAX*** und **Manhattan Beach**/Marine Ave nach **Redondo Beach** (grün)
- von der **Union Station** nach **Pasadena** (gelb),
- am Wilshire Blvd entlang **bis *North Hollywood*** (rot) und
- als separate Linie nach **Wilshire** (violett).
- Die grau markierte ***Silver Line*** ist eine **Expressbuslinie** mit freier Fahrt auf eigener Spur im wesentlichen auf *Freeways*.
- Die ***Expo Line*** vom ***Metro Center*** (7th Street) nach **Culver City** ging erst 2012 in Betrieb; www.metro.net

Verkehrszeiten 3.30-1.10 Uhr mit hoher Frequenz; **Basistarif** $1,50, ***Silver Line*** $2,45, ***Day Pass* $5**; Umsteigen von Metro auf Muni-Bus +$0,35. Metro nur mit einer sog. ***TAP-Card*** (einmalig zunächst $1 am Automaten=*Vending Machine*, dann Aufladen).

Im Internetportal www.metro.net findet sich auch ein ***Metro-Trip Planner***, der bei Start-, Ziel- und Zeiteingabe die beste Verbindung im öffentlichen Netz auswirft mit Fahrtzeiten und Tarifen.

Rundfahrten

Auch in Los Angeles zählen Stadtrundfahrten zum festen touristischen Basisprogramm. Es gibt sie für einzelne LA-Teilbereiche (Downtown, Hollywood, Beverly Hills, Santa Monica) und Kombinationen., die überwiegend die sog. Standardsehenswürdigkeiten anfahren. Diese Touren sind relativ teuer, bieten aber eine von Verkehrsstress befreite Schnellübersicht. Anbieter sind z.B.

- ***Starline Tours***, www.starlinetours.com
- ***LA City Tours***, www.lacitytours.com
- ***LA Sightseeing***, www.lasightseeing.net

Die meisten Rundfahrten laufen mit englischsprachigen Erläuterungen, auch spanischsprachige Touren gibt es eine Menge, rein **deutschsprachige Rundfahrten** weniger, aber gute Angebote z.B. unter www.rent-a-guide.net.

Wer klassischen Stadtrundfahrten nichts abgewinnen kann, findet auch spezielle Thementouren:

- ***Melting Pod*** und ***Six Taste*** bieten **Gourmetspaziergänge** durch Stadtviertel: © 424-247-9666, www.meltingpottours.com, (ab $53) bzw. © 1-888-313-0936, www.sixtaste.com ($55-$65).
- Über die berüchtigsten **Todesfälle und Skandale** Hollywoods weiß man bei ***Dearly Departed Tours*** alles: © 1-800-979-3370, www.dearlydepartedtours.com ($40-$50)l
- **Architekturführungen** durchs historische LA-Downtown organisiert ***Los Angeles Conservancy***: © (213) 623-2489, www.laconservancy.org ($10).

Open-air Sightseeing auch in Los Angeles

- Das ***Museum of Neon Art*** offeriert ***Neon Cruises***, Abendfahrten im open-air-Doppeldeckerbus zu augenfälligen Leuchtreklamen der Stadt: © (213) 489-9918, www.neonmona.org ($55).
- Häuser und Treffpunkte der Stars aus Film und Fernsehen (***Movie Stars Homes*** und ***Secrets & Celebrity Hotspots***) sind u.a. Ziel von ***Hollywood Tours***: © 1-800-789-9575, www.hollywoodtours.us ($40-$70).

Unterkunft

Hotels/ Motels

Wenn keine anderen Präferenzen bestehen, sollte man die Region **Santa Monica/West LA/Westwood/Hollywood** oder ***Downtown*** zum Ausgangspunkt für einen Besuch in Los Angeles machen. Von dort lässt sich die Mehrheit der Sehenswürdigkeiten mit dem Auto recht gut erreichen und zur Not auch mit dem öffentlichen Bus-System ***MTA*** (➤ Seite 352), speziell ab *Downtown* teilweise auch per Metro, ➤ Karte Seite 353. Der Pazifik mit seinen Stränden liegt von den ersten vier Regionen nicht allzu weit entfernt. In den empfohlenen Bereichen stößt man entlang der Hauptstraßen (u.a. Wilshire Blvd, Santa Monica Blvd, Ocean Ave von Santa Monica bis Venice, Hollywood Blvd, Figueroa Street) auf **Hotels und Motels aller Preisklassen**.

Airport und Umgebung

In Los Angeles gehört auch der **Airport Bereich** (**Inglewood**) zu den verkehrsmäßig noch »zumutbaren« Adressen für einen Citybesuch. Wie im Allgemeinen Teil erläutert (➤ Seite 83), sind die Hotels in der Flughafen-Zone vor allem an Wochenenden unterbelegt und bieten mit reduzierten Tarifen ein oft sehr gutes Preis-Leistungsverhältnis. Sehr **günstig** sind nach wie vor in LA die **Tarife deutscher Veranstalter** für die *Airport*-Hotels. Bei ihnen kosten Häuser wie das ***Crowne Plaza, Westin*** oder ***Sheraton*** meist weniger als vor Ort zum Dollartarif. Erheblich unter dem Standard dieser Häuser der Oberklasse liegende Mittelklassehotels sind bei Veranstaltern nur €10-€30/DZ und Nacht billiger.

Wer vor Ort bucht, muss im allgemeinen mehr bezahlen oder Abstriche beim Komfort machen. Bei Eigenbuchung bieten das

- ***Travelodge Hotel***, © 1-800-421-3939, www.travelodgelax.com, ab $75, und das
- ***Comfort Inn LA Airport***, © 1-800-667-5696, ab $88,

flughafennahe im US-Rahmen günstige Alternativen.

Kostenmäßig auf ähnlichem Niveau liegen die etwas weiter entfernten ***Days Inns*** am 15636 Hawthorne Blvd und am 901 West Manchester Blvd, beide reserviert man unter © 1-800-329-7466; speziell zu diesen beiden *Days Inns* ➤ www.sdphospitality.com.

Noch flughafennah und auch ohne Auto (z. B. für die letzte Nacht) akzeptabel, da das *Shopping Center Fox Hills Mall* benachbart liegt, ist das ***Four Points by Sheraton Culver City*** am Green Valley Drive ab ca. $120 (AAA); © (310) 641-7740, www.fourpointslosangeleswestside.com.

Riesenwerbemural an der rückwärtigen Fassade des Hotels Figueroa in Downtown Los Angeles. Dieses relativ preiswerte, Haus wird auch über Veranstalter bei uns vermarktet

Downtown

Nicht-Geschäftsreisende werden vermutlich nicht vorrangig im Bereich **Downtown** unterkommen wollen, aber ganz von der Hand zu weisen ist das Zentrum nicht. Ähnlich wie in Flughafennähe sind dort die **Wochenendpreise** nämlich oft günstig. Auch deutsche Reiseveranstalter haben Downtown-Hotels im Angebot.

- ***Millenium Biltmore***, 506 South Grand Ave, © (213) 624-1011 oder © 1-866-866-8086, www.milleniumhotels.com; gediegener Luxus ab $190, 2/3-*Specials* darunter.
- ***Westin Bonaventure,*** 404 South Figueroa Street, © (213) 624-1000, www.starwoodhotels.com, ab $179 und Sondertarife. Der Glaspalast mit seinen Türmen ist ein architektonischer *Eyecatcher* draußen wie drinnen, der deshalb auch schon in diversen Hollywood-Produktionen zu sehen war; ➢ Seite 387.
- ***Miyako Hotel***, 328 E First Street, © (213) 617-2000, www.miyakoinn.com, ab $119 in Little Tokyo. Freies Wifi, Sauna.
- ***Figueroa Hotel***, 939 South Figueroa Street, marokkanisches Ambiente in zentraler Lage beim *Staples Center*; © (213) 627-8971 oder © 1-800-421-9092, www.figueroahotel.com, ab $148. Bei deutschen Reiseveranstaltern teilweise preiswerter.

Santa Monica

Ärgerlich sind die in den Cities oft heftigen Gebühren fürs Parken. U.a. fallen keine Parkkosten an bei Übernachtung im

- ***Best Western Plus Gateway*** am 1920 Santa Monica Blvd, © (310)-829-9100, www.bestwesterncalifornia.com, ab $137.
- Preisgünstig ist die ***Travellodge Santa Monica*** am 3102 Pico Blvd, © (310)-450-5766, www.travelodgesanta monica.com, ab $89 mit Frühstück und Wifi.

West LA/ Hollywood

Akzeptable Stadthotels mit relativ moderatenTarifen gibt es im **Fairfax District** nahe dem ***Farmers Market***, z.B.:

- ***Bevonshire Lodge Motel***, 7575 Beverly Blvd, © (323) 936-6154, www.bevonshire.com; ab $70. Keine Parkgebühr, Wifi.
- ***Park Plaza Lodge***, 6001 West 3rd Street, © (323) 931-1501; www. parkplazalodgehotel.com, ab $65 Keine Parkgebühr, Wifi.

- ***Beverly Laurel Hotel***, 8018 Beverly Blvd in West Hollywood, ✆ 1-800-962-3824; http://beverly-laurel.hotel-rn.com, ab $95

Weitere noch kostengünstige Quartiere bieten

- ***Ramada Plaza Hotel***, 8585 Santa Monica Blvd, ✆ 1-301-652-6400, www.ramadaweho.com, ab $116
- ***Best Western Hollywood Plaza Inn***, 2011 North Highland Ave in der Nähe des Sunset Blvd am *Freeway* #101, ✆ 1-800-780-7234, www.bestwestern.com/hollywoodplazainn, ab $99.

Tipp

Absolute Spitze in Hollywood ist das teure ***W Hollywood Hotel*** (6250 Hollywood Blvd), ein Lifestyle Hotel zwischen überladenem Kitsch und schickem Modern Design für alle, die sich mal was richtig Amerikanisches gönnen wollen: ab $250 und noch viel mehr; ✆ (323) 798-1300, www.whollywoodhotel.com.

Long Beach

Eine **originelle Wahl** sind die nostalgischen Kabinen auf der ***Queen Mary*** in **Long Beach** ab $125 vor Ort, ➢ www.queenmary.com und Seite 398; auch Buchung bei Veranstaltern möglich.

Anaheim

Dank ***Disneyland*** befindet sich die dichteste Motel- und Hotelkonzentration im Großraum Los Angeles in Anaheim (***Harbor Boulevard*** beidseitig der I-5 und ***Katella Ave***). Eine **sagenhafte Kapazität** in sämtlichen Kategorien und der Häuser fast aller bekannten Ketten sorgt dort fast immer für ein Überangebot an freien Zimmern und damit für **Sonderpreise** unter den offiziellen Tarifen, ➢ *AAA Tourbook* und Internetportale der Hotel-/Motelketten (➢ Seite 112). Lediglich an Sommerwochenenden und an Feiertagen wird es schon mal eng.

Preiswert

In LA gibt es viele **Billigunterkünfte** für junge Leute, z.B.:

- ***Santa Monica Int'l Hostel*** (HI) 1436, 2nd St, ✆ (310) 393-9913; prima Lage; www.hilosangeles.org; ab $30
- ***Hollywood USAHostel***, 1624 Schrader Blvd, ✆ 1-800-524-6783; ✆ (323) 462-3777, ab $32, EZ/DZ ab $82; www.usahostels.com

Hotel Queen Mary und russisches U-Boot

- ***Hollywood International Hostel***, 6820 Hollywood Blvd, © (213) 463-2770 oder 1-800-557-7038; hollywoodhostels.com, ab $17
- ***Orbit Hotel & Hostel***, 7950 Melrose Ave, © 1-877-672-4887, in Hollywood; www.orbithotel.com, ab $24; DZ $55-$89
- ***Venice Beach Cotel***, 25 Windward Ave am Boardwalk; © 1-888-718-8287 www.venicebeachcotel.com; ab $30, EZ ab $70
- ***Backpackers Paradise***, 4200 West Century Blvd, © (310) 419-0999 oder 1-800-852-0012, ab $20, DZ ab $70; ganz in Airportnähe. Gutes Feedback; www.backpackersparadise.com
- ***Surf City Hostel***, 26 Pier Ave, Hermosa Beach, © (310) 798-2323, © 1-800-305-2901; www.surfcityhostel.com; $25-$30, EZ/ DZ $60-$70. Tolle Lage an Strand und *Boardwalk*.

Weitere empfehlenswerte Hostels anderswo sind:

- ***LA Int'l Hostel South Bay***, 3601 Gaffey St, © (310) 831-8109; prima Lage über der Küste in San Pedro, $22-$72.
- ***Fullerton IH/AYH-Hostel***, 1700 N Harbor Blvd, © (714) 738-3721; prima Haus in Parklage, 5 mi bis *Disneyland*; ab $22.

Beide im Internet unter www.lahostels.org.

Camping

Camping an der Beach

Der citynächste **öffentliche Campingplatz** (nur für RVs) ist die

- ***Dockweiler State Beach*** direkt am Strand unterhalb der Startbahn des *LA International-Airpor*t, dennoch nicht sonderlich störend (Anfahrt am besten über den Imperial Hwy, von dem man auf einigen Abschnitten das komplette Flugfeld von LAX überblickt), © (310) 322-7036 oder © 1-800-950-7275; Reservierung nicht wie sonst für *State Park Camping*, sondern unter http://reservations.lacounty.gov. Stellplätze in der 1. Reihe am Strand kosten $65, Wochenende $75. Die 2. und 3. Reihe kostet je $5 weniger. Trotz der hohen Kosten und flauer Sanitäranlagen eine bedenkenswerte Alternative für LA.

Wer nicht direkt am Strand steht, kann sich dort an warmen Abenden immer ein Plätzchen zwischen Brandung und *Campground* suchen und Picknick und Umtrunk draußen stattfinden lassen.

RV-Camping an der Dockweiler Beach

Camping Malibu und Long Beach

Gute **privatwirtschaftlich betriebene Campingplätze** sind der

- ***Malibu Beach RV-Park*** (auch für **Zelte**), © (310) 456-6052 und © 1-800-622-6052, tolle Lage direkt oberhalb des Pacific Coast Highway, www.maliburv.com, aber nicht ganz leise wegen des Autoverkehrs in kuzer Distanzund teuer: $42-$60/Zelt und $53-$115/RV.
- ***Golden Shore RV-Resort*** in **Long Beach** zwischen dem *Freeway* Richtung *Queen Mary* und Shoreline Drive, © (562) 435-4646, © 1-800-668-3581; www.goldenshorerv.com; $55-$64. Campmobile stehen dort ziemlich dicht an dicht auf Asphalt.

Weitere **kommerziell betriebene Campingplätze** findet man im Internet unter www.californiacampgrounds.org

State Parks in den Santa Monica Mountains

Zeltcamper finden acht ***Hike-in*-Plätzchen** im ***Musch Camp*** des ***Topanga State Park*** oberhalb von Santa Monica (Topanga Canyon Blvd/#27 ab Küstenstraße #1 oder *Freeway* #101, dann Entrada Rd), © (310) 455-2465; www.parks.ca.gov/?page_id=629; $10 Parken. Vom Parkplatz bei der *Trippet Ranch Ranger Station* geht's zu Fuß weiter, es gilt *first-come-first-served*; Campen $7/Person.

Wer noch ein bisschen weiter westlich (**ab Malibu Beach**) auf der Malibu Canyon Road ca. 7 mi die *Santa Monica Mountains* hinauffährt, kann im ***Malibu Creek State Park*** (www.parks.ca.gov/?page_id=614) auch mit RV sehr gut campen, Zufahrt ebenso vom *Freeway* #101, Exit #32 Las Virgenes Road, ca. 5 mi, $35 egal ob Zelt oder R, Duschen. Einer der schönsten Plätze im Umfeld von LA, aber auch weit weg von den meisten Anlaufpunkten der City.

Anaheim

Diverse Plätze warten in **Anaheim** auf Kunden. Am disneynächsten liegen 800 m nördlich des Haupteingangs (zu Fuß möglich):

- ***Anaheim RV Village***, 333 West Ball Road © 1-866-991-0103, www.anaheimrvvillage.com. Moderner Komfortplatz mit Grünstreifen für die meisten Stellplätze; erstklassigen Sanitär - anlagen, Pool, Wifi. Zelt $25/$35, RV $35-$75. Shuttle zu den Disneyparks gegen Gebühr, aber auch zu Fuß nur ca. 20 min.
- ***Anaheim Harbor RV Park***, 1009 South Harbor Blvd, © 1-888-835 6495, www.anaheimharborrvpark.com. Pool, Wifi, auch o.k., aber relativ eng, Zelt $20/$40, RV $32-$70 je nach Saison und RV-Länge. Ebenfalls Shuttle Service, zu Fuß etwas weiter.

Yorba Linda

Gut 10 mi sind es von Anaheim auf der **#91 East** zum ***Featherly Regional Park***, *Exit #41/Gypsum Canyon*, Gypsum Canyon Road. Der ***Canyon RV Park*** befindet sich unmittelbar nördlich des *Freeway* #91; © (714) 637-0210, www.canyonrvpark.com, $45. Sehr schöner großzügiger Platz mit ca. 140 Stellplätzen zwischen dem *Freeway* und Santa Ana River. Auch *Cabins* für $60 sind vorhanden, aber laut, da straßennah.

NF und SP Campgrounds

National Forest Campgrounds befinden sich oberhalb Pasadena (Straße #2) und weitere ***State Parks*** mit Camping im Nordwesten (***Leo Carillo Beach/Point Mugu SP***) und Süden (***Doheny***, ***San Clemente*** und ***Onofre Beach SP***) recht weit entfernt für LA-Besuche.

Gastronomie

Restaurants und Fast Food

Situation

In Anbetracht der großen Entfernungen wird man in LA Restaurants meistens in der Nähe des eigenen Quartiers oder der besuchten Sehenswürdigkeiten suchen.

Malibu

In **Malibu** direkt an der Beach gehört das

- ***Chart House Restaurant*** mit Bar seit Dekaden zu den bevorzugten *Hot Spots*, 18412 Pacific Coast Hwy #1; © (310) 454-9321, www.chart-house.com.
- Ebenso ***Neptune's Net***, 42505 Pacific Coast Hwy #1, © (310)-457-3095, www.neptunesnet.com, und
- ***Gladstone's Malibu***, 17300 Pacific Coast Hwy #1 in **Pacific Palisades** unweit des Sunset Blvd über dem Strand, © (310)-454-3474, teuer, dennoch beliebt; www.sbe.com/gladstones.

Santa Monica

In **Santa Monica** konzentrieren sich Restaurants in der autofreien ***3rd Street Promenade***, am Santa Monica Boulevard und der Ocean Ave. Auch auf der ***Santa Monica Pier*** verhungert man nicht. Nur ein paar Meilen sind es von dort nach **Westwood** im Umfeld der UCLA, wo sich im Bereich Wilshire/Westwood Blvd jede Menge ***Eateries*** und **Kneipen für junge Leute** finden.

Santa Monica Pier mit kleinem Dauerjahrmarkt inklusive Rollercoaster

Venice

Nicht weit (ca. 2 mi) ist es von Santa Monica nach **Venice Beach** mit zahlreichen *Open-air* Lokalen vor allem am ***Ocean Front Walk***. Nicht ganz so touristisch und (oft) überlaufen wie entlang des zentralen *Venice Beach Park* ist es an der Strandpromenade weiter südlich, am besten jenseits des Washington Blvd in Richtung Kanal zur *Marina del Rey*.

Marina del Rey

Rund um den Yachthafen ***Marina del Rey*** (Admirality Way/Via Marina) findet man viele bessere Restaurants und Kneipen: www.visitmarinadelrey.com.

Preiswerter geht es zu im ***Fisherman's Village*** an der Südostseite der Yachthafen-Einfahrt. Dort sitzt man auf Terrassen mit Blick übers Wasser auf die Yachten der Marina; Zufahrt über Pacific Coast Hwy #1 (Lincoln Blvd) und Fiji Way.

LAX Airport

Flugzeugfans sind richtig im ***Proud Bird Restaurant*** unweit des *International Airport* an der Aviation/111th Street mit ausrangierten Kampffliegern auf dem Gelände. Vom 1. Stock aus hat man den besten Blick darauf wie auch auf die in LAX startenden und landenden Flieger; © (310) 670-3093, www.theproudbird.com.

US-Standard Jagdflugzeug des 2. Weltkriegs: P51 Mustang im kleinen Park des Restaurants »Proud Bird«

Manhattan/ Redondo Beaches

Sowohl in **Manhattan** als auch und vor allem in **Hermosa** und **Redondo Beach** findet man viele Lokale direkt hinter dem Strand am sich dort fortsetzenden ***Ocean Front Walk***, z.B. den

- ***Redondo Coffee Shop and Bait***, 141 Fisherman's Wharf mitten auf der Pier mit Blick über den Pazifik. Amerikanische Küche zu mittleren Preisen, © 310-318-1044.

West LA/ Hollywood

Institutionen in West LA (Hollywood/Wilshire District) sind

- ***Barney's Beanery***, 8447 Santa Monica Blvd, Institution seit 1920, *Janis Joplin* und *Jimi Hendrix* waren Stammkunden; © (323) 654-2287, www.barneysbeanery.com.
- ***Canter's Deli*** (419 North Fairfax Ave, © (323) 651-2030, www.cantersdeli.com), die sich rühmt, seit Gründung 1931 bis 2012 u.a. die Rekordmengen von 20 Mio *Bagels* und 24 Mio Tassen Hühnersuppe verkauft zu haben- Tag und Nacht geöffnet.

  Canter's Deli hat eine Reihe weiterer Standorte in LA .
- ***Mel's Drive-In*** am 8585 Sunset Blvd und weiteren Standorten in LA. Zwar auch *Fast Food* auf die Schnelle, aber gleichzeitig ein 24-Stunden-**Diner** mit Außenterrasse zum *People Watching*; © (310)-854-7201, www.melsdrive-in.com.

- ***Ed's Coffee Shop***, 460 N Robertson Blvd, © (310) 659-8625, ein Lokal, das Einheimische seit über 50 Jahren schätzen.
- Auch die Erzeugnisse von ***Pink's Hot Dogs*** (21 Varianten) sind nicht zu verachten – dort sichtet man nicht selten Promis: 709 North La Brea Ave; www.pinkshollywood.com.
- Die ***Pizzeria Mozza***, 641 North Highland Ave, © (323) 297-0101, http://pizzeriamozza.com, ist beliebt für ofenfrische Pizzen ab $16 und glänzt mit einer eindrucksvollen Weinbar.
- Im ***Rainbow Bar & Grill***, 915 Sunset Blvd, hatte *Marilyn Monroe* einst ein *Blind Date* mit *Joe DiMaggio*. Das Lokal ist auch durchs Musikvideo »*November Rain*« von *Guns N' Roses* bekannt; © (310) 278-4232, www.rainbowbarandgrill.com.
- Das Traditionslokal ***Pig N' Whistle*** serviert Salate und frische Sandwiches, 6714 Hollywood Blvd, © (323) 463-0000, www.pignwhistle hollywood.com.
- Im ***Musso & Frank Grill*** treffen sich die Stars schon seit 1919. Amerikanische Küche; 6667 Hollywood Blvd, © (323) 467-7788, www.mussoandfrankgrill.com.
- ***Mastro`s*** hat *Seafood*, Steaks und *modern design*; 246 North Canon Drive, © (310)-888-8782, www.mastrosrestaurants.com.
- ***The Stinking Rose*** bietet kalifornische Gerichte mit viel Knoblauch ab ca. $15; 55 North La Cienega Blvd, © (310)-652-7673, www.thestinkingrose.com.
- Im Luxussegment angesiedelt ist *Wolfgang Pucks* ***Steakhaus Cut***, 9500 Wilshire Blvd, © (310)-276-8500, www.wolfgangpuck.com/restaurants.

Mehr als 100 *Food Stands* und 40 Restaurants jeder Provenienz machen den *Original Farmers Market* (6333 West Third Street, www.farmersmarketla.com) zu einer generell geeigneten Anlaufadresse, wenn der Magen knurrt und *open-air* reizt.

Downtown LA

In Downtown LA bieten die Restaurants im ***Westin Bonaventure Hotel*** (➤ Seite 356) eine besonders attraktive Umgebung.

- Seafood & Steaks haben der ***Water Grill*** (544 South Grand Ave, © (213) 891-0900; www.watergrill.com, und
- ***McCormick & Schmick's*** (633 West 5th Street, © (213) 629-1929, www.mccormickandschmicks.com.
- Legendär und über 100 Jahre im Geschäft ist ***Philippe, the Original*** in der 1001 North Alameda Street, © (213) 628-3781, www.philippes.com. Spezialität sind dort Roastbeef-Sand - wiches mit Bratensaft (*French Dipped*).
- Ähnlich bekannt ist ***The Original Pantry***. 24 Stunden Steaks, Sandwiches und Backwaren, große Portionen. Zentral in der 877 S Figueroa Street, © (213) 972-9279, www.pantrycafe.com.
- Das ***Café Pinot*** verwöhnt mit kalifornisch-französischer Küche, tollem Blick auf die LA-*Skyline* und schönem Außenbereich;

700 W Fifth Street, © (213) 239-6500, www.patinagroup.com/restaurant.php?restaurants_id=41.

- *Sushi* und eine integrierte Kunstgalerie gibt's im ***R-23*** in Little Tokyo 923 E 2nd Street, © (213) 687-7178, www.r23.com.
- Das ***Parish***, ein englischer Gastropub mit moderaten Preisen im Herzen des *Fashion District* wurde 2013 vom LA Magazine zum zweitbesten Restaurant der Stadt gekürt; 840 South Spring Street, © (213) 225-2400, www.theparishla.com.
- In der beliebten ***Wurstküche*** im *Arts District* gibt's Grillwurst und Bier; 800 E 3rd St, © (213) 687-4444, www.wurstkuche.com. Jüngst eröffnete eine Filiale in Venice (623 Lincoln Blvd).

Das Gegenstück zum *Original Farmers Market* (➢ oben) ist in *Downtown* der voll überdachte ***Grand Central Market***; 317 South Broadway, © (213) 624-2378, www.grandcentralsquare.com.

San Pedro

Wer die lange Fahrt in Kauf nimmt oder die nahe *Queen Mary* besichtigt, findet im (künstlichen) Fischerdorf ***Ports o' Call*** in **San Pedro** (nördlich Long Beach) rustikale (mexikanische) **Fisch- und Krabben-Grilllokale** mit großen ***Open-air Decks***; www.sanpedro.com/panoramas/ports_ocall.htm. Für 2013 ist eine Rundumrenovierung des etwas in die Jahre gekommenen »Dorfs« geplant.

Long Beach

In Long Beach bietet sich gleich am Yachthafen hinter dem Aquarium am Shoreline Drive (➢ Seite 398) das ***Shoreline Village*** an (www.shorelinevillage.com) mit *Eateries* von *Fast Food* bis zum feinen Steakrestaurant ***Parkers Lighthouse*** mit brillanter Aussicht auf die *Queen Mary* und prima leichter Küche; © 1-562 432-6500, www.parkerslighthouse.com.

Downtown Disney

Zwischen ***Disneyland*** und ***California Adventure Park*** liegt ***Downtown Disney*** mit zahlreichen *Eateries*, um Amerika kulinarisch näher zu kommen vom *Fast Food Place* über das ***Rainforest Café*** bis zum ***House of Blues Restaurant*** mit *Louisiana Cajun*-Küche.

Für den Restaurantbesuch in *Downtown Disney* muss man kein *Disneyland*- oder *California Adventure*-Ticket buchen und kann gratis parken, ➢ Seite 401. Reservierung aller *Disney*-Restaurants unter © (714) 781-3463.

Parkers Lighthouse Restaurant in Long Beach

2

»Erfunden« fürs Animal Kingdom in Floridas Disneyworld fand das Rainforest Café in den USA rasch Verbreitung; hier in Downtown Disney

Bars

Für manchen dürfte ein Drink in einer typisch kalifornischen **Bar** erstrebenswerter Teil des *LA Experience* sein. In ihrer Art zu den besten gehören z.B. die

- ***Bar Nineteen12*** im *Beverly Hills Hotel*, eine *indoor-outdoor Lounge* mit Blick über Pool und Palmen; 9641 Sunset Blvd.
- ***Whiskey Bar* 1200** im *»Rock 'n Roll Hotel« Sunset Marquis* in West Hollywood. Manche Stars und *Models* gehen dort ein und aus; 1200 Alta Loma Road; © (310)-358-3720.
- ***Bar Marmont*** am Chateau Marmont, in der schon *Leonardo di Caprio* und *Lindsay Lohan* feierten; 8171 Sunset Blvd, © (323) 650-0575, www.chateaumarmont.com.
- ***Skybar*** im Trend-Hotel *Mondrian* (*Philippe Starck*) mit den Blick auf Los Angeles; 8440 Sunset Blvd, © (323) 848-6025, www.mondrianhotel.com.
- ***Rooftop Bar*** und ***Biergarten*** im *Standard Downtown Hotel* mit Dachpool und sagenhaftem Blick auf dieWolkenkratzer ringsum; 550 South Flower at 6th Street, © (213) 892-8080, http://standardhotels.com/downtown-la.

In krassem Gegensatz zu den Trend- und Szene-Bars steht ***Hank's Bar*** im Erdgeschoss des *Stillwell Hotel* in *Downtown*, eine typische *Neighbourhood Bar* in der 840 South Grand Ave, © (213) 623-7718.

Shop 'til you drop

Shopping Malls

Los Angeles ist das amerikanische **Mekka der *Malls*** und ***Shopping Center***. Die folgende Liste nennt nur die wichtigsten:

Santa Monica/ West LA

- ***Beverly Center*** (8500 Beverly Blvd; www.beverlycenter.com), und ***Century City Center*** (10250 Santa Monica Blvd; www.westfield.com/centurycity)
- Nur wenige Meilen vom Airport entfernt befindet sich die mittelgroße ***Westfield Fox Hills Mall*** (6000 Sepulveda Blvd/ I-405 und Fox Hills Drive; www.westfield.com/culvercity).
- Und am südlichen Ende der Fußgängerzone ***3rd Street Promenade***, einer der besseren Einkaufsstraßen der Stadt, liegt die *Mall* ***Santa Monica Place***; www.santamonicaplace.com.

Der Bereich rund um die Kreuzung Hollywood Blvd und Highland Ave ist eine einzige Shopping-, Restaurant- und Entertainmentzone mit dem

Hollywood

- ***Hollywood & Highland Center,*** wo einst das international bekannte *Hollywood Hotel* stand (6801 Hollywood Boulevard; einzige *Mall* in LA mit U-Bahn-Anschluss: *Metro Red Line*; www.hollywoodandhighland.com). Nicht ganz weit ist es von dort zur **Melrose Ave** (zwischen Highland Ave und La Cienega Blvd) **mit richtig schrägen *Shops***.
- ***The Grove*** liegt östlich von Hollwood westlich des Pan Pacific Park (The Grove Drive/3rd Street, www.thegrovela.com).

Glendale

- Noch ziemlich neu ist das ***Americana at Brand*** in Glendale unweit des Griffith Park (300 South Brand Blvd; www.americanaatbrand.com), eine Art *Shopping Village* rund um eine grüne Plaza mit Fontänenbrunnen und Wohnungen über den Ladenpassagen für gut betuchte Residenten.

Highland Center an der Ecke Hollywood Blvd/Highland Ave. Integriert in das Center ist das Dolby Theatre, in dem die jährliche Oscar-Verleihung stattfindet.

Woodland Hills

- Eine weitere riesige Mall ist ***Westfield Topanga*** im Westen von LA oberhalb des *Topanga State Park* nördlich des *Freeway* 101 (6600 Topanga Canyon Blvd; www.westfield.com/topanga).

Rodeo Drive

Ein besonders dicke Brieftasche braucht man zum Einkauf auf dem **Rodeo Drive** von Beverly Hills mit Läden kostspieligster Luxusmarken zuhauf (North Rodeo Drive zwischen Santa Monica und Wilshire Blvd; www.rodeodrive-bh.com).

- Der Gipfel der Exklusivität ist ***Bijan***, angeblich das teuerste Modegeschäft der Welt, das Kunden nur nach Anmeldung einlässt; www.bijan.com).

Am North Rodeo Drive (Kreuzung mit dem Dayton Way) befindet sich die hochkarätigste Shopping Zone von LA

Downtown

Auch das eher durch Bürohochhäuser gekennzeichnete **Downtown** bietet viele Einkaufsmöglichkeiten, z. B. ***Macy's Plaza*** (750 West 7th Street), den ***Grand Central Market*** für Lebensmittel und mehr (Broadway/3rd Street) und den ***Fashion District*** rund um die 9th Street östlich des Broadway mit günstiger Kleidung; www.fashiondistrict.com.

Orange County

- In **Costa Mesa** im Südosten von LA liegt unmittelbar an der I-405 der Riesenkomplex ***South Coast Plaza*** (*Exit* Bristol Street; www. southcoastplaza.com) mit allen bekannten Kaufhäusern und 250 Boutiquen (vor allem Nobelmarken). Diese *Mall* ge - hört seit Bestehen zu den *Top Ten* der USA-Einkaufszentren.

Outlet Center

- ***Ontario Mills*** ist mit rund 200 *Shops* eines der größten ***Outlet Center*** Kaliforniens. Es liegt im Kreuzungsbereich der *Freeways* I-10 und I-15 (*Exit* Milliken Ave; www.ontariomills.com.
- Eine weitere große *Outlet Mall* mit über 100 Markenläden und hohen Discounts ist ***Camarillo Premium Outlets***. Diese *Mall* liegt östlich von Los Angeles an der #101 (740 Ventura Blvd, www.premiumoutlets.com).

Sonstiges

Bücher/ Ebooks

Am Sunset Strip findet man mit

- ***Book Soup*** einen der besten Buchläden der Stadt mit Autorenlesungen und eigenem Podcast; 8818 West Sunset Blvd; www.booksoup.com.
- Die Kette ***Barnes & Noble*** betreibt mehrere Filialen im Großraum LA, u. a. im Einkaufscenter *The Grove* und im *Village Americana at Brand*, ➤ oben.

Bibliophile werden vielleicht eine der beiden Filialen des Kölner Kunstbuchverlegers ***Benedikt Taschen*** besuchen wollen. *Taschen* legte mit *Helmut Newtons* ***SUMO*** das teuerste Fotobuch des 20. Jahrhunderts auf. U.a. hat *Taschen* günstige großformatige Bildbände und teure Sammlereditionen im Folioformat. In **Beverly Hills** im 354 North Beverly Drive; in **Hollywood** in der 6333 West 3rd Street; www.taschen.de.

Musik/DVDs

Am 6400 Sunset Blvd residiert der Plattenspezialist (CD und Vinyl) ***Amoeba Music*** (www.amoeba.com). Seit 1985 bietet ***Record Surplus*** Ähnliches, überdies täglich neue Ware (12436 Santa Monica Blvd; www.recordsurplus.com).Natürlich gibt es in beiden Shops auch jede Menge Filme – man ist schließlich in LA.

Film-souvenirs

Filmfans finden Poster, Fotos und Drehbücher für Filme und TV-Serien bei der ***Hollywood Book and Poster Company*** (6562 Hollywood Blvd; www.hollywoodbookandposter.com). Ein Geheimtipp ist ***Book Castle's-Movie World*** im nördlichen Burbank (212 N San Fernando Blvd; www.bookcastlesmovieworld.com): Poster, Filmliteratur, Magazine und Bücher bis unter die Decke.

2

Walt Disney Concert Hall, *➤ nächste Seite*

Entertainment

Information

Wer wissen möchte, was aktuell in LA »los« ist, sollte sich mit dem wöchentlich erscheinenden, gratis in Touristenbüros, vielen Hotels und Shops ausliegendem Heft ***LA Weekly*** bewaffnen. Darin findet man alle wichtigen kulturellen Veranstaltungen, ebenso wie im Internet unter www.laweekly.com. Nicht weniger informativ ist das Magazine ***Where LA*** (http://wherela.com).

Unschlagbar indessen ist der Kulturführer ***Flavorpill Los Angeles*** der sogar personalisierte EMails mit Neuigkeiten und Veranstaltungen versendet; http://beta.flavorpill.com/losangeles.

Konzerte

Kulturelles Aushängeschild von Downtown LA ist die vom Stararchitekten *Frank O. Gehry* konzipierte ***Walt Disney Concert Hall***, Heimat des ***Los Angeles Philharmonic Orchestra*** (www.laphil.com). Der Konzertsaal gehört zum Komplex des *Music Center* mit dem ***Dorothy Chandler Pavillion***, dem ***Ahmanson Theatre*** und dem ***Mark Taper Forum*** (135 North Grand Ave, © (213) 972-7211, www.musiccenter.org).

Ein echtes Erlebnis ist ein Open-air Konzert in der ***Hollywood Bowl***, einem großen Amphitheater in den Hügeln nördlich von Hollywood (*Ventura Freeway* #101/2301North Highland Ave). Der Schwerpunkt liegt dort auf Klassik, aber es gab und gibt auch ab und zu Auftritte von Rock-, Pop- und Jazzgrößen (www.hollywoodbowl.com). Dort tritt z.B. im August 2013 die neunfache Grammy-Gewinnerin *Natalie Cole* auf.

Ein etwas kleinerer Open-Air-Veranstaltungsort in der Nähe ist das ***Greek Theatre*** im Griffith Park; www.greektheatrela.com).

Musiklokale

Die Klassiker unter den **Clubs** mit **Live Music** liegen am **Sunset Strip**, dem Abschnitt des Sunset Boulevard zwischen Crescent Heights Blvd und Doheny Drive, und etwas östlich davon.

- Im ***Whisky a Go-Go*** (auch ***The Whisky***) wurden in den 1960er-Jahren Legenden geboren: ***Jim Morrison*** und seine ***Doors*** wurden hier entdeckt (8901 Sunset; www.whiskyagogo.com). Auch viele andere mit großen Namen traten dort auf.
- Auf keinen geringeren als *»Boss«* ***Bruce Springsteen*** wurde man einst im ***Roxy*** aufmerksam; http://theroxyonsunset. com.
- Der ***Troubadour*** südlich des Sunset Strip (9081 Santa Monica Blvd.; www.troubadour.com) war Karrieresprungbrett für ***Elton John*** und ***Tom Waits***.
- Der frühere *Blues Brother* ***Dan Aykroyd*** ist Mitinhaber des ***House of Blues*** (#8430) wo man essen, trinken, zuhören und tanzen kann; *Hip-Hop* über *Heavy Metal* und *Gospel* bis hin zu 1980er-Jahre Pop. Sonntägliches *Gospel Brunch*; www.house ofblues.com, dann Klick auf »venues« ➤ Los Angeles.
- ***Drai's*** auf dem Dach des ***W Hollywood Hotel*** (6250 Holly - wood Blvd, ➤ oben; http://hollywood.drais.net/www_home), ist ein Hotspot für *Celebrities* und bietet tolle Ausblicke.

- Im ***Viper Room*** mit einer Einrichtung wie Jazzclubs aus dem Harlem der 1920er-Jahre treten angesagte Rockbands auf (8852 W Sunset Blvd, www.viperroom.com).
- Östlich des *Hollywood & Highland Center* liegt der trendige ***Playhouse Hollywood*** Nightclub (6506 Hollywood Blvd, www.playhousenightclub.com). Internationale Star-DJs, *Dance Music*, Go-Go Tänzerinnen und Luftakrobatik.

Für Jazz und Blues empfehlen sich in Hollywood (auch) der ***Catalina Jazz Club mit Bar & Grill*** (6725 West Sunset Blvd; www.catalinajazzclub.com) und die ***Jazz Bakery*** (www.jazzbakery.com, derzeit heimatlos, aber ab 2015 im *Gehry Theatre* in Culver City).

Im ***Lighthouse Café*** in Hermosa Beach (zwischen Manhattan und Redondo Beach, 30 Pier Ave; www.lighthousecafe.net), wurde in den 1950er-Jahren der *West Coast Jazz* berühmt. Heute spielt man mehr Reggae und Blues.

Wenn eine Stadt kinobegeistert ist, dann Los Angeles. Hier einige der großen, häufig sehr ansehnlichen Uraufführungskinos für – natürlich vor allem – Hollywoodfilme:

- ***TCL Chinese Theatre***, 6925 Hollywood Blvd, ✆ (323) 465-4847; www.tclchinesetheatres.com.
- ***Arclight Hollywood***, 6360 Sunset Blvd; ✆ (323) 464-811, www. arclightcinemas.com

2

TCL Chinese Theatre in Hollywood am Holly - wood Blvd

- ***El Capitan*** (Disneyfilme), 6838 Hollywood Blvd, © (323) 467-7674; http://elcapitan.go.com.
- ***American Cinematheque at the Egyptian Theatre*** (Klassiker), 6712 Hollywood Blvd, © (323) 466-3456; www.americancinematheque.com/egyptian/egypt.htm
- ***Village Theatre***, 961 Broxton Ave in Westwood © (310)-208-5576; www.regencymovies.com/main.php?theaterId=27
- ***Bruin Theatre***, 948 Broxton Ave in Westwood, © (310)-208-8998, www.regencymovies.com/main.php?theaterId=28

Stargazers - Stern(ch)engucker Ernst-Georg Richter

In Los Angeles ist die Chance, einem Star aus Film, Fernsehen oder Entertainment in natura zu begegnen, größer als anderswo sonst. Es gibt dort auch genug Leute, die ganz bewusst zwecks ***Stargazing*** (Sternengucken) unterwegs sind, etwa beim Einkaufen in Beverly Hills, bei einem Match der Basketballer *LA Lakers* im *Staples Center* (Downtown LA, 1111 Figueroa Street) oder beim *Clubbing* an den Theken und auf den *Dancefloors* der Stadt.

Die Frage ist, wo einem die Stars am ehesten über den Weg laufen. Generell gilt, dass auch die Prominenten dieser Welt irgendwann mal 'was essen müssen und nicht immer Lust haben, sich dafür selbst ins Zeug zu legen. In LA gehen sie keineswegs nur in Nobelrestaurants – gerade in traditionsreichen *Fast Food Places* tauchen schon mal Darsteller vom Kaliber einer *Julia Roberts* oder eines *Bruce Willis* auf, ➤ z.B. bei ***Pink's Hot Dogs***, ➤ oben). Je untouristischer, desto besser, also trifft man sie eher in kaum von englischsprachigen Speisekarten eroberten Garküchen in Koreatown oder bei den fettigen Spezialitäten von ***Roscoe's Chicken n'Waffles*** (z.B. in Hollywood 1514 North Gower Street/ Sunset Blvd; www.roscoeschickenandwaffles.com) mit fast 50 Filialen in Greater Los Angeles.

Stars kaufen gern schicke Sachen und wollen nicht dauernd viel Geld nur am Rodeo Drive lassen. Die Boutiquen entlang der **Melrose Ave** sind auch für sie eine gute Alternative und selbst ohne einen Star in Sicht einen Bummel wert. Wer irgendwo sonst auf einen »abgedrehten« Shop stößt, sollte ruhig hineinschauen; mancher Star ist genauso neugierig wie man selbst.

Stars möchten auch gern wissen, was die Kollegen so treiben, also gehen sie gelegentlich ins Kino. Bei Premieren stehen sie sowieso auf dem roten Teppich, aber besuchen durchaus schon mal gewöhnliche Feld-, Wald- und Wiesenvorstellungen im Kinocenter um die Ecke.

Für Promijäger empfehlenswert ist das *Portal* www.seeing-stars.com mit vielen Hinweisen auf *Hot Spots* zum *Stargazing* und Promi-Adressen. Letztere findet man aber auch unter www.travelersdigest.com/stars_homes.htm.

2.1.2 LA kreuz und quer

Besuchsplanung

Im Gegensatz zu anderen kompakteren Städten gibt es in Los Angeles selbst für Kurzaufenthalte **keine logische Reihenfolge im Besuchsablauf**, genaugenommen nicht einmal eine klare Liste dessen, was man einfach gesehen haben »muss«. Es kommt darauf an, wie die eigenen Interessen gelagert sind und wo – in Abhängigkeit davon – die Unterkunft gebucht wird.

Zur Beschreibung und Wertung der Sehenswürdigkeiten im Großraum Los Angeles wird hier deshalb im wesentlichen der im Kapitel 1.1.2 skizzierten »touristischen Geographie« gefolgt:

Zunächst geht es um ein **nordwestliches Dreieck** mit zahlreichen Museen und weiteren für Besucher attraktiven Anlaufpunkten, markiert durch Malibu/Beverly Hills/Hollywood/Griffith Park/ Pasadena und Burbank (*Universal Studios*), dann um den **zentralen Westbereich** von *Downtown* bis Santa Monica/Venice und von dort hinunter über den *Pacific Coast Highway* #1 oder direkt an der Küste entlang über die Halbinsel Rancho Palos Verdes nach **San Pedro** und **Long Beach**. Das letzte LA-Kapitel bezieht sich auf die Stadtteile **Anaheim** (*Disneyland*), **Buena Park** und weitere ausgewählte Ziele im Südosten des Großraums LA.

Der Nordwesten von Malibu bis Pasadena

Malibu/ Getty Museum und Stiftung

In Malibu steht am Pacific Coast Highway – noch vor den *City-Limits* von LA/Santa Monica – ein scheinbar altrömischer Palast, der früher das *Jean Paul Getty Museum* beherbergte. Der über Dekaden bis zu seinem Tod 1976 reichste Mann der Welt hatte ihn nach einer in Herculanum beim Vesuvausbruch im Jahr 79 v. Chr. versunkenen Villa speziell für seine kolossale Sammlung von Kunstgegenständen aller Epochen nachbauen lassen. Deren Verwaltung lag schon zu Gettys Lebzeiten in Händen der ***Jean Paul Getty Foundation***, einer Stiftung, die Gettys Sammelwut fortsetzte und die Bestände laufend erweiterte.

Lifeguard Häuschen an der Malibu Beach

Eintritt, Zeiten, Anfahrt und Parken Getty Center und Getty Villa

Information: © (310) 440-7300; www.getty.edu/visit; **Eintritt beide frei**

Öffnungszeiten:

Getty Center: Di-Fr+So 10-17.30 Uhr, Sa bis 21Uhr

Getty Villa: Mi-Mo 10-17 Uhr

Für das Museum in der ***Getty Villa*** ist ein ***eintreffzeitgebundenes Vorabticket*** zwingend (per Internet oder Telefon 2 Monate im voraus möglich)

Keine Zugangsrestriktion fürs *Getty Center*.

- **Anfahrt zum *Getty Center*** mit MTA-Bus #761; Info dazu: © 1-800-266-6883 und www.metro.net
- **Anfahrt zur *Getty Villa*** mit MTA-Bus #534; Info dazu wie oben. Wer die Villa per Bus anfährt und daher zu Fuß zum Eingang kommt, muss neben der Anmeldung das vom Busfahrer speziell gelochte Ticket vorweisen. In der Umgebung parken und zu Fuß ohne Busticket kommen, geht nicht.

Parkgebühr Pkw+Vans in beiden Standorten **$15**

Keine RV-Parkmöglichkeit, heißt es offiziell für beide Standorte. Aber es gibt gegenüber der Einfahrt zum *Getty Center* einen Busparkplatz; RVs parken dort ebenfalls für $15.

Von den Millionenerträgen aus den anfangs $2,2 Mrd., mittlerweile an die $4,5 Mrd. Stiftungskapital muss jedes Jahr ein mindesten 4,2% der Summe entsprechender Betrag (also heute ca. $190 Mio) zum Ankauf zusätzlicher Stücke ausgegeben werden. Die Getty-Stiftung nimmt daher schon rein kaufkraftmäßig unter den Kunstmuseen der Welt eine Spitzenposition ein. Da mit der Akquisition immer neuer Schätze die Kollektion rasch umfangreicher wurde, platzten die vergleichsweise beengten Räumlichkeiten der alten Villa schon vor Jahren aus allen Nähten.

Man errichtete daher auf einem Hügel der Santa Monica Mountains am ***San Diego Freeway*** das schon rein architektonisch als Kunstwerk geltende riesige ***Getty Center*** und löste gleichzeitig damit auch alle Platz- und Parkprobleme des alten Standorts.

Besuchsplanung

Getty Villa

Mit Eröffnung des *Getty Museums* im *Getty Center* im Jahr 1998 schloss man den alten Museumspalast für Umbauten. Erst 2006 wurde die pompöse ***Getty Villa*** als zusätzlicher Standort des *Jean Paul Getty Museum* in veränderter Konzeption wieder eröffnet. Dort geht es heute in erster Linie um Kunstwerke aus dem alten Griechenland, der Etrusker und aus römischer Zeit. Allein diese Sammlung lohnt eine weite Anreise.

Anfahrt

Anfahrt über **Pacific Coast Highway** nur von Süden aus möglich. Keine Linksabbieger auf das Gelände mit Hausnummer 17985. Voranmeldung wegen knapper Parkkapazität nötig, auch im Internet bis 4 Wochen im voraus möglich, ➤ Kasten.

Getty Center
Der größere Teil der Schätze der *Getty*-Sammlung kann in den Räumlichkeiten des – bereits vom *Freeway* aus unübersehbaren – Getty-Komplexes bewundert werden. Dabei, so heißt es, seien nur jeweils gerade 3% des vorhandenen Gesamtinventars ausgestellt.

Anfahrt
Man erreicht das ***Getty Center*** über die **I-405/*San Diego Freeway, Exit Jean Paul Getty*** nördlich des Sunset Blvd.

Parken
Die Kapazität des Parkhauses auf dem Gelände (max. Höhe 12 Fuß) ist groß. RVs mit Gesamthöhe über 12 Fuß können auf dem Parkplatz gegenüber der Einfahrt abgestellt werden, ➤ Kasten.

Tramway
Vom Eingang/von den Parkhäusern geht's per *Tramway* hinauf zum hochgelegenen Museumskomplex. Der mögliche Fußmarsch ist relativ steil und lang, bei Hitze reichlich anstrengend. Nach Ankunft am *Gate* benötigt man bei Andrang bis zu 30 min bis zum Betreten der – **eintrittsfreien** – Ausstellungen oben.

Ausstellung Getty Center
Endlich angekommen, findet man Ausstellungen unterschiedlichster Kunstobjekte, verteilt auf diverse Gebäude, die sich um eine zentrale Plaza gruppieren: Mittelalterliche Buchillustrationen, Gefäße aus der Renaissance, barocke Bronzen, Gemälde aller Epochen, *Western Art* u.a.m. Da immer nur – wie gesagt – ein Bruchteil der Sammlung ausgestellt ist, finden häufiger als anderswo Wechsel- und Sonderausstellungen statt. Aktuelles Programm im Internet, ➤ Adresse im Kasten. **Infobroschüren** und Dokumentationen gibt es sogar **auf Deutsch**.

Architektur und mehr
Sehenswert sind allein schon Architektur, Anlage und Gärten des Komplexes hoch über Beverly Hills, die Café-Terrassen und das lichtdurchflutete Restaurant. Davon wird mancher beeindrukkter sein als von der Kunstpräsentation, die durchaus nicht allem anderen in der Kunstszene komplett den Rang abläuft.

Nicht auslassen sollte man den einführenden kurzen Film, der laufend in der *Entrance Hall* gezeigt wird.

Kurzbesuch
Wer keinen vollen Tag zur Besichtigung einplanen kann, der mit An- und Abfahrt mit Pausen in der Cafeteria leicht »draufgeht«, orientiert sich am Faltblatt ***If you only have an hour***.

Eindrucksvolles Gebäude-ensemble des Getty Center

Topanga State Park

Von der *Getty Villa* in Malibu sind es nur ein paar Meilen auf dem **Topanga Canyon Blvd** (Straße #27) durch die Santa Monica Mountains zum ***Topanga State Park***, von dessen Hügeln man **herrliche Aussichten** über den Ozean und das San Fernando Valley hat. Schon die kurvige Zufahrtstraße bietet weite Blicke. Auf der Entrada Road (ausgeschildert) geht es erst weiter oben in Richtung *State Park*. Die Straße endet am Parkplatz ($10, beinhaltet den Eintritt in den Park) bei der ***Trippet Ranch*** (*Ranger Station*). Von dort geht's auf diversen Wanderwegen nur zu Fuß weiter. Ca. 5 km sind es bis zum grandiosen ***Eagle Rock*** (*Loop Trail*), dem höchsten Punkt des Parks, mit sagenhafter Aussicht und Höhlen unterhalb.

Der *State Park* ist nicht nur ein prima Ort zum Wandern und Picknicken, sondern besitzt auch einen Zeltplatz für *Biker* and *Hiker*, ➤ Seite 359; www.parks.ca.gov/?page_id=629.

Exil am Pazifik
Ernst-Georg Richter

Als 1933 in Deutschland die Bücher »wider den undeutschen Geist« brannten, hatten Schriftsteller, die sich nicht mit dem Dritten Reich arrangieren wollten, nur noch die Wahl ins Exil zu gehen. Auf ihrer Flucht vor den Nazis gelangten viele von ihnen auch in die USA. **Pacific Palisades** im Nordwesten von Los Angeles wurde so für mehrere Jahre zur Heimat deutscher, vom Nationalsozialismus nicht verseuchter Kultur. ***Thomas Mann*** (1875-1955) und seine Familie wohnten nach ihrem Umzug von Princeton/New Jersey im April 1941 zunächst am 740 Amalfi Drive und zogen 1942 weiter an den 1550 San Remo Drive (beide nicht zu besichtigen). Auch sein älterer Bruder ***Heinrich Mann*** verbrachte seine letzten Lebensjahre an der Westküste. Er starb 1950 kurz vor seiner geplanten Rückkehr nach Deutschland in Santa Monica.

Andere namhafte Flüchtlinge aus der Alten Welt waren *Bertolt Brecht*, *Max Reinhardt*, *Franz Werfel* und der Romançier ***Lion Feuchtwanger*** (1884-1958). Sein Haus hält bis heute die Erinnerung an deutsche Exilanten in Kalifornien wach. Nachdem sie erst 1941 mit knapper Not aus Europa entkommen waren, ließen sich *Marta* und *Lion Feuchtwanger* ebenfalls am Amalfi Drive nieder, erwarben aber 1943 die großzügige ***Villa Aurora*** am Paseo Miramar unweit des westlichen Endes des Sunset Boulevard. Schon bald wurde die Villa zu einem Treffpunkt der Exilkultur – die ***Manns*** kamen zu Besuch, Komponisten wie ***Arnold Schönberg*** und ***Hanns Eisler***, aber auch englische Gäste wie ***Charles Laughton*** und ***Charlie Chaplin***.

Feuchtwanger wohnte bis zu seinem Lebensende 1958 in der Villa. Seine Witwe überlebte ihn noch um fast 30 Jahre. Zwar fieldas Haus nach ihrem Tod 1987 zunächst an die *University of Southern California*, aber der deutsch initiierte und finanzierte Förderverein »*Villa Aurora*« kaufte und renovierte das Anwesen und eröffnete darin 1995 ein internationales Kulturzentrum als deutsch-amerikanische Begegnungsstätte für Künstler. Teile der Bibliothek, Dokumente und Gegenstände aus Feuchtwangers Besitz erinnern bis heute an den Autor.

Die ***Villa Aurora*** kann nur nach Voranmeldung besucht werden: 520 Paseo Miramar, ✆ 1-310-454-4231, www.villa-aurora.org, Spende von ca. $10 erbeten.

Westside

Östlich der *Getty Villa* zweigt der **Sunset Boulevard** vom ***Pacific Coast Highway*** ab. Er führt kurvenreich durch die Ausläufer der *Santa Monica Mountains* an zahllosen Villen der *Upper Class* vorbei durch die feine ***Westside*** von LA. Dort wohnten früher u.a. auch deutsche Literaten und Künstler, die vor dem Dritten Reich ins Exil geflüchtet waren, darunter die Familie von ***Thomas Mann*** und ***Lion*** und ***Marta Feuchtwanger***.

UCLA

Östlich der *Interstate* #405 schließt sich der zwischen Sunset und Wilshire Boulevard gelegene Stadtteil **Westwood** an. Einst ein abgelegenes Dorf ist er heute Sitz der *University of California Los Angeles*, kurz **UCLA**, mit einem bemerkenswerten Campus für 35.000 Studenten; www.ucla.edu/map.

Westwood Village

Unterhalb (= südlich) des Universitätsgeländes hat sich das ***Westwood Village*** als **der *Nightspot*** für junge Leute etabliert (Westwood/Wilshire Blvd). Neben zahlreichen Kneipen, Restaurants und Discos sind es **Erstaufführungskinos**, die trotz ihrer hohen Eintrittspreise Publikum nach Westwood (außer nach Hollywood, etwa ins *TLC Theatre*, ➢ Seite 369) locken. Detailinfos unter www.westwoodvillageonline.com,

Sowieso und speziell an Wochenenden herrscht dort abends ein enormer Betrieb.

Beverly Hills: Anwesen der Stars

In **Beverly Hills** wird der **Sunset Boulevard** zur mit Palmen gesäumten **Prachtallee**. An ihr und vielen Nebenstraßen des Stadtteils stehen – meist hinter Mauern, riesigen Hecken und verschlossenen Toreinfahrten versteckt – die Villen zahlreicher Film-, Fernseh- und Showstars. Wer sich dafür interessiert, findet die Adressen in Portalen wie http://www.travelersdigest.com/stars_homes.htm oder http://www.seeing-stars.com/Live/index.shtml.

Aber **Achtung**, zu Fuß in den Wohnstraßen herumbummelnde Touristen sind nicht gern gesehen und erregen leicht das Misstrauen von *Security Guides*. Aber entsprechende Straßen gezielt per Auto abzufahren, ist unproblematisch (außer mit RV!) und bei vorhandenem Navi heute nicht einmal mehr mühsam.

Los Angeles
Nordwest
N
0
5 km
San Francisco/
Sacramento
zur I-5
Burbank
San Fernando Valley
Roscoe Blvd
North
Hollywood
Glendale
Van Nuys
Santa Barbara
Ventura Fwy
Glen Oaks Blvd
Woodland
Hills
Warner Bros.
Studios
Zoo
Universal
Studios
Griffith
Park
Norton Simon
Museum
Pasadena
Mullholland Drive
Benedict Canyon
Coldwater Canyon Ave
Beverly
Hills
Observatory
Hollywood
Santa Monica
Mountains
Topanga
State Park
Getty
Center
Golden
Triangle
Santa Monica Blvd.
LACMA
La Brea
Tar Pits
Hollywood
Cemetary
Palm
Springs
Villa
Aurora
UCLA
Chinatown
Wilshire Blvd
Sunset Blvd
Sunset
Westwood
Olympic Blvd
Riverside
Getty
Villa
San Vicente Blvd
Holocaust
Museum
Petersen
Automuseum
DOWNTOWN
Malibu
Pacific
Palisades
Santa
Monica
Santa Monica Fwy
Venice Blvd
Culver City
Western Ave
Vermont Ave
South
Los Angeles
Santa
Monica
Pier
Venice
Pacific Coast Hwy
Culver Blvd
Slauson Ave
Slauson Ave
Anaheim
Marina del
Rey
Exposition
Park
Harbor Fwy
Florence
Fisherman's
Village
Los Angeles
International
Airport
Manchester Ave
Alameda St
Inglewood
Dockweiler
State Beach
Imperial Hwy
Downey
Century Fwy
Highland Ave
Haw-
thorne
Rosecrans Ave
Willowbrook
Riverside/
San Bernardino
Manhattan
Beach
Hawthorne Blvd
Gardena Fwy
Hermosa
Beach
Artesia Blvd
San Diego Fwy
Redondo
Beach
Torrance
Lakewood
Sepulveda Blvd
Torrance
Beach
Carson
Pacific Coast Hwy
Long
Beach
San Diego
Rancho Palos
Verdes
Western Ave
Hafen-
anlagen
Aquarium
Ocean Blvd
Queen Mary
Wayfarers
Chapel
Palos Verdes Drive
Port O'Call
Village
Catalina Island
405
170
5
210
101
2
134
27
110
10
1
105
91
710

Statt Eigeninitiative kommt auch eine **Tourbuchung** in Frage. In den Kleinbussen sitzt man schon mal höher und kriegt mehr zu sehen und zusätzlich zu hören als individuell im Pkw, z.B. bei *Hollywood Tours*: www.hollywoodtours.us.

Auch ohne es auf bestimmte Adressen abgesehen zu haben, lohnt sich eine Fahrt durch die Villenregion in Beverly Hills abseits der Hauptstraßen. Besonders ansehnlich sind nördlich des Sunset Blvd **Beverly Glen**, **Coldwater** und **Benedict Canyon Drive**, südlich **Beverly Drive** und **Cañon**.

Golden Triangle

Das Dreieck zwischen Santa Monica und Wilshire Boulevard bis etwa Crescnt Drive bezeichnet man als ***Golden Triangle***, die exklusivste Shoppingzone von Los Angeles mit dem teuersten Kern am **Rodeo Drive** (➤ unter »Shopping«, Seite 366).

Holocaust Museum

Nur wenige Blocks südlich des Goldenen Dreiecks steht das meist als *Holocaust Museum* bezeichnete ***Museum of Tolerance***; 9786 West Pico Blvd, ✆ (310) 772-2505, www.museumoftolerance.com. Die Holocaust-Abteilung beansprucht breiten Raum. Sie beschreibt authentisch das Schicksal der Juden im Dritten Reich.

Die Besucher werden gruppenweise als kindliche Opfer der Judenvernichtung durch das Szenarium geführt. Da ein individueller Gang durch die Räume nicht möglich ist, muss man bei spontanem Besuch eventuell lange Wartezeiten bis zur nächsten freien Tour in Kauf nehmen. Eine telefonische **Voranmeldung** ist daher empfehlenswert. Mo-Fr 10-17 Uhr, So ab 11 Uhr. Eintritt $15,50, Kinder $11,50. Die Parkgarage unter dem Museum ist gratis.

Hollywood

TCL Chinese Theatre

Weiter oben (etwa ab Fairfax Ave) verändert die dort ***Sunset Strip*** genannte Allee ihr Erscheinungsbild und wird zur ganz normalen Geschäftsstraße. Parallel zu ihr läuft zwei Blocks weiter nördlich der **Hollywood Blvd**, wo vor dem ***TCL Chinese Theatre*** (zwischen La Brea/Highland Ave) Stars und Sternchen ihre **Hand- und Fußabdrücke** samt **Spruch für *Sid Grauman***, den einstigen Eigentümer des Theaters, im Zement verewigt haben. Im Januar 2013 hat die chinesische Elektronikgesellschaft TCL die Namensrechte für $5 Mio. gekauft.

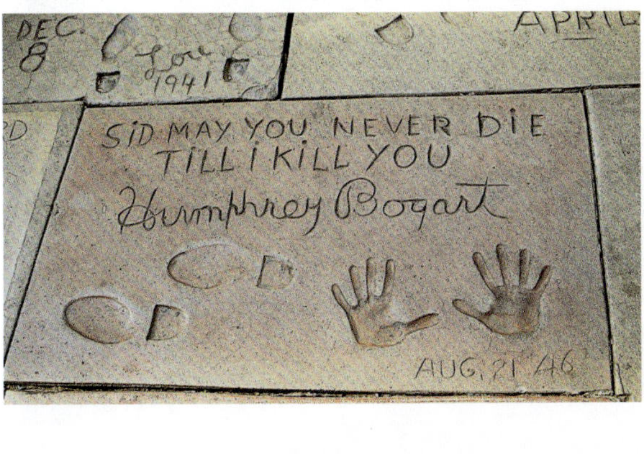

Wer das pittoreske Theater ohne Film von innen sehen will, kann ***Walking Tours*** (20 min) buchen: www.tclchinesetheatres.com. Unter dieser Adresse erfährt man auch das jeweils aktuelle Filmprogramm.

Walk of Fame

In die Gehsteige des Hollywood Blvd wurden auf einer guten Meile Länge beidseitig des chinesischen Theaters und ein Stück in die Vine Street hinein 2.500 überdimensionale Messingsterne eingelassen und den Größen des Showgeschäfts gewidmet (***Walk of Fame*** mit J-Lo als 2.500 Name).

Situation heute

Obwohl Hollywood heute nur noch relativ wenig mit Filmproduktion und TV zu tun hat, die großen Studios schon vor Dekaden ins San Fernando Valley (North Hollywood/ Burbank) und sonstwohin verlagert wurden, steht der Name dieses Stadtteils nach wie vor als Synonym für die kalifornische Filmindustrie. Und so bevölkern tagtäglich erstaunliche Touristenscharen den Stadtteil. Die Besucher finden dort außer den genannten Attraktionen auch noch die ***Guinness World of Records*** (www.guinnessmuseumhollywood.com), ein Wachsmuseum und ***Ripley's Believe it or not*** (www.ripleys.com/hollywood),ein paar antiquarische Buchläden und jede Menge Souvenirshops, *Fast Food* Betriebe, Restaurants und Kneipen.

An der Kreuzung Hollywood Blvd/Highland Ave steht das ***Highland Center*** mit dem ***Dolby*** (früher *Kodak*) ***Theatre;*** www.dolbytheatre.com. Dort findet alljährlich die Verleihung der *Academy Awards* statt, besser bekannt als ***Oscars***. Dann wird der Hollywood Boulevard abgesperrt und samt Zugängen großflächig mit roten Teppichen ausgelegt. **Besichtigungstouren** finden täglich zwischen 10.30 Uhr und 16 Uhr alle 30 min statt; $15/$10.

Vom Standort des *Dolby Theatre* erkennt man besonders gut den **Schriftzug »Hollywood«** hoch in den Hügeln des Stadtteils.

Global bekannter 15 m hoher und 105 m langer Schriftzug in den Hügeln über Hollywood

Hollywood Cemetery

Authentisch ist in Hollywood der Friedhof, auf dem man viele bekannte Namen einstiger Filmstars und Entertainmentgrößen entdecken kann. Der ***Hollywood Cemetery*** befindet sich am Santa Monica Blvd zwischen Gower Street und Van Ness Ave; www.hollywoodforever.com.

Mulholland Drive

Einen besonderen Ruf genießt der in vielen Filmen und TV-Serien »vorkommende« nach dem Vater der Aquädukte (➤ Seite 346) benannte **Mulholland Drive**. Diese kurvenreiche fast 40 km lange Straße schlängelt sich oberhalb von Beverly Hills und der Santa Monica Mountains durch die hügelige Landschaft. An ihr passiert man zahlreiche – stark abgeschirnte – Residenzen Prominenter und immer wieder Aussichtspunkte. Ihr Abfahren kostet indessen viel Zeit. Anfahrt vom *Freeway* #101 über *Exit* 11A oder von der I-405, *Exit* 61. Man kann auch westlich von Hollywood vom Hollywood Blvd oder bereits ab Sunset Blvd über den Laurel Canyon Blvd zum Mulholland Drive hinauf und dann – vorzugsweise – in westliche Richtung fahren.

Griffith Park

Nordöstlich Hollywood zwischen dem ***Freeway* #101** und dem ***Golden State Freeway*** (I-5) liegt der außergewöhnliche *Griffith Park*, den man am besten über die Vermont Ave ansteuert. Sie führt durch hügeliges Waldgelände (*Vermont Canyon*) mit enormer Picknickkapazität, Sportanlagen und Wanderwegen hinauf zum ***Planetarium & Observatory*** mit einer Aussichtsterrasse, von der man an Tagen mit guter Sicht große Bereiche von LA überblickt. Bei Dunkelheit schaut man auf ein Lichtermeer.

Die 8-10 täglichen fantastischen **Shows** (Mi-Fr 12-22 Uhr; Sa+So ab 10 Uhr; Mo und Di geschlossen; $7/$5/$3) unter der Kuppel des *Samuel Oschin Planetarium* sind sehr populär. Da oben zu Showzeiten kaum zu parken ist, verkehrt ein *Shuttle* zur Anlage. Alle Details zum aktuellen Programm, zur Anfahrt etc. findet man unter www.griffithobs.org.

Blick auf Los Angeles vom Mulholland Drive aus. Ganz hinten die Hochhäuser markieren Downtown. Die Autobahn ist der Hollywood Freeway #101

Planetarium am Südrand des Griffith Park mit Aussicht über Teile von LA

Greek Theatre

Am Wege passiert man – noch im Eingangsbereich des Parks – das ***Greek Theatre***, ein Open-air Amphitheater, das von Ende Mai bis Oktober überwiegend für Konzerte genutzt wird (Rock bis Klassik). Große Namen der Musikszene sind dort keine Seltenheit; www.greektheatrela.com.

Zoo und Wildwest Museum

Ein ebenfalls stark frequentierter Bereich des *Griffith Park* ist ein Streifen an seiner Ostseite parallel zur nahen I-5. Über Crystal Springs/Zoo Drive (Anfahrt über den Los Feliz Blvd oder die I-5) erreicht man unweit des ***LA Zoo*** (www.lazoo.org, nicht so umwerfend) das unbedingt sehenswerte ***Autry Center of the American West*** (Di-Fr, 10-16 Uhr; Sa+So 11-17 Uhr, Eintritt $10/$4) mit einer brillanten Kollektion zum Thema **Eroberung des Westens** und dessen Glorifizierung in Cowboylegenden, Wildwest-Shows (vor allem durch *Buffalo Bill*), Film und TV; http://theautry.org.

Abstecher nach Pasadena/ Norton Simon Museum

Ein beachtliches Museum ganz anderer Art, das seltener auf dem Besuchsprogramm ausländischer Besucher steht, ist das ***Norton Simon Museum of Art*** in Pasadena (Mi-Mo 12-18 Uhr, Fr bis 21 Uhr; Eintritt $10, Senioren $7, bis 18 Jahre/Studenten frei), rund 8 mi östlich des *Griffith Park* an der Ecke Colorado/Orange Blvd, erreichbar über den *Ventura/Foothill Freeway* #134 oder *Freeway* #110 von anderen Richtungen aus.

Das Museum beherbergt u.a. eine **Sammlung alter Meister**, in der auch Namen wie *Rembrandt, Brueghel, Goya* und *Rubens* nicht fehlen, das *Lucas Cranach*-Gemälde **Adam und Eva** (!), eine beachtliche Kollektion europäischer Im- und Expressionisten (*van Gogh, Renoir*, über 100 *Degas, Manet, Monet, Cezanne* u.a.) so - wie indische und südostasiatische Kunstwerke. Hübsch ist der Skulpturengarten mit **Cafeteria**; www.nortonsimon.org.

Huntington Library

Einmal in Pasadena sollten Kulurbeflissene die ***Huntington Library*** mit ***Art Gallery*** und ***Botanical Gardens*** nicht auslassen: 1151 Oxford Road; Mi-Fr+Mo 12-16.30 Uhr, Sa+So ab 10.30 Uhr, Eintritt $15/$6; Sa+So $20; ermäßigte Tickets für Studenten+Senioren; © (626) 405-2100; www.huntington.org. Anfahrt über den **Colorado Blvd** und die Allen Ave; ausgeschildert.

Die **Bücherei** beherbergt eine enorme Sammlung alter Schriften und Bücher (darunter sogar eine **Gutenberg-Bibel**), die **Kunstgalerie** vor allem englische Werke des späten Mittelalters, u.a. *Gainsboroughs* berühmten ***»Blue Boy«***. Der über 60 ha große **Botanische Garten**, eher ein Park, besteht aus 15 unterschiedlichsten, wunderschönen Teilgärten.

Universal City Studios www.universalstudioshollywood.com

Lage

Von den ***Amusementparks*** im Großraum Los Angeles sind die ***Universal City Studios*** neben *Disneyland/California Adventure* die mit Abstand populärsten. Sie liegen einige Meilen nordwestlich von Hollywood am *Freeway* #101, Ausfahrt Universal City.

Tickets

Der Pauschaleintritt in die *Universal City* kostet **$84/Person**, **Kinder bis 122 cm $76** (ohne *Discount-Coupons)* plus *tax*. Im **Internet** gibt's für jeweils $5 mehr ein Ticket zum Ausdruck für zwei Tage Zutritt, 2. Tag innerhalb 30 Tagen (derselben Person!). Dazu erhalten Internetbucher ***Discount Coupons*** im Wert von $100 für Restaurants und Shops auf dem Gelände bzw. im Bereich *Citywalk*.

Wer lange Wartezeiten in manchmal endlosen Schlangen vermeiden möchte, kauft den ***Front of Line Pass*** für **$149-$169**.

Wer neben Universal auch noch die *Disney Parks* in Anaheim und *Sea World* in San Diego (innerhalb 14 Tagen) besuchen will, spart ein paar Dollars mit dem ***Southern California City Pass*** für **$319/Kinder $279**, der auch noch um den *San Diego Zoo* oder *Safari Park* erweitert werden kann. Alle Details im Internet unter www.citypass.com/southern-california.

Parken

Parken kostet $15, nach 15 Uhr $10, für RVs $17. Man kommt auch **per U-Bahn** (*Red Line*) oder **MTA Bus** (www.metro.net) hin.

Zeiten

Geöffnet sind die Studios täglich ab 9/10 Uhr bis 18/19 Uhr, im Sommer ab Ende Juni bis Ende August bis 20 Uhr und an Wochenenden bis 21 Uhr. Mit An- und Abfahrt entspricht der Besuch einem vollen Tagesprogramm.

Der *Universal*-Komplex besteht aus vier Teilbereichen:

Upper Lot

In dem durch jede Menge Shops und Restaurants ergänzten ***Entertainment Center*** im ***Upper Lot*** laufen mehrmals täglich unterschiedlichste Shows: ***The Blues Brothers***, Vorführungen auf der ***Special Effects Stage***, ***Animal Actors***, ***House of Horrors*** (eher eine Präsentation), ***Shreck*** in **4D (!)** und die wüste Show ***Waterworld***. Für Kinder gibt's noch ***The Simpson's Ride***. Alles ist unterhaltsam und kurzweilig, solange man vermeidet, das Gebotene kritisch zu reflektieren.

Lower Lot

Unterhalb, im ***Lower Lot***, liegt das ***Studio-Center***. Dort erwarten das Publikum der – nicht so aufregende – ***Raft Trip*** durch den ***Jurassic Park***, ***Revenge of the Mummy*** (ein wüster *Rollercoaster* im Dunkeln), ***Transformers: The Ride in 3D*** und eine Art «interaktives« **Museum** mit Austellungsstücken ***»from behind the scene«*** aus zahllosen *Universal*-Produktionen.

Der weiße Hai, seit Dekaden Schrecken der Studio Tour, im Upper Lot aber erlegt

Action pur in der Waterworld Show. Da rasen Outboarder und Airboats durch die rostige Befestigung im Wasser und MGs ballern, es kracht, knallt und explodiert

Backlot

Durch das Gelände der Studios, das ***Backlot***, geht es per ***Studio Tram Tour*** (mit jeweils etwa 150 Personen). Während der 60 min-Tour gelten pausenlose Erläuterungen all den Filmen, die in den – nach Brand 2009 frisch und größer als zuvor wieder aufgebauten – Stadtattrappen) und an künstlichen Seen gedreht wurden, und den bewunderswerten Stars und Sternchen, deren Bekanntheit natürlich vorausgesetzt wird. Für Spaß und Schrecken ist gesorgt, wenn man die Vorstadtidylle aus ***Desperate Housewives*** passiert, eine gerade **abgestürzte Boeing** noch vor sich hinqualmt, eine Flutwelle anrollt, der **Weiße Hai** angreift, die **Erde bebt**, Beton bricht und Flammen lodern. Und neuerdings fährt die Bahn auch noch eine Runde durch die Wahnsinnswelt von **King Kong und T-Rex in 3D**.

Hard Rock Cafe

Citywalk

Nach all dem kann man im ***Universal Citywalk*** mit Kinos, Shops, *Fast Food Places* und Restaurants (***Hard Rock Café, Wolfgang Puck Bistro, Strauss Beer Garden*** und mehr) hinter ***Art Deco*-Fassaden** weiter die aufregende Welt des *Entertainment* genießen; www.citywalkhollywood.com).
Ohne Eintritt zugänglich, aber volle Parkgebühr fürs Auto – anders als *Downtown Disney*, ➤ Seite 401)

Fazit

Man benötigt in den *Universal Studios* ein gerüttelt Maß an Unvoreingenommenheit, um von Herzen »*Fun*« zu haben.

Freeways um Universal

Ein besonderes Problem stellt die Abfahrt ab *Universal* dar. Die *Freeways* der Umgebung sind regelmäßig bis mindestens 19 Uhr mehr oder weniger verstopft. Also entweder früh morgens kommen und vor 14 Uhr »durch« sein, oder bis nach 19 Uhr warten und erst einmal shoppen und dinieren, wenn das Fahrtziel nicht gleich um die Ecke liegt.

Warner Brothers Studio http://vipstudiotour.warnerbros.com

VIP Tour

Die Studios und das Gelände der ***Warner Brothers*** in nahen **Burbank** sind anders als im Fall *Universal* kein *Amusement Park* und daher eher etwas für eingefleischte Filmfans. *Warner* produzierte weltbekannte Filme wie *Casablanca, Superman, Batman, Harry Potter und die Matrix-Reihe,* außerdem Serien wie *77 Sunset Strip, Die Waltons und Gilmore Girls.*

Die Standard ist dort die **VIP-*Studio Tour*** (ca. 2 Stunden) in 12-Personen-Elektrovehikeln durch Studios wie Stadt- und Landschaftskulissen für WB-Filme. Sie gilt als beste Studio-Tour überhaupt. Mit Glück erwischt man einen Tag mit aktuellen Dreharbeiten (➤ Website unten unter »*about the studio/now filming*) und sieht das eine oder andere bekannte Gesicht. Zur Tour gehört als Abschluss der Besuch des ***Warner Bros. Museum*** mit jeder Menge Objekten aus WB-Produktionen.

Anfahrt

Zum Startpunkt der VIP Tour fährt man am besten über den *Freeway* #101 an, verlässt ihn an der Ausfahrt 11A südlich von *Universal* und fährt auf dem Barham Blvd nach Norden. Barham wird zur Olive Ave: von ihr biegt man noch vor dem *Freeway* #134 rechts ab auf den Riverside Drive und gleich wieder rechts auf die Avon Street. *VIP Tour Parking* kostet $7.

Zeiten/Ticket

Touren Mo-Fr alle 20 min 8.20-16 Uhr (letzte Abfahrt); Tickets $49; Reservierung empfehlenswert unter © 877-4WB-TOUR oder http://vipstudiotour.warnerbros.com, **Tickets $49** (ab 8 Jahre).

Superfans buchen die 5-stündige ***Deluxe Tour*** Mo-Fr um 10.20 Uhr einschließlich Mittagessen mit der Chance, die WB-Helden in der Kantine perönlich zu treffen ($250!).

Weitere Studio Tours

Neben *Universal* und *Warner Brothers* bieten noch weitere Studios Touren durch ihre Gelände und Sets:

- ***Sony Pictures Studios*** mit *Men in Black-Studio* und den Sets zu *Jeopardy* und *Wheel of Fortune*; 10202 W Washington Blvd, © (310)-244-8687, www.sonypicturesstudiostours.com; 2 Std ab $33.
- ***Paramount Studios*** sind die einzigen noch direkt in Hollywood verbliebenen; 5555 Melrose Ave, © (323) 956-1777, www.paramountstudiotour.com, 2-stündige Tour ab $48.
- Im ***Melody Ranch Motion Picture Studio*** (Santa Clarita Valley/Nord LA) entstanden Szenen von *Tarantino's* Oskar gekröntem Sklaverei-Western ***Django Unchained*** (nur Gruppentouren, © 661-286-1188; www.melodyranchstudio.com).

Wen es interessiert, als **Publikum in Fernsehshows** dabei zu sein, wird mit Glück unter http://tvtix.com/schedule.php oder www.tvtickets.com fündig (gratis).

In LA's Chinatown

Downtown und Umgebung

Geographie Downtown

Wie eingangs im Abschnitt Geographie kurz erläutert, gibt es in Los Angeles keine »Innenstadt«, die von ihrer administrativen und wirtschaftlichen Bedeutung her mit der anderer großer Cities vergleichbar wäre. Nichtsdestoweniger existiert ein – dank seiner **Hochhauskulisse** – auch aus der Distanz deutlich erkennbares ***Downtown Los Angeles***. Zum Bereich *Downtown* zählt man neben dem Geschäfts- und Finanzzentrum den ***Civic Center*** Komplex mit Administrations-, Gerichts- und Kulturgebäuden, die heute als ***State Historical Park*** ausgewiesene kleine ***Old Town*** sowie – in Randlage – ***Chinatown*** und ***Little Tokyo***. Das Gebiet hat die Form eines Dreiecks und wird durch den *Pasadena Fwy* (I-110) oberhalb und unterhalb der Kreuzung mit dem *Hollywood Fwy* #101, die 7th Street östlich der I-110 und die Alameda Street bis hinauf zur College Street (*Chinatown*) begrenzt.

Pershing Plaza

Parken/ Anfahrt

Die **Park- und Verkehrssituation** in *Downtown* ist werktags katastrophal. Es empfiehlt sich ein Abstellen des Wagens auf einem der zahlreichen (teuren) Parkplätze in den Randzonen des skizzierten Dreiecks oder in einem der Parkhäuser und eine **Erkundung von *Downtown LA*** – zumindest innerhalb der Teilbereiche – ***per pedes***. Dank des mittlerweile gut ausgebauten U-Bahn-Netzes ist auch eine Anfahrt mit der **Metro** keine schlechte Idee.

Transport in Downtown

Einmal dort eignen sich zur Überbrückung größerer Distanzen am besten die Busse des ***Downtown Area Short Hop* (DASH)**, die Mo-Fr 5.50-19.00 Uhr in 5-/20-min-Intervallen (Sa reduziert, So nur 2 Linien mit geringer Frequenz) zwischen allen wichtigen Hotels, *Shopping Malls*, markanten Gebäuden und Sehenswürdigkeiten samt *Chinatown, Pueblo de los Angeles* und *Union Station* verkehren. Die zahlreichen Haltepunkte sind nicht zu übersehen. Das **Ticket** kostet einheitlich **$0,50**. DASH verkehrt auch zu Zielen außerhalb von *Downtown*; ➤ www.dtdash.com.

Angels Flight

Eine nostalgische Zahnradbahn über ganze 100 m Länge verkehrt nach technischer Modernisierung seit 2010 wieder zwischen der South Hill (zwischen 3rd und 4th St) und Olive Street, wobei die

höhere Station heute auf der *California Plaza* über der Olive Street steht und man von dort zur Grand Ave hinüber laufen kann.

Die Auf- oder Abfahrt auf der ***Angels Flight*** genannten *»Shortest Railway of the World«* kostet seit 2012 wie die DASH-Busse $0,50. Die kurze Fahrt lohnt sich schon allein wegen des Kontrastes zwischen diesem wiederbelebten Relikt aus dem Jahr 1901 und den Glas- und Betonsilhouetten ringsum.

Beginn Rundgang

Zur Inaugenscheinnahme der Paläste der Versicherungen, Banken und Luxushotels und der neueren Kreationen postmoderner **Architektur** samt unübersehbarer Skulpturen (➤ unten) zwischen den Hochhäusern beginnt man am besten am **Südende** (etwa 8th/7th Street) der **Figueroa Street**.

Westin Bonaventure Hotel

Dabei lässt sich das ***Westin Bonaventure Hotel*** mit seinen einst *Downtown* prägenden, heute von seinen Nachbarn teilweise überragten gläsernen Türmen nicht verfehlen. Sehenswert ist dessen lichtdurchflutetes Atrium mit Boutiquen- und **Restaurantarkaden** und Wasserspielen auf versetzten Ebenen. Von dort sollte man der 4th Street bis zur Hope Street folgen und oben (spätestens 1st Street) zur **Grand Ave** hinübergehen. Die obere ***Angels Flight Station*** (➤ vorstehender Absatz) liegt etwas versteckt hinter dem Hochhaus *Two California Plaza* (350 South Grand Ave).

Nur ein wenig weiter an der 250 South Grand Ave steht abgesenkt der eindrucksvolle Bau des ***Museum of Contemporary Art***; Mo+Fr 11-17 Uhr, Do bis 20 Uhr (Eintritt frei ab 17 Uhr), Sa+So 11-18 Uhr; $10; www.moca.org.

Die Sammlung bezieht sich auf (überwiegend) amerikanische Kunst seit den 1940er-Jahren bis heute. Viele große Namen dieser Epoche (*Rauschenberg, Warhol, de Kooning, Stella, Pollock* etc.) sind mit Werken vertreten. Wechselnde Sonderausstelungen ergänzen die

2

Installation im Innenhof des MOCA

permanente Kollektion. Eine »Filiale« des MOCA ist das ***Geffen Contemporary*** an der 152 North Central Ave in Nachbarschaft zu *Little Tokyo*, identische Zeiten und Internetadresse.

Walt Disney Concert Hall/ Kathedrale

100 m nördlich des MOCA steht die avantgardistische ***Walt Disney Concert Hall***, Heimat des *Los Angeles Philharmonic Orchestra* (111 South Grand Ave), ➤ Foto Seite 367; www.laphil.com.

Ebenfalls an der Grand Ave südlich des *Freeway* #101 steht die ***Cathedral of our Lady of the Angel***s, ein weiteres architektonisches Meisterwerk, www.olacathedral.org.

Broadway

Nach Osten bildet der mexikanisch geprägte **Broadway** eine Art Grenzlinie zwischen dem *Business*-Bezirk und der schäbigen, bei Dunkelheit unbedingt zu meidenden *Eastside* der City. In diesem Bereich befindet sich das ***Greyhound Bus Terminal*** (1716 East 7th Street nahe Alameda Street) und passenderweise auch gleich das **Polizeihauptquartier** (251 East 6th Street).

Market

Am Broadway zwischen 3rd und 4th Street markiert der bunte ***Grand Central Public Market*** einen bemerkenswerten Kontrast zur postmodernen City; www.grandcentralsquare.com.

Fotografieren

Für gute **Fotos** der ***Downtown Skyline*** eignen sich besonders gut Standpunkte auf dem **Pershing Square**, ➤ Karte Seite 386.

Japan Viertel

Zwar auch östlich des Broadway, aber zwischen 1st und 2nd Street bereits etwas außerhalb der Problemzonen, findet man das japanische Miniviertel ***Little Tokyo*** (San Pedro Street/Central Ave). Im Wesentliches handelt es sich um ein leicht japanisch »angehauchtes«, durchaus nicht typisch japanisches *Shopping Center* (*Japanese Village Plaza*), das man vielleicht zum Besuch eines der ***Sushi Restaurants*** aufsuchen könnte. Einen eigenen Besichtigungswert besitzt *Little Tokyo* nicht.

Eine Ausnahme macht das schon durch seine Glasfront auffällige ***Japanese American National Museum*** in der 369 East First Street (Di+Mi und Fr-So 11-17 Uhr, Do 12-20 Uhr, Eintritt $9/$5, Do 17-20 Uhr frei) mit einer Ausstellung zur Geschichte japanischstämmiger Amerikaner und zu ihrer Zwangsinternierung während des Zweiten Weltkriegs, ➤ auch Seite 289. Wen das Thema interessiert, findet Einzelheiten unter www.janm.org.

Old Town

Unmittelbar jenseits des tiefergelegten *Hollywood Freeway #101* zwischen Alameda (gegenüber der ***Union Station*** – Bahnhof für die Amtrak-Züge/U-Bahn und Baudenkmal) und Spring Street pflegt man im ***Pueblo de los Angeles State Historic Park*** die Reste spanisch/mexikanischer Vergangenheit, die sich dort in ein paar – eher mäßig sehenswerten – Gebäuden manifestiert.

Ein ***Visitor Center*** an der Main Street informiert über Einzelheiten. Im Mittelpunkt steht aber letztlich weniger die Historie als das kommerzielle Angebot auf der hübschen **Old Plaza** am Plaza Park und – daran anschließend – in der **Olvera Street** mit jeder Menge bunter ***Mexico Shops*** und *Eateries* mit ***Mexican Food***.

Mexikanische Besucher posieren fürs Familienfoto in der Olvera Street

Chinatown

Wenige Blocks nördlich des Pueblo besitzt auch Los Angeles seine *Chinatown*, aber bei weitem nicht so groß und prächtig wie die San Franciscos. Ihr Zentrum ist ein **Fußgängerbereich** zwischen Hill Street und North Broadway oberhalb College Street. *Chinatown* schließt am frühen Abend, wenn die Tagestouristen verschwunden sind, weitgehend die Pforten; www.chinatownla.com.

Baseball Dodger Stadium

Nur wenig nördlich von Chinatown (z. B. Hill Street nach Norden fahren) liegt jenseits des Freeway #110 unterhalb der I-5 und des Elysian Park das gigantische ***Dodger Stadium*** (an die 60.000 Sitzplätze). Fast noch eindrucksvoller als dieses berühmte Baseball-Stadion ist die kolossale Ausdehnung der Parkplätze um das Rund. Wer die ***Los Angeles Dodgers*** live erleben möchte, erfährt alles unter http://losangeles.dodgers.mlb.com.

Basketball & Staples Center

In der äußersten südwestlichen »Ecke« von *Downtown* LA steht das ***Staples Center*** (1111 South Figueroa Street/Höhe West 11th Street; ➤ Foto unten) neben dem *LA Convention Center*. In diesem Sportkomplex sind die Basketballriesen der ***Los Angeles Lakers***, ihre Rivalen von den ***Los Angeles Clippers***, die *Ladies* der ***LA Sparks*** und dazu die Eishockeycracks der ***Los Angeles Kings*** zuhause. An sportfreien Tagen finden dort auch Konzerte statt; aktuelle Details unter www.staplescenter.com.

Exposition Park

Nicht mehr zum Bereich *Downtown* gehört der ***Exposition Park*** (Figueroa Street/Exposition Blvd), dessen Anlage und Bezeichnung auf eine Weltausstellung 1914 zurückgeht; www.expositionpark.org. Er liegt rund 4 mi südlich der City und ist auf dem *Harbor Freeway* #110 leicht erreichbar .

Coliseum

Kernstück des Komplexes ist das nostalgische ***Coliseum***, Hauptschauplatz der Olympischen Spiele von 1984 und 1932.

Science Center

Immer stark besucht und bei Schulklassen beliebt ist das ***California Science Center*** (10-17 Uhr, Eintritt frei, parken $8), ein enormes Technikmuseum samt *Aerospace Building* mit IMAX-Kino; www.californiasciencecenter.org. Highlight ist das ***Space Shuttle Endeavour***, das erst kürzlich hinzukam (dafür Eintritt $8/$6/$5).

Naturkunde-museum

Das *LA County* ***Natural History Museum*** (täglich 9.30-17 Uhr; $12/$8/$5; www.nhm.org), in Breite und Präsentation ein gutes naturgeschichtliches Museum mit großer Dinosaurierabteilung, liegt in nächster Nähe des *Science Center*.

Rosengarten und USC

Erholung im Grünen bieten der große ***Rose Garden*** nördlich der Museen und diverse kleine **Parks** im eindrucksvoll angelegten Campus der ***University of Southern California*** gleich nördlich des Exposition Blvd; www.usc.edu.

Wilshire District

Wishire Blvd/ Hancock Park

Der *Santa Monica Freeway #10* bietet die rascheste Verbindung von *Downtown* zu den Stränden im Westen. Weitgehend parallel dazu läuft einige Blocks nördlich der **Wilshire Boulevard** durch den prosperierenden gleichnamigen Bezirk und später – zwischen Sunset und Santa Monica Blvd – als dritte Verkehrsachse

durch die bereits beschriebene *Westside* (➤ Seite 375f). Noch im ***Wilshire District*** passiert diese breite Allee den ***Hancock Park*** zwischen Fairfax und La Brea Ave mit zwei Sehenswürdigkeiten:

LACMA

- in seiner Südwestecke befindet sich das ***Los Angeles County Museum of Art*** (**LACMA**, ✆ (323) 857-6000, www.lacma.org), ein Komplex aus fünf um eine zentrale Hofanlage gruppierten Gebäuden und drei Skulpturengärten (Mo+Di+Do, 12-20 Uhr, Fr bis 21 Uhr, Sa+So 11-20 Uhr; Eintritt $15/$10; bis 17 Jahre gratis. An jedem 2. Dienstag des Monats ist der Eintritt generell frei, außerdem an wechselnden Feiertagen, ➤ Website.

  Parken in der unterirdischen Parkgarage ($8-$10) unter dem LACM, Zufahrt vo der 6th Street aus.

Eingang ins LACMA

  Die Ausstellungen im *Art of the Americas, Ahmanson* und *Hammer Building* beziehen sich auf **Stil- und Kunstrichtungen zahlreicher Kulturen** vom Altertum bis zur Neuzeit. Im ***Art of the Americas Building*** findet man vor allem Kunstwerke aus Latein- und Nordamerika und im ***Hammer Building*** chinesische und koreanische Kunst. Im ***Ahmanson Building*** beeindrucken alte Meister (u.a. *Rembrandt, Frans Hals*), eine Kollektion von *Rodin*-Skulpturen sowie Kunst weltweit.

  Im neueren ***Broad Contemporary Art Museum*** zeigt man Kunstwerke von 1945 bis zur Gegenwart.Aus dem Rahmen fällt der ***Pavilion for Japanese Art***, dessen Architektur ganz andere Akzente setzt als die übrigen Gebäude.

  Empfehlenswert sind das ***Plaza Café*** und die bunte, eigenwillig eingerichtete ***Stark Bar*** samt ***Ray's Restaurant***, ideal für *Lunch* oder *Dinner* nach anstrengenden Stunden durch die Museen.

La Brea

- östlich neben dem Kunstmuseum befinden sich die ***La Brea Tar Pits***, mit einer teerigen Brühe gefüllte Teiche, in denen im Laufe der Erdgeschichte unzählige Tiere versanken. Hunderttausende von Knochen wurden aus den *Pits* geborgen und teilweise wieder

Mammut im La Brea Teertümpel

zu Skeletten zusammengesetzt, darunter auch das einer Frau, der ***La Brea Woman***. Erstaunlich gut konserviert sind die prähistorischen Fossilien. Ein Teil davon ist im ***Page Museum of La Brea Discoveries*** zu sehen, Di-So, im Sommer täglich 9.30-17 Uhr; $11/$7/$5; www.tarpits.org.

Petersen Automobil museum

Wer sich für nostalgische Automodelle interessiert, wird im ***Petersen Automotive Museum*** mit über 150 – teilweise sagenhaft gut erhaltenen bzw. restaurierten – Ausstellungsstücken mehr als fündig. Das Museum steht schräg gegenüber dem LACMA an der Wilshire Ave, Ecke Fairfax. Eintritt $10/$8/$5/$3; Öffnungszeiten Di-So 10-18 Uhr; www.petersen.org. Parken im eigenen Parkhaus möglich, Einfahrt Fairfax Ave.

An die Küste

Die Fairfax Ave stößt eine gute Meile südlich des LACMA auf den Venice Blvd, der direkt nach **Venice Beach** führt. Soll es nach **Santa Monica** gehen, nimmt man nach einem kurzen Stück auf dem Venice Blvd die I-10.

Santa Monica und Venice Beach

Kennzeichnung Santa Monica

Santa Monica ist gleich nach Hollywood der wohl bekannteste Stadtteil von LA. Unzählige Filme und TV-Serien haben dafür gesorgt. Dabei kommt es vor allem auf den Küstenstreifen mit der berühmten ***Santa Monica Pier*** an (plus 2-3 Blocks landeinwärts). Was Santa Monica entlang der unendlichen Strände von Malibu bis Newport Beach auszeichnet, ist die **Steilküste** hinter dem Strand. Zwar geht die Verlängerung der I-10 ab der Pier in den *Pacific Coast Highway* #1 über und läuft hinunter zum und zunächst am Strand entlang bzw. an dort unten stehenden Villen vorbei. Aber unmittelbar hinter dieser hochfrequentierten Straße ragt eine ca. 20 m hohe Abbruchkante auf. Zwischen ihr und der palmenbestandenen Allee **Ocean Ave** erstreckt sich ab der Pier in Richtung Nordwesten der 40-80 m breite gepflegte ***Palisades Park*** mit von Joggern und (selteneren) Spaziergängern viel genutzten Wegen.

Strand und Pier

Unten auf dem Strand verläuft außerdem ab der *Will Rogers State Beach* in Pacific Palisades – weiter nördlich, speziell dort riesige **Parkplätze** am Strand für die Biker und Jogger auf der Piste, Volleyballer und Surfer – der asphaltierte ***Ocean Front Walk and Bike Path*** zweispurig (!) unter den Pylonen der Pier hindurch bis hinunter zur felsigen Halbinsel Rancho Palos Verdes.

Der in Werbebroschüren gern gezeigte und gelobte **Dauerjahrmarkt *Pacific Park*** auf der Pier ist samt den zahlreichen *Fast Food*-Ständen und einigen Restaurants über dem Strand und am Pierende sogar über den Wellen des Pazifik bei weitem nicht so attraktiv, wie bunte Fotos und Nachtansichten es erscheinen lassen.

Einkauf

An der Ocean Ave passiert man vor allem Hotels und teure Restaurants. Von der verkehrsfreien Einkaufsstraße, der **Third Street Promenade**, war bereits weiter oben (Seite 365) die Rede; www.downtownsm.com.

Weiter nach Venice Beach

Südlich der Pier rücken mit der langsam abfallenden Küste die Villen näher an den Strand, und die Ocean Ave wird zum Barnard Way, an dem weitere Großparkplätze die Autos der Strandbesucher und des ***Beach Green Park*** aufnehmen.

Zu Fuß oder per Bike (auch am Strand entlang) erreicht man von dort rasch den als »alternativ« geltenden Santa Monica-Ortsteil Venice auf Höhe der Rose Ave. **Mit dem Auto** geht's **von Santa Monica aus** dorthin nur über den etwas zurückliegenden Pacific Coast Boulevard.

Promenade und Bike Path

Am Nordende von Venice teilen sich der ***Ocean Front Walk*** und der ***Bike Path***. Ersterer wird zur breiten Promenade mit oft exzentrischem Leben und Treiben. Die sich über den Sand schlängelnde Radpiste ist nirgends so verkehrsreich wie an der Venice Beach. Ab der weit ins Wasser ragenden ***Fishing Pier*** südlich des Venice-Zentralbereichs (ca. 1 km südlich) vereinigt sich der *Front Walk* wieder mit dem *Bike Path* und läuft bis zum Einfahrtkanal des Yachthafens *Marina del Rey* (ab *Fishing Pier* ca. 2 km).

Ocean Front Walk & Bike Path zwischen Santa Monica und Venice, ideal für eine kleine Radtour von Malibu bis mindestens zur Marina del Rey

Nach Venice Beach ab LACMA

Wer ab ***Hancock Park*** (Wilshire Ave/LACMA, ➤ voriger Abschnitt) direkt nach Venice Beach fahren möchte, folgt der Fairfax Ave zunächst in südliche Richtung. Nach weniger als einer Meile stößt man auf den Venice Blvd, der gradlinig bis Venice Beach führt.

Kennzeichnung Venice

Das »**Venedig**« von LA hat zwar ein paar hübsche an Kanälen gelegene Wohnstraßen (*Linnie Canal Park* zwische South Venice Blvd und 28th Ave sowie entlang Esplanade East), aber mit dem Namensvorbild ansonsten gar nichts gemein. Ein je 300 m langes und breites Quadrat über dem ***Venice Beach Park*** bis zur Main Street mit der Windward Ave als zentraler Achse beschreibt das **Kerngebiet von Venice**. Gerne wird auch der **Abbot Kinney Blvd** herausgestellt, eine Verbindung zwischen Main Street und Venice Blvd (auf der Windward Ave ca. 800 m vom Strand entfernt) mit 'zig Shops und *Eateries*, die aber großenteils »abgeblättert« wirken und nur abends bunt und attraktiv erscheinen.

Venice Beach

Für Besucher kommt es in **Venice Beach** vorrangig auf den Strand und die Promenade rund um den *Beach Park* mit der sog. ***Muscle Beach*** an. Während in Santa Monica, im angrenzenden Ortsteil Ocean Park und in Venice weiter südlich der *Ocean Front Walk* sich meist nur mäßig und bestenfalls punktuell stärker belebt zeigt, ist im Zentralbereich oft allerhand los. Entlang einer ***Open-air* Restaurantzeile** und bunter Verkaufsstände bummeln an freien Tagen oft Tausende, um zu gucken und gesehen zu werden. Starke Männer, Volley- und Basketballer, produzieren sich im ***Recreation Center*** und *Biker* wie *Skater* preschen auf ihrer Betonspur den Strand 'rauf und 'runter. Pflastermaler, Pantomimen und Musikanten sorgen an guten Tagen für zusätzliche **Unterhaltung**. Leider ist seit Jahren ein langsamer, aber stetiger Niedergang zu verzeichnen. Unerfreulich wirkt schon manche Querstraße gleich hinterm Strand. Am Abend meidet man *Venice Beach* besser.

Wochenendbetrieb auf der Promenade von Venice Beach

Von Venice nach San Pedro

Marina del Rey

Wie erwähnt, schließt die ***Marina del Rey*** unmittelbar an Venice an. Dieser Hafen war einst Zentrum der olympischen Segelwettbewerbe (1984) und ist Heimat einer unglaublichen Armada von Booten der Luxusklasse. Anzahl und Größe der hier liegenden Segel- wie Motoryachten stellen so ziemlich alles in den Schatten, was wir aus Europa kennen. Hinzu kommt eine sagenhafte Infrastruktur rund um die Hafenanlage. Wer es sich leisten kann, hat sein teures Apartment gleich neben dem Bootsliegeplatz.

Fisherman's Village

Die Hafenbecken werden umrundet von der Via Marina (Westseite), dem Admirality Way und dem Fiji Way an der Südostseite. Auf ihm gelangt man von der Lincoln Ave (Pacific Coast Hwy #1) zum ***Fisherman's Village***, einer Restaurantzeile mit einem hübschen *Boardwalk* am Wasser, von der man beste Sicht auf die in den Hafen ein- und auslaufenden Boote hat.

Brandung unter der Pier von Manhattan Beach

Beaches südlich von Venice

Südlich der Marina kann man via Culver Blvd auf der Straße Vista del Mar am dort zunächst nicht zugebauten Strand unmittelbar der Küste folgen. Die Straße passiert die ***Dockweiler State Beach*** (mit RV Camping, ➤ Seite 358), die Einflug-/Startschneise des *LA International Airport* und meilenweit Industrieanlagen, bevor sie als Highland Ave **Manhattan Beach** erreicht.

Manhattan Beach

Ab der 45th Street geht's von ihr an Strandparkplätze zwischen Sand und **Promenade *The Strand***. Parallel dazu läuft wieder der ***Ocean Bike Path***. Ununterbrochen einen Block vom Strand entfernt kommt man aber nur auf dem Ocean Drive weiter. Ein erstes Zentrum des ***Californian Beach Life*** fast ohne Touristen erlebt man auf Höhe des Manhattan Beach Blvd mit einer beliebten Pier samt Café und Aquarium am Ende über dem Wasser.

Hermosa Beach

Die nächste Agglomeration am Wege heißt ***Hermosa Beach***, der Ocean Drive wird dort zur Hermosa Ave. Zentrale Bereiche sind

California Beach Life

Im Gegensatz zu Malibu, Santa Monica und Venice Beach gibt es im Bereich Manhattan, Hermosa und Redondo Beach – obwohl die Strände ebenso schön oder sogar besser sind – **nur wenige Touristen**. Draußen und in den Lokalen spielt sich das typische Leben junger *Los Angelitos* ab. Dort erkennt man, was die Qualität des ***Californian Way of Life*** zumindest für diejenigen bedeutet, die genügend Zeit und Dollars haben, es zu genießen.

die Zugänge an den Strand am Ende der 22nd Street und vor allem an der palmenbestandenen Pier Ave, wo sich Kneipen und *Eateries* fürs Jungvolk ballen. Das *Surf City Hostel* (➤ Seite 358) steht dort direkt am Strand. **Hermosa Beach ist** – wenngleich weniger »bunt« als Venice Beach – alles in allem **der attraktivste Strandbereich** von LA, das Adjektiv »hübsch« passt daher 100%ig.

Redondo/ Torrance Beach

Weiter unten in **Redondo Beach** wird die Hermosa Ave an einer weiteren Megamarina zum Harbor Drive. Um weiter der Küstenlinie zu folgen, steuert man via Beryl Street von dort die Catalina Ave an und fährt nach ca. 0,7 mi die Esplanade nach rechts. Auf ihr geht es noch einmal ein Stück unmittelbar am Strand entlang. Die Straße endet am Miramar Park und setzt sich als Paseo de la Playa fort vorbei an Parkplätzen und Strandvillen der **Torrance Beach**. Automatisch erreicht man so den **Palos Verdes Drive**.

Rancho Palos Verdes

Er läuft kurvenreich an eindrucksvollen Villen und Golfplätzen wie auch schönen Aussichtspunkten vorbei. Breite Strände gibt es dort nicht, nur einige wenige Zugänge zu steinigen Sandstreifen unterhalb der Steilküste. Auf der Karte sieht die Entfernung von Redondo Beach bis San Pedro/Long Beach nicht sehr weit aus. Tatsächlich sind es via Rancho Palos Verdes bis zum Hafen von San Pedro rund 15 mi, die wegen der Kurverei ermüden. Mit ein paar Stopps ist man schnell eine Stunde und länger unterwegs.

Beach Volleyball an einem Sommer-sonntag an der Hermosa Beach

Wayfarers Chapel

Einzige, dafür aber eindrucksvolle Sehenswürdigkeit auf der Halbinsel ist die ***Wayfarers Chapel***, eine von ***Frank Lloyd Wright Jr.*** gestaltete Kapelle aus Natursteinen, Holz und viel Glas auf etwa halber Strecke nach San Pedro in einem kleinen wunderschönen Park mit Aussicht auf den Ozean (5755 Palos Verdes Drive). Da darf natürlich auch ein *Visitor Center* mit *Gift Shop* nicht fehlen (10-17 Uhr); www.wayfarerschapel.org.

Rustikales Fisch-, Gemüse- und Krabbengrillen im Ports o'Call Village am Kai von San Pedro

Pacific Coast Hwy #1 nach Long Beach

Bei Verzicht auf die Fahrt über den Palos Verdes Drive braucht man auf dem **Pacific Coast Highway #1** ab Redondo Beach bis Long Beach mitunter nicht einmal 30 min.

Ports o'Call

Das künstliche »Fischerdorf« ***Ports o'Call Village*** (11-21 Uhr) liegt in **San Pedro**, einige Meilen westlich Long Beach unterhalb des auslaufenden *Harbor Freeway* #110 (South Harbor Blvd/ Sampson Ave/Nagoya Way) am Ufer der Haupteinfahrt zum Los Angeles Harbor. In der einst als Touristenattraktion konzipierten Anlage mit Shops, Restaurants und Grünflächen ringsum dominieren heute *Fish-Eateries* rustikal-mexikanischen Anstrichs, ➤ Seite 363. Gebraten und gegrillt wird nach Auswahl am Tresen. Verzehr bei gutem Wetter auf den großen *Open-air*-Terrassen. Besonders beliebt sind riesige Krabben- und Grillfischtabletts für die ganze Familie. Samstags/sonntags herrscht dort ausgelassene Latinoatmosphäre.

Darüberhinaus dient Ports o'Call als Anlegestelle für allerhand **Bootstouren** von der *Harbor Cruise* über *Fishing Trips* und *Sunset Cruise* bis zum Catalina Island-Besuch per Segelyacht. Für 2013 ist eine grundlegende Renovierung des Komplexes geplant.

USS Iowa

Im Hafen von San Pedro's liegt das fast 300 m lange Weltkrieg II-Schlachtschiff ***USS Iowa*** (250 S Harbor Blvd, © 1-877-4-IOWA-61, 9/10-17 Uhr, Eintritt \$18/\$10, www.pacificbattleship.com). Bekannt wurde die Iowa, als Präsident *Roosevelt* sie 1943 nutzte, um sicher zur alliierten Kriegskonferenz in Teheran zu gelangen.

Long Beach

Lage

Über das Freewaynetz aus allen Richtungen gut erreichbar besetzt die selbständige **City of Long Beach** die kurze LA-Südküste an der *San Pedro Bay* rechts bzw. östlich der Halbinsel *Rancho Palos Verdes*. Zwischen den Hügeln von *Palos Verdes* und dem Zentrum von Long Beach im Bereich Ocean Ave/Long Beach Blvd beherrschen ausgedehnte Hafen- und Industrieanlagen das Bild.

LA-Südküste

Südlich der zentralen *Long Beach Marina* beginnen wieder **breite, nahezu endlose Strände** bis hinunter nach San Diego, die nur von Yachthäfen und gelegentlichen Steilküstenabschnitten unterbrochen werden. Fast überall kann man in wasserwarmen Monaten *Surfboards* leihen. Insbesondere **Huntington Beach** südlich von Long Beach gilt als *Surfer*-Hochburg mit dem selbstverliehenen Beinamen »***Surf City USA***«. Ins Auge fallen entlang der Küstenstraße #1 bis **Newport Beach** die zahlreichen Wohnkomplexe an Stichkanälen mit Bootsanleger hinterm Haus.

Long Beach

Direkt nach Long Beach hinein führt der gleichnamige *Freeway* I-710. Die Ausfahrt Long Beach (#1A) führt auf den **Shoreline Drive** in Richtung *Convention Center* und einer Parkanlage mit dem künstlichen ***Shoreline Village***, einem Restaurant- und Kneipencenter am Wasser, Marina, Campingplatz (nur für Wohnmobile) und dem grandiosen ***Aquarium of the Pacific***. Der Blick von Uferstraße und Park fällt auf der Küste vorgelagerte mit Palmen und nächtlicher Illumination getarnte Ölförderinseln und die gegenüberliegende ***Queen Mary***.

Aquarium

Das ***Aquarium of the Pacific*** an der *Long Beach Waterfront* (100 Aquarium Way) ist eines der größten und modernsten Aquarien der USA, im Westen nur erreicht vom *Monterey Aquarium*. Sehr lohnenswert! Geöffnet Mo-Fr 13-18 Uhr, Sa+So 9-18 Uhr; Eintritt $25, bis 11 Jahre $14. Parken $8; www.aquariumofpacific.org. Mit der »***Sharks-behind-the-Scenes***«***-Tour*** $39, Kinder $28 (ab 7).

Queen Mary

Der nostalgische Luxusliner ***Queen Mary***, eine der großen kommerziellen Touristenattraktionen von Los Angeles, liegt schon seit den 1970er-Jahren an der Kaimauer von Long Beach. Später kam als zusätzliche Sehenswürdigkeit ein **russisches U-Boot** der sog. Foxtrottklasse dazu, ➤ Foto Seite 357.

Man kann neben einer *self-guided Tour* durch alle Decks ($25/ $13) auch gleich die *First Class Tour* mit Besichtigung der *Scorpion* plus »*The Glory Days Tour*« oder »*Her Finest Hour: World War II*

Tour« buchen (insgesamt $30/$20, nur mit Reservierung © 1-877-342-0738). Eine aktuelle Ausstellung zeigt Roben und Memorabilia von Prinzessin *Diana*. Kombiticket mit ***USS Iowa*** $30/$19. Fürs U-Boot allein bezahlt man $11/$10. Täglich 10-18.00 Uhr, Fürs **U-Boot allein** bezahlt man $11/$10. Hinzu kommen Parkgebühren ($3-$12). Alles täglich 10-18 Uhr, www.queenmary.com.

Die *Queen* dient mit ihren weitgehend im Originalzustand erhaltenen Kabinen zusätzlich, wenn heute nicht sogar in erster Linie als **Restaurant- und Hotelschiff**.

Die **Anfahrt** ist direkt (ohne Umweg über die City of Long Beach) möglich und ausgeschildert. Man gelangt automatisch auf den Parkplatz für die *Queen Mary* und die Catalina Island-Fähre.

Santa Catalina Island

26 miles across the sea ...;

hören Sie mal - oder kennen Sie?– diesen nostalgischen Hit der *Four Preps* von 1958. Gute Songqualität eines »Altersauftritts« der Gruppe unter http://www.youtube.com/watch?v=peoTc8xdfxk

Twenty six miles across the sea
Santa Catalina is a-waitin' for me
Santa Catalina, the island of romance, romance, romance ...

Forty kilometers in a leaky old boat
any old thing that'll stay afloat
when we arrive we'll all promote
romance, romance, romance ...

Sowohl in ***San Pedro*** (*Terminal* unterhalb *Vincent Thomas Bridge*) als auch in **Long Beach** (*vor der Queen Mary*) legen die Ausflugsboote zur ca. 26 mi vor der Küste liegenden ***Catalina Island*** ab, bei gutem Wetter ein sehr schöner **Ganztagestrip**. Die fast autolose Insel erkundet man per Fahrrad (ab $24/Tag) oder zu Fuß. Nur an Sommerwochenenden bringen Ausflügler und Yacht - besatzungen richtig Leben mit nach **Avalon**, der einzigen Inselstadt. Quartiere sind dort sehr teuer, aber man kann prima **campen**:
www.visitcatalinaisland.com/twoHarbours/Camping.php ($21/Person, *tent cabins $50*).

Die Überfahrt dauert 60-90 min je nach Abfahrtshafen (San Pedro, Long Beach, Dana Point) und Ziel (Avalon oder Two Harbors) und kostet $71-$73 retour, Kinder $55-$57. Information und Reservierung unter © 1-800-481-3470; www.catalinaexpress.com. Der ***Catalina Flyer*** benötigt ab Newport Beach 75 min, Tarife $69/$52; © 1-800-830-7744, www.catalinainfo.com.

Disneyland und California Adventure

http://disneyland.disney.go.com

Disneyland/ California Adventure: Anfahrt

Die Stadt **Anaheim** im Südosten von Metropolitan LA beherbergt die neben den *Universal Studios* meistbesuchte Touristenattraktion der Westküste: ***Disneyland*** mit (seit 2001) ***Disney's California Adventure***. Von **Downtown LA** und anderen Ausgangspunkten weiter nördlich erreicht man Anaheim am schnellsten auf dem ***Santa Ana Freeway*** **(I-5)**, von **West LA** und **Long Beach** über den ***Redondo Beach Freeway*** **#91** oder die Kombination ***San Diego/Garden Grove Freeway*** **(I-405/#22)** und danach ebenso **I-5**.

Abfahrten von der I-5 sind von LA kommend Disneyland Drive (u.a. für den bestgelegenen Parkplatz für *Downtown Disney*) und Ball Road/Harbor Blvd zum Haupteingang in die Parks oder auf Ball Road Richtung Westen bis Disneyland Drive. Einmal runter vom *Freeway* sind die **Disney-Parkplätze** westlich und südlich der Parks dank der Wegweisung ringsum kaum zu verfehlen.

Besuchsplanung

Öffnungszeiten für beide Parks: generell Mo-Fr 10-18/19 Uhr, speziell *Disneyland* oft länger; im Sommer auch werktags teilweise bis 24 Uhr. Saisonale, feiertägliche und ferienbedingte Abweichungen. **Eintritt $92Person** (Kinder bis 9 Jahre $86) für den Ganztagspass eines der beiden Parks, der die Teilnahme an sämtlichen *Rides* und den Besuch aller Attraktionen in (jeweils) einem der beiden Parks einschließt.

Hinweis: Wer seine ***Tickets online*** kauft,
braucht nicht mehr am Schalter anzustehen.

Fast Pass und Single Rider

Um Wartezeiten zu entgehen, kann man an vielen Rides in beiden Parks einen ***Fast Pass*** ziehen (**gratis**), der eine Zeitvorgabe macht, zu der es dann schneller geht. Einzelheiten im Internet unter www.wdwinfo.com/disneyland/fastpass.htm

Wartezeiten abkürzen kann man an einigen Rides auch über die ***Single Rider Line***. Wer allein ist oder sich für einen Ride vom Partner oder Freunden trennen mag, wird in noch offene Einzelplätze bugsiert und ist damit oft schneller durch.

Kombi Pass für Disney/ Universal etc. ➢ Seite 381

Wer beide Parks besuchen möchte, kauft ein ***Park Hopper Ticket*** ($137/$131) für einen Tag, $210/$197 für zwei Tage. Auch mehr Tage sind möglich. ***Discount Coupons*** **gibt es bei** ***Disney*** **nicht**.

Die Parkgebühren betragen $15, RV $20. Wer die sparen möchte, sucht sich einen **Parkplatz im weiteren Umfeld** und läuft von dort zu Fuß zum Parkeingang (weit) oder nimmt die **Magnetbahn** ab *Disneyland Hotel*, deren Benutzung indessen den Ticketkauf für einen der Parks voraussetzt. Eine andere Möglichkeit ist, das für **3 Stunden freie Parken bei *Downtown Disney*** zu nutzen, mit Restaurantbesuch bis zu 5 Stunden. Ausgeschildert, aber man muss gut aufpassen, um den richtigen Platz zu erwischen!

Downtown Disney

Zwischen beiden Parks befindet sich ***Downtown Disney***, ein **Restaurant- und Shoppingkomplex**, der seinesgleichen sucht. Alles künstlich attraktiv, nicht billig, aber populär, dazu ohne Eintritt und ohne Parkgebühren (➤ vorstehenden Absatz). *Downtown Disney* ist eine reine Fußgängerzone und verbunden mit dem auf rustikal getrimmten **Luxushotel *Grand Californian*** und dem ***Disneyland* Hotelkomplex**. In der schön gestalteten Disney'schen Hotelwelt befinden sich weitere Restaurants und die einzige gute Kneipe weit und breit.

Unterkunft im Bereich Disneyland

Zur **Hotelsituation generell** in Anaheim siehe Ausführungen auf Seite 357. Saubere untere Mittelklasse in einem vergleichsweise ruhigen Umfeld bei ca. 800 m Entfernung zum *Disney*-Haupteingang und in Fußgängerdistanz zu Supermärkten und *Fast Food* bieten ***American Best Value*** in der Ball Road gegenüber *Anaheim RV Village* und »um die Ecke« das ***Days Inn*** South Harbor Blvd beide ab $55-$70 an nachfrageärmeren Werktagen. Wer sich einen ***Exit Guide*** (➤ Seite 108) besorgt hat, findet darin für Anaheim/ Disney viele günstige Angebote bis zur oberen Mittelklasse. Gleiches gilt für die Tourbooks von AAA (➤ Seite 43) mit 'zig Anaheim-Hotelseiten.

Reservierung der – im Gegensatz zur Hotellerie im Umfeld extrem teuren – disneyeigenen Hotels unter **✆ (714) 956-6425** oder online: http://disneyland.disney.go.com/hotels. Auf diesem Portal werden auch konzernfremde Hotels der oberen Mittel- bis Oberklasse als *Good Neighbor Hotels* vermittelt. Man sollte bei diesen Häusern sehen, ob sie nicht ggf. anderswo preiswerter zu haben sind. Die meisten vergleichbaren Quartiere außerhalb des organisatorischen Disneybereichs sind im allgemeinen billiger.

Die ***Campgrounds*** in unmittelbarer Nähe mussten Parkplätzen weichen. Zum **Camping** nahe Disneyland ➤ Seite 359. Empfehlung hier: ***Anaheim RV Village*** (Ball Road) auch für Zelte.

Kontrolle vorm Parkbesuch/ Eateries

Bevor man die Parks betreten darf, erfolgt – so scheint es – ein Sicherheits Check in Form einer **Taschenkontrolle**. Tatsächlich handelt es sich aber darum, die – untersagte! – Mitnahme von Verpflegung und Getränken zu verhindern. Die Besucher sollen Hunger und Durst in den *Eateries* der Parks stillen. Die Preise für Cola, Bier (!), Snacks und Restaurantmahlzeiten sind exorbitant. Daher lohnt es sich für *Disney*, südkalifornische Residenten mit preiswerten Dauerkarten zu ködern. Der Wochenendausflug zu *Disney* (wie zu anderen Vergnügungsparks) von Familien/Jugendlichen spült allein durch deren Verzehr viel Geld in die Kassen.

Topattraktion im California Adventure Park, der Tower of Terror

California Adventure

Disney's California Adventure ist alles in allem ein konventioneller *Amusementpark* mit **Riesenachterbahn**, typischen Jahrmarkt-*Rides* und viel Show. Bei heftigen **$80 Eintritt** erscheint das Preis-/Leistungsverhältnis speziell aus der Sicht europäischer Besucher schlechter als in *Disneyland*, weil zu viele wohlbekannte, wiewohl gut verpackte Standardattraktionen zum Angebot gehören. Richtig Spaß haben dort eher (amerikanische) Familien mit Kindern. Erwachsene ohne Kinder, die nur einen Park besuchen wollen, finden mit Disneyland die originellere Alternative.

Wer schon einmal in den Parks von *Disney World* in Florida war, wird einiges wiedererkennen, inbesondere den ***Hollywood Tower of Terror***, zugleich eines der besseren Angebote des Resorts, wo die Freude an 5 min Schrecken im »abstürzenden« Fahrstuhl oft durch besonders lange Wartezeiten getrübt wird.

Nostalgische Achterbahn

Eine tolle Sache ist die **4D-Animation »*It's tough to be a bug*«**, im eigentlich für Kinder konzipierten ***Bug's Land***. Dafür lohnt auch ein wenig Anstehen. Von den *Rides* verdient außerdem noch die Schlauchbootfahrt auf dem ***Grizzly River*** Erwähnung. Darüberhinaus bietet das *California Adventure* viele kleinere Attraktionen und sehr stark auf Kinder oder Jugendliche zugeschnittene Shows. Um dabei mitzukommen und sich zu amüsieren, braucht man gute Englischkenntnisse.

Disneyland: Bereiche und Prioritäten

Um möglichst viel von einem Tag in *Disneyland* zu haben, sollte man ein bisschen **gezielt vorgehen**. Der Park verfügt über fünf unterschiedliche miteinander verbundene Bereiche mit zahlreichen *Attractions* und *Rides*. Da sich bereits an Tagen mit mittlerem Andrang (alle Tage von Juni bis Anfang September, früher und später nur an Wochenenden) vor diesen lange Wartezeiten ergeben (eine gewisse Erleichterung bietet der ***Fast Pass***), kann man selbst bei früher Ankunft oft nicht alles an einem Tag wahrnehmen. **Folgende Prioritäten** zu setzen, macht daher Sinn:

- **Main Street USA**:
  Eisenbahnfahrt zur Übersicht über den Gesamtkomplex
- **Adventureland & New Orleans Square:**
  Pirates of the Caribbean (bester *Ride* des ganzen Parks!)
  The Haunted Mansion (fantasievolle Geisterbahn)
  Indiana Jones Adventure: Temple of the Forbidden Eye!!
  Jungle Cruise (Bootstrip durchs »gefährliche« Afrika)
  Tarzans Tree House (Baumhaus mit tollen Einfällen)
- **Frontierland & Critter Country**
  Big Thunder Mountain (Achterbahn im Wilden Westen)
  Splash Mountain (Nasses Vergnügen im »Baumstamm«)
  Mark Twain Riverboat (Raddampfer um Abenteuerinsel)
- **Fantasyland** (vorzugsweise für kleinere Kinder geeignet):
  It's a Small World
  Peter Pan's Flight
- **Tomorrowland**:
  Star Tours (Simuliertes intergalaktisches Abenteuer)
  Space Mountain (Extrem-*Rollercoaste*r im »Weltall«)
  Buzz Lightyear Astro Blazers

Hinter *Fantasyland* befindet sich ***Mickeys Toontown,*** eine auf Kleinkinder zugeschnittene Welt der Disney-Charaktere.

Paraden

Jeden Nachmittag finden zu jahreszeitabhängigen Stunden **Paraden durch die Main Street** zum *Frontierland* statt, unterhaltsame, lustige Züge, die rund eine halbe Stunde dauern; dafür werden immer neue fantasievolle Bezeichnungen gewählt.

Disney'sches Märchenschloss

Feuerwerk

An bis Mitternacht geöffneten Tagen gibt es nach Einbruch der Dunkelheit ein tolles, weithin sichtbares (z.B. von den empfohlenen Campingplätzen aus) **Feuerwerk** zum Abschluss. Alles übertrifft ***Fantasmic***, eine ***Lasershow*** auf dem **River of the Americas** vorm dunklen Nachthimmel: im Sommer täglich 21 und 22.30 Uhr, sonst nur samstags und anderen Tagen mit Hochbetrieb.

Crystal Cathedral

Garden Grove, Buena Park, Yorba Linda

Crystal Cathedral

Ein architektonisches Wunderwerk aus verspiegeltem Glas ist die ***Crystal Cathedral*** in Garden Grove (Chapman Ave/Lewis St) nur wenige Blocks südlich von *Disneyland*; www.crystalcathedral.org. Vor allem der Turm und der Inneneindruck bestechen. Der amerikanische Stararchitekt ***Philip Johnson*** kreierte diesen modernen Gottestempel für die *Reformed Church of America*. Von innen zugänglich Mo-Sa 9-15.30 Uhr außer bei Gottesdiensten; kein Eintritt, aber eine Spende wird erwartet.

Knott's Berry Farm

Knott's Berry Farm in Anaheims Nachbar Stadtbezirk **Buena Park** (8095 Beach Blvd = Straße #39) ist ein *US-Amusement Park* der Kategorie ***Super-Rollercoaster***.

Im Hochsommer täglich 10-22 Uhr, Rest des Jahres bis 18/19 Uhr, Sa bis 22/23 Uhr, So bis 19 Uhr. **Tagespass:** $58, online $48, $29/$27 für Kinder bis 11 Jahre; Parken $14. ***Discount*** bei Couponvorlage. *Coupons* gibt es u.a. im Internet.

Wer lange Warteschlangen hasst, kauft sich einen ***Fast Lane Pass*** für zusätzliche $50, zwei Personen zahlen $90 (ein ziemlich starkes Stück); www.knotts.com.

Die einstige Beerenfarm bietet neben seinen tollen **acht Achterbahnen** zahlreiche weitere ***Rides*** mit Aufregefaktor und auch der typischen Jahrmarktkategorie für Kinder und Familien. Dazu gibt's ***Show*** und ***Entertainment*** in *Ghost Town, Fiesta Village, Wild Water Wilderness, Indian Trails* und *Camp Snoopy*. Ein weiterer bekannter *Amusement Park* mit *Super-Rollercoasters* ist ***Magic Mountain*** am anderen Ende von LA, ➤ Seite 409

Planschpark

Gleich nebenan befindet sich ***Knott's Soak City*** im Nostalgielook der 1950er-Jahre, ein Wasserspaß für jung und alt mit jeder Menge Rutschen und Wellenstrandbad. **Tagespass** $33, online $26. Kinder bis 11 Jahre immer $23. Parken $14, RV $20. Im Sommer ab 10 Uhr; variable Schlusszeiten, Frühjahr/Herbst nur Sa+So 10-18 Uhr. Info unter © (714) 220-5200 und www.soakcityoc.com.

Ritterturnier

Ebenfalls am Beach Boulevard von Buena Park, nur wenig nördlich von Knott's Berry Farm, wird in ***Medieval Times, Dinner & Tournament***, das (europäische) Mittelalter wieder lebendig. Das große Abendessen in königlicher Gesellschaft des Schlossherrn kostet inklusive des ritterlichen Turnierspektakels zwar abends ab $58/Person (Kinder $36), dafür wird aber eine tolle Reitshow geboten. Die Anfangszeiten variieren, Auskunft und Reservierung unter © 1-866-543-9637; www.medievaltimes.com.

Piraten-dinner

Gleich neben dem Gemäuer von *Medieval Times* steht der Showpalast fürs ***Pirate's Dinner Adventure***, die Piratenschau mit Pyrotechnik, Akrobatik und Musicalanleihen. Mo-Fr um 19 Uhr, Sa 17.30+20.30 Uhr, So 15.30+18.30 Uhr. Beim Dinner gibt's Wahlmöglichkeiten. Es geht los mit $58 (Kinder bis 11 $39) für alles inkl. Bier, Wein oder Soft Drinks und kann aufgestockt werden. An weniger nachgefragten Daten online oft erhebliche Discounts; © 1-866-439-2469; www.piratesdinneradventure.com.

Filigran und scheinbar jeder physikalischen Erkenntnis trotzend: einer von acht Roller Coasters in Knott's Berry Farm

Richard Nixon Library

Von Anaheim/Buena Park ist es nicht weit nach **Yorba Linda** zur ***Richard Nixon Library & Birthplace***, 18001 Yorba Linda Blvd (kreuzt *Orange Freeway* #57 oberhalb der #91, ca. 3 mi ab dort). Interessant für alle, die sich diese amerikanische Spezialiät der Verehrungsstätten für ehemalige Präsidenten 'mal ansehen wollen. Lohnender ist die *Reagan Library*, ➤ Seite 342.

Mo-Sa 10-17 Uhr, So ab 11 Uhr, Eintritt $12/$8,50/$7/$5; Info unter ✆ (714) 993-5075, www.nixonfoundation.org.

Präsidialer Hubschrauber aus den 1970er-Jahren auf dem Gelände der Nixon Library

Weiterfahrt nach San Diego und/oder Las Vegas

Ab Anaheim und mehr noch Yorba Linda liegt es geographisch nahe, die Reise in Richtung Nordosten (Las Vegas), Osten (Palm Springs/ *Joshua Tree National Park*) oder Süden (San Diego) fortzusetzen. Wer das vorhat, interessiert sich nicht für das folgende Kapitel 2.2. Die genannten Alternativen werden in den Kapiteln 2.3 (Seiten 427f) und 2.4 (Seiten 450f) behandelt.

2.2 Von Los Angeles zum Yosemite National Park über die Parks Sequoia & Kings Canyon

Routen nach Norden

Wer seine Reise in Los Angeles beginnt bzw. Los Angeles in seiner Route berücksichtigt, hat bei Weiterfahrt in Richtung Norden generell zwei touristisch sinnvolle Alternativen:

Küstenroute

- Die **Küstenroute** am Pazifik entlang, ggf. kombiniert mit Abschnitten durchs Hinterland, auf dem berühmten ***Highway #1*** und streckenweise der **Autobahn #101**. Sie wurde im vorstehenden Kapitel 1.4 (Seite 300ff) in Gegenrichtung – San Francisco bis Los Angeles – ausführlich beschrieben.

Inlandsrouten

- Eine **Inlandsroute** westlich oder östlich des Hochgebirges Sierra Nevada mit Ziel *Yosemite Park* und ggf. auch *Death Valley*:

Westroute

Die **Westroute** führt schneller zum Ziel und bietet die Möglichkeit, quasi auf halbem Weg noch den **Doppelpark *Sequoia/Kings Canyon*** »mitzunehmen«.

2

Ostroute

Die **Ostroute** führt »hinter« den Gipfeln der *Sierra Nevada* entlang (Straßen #14 und #395 ohne Zugang zum *Sequoia National Park*). Der Abschnitt der #395 zwischen Lone Pine und dem *Yosemite Park* gehört zur Route San Francisco-Las Vegas über das *Death Valley*. Er wird in diesem Buch in Nord-Süd-Richtung beschrieben, ➤ Kapitel 1.3.3., Seiten 281f.

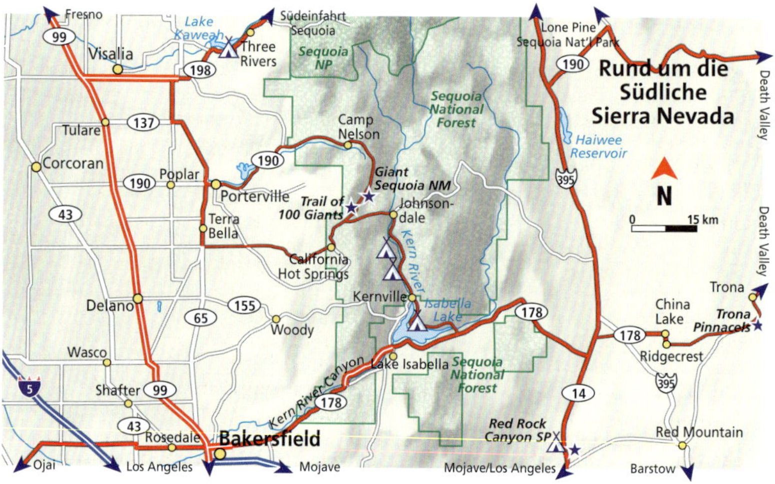

2.2.1 Anfahrten

Ostroute bis Lone Pine/Alabama Hills/Mount Whitney

Autobahn #14 und Straße #395

Wer sich für die Ostroute entscheidet, verlässt Los Angeles zunächst auf der I-5, setzt aber ab San Fernando die Fahrt auf der #14 fort (***Antelope Valley Freeway***), einer kurvenreichen Autobahn durch weitere Trabantenstädte der Metropole Los Angeles. Hinter Mojave wird aus der Autobahn eine gut ausgebaute Landstraße, die 45 mi weiter nördlich auf die #395 stößt.

Poppy Reserve SP

Von der Vorstadt **Lancaster** führt die **West Avenue i** (*Exit* 44 von der #14) zu einem ganz bsonderen *State Park*, dessen Besuch man in den Monaten Mitte Februar bis Mitte Mai (Kernzeiten März und April) nicht auslassen sollte. Ab dem *Freeway* sind es auf der West Ave i (die Straße heißt wirklich so), die via die Fairmont-Neenach Road in die Lancaster Road übergeht, etwa 16 mi bis zur ***Antelope Valley California Poppy Reserve***. Vor allem dort blüht auf großen Wildfeldern der **kalifornische Goldmohn** in mehreren farbenprächtigen Unterarten. Wer die Zeit der – jährlich wetterabhängig wechselnden – Blüte erwischt, findet grandiose Fotomotive. 13 km Wanderwege führen durch *Rolling Hills*. Eintritt $10, www.parks.ca.gov/?page_id=627

Six Flags Magic Mountain & Hurricane Harbor

Am Nordwestrand der Metropolis befindet sich **bei Santa Clarita (I-5)** der neben *Knott's Berry Farm* und *Disney's California Adventure* dritte große *Amusement Park* konventioneller Art im Großraum LA. Die Attraktion im ***Six Flags Magic Mountain Park*** sind **15 *Super Rollercoaster: Colossus***, die einst weltgrößte Achterbahn, hat nostalgischen Touch. Sie wird vom Nervenkitzel her weit überboten durch die *Looping*-Bahn ***Revolution***, die Physikgesetzen scheinbar trotzende ***Viper***, die »schwebende« Achterbahn ***Ninja*** und ***Riddler's Revenge***, in der die Passagiere stehend abstürzen. 78 m hoch ist der ***Goliath Giga Coaster***, schon ein paar Jahre alt sind ***Deja Vu*** und ***Scream***, ein neuerer Hit ***Tatsu***, die angebliche höchste Achterbahn der Welt. Als Superattraktion gelten ***Terminator Salvation*** und ein weiterer Irrsinn gegen die Physik ***X2***. Abends gibt's **Feuerwerk** und **Lasershows**.

Ein **Problem** auch dieses Parks sind die **Warteschlangen**. Wartezeiten von einer Stunde und mehr für 5-10 min Spaß sind keine Seltenheit, es sei denn, man hat einen ***Flash Pass*** für **$45-$95** extra gekauft. Aber auch dann sind **$62 Tageseintritt (im Internet ab $36)**, **Kinder unter 1,22 m $37**, selbst mit *Discount Coupons* schwer »abzufahren«. Diese und andere Parks sind dennoch knallvoll, nicht zuletzt, weil Saisontickets nur das Doppelte der Tageskarte kosten und unter Berücksichtigung damit verbundener Vergünstigungen nicht einmal das. Wer den Besuch in Erwägung zieht, sollte den Parkplatz beachten: schon halb gefüllt werden drinnen die Schlangen lang **(Parken $15, RVs $20!)**. **Öffnungszeiten** von Mitte März bis Ende August So-Fr 10.30-18/22 Uhr, Sa immer 10-22 Uhr. Rest des Jahres nur Wochenendbetrieb, Halloween, Weihnachts-/Osterferien. Information: **© (661) 255-4100**. Aktuelle Details unter www.sixflags.com/magicmountain.

Wie *Knott's Berry* hat auch *Six Flags* nebenan einen **Planschpark**: ***Hurricane Harbor***, Eintritt $38, bis 1,20 m $30. Auch Kombitickets, **© (661) 255-4527**.

California Poppy

2

Picknick und Campen unter skulpturenartigen Sandsteinformationen im Campground »Ricardo« des Red Rock Canyon State Park

Red Rock Canyon

Rund 25 mi hinter Mojave durchquert die #14 den ***Red Rock Canyon State Park*** mit Arealen beidseitig der Straße. Grandiose rote Fels- und graue Sandsteinformationen bieten prima Motive für die Kamera. Auf der Westseite wartet das ***Visitor Center***. Dahinter liegt entlang einer Rundstraße der einfache ***Campground Ricardo*** mit vielen Stellplätzen samt Feuerstellen vor und zwischen kuriosen Sandsteingebilden. *First-come-first-served*, keine Duschen, kein *Hook-up*; $25; www.parks.ca.gov/?page_id=631

Zum Death Valley

Bis Lone Pine ist danach der Straßenverlauf überwiegend eintönig. In **Olanche** beginnt/endet die **Straße #190** zum *Death Valley* durch eine in der Annäherung an den Nationalpark immer rauer werdende einsame Landschaft.

Diaz Lake

Wer auf der #395 bleibt, passiert ca. 3 mi vor Lone Pine den Diaz Lake. Direkt am See befindet sich ein hübscher und ruhiger, während der Woche selten voller ***Campground*** (keine *Hook-ups*, $10); ✆ (760) 876-4700; www.inyocountycamping.com.

Mitten in der Trockenheit, ein wenig südlich von Lone Pine, gibt es am Diaz Lake tatsächlich einen kleinen See mit sauberem Wasser

Anschluss Lone Pine

Mit Erreichen von Lone Pine folgt man der **Routenbeschreibung San Francisco-*Yosemite Park-DeathValley***, ➤ Seite 289.

Abstecher zu den Trona Pinnacles via #178 East

Nördlich des *Red Rock Park* kreuzt die Straße #178 die #14. Sie führt in östliche Richtung am China Lake-Lenkwaffenversuchsgelände der US-Navy vorbei nach Ridgecrest. Dahinter wird sie zur ***Trona Road***, die wie die #190 ebenfalls in das *Death Valley* führt (nach Panamint Springs oder – mehrere Meilen Schotterstraße – über Wildrose nach Emigrant), die einsamste aller asphaltierten Anfahrten in diesen Park durch arg heruntergekommene Nester wie Trona.

Etwa 20 mi östlich von **Ridgecrest** stehen die ***Trona Pinnacles***, eigenartige **Tuffsteingebilde** wie am Mono Lake, jedoch in der Wüste. Die Region war Drehort u.a. von Szenen der Serie »*Star Trek*« und ebenso von »Planet der Affen«. Man erreicht sie ab der Straße #178 (ausgeschildert) auf einer auch mit Pkw befahrbaren *Dirt Road* (5 mi), aber den Zustand vor Antritt der Fahrt besser beim BLM in Ridgecrest in der 300 S Richmond Road erfragen; ✆ (760) 384-5400; www.blm.gov/ca/st/en/fo/ridgecrest/trona. html.

Achtung: mit Mietwagen gehört diese wie andere Wüstenpisten auch zu den nicht erlaubten Straßen. Wer es dennoch riskiert und ausgerechnet dort eine Panne oder einen Unfall hat, muss alle daraus resultierenden Kosten selbst tragen.

Man darf bei den *Pinnacles* auch »wild« im Gelände **campen**. Ansichten und weitere Details unter www.synnatschke.de/trona/trona-pinnacles.html.

Einen größerer Umweg lohnen die *Trona Pinnacles* bei begrenzter Reisezeit kaum.

#178 West nach Kernville/ Bakersfield

In westliche Richtung führt die Straße #178 über den Lake Isabella nach Bakersfield. Kurz hinter Weldon beginnt der ***Sierra Way***, die Straße MT#99 über **Kernville** in Richtung Norden, die aber zunächst dem Ostufer des Sees folgt, ➤ Exkurs Seite 414.

Trona Pinnacles

Westroute über Bakersfield bis zum Sequoia Park

Interstate #5/ Freeway #99

Die schnellste Route ab Los Angeles zu den Sierra Nevada Parks entspricht zunächst dem Verlauf der ***Interstate* #5**. Sie durchquert die **Berge der *Sierra Madre*** mit dem *Angeles National Forest* und passiert dabei u. a. das schön gelegene ***Castaic Reservoir*** (Baden und Windsurfen, ***Camping*** im gleichnamigen *State Park*; www.parks.ca.gov/?page_id=628).

Jenseits des *Tejon* Passes geht es relativ rasch rund 1000 m (!) hinunter in das ***San Joaquin Valley*** und bei Mettler weiter auf den ***Freeway #99***. Ein raffiniertes Bewässerungssystem hat aus der Wüste zwischen Küstengebirge und Sierra Nevada zwar den größten Obst- und Gemüsegarten der USA gemacht, die Fahrt durch diese Ebenen ist aber ziemlich eintönig.

Bakersfield

Mit Bakersfield erreicht man das kommerzielle Zentrum des südlichen *San Joaquin Valley* und zugleich **Ölkapitale** Kaliforniens. Außer zur Versorgung oder zum Übernachten, muss man dort die *Freeways* nicht unbedingt verlassen.

Westlich von Bakersfield verzieren unzählige Ölpumpen die Landschaft; mehr dazu ➤ *Seite 343*

Museum

Sehenswert ist indessen das großflächig auf 6 ha angelegte ***Kern County Museum*** an der 3801 Chester Ave. Es präsentiert in einigen größeren Gebäuden Objekte und Schriftstücke zur kalifornischen und regionalen Historie, besteht aber vor allem aus dem ***Pioneer Village*** mit rund 50 hierher verbrachten Originalstrukturen aus der Zeit um 1900. Geöffnet Di-Sa 9-17 Uhr, So ab 12 Uhr; Eintritt $7-$10; © (661) 868-8400; www.kcmuseum.org.

Information

Auch das Besucherzentrum der Stadt war dort untergebracht; die offizielle ***Visitor Information*** befindet sich jetzt aber in der **515 Truxtun Street** in ***Downtown***; www.visitbakersfield.com.

Fox Theatre

Einmal in der Stadt, sollte man auch mal am alten ***Fox Theatre*** von 1930 vorbeifahren, **2001 H Street**. Der Bau erinnert entfernt an *Art Deco* und ist Bakerfields architektonische Sehenswürdigkeit. Das nostalgische einstige Filmheater mit 1500 Plätzen dient heute als Konzerthalle und wieder als Kino für besondere Filme. Aktuelle Details unter www.foxtheateronline.com.

Country & Western

Für Übernachter in Bakersfield gibt es keinen besseren Anlaufpunkt als ***Buck Owens Crystal Palace*** am gleichnamigen Boulevard (parallel zur #99 etwas oberhalb der #178/Rosedale Hwy). *Buck Owens* war zu Lebzeiten der lokale *Country Western Star*, und die Chancen stehen gut, dort am Abend zum Dinner auch noch **Live Music** geboten zu bekommen. Denn der »Palast« ist eine Kombination aus Museum, Shop, Restaurant, Tanzhalle und *Saloon* (Mo geschlossen); © (661) 328-7500, www.buckowens.com.

Unterkunft

Wie überall ballen sich Häuser der bekannten Ketten an bestimmten Autobahnausfahrten. In Bakersfield findet man vor allem die **Motel-Mittelklasse** zu relativ moderaten Tarifen rund um die **Ausfahrt 26** (von der #99), wo die Straßen #58 und #178 zusammentreffen. Von dort ist es nicht weit zum erwähnten *Crystal Palace*.

Weitere Unterkünfte konzentrieren sich im **Bereich *Downtown***. Die Uniformität der Ketten vermeidet, wer im ***Hotel El Padre*** absteigt. Dieses altamerikanische Stadthotel der Oberklasse hat Zimmer ab ca. $110; © (661) 427-4900; http://thepadrehotel.com.

Camping

Mit dem ***Kern River Campground*** hat Bakersfield einen schönen **Campplatz**. Er befindet sich in einer parkartigen Anlage am **Lake Ming** ca. 10 mi östlich der Stadt (Straße #178, dann Alfred Harrell Hwy; ab *Freeway* #58 Ausfahrt 121/Comanche Drive). *First-come-first-served*, $22.

Über Visalia zum Sequoia Nat'l Park

Von Bakersfield nach Visalia, einem weiteren wenig attraktiven Zentralort zur Versorgung der Agrarwirtschaft in der Ebene, sind es auf der #99 nur rund 70 mi. Ein Abweichen auf die parallele #65 lohnt sich nicht und kostet nur Zeit. Ab Visalia geht es auf der Straße #198 zur Südeinfahrt des *Sequoia National Park*.

Südeinfahrt: Restriktion für RVs auf der #198

Für welche Anfahrt man sich auch entscheidet, am Ende erreicht man die Straße #198, die hinter Three Rivers steil bergauf zu den ***Sequoia & Kings Canyon National Parks*** führt. **Diese Einfahrt darf nur noch von Fahrzeugen genutzt werden, die unter 22 Fuß Länge messen. Die meisten Miet-Wohnmobile dürfen diese Route also nicht mehr benutzen.**

Alternative

RVs ab 22 Fuß fahren ab Visalia auf der #63 bis zur Straße #180, die zur Westeinfahrt führt. Die auf der Karte kürzer erscheinende Route über die Straße #245 ist teilweise sehr schmal und kurvenreich. Mit einem Wohnmobil sollte man sich diese Strecke daher nicht antun, auch wenn das möglich und nicht verboten ist.

Straße #198

Auf der Straße #198 lässt man mit Erreichen des (im Sommer meist schon fast leeren) ***Kaweah Reservoir*** die Ebene des *San Joaquin Valley* endgültig hinter sich. Das Landschaftsbild ändert sich völlig; im Sommer bestimmt Trockenheit die Szenerie. Die Straße folgt danach dem Lauf des immer Wasser führenden **Kaweah River**, der in den Höhen der Sierra Nevada entspringt.

Baden

Eine bei Hitze willkommene **Badestelle** zwischen Felsen ist die ***Slick Rock Recreation Area***, ca. 1 mi westlich vom Ortsschild Three Rivers. Kurz davor passiert man den ***Horse Creek Campground*** des BLM (mit Duschen), von dessen Stellplätzen man über Tal und See schaut.

Wer vorm Nationalpark noch einmal rasten möchte, findet in **Three Rivers** die letzten ***Motels*** und ***Lodges*** (u.a. ein gutes ***Comfort Inn***, www.sequoiahotel.com) plus Tankstelle! und hinter der Brücke über den Fluss das **Restaurant** (mit ***Lodge***) ***The Gateway*** (© 559-561-4133, www.gateway-sequoia.com, ab $110) mit einer wunderbaren Terrasse. Ein weitere **Badestelle** liegt unterhalb des Parkplatzes an der Einfahrt zum Park (200 m Trampelpfad).

Mineral King

Dort zweigt auch die Stichstraße nach **Mineral King** ab. Die Zufahrt in diesen Teil des *Sequoia Park* ist eng, schlagloch- und serpentinenreich; sie abzufahren lohnt für die meisten nicht.

Exkurs: Kern River Route und Giant Sequoia Nat'l Monument

Anfahrt

Reisende mit genügend Zeit und Lust auf weniger ausgetretene Pfade lassen in **Richtung *Sequoia Park*** die *Freeways* links liegen und folgen ab Bakersfield der ganz wunderbar am gleichnamigen Flussufer durch die Schlucht geführten ***Kern River Canyon Road*** (Teilstück der #178). Der Fluss eignet sich in diesem Teilstück wie auch weiter oben bestens fürs ***River Rafting***, Anbieter solcher Touren ist z.B. *Mountain & River Adventures*; www.mtnriver.com.

Lake Isabella

Der Stausee **Lake Isabella** hat dank niedriger Wasserstände in den letzten Jahren erheblich an Reiz verloren. Dennoch: wer in der Gegend einen Platz für die Nacht sucht, findet oberhalb des *Auxiliary Dam* einen großen einfachen ***Campground*** ($10) mit Aussicht (Zufahrt von der #178) und ein geringfügig komfortableres Areal unterhalb des Hauptdamms ($18), Zufahrt über die Straße #155.

Ausrüstungsverleih und River Rafting bei Mountain & River in Kernville

Letztere zweigt kurz vor dem See von der #178 nach Norden ab und stößt bei Kernville auf den *Sierra Way* (MT #99) der sich ein paar Meilen weiter ***Kern River Highway*** nennt.

Kernville

Kernville ist ein hübscher Ort beidseitig des Flusses mit einer ganzen Reihe von Motels (ordentlich u.a. das ***Kernville Inn*** am Park; www.kernvilleinn.com), Restaurants und Kneipen samt der ***Kern River Brewing Company*** mit hervorragendem Bier. Kernville eignet sich bestens als Etappenziel, sofern man es nicht auf die ***Campgrounds*** des ***Nat'l Forest*** nur wenig weiter nördlich abgesehen hat:

Campen und Baden am Kern River

Auf rund 15 mi passiert man am aufsteigenden *Kern River Highway* gleich sechs sehr schön am Ufer des idyllischen Flusses angelegte große Plätze ($16-$20) und zusätzlich *Picnic Sites* an Flussstränden. Außerhalb angelegter Plätze darf man mit RV auch kostenfrei campen. Bei hoher Wasserständen im Frühsommer ist dort *River Rafting* angesagt, im Sommer und Herbst Baden und *Inner Tubing*. Die ***Ranger Station*** in Kernville (105 Whitney Rd) hat Infos: www.kernvalley.com/news/kerncamp.htm.

Kern River Falls

Giant Sequoia 'NM

Die MT#99 führt mit vielen Kehren auf rund 2000 m Höhe und an Johnsondale vorbei weiter bis zur MT #50, der *Parker Pass Road*. Weiter geht's nach Norden auf der *County Route* #107 (*Great Western Divide Highway*), die später zur #190 wird, ins Kerngebiet des ***Giant Sequoia Nat'l Monument*** (ca. 2 mi ab MT 50, ca. 45 mi ab Kernville, aber bis zu 2 Stunden Fahrt). Auf dem ***Trail of 100 Giants*** in Nachbarschaft des ***Redwood Meadow Campground*** sind – der Name sagt es – über 100 *Sequoias* zu bewundern: Offizielle Website ist
www.fs.fed.us/r5/sequoia/gsnm. html,
aber klarer dazu http://kernvalley.com/news/trail100.gif.

Weiter zum Sequoia NP

Von dort geht es entweder auf dem ***Great Western Divide Highway*** und der Straße #190 über Camp Nelson, Springville und **Porterville** auf endlosen Serpentinen weiter zur #198 Richtung ***Sequoia NP*** oder via **California Hot Springs** nach **Porterville** etwas direkter nach Norden, was weniger anstrengend ist.

2.2.2 Sequoia & Kings Canyon National Parks

www.nps.gov/seki, www.visitsequoia.com, www.sequoia.national-park.com

Die **Sequoia** genannten Mammutbäume sind verwandt mit den Küsten ***Redwoods*** (➤ Seite 217). Sie wachsen aber nicht ganz so hoch. Ihr Durchmesser erreicht dafür bis zu 13 m am Boden.

Von Süden in den Sequoia Park

Eintritt $15/Auto $5/Person oder Interagency Jahrespass

Hinter der Parkeinfahrt – 500 m weiter befinden sich das ***Foot-hills Visitor Center*** für erste Informationen und ggf. Reservierung einer Tour in die *Crystal Cave* – führt die #198 in endlosen Kehren auf über **2000 m Höhe**. Wasserstellen in regelmäßigen Abständen sind zur Beruhigung kochender Kühler gedacht. Von der Einfahrt bis zur Höhe sind es ca. 25 mi.

»Kristallhöhle«

Ca. zwei Meilen, bevor man die Höhe erreicht, zweigt die Zufahrt zur Tropfsteinhöhle ***Crystal Cave*** nach Westen ab (7 mi steile Abfahrt 600 m hinunter). Vom Parkplatz sind es noch ca. 800 m zu Fuß. Zutritt nur mit reservierter Tour (stündlich für 45 min, Startzeiten saisonabhängig, Tickets➤ Absatz oben und in Lodgepole); $11, Kinder 6-12 $6.

Fototipp

Fast oben passiert man mit den ***Four Guardsmen*** die ersten beachtlichen **Mammutbäume**. Durch diese vier in wenigen Metern Abstand passen gerade die dort separierten Fahrspuren. So schön eng fährt man kein zweites Mal zwischen zwei *Sequoias* hindurch: also Kamera 'raus, zurücksetzen und noch 'mal das Ganze!

Giant Forest Museum

An der Abzweigung der Straße zum *Moro Rock* befindet sich das ***Giant Forest Museum*** (im Sommer 9-19 Uhr, sonst 16.30 Uhr), wo man alles Wissenswerte über die *Sequoias* erfährt.

Big Trees Trail

Gegenüber dem Museum beginnt der ***Big Trees Trail*** (ca. 1 km), ein Rundweg entlang einer grünen Lichtung vorbei an Sequoia-Exemplaren der Extraklasse. Auf keinen Fall diesen kleinen Spaziergang auslassen (maximal 30 min). Dieser Bestand ist ebenso sehenswert wie *Grant Grove* und *Giant Forest*.

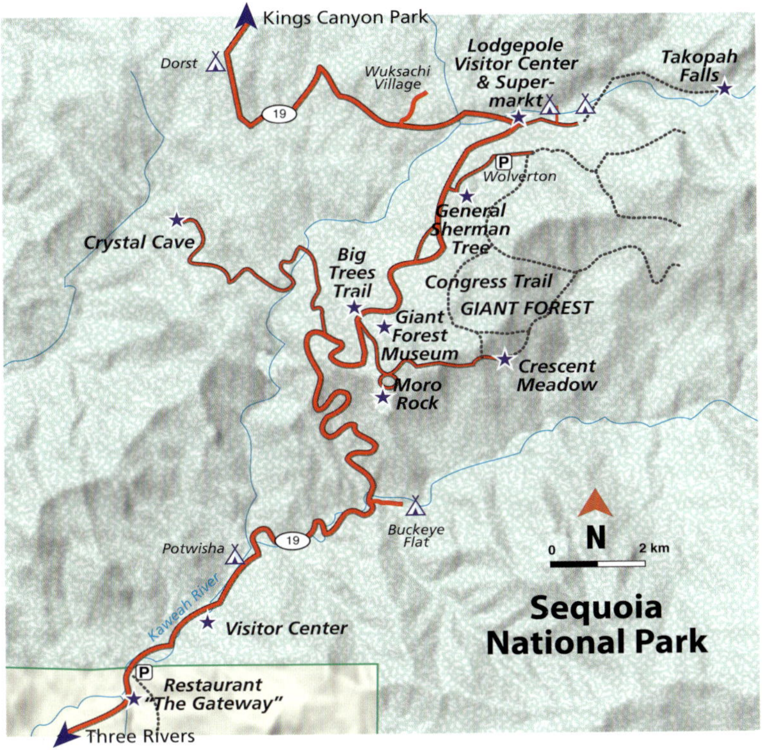

Zum Moro Rock

Ein weiteres »Muss« im *Sequoia Park* ist der **Abstecher zum *Moro Rock***, am Museum rechts ab (2 mi). Die schmale Straße bildet die südliche Begrenzung des *Giant Forest*, ➤ Seite 418. An ihr liegt u.a. der ***Auto Log***, ein umgestürzter Stamm, auf dem sich früher Autos hinaufrangieren ließen.

Der 300 m hohe **Granitmonolith *Moro Rock*** mit einer 400 m langen Stiege bietet einen spektakulären Blick über die Felslandschaft der Sierra Nevada. Für den steilen Auf- und Abstieg und ein wenig Verweilzeit oben benötigt man mindestens 30 min

Tunnel Log

Folgt man der Straße bis zum Ende (*Picnic Area Crescent Meadow*), dürfen kurz hinter dem *Moro Rock* Pkw den ***Tunnel Log*** durchqueren. Der 3 km lange ***Log Meadow Loop*** hat den ***Tharps Log*** zum Ziel, dessen vom Feuer geschaffener Hohlraum einst den ersten Siedlern als Unterkunft diente.

Mit ca. 2,30 Durchfahrtshöhe passen sogar noch kleine Vans unter dieser schon 1937 umgestürzten Sequoia hindurch

General Sherman Tree und Giant Forest

Ca. 2 mi nördlich des Museums steht unweit des ***Generals Highway***, der grandios geführten Höhenstraße durch den Park, der ***General Sherman Tree***. Dieser gewaltigste aller Mammutbäume hat einen Bodendurchmesser von 12 m und eine Höhe von 85 m; sein Alter schätzt man auf ca. 2.500 Jahre. Sein jährliches zusätzliches Wachstum entspricht der Holzmenge eines »normalen« Baumes von 20 m Höhe.

Parken

An einem Platz unterhalb des Standorts können Buspassagiere und Mitfahrer »entladen« werden und Behindertenfahrzeuge parken. Alle anderen müssen noch eine Meile weiter fahren (Abzweig Wolverton Road) zu einem großen Besucherparkplatz (Toilettenservice), von dem ein asphaltierter Weg leicht bergab hinunter zum *Sherman Tree* und den dort beginnenden ***Giant Forest*** führt. Die beste Zeit für ein Foto des Baumes liegt vor 11 Uhr.

Congress Trail und mehr

General Sherman ist der ideale Ausgangspunkt für eine **Wanderung durch den *Giant Forest*** mit vielen dicht stehenden *Sequoias* unterschiedlichster »Formate«. Für die Rundwanderung auf dem grandiosen ***Congress Trail*** (weitgehend ein Spaziergang ohne besondere Steigungen, Gesamtlänge 3,2 km) benötigt man je nach Verweildauer an den Baumriesen und Schritttempo 1-2 Stunden. Wer sich mehr zutraut, kann bis zum *Moro Rock* (6 km) laufen und auf anderen Wegen zurückkehren, z.B. über den ***Pine Trail*** und den ***Trail of the Sequoias***, einer Erweiterung des ***Congress Loop*** (*Sequoia/Circle Meadow Loop Trail* 10 km Gesamtlänge). Eine genaue **Karte des *Giant Forest*** mit allen *Trails* gibt es im *Museum* und in den *Visitor Centers*.

Lodgepole

Das größte ***Visitor Center*** beider Parks mit allen **Serviceeinrich - tungen** ist ***Lodgepole***, etwa 3 mi nördlich des *Sherman Tree.*

Am Fuß des General Sherman Tree mit 12 m Durchmesser am Boden

Nur wenig östlich des Besucher-zentrums beginnt der großflächige gleichnamige ***Campground*** mit zahlreichen herrlichen Stell-plätzen für RVs wie für Zelte in der bewaldeten Felslandschaft beidseitig des Oberlaufs des bereits unter der Ortschaft Three Rivers erwähnten Kaweah River ($20, Reservierung ➤ Seite 123).

Sozusagen »um die Ecke« befindet sich mit der ***Wuksachi Lodge*** die einzige Unterkunft im Sequoia Park, ➤ Seite 424.

Ein schöner, eher einfacher ***Trail*** führt – ausgehend vom oberen *Lodgepole*-Areal – am Fluss entlang zu den ***Tokopah Falls*** (3 km).

Lost Grove

Auf der Weiterfahrt passiert man auch noch den weniger sensationellen, dennoch einen Stopp werten ***Lost Grove***. Der Campingplatz ***Dorst*** an der Zufahrt zum *Muir Grove* ist nicht so gut angelegt wie *Lodgepole* oder *Azalea* im Bereich *Grant Grove*.

NF-Camping

Im angrenzenden ***Sequoia National Forest*** bieten einfache ***NF-Campgrounds*** ($18) Ausweichquartiere, wenn *Lodgepole* besetzt sein sollte. Zwei davon (*Tenmile* und *Landslide*) liegen am abkürzenden Weg zum *Kings Canyon Park* über Hume Lake.

Hume Lake

Der hübsch gelegene See ist erstaunlich warm und daher beliebte Sommerfrische mit Stränden, Bootsverleih und einer (begrenzten) touristischen Infrastruktur im **Ort Hume Lake**. ***Sandy Cove*** ist ein schöner **Badestrand** am Südausläufer.

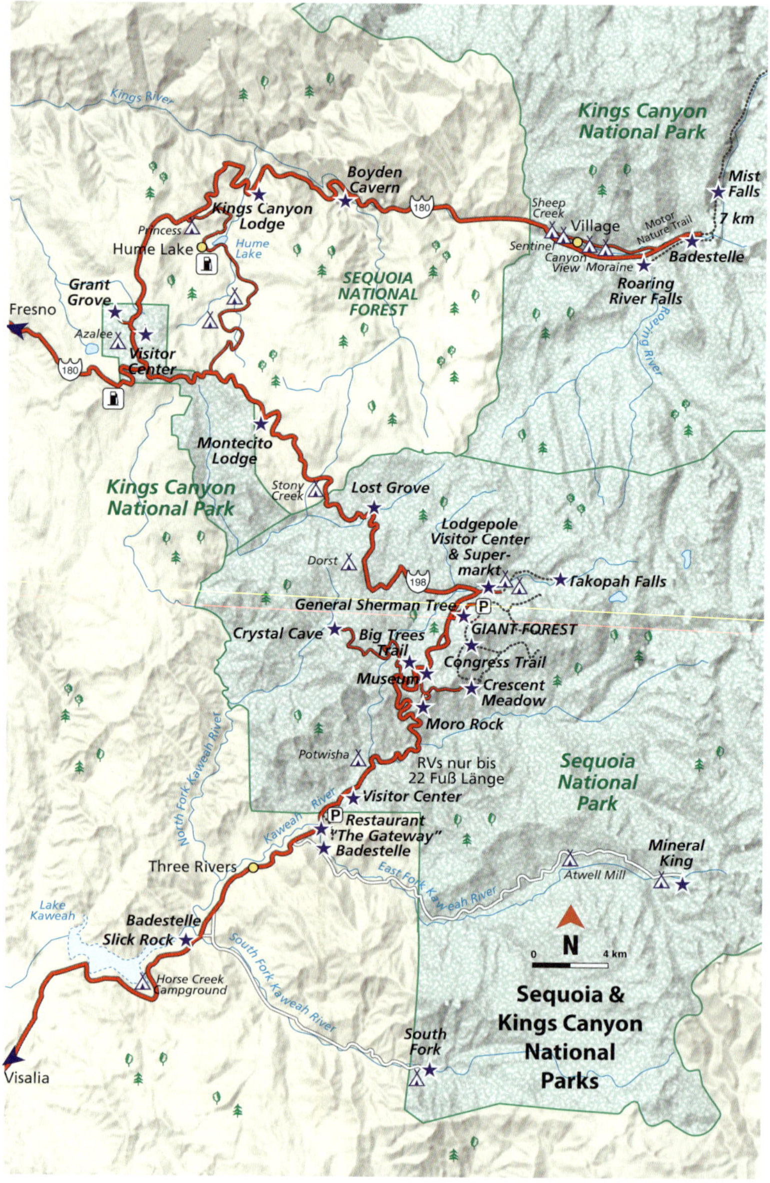
Kings River
Kings Canyon National Park
Mist Falls
7 km
Boyden Cavern
Kings Canyon Lodge
180
Sheep Creek
Village
Motor Nature Trail
Sentinel
Canyon View
Moraine
Badestelle
Roaring River Falls
Princess
Hume Lake
Hume Lake
SEQUOIA NATIONAL FOREST
Roaring River
Grant Grove
Fresno
Azalee
Visitor Center
180
Montecito Lodge
Kings Canyon National Park
Stony Creek
Lost Grove
Lodgepole Visitor Center & Supermarkt
Dorst
198
Tokopah Falls
General Sherman Tree
P
GIANT FOREST
Crystal Cave
Big Trees Trail
Congress Trail
Museum
Crescent Meadow
Moro Rock
North Fork Kaweah River
Potwisha
RVs nur bis 22 Fuß Länge
Sequoia National Park
Visitor Center
Kaweah River
P
Restaurant "The Gateway"
Badestelle
Mineral King
Three Rivers
Atwell Mill
East Fork Kaweah River
Lake Kaweah
Badestelle
Slick Rock
N
0
4 km
Horse Creek Campground
South Fork Kaweah River
Sequoia & Kings Canyon National Parks
South Fork
Visalia

Kings Canyon Park

In den Kings Canyon NP?

Spätestens in Hume Lake, aber auch ganz generell stellt sich die Frage »Lohnt sich die lange Strecke hinunter in den *Kings Canyon*?« Im Vergleich zum *Sequoia Park* gibt es dort nichts Sensationelles zu sehen, vielmehr »nur« großartige Landschaft vor allem entlang der Abfahrt ins Tal des Kings River. Am Ende der Straße starten **Weitwanderwege**, die tief ins Hinterland der Sierra Nevada führen und in der Höhe auf den berühmten ***Pacific Crest Trail*** treffen, der von Mexico bis Canada läuft.

Meinung

Bei knapper Reisezeit und mit dem *Yosemite NP* im Programm sollte man für Zeitgewinn anderswo auf die ermüdende Hin- und Rückfahrt verzichten, speziell mit einem RV. Die gut ausgebaute Straße macht auch für große Campmobile keine Probleme, aber die Kurbelei ist anstrengend. Davon hat man noch genug beim Durchfahren/Verlassen des *Sequoia*, gleich in welche Richtung.

Kings Canyon Highway

Einige Meilen nördlich von Hume Lake stößt man auf den breit ausgebauten ***Kings Canyon Highway*** (#180), der am *Grant Grove* weiter oben beginnt. In kurvenreichem Verlauf führt er hinunter in das ***Kings River Valley***. Umwerfende Aussichten hinab in das Tal und auf gewaltige graue Granitwände ringsum begleiten die Fahrt. Für die ca. 30 mi ab *Grant Grove* (ab Hume Lake ca. 5 mi weniger) durch den *Sequoia National Forest* sollte man bis zum *Cedar Grove Visitor Center* im *Kings Canyon* ohne Stopp für Fotopausen etc. mit rund **90 min reiner Fahrtzeit** rechnen.

Boyden Caverns

Kurz nach der Einfahrt in den *Canyon* passiert man den Parkplatz für die Besucher der ***Boyden Caverns***, ein Höhlensystem mit Zugang hoch über dem Fluss. Mitte Mai-Mitte Oktober 10-17 Uhr, April-Mitte Mai und Mitte Sept.-November 11-16 Uhr; Eimtritt $15, bis 13 Jahre $8; www.caverntours.com/BoydenRt.htm.

Braunfelliger Schwarzbär im Kings Canyon Park, fotografiert am populären Zumwait Meadow Trail (ca. 2,5 km Rundkurs); Einstieg etwa 4,5 mi östlich von Cedar Grove

2

Infrastruktur Kings Canyon

Der *Canyon* erweitert sich nach Überquerung einer Brücke über den Fluss zu einem breiten Tal ähnlich dem *Yosemite Valley*. In kurzer Folge passiert man **vier ausgedehnte Campingplätze** (einfach) zwischen Straße und Kings River ($18). Im Sommer sind sie bisweilen am frühen Nachmittag voll; keine Reservierung.

Unterkunft nur in der ***Cedar Grove Lodge*** (ab $119 bis Mai und im Oktober, Sommer teurer), ✆ 1-866-522-6966, www.sequoia-kingscanyon.com/reservations.html, oder außerhalb in der ***Stony Creek Lodge***, ➤ Seite 424.

Außerdem gibt's dort eine Tankstelle mit Duschanlage ($4,00 für 10 min), Cafeteria und kleinem Supermarkt.

Trails

Die Stichstraße endet etwa 6 mi hinter dem Campingbereich. Am Parkplatz ***Roads End*** beginnen mehrere *Trails.*

Nur gut 100 m in südliche Richtung sind es zur **Badestelle *John Muir Rock*** am (**eiskalten**) Kings River.

Eine Brücke führt dort über den Fluss zum ***River Trail***. Nach Westen (also zurück) geht's auf ihm zu den pittoresken ***Roaring River Falls*** (3 km, aber die erreicht man ebenso auf kurzem Weg von der Straße aus, für Kurzbesucher das Minimum an Aktivitäten im Canyon).

Nach Osten geht es auf schönem Pfad zur nächsten Brücke (3 km). Von dort kehrt man auf einem guten Weg auf der anderen Flussseite (*Paradise Valley Trail*) zum Parkplatz zurück (locker in 90 min zu machen). Wer noch Reserven hat, setzt die Wanderung zu den ***Mist Falls*** fort (bester längerer Tagestrip über ca. 15 km retour ab Parkplatz *Road's End*).

Für die Rückfahrt bis Cedar Grove kann man die rechtsseitig des Kings River verlaufende raue Einbahnstraße ***River Road*** wählen.

Idylle am Kings River

Grant Grove

Zwischen den Hauptarealen des *Sequoia* und *Kings Canyon Park* befindet sich im äußersten Westen der zu letzterem gehörende *Grant Grove* mit dem – im Sinne des Wortes – herausragenden ***General Grant Tree***. Er ist ein wenig mächtiger, dafür aber rund 2 m kürzer als der *Sherman Tree* und gilt nach diesem und der *General Lee Sequoia* (beide im *Giant Forest*, ➢ oben) als **Nummer 3** unter den größten Mammutbäumen.

Der ***Grant Grove*** liegt an der Straße #180 nördlich des ***Kings Canyon Visitor Center*** (bei Anfahrt von Fresno auf der #180 ist dies der erste wichtige Anlaufpunkt im Doppelpark). Vom Parkplatz führt ein ansteigender Rundweg (500 m) vorbei an weiteren alten *Sequoias* zum *General Grant Tree*. Immerhin lässt der sich in ganzer Höhe besser aufs Bild bannen als der verdeckter stehende *General Sherman*, man muss aber fürs richtig gute Foto möglichst vor 12 Uhr zur Stelle sein.

General Grant Tree, die drittgrößte Sequoia

Unterkunft und Camping im Sequoia/Kings Canyon Park

Camping

Am ***Grant Grove*** gibt es **drei *Campgrounds*** (*Azalea, Sunset, Crystal*; ***Azalea*** ist der beste; alle **$18**). Andere empfehlenswerte Campingplätze wurden bereits vorstehend genannt.

Motels/
Hotels

Beim ***Visitor Center Grant Grove*** gibt's die

- ***John Muir Lodge*** (Sommer ab $176, Frühjahr ab $120, Herbst ab $80; zusätzlich zum Hotel ***Tent*** und ***Rustic Cabins*** ($62 bzw. $87): © 1-866-522-6966; www.sequoia-kingscanyon.com

Neben der

- ***Wuksachi Lodge***, © 1-866-875-8456 bei Lodgepole (Hochsommer ab $220, sonst ab $130)

ist einzige Hotelunterkunft am *Generals Highway* die

- ***all-inclusive Montecito-Sequoia Lodge***, 10 mi südöstlich des *Grant Grove*; Nebensaison ab $130, Hauptsaison ab $220; © 1-800-227-9900; www.mslodge.com. Eher was für Familien mit Kindern, die 4- oder 6-Tage-*Packages* buchen.

Außerhalb der Parkgrenzen gibt es noch die

- ***Stony Creek Lodge*** ($119-$199, Reservierung auch unter © 1-866-522-6966 und www.sequoia-kingscanyon.com) in toller Lage an der Straße zwischen *Sequoia* und *Kings Canyon Parks*

sowie die kleine und preislich bislang moderate

- ***Snowline Lodge*** an der #180 westlich der Parks bei Pinehurst, die 2012 lange zum Verkauf stand. Sie soll 2013 unter neuer Leitung wieder eröffnen; © (559)336-2300 und © (559)336-2468.

2.2.3 Weiter zum Yosemite National Park

Hauptroute
über Fresno

Der schnellste Weg vom *Sequoia* zum *Yosemite Park* führt über **Fresno**, einem agrarwirtschaftlichen Zentrum und ***Turkey Capital of the USA***, und die (zunächst) Autobahn #41. Dabei sind ein paar Kilometer mehr zu bewältigen (ab *Grant Grove* bis zur *Yosemite*-Einfahrt Fish Camp ca. 110 mi) als auf den verbundenen kleinen Landstraßen durch die Vorgebirge der Sierra Nevada. Aber diese Abkürzung kostet Zeit.

Backroads

Die Mühe einer Fahrt auf den kurvenreichen ***Backroads*** über Tollhouse nach Oakhurst/Bass Lake wird aber nicht bereuen, wem es auf die zusätzliche gute Stunde Fahrt nicht ankommt – aber **nur mit regionaler Straßenkarte oder Navi!**

Campgrounds gibt es am ***Pine Flat Lake*** (oft halbleerer Stausee) und westlich des ***Bass Lake*** (*Forest Service*). Zwischen Auberry und North Fork liegt das immer volle (!) ***Kerkhoff Reservoir***, dessen kühles, klares Wasser bei Hitze zum Baden einlädt.

Millerton
Lake

Wer die Route über Fresno wählt, passiert nördlich die ***Millerton Lake Recreation Area*** mit einem **Campingplatz in toller Lage zwischen Felsen und Bäumen** über dem Stausee ($30/$40; www.parks.ca.gov/?page_id=587. Anfahrt über die (hier) Autobahn #41,

Ausfahrt Millerton, dann geradeaus, vorm *Friant Dam* nach links, dann Wegweisung *Campground* rechts.

Oakhurst

Letzter gut sortierter **Versorgungsort** (Supermarktcenter *Vons*) vorm *Yosemite Park* mit einem noch »normalen« wiewohl bereits angehobenen Preisniveau (im Park gelten bei begrenztem Angebot extreme Preise!) ist **Oakhurst**. Der Ort ist noch vor Mariposa an der Straße #49 (➤ Seite 267) die wichtigste Touristenetappe außerhalb des Parks. Zahlreiche ***Motels***, ***Fast Food Places*** und ***Restaurants*** warten in Oakhurst und im Dorf ***Coarsegold*** etwas südlicher auf Gäste. Vor allem Häuser der unteren bis höheren Mittelklasse sind stark vertreten und von Mai bis Anfang Oktober ganz schön teuer.

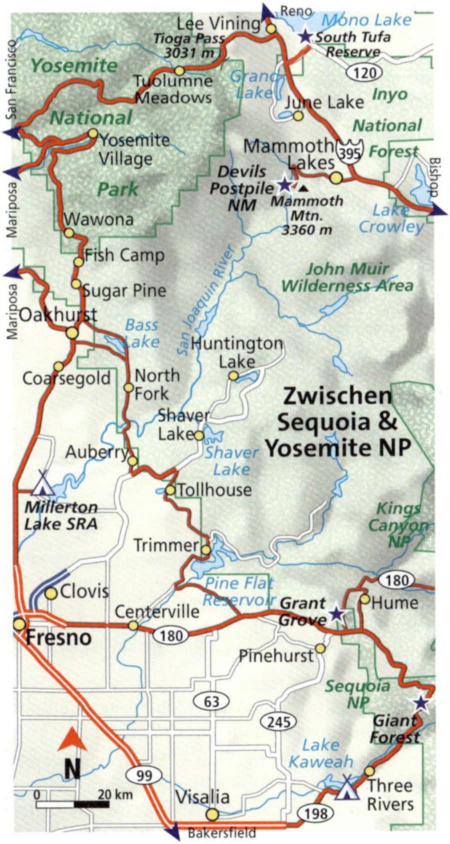

Empfehlenswert in der gehobenen Klasse ist das ***Best Western Plus Yosemite Gateway*** an der #41 Richtung Nationalpark. Etwas schlichter, aber nicht immer billiger ist das ***Days Inn*** ganz in der Nähe, preiswerter nur die untere Mittelklasse, z.B. das ***Americas Best Value Inn*** südlich des zentralen Bereichs.

Es gibt zudem ein paar *B&Bs*, u.a. im nahen Ahwannee (Straße #49) das kitschig nostalgische ***Apple Blossom Inn***, ✆ 1-888-687-4281; www.appleblossombb.com. In den beachtlichen Tarifen von $145-$250 ist der »*Yosemite*-Zuschlag« enthalten.

Wer hier innerörtlich campen möchte, findet mit dem ***High Sierra RV Park*** einen teuren Platz am Fluss (RV $60; Zelt $48); ✆ (559) 683-7662, www.highsierrarv.com.

Railroad

Etwa 2 mi südlich von Fish Camp passiert man die nostalgische ***Yosemite Mountain-Sugar Pine Railroad***, die auf einem kleinen Rundkurs von Mai bis Oktober durch die Landschaft dampft; etwas für Familien mit Kindern, aber den Spaß gönnen sich auch genug Erwachsene ohne kindlichen Anhang; www.yosemitesteamtrains.com.

2

Fishcamp

Das Dorf unmittelbar vorm Südeingang des Nationalparks besteht nur aus Tankstelle mit Minishop und einer Handvoll *Lodges und B&B-Places*; akzeptabel ist dort die – einzig noch tariflich halbwegs moderate – ***White Chief Mountain Lodge***, © (559) 683-5444, www.whitechiefmountainlodge.com, ab $125.

Wer nicht auf den Dollar schaut, findet mit der ***Tenaya Lodge*** – im Sommer ab ca. $270, sonst ab $180, © 1-888-514-2167, www.tenayalodge.com – 2 mi südlich des *Yosemite* eine Unterkunft für höhere Ansprüche; sie kann auch über Veranstalter gebucht werden. Ganz gemütlich, aber kaum billiger als die Hotelzimmer sind die ***Tenaya Lodge Cottage Rooms*** in Nebengebäuden etwas abseits des Hauptkomplexes.

Preislich nur wenig niedriger (im Sommer deutlich über $200; in der Nebensaison ab $150) liegt das kleine ***B&B Big Creek Inn*** an der #41 gleich nördlich von Fish Camp; © (559) 641-2828; www.bigcreekinn.com. Immerhin ist dort das Frühstück inbegriffen.

Das Dorf Fishcamp besteht aus diesem »tollen« und teuren Laden, einer Tankstelle und dem Postamt plus nur einer Handvoll Häuser, die sich überwiegend im Wald verstecken

Der ***NF-Campground Summerdale***, eine gute Meile vor den Toren des Parks bietet schönere Stellplätze als der nächste, generell überbeanspruchte Platz innerhalb des *Yosemite Park*, ***Wawona***.

Mariposa Grove

Von der Südeinfahrt zum beeindruckenden ***Mariposa Sequoia* Hain** sind es nur wenige Meilen. Wegen des ausschließlich per *Shuttle Bus* möglichen Zugangs dauert der Abstecher mit Parken, Wartezeiten etc. alles in allem nicht unter 2 Stunden. **Wer bereits im *Sequoia/Kings Canyon Park* war, muss den *Mariposa Grove* nicht gesehen haben**.

Für die rund 40 mi in das Zentrum des *Yosemite* Tals (*Curry* oder *Yosemite Village*) benötigt man oft 90 min und mehr.

Alles weitere zum *Yosemite Park* und weiterführende Routen von dort nach Norden, Westen und Osten ➢ ab Seiten 270 & 247.

2.3 Von Los Angeles nach Las Vegas

2.3.1 Die direkte Route auf der Autobahn I-15

Zur Route

Von Los Angeles nach Las Vegas sind es je nach Startpunkt **270-320 mi**. Man verlässt Los Angeles in Richtung Riverside/San Bernardino entweder auf dem ***Freeway* #91** oder der **I-10**. Beide stoßen auf die stark befahrene **I-#15** San Diego-Las Vegas-Salt Lake City. Nach Überquerung der *San Gabriel Mountains* bei San Bernardino führt diese Autobahn durch die südkalifornische Wüste, einen Landstrich, der mit seinen Felsformationen, Sanddünen und verkrusteten Salzseen eine überraschend abwechslungsreiche Fahrt bietet. Wegen der oft hohen **Verkehrsdichte** auf den ersten 130-150 mi **bis Barstow** und der vielen Steigungen sollte man für die Strecke bis Las Vegas nicht unter **6 Stunden Fahrzeit** kalkulieren, auch wenn das *Speedlimit* großenteils bei 65-70 mph liegt.

Riverside

Am Wege – an der #91 nordöstlich der Kreuzung mit der I-15 etwa 10 mi südlich von San Bernadino – liegt **Riverside**, eine Schlafstadt für LA-Pendler, aber zugleich ein historischer Ort. Noch vor 100 Jahren war Riverside als Zentrum des Orangenanbaus größte und reichste Stadt Südkaliforniens. Der ***California Citrus State Historical Park*** (www.parks.ca.gov/?page_id=649) einige Meilen südlich der #91 am Van Buren Blvd/Dufferin Ave würdigt den Segen der Zitrusfrüchte für die Gegend (Fr+Mo 8-17 Uhr, Sa+So 8-19 Uhr; $5 per Fahrzeug). Zeugen des auf ihnen basierenden Wohlstands sind im Zentrum zu besichtigen (Mission Inn Ave):

Vor der ***City Hall*** und dem ***Municipal Museum*** ist das in erster Linie das ***Mission Inn***, ein enormer, stilistisch schwer definierbarer, mexikanisch angehauchter Komplex zwischen gleichnamiger Avenue, Main und 6th Street. Die Außenbesichtigung allein ist schon lohnenswert, noch besser ein Blick hinein. Zum Komplex gehört ein Museum mit Eingang in der Main Street (#3696); täglich 9.30-16.30 Uhr, Eintritt $2, Kinder gratis, Führung nach Anmeldung $15; © 951-788-9556, www.missioninnmuseum.com.

Hotel Mission Inn in Riverside

Südkalifornien West

Nostalgische Eleganz in den Zimmern des Mission Inn

Wer sich zu Beginn oder am Ende der Reise etwas ganz Besonderes gönnen möchte, findet im **Hotel *Mission Inn*** – in dem gerne Berühmtheiten abstiegen und *Ronald Reagan* lange vor seiner Präsidentschaft noch als Wildwest-Filmheld den *Honeymoon* verbrachte – eine tolle, wenngleich nicht ganz billige Unterkunft so ab ca. $200 pro Nacht; telef. Reservierung unter © 1-800-843-7755, www.missioninn.com.

Unterkunft

Mittelklasse-Motels kosten in Riverside ab $80. Relativ günstig sind ***Best Western*** und ***Days Inn*** (beide in der Magnolia Ave patallel zur #91) unweit des *Citrus State Park* und der ***Tyler Galleria Shopping Mall***; www.galleriatyler.com.

San Bernardino und Mountains (Nat'l Forest)

Ein bekannterer Name ist **San Bernadino** wegen eines alten Ohrwurms von 1970. Aber die 200.000-Einwohner City an der I-215 nördlich von Riverside hat im sehr weitläufigen Stadtgebiet für Touristen so gut wie nichts zu bieten, was einen Zwischenstopp und erst recht einen Umweg lohnt.

Unmittelbar östlich der Stadt erstreckt sich aber die attraktive Gebirgs- und Waldlandschaft des Nordteils des ***San Bernardino National Forest*** (Südareal ➤ Seite 433). Wer hier Zeit genug hat , könnte eine große Schleife auf der Straße #38 nach Big Bear City am Big Bear Lake vorbei und zurück auf der Straße #18 zum Lake Arrowhead fahren; ggf. auch weiter über den Silverwood Lake nach Norden und bei Cajon Junction wieder auf die I-15.

Wegen der kurvenreichen Strecke und im Sommer und an Wochenenden viel Verkehr kostet das aber leicht einen Tag extra für die mindestens 100 Zusatzmeilen samt ein paar Stopps am Wege.

Speziell an der Straße #38 entlang der ***San Gorgionio Wilderness Area*** passiert man schön gelegene (einfache) Campingplätze des ***Forest Service***. Weiter oben am **Big Bear Lake** geht die Ursprünglichkeit verloren und macht einer lokaltouristischen Infrastruktur mit zahllosen Wochenendhäusern Platz. Das gilt auch für den Bereich um den **Lake Arrowhead**.

Lake Silverwood State SRA

Ganz anders der **Lake Silverwood**. Die Ufer dieses Stausees sind weitgehend unberührt und gehören zur gleichnamigen ***State Recreation Area*** (www.parks.ca.gov/?page_id=650). Der See ist besonders beliebt bei Wassersportlern und Anglern. Zudem verfügt er über Badestrand und einen schön gelegenen *Campground*.

Outlet Malls in Barstow

Da der Park nur ca. 12 mi östlich der I-15 an der Straße #138 liegt, eignet er sich ggf. gut für eine erste Übernachtung nach Verlassen des Goßraums Los Angeles auf dem Weg nach Las Vegas. Ebenso bei entgegengesetzter Richtung für eine letzte Nacht vor Erreichen von LA; www.reserveamerica.com. Von Süden bzw. San Bernardino aus kann man dorthin (zunächst) auch auf der breit ausgebauten Gebirgsstrecke #18 gelangen, den ***Rim of the World Highway***, der nur wenig östlich von San Bernardino vom *Foothill Freeway* #210 abzweigt (*Exit* 76). Ab Crestwood geht's dann auf der #138 weiter (ca. 35 mi ab San Bernardino bis *Silverwood SRA*).

Mojave Desert

Die I-15 beginnt nach Passieren der San Gabriel Mountains nördlich von Los Angeles hinter *Cajon Junction* ihren Abstieg in die kalifornische Halbwüste. Das dichtbesiedelte Victor Valley mit Zentrum Victorville bietet dem Autotouristen auf der *Interstate* keinerlei Reiz. Das wird zwar nördlich von Victorville langsam anders. Aber der oben schon erwähnte Abwechslungsreichtum der Strecke durch die ***Mojave Desert*** kommt erst östlich von Barstow zum Tragen.

Barstow

Barstow ist ein zentraler Verkehrsknotenpunkt zwischen Los Angeles und Las Vegas. Dort separiert sich die bis an die Atlantikküste laufende I-40 von der I-15, und gleichzeitig führt ab dort die wichtige Querverbindung #58 (weitgehend Autobahn) hinüber nach Bakersfield ins Zentrum der kalifornischen Obst-, Gemüse- und Weinkulturen im San Joaquin Valley. Südlich der Abzweigung der #58 von der I-15 passiert man die älteren ***Barstow Outlets*** und das größere ***Tanger Outlet Center*** mit ca. 40 *Factory Stores* bekannter US-Marken und *free Wifi*. (*Exit* 176). In ihrer Umgebung stehen mehrere Häuser der **Mittelklasse-Motelketten**.

Unterkunft

Wer ausgerechnet in Barstow vor Erreichen von Las Vegas bzw. Los Angeles noch eine Nacht verbringen möchte, findet das Gros der Motels (einfach und untere Mittelklasse) an der I-15 *Business*/East Main Street/*National Trails Highway - Exit* 184).

Calico Ghost Town

Außer zum Tanken, Einkaufen, zur Versorgung oder ggf. fürs Übernachten gibt es keinen Grund, in oder bei Barstow die *Interstate* zu verlassen. Ein empfehlenswerter Zwischenstopp (eher zu Beginn einer Reise als mit ein paar Wochen USA-Südwest-Erfahrung auf dem Buckel) ließe sich indessen 10 mi östlich von Barstow einlegen, um die ***Calico Ghost Town*** zu besuchen.

Dabei handelt es sich um eine rekonstruierte **Silberminenstadt** des 19. Jahrhunderts mit teilweise hierher verbrachten Originalstrukturen in malerischer Umgebung (Ausfahrten Yermo oder Calico Road von der I-15). Dieser sog. *Regional Park* ist eine Art »Zwitter« zwischen historischem Erhaltungsanliegen und kommerzieller Touristenattraktion, die kein Reisebus auslässt. Geöffnet täglich 9-17 Uhr, Eintritt $6/$5; www.calicotown.com.

Der eigentlich gut zwischen Felsen angelegte ***Calico Campground*** (mit und ohne *Hook-up*) ist nicht der schönste seiner Art. Immerhin aber hat er ordentliche Sanitäranlagen, und die Gebühr ($25-$30) schließt den Zutritt zur *Ghosttown* mit ein, Reservierung unter www.sbcountyparks.com (Reservierungskosten $7 extra).

Guterhaltener Goldgräber in der »Ghosttown« Calico

Umweg übers Death Valley

Eine Fahrt von LA nach Las Vegas bietet die Gelegenheit zum Besuch des ***Death Valley*** noch vor Erreichen der Spielerstadt. Die Straße **#127 ab Baker** führt über Shoshone (dann #178) zur Oase *Furnace Creek* mitten im Tal des Todes. Dieser Abstecher mit Weiterfahrt nach Las Vegas kostet gegenüber der direkten Fahrt auf der I-15 mindestens 160 mi zusätzlich. Die Gesamtstrecke bis Las Vegas beträgt ohne Umwege ab Baker kaum unter 270 mi. Dafür sollte inkl. Zwischenstopps ein voller Tag kalkuliert werden (zum Vergleich: Las Vegas ist von Baker noch etwa 90 *Interstate*-Meilen entfernt, die inklusive kurzem Stopp in **Primm Valley/Nevada** leicht in 2 Stunden zu machen sind).

Alle Details zum ***Death Valley National Park*** auf den Seiten 294ff.

Blick über die I-15 aufs Spielkasino »Buffalo Bill's« mit einer den Komplex umrundenden Achterbahn

Abstecher in die Mojave Nat'l Preserve

Ab Baker ließe sich auch eine – je nach Routenwahl – 80-100 mi lange Schleife in die Lava- und Vulkanlandschaft der *Mojave Nat'l Preserve* einbauen. Ab der I-15 geht es zunächst auf der *Kelbaker Road* bis Kelso (35 mi) und dann wieder Richtung Osten via Cima zurück auf die I-15, ggf. bis zum *Nipton Exit*, ➤ unten und weitere Details zur Route auf Seite 445.

Nipton

Gerade noch in Kalifornien liegt 10 mi westlich der I-15 an der Straße #164 das Wüstennest Nipton. Das ganz urige ***Hotel Nipton*** hat preiswerte ***B&B-Zimmer*** (ab $65) und vermietet originelle ***Eco-Lodge Tented Cabins*** (für bis zu 4 Personen $60). Das einfache Restaurant ist preiswert; www.nipton.com, ✆ (760) 856-2335.

Grenze Nevada

An der Grenze California/Nevada (*State Line*) warten beidseitig der I-15 in **Primm Valley** die ersten **Spielkasinos** samt **Hotels** (*Whiskey Pete's, Primm Valley Resort, Buffalo Bill's*) und einem ***Amusementpark*** mit riesigem *Rollercoaster*. Aber dort sollte man lieber keine Zeit verschwenden: der *Strip* in Las Vegas ist viel spannender.

Für **Las Vegas** weiterblättern bis **Seite 494**.

2.3.2 Nach Las Vegas via Palm Springs und Joshua Tree NP

Anfahrt

Routen

Eines der attraktivsten Ziele in der Wüste Südkaliforniens ist der ***Joshua Tree National Park,*** der wegen seiner etwas abseitigen Lage von ausländischen Touristen weniger besucht wird. Von Los Angeles fährt man zunächst in Richtung Riverside – je nach Ausgangspunkt auf den ***Freeways* #60** oder **#91** bzw. der ***Interstate #10***. Ab Beaumont, östlich von Riverside, bildet die I-10 nach Phoenix die einzige direkte Route nach Osten.

Eine zeitaufwändigere **Alternativroute** für das erste Teilstück der I-10, die u.a. den urbanisierten und dank Bewässerung grünen Wüstenbereich von Palm Springs bis Indio (zunächst) nördlich liegen lässt, ist die **Straße #74** ab der I-215 südlich von Riverside durch die Südausläufer der **San Jacinto** und **Santa Rosa Mountains**, ➤ den Kasten unten.

Esperanza Firefighters Panoramic Highway

Bei Banning, 6 mi östlich von Beaumont, beginnt der ***Esperanza Firefighters Panoramic Highway #243***, eine kurvenreiche ***Scenic Road*** durch die San Jacinto Mountains (Südareal des ***San Bernardino National Forest***, ➤ oben).

Besonders **die ersten 30 mi** dieser pittoresken Straße bis Idyllwild führen durch eine Gebirgslandschaft von in dieser Region kaum erwarteten Höhe bis 3.300 m mit dichtem Hochwald und milden Sommertemperaturen, wenn in der Ebene auf 150 m die Hitze kaum zu ertragen ist. Kein Wunder, dass Idyllwild und Umgebung beliebte Sommer-Wochenend- und Ferienziele sind, und dort immer noch (trotz Immobiliendepression) erstaunliche Preise selbst für die »letzte Hütte« verlangt werden. Eine Reihe schön gelegener ***Campgrounds*** im *National Forest*, im *State Park Mt. San Jacinto* und als *County Park* bei Idyllwild und am Lake Hemet (NF weiter östlich an der #74) laden zum Übernachten, Picknick oder als Ausgang für Wanderungen ein.

Idyllwild gilt als **Künstlerdorf** und schickes Resort mit vielen (ziemlich teuren) Motels, *Inns* und guten Restaurants. An Wochenenden kommt man dort von Mai bis September ohne Reservierung nur mit Glück unter, egal ob im Motel oder auf einem Campingplatz der Umgebung (Reservierung *National Forest* ➤ Seite 122); www.idyllwildchamber.com.

Wer sich zwischendurch 'mal abseits der üblichen touristischen Pfade bewegen möchte, wird eine Fahrt über Idyllwild und weiter auf dem (ab Mountain Center) indessen nicht mehr so grandiosen *Palms to Pines Highway #74* (➤ Foto Seite 485) nach Palm Desert/Palm Springs und/oder direkt zum *Joshua Tree Park* als lohnend empfinden. Früher oder später im Jahr muss bedacht werden, dass es oben sehr kühl werden kann. Nachtfrost im Mai oder schon im Oktober ist nicht selten.

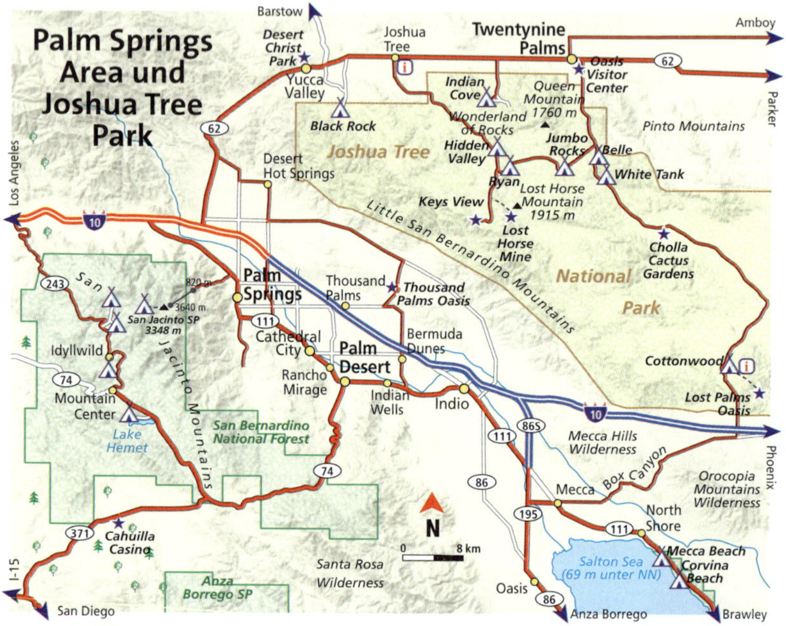

Auf der I-10 nach Palm Springs

Ohne Umweg über Idyllwild sind es von Beaumont auf der I-10 nur 20 mi bis zur Abfahrt nach Palm Springs, das immer einen Abstecher wert ist. Am Wege liegt **Cabozo** mit der extragroßen ***Premium Outlet Mall Desert Hills***, in der fast alle wichtigen *Brands* mit *Factory Stores* vertreten sind (140 Shops); Ausfahrten 103 und 104 von der I-10; www.premiumoutlets.com.

Mit dem »Eintauchen« der I-10 aus den Bergen in die östlichen Wüstenebenen geraten enorme Mengen von **Windkraftanlagen** ins Blickfeld beidseitig der Autobahn und auch noch entlang der Zufahrtstraße #111 nach Palm Springs.

Einer von zahlreichen Golfplätzen im Bereich Palm Springs

Palm Springs mit Palm Desert

Kennzeichnung, Information, Unterkunft und Gastronomie

Kennzeichnung

Die Städte von Palm Springs bis Indio sind künstlich in der an sich lebensfeindlichen Halbwüste angelegte riesige Urbanisationen vor allem für Bevölkerungkreise, die ihren Wohnort mit den wechselnden klimatischen Bedingungen der Jahreszeiten verlegen können und möchten. Richtig zu Leben erwachen sie nur ab Spätherbst bis Mai, dann besonders an Wochenenden. Im Sommer ist es erstaunlich ruhig dort. Kein Wunder, denn die Ausdehnung der Ortschaften und Zahl der Golfresorts steht dann in einem krassen Missverhältnis zur Zahl der anwesenden Immobilieneigner und Besucher.

Palm Springs

Die schnurgerade nach Palm Springs und durch das Zentrum führende Straße #111 (Palm Canyon Drive) unterscheidet sich deutlich von den Ein- und Ausfallstraßen anderer Mittelstädte. Zwar säumen Hotels/Motels, Tankstellen, *Fast Food Eateries*, Supermärkte und *Shopping Center* den Straßenverlauf wie überall, aber nirgendwo sonst findet man eine Ortsanlage dieser Größe (ca. 45.000 bei starker saisonaler Schwankung) über Meilen derart grün, gepflegt und sauber. Nicht nur sind die Hauptstraßen palmengesäumt und die Fahrspuren durch breite Grünstreifen getrennt, auch das *Business* schmückt sich mit Blumen und Busch - werk. Parkplätze sind oft keine reinen Asphaltflächen, sondern unterteilt in von Rasen und Sträuchern eingefasste Areale. Pausenlos arbeitende Wassersprinkler sorgen dafür, dass Autofahrer in der sonnenverwöhnten Wüste auch ohne Regen ihre Scheibenwischer benötigen. Abseits der Hauptstraße dasselbe Bild: nicht nur in Villenlagen, sondern auch in »normalen« Wohngebieten subtropisch üppige Vegetation und gepflegte Rasen, Gärten und Fassaden. Das Wasser für diesen Überfluss kommt nicht etwa vom über 100 mi entfernten Colorado River, sondern aus Grundwassernutzung und ausgeklügelter Wasserwirtschaft auf Basis der Quellen und Schneeschmelze von den nahen Santa Rosa Mountains.

Umgebung Palm Springs

Palm Springs ist von Herbst bis Frühjahr nicht nur Wohnort für flexible Besserverdiener und wohlhabende Rentner, sondern dann auch beliebtes **Wochenendziel** für *Los Angelitos* und **Urlaubsort** mit mondänem Touch vor allem für US-Touristen aus Staaten, die von winterlicher Kälte und Schnee geplagt werden. Dabei steht **Palm Springs** für viele als **Synonym** der Urbanisationen, die sich mehr oder weniger übergangslos über gut 20 mi in östliche Richtung aneinanderreihen (Cathedral City, Rancho Mirage, Palm Desert, Indian Wells u.a.m.) und mit insgesamt rund 400.000 Einwohnern eine ausufernde Zone voller Wohnsiedlungen und Resortanlagen mit Golfplätzen bilden. Hinzu kommt eine beachtliche Serviceindustrie entlang der Hauptstraßen.

Obwohl der Wohlstand etwa in **Rancho Mirage** oder **Palm Desert** oberflächlich betrachtet kaum geringer zu sein scheint, gilt Palm Springs als die beste Adresse. Mit größerer Entfernung zu Palm Springs sinkt das soziale Standing des Wohnorts.

Beurteilung

Wichtig zu wissen ist: Palm Springs und die Nachbarn sind zumindest für den touristischen Besucher aus Europa, der sonst keine Beziehung zu den Orten hat und nicht zum Golfen anreist, auch ein bisschen langweilig. Ein Tag oder sogar zwei Tage bei Besuch mehrerer der im Folgenden beschriebenen Attraktionen lassen sich dort kurzweilig verbringen, aber zu viel Zeit sollte man in und um Palm Springs nicht »vertändeln«.

Information

Ein größeres Besucherzentrum erwartet von Westen anreisende Autofahrer am Abzweig der Zufahrt Tram Way zur Seilbahn von der Straße #111:

Official Palm Springs Visitors Center
2901 North Palm Canyon Drive

© (760) 778-8418 und © 1-800-347-7746
www.visitpalmsprings.com, www.palmsprings.com

Fünfzehn Meilen weiter betreibt der östliche Nachbarort sein

Palm Desert Visitors Information Center
72567 Highway #111 unweit der Einkaufsstraße *El Paseo*
© (760) 568-1441; www.palm-desert.org

Hotels/ Motels

Fast alles ist ziemlich teuer in der Wüste, nur Motels und Hotels nicht in der »Saure-Gurken-Zeit« des langen Sommers von Mai bis Oktober. Die Leerstände großer Kapazitäten führen **dann** zu Angeboten **von $60 und weniger** für Zimmer der Mittelklasse, die in der Hochsaison im Winter das Doppelte und mehr kosten. In den in allen Infobüros verfügbaren ***Exit Guides*** (➤ Seite 108) finden sich speziell für Palm Springs und seine Nachbarn viele ***Discount Coupons***, die einzulösen zumindest So-Do keine Probleme bereitet. Die Häuser aller bekannten Ketten und dazu unabhängige Motels sind auf der ganzen Länge der #111 bzw. #111 *Business* (Palm Canyon Drive) nicht zu übersehen. Streckenweise stehen sie dicht an dicht, so nördlich des Zentrums von Palm Springs, im zentralen Bereich der Stadt zwischen Tahquitz Canyon Way und East Ramon Road und eine gute halbe Meile weiter südlich, wo die #111 nach Osten abknickt (geradeaus geht's dort zu den *Indian Canyons*, ➤ unten).

Wohnungen und Villen

Überall stehen zahlreiche **Ferienhäuser- und -wohnungen** zur Vermietung, darunter die tollsten **Villen** in sog. *Resort Communities* rund um die Golfplätze des Bereichs. Nur im Winter sind sie richtig teuer, im Sommer die Leerstände hoch. Sehr anschaulich ist dazu die Website www.vacationpalmsprings.com.

Camping

Der Bereich Palm Springs bietet neben der Möglichkeit, im *Mount San Jacinto State Park* in der Wildnis in 2.500 m Höhe zu übernachten (➤ unten), durchaus auch für Zeltcamper geeignete Plätze, wenngleich die meisten eher auf den betonierten Vollkomfort für Wohnmobile zugeschnitten sind, z.B.

- ***Cathedral Palms RV Resort*** am 35901 Cathedral Canyon Drive in Cathedral City, nur eine halbe Meile nördlich der

#111, ca. 7 mi südöstlich von Palm Springs. Überschaubarer Platz mit Buschwerk/Bäumen zur Trennung der Stellplätze; Wifi, \$30-\$50; © (760) 324-8244; http://resortmanagementinc.com/index.php/cathedral-palms

Kostengünstiger und von seiner Lage an einem künstlichen See mit Strand einerseits und Hochgebirge im Hintergrund nicht zu toppen, wenngleich weitab vom Schuss, ist der

- ***Lake Cahuilla County Park*** südöstlich von Palm Desert in La Quinta am Lake Cahuilla, 58075 Jefferson Street (Anfahrt über I-10, Abfahrt 139 oder Straße #111); © (760) 564-4712; www.rivcoparks.org/parks/lake-cahuilla. Zelte \$15, RV ab \$22.

Gastronomie

Auch mit Restaurants und *Fast Food Places* sind die Wüstenorte bestens versorgt. In **Palm Springs** hat der North Palm Canyon Drive zwischen Tahquitz Canyon Way und East Ramon Road fast südeuropäisches Flair mit jeder Menge ***open-air*** **Restaurantterrassen**. Schöner sitzt man indessen am Wasser rund ums *Shopping Center »The River«* in **Rancho Mirage** (➤ unten). Auch die Gastronomie in der Flaniermeile *El Paseo* in **Palm Desert** ist noch ein wenig attraktiver als in der Hauptstraße von Palm Springs.

Besucherattraktionen

Seilbahn

Bei der Anfahrt von Westen, passiert man noch vor dem Ortsbeginn die steile 5-mi-Zubringerstraße zu einer der zu Recht populärsten (ganzjährigen) Attraktionen von Palm Springs, der Fahrt mit der ***Aerial Tramway*** zum fast 2500 m über Palm Springs liegenden ***Mount San Jacinto State Park***.

Die Temperaturunterschiede zwischen oben und unten betragen bis zu 30°C. Aktive können dort in die Wildnis wandern (mit *Permit* auch zelten, www.parks.ca.gov) und im Winter sogar Loipen (!) befahren. Auffahrten alle 30 min Mo-Fr 10-20, Sa+So ab 8 Uhr;

Die Seilbahn hinauf zum Mount San Jacinto State Park über-brückt 1800 Höhenmeter bis zur Bergstation (2597 m). Der namens-gebende Gipfel des Gebirgsparks hat eine Höhe von 3300 m

2

Ende September 14 Tage wegen Jahreswartung geschlossen. **$24**, bis 12 Jahre $17, Senioren ab 62 $22; mit Buffet ***Ride n'Dine*** $36/$23 ab 15 Uhr; © (760) 325-1449, www.pstramway.com.

Kunstmuseum

Unbedingt einen Besuch verdient das ***Palm Springs Desert Art Museum*** in einem beachtlichen Bau mit ebensolcher Sammlung am Museum Drive parallel (westlich) zum zentralen Bereich des Palm Canyon Drive (hinter der *Shopping Mall Desert Fashion Plaza*). Die Ausstellung bezieht sich vor allem auf Kunstwerke, die im Südwesten der USA entstanden sind bzw. den Südwesten thematisieren. Geöffnet Di+Mi, Fr-So 10-17 Uhr, Do 12-20 Uhr; Eintritt $12,50/$10,50, Kinder bis 12 frei, Do nach 16 Uhr frei; www.psmuseum.org

Da staunt auch die Mickey Maus. Kunstwerk im Palm Springs Art Museum

Indian Canyons

Die ***Agua Caliente Indian Reservation*** ist für **Schluchten** mit ungewöhnlichen Felsformationen (***Andreas*** und ***Murray Canyon***) und den ***Palm Canyon*** voller 1.000-jähriger Palmen bekannt. In die *Canyons* gelangt man auf wunderschönen, aber teilweise steilen Pfaden. Zufahrt: von Nordwesten die Hauptstraße Palm Canyon Drive durch die Stadt, aber wenn die Straße abknickt (*Lyons English Grille* am Straßendreieck), die Kurve nicht mitfahren, sondern geradeaus (**South Palm Canyon Drive**). Oktober-Juni täglich 8-17 Uhr, Rest des Jahres nur Fr-So; Eintritt $9/$5/$7; © (760) 323-6018, www.indian-canyons.com.

Wasserplanschen/ Klettern

Im Einklang mit den klimatischen Gegebenheiten fehlt auch ein Planschpark mit fünf Superrutschen und harmloseren Wasserspaß für kleinere Besucher nicht. ***Knott's Soak City*** (➤ auch Seite 406) liegt unübersehbar am Gene Autry Trail, der Straße von/nach Desert Hot Springs. *Memorial* (Ende Mai) bis *Labor Day* (Anf. Sept.) täglich 11-17/18 Uhr. April/Sept/Anf. Okt nur an den Wochenenden (+Osterferien); **$33**, *online* $26; Kinder bis 11 und Senioren $23 *online*. Parken $12, RV $16; www.soakcityps.com.

Veteranen der US Airforce halten die Flugzeuge im Air Museum in Schuss und sorgen für ihren blitzblanken Zustand

Militär-Flugzeug Museum

Aggressiv bemalte Jagdflugzeuge und Bomber aus dem 2. Weltkrieg, ein Großteil davon in einem sagenhaft gepflegten – in vielen Fällen sogar einsatzbereiten – Zustand, außerdem Schiffsmodelle und Auto-*Oldtimer* stehen im sehenswerten ***Palm Springs Air Museum***, 745 North Gene Autry Trail (Straße nach Desert Hot Springs hinter den Rollbahnen des Flughafens von Palm Springs). Täglich 10-17 Uhr, Eintritt $15, unter 18 Jahre $13, Kinder bis 12 Jahre $8; www.PalmSpringsAirMuseum.org.

Rancho Mirage

Folgt man von Palm Springs der **Straße #111 *Business*** weiter in östliche Richtung, folgt zunächst Cathedral City und nach Meilen kaum reduzierter Bebauung mit jeder Menge *Golf Clubs*, Resorthotels, Motels und *Shopping* als nächste Ortschaft Rancho Mirage. An der Ecke Straße #111/Bob Hope Drive steht die vor allem außen herum ansprechende ***Shopping Mall The River*** mit Open-air-Cafés am den Komplex umgebenden »Fluss«; www.theriveratranchomirage.com.

Shopping Mall »The River« mit Bistro-Terrassen am Wasser

2

Palm Desert

Eine Meile weiter westlich zweigt ***»El Paseo«*** südlich von der #111 ab und läuft über gute zwei Meilen in einem Block Abstand parallel zu ihr. Die üppig begrünte und blumengeschmückte Straße mit ihren rund 300 Boutiquen und Restaurants gilt als die größte und beste Shoppingadresse der gesamten Region. Tatsächlich ist El Paseo nicht nur für *Hardcore Shopper* ein Einkaufsparadies, das einen längeren Bummel verdient; www.palmsprings.com/elpaseo.

El Paseo kreuzt am östlichen Ende die **Portola Ave**, an der wenig weiter südlich der ausgedehnte Park der *Living Desert* liegt:

Living Desert

Wer sich für die Natur in der Wüste interessiert, wird von der ***Living Desert Reserve***, einem botanischen Garten und Zoo zugleich, nicht enttäuscht sein. Geöffnet Oktober-Mai 9-17 Uhr, sonst 8-13.30 Uhr, Eintritt $14; Kinder $8; www.livingdesert.org.

1000 Palms Oasis

Einen schönen Bestand der auch in der *Living Desert* vertretenen besonderen ***California Fan Palms*** kann man eintrittsfrei in der ***1000 Palms Oasis*** besichtigen, einem Ort absoluter Ruhe, und auch noch unter den Palmen picknicken (Ramon Road nördlich der I-10, dann 1000 Palms Canyon Road; bei Anfahrt über die I-10 *Exit* 131 und dann Monterey Ave nach Norden bis zur Ramon Road, dann rechts). Keine definierten Zeiten, jederzeit besuchbar.

Eingang zur Living Desert Reserve durch alte für die Gegend typische Fan Palms. Sie stehen dicht an dicht auch in der 1000 Palms Oasis

Von Palm Springs zum Joshua Tree Park

Zwei Routen zur Auswahl

Südeinfahrt

Bei Weiterfahrt von Palm Springs über den *Joshua Tree National Park* stehen zwei Routen zur Auswahl. **Auf der I-10 zur Südeinfahrt** in den Park sind es ca. 45 mi, ab Palm Desert ca. 35 mi. Die mit Abstand interessantesten Bereiche des Parks liegen indessen im Nordwesten (*Wonderland of Rocks* und Stichstraße zum *Keys View*); ab der Südeinfahrt ist es zu den Felsen bzw. bis zum *Keys View* dann noch einmal genauso weit wie von Palm Springs dorthin auf der Route übers *Yucca Valley* und die Nordwesteinfahrt. Aber man spart via I-10/Südeinfahrt trotz der Mehrmeilen voraussichtlich Zeit (insbesondere ab Palm Desert, sollte man bis dorthin vorgedrungen sein). Denn auf der ***Wilson Canyon Road*** von Süden durch den Park ist nicht viel los, und die Fahrt »oben rum« wird im Bereich der langgestreckten Orte Yucca Valley und Joshua Tree durch viel Verkehr und zahlreiche Ampeln stark gebremst. Für die Anfahrt von der Südeinfahrt spricht für Wanderenthusiasten außerdem die Möglichkeit einer Wanderung zur Oase ***Lost Palms*** (20 km retour) gleich ab der *Ranger Station Cottonwood.* Der Straßenverlauf ist ansonsten eher langweilig. Nur einige größere Bestände an *Joshua Trees* sorgen für Abwechslung.

Nord-einfahrten

Für die – hier favorisierte – **Nordroute** ab Palm Springs oder auch Palm Desert sprechen neben 40 bzw. 30 gesparten Meilen die Möglichkeit zum Stopp in Desert Hot Springs mit seinen Mineralwasserpools und ggf. die preiswerten Motels in Yucca Valley und Joshua Tree. Wer einen Campingplatz benötigt – egal, ob für Zelt oder RV – sollte jedoch lieber im Park übernachten, ➤ unten.

Desert Hot Springs

Der direkte Weg von Palm Springs zur Nordeinfahrt des Nationalparks führt über die #111 North (Gene Autry Trail) und **Desert Hot Springs**, einen eher uninteressanten Ort rund 15 mi nördlich von Palm Springs Er entstand wegen warmer Quellen, bis heute wichtigster Anziehungspunkt des Bereichs.

Über die populärsten öffentlichen Pools verfügt das

- ***Desert Hot Springs Spa Center*** am Palm Drive, 8-22 Uhr, mit angeschlossenem Mittelklasse-Hotel, ✆ 1-800-808-7727; im Sommer ab ca. $90, www.dhsspa.com. Von Oktober bis Mai ist die – nur mäßig attraktive – Anlage meist ziemlich voll. Der Eintritt für den Tagesbesuch ist moderat: Mo-Do $5, Fr-So $7.

Nur ein wenig teurer, aber ansehnlicher ist weiter nördlich das

- ***Miracle Springs Hotel & Spa***, ✆ 1-800-400-4414; www.miraclesprings.com. Hotel im Sommer ab ca. $100 fürs DZ.

Im Desert Christ Park in Yucca Valley, *➤ nächste Seite*

Straße #62 nach Joshua Tree

Der ***Joshua Tree National Park*** verfügt ab dem ***Twentynine Palms Highway*** (Straße #62) über vier Einfahrten: eine Stichstraße ab Yucca Valley zum *Black Rock Nature Center*, miteinander verbundene Eingänge ab den Orten Joshua Tree und Twentynine Palms und dazwischen noch die Zufahrt zum Kletterparadies und ***Campground Indian Cove***.

Aus keiner Karte geht hervor, dass (vor allem) der Abschnitt der #62 zwischen Yucca Valley und Joshua Tree dicht besiedelt ist. Fast ohne Unterbrechung säumt die typisch amerikanische Kommerz-Infrastruktur über 12 mi diese Strecke. Wer dort ein Quartier benötigt, hat im Sommer und auch sonst wochentags eine große Auswahl unter zahllosen Motels mit günstigen Angeboten (gilt auch noch für Twentynine Palms).

Yucca Valley

Zu einem Zwischenstopp lädt in Yucca Valley ein ungewöhnlicher Skulpturenpark ein: Auf einem Kirchengelände am Ende der Straße *Mohawk Trail* (ab der #62 kurz westlich der Abzweigung der #247) befindet sich der ***Desert Christ Park***. Biblische Gestalten und bekannte Szenen wurden in Beton gegossen und auf ein das Tal überschauendes Gelände gestellt.

Black Rock

Die erwähnte kurze Zufahrt ab Yucca Valley zum *Black Rock Center* sollte man sich sparen. Dort gibt es nicht viel zu sehen, und der Campingplatz dort ist der schlechteste des ganzen Parks, auch wenn er im Gegensatz zu den meisten anderen Wasser hat.

Information

Mit dem **Ort Joshua Tree** erreicht man die **Hauptzufahrt** in den Nationalpark und eines der beiden ***Visitor Centers***, hier eher eine Informationsstelle mitsamt teurem Shop. Für weitergehende Parkinfos (Flora, Fauna, Geologie, Historie, Ausstellung) muss man bis **Twentynine Palms**, einem an sich öden Ort, wären da nicht (eben deshalb) die vielen Fassadengemälde (*Murals*), und von dort zum ansehnlicheren offiziellen ***Oasis Visitor Center*** des *National Park Service* fahren.

Abendsonnenlicht bei der Einfahrt in den Joshua Tree Park

Joshua Tree National Park www.nps.gov/jotr

Joshua Tree National Park

Eintritt $15/Auto $5/Person oder Interagency Jahrespass

Der Name dieses ausgedehnten Parks (ca. 2.300 km^2) bezieht sich auf den baumartigen ***Joshua Tree***, der an einigen Stellen der hier bereits wieder höher liegenden Halbwüste (ab 300 m in der Ebene mit Erhebungen bis zu 1.700 m) große Areale bedeckt. Das Zusammenspiel der oft bizarren *Joshua Trees* mit der eigenartigen Felslandschaft drumherum verleiht diesem Nationalpark einen unverwechselbaren Reiz.

Die Straße ab Joshua Tree führt nach etwa 12 mi zunächst weniger sensationeller Formationen durch das zu Recht so bezeichnete ***Wonderland of Rocks***. Für kurze **Wanderungen** (z.B. ins ***Hidden Valley*** und auf den ***Ryan Mountain***) und Geländeerkundungen bestehen zahlreiche Gelegenheiten, sofern einem danach vor lauter Hitze zumute ist (im Sommer bis 50°).

Einen weiten Überblick bis zur I-10 und Palm Springs bietet der Aussichtspunkt ***Keys View*** am Ende einer 5-mi-Stichstraße (asphaltiert), die man nicht auslassen sollte.

Reste der früher im Parkbereich betriebenen Keys Ranch. Das trockene Wüstenklima verhindert, dass die Objekte schnell verrotten.

Wanderempfehlung

Auch wenn die mächtigen Granitfelsen nicht danach aussehen, im Gebiet des heutigen Nationalparks wurde einst mehr oder weniger erfolgreich nach Gold geschürft. An der Straße zum *Keys View* passiert man den Abzweig zum Ausgangspunkt für den ***Trail*** zur ***Lost Horse Goldmine***. An dessen Ende stehen noch erhaltene Holzstrukturen der alten Anlage (ca. 6 km retour).

Geführte Wanderung

Einen Einblick in das Leben der Goldsucher Anfang des 20. Jahrhunderts liefert die ***Keys Ranch Guided Walking Tour*** (Okt.-Mai Sa+So 10 und 13 Uhr, werktags unregelmäßig, $5/Person; Reservierung unter © (760) 367-5555). Tipp für Fans von *Ghost Towns*, aber ohne Rangerführung ist der *Trail* gesperrt.

Camping

Unübertroffen ist das Campen in diesem Park, obwohl die Plätze überwiegend ohne jeden Komfort und Wasser sind. Die Gebühren betragen daher nur **$10** bis auf die Plätze *Black Rock* und *Cottonwood* abseits des Felswunderland-Gebietes. Letztere sind zwar weniger reizvoll, haben aber Wasser und kosten deshalb $15.

Black Rock und *Indian Cove* (isoliert, aber toller Platz, speziell für Kletterfreaks) können zentral reserviert werden, ➤ Seite 123.

Empfehlung

Am schönsten sind ***Jumbo Rocks***, ***Ryan*** und ***Hidden Valley***, auch ***Indian Cove*** (nur kurze Anfahrt von der #62). Die Stellplätze dort wurden liebevoll zwischen Felsen und Wüstenvegetation plaziert und animieren zu leichten »Kletterwanderungen«.

Etwas außerhalb des Kerngebietes des *Wonderland of Rocks* befinden sich die ebenfalls zwischen Felsen und *Joshua Trees* plazierten **Campingplätze *Belle*** und ***White Tank*** an der Wilson Canyon Road südlich der Nordroute durch den Park.

Wochenendandrang

Von Oktober bis Mai sind die ***Campgrounds* an Wochenenden meist knallvoll**; So-Do jedoch ist Unterkommen nie ein Problem. **Feuerholz** ist im Park **nicht vorhanden**. In Anbetracht der vielen romantischen, felsgeschützten Feuerstellen darf man auf keinen Fall vergessen, es vor der Einfahrt zu beschaffen.

Klima

Die hohen **Tagestemperaturen** in den Sommermonaten sollten nicht vom Besuch abhalten. Selbst 40°C im Schatten sind bei der dort vorherrschenden Trockenheit noch zu ertragen. Die **Nachttemperaturen** sinken auch im Hochsommer in der Regel auf ein erträgliches Niveau, früher oder später im Jahr kann es recht kühl werden. Nachtfröste gibt es noch im Mai und schon im Oktober. Sogar Schneefall ist im Winterhalbjahr möglich.

Lehrpfad

Etwa auf halber Strecke zwischen Twentynine Palms und Cottonwood liegt der ***Cholla Cactus Garden*** mit einem Lehrpfad. Wer ohnehin nach Süden fährt oder von dort kommt, könnte dort einen Zwischenstopp einlegen. Einen Umweg dafür einzulegen, lohnt sich nicht.

Südeinfahrt

Cottonwood an der Südeinfahrt ist nur eine Rangerstation mit Auskunftsfunktion und *Trailhead* für eine Wanderung zu den ***Lost Palms***, einer pittoresk am Hang zwischen Felsen »eingeklemmten« Oase (ca. 13 km retour). Der *Campground Cottonwood* (Wasser) kann mit anderen Plätzen nicht »konkurrieren«.

Jumbo Rocks mit Joshua Tree

Vom Joshua Tree NP nach Las Vegas

Route 1: Durch die Mojave National Preserve

Amboy

Die **kürzeste Vebindung nach Las Vegas** läuft ab Twentynine Palms auf großartiger Wüstenstrecke über **Amboy**, einer angeblichen *Ghosttown*. Tatsächlich handelt es sich um eine gottverlassene Straßenkreuzung an der – in diesem Bereich witzlosen – alten ***Route 66*** mit einer Handvoll Häusern und einer **Tankstelle** samt *Minimart* (*Roy's Café, Motel & Gas Station*). Auf der Strecke danach gibt's bis zur I-15 kein Benzin mehr.

Mitten in der Einsamkeit der Mojave Desert steht der restaurierte alte Bahnhof von Kelso. Er dient heute u.a. als Besucherzentrum der Nat'l Preserve

Kelso Dunes

Nördlich von Amboy erreicht man auf der ***Kelbaker Road*** ca. 12 mi nach Querung der I-40 die kurze Stichstraße zu den hellgelben ***Kelso Dunes***, dem größten Dünenfeld der Mojave Wüste. Eine etwa 4 km lange Wanderung führt vom gekennzeichneten *Trailhead* zum höchsten Dünenkamm (200 m).

Mojave National Preserve/ Kelso Depot

Zurück an der *Kelbaker Road* erreicht man bald **Kelso**, eine *Ghost Town*, stünde dort nicht an den Schienen der *Union Pacific Railroad* die restaurierte alte Bahnstation mit ***Kelso Depot Visitor Center*** der ***Mojave National Preserve***, dem nach dem *Death Valley* zweitgrößten vom *National Park Service* in Kalifornien verwalteten, aber eher selten besuchten Gebiet. Nebenbei gibt's im Bahnhof sogar einen ***Lunch Room*** (bis 17 Uhr).

Nach Baker (I-15)

Von Kelso geht's entweder weiter auf der *Kelbaker Road* nach **Baker** an der I-15 durch vulkanisches Gebiet mit Aschekegeln und hohen Sanddünen in Sichtweite oder auf der ***Kelso-Cima Road*** (20 mi) entlang der Bahnlinie und *Providence Mountains* im Hintergrund. Auf dieser Route passiert man wieder *Joshua Tree*-Bestände, im hoch gelegenen *Shadow Valley* an der ***Cima Road*** zur I-15 (18 mi) sogar einen ***Joshua Tree Forest*** mit besonders ausladenden Exemplaren.

Whole-in-the-Wall/ Black Canyon

Wer Zeit und Lust auf einsamste felsige Gebirgswildnis hat, könnte weiter östlich dem ***Whole-in-the-Wall-*** und ***Black Canyon*** einen Besuch abstatten. Zufahrt in das Gebiet bei Essex über die Ausfahrt 100 der I-40, dann auf der geteerten *Black Canyon Road*

2

Südkalifornien Ost
Death Valley
Las Vegas
Las Vegas
Nipton
Searchlight
Lake Mohave
Lake Mead NRA
NEVADA KALIFORNIEN
Baker
Barstow Los Angeles
Mojave National Preserve
Cima Road
Cima
Kelbacker Road
Kelso-Cima Rd.
Devils Playground
Kelso
Black Canyon
Providence Mountains SP
Laughlin
Bullhead City
Oatman
Kingman
Flagstaff/Grand Canyon
Black Mountains
Needles
Sacramento Mountains
Topock
Ludlow
Amboy
Old Woman Mountains
Lake Havasu City
Buckskin Mountain SP
Lake Havasu
Colorado
Bullion Mountains
Cadiz Valley
Joshua Tree
Twentynine Palms
Parker
Joshua Tree National Park
Keys View
Lost Horse Mountain 1915 m
Cholla Cactus Gardens
Lost Palms Oasis
Indio
Quartzsite
Blythe
Phoenix
Box Canyon
Mecca
Chocolate Mountains
Salton Sea SP
North Shore
Desert Shores
Salton City
Bombay Beach
Salton Sea (70 m unter NN)
Niland
KALIFORNIEN ARIZONA
Colorado
Anza Borrego Desert State Park
Borrego Springs
Ocotillo Wells
N
0 20 km
Westmorland
Brawley
Glamis
Imperial Sand Dunes
Coachella Canal
Imperial
El Centro
Holtville
Calexico
USA Mexiko
Mexicali
Yuma
Tucson

19 mi nach Norden. Neben einem Tuffsteinlabyrinth warten dort *Visitor Center* und ein schön gelegener **Camp- und Picknickplatz**. Details und Karte zu diesem Gebiet unter www.nps.gov/moja.

Über Cima zur I-15

In Cima gibt's außer verfallen(d)en Strukturen nichts. Die gegenüber der *Cima Road* um 12 mi kürzere, aber weniger attraktive Route in Richtung Las Vegas führt über die *Morning Star Road* zum *Nipton Exit* der I-15 (21 mi), ➤ Seite 432.

Route 2: Straßenkombination #62 und #95

Die Route

Wer gut ausgebaute breite Straßen bevorzugt und bei ungefähr gleichen Meilen schneller ans Ziel möchte, nimmt zunächst die **Straße #62** nach Osten (ebenfalls kaum Verkehr und landschaftlich grandioser Verlauf durch fast menschenleere Regionen) und – ab **Vidal Junction** – die Straße **#95**. Sie verläuft weiter nördlich 13 mi identisch mit der I-40 und löst sich dann wieder von der Autobahn (Auffahrt bei Needles bis Ausfahrt #133). Bei Boulder City stößt sie auf die I-515, von der man via I-215 direkt auf den Las Vegas Boulevard gelangt.

Abstecher nach Oatman

Auch auf dieser Route sind Varianten und Abstecher möglich. Besonders erwägenswert wäre ein Abstecher **auf der alten *Route 66*** nach **Oatman** (in Needles auf der #95=Broadway/Front Street durch den Ort, dann rechts NK Street/AZ #95 *Spur* und über die Coloradobrücke bis Willow Drive ca. 5 mi, auf ihr rechts bis zum *Oatman-Topock Highway Old Route #66*).

Oatman ist einer der wenigen verbliebenen, noch besuchenswerten Orte der einstigen Transkontinentalstraße. Das nur ca. 300 m lange **Wildwest-Gebirgsdorf** mitten in rauer Landschaft in heute abseitiger Lage ist ein echtes Überbleibsel aus der Zeit ohne Autobahnen. Es besteht vor allem aus Kneipen, einfachen Restaurants und – ganz originellen – Souvenirshops hinter den alten Fassaden. Das alte ***Route 66-Flair*** ist noch da; www.oatmangoldroad.org.

Route 66

Die ca. 50 mi zwischen den Arizona-Ausfahrten #1 und #44 der I-40 bilden den landschaftlich reizvollsten Abschnitt der gesamten noch intakten Teilstrecken der #66 bis Chicago.

Hauptstraße (Route 66) durch Oatman, die hier gerade für die tägliche Gunfight-Show gesperrt wurde

Kingman/ Grand Canyon

Einmal in Oatman könnte man auch bis **Kingman** weiterfahren (ggf. mit Abstecher zum *Grand Canyon*) und von dort der #93 nach Norden Richtung *Hoover Dam* folgen, ➢ Seite 564.

Nach Laughlin

Ohnedem macht es nach einem Besuch in Oatman Sinn, zurück auf die AZ #95 *Spur* und weiter bis Bullhead City zu fahren. Dort geht es über den Colorado nach Laughlin im Dreistaateneck, dem drittwichtigsten Spielkasinostandort Nevadas.

Egal ob auf diesem Weg oder von der #95 auf der Stichstraße #163 von Westen, auch **Laughlin** unterhalb des Colorado Stausees Lake Mohave ist einen Zwischenstopp wert, und sei es, um zu staunen, was es in Nevada neben Las Vegas und Reno sonst noch alles gibt.

Laughlin (www.visitlaughlin.com) besteht im wesentlichen aus **Kasino-Hotelkomplexen** und riesigen Parkplätzen am Westufer des Colorado und entlang der Hauptstraße durch Laughlin. Man kann dort – außer dem Spieltrieb zu frönen – vor allem So-Do recht preiswert übernachten und an Kasino-Buffets »zuschlagen« oder auch ganz gut campen.

Dieses Spielkasino in Form eines Mississippi Riverboat schwimmt (fest gemacht) in Laughlin tatsächlich auf dem Wasser des Colorado

Camping am Colorado

Im Frühjahr und Spätherbst erfreut Reisende, die aus Höhenlagen wie dem *Joshua Tree NP* anfahren, auf jeden Fall das auch in den Abendstunden warme Klima. Dann sitzt es sich z.B. schön vorm Zelt oder Camper direkt am Fluss im ***Davis Camp Park*** auf der Arizona-Seite oberhalb von Bullhead City unweit des Mohave-Staudamms; www. mcparks.com/davis_camp.htm, Übernachtung $15.

Etwas wasserferner campt man ebenfalls gut am **Lake Mohave** auf dem Platz ***Katherine Landing*** unter Palmen, ca. 6 mi nördlich von Bullhead City. Der Stausee gehört zur ***Lake Mead National Recreation Area***: www.nps.gov/lake.

In *Katherine Landing* gibt es in prima Lage auch ein Motel: ab $95 im Sommer, sonst ab $60. Reservierung nur übers Internet: www. canyon-country.com/mohave/katherine_landing.html.

Am Colorado bzw. Lake Mohave auf der Nevada Seite findet man den ausgezeichneten ***National Park Campground Cottonwood Cove*** (www.nps.gov/lake). Man erreicht ihn auf einer Stichstraße von der #95 ab Searchlight (liegt auf etwa halber Strecke zwischen Laughlin und Las Vegas).

Mural in Searchlight auf halbem Weg zwischen Laughlin und Las Vegas

Route 3: Lake Havasu City

Route 2 mit Umweg über den Lake Havasu

Mit etwas mehr Zeit könnte man **ab Vidal Junction** – statt die #95 nach Norden zu nehmen – **weiter auf der Straße #62** bleiben und bei **Parker/Arizona** den Colorado River überqueren. Dort wendet man sich auf der **Straße #72** nördlich und fährt über **Lake Havasu City** (Standort der Stein für Stein über den Atlantik geschafften ***London Bridge***, die früher die Themse überspannte) in Richtung I-40. Für diese Strecke braucht man einen **Extratag** Zeit, der sich aber lohnt bei Lust auf einen entspannten Tag oder Abend am Fluss (Bootsmiete, Schwimmen).

Buckskin Mountain SP

Zahlreiche Camping- und Motelresorts warten beidseitig des Flusses auf Gäste. Einer der besten Campingplätz am Wasser ist hinsichtlich Lage, Anlage und Komfort der ***Buckskin Mountain State Park***, http://azstateparks.com/Parks/BUMO.

Zurück zur Route 2

Nördlich von Lake Havasu City stößt man auf die I-40 und kehrt auf ihr zur #95 zurück bzw. folgt zunächst dem Vorschlag eines Oatman-Abstechers auf der alten *Route 66* (bei dieser Anfahrt ab *Exit* #1/Topock). Weiter unter Route 2.

Aufgestauter Colorado River beim Buckskin Mountain State Park

2.4 Von Los Angeles nach San Diego

2.4.1 Die Küstenroute

Interstate #5

Der Blick auf die Karte zeigt: Die schnellste Verbindung von LA nach San Diego ist die I-5. Sie gehört indessen zu den Autobahnen mit dem höchsten Verkehrsaufkommen Kaliforniens. Für die – je nach Ausgangs- und Endpunkt – 100-130 mi kommt man daher selten mit der rechnerisch scheinbar leicht möglichen Fahrzeit von zwei Stunden aus.

Straße #1

Die Straße #1 läuft auch südlich von LA noch ein Stück weiter an der Pazifikküste entlang. Innerhalb des Großraums LA bis Santa Monica und wieder ab Manhattan Beach ist sie mit dem ***Pacific Coast Highway*** identisch. Ihr südlicher Abschnitt zwischen Long Beach und Newport Beach wurde vorstehend bereits kurz kommentiert, ➤ Seite 398.

Laguna Beach

Auf dem verbleibenden Stück bis zu ihrem Ende/Anfang in **Capistrano Beach** verdient vor allem die Nobeladresse **Laguna Beach** Erwähnung. Nach kilometerlangen flachen Stränden steigt die Küste bei Laguna Beach wieder an und bildet schmalere attraktive Strandstreifen und hübsche Sandbuchten unter felsigen Steilhängen. Der Ort entwickelte sich aus einer Künstlerkolonie und veranstaltet im Juli bis einschließlich August ein beachtliches ***Arts Festival*** in mehreren Kunstzentren entlang der küstennahen **Laguna Canyon Road**. Alles dazu erfährt man unter www.lagunabeach.com/attractions.html.

Das Kulturleben von Laguna Beach manifestiert sich auch außerhalb der Festivalzeit in einer erstaunlich dichten Szene voller ***Art Galleries*** und zahlreichen Veranstaltungen.

Hauptstrand von Laguna Beach

Unterkunft

Beneidenswert gelegene Villen und Motels/Hotels säumen die Uferlinie. Ein relativ günstiges kleines Hotel in zentraler Lage am 460 North Coast Highway ist das ***The Tides*** mit Tarifen ab $120, im Sommer $180, ✆ (949) 494-2494 bzw. ✆ 1-888-777-2107; www.lagunabeach.com/thetides. Alle Quartiere in Laguna Beach findet man im Portal www.lagunabeach.com/hotels. html.

Ende der #1

Kurz vor Ende der Straße #1 bzw. Erreichen der I-5 passiert man in Dana Point die ***Doheny State Beach*** mit Grillplätzen am Strand und Campingplatz; www.parks.ca.gov/?page_id=645.

Von dort kann man zwar immer noch ein Stück weiter den ***Coast Highway*** bis San Clemente an der Küste entlang fahren, aber dann gibt es zur **I-5** zunächst **keine Alternative** mehr für die Weiterfahrt nach Süden. Sie durchquert ein riesiges Sperrgebiet des *US-Marine Corps,* und ein Atomkraftwerk sorgt zusätzlich für kilometerweite Absperrungen der Küste.

Südlich von San Clemente findet man daher nur über die ***State Parks San Clemente*** (www.parks.ca.gov/?page_id=646) und ***San Onofre*** (www.parks.ca.gov/?page_id=647) leichten Zugang zum Meer. Aber wer dort campt, hat besonders in *San Onofre* den Lärm der nahen Autobahn Tag und Nacht im Ohr. Als Tourist mit begrenzter Zeit gilt daher ab *Capistrano* bzw. ab *Doheny Beach*: am besten auf der I-5 durchfahren bis mindestens Oceanside.

Im einst mondänen, aber heute nicht mehr so überzeugenden Seebad **Oceanside** beginnt parallel zur I-5 der streckenweise unmittelbar an der Küste verlaufende ***County Highway* S21**, die **historische #101**, wie sie heute gerne wieder bezeichnet wird (www.drivethe101.com). Am Wege liegen kleine verbundene **Seebäder** mit jeder Menge **Motels/Hotels** und eine Reihe von kommerziellen ***Campgrounds*** und ***State Beaches*** (darunter *South Carlsbad* und *San Elijo* mit **Campingplätzen**). Als Badeorte überzeugen an der S21 nur **Carlsbad** und **Del Mar**.

Legoland

In der Nähe von Carlsbad befindet sich das kalifornische ***Legoland***: Von der I-5, Ausfahrt Carlsbad, dann Cannon Road, ausgeschildert. Wer darüber als Urlauber mit Kindern gern mehr wissen möchte, findet alle Infos im Internet unter www.legoland.com. Vorweg sei aber gesagt, dass mit dem amerikanischen Eintritt von $72, bis 12 Jahre $62, ein Besuch erheblich teurer ist als bei uns.

Flower Fields

Wer **im März bis Anfang Mai** unterwegs ist, könnte in Carlsbad auch den ***Flower Fields*** ganz in der Nähe von Legoland einen Besuch abstatten: Von der Cannon Road östlich der I-5 in den Paseo del Norte nach Süden abbiegen. Zu der Zeit blühen **Ranunkeln** auf einem 20-ha-Feld eines kommerziellen Anbauers. Das farbenprächtige Bild in Rot, Orange, Gelb, Grün und Purpur wurde so populär, dass sich daraus im Laufe der letzten Jahre eine eigenständige Attraktion mit allem amerikanischen Drum und Dran entwickelte. Täglich 9-18 Uhr; Eintritt $11/$10/$6; mehr Details im Internet: www.theflowerfields.com. Saison nur März bis Mai.

Torrey Pines Road

Die S21 geht noch vor San Diego in die ***Torrey Pines Road*** über, auf der man automatisch auf den ***La Jolla Shores Drive*** stößt, der zum *San Diego Scenic Drive* gehört, ➤ unter San Diego, Seite 471.

Karte notwendig

Zur Orientierung im Küstenbereich und für die in den nächsten Absätzen beschriebene Route benötigt man wegen der Vielzahl und Dichte kleiner Straßen bei gleichzeitig keiner oder schlechten Beschilderung eine genaue **Südkalifornien-Karte** (z.B. des AAA). Ein **Navi** ist nur bedingt hilfreich, weil es zwar zum gewünschten Ziel führt, jedoch keine Gesamtübersicht bietet.

Blumenfeld voller Ranunkeln in den Carlsbad Flower Fields

Eine Art Romantik-Hotel à la USA ist das Gold Rush B&B in Julian, ✆ 1-800-734-5854 (www.julianhotel.com)

2.4.2 Die ruhige Inlandsroute

Alternative Route #76/ Palomar Observatory

Eine hübsche, aber zeitraubende Alternativroute zur Küstenstrecke ist ab Oceanside die **Straße #76** nach Osten durch den *Cleveland National Fores*t (auch denkbar bei Anfahrt auf der I-15, dann von dort Abfahrt 46).

Etwas abseits, aber letztlich noch am Wege liegt das berühmte ***Mount Palomar Observatory*** – etwa 11 mi Zufahrt über zahlreiche Kehren der **Straße S6** – mit Riesenteleskopen und einem kleinen Museum (Besichtigung gratis, täglich 9-15/16 Uhr; www.astro.caltech.edu/palomar). Ein 400 m Fußweg führt vom Parkplatz zum Observatorium. Besonders ergiebig ist der Besuch nicht.

Zwei ***NF-Campgrounds*** befinden sich nur wenig westlich des *Mount Palomar*. Der bessere von beiden ist ***Observatory*** (ab $15, Duschen extra).

Straße #79

Nach San Diego geht es von dort am besten über die Straßenkombination **S7** (bis *Lake Henshaw*), dann **#76** und **#79** über Santa Isabel und Julian zur I-8.

Julian

Das Dorf **Julian** im künstlichen Wildwest Look hat mehrere in Dörfern dieser Größe sonst nicht zu findende Restaurantterrassen und **B&B-Unterkünfte**. Dank der gemäßigten Temperaturen in 1300 m Höhe, der attraktiv-hügeligen Umgebung und des nahen Lake Cuyamaca ist Julian ein beliebtes Sommer-Ausflugsziel für hitzegeplagte Talbewohner.

Die #79 zwischen Julian und der Autobahn läuft kurvenreich durch eine Landschaft mit klaren Bächen (im Frühjahr; später im Jahr meist ausgetrocknet) und Hochwald. Sehr schön campt man im ***Green Valley*** des ***Cuyamaca Rancho State Park***, www.parks.ca.gov/?page_id=667. Leider ist er wegen Kürzungen im kalifornischen Staatsbudget von Schließung bedroht.

Straßen #S6/#67/#S4

Man könnte sich – statt hinunter zur I-8 zu fahren – schon vor Julian westwärts wenden und über den *County Highway* S6 oder ab Santa Ysabel #78/#67/*County Highway* S4 die **I-15** ansteuern. Damit gelangt man noch etwas rascher nach San Diego (speziell auf der S6 ab dem Bereich *Mount Palomar*).

San Diego Safari Park

Ein weiteres Motiv für die skizzierte Routenwahl liefert ggf. der ***San Diego Safari Park*** an der Straße #78, 5 mi östlich von Escondido. Es handelt sich um sehr weitläufige, dem Habitat der Tiere angepasste Zoogelände mit einigen typischen Vergnügungspark-elementen wie dem »authentischen« afrikanischen Dorf ***Nairobi Village*** und einem Showprogramm. Die zahlreichen asiatischen und afrikanischen Tiere lassen sich von einer Bahn oder von den Aussichtspunkten eines *Trails* (rund 3 km) bestens beobachten. Tatsächlich ist der Park eine gelungene Mischung, die auch vielen Europäern gut gefallen dürfte.

Zeiten ganzjährig ab 9 Uhr; Schluss variabel 17/18/19 Uhr; **Eintritt $42**, bis 11 Jahre **$32** inkl. Transport mit der *Africa Tram* (*hop-on-hop-off*). Gegen Extrakosten gibt es u.a. »Safaris« ins Gelände in die Nähe der Tiere und eine 1 km lange ***Flightline Safari*** am Drahtseil über den Park. Interessant ist ***Roar & Snore*, Komfortcamping** in Afrika; mehr unter www.sdzsafaripark.org.

Kombitickets gibt es mit dem *San Diego Zoo* und ggf. auch erweitert mit *Seaworld*, ➤ unter San Diego.

Wer den Safari Park, den San Diego Zoo und Seaworld besucht, kauft einen 3-for-1 Pass und spart dabei an die $30/Person

Museum der Creationists in Santee

Die ***Life and Light Foundation*** betreibt in **Santee** (10946 Woodside Ave), einem nordöstlichen (Fast-)Vorort von San Diego (dorthin über I-15 und *Freeway* #52 oder über die I-8, Abfahrt 18, auf den *Freeway* #67, von dort Abfahrt 3) das sehenswerte ***Museum of Creation & Earth History***, Mo-Sa 9-18 Uhr, frei.

Es geht dort um die Schöpfungsgeschichte aus der Sicht der ***Creationists***, derzufolge die Bibel naturwissenschaftlich genau die Entstehung der Erde beschreibt. Davon und weiteren erstaunlichen Erkenntnissen erfährt, wer sich die Mühe des Abstechers macht oder im Internet die Adresse www.lifeandlightfoundation.org oder www.icr.org aufruft, ➤ auch den Kasten rechts.

Religious Sightseeing Burghard Bock

Die Europäer drängelten jahrhundertelang Leute mit seltsamen Ideen aus der Alten Welt in die Neue. So entstand in Nordamerika eine der ältesten Verfassungen mit garantierter Religionsfreiheit. Nun konnten alle machen, was sie wollten, und daher existieren dort heute allein im christlichen Bereich gut 2000 verschiedene Kirchen und Denominationen. Das bietet auch touristisch reizvolle, sogar einzigartige Ziele. Einige liegen in Kalifornien, so z.B. in Garden Grove die ***Crystal Cathedral***, ein sehr amerikanisches Gotteshaus (➤ Seite 405), in Yorba Linda die ***Richard Nixon Presidential Library*** (➤ Seite 407) und westlich von LA im Simi Valley die ***Ronald Reagan Presidential Library*** (➤ Seite 343). Auch letztere beiden sind durchaus »religiöse« Stätten.

Es gibt außerdem viele traditionelle Objekte wie vor allem die 21 geschichtlich bedeutsamen, vom mallorquinischen Mönch *Junípero Serra* konzipierten **Franziskaner-Missionen**, die zu Keimzellen der kalifornischen Küstenstädte wurden, ➤ Kasten nächste Seite.

Junipero Serra

Eine spezielle Sehenswürdigkeit ist in San Diegos Vorort Santee das Museum der ***Life & Light Foundation*** (➤ links), die eine eigenwillige Interpretation der biblischen Schöpfungsgeschichte bereithält: *Creationists* bestehen darauf, dass die Bibel minutiös den naturwissenschaftlichen Ablauf der Dinge beschreibt und mitnichten nur eine mythische Darstellung von den Grundlagen der Welt liefert.

Der Besucher erfährt im sehenswerten Museum weitere »wissenschaftlich« gesicherte Erkenntnisse, aus der Geologie z.B., dass sich der Himalaja in wenigen Jahrhunderten aufgefaltet haben muss, da die Erde erst 10.000 Jahre alt ist. Die Biologie lehrt uns in ähnlicher Interpretation der Erdgeschichte, dass Noah Dinosaurier (aus Platzgründen, versteht sich) in Form von Eiern auf der Arche dabei hatte. Vor allem ist man dort überzeugt, dass Darwins satanische Evolutionslehre an so ziemlich allem die Schuld trägt, was einen rechtschaffenen Amerikaner an der Welt stört.

Ebenfalls eigentümlich, wiewohl sympathischer wirkt der ***Desert Christ Park*** in der Nähe des *Joshua Tree National Park* (➤ Seite 441). Ein Betonkünstler gestaltete diese Anlage in den 1950er-Jahren als Demonstration gegen Atomrüstung und Kalten Krieg. Das dort u.a. vorhandene Relief mit *Leonardo da Vincis* Abendmahl dürfte weltweit konkurrenzlos dastehen; www.desertchristpark.org.

2.5 San Diego

2.5.1 Allgemeine Informationen

Geschichte, Klima und Geographie

San Diego – und nicht etwa San Francisco – ist heute mit rund 1,3 Mio. Einwohnern nach Los Angeles **Kaliforniens zweitgrößte City**. Die Stadt verfügt jedoch über keinen vergleichbaren Gürtel von Trabanten- und Nachbarstädten. Der **Großraum San Diego** (ca. 3,1 Mio.) ist daher bei weitem nicht so bevölkerungsstark wie *Metropolitan* San Francisco, andererseits aber touristisch ähnlich bedeutsam mit aktuell um 30 Mio Besuchern jährlich, von denen die Hälfte für eine oder mehrere Nächte in San Diego bleibt.

Geschichte

Nach der Entdeckung Amerikas ließ auch die Erkundung der Westküste nicht lange auf sich warten. Schon 1542 setzte der Seefahrer ***Juan Rodriguez Cabrillo*** seinen Fuß auf die der San Diego Bay vorgelagerte Halbinsel. Mit der Landung am Point Loma, wo heute ein *National Monument* an ihn erinnert, reklamierte er sogleich ganze Landstriche im Westen Nordamerikas – das heutige Kalifornien – für die spanische Krone. Aber erst 227 Jahre später begann die Kolonisierung Kaliforniens ducrch die Spanier.

Nach der Eroberung Kaliforniens 1848 durch die USA als Folge des mexikanisch-amerikanischen Krieges ging die Entwicklung lange Zeit an San Diego in der Südwestecke des Staates vorbei. Erst um die Jahrhundertwende entstanden mit der Anbindung der Stadt an das Eisenbahnnetz ein nennenswerter Hafen und Industrie.

Spanische Missionen in Kalifornien

Ernst-Georg Richter

http://californias-missions.org http://parks.ca.gov/?page_id=22722

http://de.wikipedia.org/wiki/Spanische_Missionen_in_Kalifornien

Zwar war nach damaligem Rechtsverständnis das heutige Kalifornien neben weiteren riesigen Flächen im Süden Nordamerikas schon im 16. Jahrhundert an Spanien gefallen, aber »gesichert« war dieser Besitz bei weitem nicht.

Und so sorgte sich der spanische Hof unter seiner katholischen Majestät *Juan Carlos III* in der zweiten Hälfte des 18. Jahrhunderts um eine beginnende russische Besiedlung Nordkaliforniens und den aufkommenden Einfluss Russlands, das bereits Handelsposten in Alaska unterhielt. Da bereits ein hundert Jahre zuvor spanische Jesuiten in der heute mexikanischen *Baja California* ein Netz von Missionen und Siedlungen aufgebaut und damit die Halbinsel erfolgreich kolonisiert hatten, beschloss man 1767, dasselbe für ***Alta California*** in Angriff zu nehmen. Eine Expedition unter dem Offizier *Gaspar de Portola* und dem Franziskanerpater ***Junípero Serra*** wurde vorbereitet mit dem Auftrag, *Presidios* (Festungen) zu errichten, um Kalifornien militärisch abzusichern und Missionen zu gründen. Der Zweck letzterer war, die Indianer zunächst zum Christentum zu bekehren und dann mit ihrer Hilfe die kalifornische Kolonie im Machtbereich der spanischen Krone zu verankern.

Die Expedition erreichte 1769 die Bucht von San Diego und errichtete als erste Mission ***San Diego de Alcalá***. Zwei Jahre darauf folgte *San Carlos Borromeo del Rio Carmelo* im heutigen Carmel. Bis 1823 wurden daraus insgesamt **21 Missionen**, die durch den ***Camino Real*** (Königsweg) verbunden waren. Sie lagen jeweils eine Tagesreise auseinander und hatten damit u.a. die Funktion von Etappen für Reisende. Neben der Missionskirche entstand regelmäßig auch eine Siedlung mit Landwirtschaft nach europäischem Vorbild.

Die härteste Arbeit mussten dort – wie sich denken lässt – diejenigen leisten, die »bekehrt« bzw. kolonisiert worden waren. Die nach ihrer Christianisierung »Neophyten« genannten Indianer schufteten auf den Feldern und wurden streng und oft genug brutal behandelt. Den eingeschleppten Krankheiten aus der alten Welt hatten sie außerdem nichts entgegenzusetzen, was die neuen Siedlungen dauerhaft schwächte. Statt *California* zu sichern und auszubauen, konnten sich die Missionen nur mit Mühe selbst erhalten. Nachdem sich dann Mexiko 1821 auch noch von Spanien losgesagt hatte, endete nach und nach die Unterstützung aus dem Süden, und 1834 wurden die Missionen säkularisiert.

Die *Missions* sind heute ausnahmslos Baudenkmäler. Zugleich transportieren sie eine durchweg romantisierende Erinnerung an die spanische Zeit, in der das in den Vordergrund gestellte religiöse Ziel der Missionierung mit handfesten imperialistischen Interessen einherging. Trotz allem unterschied sich der Umgang der Spanier mit den Ureinwohnern des Kontinents deutlich vom Vorgehen der Engländer an der Ostküste: Dort wurden die Indianerstämme bekriegt und weitgehend ausgelöscht, im günstigsten Fall »nur« vertrieben.

Mission San Miguel Arcangel auf ungefähr halber Strecke zwischen Los Angeles und San Francisco (8 mi nördlich von Paso Robles unweit des heutigen Freeway #101).

Mit dem Überfall der Japaner auf Pearl Harbor und einer dadurch bedingten Verlegung des pazifischen Oberkommandos der US-Streitkräfte von Hawaii nach San Diego wurde der zweite Weltkrieg zum entscheidenden Anstoß für die seither erlebte Expansion. Die Marine- und *Airforce*-Gelände belegen nach wie vor gewaltige Areale rund um die Bay, und die pazifische Kriegsflotte dominiert weit vor den Thunfischfängern die Hafenanlagen.

Klima

Nun sind nicht allein militärische Aktivitäten, Industrie, Handel und Wandel verantwortlich für den anhaltenden Boom San Diegos. Die **Freizeitgesellschaft** der Nachkriegsära entdeckte – ganz besonders seit den 1980er-Jahren – die hervorragende klimatische und geographische Eignung der Stadt fürs ganzjährige ***Outdoor Living*** zwischen Strand, *Swimming-Pool*, Tennis- und Golfplatz.

In San Diego herrschen **jahraus, jahrein angenehme Temperaturen**. Wie im benachbarten Los Angeles erreichen sie selbst im Januar im Tagesdurchschnitt 18°C und sinken nachts kaum unter 6°C bis 10°C, aber im Sommer klettern sie selten so hoch wie dort, sondern verharren im allgemeinen deutlich unter 30°C. Und das bei maximaler Sonneneinstrahlung und wenigen Regentagen.

Der heute wegen der Drogenkriegsproblematik in Mexiko reduzierte, aber lange Jahre florierende **Grenztourismus** nach Tijuana, wo manches erlaubt, was in den USA verboten ist, tat ein übriges für San Diegos Prosperität.

Geographie

Die Geographie San Diegos unter touristischem Blickwinkel lässt sich wie folgt unterteilen (➤ Karten Seiten 451 und 459):

- Die nördlichen Vororte (**La Jolla, Muirlands, Pacific** und **Mission Beach**) liegen zwischen der *Interstate* #5 und dem Ozean. Dort findet man die reizvollsten Strände, das unter jungen Amerikanern legendäre *San Diego Beach Highlife* und ausgedehnte Villenviertel. Sie werden nach Süden durch die **Mission Bay** begrenzt, frühere Brackwassersümpfe, die zu einer Seen- und Parklandschaft umgestaltet wurden mit Stränden, Marinas und dem ***Sea World*** **Komplex** auf der Südseite.
- Die Stadtteile **Ocean Beach** und **Point Loma** unterhalb von Mission Bay und San Diego River bilden die westlichen Vororte auf der weit nach Süden reichenden, großenteils von der US-Marine besetzten Point Loma Halbinsel. Die North

Blick aufs San Diego Stadt-zentrum vom Coronado-Anleger der Fähre nach Downtown

San Diego Bay, der *Lindbergh International Airport* und die Interstate Autobahn #5 begrenzen diesen Bereich nach Osten.

- Die langgestreckte, am Kopf inselartige ***Coronado Peninsula*** bildet die westlichen Ufer der San Diego Bay. Sie ist mit *Downtown* über eine 4 km lange Brücke verbunden.
- ***Downtown*** San Diego ist ein überschaubares, teils neues, teils restauriertes Stadtzentrum am Nordende der Bay unterhalb des höhergelegenen ***Balboa Park***.
- Zwischen I-5 und I-8 in unmittelbarer Nähe ihres Kreuzungsbereichs liegt die ***Old Town***, östlich davon das sog. ***El Presidio***, Keimzelle San Diegos hoch über der Stadt.
- Das ***San Diego River Valley*** mit der nach Osten führenden *Interstate* #8. Auf ihr erreicht man die 1774 verlegte ***Mission San Diego*** und die größte **Hotel- und Motelkonzentration** der Stadt, ➤ *Hotel Circle*, Seite 464.

Die weiter südlichen, bereits **mexikanisch geprägten Stadtteile** haben Touristen kaum etwas zu bieten. Man durchfährt sie auf den *Freeways* in Richtung Grenze.

Hier am Harbor Drive gibt's Stadtplan und alle San Diego Infos samt Buchungs schalter für Rundfahrten und Tickets

Information, Orientierung und Transport

Besucherinformation

Das ***International Visitor Information Center*** befindet sich am1140 North Harbor Drive, Ecke Broadway, © (619) 236-1212, September tägl. 9-17 Uhr, Mai+Okt. bis 16 Uhr; www.sandiego.org

Eine weitere ***Visitor Information*** residiert in **La Jolla** an der 1162 Prospect Street, © (858) 454-5718, täglich 11-16 Uhr (Winter) und 10-17 Uhr (Sommer);ebenfalls www.sandiego.org.

Die Büros der *Visitor Information* in San Diego sind behilflich bei der Unterkunftssuche und -buchung und haben auch eine Liste vieler ***Wifi-Locations*** in der Stadt.

Weitere gute Info-Seiten sind
www.sandiego.com & www.thebigbay.com

Karte notwendig

Vor allem, wer zunächst die nördlichen Stadtteile (ohne Navi) besucht, sollte sich bei der *Tourist Information* oder beim AAA eine genaue Karte besorgt haben. In San Diego ist die **Orientierung** nicht einfach, da wegen wechselnder Topographie das sonst in Amerika übliche Schachbrettmuster weitgehend fehlt.

Scenic Drive

Erreicht man San Diego auf der Straße #S 21 (oder auf der I-5, *Exit* Genessee Ave) und über die **North Torrey Pines Road**, lässt sich der ausgeschilderte (blau-gelb mit einer Möwe) ***Scenic Drive*** nicht verfehlen. Dessen Verlauf kann man gut als Leitlinie durch die Stadt nutzen, ohne sich in allen Einzelheiten daran zu halten.

Am besten folgt man ihm seeseitig auf dem **La Jolla Blvd**. Nach Passieren der Mission Bay geht es zu den ***Sunset Cliffs*** und von dort zum *Point Loma* bzw. (ohne den Abstecher) über den North Harbor Drive direkt nach *Downtown*, zum *Balboa Park* und ggf. weiter zur *Old Town*. Mit Ausnahme der *Coronado Peninsula* und der *Mission San Diego* erfasst diese Route die Mehrheit der in Frage kommenden Anlaufpunkte.

Eine detaillierte Streckenbeschreibung des ***59-Mile Scenic Drive*** findet sich unter: www.sandiego.org/article_set/Visitors/11/338.

Bus und Straßenbahn

Öffentlicher Transport funktioniert in San Diego gut. Neben dem Bussystem existieren drei **Trolley Linien** (Straßenbahnen). Die ***Orange Line*** fährt vom *Santa Fe Depot Downtown* nach **El Cajon** im Nordosten der City, die ***Green Line*** von *Downtown* (Imperial & 12th Street) nach **Santee** und die ***Blue Line*** vom *Santa Fe Depot* durch *Downtown* nach **Ysidro** an der Grenze.

Die **einfache Fahrt kostet $2,50**. Kombi-Bus/Trolley-Tagespässe kosten $5, zwei Tage $9, drei Tage $12 und vier Tage $15. ***Compass Card*** zum Wiederaufladen +$2, http://compass.511sd.com.

Informationen zu Fahrplänen und Tarifen gibt es im ***Transit Store*** in *Downtown*: 102 Broadway/1st Ave, Mo-Fr 9-17 Uhr; © (619) 234-1060; www.sdmts.com.

Hop-on-hop -off Trolley

Wer sich keine Gedanken zu Orientierung und Parkplatzsuche oder Routen und Zeiten öffentlicher Verkehrsmittel machen will, bucht den ***Old Town Trolley***, der eine weite Runde durch San Diego dreht – von der *Old Town* nach *Downtown* und den *Balboa Park* und weiter nach Coronado. An 11 Haltepunkten kann beliebig zu- und ausgestiegen werden. Eine volle Runde lässt sich auch gut für eine erste Gesamtübersicht nutzen. Nur La Jolla und Point Loma werden nicht angelaufen. Für Information und Unterhaltung unterwegs sorgen die Fahrer. © 1-888-910-8687, www.trolleytours.com/san-diego; Tagesticket $36, Kinder bis zu 12 Jahren $18, etwas billiger bei Internetbuchung. Frequenz alle 30 min.

Sogenannte Trolleys dienen in San Diego wie in anderen Großstädten als Rundfahrtvehikel

Scenic Tours

Ähnliches bietet ***San Diego Scenic Tours***: dabei gibt es kommentierte Halb- oder Volltagestouren, die die Highlights von San Diego inklusive La Jolla umfassen und wahlweise um eine Bootsfahrt im Hafen und einen Ausflug nach Tijuana aufgestockt werden können. Abfahrten ab 8.30 Uhr, © (858) 273-8687, www.sandiegoscenictours.com, $38-78, Kinder $19-39.

Seal Tours

Einmal rund um den Hafen fahren die **Amphibienfahrzeuge** (alte Landungsboote der Marine) ab dem *Seaport Village* und tuckern dann ab Shelter Island auf der San Diego Bay herum, © 1-888-910-8687, www.sealtours.com; $34, Kinder bis zu 12 Jahren $19, etwas billiger bei Internetbuchung. April-Oktober täglich; Anzahl der Abfahrten und Zeiten variieren. Dauer 90 min.

Hafenrundfahrt

San Diego ist prädestiniert dazu, auch vom Wasser aus entdeckt zu werden. 60-minütige Rundfahrten durch den nördlichen oder südlichen Teil der Bucht bieten dort nicht nur die üblichen Ausblicke auf Hafenanlagen, Skyline und Brücken, sondern im Norden eine Vorbeifahrt an der Atom-U-Boot-Basis und im Süden an den Anlagen, Docks und Überwasserschiffen der US-Pazifikflotte (darunter oft Flugzeugträger). Abfahrten der Boote von ***San Diego Harbor Excursion*** am1050 North Harbor Drive, © 1-800-442-7847, www.sdhe.com/san-diego-harbor-tours.html. Tickets für 60-min-Touren $22/$11, für beide Runden 120 min $27/$13,50.

Besondere Touren

Touren vom allgemeinen Sightseeing über Brauereibesichtigungen, Ballon- und Segwayfahrten, Kayak- und Surfausflüge bis zum ***Whale Watching*** gibt's bei ***Another Side of San Diego Tours***, © 1-877-311-8687, www.anothersideofsandiegotours. com, ab $149.

The Gaslamp Walking Tour ist ein Architekturspaziergang durchs historische *Gaslamp Quarter* ab *William Heath Davis House* in der 410 Island Ave, © (619) 233-4692, www.gaslampquarter.org/saturday-walking-tours, samstags ab 11 Uhr, $10.

City Pass

Wer in San Diego ***Seaworld***, in Anaheim ***Disneyland*** und ***Disney California Adventure*** sowie in Burbank die ***Universal Studios*** besuchen will, könnte die Anschaffung des ***Southern California CityPass*** erwägen. Damit spart man gegenüber dem Einzelkauf von vier Tickets ein paar Dollar: **$320/Kinder $280**. Der Pass ist gegen Aufpreis auch noch um den *San Diego Zoo* oder den *Safari Park* zu erweitern (➤ Seiten 454 & 478); © 1-888-330-5008. Alle Details im Internet unter www.citypass.com/southern-california.

Per Bike unterwegs

Große Bereiche von San Diego einschließlich *Downtown* sind eben und damit ideal für eine Stadt- und Stranderkundung per Rad. ***Bike Rentals*** findet man vor allem in der Nähe von Mission Beach:

- ***Cheap Rentals***, 3689 Mission Blvd, © (858) 488-9070, www.cheap-rentals.com; $5/Stunde, $12/Tag. Auch **Surfboards**.
- ***Ray's Rentals***, 3221 Mission Blvd, © (858) 488-7297, www.rays-rentals.com; mit *Web-Coupon* $10/Tag!

Anleger für San Diego Bay Tourboote

Kombinierte Stadt- und Hafenrund fahrten mit den Amhibienfahrzeugen von Sealtours

Unterkunft

Situation

San Diego verfügt als Touristenziel über zahllose Hotels und Motels überwiegend in der mittleren bis gehobenen Klasse. Trotz der großer Konkurrenz sind die Tarife heute ziemlich hoch. Im **Flughafen** (www.san.org) gibt's das übliche Direkttelefon. Preiswertere Motels lassen sich per Handy oder *Pay Phone* anrufen:

Airportnähe/ Downtown

- ***Motel 6 Downtown***, © (619) 236-9292, 1546 2nd Ave. Gutes Preis-/Leistungsverhältnis für die Lage; ab $60
- ***HI Express Airport at Old Town***, © (619) 543-1130, 1955 San Diego Ave, ab $99; www.hiesandiego.com
- ***Days Inn Harbor View***, © (619) 232-1077, 1919 Pacific Hwy, ab $89 (*AAA-Rate*); www.daysinnhv.com
- ***Holiday Inn San Diego Bayside***, © (619) 224-3621, © 1-800-662-8899, 4875 North Harbor Drive, prima Lage, ab $125; www.holinnbayside.com, ➤ Foto Seite 464.
- ***Best Western Island Palms Hotel***, 2051 Shelter Island Drive, ab $199, sehr gute Zimmer und schöne Lage am Yachthafen; © 1-800-922-2336; www.islandpalms.com
- ***Ramada Limited Seaworld***, © (619) 225-1295, 3747 Midway Drive zwischen Downtown und Mission Bay. Preiswertes Haus in unmittelbarer Nachbarschaft von *Fast Food* und *Shopping Center* mit Supermarkt, ab $120; www.ramadaseaworld.com.
- ***Ramada Inn & Suites St. James***, © (619) 531-8877 und © 1-800-664-4400, 830 6th Ave, nostalgischer Bau von 1912 im historischen *Gaslamp Quarter*; mit 11 Stockwerken damals höchstes Gebäude in San Diego. Von der Dachterrasse Rundumblick über *Downtown*, ab $150; http://stjameshotel.com.
- ***The Bristol***, © 1-800-662-4477, 1055 First Ave, Boutiquehotel in modernem Design im Herzen von Downtown. Mit Glück ab $119, oft über $200; www.thebristolsandiego.com.

Holiday Inn am Hafen: die meisten Zimmer mit Balkon und Blick hinüber zum Flugzeugträger »Midway« und die Schiffe des Maritime Museum

Hotel Circle/ Mission Bay

Der ***Hotel Circle*** ist eine San Diego Spezialität: Nur wenig östlich des Kreuzungsbereichs I-8/I-5 ballen sich an einer Rundstraße über 20 Hotels/Motels ab unterer Mittelklasse (ab ca. $60 AAA). Viele Häuser liegen in gepflegten Gärten. Dort findet sich leicht ein passendes Zimmer. Die Restaurantdichte ist dort hoch, kann aber nicht mit der Originalität der *Old Town* konkurrieren.

- ***Days Inn***, © (619) 297-8800, 543 Hotel Circle, ab $70 AAA; www.daysinn.com
- ***Mission Valley Resort***, © 1-800-362-7871, 875 Hotel Circle South, ab $79; www.missionvalleyresort.com
- ***Hampton Inn***, 2151 Hotel Circle, © (619) 295-7600, neu ab 9/2013, www.hamptoninnmv.com.
- ***Kings Inn***, © 1-800-785-4647, 1333 Hotel Circle South, ab $59; http://kingsinnsandiego.com

Mission Bay

In Strandnähe an der Mission Bay oder in Pacifica/Ja Jolla wird es im Allgemeinen teurer, ein Beispiel:

- ***Dana Inn & Marina,*** 1710 W Mission Bay Drive, © (619) 222-6440 und © 1-800-445-3339, an der Mission Bay Nähe *SeaWorld,* ab $129 AAA; www.thedana.com

Preiswerter sind Motels der Einfachklasse am Mission Blvd:

- ***Red Roof Inn Pacific Beach***, 4545 Mission Bay Drive, © (858) 483-4222, ab $60 AAA; www.innatpacificbeach.com
- ***Trade Winds Motel***, 4305 Mission Bay Drive, © (858) 273-4616, ab $60

Die bessere Mittelklasse am Strand kostet erheblich mehr:

- ***Best Western Blue Sea Lodge***, 707 Pacific Beach Drive, © (858) 488-4700, © 1-800-258-3732, ab $129 AAA; www.bestwestern-bluesea.com

- ***Ocean Park Inn***, 710 Grand Ave, ✆ (858) 483-5858, ab $150, sehr gut gelegen in Pacific Beach, www.oceanparkinn.com
- ***Crystal Pier Cottages*** (Holzhäuschen auf der Pier mit 1-2 SZ, Bad+Küche+Sonnenterrasse; ➢ Foto unten), 4500 Ocean Blvd, ✆ 1-800-748-5894, www.crystalpier.com. Sehr teuer, Tarife nur auf telefonische Anfrage saisonabhängig, aber das Nonplus-ultra an der Mission Beach. Normalerweise ist **Reservierung Monate im voraus notwendig.**

Preiswert

San Diego verfügt über relativ wenige, oft ausgebuchte HI- und freie *Hostels*, zeitige Reservierung ist notwendig:

- ***HI-Hostel Downtown***, ✆ (619) 525-1531, 521 Market Street im *Gaslamp Quarter*; Bett ab $22, DZ ab $54; http://sandiego hostels.org/downtown.php
- ***Point Loma Int'l Hostel* (HI)**, 3790 Udall Street, Point Loma, ✆ (619) 223-4778, schöne Lage, ab $19; http://sandiegohostels.org/point-loma.ph
- ***Ocean Beach Int'l Backpackers Hostel***, 4961 Newport Ave am Strand, ✆ 1-800-339-7263 und ✆ (619) 223-7873; ab $20; Lesermeinung: »***Spitze***«, www.CaliforniaHostel.com.

B & B

- ***Heritage Park Inn Bed & Breakfast***, 2470 Heritage Park Row, nostalgisches, sehr schön gelegenes Haus unweit der *Old Town*, ✆ 1-800-995-2470, ab $125; www.heritagepark inn.com

Spitzenklasse

- ***Hotel del Coronado***, 1500 Orange Ave, Coronado Island, ✆ 1-800-468-3533. Eleganter, weißer Holzbau von 1888 am Strand auf der gleichnamigen Halbinsel. Das bekannteste Hotel der Stadt; ➢ Foto Seite 477, ab ca. $300; www.hoteldel.com.
- ***Marriott Marquis & Marina***, ✆ 1-800-228-9290,, 333 West Harbor Drive in *Downtown*. Moderner verspiegelter Riesen - komplex mit 1355 Zimmern und eigenem Yachthafen, ab $200; www.marriott.com/hotels/travel/sandt-san-diego-marriott-marquis-and-marina

Zimmervermittlung

Eine schöne Übersicht freier Kapazitäten gibt es unter www.sandiegohotels.com.

Zentrale Reservierungsnummer: ✆ 1-800-350-6205.

Im Internet hilft auch die offizielle Seite des ***San Diego Convention & Visitors Bureau***: www.sandiego.org/where-to-stay.aspx.

Crystal Pier Cottages, Superlage und superteuer

Camping

Komfortcamping

Die stadt- bzw. beachnahen privaten *Campgrounds* zeichnen sich in San Diego durch exorbitante Preise bis über $70 pro Nacht für große Campmobile aus. Dafür aber bietet vor allem

- ***Campland-on-the-Bay*** am Nordufer des Mission Bay hervorragenden Komfort mit *Whirlpool,* Badestrand etc; © (858) 581-4260 und **© 1-800-4BAY-FUN**, www.campland.com.

KOA

Auf ungefähr halber Strecke zwischen Tijuana und San Diego im Grünen liegt der komfortable

- ***KOA-Campground*** in **Chula Vista** zwischen I-5 und I-805, Abfahrt E Street von der I-5, dann 2nd Ave nach Norden. Platz mit viel Grün; RVs, Zelte und *Cabins*, © (619) 422-0111 und © 1-800-770-2878; www.sandiegokoa.com.

Am Strand

Camping nur für Wohnmobile zu relativ hohen Kosten ($35-$50 pro Fahrzeug) gibt es in Citynähe auf den Parkplätzen der

- ***Silver Strand State Beach*** (Coronado Halbinsel). Zwar stehen dort die Camper bisweilen dicht an dicht ohne *hook-up*, dafür aber direkt am Strand. Einfachste Sanitärgebäude und kalte Duschen sind vorhanden; **© (619) 435-5184**. Auch ***online reservation*** möglich: www.reserveamerica.com, ➤ Seite 477.

County Parks

Ziemlich weit von der City entfernt, aber gut am See liegt der

- ***Lake Jennings County Park***, I-8 East, östlich von El Cajon ausgeschildert, © (619) 390-1623 und © 1-877-565-3600; Reservierung online unter www. lakejennings.org/camping; RVs $25-$32, Zelte $25. Gratis Wifi.

Ein weiterer (bei Reitern beliebter und dafür teilweise eingerichteter) ***County Park*** ist

- ***Sweetwater Summit***, südöstlich der Stadt. Anfahrt über I-805, dann Bonita Road und weiter auf Summit Meadow Road; RVs $24-$28, Zelte $19, Reservierung unter © (619) 390-1623, online unter http://reservations.sdparks.org.

Beide Parks haben *hook-ups* und sind recht komfortabel.

RV-Camping in San Diego am Silver Strand auf der Coronado Halbinsel

Mexican Food dekorativ serviert in der Old Town

Restaurants, Kneipen und Nightlife

Regionen

Das **Restaurantangebot** in San Diego ist in allen Bereichen nahezu **überwältigend**. Ob an der Mission Bay, im Zentrum, in der *Old Town* oder im *Balboa Park*, die nächste *Eatery* und/oder Kneipe findet sich in der Nachbarschaft.

Downtown

In ***Downtown*** konzentrieren sich Lokale aller Art rund um die ***Horton Plaza***, auf ***Gaslamp Quarter*** und ***Seaport Village***. In der architektonisch auffälligen *Westfield Horton Plaza Shopping Mall*; befindet sich auf der oberen Ebene (*Level 4*) ein großer ***International Food Court***.

Gaslamp Quarter

Von den vielen *Eateries* im ***Gaslamp Quarter*** neben und südlich der zentralen Plaza ist eine gute Wahl das

- ***Hennessy's*** an der Ecke 4th Ave/G Street. Beliebt, Spätküche & moderate Preise, © (619) 239-9994; www.hennesseystavern.com.

Ein guter Tipp für Live Musik ist das

- ***House of Blues*** in der 1055 5th Ave, Südstaatenküche und Café. An vielen Sonntagen gibt's dort ein *Gospel Brunch*, © (619) 299-2583, www.houseofblues.com/venues/clubvenues/sandiego.

Seaport Village

Die Lokale im arg touristischen ***Seaport Village***, einem künstlichen Schnuckeldorf in der südwestlichen Ecke von *Downtown*, sind im Wesentlichen auf ***Fast Food*** spezialisiert, die man dort mit Blick über die San Diego *Skyline* und die Bucht genießen kann. Info unter © (619) 235-4014 oder www.seaportvillage.com.

Fish Market

Direkt am Wasser auf der G Street Mole (750 Harbor Dr) stehen die ***Fish Market Restaurants*** (*Seafood*) mit Auster-, Sushi- und Cocktailbar. Familienrestaurant im Untergeschoss. Darüber Edelrestaurant mit Aussichtsterrasse; © (619) 232-3474, www.thefishmarket.com/locations.aspx?id=6.

Old Town

Für ein mexikanisches Dinner empfiehlt sich – trotz des dort überbordenden Tourismus' – eines der pittoresken Mexiko-Restaurants in der ***Old Town***, z.B. die

- ***Casa Guadalajara*** (Taylor/Juan Streets), ✆ (619) 295-5111; www.casaguadalajara.com.

Kneipen

Die **größte Kneipe der Stadt** mit über 100 Biersorten und Restaurantterrasse ist

- ***Elephant & Castle*** am Harbor Drive im *Wyndham San Diego Bayside*; ✆ (619) 234-9977, www.elephantcastle.com/san diego.

Große Portionen im Braurestaurant und frisches Bier verbinden sich besonders erfreulich in

- ***Karl Strauss' Micro Brewery*** in der 1157 Columbia Street, wo zwölf Biersorten gebraut und gezapft werden, ✆ (619) 234-2739; www.karlstrauss.com.

Balboa Park

Wer den ***Balboa Park*** besucht, findet ordentliche **Cafeterias** in den Museen; ein besonders angenehmes Ambiente bietet das

- ***Sculpture Court Café*** im ***Art Museum***, ✆ (619) 702-6373.

Mission Beach

Kaum zu übertreffen für *Breakfast* und Lunch ist das Restaurant

- ***The Mission*** am gleichnamigen Boulevard (#3795); ✆ (858) 488-9060; www.themission1.signonsandiego.com.

La Jolla

In La Jolla geht von der Lage her nichts über das

- ***Brockton Villa Restaurant*** erhöht an der Küstenpromenade schon zum Frühstück drinnen wie draußen (beim *Ellen Browning Scripps Park* oberhalb der Seehundfelsen, offizielle Adresse 1235 Coast Blvd). Verfeinerte amerikanische Karte und nicht ganz billig, aber eher rustikal-legere Atmosphäre; für Reservierung ✆ (858) 454-7393 oder www.brocktonvilla.com.
- ***Karl Straus Brewery*** auch in La Jolla, 1044 Wall Street, ➤ oben.

Coronado

Auf der Coronado Peninsula gibt es rund um den **Ferry Landing Park** eine kleine Restaurantauswahl; Tipp: ***Peohes***, ➤ Seite 477.

Rustikaler Fischimbiss im Bereich der Mission Beach

Nightlife

Nachtleben spielt natürlich auch in San Diego eine Rolle, wenngleich junge Leute über 18 aber unter 21 Jahren wegen der restriktiven Alkoholgesetze in den USA vor allem an Wochenenden gerne über die Grenze nach Tijuana pilgern.

- ***Stingaree*** in der 454 Sixth Ave ist ein dreistöckiger, opulent amerikanisch ausgestatteter Nachtclub mit Restaurant und Dach-Cabanas. *Dress Code*! 4 Jahre in Folge Bestnoten in der Lokalpresse; © (619) 544-9704, www.stingsandiego.com.
- ***Voyeur*** in der 751 5th Ave hat Live-Musik und Top-DJs, oft Modeevents. Eindrucksvolle LED-Wand. Viel kleiner als der populäre *Stingaree*. © (619) 756-7678, www.voyeursd.com.
- Die ***Altitude Sky Lounge*** im 22. Stock des *Marriott Gaslamp Hotel* (660 K Street) ist ein *Nightclub* mit ***open-air-Bar*** mit Blick auf *Downtown* und die Bay. Auch bei Einheimischen beliebt; © 1-888-800-8118, www.altitudeskylounge.com.

Café »Fantail« auf dem Achterdeck des Flugzeugträgers »Midway«. Mal ganz was anderes, aber nur für zahlende Besucher des Museumsschiffs

Shopping

Auch San Diego gilt als ***Shoppers Paradise*** (➤ LA, Seite 365).

Downtown

Bereits im Vorkapitel erwähnt wurde die

- ***Westfield Horton Plaza*** im Zentrum von *Downtown*, eine mehrgeschossige teilweise *open-air-Mall* mit rund 140 Läden und Restaurants einschließlich *Food Court* und den Kaufhäusern *Macy's* und *Nordstrom*. Sie hebt sich mit ihrer farbenfrohen Gestaltung vom üblichen Aussehen solcher Zentren deutlich ab. 2014 Erweiterung mit Park, Wasserfontänen und Amphitheater, © (619) 239-8180, westfield.com/hortonplaza.
- Beim – auf den ersten Blick – malerischen ***Seaport Village*** handelt es sich um in einen kleinen Park verteilte hübsche weiße Holzhäuschen mit über 50 Geschäften und Galerien, ➤ Seite 476. Dort werden vor allem Souvenirsucher fündig; © (619) 235-4014, www.seaportvillage.com.

2

Puppenladen in der Old Town

Coronado

Vor allem hochpreisige Kleidung und Bademode samt Accessoires für den gehobenen Lebensstandard und Schmuck findet man in den exklusiven ***Shops at the Del*** im ***Hotel Coronado***, ➤ Seite 477. ✆ (619) 435-6611 und ✆ 1-800-HOTEL-DEL, www.hoteldel.com/shopping.

Old Town

Exotisches aus aller Welt, besonders aus Lateinamerika gibt's in der

- ***Old Town Esplanade***, 2461 San Diego Ave, und dem
- ***Bazaar del Mundo***, 4133 Taylor Street; ✆ (619) 296-3161, http://bazaardelmundo.com/shops2006.shtml.

Mission Valley

Die größte *Shopping Mall* im Raum San Diego ist

- ***Fashion Valley*** im Stadtteil Mission Valley östlich der *Old Town* an der zur I-8 parallelen Friars Road. In der dreistöckigen Anlage warten 200 Geschäfte & Restaurants, 5 Kaufhäuser und 18 Kinos auf Kunden; www.simon.com/mall/fashion-valley.

La Jolla

- Das ***Westfield UTC*** ist eine *Outdoor Mall* mit über 130 *Shops* und Restaurants samt *Foodcourt* ganz im Norden der Stadt oberhalb östlich von La Jolla zwischen I-5 und I-805 am La Jolla Village Drive; ✆ 1-858-546-8858, www.westfield.com/utc).

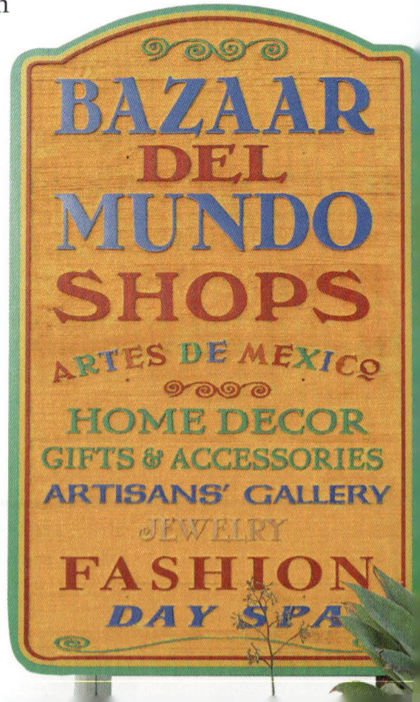

Outlet Malls

Als beliebtestes ***Outlet Center*** im Großraum San Diego gelten

- ***Las Americas Premium Outlets*** mit 125 *Shops* unweit westlich der Grenzübergänge nach Mexiko am Camino de la Plaza; © (619) 934-8400, www.premiumoutlets.com/lasamericas.

Eines der am hübschesten angelegten *Outlet Center* der USA ist

- ***Viejas***. Es liegt gut 30 mi von Downtown San Diego entfernt an der Willows Road, Ausfahrt 33 oder 36 von der I-8.

Indianisch geführte Shopping Mall »Viejas« mit integriertem Spielkasino an der I-8 östlich von San Diego

2.5.2 Stadtbesichtigung

Die Strände

Strandtypen

Strände und Strandleben sind in keiner anderen Stadt Kaliforniens so bestimmend wie in San Diego. Neben dem Klima ist dafür sicher auch die **Vielfalt der Strandtypen** verantwortlich, wie man sie ebenfalls anderswo nicht findet: Lange flache Sandstrände (***Mission Beach***), felsige Ufer mit Einsprengseln von Sandbuchten (***Windansea Beach*** und ***Ellen Browning Scripps Park***), Strände unter Steilküsten ideal zum Surfen und – etwas abgelegener – zum Nacktbaden (***Black Beach*** im *Torrey Pines Park*) sowie gepflegte Anlagen mit Duschen, Snackbars und Spielrasen unter Palmen (***La Jolla Shores Kellogg Park***) treffen jeden Geschmack.

FKK

Den ***Torrey Pines Park*** erreicht man über Torrey Pines Road und *Scenic Drive* vorbei am *Salk Institute for Biological Studies*. Von den Parkarealen hoch über dem Meer führen Trampelpfade hinunter zum inoffiziellen Nudistenstrand *Black Beach*. Die Steilhänge dienen **Drachenfliegern** als Absprungkante.

La Jolla

Folgt man dem beschriebenen ***Scenic Drive*** durch San Diego, kann man die Zufahrten zum ***Kellogg Park*** in La Jolla nicht verfehlen. Ein wenig weiter unten passiert er den attraktiven ***Ellen Browning Scripps Park*** mit felsig unterbrochenen Stränden und Aussichtspunkten, verlässt aber danach die Küste. Zur ***Windansea Badebeach*** gelangt man über den La Jolla Boulevard und die Nautilus Street oder Palomar Avenue, zur noch südlicheren ***Tourmaline Canyon Surfing Beach*** über die gleichnamige Straße.

Mission Beach

Der Mission Blvd verläuft parallel zur ***Mission Beach*** mit kilometerlanger Strandpromenade (***Ocean Front Walk***, der nördlich der *Crystal Pier* mit dem *Pacific Beach Park* beginnt). An der *Beach*, Haupt- und Nebenstraßen gibt es dort jede Menge Motels, *Fast Food* und richtige Restaurants, Kneipen, Boutiquen, *Surfboard-, Skating-* und Fahrrad-*Rental-Shops* und überhaupt alles, was zum prallenStrandleben gehört.

Auf der anderen Seite der schmalen Landzunge zwischen Ozean und Mission Bay trifft man auf künstlich angelegte Halbinseln, Marinas und Strände ohne Brandung.

Ocean Beach

Flacher Sandstrand (***Yogi Beach, Ocean Beach Park***) und eine Infrastruktur vom Typ Mission Beach setzen sich südlich des *Mission Bay Canal* im Stadtteil Ocean Beach fort. Die Gegend ist hier weniger fein als Muirlands und La Jolla nördlich der Bay. Der *Scenic Drive* läuft, ohne Neues zu bieten, nur kurz am felsigen Ufer der *Sunset Cliffs* entlang und entfernt sich über die Hill Street von der Küste. Ein kurzer Abstecher könnte dem ***Abe Reef City Park*** mit hübschem Strand gelten.

Point Loma, Cabrillo NM

Auf dem Catalina Boulevard/Cabrillo Memorial Drive geht es durch ein Marinegelände bis zum ***Cabrillo National Monument*** im *Point Loma Park*. Die Fahrt wird nur Dezember bis Februar so recht belohnt, wenn vor der Küste Grauwale vorbeiziehen, die sich – mit Glück – von einer hochgelegenen Plattform aus beobachten lassen. Zu anderen Zeiten ist Point Loma einen besonderen Umweg kaum wert, zumal auch das *Visitor Center* mit seiner kleinen historischen Ausstellung eher enttäuscht. Eintritt $5/Fahrzeug oder *Interagency National Parks Pass*.

Südliche Strände

Ein breiter und weitläufiger Strand ist die ***Coronado Beach***. Die **weiter südlich gelegenen Strände** zwischen der Coronado Halbinsel und der mexikanischen Grenze (***Silver Strand***, ***Imperial Beach***) muss man nicht gesehen haben. Zum Camping an der *Silver Strand State Beach* ➤ Seite 466.

Mehr Informationen unter www.a-zsandiegobeaches.com, darüberhinaus bei www.beachcalifornia.com/sitelist.html.

Ja Jolla Cove Beach am Browning Scripps Park

Downtown

Harbor Drive

Die **interessanteste Route** ins Zentrum San Diegos führt über den North Harbor Drive. Wer nicht via *Scenic Drive* automatisch auf diese Uferallee an der North San Diego Bay gerät, sollte mit Ziel Innenstadt die *Freeways* I-8 bzw. I-5 im Kreuzungsbereich verlassen (*Exits* #2 bzw. #20) und der **Rosecrans Street** nach Südwesten bis zum Nimitz Blvd folgen; dann links auf diesen und wieder links auf den **Harbor Drive**, der ganz um die Bucht herum läuft. Auf ihm passiert man zahlreiche **Yachthäfen** und den **Flughafen** und blickt über die Bucht auf die *Skyline* von *Downtown*. Uferparks laden zu Zwischenstopps ein.

Auf Höhe *Downtown* lassen sich die **Parkplätze** beim *Maritime Museum* (Bild), auf der ***Navy Pier*** beim Flugzeugträger *Midway*, beim ***Fishmarket Restaurant*** auf der **G Street Mole** (Parkuhren für kürzere Parkzeiten) und beim ***Seaport Village*** nicht verfehlen. Von dort sind es jeweils nur ein paar Schritte ins Zentrum.

Downtown und Gaslamp Quarter

Rund um die ***Horton Plaza*** hat sich das Stadtbild in den letzten beiden Dekaden erheblich verändert. *Downtown* San Diego präsentiert sich heute attraktiv, ohne besonders hervorhebenswerte »Besucherbonbons« zu besitzen. Auffällig sind die Architektur einiger Hochhäuser, das bombastische Kongresszentrum an der Südseite von Downtown unterhalb des *Seaport Village*, die ***Horton Plaza Shopping Mall*** und das einstige ***Santa Fe Railroad***

Flugzeugträger »Midway« unverfehlbar an der Navy Pier

Depot (in der C Street/Kettner Blvd). Der gern gelobte ***Gaslamp Quarter District*** mit seinen restaurierten Backsteinbauten entlang der 4th und 5th St südlich des Broadway ist in erster Linie ein **Restaurant- und Kneipenviertel**, das sich erst abends richtig belebt und tagsüber eher enttäuscht; www.gaslamp.org.

Baseball Stadion

Selten befindet sich ein Stadion so nah an der Innenstadt wie in San Diego. Der enorme ***Petco Park*** steht unübersehbar zwischen *Gaslamp Quarter* und dem *Convention Center* am Harbor Drive. Das Baseball Stadium ist Heimat der ***San Diego Padres***; http://sandiego.padres.mlb.com.Täglich finden dort um 10.30, 12.30 und 14.30 Uhr Führungen statt, Kostenpunkt $11/$8/$7.

Wer einen Spieltermin erwischt, keinen Sitzplatz braucht und mal reinschnuppern möchte, kauft Stehplätze, die ab $12,50 kosten. Für Sitzplätze der besseren Kategorie zahlt man ein Mehrfaches davon. Und die Preise für Speisen, Getränke und Souvenirs im Stadion sind auch nicht von Pappe.

Midway/ Maritime Museum

Der Harbor Drive westlich der *Downtown* wird regelrecht dominiert vom **Flugzeugträger *Midway***, www.midway.org, und von den Schiffen des ***Maritime Museum***, www.sdmaritime.org.

Zwischen Harbor Drive und Wasser läuft eine breite **Fußgänger- und Bikerpromenade**.

Midway

Die ***Midway*** liegt am *Navy Pier* etwas südlich desr Ost-West-Achse Broadway durch *Downtown*. Der noch im Golfkrieg 1991 eingesetzte Flugzeugträger aus dem 2. Weltkrieg wurde erst 2004 hierher verlegt und ist seitdem eine der größten Attraktionen in San Diego, ➤ Foto. Einlass täglich 10-17 Uhr, **Eintritt $18**, Kinder 6-17 Jahre $10 (*online* minus $2).

Die Besichtigung erfolgt per *self-guided tour* durch und über alle Decks. Neben dem Schiff als solchem sind über 20 Kampfflugzeuge und -hubschrauber aus der Nähe zu bewundern. Und wer immer schon mal auf einem Flugzeugträger Kaffee und Kuchen genießen wollte, kann das wunderbar auf dessen Heckterrasse im ***Fantail Café*** mit Blick auf die Baumkronen über der Promenade.

Schiffe des Maritime Museum

Während die *Midway* eine eigenständige Sehenswürdigkeit aus dem Bestand der in San Diego stationierten pazifischen Kriegsflotte der USA ist, umfasst das ***Maritime Museum of San Diego*** diverse nostalgische Schiffe, darunter die beiden Segelschiffe ***Star of India***, einen einstigen Tee-Clipper aus dem 19. Jahrhundert,

»HMS Surprise«, Nachbau einer Fregatte aus dem 18. Jahrhundert für den Film »Master & Commander«

und die ***HMS Surprise***, den Nachbau einer Fregatte aus Nelsons Zeiten, der zuletzt im **Film *»Master und Commander«*** Verwendung fand. Später kam ein **U-Boot** der russischen Foxtrott-klasse hinzu, wie es auch bei der *Queen Mary* in Long Beach zu sehen ist, ➤ Foto Seite 357. Geöffnet täglich 9-20 Uhr, im Sommer bis 21 Uhr, **Eintritt $15**, Seniors $11, Kinder 6-17 Jahre $8.

Ausflugsboote

Die dritte Attraktion in diesem Bereich des Harbor Drive sind die Ausflugsboote ab Broadway Pier. Vor allem geht es hier um Touren unter der enormen ***Coronado Bridge*** hindurch, um – aus der Distanz – die Kriegsschiffe der US-Pazifikflotte zu bestaunen. Von Dezember bis Februar laufen auch Boote zur **Walbeobachtung** aus; mehr Details zu solchen Bootstouren stehen auf Seite 462.

Fähre nach Coronado

Eine **Fähre** verkehrt jeweils zur vollen Stunde **ab Broadway Pier** zum gegenüberliegenden Stadtteil Coronado (*Ferry Landing Park*; zurück jeweils zur halben Stunde). Eine weitere Verbindungung nach Coronado existiert **ab dem Convention Center** (5th Ave) alle 20 min. In beiden Fällen eine lohnenswerte Tour mit prima Blick auf die *Skyline* von San Diego und die *Coronado Bridge*. Einfache Fahrt $4,25; Fahrräder und *Segways* frei.

G Street Mole

In der Südwestecke des *Downtown*-Quadranten liegen im geschützten Becken der **G Street Mole** die erstaunlich kleinen Boote der Thunfischfänger. Das Restaurant ***Fishmarket*** (➤ auch Seite 467) hat Aussichtsterrassen mit Blick über die Bay und hinüber zur *Midway*, die erwägenswerte Alternative zu den *Eateries* im *Seaport Village*.

Seaport Village

Gleich südlich des Hafenbeckens an der G Street Mole erstreckt sich das ***Seaport Village***. Halb versteckt hinter riesigem Parkplatz und *Marriott Hotel* hat man ein »Fischerdorf« mit Uferpromenade und abschließendem Park auf eine künstliche Halbinsel gesetzt. Die Idylle beherbergt vor allem ***Fast Food Eateries*** und Boutiquen. Der Zutritt ist gratis, Toresschluss im Sommer 22 Uhr, sonst 21 Uhr. Hübsch zum Bummel am Wasser bei gutem Wetter, aber keine Attraktion an sich; www.seaportvillage.com.

Promenade auf der Ostseite des Seaport Village

Coronado Peninsula

Coronado Halbinsel

Schon wegen der immensen Brückenkonstruktion, die das Durchfahren auch größter Schiffe (hier speziell Flugzeugträger) ermöglicht, sollte man einen Abstecher hinüber nach **Coronado** machen. Das einst mondäne, immer noch als solches beliebte **Seebad** Coronado liegt am Ende einer die *South San Diego Bay* vom Festland trennenden Halbinsel, deren Fläche für die Marineflieger in die Bay hinein erweitert wurde.

H/Motels und **Freizeit-Infrastruktur** säumen die **Durchgangsstraße Orange Ave**. Die populäre breite ***Coronado Beach*** am Ocean Boulevard versteckt sich ein wenig hinter den Villen westlich der Hauptstraße. Sie beginnt am *Hotel del Coronado* und läuft bis zum militärischen Sperrgebiet am Kopf der Halbinsel.

Restaurants

Wer **per Boot** hinüber nach Coronado fährt, findet gleich hinter dem Anleger zwei kleine Passagen mit *Bistros* (*open-air*) und Shops (www.coronadoferrylandingshops.com), die sich um einen Minipark gruppieren. Unmittelbar am Wasser dominiert dort der unübersehbare Komplex des Restaurants ***Peohes*** mit eigenem Anleger für die per Boot anfahrenden Gäste. Dem gehobenem Niveau der Ausstattung samt Rundumblick auf Wasser, Stadt und Brücke und guter Küche entsprechen dort die Kosten fürs *Dinner*. Zum ***Lunch*** hingegen (11.30-14.30 Uhr) gelten zivile Preise; www.peohes.com.

Hotel del Coronado

Zwar sind die Villen und der Wohlstand der Coronado Halbinsel, die Yachten in der Glorietta Bay und die Strände ***Dog*** und ***Center Beach*** durchaus ansehenswert, aber die einzige »echte« Sehenswürdigkeit dort ist das nostalgische ***Hotel del Coronado*** am südlichen Ortsende unmittelbar an der Orange Ave.

Das Hotel wurde weltweit bekannt durch den *Marilyn Monroe*-Film »Manche mögen's heiß« (*Some like it hot*), ➤ Hotelempfehlungen, Seite 465. Auch Nicht-Gäste dürfen heute – bei Verzehr – die Hotelterrassen über dem Strand, Pool und Liegen benutzen. Alles zum Hotel unter www.hoteldel.com.

Silver Strand

Nur wenig südlich des Hotels endet die Bebauung der Halbinsel. Ein endloser, aber nicht überall einladender Strand zieht sich hinunter bis nach Mexico. Kurz hinter Coronado blockiert das Militär streckenweise den Zugang. Parkplätze und einen überwachten Strandabschnitt findet man ca. 5 mi entfernt im Areal der ***Silver Strand State Beach***; www.parks.ca.gov/?page_id=654.

Hotel del Coronado von der Strandseite aus gesehen

Balboa Park

Balboa Park

Der hügelige, im wesentlichen östlich des *Leo Cabrillo Freeway* (#163) gelegene **Balboa Park** ist Heimat der landesweit zweitgrößten Ansammlung von Museen (nach Washington DC) und des größten Zoos der USA. Seine subtropische Vegetation, die Gestaltung und architektonische Details des Museums- und Veranstaltungskomplexes sind einen ausgedehnten **Bummel** wert (mit kleinen Pausen **leicht 2 Stunden**). Von *Downtown* fährt man am besten über die 12th Ave, die in den **Park Boulevard** übergeht, und parkt zentral im Bereich des *Village Place* (südlich des Zoos), es sei denn, man fährt zunächst zum Zoo. Eine Karte mit Erläuterungen und Veranstaltungsprogramm erhält man im **Besucher - zentrum** im ***House of Hospitality*** am ***Prado*** (Fußgängerzone).

Die Architektur fast aller Gebäude im Balboa Park entspricht sog. neospanischem Barock, obwohl sie erst im 20. Jahrhundert errichtet wurden; hier das Visitor Center mit Restaurant »Prado«

Zoo

Der ***San Diego Zoo*** ist nicht nur **der größte der USA**, sondern auch der beste. Alles passt dort zusammen: die wechselnde Topo - grahie, die üppige Flora, Tiere in Freigehegen oder großzügigen Käfigen und die gut gemachten Tiervorführungen. Innovativ ist ein neues 4-D Theater (gegenüber *Skyfari West*) mit nur 50 Sitzplätzen, in dem die 3-D-Filmtechnik mit sensorischen Effekten wie Wind, Schnee, Nebel, Gerüchen und Vibrationen »angereichert« wird ($6 zusätzlich zum Eintritt).

Man benötigt zum Besuch inkl. der diversen *Animal Shows* und Verschnaufpausen leicht einen vollen Tag; www.sandiegozoo.org.

Zeiten und Eintritt

Geöffnet Ende Juni-*Labor Day* im September **9-21 Uhr**, Rest des Jahres bis 17/18 Uhr. **Eintritt $42,** Kinder 3-11 Jahre $32.

Kombitickets

Mit dem Zoo kooperiert der ***San Diego Safari Park***, etwa 30 mi von der Stadt entfernt an der Straße #78 zwischen Escondido und San Pasqual, ➤ Seite 454. Ermäßigte **Kombinationstickets** für Zoo und Park $79/$61 (2 Tage auch zu unterschiedlichsten Daten) ggf. plus ***Seaworld*** $143/$1113 (7 Tage gültig mit Mehrfachnutzung).

Eingangsgebäude des San Diego Zoo

Museen im Balboa Park

Unter den vielen Museen im *Balboa Park* ragt keines durch eine übermäßige Brillanz der Kollektionen heraus. Aber die spanisch/mexikanisch beeinflusste **Architektur** der Gebäude beidseitig des Prado zwischen ***Plaza de Balboa*** (*Science Center/Natural History Museum*) und ***Museum of Man*** verdient umso mehr Beachtung. Die Öffnungszeiten (meist 10-16.30/17.30 Uhr) variieren leicht, so auch der jeweilige Einzeleintritt, ➤ www.balboapark.org.

7-Tage-Pass

Möchte man mehrere Museen besuchen, spart man ggf. Geld mit einem **$53-Passport** (**Kinder $29**) für bis zu 13 Museen und Ausstellungen, der 7 Tage lang gültig bleibt. Inklusive Zoo wird daraus ein ***Best of Balboa Park Combo Pass*** für **$89/$52**. Für den Eintags-Besuch gibt's den ***Stay-for-the-Day Pass*** für 5 Museen, **$43**.

Museen im einzelnen

Besuchenswert sind immer die **IMAX-Filme** und ggf. ***Lasershows***, die im ***R.H. Fleet Science Center*** stattfinden. Das dafür notwendige Sonderticket berechtigt auch zum Eintritt in das experimentelle *Science Center*; Programmauskunft unter © (619) 238-1233; Öffnungszeiten hier bis 18 Uhr, Eintritt $10/$8,75.

Für das anthropologisch/ethnologisch ausgerichtete ***Museum of Man*** (www.museumofman.org) benötigt man spezifisches Interesse, ebenso wie für die etwas dünn sortierte permanente Kollektion des ***Museum of Art*** (www.sdmart.org). Dessen Stärke liegt eher in (wechselnden) Sonderausstellungen. **Restaurant** und **Cafeteria** sind dort besonders stilvoll untergebracht.

Nicht nur für Modelleisenbahnfans ist das ***Model Railroad Museum*** ansehenswert; $8/$6/$3, bis 13 Jahre frei; www.sdmrm.org.

Etwas abseits an der *Pan American Plaza*, aber mit Auto erreichbar befindet sich das ***Aerospace Museum*** mit ***Hall of Fame*** im *Ford Building*, www.sandiegoairandspace.org.

Sowohl die Flugzeugsammlung als auch die nostalgischen Fahrzeuge im ***Automotive Museum*** nebenan können sich sehen lassen; www.sdautomuseum.info.

Ein Spaziergang durch den ***Japanese Friendship Garden*** und das ***Palm Arboretum*** runden den Besuch im Balboa Park ab.

Konzerte im Balboa Park

Speziell im Sommer finden im Balboa Park laufend **Konzerte, Theateraufführungen** und allerlei sonstige **Veranstaltungen** statt, die im gegebenen Rahmen besonderen Reiz besitzen. Die abendliche und sonntägliche ***Open-air* Musik** – u.a. auf der voluminösen *Spreckels*-Konzertorgel – ist meist eintrittsfrei. Details bei der *Visitor Information* des Parks.

Eine der vielen »Eateries« in der Old Town; hier zur Abwechslung mal kreolische statt der hier dominierenden mexikanischen Küche

Old Town San Diego

Verbindung Balboa Park Old Town

Vom Balboa Park gelangt man auf schnellem Weg via *Freeway* #163 (Nordrichtung) und dann I-8 (nach Westen, *Exit Hotel Circle* South, aber rechts auf Taylor Street, auf ihr geradeaus am *Presidio Park* entlang) zur ***Old Town San Diego*** und den ***Presidio Hill*** im Dreieck zwischen den beiden *Interstates* #5 und #8.

Fahrt via Presidio Park

Der **schönere, aber zeitraubendere Weg** führt gegen die Richtung des *San Diego Scenic Drive*: Man verlässt den Balboa Park auf dem zentralen Park Boulevard nach Norden und fährt dann links auf die **University Ave** (wer aus dem Zentralbereich des Parks diesen über den Prado/Laurel Street verlässt, fährt auf der 5th oder 6th Ave bis zur University Ave), diese dann bis zur **Goldfinch**, auf der kurz rechts und nach zwei Blocks auf den **Fort Stockton Drive** bis **Artista Street**, dort links und wieder rechts auf den **Presidio Drive**.

Durch schöne Wohnviertel geht es auf dieser Route zum hoch über der Stadt gelegenen ***Presidio Park*** mit herrlicher Aussicht und schattigen Picknicktischen am besuchenswerten ***Junípero Serra Museum***. Das schlichte Kirchengebäude, ein Nachbau des Originals von 1769, markiert den ursprünglichen Standort der ersten Mission in Kalifornien, www.sandiegohistory.org. Nur Sa+So 10-17 Uhr April-Okt, 10-16 Uhr Nov-März; $6, bis 17 Jahre $3.

Old Town State Park

Mexikanische Atmosphäre kennzeichnet den ***Old Town San Diego State Historical Park*** unterhalb des *Presidio Park* zwischen Congress, Juan und Taylor Streets; www.parks.ca.gov/?page_id=663.

Rund um diesen Bereich gibt es reichlich Parkplätze. Die *Old Town* ist auch per **Straßenbahn** und mit dem ***Old Town Trolley*** (*hop-on-hop-off*; ➤ auch Seite 461) erreichbar.

Das ***Park Visitor Center*** (dort historisches Modell der *Old Town* um 1872; 10-17 Uhr) befindet sich im *Robinson Rose House* an der Wallace Street. Obwohl die Erhaltung von ein paar historischen Bauten aus der Gründerzeit San Diegos (Anfang bis Mitte des 19. Jahrhunderts) im Vordergrund steht, ist die *Old Town* heute in erster Linie ein kommerziell betriebener Besuchermagnet. Die alten und zahlreiche weitere Gebäude, die lediglich alt aussehen, beherbergen **Restaurants** und ***Shops*** jedweder Provenienz; ➤ dazu auch die kommerzielle Seite www.oldtownsandiegoguide.com.

Stilistisch passend oder auch im *Western Town Look* hat sich die *Old Town* zudem über die Grenzen des autofreien Kerngeländes des Parks (rund um die Plaza de Armas) hinaus ausgedehnt.

Mexico Restaurants

Es lässt sich aber nicht leugnen, dass dort zwischen Altstadtkonservierung und Touristenattraktion eine annehmbare Verbindung gelungen ist. Von den attraktiven **Restaurants mit mexikanischen Spezialitäten** war bereits weiter oben die Rede.

Heritage Park

Wenige Schritte östlich der Old Town (Juan Street) bilden sechs viktorianische Häuser aus den 1880er-Jahren den ***Heritage Park***, www.co.san-diego.ca.us/parks/heritage_park.html (für Detailinfos auf »*park brochure*« klicken). Besonders ansehnlich sind das *Christian House* (1889) und das *Sherman-Gilbert House* (1887). In Ersterem ist das ***Heritage Park Inn Bed & Breakfast*** untergebracht, ➤ Seite 465 (www.heritageparkinn.com).

Von den Häusern sind zur Zeit nur zwei zu besichtigen (*Senlis* täglich 9-17 Uhr und *McConaughy* Do-Di 10-17 Uhr). Das Parkgelände ist jederzeit ohne Eintritt zugänglich.

Historische Holzvillen im Heritage Park

Keimzelle der Stadt: Mission San Diego de Alcalá

Mission San Diego/ Camino Real

Die hervorragend konservierte, in Nachfolge der ersten Gründung 1774 errichtete und bei Erdbeben 2x zerstörte, aber wiederaufgebaute ***Mission Basilica San Diego de Alcalá*** ist die wertvollste kulturhistorische Sehenswürdigkeit der Stadt. Ausgehend von dieser Station wurden im Abstand von jeweils einer Tagesreise weitere 20 Missionen gebaut, die zusammen die Stationen des ***Camino Real***, des Königsweges, bis San Francisco bildeten, ➤ Kasten Seite 465. In der schönen Anlage an der San Diego Mission Road (parallel zur I-8, Abfahrt Mission Gorge Road) gibt es keinen besonderen touristischen Rummel. Zu besichtigen sind Kirche, Garten und das beachtliche, wiewohl eher schlichte Museum täglich 9-16.45 Uhr; $3; www.missionsandiego.com.

Sea World und Birch Aquarium

Lage Seaworld

In totalem kulturellen Gegensatz zur Historie und den Missionsstationen steht der ***Aqua Marine Park Seaworld*** am Südrand der Mission Bay, Anfahrt über die I-8 oder auf dem zur *Interstate* parallel verlaufenden Sea World Drive; www.seaworld.com.

Zeiten und Eintritt

Täglich geöffnet im Sommer 9-22 Uhr oder bis Sonnenuntergang, im Winter bis 18 Uhr; **Eintritt $79, Kinder** bis 9 Jahre $71 (sog. ***Fun Card***; verbunden damit freier Eintritt bis Ende des Jahres); online-Tickets $15/$7 billiger. **Aquatica Water Park-Combo $97/$89**.

Discounts und Kombitickets

Für *Seaworld* gibt es allerorten ***Discount Coupons***. Manche Hotels verkaufen ihren Gästen auch gleich ermäßigte Tickets. Vom ***Southern California Citypass*** für *Seaworld*, *Universal* und *Disney* und den Kombitickets mit dem San Diego Zoo und Safari Park war bereits weiter oben die Rede, ➤ Seite 462.

Attraktionen

Seaworld San Diego ist Prototyp der amerikanischen *Amusementparks* dieser Art. Zum happigen Eintritt bietet *Seaworld* als Höhepunkte **Delphin-, Seelöwen- und Killerwalshows**, ***Wild Arctic***, eine simulierte Fahrt durch die Eiswelt des Nordpolarmeers, ***Journey to Atlantis*** – eine Art Kombination zwischen *Rollercoaster* und Wildwassertrip, dazu weitere jahrmarktübliche *Rides*. Neueste Errungenschaft 2012 ist die Achterbahn »***Manta***«, deren Verlauf die Bewegung von Rochen simuliert. Die Bahn startet durch einen transparenten Tunnel unter Wasser.

Im Sommer gibt's einen Wasserskizirkus, den ***Cirque de la Mar***. Vor dem Besuch sollte man unbedingt (am besten im Internet, ➤ oben) checken, welche Shows gerade nicht stattfinden bzw. welche *Rides* wegen Wartung/Reparatur o.ä. außer Betrieb sind.

Interaktiv programme

Ein großer Erfolg sind trotz hoher Zusatzkosten Aktivprogramme mit Tieren wie ***Beluga Interaction*** (+$215) oder ***Dolphin Up Close*** (+$60). Details dazu unter http://seaworldparks.com/en/sea world-sandiego/Attractions.

Vergleich zum Zoo

Trotz des Nervenkitzels einiger *Rides*, der Shows und Aquarien mit bemerkenswerter **Pinguin-** und **Haifischhalle** (*Penguin* und *Shark Encounter*) ist der Besuch im Zoo zu geringeren Ticketkosten alles in allem nicht weniger spannend.

Beurteilung Seaworld

Immerhin aber: auch nach Abzug der zu kommerziellen Komponenten und von *Entertainment* & *Fun* auf oft mäßigem Niveau sowie mnchmal ärgerlich langer Wartezeiten lassen sich in *Seaworld* 4-5 Stunden abwechslungsreich gestalten.

Birch Aquarium

Über Flora und Fauna des Pazifik erfährt man alles im ***Birch Aquarium*** im *Scripps* Ozeanographischen Institut nördlich von La Jolla, 2300 Expedition Way; täglich 9-17 Uhr; $14, Kinder unter 12 Jahren $9,50; http://aquarium.ucsd.edu.

Seaworld's Aquatica

Fast 25 mi und ca. 30 min Fahrtzeit von *Seaworld* entfernt (südlich über die I-8 in Chula Vista, 2052 Entertainment Circle) eröffnet im Juni 2013 dessen Ableger ***Aquatica*** (Eintritt $38/$30; http://seaworldparks.com/en/aquatica-sandiego) einen neuen großen »Planschpark« mit langen Wasserrutschen, riesigem Wellenbad, üppiger Vegetation und exotischen Tieren.

Vielleicht das Beste an Seaworld sind die Orca Shows und Begegnungen mit Delfinen (auch am sog. Touchpool)

Exkurs Abstecher nach Tijuana/Mexico www.tijuana.com

Mit Fahrzeug

In San Diego liegt es nahe, an einen Abstecher nach Mexico zu denken, obwohl der Drogenkrieg in Mexico gerade in den grenznahen Städten ein Risiko sein kann. Von einem Besuch in die Dunkelheit hinein (im Winter ab 18 Uhr) ist abzuraten.

Da Autovermieter Fahrten nach Mexico nicht oder nur mit Aufschlag gestatten, kommt für die meisten Touristen ein Grenzübertritt nur ohne Fahrzeug in Frage. Wer im eigenen Auto hinüber möchte, muss eine **Zusatzversicherung** mit einer mexikanischen Gesellschaft abschließen. Büros diesseits der Grenze bieten unübersehbar ihre Dienste an; auch der ***AAA*** verkauft Policen (815 Date Street/Zufahrt über 9th Ave in der Nordostecke von *Downtown* San Diego). Für Kurzfristaufenthalte lohnt sich letztlich eine Fahrt per Auto kaum, zumal sich retour in Richtung USA oft Staus vor der ***US-Immigration*** aufbauen.

Papiere

Die kurzfristige Einreise nach Mexico für weniger als 72 Stunden ist unproblematisch. Man benötigt nur den Pass, der oft zunächst weder auf amerikanischer noch auf mexikanischer Seite kontrolliert wird. Bei der Rückkehr möchten die US- Grenzbeamten aber immer den Pass sehen (➤ Seite 88). Für **längere Aufenthalte** in Mexico braucht man eine sog. ***Tourist Card***.

Parken vor der Grenze

Fährt man im Auto bis San Ysidro, kann man ihn auf großen Parkplätzen grenznah abstellen. Dazu folge man von der *Interstate* rechtzeitig dem Schild ***Turn right to US***, um nicht plötzlich doch vor der Abfertigung zu stehen. Der (teuerste) grenznächste Parkplatz ist oft voll. Dann ist die beste Alternative ***Border Station Parking*** (unter $10, 4570 Camino de la Plaza, borderstationparking.com) direkt beim ***Las Americas Premium Outlet Center***. 24 Stunden geöffnet und überwacht, ***Mexicoach Shuttle Bus*** nach Tijuana (8-18 Uhr stündlich, $6 *roundtrip*).

Zu Fuß nach Tijuana

Der **Fußweg** hinüber nach Tijuana ist kurz. Das mexikanische Leben und Treiben beginnt 100 m hinter der Grenzstation in der unvermeidlichen Shopping Zone ***Viva Tijuana***. Auch eine mexikanische ***Tourist Information*** befindet sich dort.

Zentrum Tijuana

Über eine Brücke über den Tijuana River erreicht man die zentrale Laden-, Restaurant- und Kneipenzone entlang der ***Avenida de Revolución*** und Nebenstraßen (ca. 700 m von der Grenze entfernt). Bei Hitze setzt man sich am besten ins **Taxi: ab $8** für den kurzen Trip nach *Downtown*.

Mit Bussen/ Straßenbahn (Trolley)

Man könnte das Auto auch in San Diego lassen/parken. Zum Grenzstädtchen **San Ysidro** verkehren ***Transit*-Busse** (umständlich: ab *Downtown* mit **#901** bis Iris Ave, dann mit **#906/#907** bis San Ysidro/Grenze). Komfortabler sind ***San Diego Scenic Tours-Busse*** (➤ Seite 461). Das einfachste ist die Fahrt mit der Straßenbahn, dem ***San Diego Trolley*** (*Blue Line*), direkt bis an die Grenze. Von dort führt eine Fußgängerbrücke nach Mexico.

2.6 Von San Diego nach Palm Springs/Palm Desert und zum Joshua Tree Nat'l Park

2.6.1 Alternative Routen

Ziel LA oder Las Vegas

Wer bis San Diego fährt, hat mehrere Alternativen für den Rückweg Richtung LA bzw. die Fahrt nach Las Vegas, sofern die Spielerstadt noch auf dem Reiseplan steht und nicht ein enger Zeitplan die Autobahndirektroute I-15 erfordert (ca. 350 mi).

Straße #79 über Julian oder #67, #78 und #79

1. Bei Anfahrt entlang der Küste (I-5/S21) wäre bei knapper Zeit zumindest ein kleiner Schlenker – wie schon als Alternative der Hinfahrt beschrieben, ➤ Abschnitt 2.4.2 – zu erwägen. En route könnte man auch noch **Santee** oder den ***Safari Park*** bei Escondido einbauen (➤ dazu Seite 454).

Der schnellste Weg nach Palm Desert

2. Wer von San Diego noch weiter möchte in den Bereich von Palm Springs und den *Joshua Tree National Park*, nimmt als schnellsten Weg die I-15 und verlässt sie bei Temecula (*Exit* 58). Auf der #79 geht es bis Aguanga und dann weiter auf der **Cahuilla Road #371** durch das namensgebende Indianerreservat (Spielkasino unterwegs!). Nach einer sehr guten Stunde Fahrtzeit ab der I-15 (Meilenangaben der Karte sagen hier nur wenig über den wahren Zeitbedarf) durch eine hübsche Hügel - landschaft stößt man südlich des **Lake Hemet** auf den ***Palms to Pines Highway* #74** und erreicht bald Palm Desert.

Weiter ab Palm Desert

Informationen zum Verlauf der #74 ➤ Kasten Seite 433 (unten) und zur Weiterfahrt ab Palm Desert Richtung *Joshua Tree Park* ➤ Seite 440f. Zur Fahrt von Palm Springs nach LA ➤ Seiten 433 bis 427 (also in umgekehrter Richtung).

Auch bei dieser Zwischenzielsetzung könnte man wie unter 1. beschrieben fahren und dabei noch Besuche im *Safari Park* und/oder Santee einschieben.

Am Palms to Pines Hwy #74 liegt ein paar Meilen südlich von Idyllwild der Lake Hemet mit Badestränden, Picknick- und Campingplätzen

Der Umweg über Anza Borrego

3. Ein größerer Umweg führt über die ***Anza Borrego Desert***, wobei dieser Wüstenpark nur zur Blütezeit im Frühjahr wirklich attraktiv ist, wiewohl Klima, Landschaft und Vegetation auch zu anderen Zeiten noch einiges zu bieten haben. Doch dazu sind Ausflüge mit 4WD-Fahrzeug ins Hinterland und/oder längere Wanderungen notwendig. Was es in diesem Park und im *Visitor Center* für Kurzbesucher zu sehen gibt, ist weniger spannend als in den Nationalparks *Joshua Tree* oder *Death Valley*.

bis zu den Imperial Dunes

Wer über *Anza Borrego* fährt, hat es nicht mehr weit zur ***Salton Sea***, einem 22.000 km^2 großen See 70 m unter NN, der sich auf der Karte gut macht. Die Realität dagegen ist ernüchternd. Manchen reizen vielleicht auch die für **Quadtouren** idealen Sandareale östlich der *Anza Borrego* und vor allem in den riesigen ***Imperial Dunes*** in Kaliforniens Südostecke.

Von dort aus könnte man in nahezu gerader Linie auf verkehrsarmer Strecke nach Las Vegas durchpreschen, ➤ Seite 447. Details dazu ab Vidal Junction, ➤ Seite 447.

2.6.2 Route über Anza Borrego und die Salton Sea

Shopping Mall am Wege

Wer sich für diese Route entscheidet, nimmt ab San Diego zunächst die I-8 in Richtung Osten. Am Wege liegt gut 30 mi von Downtown San Diego entfernt das ***Outlet Center Viejas*** an der Willows Road, Ausfahrt 33 oder 36 von der I-8, http://viejas.com/voc. Diese kinderfreundliche und architektonisch ansprechende mittelgroße *Shopping Mall* wird von Indianern vom Stamm der *Kumeyaay* betrieben. Ein Spielkasino darf da auch nicht fehlen.

Straßen #79 und #78 Ost

Mit der Ausfahrt 40 erreicht man die bereits in Gegenrichtung beschriebene Straße #79. Bis zum kleinen Ort Julian sind es von dort zwar nur 22 mi, aber dank einer kurvenreichen Straßenführung in ständigem Auf und Ab benötigt man leicht eine Stunde für diese Strecke durch den *Cleveland National Forest* (dazu und

Rostige Mammuts begrüßen Besucher an der Zufahrt zur Wüstensiedlung Borrego Springs

zu Julian ➤ Seite 453). Und so geht es auch weiter ab Julian auf der sehr gut ausgebauten Straße #78 bis zum 500 m tiefer gelegenen Banner und danach in nahezu gerader Linie in eine komplett andere Klima- und Vegetationszone.

Frühjahrswüstenblüte in der Anza Borrego Desert

Anza Borrego Desert State Park

Ca. 30 mi östlich von Julian erreicht man die Straße S3, die über den *Yaqui Pass* in die knochentrockene ***Anza Borrego Desert*** führt, wo außer Kakteen und anspruchslosen Wüstengewächsen scheinbar nur wenig gedeiht. Der größte Teil der Region (ca. 2000 km^2) ist Wildnis und steht als ***State Park*** unter Naturschutz; www. parks.ca.gov/?page_id=638.

Neben der Straße S3 führen auch die Straße S22 in West-Ost-Richtung und die Borrego Springs Road in das Zentralgebiet des Parks, der ansonsten nur von 4WD-Pisten und Wanderpfaden erschlossen wird. Der einzige Ort, **Borrego Springs** (230 m über NN), einer der heißesten Orte der USA mit Sommertemperaturen von fast durchgängig über 40°C, liegt auf Privatbesitz mitten im *State Park*. Dort existieren eine äußerst begrenzte Infrastruktur plus ein paar Motels und kommerziell geführte *Campgrounds*, am besten davon der zum gleichnamigen *Inn* gehörende ***Oasis RV Park***, www.oasisinnborrego.com.

Nur von November bis Mai herrscht in Borrego Springs spürbar Leben; im Sommer und Herbst wirken der Ort und das ganze Tal wie ausgestorben. Die paar *Shops* sind überwiegend geschlossen; nur eine Tankstelle bleibt dann geöffnet.

Wüstenblüte

Die *Anza Borrego Desert* ist berühmt für prächtige **Wildblumenteppiche**, die frühestens Mitte Februar bis spätestens Ende April für eine kurze Periode die kargen Ebenen großflächig überziehen.

Palm Canyon, Ziel einer Wanderung ab dem gleichnamigen Campground

Aber die Wüste blüht nur nach einem feuchten Winter! Nach wenig Niederschlag in den Vormonaten sieht der Park Ende März schon fast so dürr und trocken aus wie im Sommer. Immerhin aber beginnt die **Kaktusblüte** im April und dauert arten- und jahresabhängig bis Ende Mai.

Während Blütezeiten zieht es an Wochenenden viele Ausflügler in den *State Park*. Eine ***Wildflower Hot-Line*** informiert dann up-to-date, was gerade blüht: **© (760) 767-4684**. Informationen zum aktuellen Stand der Blüte im Park findet man auch auf der offiziellen Internetseite (➤ oben) unterm Stichwort »***Wildflowers***«.

Visitor Center

Eine gute Meile westlich des Ortskerns liegt das **Besucherzentrum** des Parks mit einer kleinen Ausstellung zu Flora und Fauna, ***Nature Trail*** und Picknickplatz unter Palmen. Geöffnet nur im Frühjahr bis April 9-17 Uhr. Sonst an Wochenenden.

Camping

Der großzügig angelegte komfortable **Campingplatz *Palm Canyon*** wartet 2 mi weiter nördlich (ohne *hook-up* $25/mit $35). Reservierung nur Januar bis April möglich unter www.reserveamerica.com, in anderen Monaten ist immer genügend Platz.

Dort hat auch der populäre ***Borrego Palm Canyon Trail*** zu einem Palmenhain in den nahen Bergen seinen Ausgangspunkt (3 mi/90 min retour). Das Ziel verlor vor Jahren durch eine »*Flash Flood*« den Großteil seines Bestandes und damit an Attraktivität. Hier gilt aber der Satz: Der Weg ist das Ziel.

Fazit Anza Borrego

Anza Borrego ist größere Umwege und Aufenthalt nur während der Wüstenblüte wirklich wert. Anders ist es ggf. für Besucher, die sich vorinformiert und zielorientiert mit 4WD-Fahrzeugen und/oder Wanderungen in die Einsamkeit der – die zentrale Ebene umgebenden – Gebirgswelt wagen wollen.

Salton Sea

Auf der Straße S22 geht es in Richtung **Salton Sea** bergab (30 mi bis Salton City). Von der parallel zum Ufer, aber weitab verlaufenden Straße #86 sieht man den See nicht. Stichstraßen führen ans Wasser, weiter oben zu Siedlungen mit so klingenden Bezeichnungen wie Salton Sea Beach und Desert Shores, in Wahrheit aber elenden Nestern.

Der erst 1905 durch Überflutungen des Colorado entstandene See liegt auf **70 m unter NN** ungefähr auf dem Niveau des *Death Valley* und bedeckt eine Fläche von 680 km². Die Ufer sind flach, überwiegend schlammig-steinig oder verschilft, kurz: wenig einladend. Auch um die Wasserqualität steht es nicht gut. Verendete Fische entlang der Wasserlinie zeugen oft davon. Und so erfreuen sich See und Umgebung trotz angenehmer Temperaturen in den anderswo noch/schon kühlen Jahreszeiten Frühjahr und Herbst selbst bei Bootseignern nur minimaler Popularität.

Nach Palm Desert

Die autobahnähnlich ausgebaute Straße #86S erreicht östlich von Indio die I-10 und damit die Zwischenziele Palm Desert/Palm Springs (➢ Seite 435ff).

Über Mecca durch den Box Canyon

Eine **reizvolle Alternative** speziell für alle, die ohne Umweg die Südeinfahrt des *Joshua Tree Park* ansteuern wollen (➢ Seiten 440/444), bietet die kaum befahrene ***Box Canyon Road*** in einem trockenen Flusstal durch die gleichnamige »Schlucht« vorbei an pittoresken Sandsteinformationen. Ihre Verlängerung heißt zunächst ***Cottonwood Springs Road*** und führt durch den Park auf die nördliche ***Loop Road*** (ca. 30 mi) durchs ***Wonderland of Rocks*** und bis Twentynine Palms (ca. 40 mi).

Vor dem Beginn des *Box Canyon* heißt die Straße 66th Ave und führt ausgerechnet durch **Mecca**, ein Kaff, das trotz des illustren Namens im letzten lateinamerikanischen Entwicklungsland schäbiger nicht sein könnte.

Box Canyon Road

Exkurs – Abstecher zu den Imperial Dunes

Anfahrt

Ein für manche sicher reizvoller Abstecher könnte zu den an die Sahara erinnernden ***Imperial Sand Dunes*** führen. Ab *Anza Borrego Desert* geht es auf der *Borrego Springs Road* zurück auf die **Straße #78** und über **Brawley** weiter nach Osten.

Ocotillo Wells

Wem der Sinn nach Fahrspaß mit **Quads** auf Sandpisten steht, braucht aber nicht bis zu den *Imperial Dunes* zu fahren. Östlich von **Ocotillo Wells** gibt es kleinere Wüstenareale mit Quad-Vermietern und **Campingplätzen** entlang der Straße #78, speziell in der ***Ocotillo Wells Vehicular State Recreation Area***. An den Wochenenden fallen dort zahlreiche Sandpistenfans sogar mit Flugzeug ein (*Ocotillo Airport*).

Imperial Dunes

Ab Borrego Springs bis zu den ***Imperial Dunes*** sind es ca. 85 mi. Von der mexikanischen Grenze zieht sich dort ein bis zu 90 m hoher und 5 mi breiter Sanddünenstreifen etwa 40 mi vor den Höhen der Chocolate Mountains in nordwestliche Richtung. Die Dünen stehen unter staatlicher Verwaltung des ***Bureau of Land Management*** (www.blm.gov/ca/st/en/fo/elcentro/recreation/ohvs/isdra/dunesinfo/generalinfo.html).

Große Areale südlich der hindurchführenden Straße #78 und entlang der *Interstate* #8 sind als Tummelplätze für alle Arten von ***All Terrain Vehicles*** (ATVs) freigegeben. Und so ist im **größten Dünengebiet der USA** an Wochenenden häufig der Teufel los.

Off-Road-Fun

Wer sein *Off-road*-Fahrzeug nicht selbst mitbringt, kann am Fuß der Dünen beidseitig der Höhen ein geeignetes **Vehikel mieten**. Dort befinden sich auch mobile Stützpunkte mit Reparaturwerkstätten, Abschleppwagen und Ersatzteil- wie Zubehörshops. Aber auch ohne Ambitionen zur Teilnahme an der »Dünenraserei« lohnt sich der Besuch allein schon wegen der beeindruckenden Bilder, die diese völlig vegetationslose Landschaft bietet.

Camping

Campen ist an mehreren Stellen entlang von Stichstraßen in die Sandwüste hinein erlaubt. Aber es gibt nur Chemietoiletten, kein Wasser oder sonstigen »Komfort« wie Picknicktische oder Grillroste. Nur Sand, so weit das Auge reicht.

nach Las Vegas

Einmal in dieser Ecke angekommen, liegt das Ziel Las Vegas gar nicht mal sonderlich fern. Die #78 läuft bis hinauf nach Blythe an der I-10, und von dort geht's auf der #95 geradeaus weiter nach Las Vegas. Die insgesamt ca. 260 mi sind auf diesen Straßen dank geringen Verkehrs bis Nevada inkl. ein paar Stopps unterwegs als Tagestrip gut zu bewältigen, ➢ dazu Seite 447.

Einfahrt zum gut angelegten Campground »Mecca Beach« direkt am »Strand« der Salton Sea. Scheinbar einladend, in Wahrheit umgekippt.

Ostseite Salton Sea

Von Brawley nach Norden, also nach Palm Springs/*Joshua Tree Park* kommt man auf der Straße #86 rascher voran als auf der #111 auf der Ostseite der Salton Sea. Diese Straße führt streckenweise relativ ufernah am See entlang und vermittelt einen Eindruck von diesem »besonderen« Gewässer. **Hotels/Motels** gibt es **entlang der #111 keine**, nicht einmal in Bombay Beach. Der Zustand dieses einzigen Ortes am Ostufer lässt jeden Zufallsbesucher die sofortige Flucht ergreifen.

Strände

Ans Baden mag man auch auf dieser Seite der Salton Sea nicht denken, obwohl das Wasser selbst im Januar noch 20°C warm ist und man teilweise *Beaches* mit hellem Sand verschönerte.

Camping

Immerhin kann man auf einem der komfortabel ausgebauten und meist ziemlich leeren Plätze der ***Salton Sea Recreation Area*** ganz gut campen, am besten sind ***Mecca Beach*** oder ***Headquarters*** (am *Visitor Center* am oberen Ende des Sees 2 mi nördlich von *Mecca Beach*). Wegen der Lage des Sees unter Meeresspiegelniveau ist es dort auch am Abend noch deutlich wärmer als in den Höhenlagen der Umgebung. Dazu ergeben sich oft schöne Lichtstimmungen.

Absolut nicht zu empfehlen ist ein Besuch der Salton Sea im Sommer und nach Regen, wenn die Ufer verschlammen.

Mecca

Die #111 kreuzt im bereits erwähnten Mecca die 66th Ave bzw. *Box Canyon Road* und vereinigt sich mit der #86S, ➢ Seite 479.

WELCO
TO Fabu
LAS VE
NEVAD

3 Las Vegas und Umgebung

3

Kenn-
zeichnung

Las Vegas und Umgebung

3.1 Las Vegas

Las Vegas im Südostzipfel von Nevada liegt in einer vegetationsarmen, flachen **Wüstenlandschaft** 600 m über NN. Im Osten der Stadt erstreckt sich der durch den Colorado River gebildete riesige Stausee ***Lake Mead***, im Westen erheben sich Gebirgsformationen bis 3.600 m Höhe, in denen im Winter sogar Ski gelaufen wird.

Auch wer keine besondere Lust verspürt, *Slot Machines* zu füttern, bei Black Jack oder Roulette auf den großen Dollarsegen zu hoffen oder sich ins pralle Nachtleben voller Shows und Discos zu stürzen, sollte mindestens zwei Tage und zwei Abende für Las Vegas einplanen. Denn einen Besuch wert ist die Wüstenstadt allemal, gleich wie am Ende das eigene Urteil ausfällt.

3.1.1 Allgemeine Informationen

Geschichte

Geschichte

Las Vegas, entstanden um eine Oase an einem der *Immigration Trails* von Osten nach Kalifornien, war bis Beginn der 1930er-Jahre nur ein kleines Mormonenstädtchen mit Bahnstation an der Strecke Los Angeles–Salt Lake City. Als im Jahr **1931** in Nevada die **Aufhebung des** sonst landesweit geltenden **Glücksspielverbots** beschlossen wurde, begannen zufällig auch die Arbeiten für den Bau des ***Hoover Dam***. Scharen von Arbeitskräften strömten in die Las Vegas Region und kamen gerade recht, um an den Segnungen der liberalisierten Gesetzgebung zu partizipieren. Kein Wunder, dass dort die Kasinos besonders schnell aus dem Wüstensand wuchsen und – kaum vorhanden – mehr Spieler anzogen als jede andere Stadt. Die Fertigstellung der *Hoover*-Kraftwerke sorgte zudem für preiswerten elektrischen Strom, Voraussetzung für den Betrieb der stromfressenden Klimaanlagen, Leuchtreklamen, Fassaden und Spielsäle.

Die City of Las Vegas hat heute knapp 600.000 Einwohner. Hinzu kommen rund 700.000 in Vororten in scheinbar endloser Ausdehnung rund um die Stadt. Zusammen mit den beiden mit Las Vegas bereits verbundenen Städten Henderson (258.000) und North Las Vegas (218.000) und dem kleineren Boulder City (15.000) leben im Großraum Las Vegas (*Clark County*) fast 2.000.000 Menschen.

Wachstum,
bis die
Krise kam

Nach Dekaden der ununterbrochenen Expansion sorgte die globale Wirtschaftskrise 2008-11 erstmalig nach dem 2. Weltkrieg für einen Rückgang der Besucherzahlen. Und das, obwohl selbst in diesen Jahren neue Kasinos entstanden und bekannte Anlagen mit immer größeren Hoteltrakten, Show- und Amusementkomplexen der Superlative expandierten. So hatte das *Venetian* sein ***Hotel Palazzo*** um 50 zusätzlich Etagen für 3000 (!) Luxussuiten aufgestockt, und das ***CityCenter*** mit über 6.000 Zimmern wurde erst Ende 2009 eingeweiht (➤ Seite 515). Gleich daneben stehen die Türme des 2011 fertiggestellten ***Cosmopolitan Resort Casino***, eines Luxustempels mit Südseestrand. Damit erhöhte sich bis Anfang 2013 die Zahl der Hotelzimmer in Las Vegas auf über 150.000. Die Zimmerpreise sanken in den Krisenjahren zunächst deutlich, ziehen aber seit Herbst 2011 langsam wieder an, heißt es. Der Durchschnitt der Übernachtungsausgaben pro Zimmer betrug in 2007 noch $132, 2010 nur noch $95, aber im Jahresschnitt 2011 schon wieder deutlich mehr, nämlich $105. Und 2012 waren es bereits auf $110/Nacht. Für 2013 rechnet man mit $115/Nacht, also immer noch 13% weniger als 2007.

Besucherzahlen

Die neuen oder noch im Bau befindlichen Komplexe wurden in einer Zeit geplant, in der man glaubte, dass zusätzliche Kapazitäten automatisch mehr Besucher generieren würden. Denn deren Zahl war jahrelang nur gestiegen. Waren es 2004 noch 36 Mio., zählte man 2006 schon fast 39 Mio. 2007 stagnierte der gewohnte Zuwachs, aber man erreichte mit 39,2 Mio dennoch die bis dato höchste Besucherzahl. 2008 und 2009 fiel die Besucherzahl zurück auf den Stand von 2004. Aber seit 2010 steigt sie schon wieder (37,3 Mio) und übertraf 2012 mit 39,7 Mio den alten Höchstwert. Und so schweben die sich schon früher abzeichnende Wasserknappheit und Engpässe bei der Stromversorgung wieder von neuem wie ein Damoklesschwert über der *Sin City*.

Las Vegas? »Fassade« des Kasinos Treasure Island am »Strip«. Hinter dem Fotografen rauscht der Verkehr sechsspurig.

Wenn auch die Besucher zurück sind, so sind sie sparsamer geworden. Angeblich trugen sie selbst in der beginnenden Erholungsphase 2011 immer noch 15% weniger Dollars in die Kasinos als 2007. Mit dem Einbruch der Umsätze kam es zu Insolvenzen, Stellenabbau und einem schrumpfenden Arbeitsmarkt auch außerhalb der Glücksspielindustrie bei nachgeordneten von ihr abhängigen Lieferanten und Dienstleistern. Welche Folgen das an den Glitzermeilen des Las Vegas Strip hatte, steht auf Seite 527.

Immobilienmarkt

Ähnlich wie die Kasinos war auch die Bauindustrie auf Wachstum programmiert; Wohnhäuser von der Stange wurden geplant und in die Wüste gebaut, ohne dass bereits Käufer in Sicht waren. Die kamen früher automatisch und sorgten über Jahre für sagenhafte Preissteigerungen. Als 2007 die Immobilienblase platzte, reduzierte sich die Nachfrage dramatisch mit der Folge hoher Leerstände bei den nun kaum mehr absetzbaren Neubauten; und zusätzlich kamen massenhaft Altimmobilien auf den Markt, deren Eigner ihre Kredite nicht mehr bedienen konnten.

Die Situation in den USA hat sich zwar 2012 generell beruhigt, kaum aber in Las Vegas. Immer noch steckt der Immobilienmarkt dort in der Depression. Wie es dazu kam und zu welcher Situation das geführt hat, steht im Kasten rechts.

Foreclosure Bustours für Immobilieninteressenten

Klima

Im Sommer wird es in Las Vegas häufig extrem heiß. Nahezu unerträgliche Hitze über 40°C ist zwischen Juni und Mitte Septem - ber keine Seltenheit. Wegen der geringen Luftfeuchte lassen sich Temperaturen bis 30°C aber noch gut aushalten. Abends bleibt es wegen der aufgeheizten Asphalt- und Betonflächen, aber auch wegen der Abluft aus unzähligen Klimaanlagen in Las Vegas erheblich wärmer als außerhalb. Frühjahr (April/ Mai) und Herbst (Oktober/November) sind klimatisch am angenehmsten. In den kühleren Monaten Dezember bis April herrscht am meisten Betrieb. Absolute Hochsaison sind die Weihnachtstage bis Neujahr und Ostern. Da die Wüste von Nevada im Durchschnitt kaum mehr als 10 cm Niederschlag jährlich erhält, stehen an windigen Tagen mitunter riesige Sandwolken über der Stadt.

Per Foreclosure Bus auf der Jagd nach Immo-Schnäppchen

Bereits 2007 begannen die Immobilienpreis in Las Vegas zu fallen. Bis Ende 2008 lagen sie nach Angaben der Maklervereinigung 23% unter dem Höchstniveau von 2006. Im Großraum Las Vegas fiel der durchschnittliche Preis für ein typisches Einfamilienhaus in diesem Zeitraum von etwa $315.000 auf $243.000. Und so ging es weiter. Im November 2010 lag der durchschnittliche Hauspreis bei nur noch $134.000, was einem Preisverfall von weiteren 45% entspricht. 2011 kamen noch einmal minus 7% obendrauf. Wer also 2006 ein Haus für 315.000 gekauft hatte, sah sich fünf Jahre später – sofern er das Haus überhaupt noch besaß – einem Restwert von nur noch $125.000 gegenüber. Im Einzelfall konnte es noch ärger aussehen. Die fatale Folge war, dass auch Eigentümer, die nicht ihren Job verloren und ihre Raten regulär bedient hatten, ihre Häuser verloren. Denn häufig wurde bis 100% fremdfinanziert. Wenn der vermutete Marktwert aber unter die Restschulden sinkt, verlangen US-Hypobanken einen entsprechenden Schuldenabbau. Wer dazu nicht in der Lage ist, gibt die Schlüssel am besten freiwillig bei der Bank ab. Sonst folgt die Zwangsvollstreckung (*Foreclosure*). So oder so, in Erwartung weiter fallender Preise versuchten die Banken meist, übernommene Häuser so schnell wie möglich loszuschlagen. Das wiederum beschleunigte den Preisverfall und damit weitere ***Foreclosures***.

Dennoch stiegen die Preise erstmals 2012 wieder, wenn auch nur um geringe 3% auf ca. $128.000 im Schnitt, erreichten aber Anfang 2013 Zuwächse bis zu 30% in der Spitze gegenüber Anfang 2012. Für 2013 wird ein weiterer durchschnittlicher Preisanstieg von 4%-5% prognostiziert. Neuerdings dominieren wieder traditionelle Transaktionen, bei denen die Eigentümer und nicht mehr die Banken aus Konkursmasse verkaufen. Auch sog. *short sales*, bei denen die Bank dem Eigentümer erlaubt, zu einem niedrigeren Wert als der noch geschuldeten Kreditsumme zu verkaufen, nehmen zu. Und es gibt immer noch einen gewissen Rest *Foreclosure*-Objekte für Schnäppchenjäger. Auffällig ist nicht nur in Las Vegas das Interesse chinesischer Investoren, die dank der Devisenüberschüssen ihres Landes in den USA *Bargain Hunting* betreiben.

Ruth Ahlbrand, Teilhaberin des örtlichen RE/MAX-Maklerbüros, kam wegen der hohen Nachfrage auf die Idee, sog. ***Foreclosure Bustours*** zu organisieren. Die Busse fahren auf einer solchen Tour mehrere interessante Objekte an, die an Banken und andere Gläubiger zurückfielen, und ersparen Maklern wie potenziellen Kunden die zeitaufwendigen Einzelbesichtigungen. Es gibt mittlerweile Touren für verschiedene Preisklassen, aber auch *Foreclosure Buses* nur für Kundschaft aus China. Prinzipiell kann jeder teilnehmen.

Das Preisspektrum auf der Tour bewegte sich Anfang 2013 im Bereich um $150.000 für Häuser mit ca. 150 m^2, um $100.000 für ca.110 m^2, und $55.000 für unter 90 m^2, durchweg im jeweiligen Rahmen für gute Objekte mit Doppelgaragen und Garten. Wer eine Finanzierung braucht, kann noch während der Fahrt Kreditgespräche mit einem anwesenden Finanzmakler führen.

Touren Sa 12.30 Uhr ($50.000-$150.000), So 12.30 Uhr ($150.000 plus) sowie Mo-Fr 10.30 Uhr ($150.000 plus). Startpunkt ist der Parkplatz von RE/MAX Central, 8400 West Sahara Avenue; Anmeldung unter © (702) 360-2030 und © 1-877-360-2030 oder unter www.tourvegashomes.com (dort auch aktuelle Änderungen gegenüber den hier gemachten Angaben).

Unterwegs im Untergrund

Trotz groß angelegter enger Abriegelung blieb vor einigen Jahren der Täter in einem Mordfall wie vom Erdboden verschluckt. Erst Wochen später kam heraus: Er war in die Entwässerungskanäle von Las Vegas entwischt und konnte sich so beinahe 5 km vom Tatort entfernen.

Was kaum jemand weiß: LasVegas verfügt über ein unterirdiches Tunnelnetz von 480 km Länge. Es schützt die in einem weiten Talbecken angelegte Stadt vor Überflutungen bei starkem Regen. Auch in Trockenzeiten sorgen Sprinkleranlagen und Abwässer der Kasinos für einen stetigen Wasserfluss. Dennoch leben in diesem Entwässerungsuntergrund mehrere hundert Menschen, Aussteiger, Obdachlose, Prosti - tuierte, Drogen- und Spielsüchtige. Es gibt dort regelrechte Camps, wo bis zu einem Dutzend Personen quasi Wohngemeinschaften bilden. Einige Bewohner gehen sogar einer regulären Arbeit nach und bewältigen größere Entfernungen *underground* per Fahrrad. Auch Künstler zieht es ab und an hinunter in die kühlen Katakomben; Grafitties auf den Betonwänden verraten es.

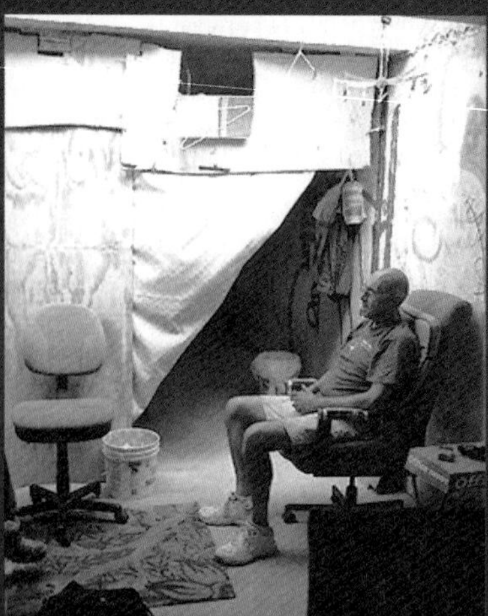

Interessant ist die Lage einiger Kanäle des Systems: so führt einer unter *Caesars Palace* hindurch bis in den Garagenbereich des *Imperial Palace*; ein anderer endet ausgerechnet nahe an der Start- und Landebahn auf dem Gelände des *International Airport*. Ob das dem sonst so nervösen *Department of Homeland Security* klar ist? Logisch aber erscheint, dass der Einstieg in das Tunnelsystem schon aus Sicherheitsgründen an sich illegal ist, Bewohner ausgenommen?

Weitgehend konstante 20°C machen das Leben im Untergrund zwar klimatisch erträglich, aber letztlich offenbart das Schicksal der Menschen dort auf krasse Weise die elende Kehrseite der Stadt jenseits von Glitzer und Glamour.

Viele weitere Details zum unterirdischen Las Vegas finden sich im ungewöhnlichen Buch von *Matt O'Brien* »***Beneath the Neon***« (2007), www.beneaththeneon.com. Ebenfalls empfehlenswert ist auch *O'Briens* neues Buch »*My Week at the Blue Angel*« (2010) voller Kurzgeschichten über Orte abseits ausgetretener Pfade. Eine eindrucksvolle Bilderserie über *Underground* Las Vegas gibt's unter www.flickr.com/photos/dannymollohanphotography/sets/72157594389196l6.

Überblick und Orientierung

Freeways

Durch Las Vegas läuft in Nord-Süd-Richtung die – im Stadtbereich extrem belastete – *Interstate* #15 (Los Angeles–Salt Lake City). Nördlich des Zentrums kreuzt die Autobahn #95/I-515 die I-15. In südliche Richtung führt sie nach Boulder City und an den Lake Mead. In Henderson, südwestlich von Las Vegas, zweigt die I-215 von der I-515 ab, überquert unterhalb des Airports den Las Vegas Blvd samt I-15 und bildet eine – erst seit kurzem fertiggestellte – weit nach Westen ausholende Umgehungsautobahn, über die man 8 mi nördlich des Zentrums wieder auf die I-15 stößt.

Zentrum und »Strip«

Innerhalb des durch die I-15 und die I-515 bzw. den Boulder Highway *Freeways* gebildeten Dreiecks, das nach unten durch die Tropicana Ave und den Airport begrenzt wird, befindet sich der Kernbereich von Las Vegas mit dem alten Zentrum um die Fremont Street (= verlängerter Boulder Hwy) und dem Las Vegas Boulevard, besser bekannt unter der Bezeichnung ***Las Vegas Strip***. Der verläuft **parallel zur *Interstate* #15** und ist nicht zu verfehlen, speziell nicht bei Nacht dank gleißender Helligkeit auf 3 mi Länge. Die *»Action«* konzentriert sich vor allem darauf.

Attraktionen

Die Kasinos in ***Downtown*** unter der ca. 300 m langen Überdach - ung der Fremont Street sind zwar mit ihrer lückenlosen Ballung von Leuchtreklamen und sehenswerten ***Lasershows*** nachts zweifellos ein prima Motiv für die Kamera, aber **mehr los ist am Las Vegas Blvd weiter südlich**. Dort stehen mit Ausnahme von ***Slot Zilla*** (➤ Seite 537) alle der besonders in der letzten Dekade neu entstandenen bzw. ausgebauten Superpaläste mit Resortcharakter: Hotelluxus samt entsprechender Gastronomie, Glücksspiel, Show und Disco, Shopping, Sport u.a.m alles unter einem Dach.

Problemzone

Zwischen *Strip* und *Fremont Street Experience* liegt nördlich des ***Stratosphere Tower*** ein kleiner werdendes Stadtgebiet ohne Lichterglanz, das tagsüber etwas schäbig wirkt. Bei Dunkelheit sollte man in diesem Bereich besser nicht mehr zu Fuß unterwegs sein. Was generell für den *Strip* weiter unten ab dem Kasino *Circus Circus* eben nicht mehr gilt.

Kriminalität

Denn Gewaltkriminalität ist im Gegensatz zu manch anderer US-City weder dort noch im Zentrum um die Fremont Street ein Thema, zumindest nicht für touristische Besucher. Überfälle, Mord und Totschlag würden die Millionen fernhalten, ohne die Las Vegas nicht existieren kann. Es ist dennoch keine schlechte Idee, die Brief- oder Handtasche gut im Auge zu behalten.

Information und Besuchsplanung

Vorüberlegungen

In Las Vegas kommt ohne weiteres ohne Vorinformation aus, wer sich einfach am *Strip* »treiben« lässt. Aber mehr vom Besuch hat man mit einer **Karte in der Tasche**, in der alle **Kasinokomplexe** aktuell verzeichnet sind, und einer Vorstellung davon, was einen wo erwartet. Nur so kann man bei ja meist begrenzter Zeit das Beste aus seinem Aufenthalt machen. Ohnedem besteht die Gefahr, bei weniger spannenden Attraktionen Stunden zu »vertändeln«, die später fehlen. Hilfreich für eine gute Vorinformation und grobe Besuchsplanung mit Prioritäten, was man unbedingt sehen/machen möchte, ist – neben diesem Buch – das **Internet**.

Internet Portale

Gerade für Las Vegas gibt es **jede Menge Internet-Portale**, darunter auch **deutschsprachige Websites**. Sehr gut geeignet zur Vorinformation über fast alles und jedes wie auch zur Buchung (Shows, Hotels, Flüge und mehr) sind z.B.:

www.vegas-online.de   www.vegas4you.de
www.lasvegas-city.de   www.lvcva.com.

Las Vegas Boulevard, der »Strip«

Informativ und originell ist die offizielle Seite der
Las Vegas Convention and Visitors Authority:
www.visitlasvegas.com
mit digitalem Las Vegas-Prospekt zum Blättern (über 100 Seiten)

Die deutschsprachige Version der Website ist
www.visitlasvegas. de, aber nicht ganz dasselbe und auch wegen des geringeren Umfangs nicht so gut wie das Original.

Auch hilfreich sind www.vegas.com und www.lasvegas.com

Shows vorab online buchen

Insbesondere, wer die eine oder andere Show besuchen möchte, sollte sich im Vorwege zu Hause im Internet orientieren und ggf. zeitig online buchen. Für die besten Shows gibt es kurzfristig vor Ort oft keine Tickets mehr, und selbst wenn, dann bedeutet die Beschaffung häufig Stress: der Favorit ist ausverkauft, die Alternative vielleicht zu teuer oder unpassend mit den Zeiten, man muss anstehen, telefonieren u.a.m. Mehr zu den Showtickets und deren Besorgung erst vor Ort weiter unten.

Wer weniger von Internetbuchungen hält, da es z.B. ohne Einspei - sung der Kreditkartennummern ins Netz nicht geht, kann vieles auch schon im **Reisebüro** in der Heimat vorausbuchen.

Wifi

Einmal in Las Vegas angekommen, hilft das Internet nur noch Reisenden, die ein auch in den USA internetfähiges Smartphone, ihr iPad oder einen Laptop dabei haben und damit das mittlerweile weit verbreitete *Wifi* im Hotel, auf dem Campingplatz oder in *Fast Food*-Lokalen nutzen können.

Info Center

So der so, ganz ohne **Gedrucktes** kommt man selten aus. Und das gibt's am besten in den offiziellen Büros der ***Visitor*** oder **Tourist Information** (*Convention and Visitors Authority)*:

- im ***Las Vegas Convention Center*** in der 3150 South Paradise Road, Mo-Fr 8-17 Uhr; © 1-877-847-4858

Wer von Süden mit dem Auto über den Las Vegas Blvd anfährt, passiert noch vor Erreichen der Tropicana Ave rechterhand diverse »*Tourist Informations*«, in Wahrheit Souvenirshops und Hotel-/Ticketagenturen, die vor allem viel Werbung haben.

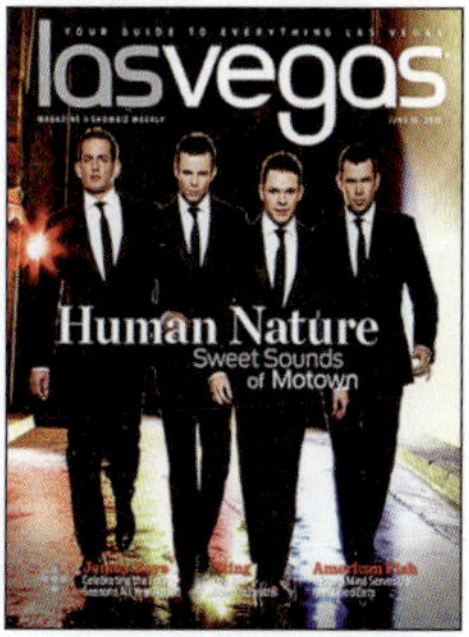

Neben einem **Las Vegas Stadtplan** sollte man sich mindestens eines der verschiedenen Info-Magazine mit Bezeichnungen wie ***Las Vegas Magazine*** (http://lasvegas-magazine.com), ***Today in Las Vegas*** (www.todayinlv.com), ***What's on in Las Vegas*** (www.whats -on.com) o.ä. besorgen, die alle aktuellen Events und Programme listen und meistens eine Karte vom Strip und mehr beinhalten. Es gibt sie auch in den Foyers der meisten Hotels, bei den Autovermietern und in *Fast Food Places* wie *McDonald's.*

Heiraten in Nevada

Das Gesetz verlangt, dass beide Partner mindestens 18 Jahre alt sein und dies durch eine ***Identification***, also bei USA-Besuchern den Reisepass, unter Beweis stellen müssen. Dann steht der umgehenden Ausfertigung einer ***Nevada Marriage License*** für $60 in bar oder $65 mit Kreditkarte nichts entgegen. Sie ist täglich 8-24 Uhr erhältlich im ***Clark County Marriage Bureau***, 201 Clark Ave, © (702) 4671-0600; Info unter: www.clarkcountynv.gov/Depts/clerk/Services/pages/MarriageLicenses.aspx. Man kann die *License* auch online beantragen: https://aivitals.co.clark.nv.us/webinquiryinternet. Beide Partner müssen aber – immerhin – noch persönlich erscheinen und unterschreiben.

Mit der »Heiratslizenz« geht man zu einer beliebigen ***Wedding Chapel*** (einige sind sogar in Kasinos integriert), wo der Bund fürs Leben je nach Ausstattung ab $50 (***Drive-Thru***, sonst teurer) aufwärts plus Spende für den *Reverend*, den Pfarrer, besiegelt wird. Ein Trauzeuge wird bei Bedarf mitgeliefert – einer genügt, der Pfarrer gilt auch als Zeuge. **Tipp**: ***Little Church of the West***, www.littlechurchlv.com. Begründung ➤ Blogadresse unten.

Wer die Gültigkeit der Eheschließung zu Hause anerkannt wissen möchte, muss zunächst eine Beglaubigung der erfolgten Eheschließung (*Certification* $15) durch das ***Clark County Recorder's Office*** besorgen (500 South Grand Central Parkway). Die ***Certification*** schicken Deutsche und Österreicher zusammen mit einer ***Money Order* über $20** (beim Postamt) an den ***Nevada Secretary of State*** (*Capitol Complex*, Carson City NV 89710) und erhalten nach ein paar Wochen eine **Beglaubigung der rechtmäßigen Heirat**, die sog. ***Apostille***. Für Schweizer Staatsbürger erledigt angeblich das Konsulat in San Francisco diese Formalität.

Viele Standesämter in Deutschland und Österreich verlangen zusätzlich eine (wiederum) beglaubigte Übersetzung von Heiratsurkunde und *Apostille* durch einen vereidigten Dolmetscher. Im Internet findet man alle Details auch in deutscher Sprache auf vielen Websites: einfach »*Las Vegas Wedding*«, »*Las Vegas Marriage License*« o.ä. googlen. *Up-to-date* wird man u.a. informiert durch: http://blog.synnatschke.de/usa/heiraten-in-las-vegas.

Wer sich Bürokratie und eigene Organisation ersparen möchte, bucht das Las Vegas-Hochzeitspaket bei deutschen Profis: www.heirateninlasvegas.com.

Murals bekannter Spraykünstler erfreuen in der Parkgarage des Cosmopolitan

Transport

Selbst fahren und parken

Wer dem Mietwagen nach Las Vegas kommt, hat kein Transportproblem, auch Parkplätze und Parkhäuser sind reichlich vorhanden. Logiergäste der großen Hotelkasinos am Strip lassen ihr Fahrzeug am besten im Parkhaus bzw. auf dem Parkplatz der Unterkunft stehen: *Self-Parking* ist kostenfrei oder kostet mit Service durch Hotelpersonal (*Valet Parking*) je $2-$3 *Tip* bei Abgabe und neuerlicher Übernahme.

Mit einem **Campmobil** größer als *Van Camper* sollte man sich nicht unbedingt in den dichten Verkehr am *Strip* stürzen. Wer schrammenfrei durchkommt, hat es mit RV obendrein schwerer beim Parken. Denn RVs passen nicht in die stripnahen Parkhäuser, sondern nur auf die **Plätze für *Oversized Vehicles***, die immer ein ganzes Stück zurück liegen und daher viel Lauferei bedingen.

Ab Airport

Vom ***McCarran Int'l Airport*** kann man per ***Shuttle Bus*** zum ***Strip*** (ab $6) und nach ***Downtown*** fahren (ab $8) oder man wartet auf die **Busse #108** bzw. **#109** des ***RTC***, ➤ unten.

Das **Taxi** ist zu zweit nicht viel teurer: zum südlichen Ende des Las Vegas Blvd (*Mandalay Bay/MGM/Luxor/Excalibur*) ca. $12-$17, in den zentralen Bereich (*CityCenter/Cosmopolitan/BellagioParis/Caesar's/Mirage*) ca. $14-$19, zum *Stratosphere Tower* ca. $16-$21 und nach *Downtown* ca. $22-$27 plus 15% *Tip*.

Öffentlicher Nahverkehr

Für den öffentlichen Nahverkehr ist ***RTC*** zuständig. Die Vorortlinien kosten einheitlich $2 pro Strecke. Die den ***Strip*** 'rauf und 'runter fahrenden **Busse** (***Deuce*** alle 12-20 min rund um die Uhr; ***DX Strip & Downtown Express*** mit weniger Haltestellen am Strip alle 15 min 9-0.30 Uhr) bieten jedoch **keine Einzelfahrten** mehr. Stattdessen gibt es nur noch ***All Access*-Pässe** für 2-Stunden (**$6**), für 24 Stunden (**$8**) und 3-Tage (**$20**) sowei 30 Tage (**$65**).

Die Kasinos Bellagio, CityCenter, Cosmopolitan und Monte Carlo sind über eine Monorail-Bahn miteinander verbunden

Sie gelten für den sog. ***Strip*** und ***Downtown Express*** und den Doppeldeckerbus ***Deuce*** am *Strip* sowie für alle RTC Vorortlinien, mehr unter www.rtcsnv.com/transit/fare_passes.cfm.

Tickets kauft man an ***TVMs*** (***T****icket* ***V****ending* ***M****achines*), die u.a. in regelmäßigen Abständen am Las Vegas Blvd und in den großen Kasinohotels stehen. Nur in den ***Deuce*** Doppeldeckerbussen gibt es ***Onboard Fareboxes***. Info auch unter ✆ 1-800-228-3911.

Monorail

Eine **Monorailbahn** verbindet die meisten Kasinos auf der Ostseite des Strip vom ***MGM Grand*** bis hinauf zur ***Sahara Ave*** (unweit ***Stratosphere Tower***). Die Trasse läuft in teilweise großem Abstand zum Strip hinter den Kasinos entlang. Der Zug verkehrt täglich 7-2 Uhr nachts alle 4-12 min (Fr-So bis 3 Uhr). Die Einzelfahrt $5, Tagespässe $12. Mehr unter www.lvmonorail.com.

Gratis Trams

Drei weitere separate Hochbahnen verkehren **gratis**:

- *Excalibur–Luxor–Mandalay Bay*
- *Mirage–Treasure Island*
- *Bellagio–City Center/Cosmopolitan–Monte Carlo.*

Per Pedes

Zum Kennenlernen kann man den zentralen Bereich des *Strip* bei durchschnittlicher Kondition gut zu Fuß ablaufen, sofern es nicht zu heiß ist: **Desert Inn Road** (ggf. auch schon ab **Riviera Blvd**, also ab *Wynn's* bzw. *Circus Circus/Riviera*) bis **Tropicana Ave** (*MGM/NewYork/Excalibur*, von dort bis *Mandalay Bay* besser die Bahn).

Unterkunft

Las Vegas verfügt über enorme 150.000 Hotelzimmer, da aber zu den üblichen Besucherscharen auch noch an die 5 Mio Kongressteilnehmer jährlich kommen, wird selbst diese Kapazität schon mal knapp. Generell sind an Wochenenden Zimmer durchweg erheblich teurer als ab Sonntag bis Donnerstag Abend und in den populäreren Kasinos dann häufig sogar ausgebucht.

Unterkünfte sind grundsätzlich wie folgt zu unterscheiden:

Tarife Kasinohotels

Die **Kasinos** sind zwar daran interessiert, Spieler übers Hotel ins Haus zu locken. Aber das bringt in den attraktiveren Kasinopalästen durchaus keine Niedrigpreise für die Übernachtung mit sich, doch bei Nutzung bestimmter Daten ist dort das Preis-/Leistungsverhältnis sehr o.k. Richtig billige Betten um $30 gibt's nur in kaum bekannten Kasinos, speziell im Bereich *Downtown*. Auch in Kasinos abseits des Strip kommt man oft erstaunlich günstig unter, insbesondere bei **Internetbuchung**. Außerhalb kurzer Perioden in der Wintersaison und ohne Großkongress kosten dann sogar Zimmer im ***Luxor***, ***Mirage*** oder ***Stratosphere Tower*** nur um die $60. Manchmal sind kurzfristige Buchungen sogar noch preiswerter als bei längerer Vorausreservierung.

Hier eine **Auswahl beliebter Kasinohotels am *Strip***, die generell **So-Do** günstige Tarife bieten:

- **Circus Circus,** © (702) 691-5950, © 1-800-634-3450
- **Excalibur,** © (702) 597-7777, © 1-877-750-5464
- **Luxor,** © (702) 262-4444, © 1-877-386-4658
- **MGM Grand,** © (702) 891-7777, © 1-877-880-0880
- **Mirage,** © (702) 791-7111, © 1-800-374-9000
- **NewYork, New York,** © 1-888-693-0763, © 1-866-815-4365
- **Treasure Island,** © (702) 894-7111, © 1-800-288-7206
- **Monte Carlo,** © (702) 730-7000, © 1-888-529-4828
  (***Boutique Hotel 32*** im obersten Stock: www.hotel32lasvegas.com)

Internetadressen unter den Einzelbeschreibungen ab Seite 526.

Freitag und Samstag verdoppeln bis verdreifachen sich üblicherweise die So-Do geltenden Tarife. Hinzu kommen ***Hotel Taxes* in Höhe von 9%-11%**, kategorieabhängig. Relativ neu sind ***Resort Fees*** obendrauf, ➤ Kasten auf der nächsten Seite.

Allein das – 2013 renovierte und im Aussehen aufpolierte – MGM Grand Hotel und Casino mit dem goldenen Löwen vorm Portal verfügt heute inkl. Signature Towers über 6.500 Zimmer und Suiten

Resort Fees - Abzocke oder praktischer Nutzen?

Seit ein paar Jahren erheben zahlreiche Kasinohotels zusätzlich zum Zimmertarif eine sog. ***Resort Fee*** zwischen $5 und $25. Sie soll der Finanzierung von Extras wie der Tageszeitung im Zimmer, *Fitness Center/Spa, WiFi, Shuttle* zum Airport, *Valet-Parking,* »Gratis«-Telefonaten etc. dienen. Serviceleistungen also, von denen man annehmen durfte, dass sie im üblichen Übernachtungspreis einkalkuliert bzw. nur bei Inanspruchnahme extra zu bezahlen sind. Im Einzelfall können sich dadurch die Hotelkosten empfindlich erhöhen, ohne dass der Gast dafür eine echte Gegenleistung erhält. Wer dagegen Internet, Fitnessstudio und anderes mehr entsprechend nutzt, für den sind $10 oder $20 extra – verglichen mit sonst dafür üblichen Tarifen – sogar ein guter Deal.

Logenplatz überm Pool

Vor einer festen Buchung sollte man klären, ob und in welcher Höhe das Hotel eine *Resort Fee* berechnet, und welche Leistungen darin enthalten sind. Gebühr und Leistungsumfang können sich kurzfristig ändern, so dass eine zeitnahe Nachfrage vor der Anreise sinnvoll ist. Seit auch alle *Caesar's Entertainment Hotel Casinos* und das *Cosmopolitan* eine *Resort Fee* erheben, sind Unterkünfte ohne diese Gebühr nicht leichtr zu finden, etwa in *Downtown* (Ausnahmen *Golden Nugget* und *Plaza*).; ➤ im Detail www.vegastripping.com/resortfees und www.vegaschatter.com (Suchbegriff »*resort fee 2013 guide*«).

Tipp

Das ***Ellis Island Casino*** an der 4178 Koval Lane (einen Häuser - block hinter *Bally's* bzw. *Paris*; ✆ (702) 733-8901, www.ellisislandcasino.com) gehört zur Motelkette »Super 8« und bietet einfache Zimmer zu moderaten Preisen auch an Wochenenden (mit *Coupon* oft nur $60!). Hauseigene **Minibrauerei** und preiswertes Res - taurant: 2012 gab's dort das ***300g-Sirloin Steak Special*** inkl. Beilagen, Suppe und Bier für unschlagbare $7,99 zu jeder Tageszeit (steht nicht auf der Karte!)

Mit Haustier nach Las Vegas

Damit wirklich niemand zu Hause bleiben muss, der als Kasinokunde in Frage kommt, zeigen sich viele Häuser haustierfreundlich. Alle *Caesar Entertainment Resorts* (*Rio, Caesars Palace, Paris, Bally's, Harrahs, The Quad, Planet Hollywood, Flamingo* bieten ***Pet-Stay*** für Aufpreise ab $35 auf den Zimmerpreis pro *Pet* (max 2). Auch das *Hotel at Mandalay Bay* macht mit. Mehr unter www.lasvegas-how-to.com/pet-friendly-las-vegas-hotel.php.

»Normale« Hotels

Zahlreiche Hotels ohne Kasinobezug liegen preislich innerhalb ihres auch sonst üblichen Rahmens, passen aber die Effektivpreise der jeweiligen Buchungssituation flexibel an. **Preiswerte Motels der Einfachkategorie** gibt es vor allem am Südende des *Strip* und zwischen Sahara Ave und *Downtown*. Sie sollte man nur nach persönlicher Inaugenscheinnahme der Zimmer buchen!

Aktuelle Tarife/ Reservierung

Tagesaktuelle Tarife für alle Kasinohotels wie auch »normale« Hotels samt Buchungsmöglichkeit findet man u.a. unter www.vegas-online.de, www.lasvegashotel.com, www.VegasView.com

Zentrale Reservierung

Wer schon vor Ort ist und sich die Mühe individueller Suche sparen will, könnte eines der **Reservierungsbüros** am südlichen Ende des *Strip* ansteuern (von I-15 Abfahrten #33 oder #34) oder einige Tage vor Ankunft einen **Reservierungsservice** anrufen, sofern kein Internet zur Verfügung steht, z.B. die

Reservation-Hotline © 1-888-826-6548

Man kann für ein rasches Ergebnis einen Höchstpreis nennen oder nach dem billigsten Quartier fragen. Letztere sind oft die – gar nicht mal schlechten – Zimmer in den Kasinos im Bereich der Fremont Street oder abseits des *Strip*; ab $30, ➤ oben.

Hostels

Das ***Las Vegas Hostel*** liegt in der Verlängerung der *Fremont Street Experience* östlich von *Downtown* (1322 Fremont Street) in einem ehemaligen Motel mit Pool, Klimaanlagen, Wifi etc. Das Bett kostet saison-/tagesabhängig ab $14, DZ $29-$49 (online-Tarife günstiger); © (702) 385-1150, © 1-800-550-8958; www.lasvegashostel.net.

Am 1208 South Las Vegas Blvd, ca. 1 mi südlich der Fremont Street, steht das ***SinCity Hostel***, © (702) 868-0222, www.sincityhostel.com. Mehrbettzimmer ab $12,50/Person; EZ/DZ ab $35.

Ein bisschen weiter unten am 1508 Las Vegas Blvd in unübersehbarer Nachbarschaft zum *Stratosphere Tower* liegt das ***HI Tod Hostel*** in einem früheren großen Motel-Komplex, © (702) 982-1481, © 1-877-343-1481, www.todhostelmotel.com. Im Mehrbettzimmer $15/Person; EZ/DZ ab $40/$50.

Blick von einem derZimmer im Bellagio aufs »Wasserballett« und gegenüber den Komplex des»Paris« mit Eiffelturm

Clever unterkommen in Remodelled Rooms

Von Zeit zu Zeit renovieren die Kasinohotels gezwungenermaßen ihre Zimmer. Dabei wird in regelmäßigen Abständen immer nur ein Teil der Räume aufpoliert. Die bieten dem Gast dann besseren Komfort und kosten nicht unbedingt viel mehr als Zimmer, die noch nicht mit der Aufhübschung dran waren. 2013 sieht es in bekannten Resorts wie folgt aus:

Treasure Island/*Deluxe Rooms*: Zwar »nur« $36m^2$ groß, dafür aber zahlreiche Extras: High-tech-Betten, 26-Zoll-Flachbildfernseher, Ganzraumfenster, Marmorbad, Zimmersafe, Wecker-Radio mit Anschlussoption für IPODs und kräftige WiFi-Signale.

Excalibur/*Contemporary Rooms*: 2.000 der fast 4000 Zimmer wurden überarbeitet. *Pillow-Top*-Betten, 42-Zoll-Flachbildfernseher, modernere Bäder und Wecker mit IPOD-Anschluss.

Mirage/*Deluxe Rooms*: über 3000 Zimmer wurden für knapp $80 Mio umgestaltet. *Pillow-Top*-Betten, 42-Zoll-Flachbildfernsehern, Anschlüsse für MP3-Player, schnurlose Telefone. Vier ***wählbare*** Raumfarbtöne.

Circus Circus/*New West Tower Rooms*: Besser lange im voraus buchen, denn nur ein kleiner Teil der Zimmer wurde bereits renoviert: 32-Zoll-Flachbildfernseher, *Pillow-Top*-Betten, geschmackvolles Design und helle Farbtöne. Sehr ordentliches Preis-Leistungs-Verhältnis.

Riviera/*Remodeled Rooms*: Alle über 2000 gräumige Gästezimmer wurden 2012 komplett überarbeitet: Pillow-Top-Betten, 32-Zoll-Plasmafernseher, iPOD-Radiowecker und Kühlschränke. Die sog. *Signature*-Zimmer bieten ähnlichen Komfort im 23-stöckigen *Monaco Tower* bereits seit Ende 2008 und zusätzlich Ausblick auf Las Vegas.

Flamingo/*FAB Rooms*: Jetzt mit technischen Rafinessen wie Stereoanlage, IPOD-Andockstation, 42-Zoll-Flachbildfernseher HDTV, CD-/DVD-Player und elektronische Vorhänge. Badezimmerwände aus Milchglas, Wanne sowie separate Dusche und in den Badezimmerspiegel integrierter Fernsehbildschirm. Hotelflure und Aufzüge ebenfalls im neuen Design.

Flamingo: Alle über 2000 Standardzimmer wurden 2012 auf einen zeitgemäßen Stand gebracht (*FAB Rooms*). Besser: *Go Rooms* für $20 mehr.

MGM Grand/*Rooms & Suites*: Alle 3570 Standardzimmer und 642 Suiten wurden bis Ende 2012 überholt. Neues LED-Licht und eine bessere Temperaturregelung sollen den Gästekomfort erhöhen.

Bellagio/Rooms: 2012 wurden über $50 Mio in die Überholung der 2500 Gästezimmer des Hauptturms investiert. Verbessertes Licht, 40-Zoll-Flachbildfernseher, *i-Home Docking Station* und eine Zentralsteuerung für Elektronikgeräte waren Teil des *Updates*.

Tropicana/*Rooms*: Im Rahmen einer nun weithin abgeschlossenen überfälligen Auffrischung des Hotels für über $120 Mio wurden die Zimmer mit Rattan- und Bambusmöbeln sowie Holzrolläden ausgestattet. Neue Matratzen und 42-Zoll-Plasmafernseher runden das Update ab.

Camping

KOA Camping am Strip

Keine Zelte!

Der einzige – sanitär sehr komfortable – *Campground* im Stripbereich (mit Pool, Whirlpool, Sauna, Wifi) ist ***KOA*** hinter dem ***Circus Circus*** Kasinokomplex (Einfahrt über Las Vegas Blvd oder Industrial Road, dann Circus Circus Drive, © **(702) 733-9707** bzw. © **1-800-562-7270**. RV-Tarife $50-$90 je nach Fahrzeuglänge, Saison und Standplatz, ob So-Do oder Fr+Sa; http://koa.com/campgrounds/las-vegas. Das sind zwar happige Tarife, aber in dieser Lage ist KOA der optimale Las Vegas-Platz für alle, die den Strip auch abends besuchen möchten. Von anderen Plätzen muss man zu den Kasinos weit fahren oder – ab spätem Abend nur noch sporadisch verkehrende, wenn überhaupt – *Shuttle*-Busse benutzen oder ein wegen der großen Entfernung teures Taxi nehmen.

Tipp: Wer sich ohnehin für KOA entscheidet, sollte die »Augen verschließen« und zum Höchsttarif einen der wenigen Stellplätze mit kleiner Rasenfläche, Schatten und Tisch buchen (der beste Platz ist 401; Karte mal anschauen auf der Website unter Schaltfläche »*Campground Map*«). Dort kann man auch tagsüber bei Bedarf mal ausspannen und ggf. den warmen Abend im Lichtermeer außen herum im Freien genießen. Die Normalplätze liegen auf einer riesigen Asphaltfläche eng beieinander und haben kaum Platz und meist nicht einmal einen Campingtisch draußen, wie sonst üblich. Sollte der in der Anmeldung zugeteilte Stellplatz nicht gefallen, kann man zurückfahren und um Tausch bitten.

Camping in/bei Las Vegas

Rund um die Stadt existiert eine ganze Reihe von komfortablen Campingplätzen, überwiegend reine RV-Parks, z.B.:

- ***Arizona Charlie's***, 4575 Boulder Hwy (I-515/#95/#93 Exit #70), Platz für 200 RVs; Einheitstarif $32; © 1-800-970-7280; www.arizonacharliesboulder.com/rvpark
- ***Las Vegas RV Resort***, 3890 South Nellis Blvd Nähe Boulder Hwy und Flamingo Road, komfortabler, guter Platz ab $29; © 1-866-846-5432; www.lasvegasrvresort.com

Schattenloses Camping in der Halbwüste auf dem Einfachplatz des BLM in der Nähe des Red Rock Scenic Drive, *➤ umseitig oben*

- Ein riesengroßer RV-Park mit allen Schikanen samt Golfplatz und palmengesäumtem Pool liegt südlich der Abfahrt #33 von der I-15 und dem Las Vegas Blvd South an der Windmill Ave. Das **Oasis RV Resort** kostet ab $40; © **1-800-566-4707**; www.oasislasvegasrvresort.com

Red Rocks

Eine etwa 20 mi vom Strip entfernte Campmöglichkeit bietet ein einfacher ***Campground*** des *BLM* bei den ***Red Rocks***, ➤ Seite 542. Günstig ($15), aufgrund der höheren offenen Lage abends kühler als in der Stadt. Keine Reservierung; *first-come-first-served*.

Camping am Lake Mead

Ebenfalls ruhiger und rauer campt man für geringere Gebühren ab $10 am Lake Mead, z.B. ***Boulder Beach Campground*** ca. 8 mi östlich von Boulder City in Seenähe zwischen viel Grün. Wem das Campen auf diesem Platz (vor allem bei Hitze) zu unkomfortabel ist, findet im nahen ***Lake Mead RV Village*** einen bequemeren Platz mit Wasser- und Stromanschluss; 268 Lakeshore Drive, ab $30, © (702) 293-2540. Der **Lakeshore Drive** zweigt beim ***Visitor Center*** zwischen Boulder City und *Hoover Dam* von der Straße #93 ab. Weiter nördlich gibt es an der Las Vegas Bay einen **Platz nur für Zelte**, Zufahrt auch über den Lake Mead Pkwy/Straße #564.

3.1.2 Kasinos und was dazu gehört

In den Kasinos

Neben den Kasinos und den mit ihnen verbundenen Attraktionen findet man in Las Vegas nicht so ganz viel Sehenswertes. Glücksspiel, *Show* und *Entertainment* dominieren die Stadt. Spielen darf indessen erst, wer das 21. Lebensjahr vollendet hat. In den weitläufigen Spielhallen überwiegen ***Slot Machines*** (»einarmige Banditen«, wobei der «Arm« lange vom Druckschalter ersetzt ist). Außerdem werden ***Poker***, ***Blackjack*** (17 und 4) ***Keno*** (Zahlen - lotto), ***Bingo, Baccarat*** und ***Roulette*** gespielt. Für die meisten undurchschaubar ist das Würfelspiel ***Craps*** an langen, wannenartigen Tischen mit einer Mannschaft von gleich **4 Croupiers**.

Für – erkennbar aktive – Spieler sind die **Getränke gratis**, die Be - dienung erwartet aber wenigstens $1 *Tip* bei jeder Order. Nur-Zuschauer warten vergeblich auf den Drink: »***You must be playing***!«

Spielsäle

Einmal **im Inneren der Kasinos** wird man feststellen, dass sich die riesigen Spielsäle im Prinzip kaum voneinander unterscheiden, nur Architektur und Dekoration werden immer aufwendiger. Die ***Slot Machines*** dominieren jede Etage. ***Roulette, Black Jack*** und ***Craps*** sind überall identisch. Nur die Anordnung der **Pokertische** und der Stuhlreihen für ***Keno*** – eine Art Lotto mit laufenden Ziehungen und schlechten Chancen – und ***Bingo*** differiert. Kurz, für Spieler und Zaungäste ist es letztlich gleich, wo sie spielen bzw. anderen über die Schulter schauen.

Gutscheine/ Coupons

Manche Kasinos locken Besucher mit Gutscheinen für kostenlose Spielchips, Bier oder Cocktails für $1 und manches mehr in ihre Häuser. Preiswerte Mahlzeiten oder freie *Drinks* bekommt man oft auch ohne *Coupons*, und der mitunter gebotene Gratisgriff an spezielle *Slots* für Coupon-Inhaber lohnt selten das Anstehen.

Leibliches Wohl

Ob es nun ein *Steak Diner* oder eher gesunde Kost von der *Salad Bar* sein soll, in Las Vegas ist das Sattwerden eines der geringsten Probleme. Werbehefte der *Tourist Information*, Leuchtreklamen und Handzettel weisen den Weg.

Cafeterias/ Fast Food

Zahl- und variantenreich sind die ***Cafeterias*** und ***Food Courts*** in den Spielkasinos und Shopping Arkaden; von *McDonald`s* bis zu schicken Bistros ist alles vertreten.

Leibliches Wohl: Buffets

Viele Kasinos werben mit überbordenden **Buffetmahlzeiten**. Bekannt für preiswerte ***All-you-can-eat*-Buffets** sind u.a. ***Excalibur*** und ***Golden Nugget***. Aber höhere Qualität bieten heute die Buffets im ***Cosmopolitan***, ***Bellagio***, ***Paris***, ***Mirage*** und ***Aria*** (*CityCenter*), kosten aber auch mehr. Exzellent, aber nicht ganz billig ist das ***Seafood Buffet*** im ***El Rio*** in der Flamingo Road abseits des Strip unweit der I-15. Publikumsrenner sind das ***Wicked Spoon Buffet*** (*Cosmopolitan*) und das ***Bacchanal Buffet*** (*Caesar's Palace*).

Generell **billiger** als *Dinner Buffets* sind ***Lunch Buffets***, die oft bis 15/16 Uhr geöffnet bleiben. In einige Hotels kommt man auch noch kurz vor *Lunch*-Ende 'rein und kann *Dinner* zu *Lunch*-Preisen genießen, so im »*Le Village Buffet*« (***Paris***).

Eine immer aktuelle Gesamtübersicht (mit Preisen) über alle Las Vegas Buffets liefert das Portal www.vegas-online.de/buffets.htm.

Round Table Buffet im Excalibur

Restaurants

In keinem Kasino fehlen gute (und teure) Restaurants mit oft origineller und/oder edler Ausstattung, am besten in Kasinos der neuen Generation wie ***CityCenter***, ***Cosmopolitan, Mandalay Bay***, ***Venetian, Bellagio***, ***Palazzo, Mirage*** und ***Wynn/Encore***.

Attraktiv ist in dieser Hinsicht auch ***Caesar's Palace***, Pflichtprogramm für viele das ***Hard Rock Café*** (am Strip oder auch in der 4475 Paradise Road) oder ***Planet Hollywood***. Auf dem ***Stratosphere Tower*** gibt es das ***Top-of-the-World-Restaurant*** in 250 m Höhe, von dem man bei Dunkelheit einen sagenhaften Blick hat.

Abgefahrenes

In den auf ➤ Seite 501 genannten Info-Magazinen findet man jede Menge Werbung auch für Restaurants außerhalb der Spielkasinos. Originell und beliebt sind u.a. das **Hofbrauhaus** (*It's Oktoberfest every day*; www.hofbrauhauslasvegas.com) an der Ecke Paradise Road/Harmon Ave und das verrückte ***Dinner in the Sky*** an der 2800 West Sahara Ave (eine Restaurantplattform wird per Krankabel in 55 m Höhe geliftet). Dort *open-air* baumelnd und am Sitz festgeschnallt, genießt man 25 min lang *Drinks & Dinner*: www.dinnerintheskylv.com; ✆ 1-877-475-9346. Der Spaß kostet inkl. allem ab $289/Person.

Bars

Zu jedem Kasino gehört zumindest eine Bar, oft sind es auch mehrere. Dort kann man sich seinen Drink bestellen und bezahlen oder als aktiver Spieler darauf warten, dass der **Drink auf Kosten des Hauses** kredenzt wird. Ähnlich wie mit Billigbuffets werben manche Kasinos auch mit preiswerten Drinks!

Las Vegas Shows

Zu Las Vegas und zu seinen Kasinos gehören ***Show*** und ***Entertainment***. Für **bekannte Shows** wie *David Copperfield* & Nachfolger, ***Cirque du Soleil-Produktionen*** (*»Zumanity«, »Love« und diverse andere), die Pop-Ikone Celine Dion, Shania Twain, Blue Man Group* oder *Donny & Marie* muss man tief in die Tasche greifen und lange im Voraus buchen – im Internet, beim Reiseveranstalter oder auf *Tix4toTonight* hoffen, ➤ rechts.

Vorstellungen ohne Reputation und illustre Namen kosten ab $25 als ***Cocktail Show*** (später Nachmittag) oder ***Late Night Performance*** (Beginn 22.30-24 Uhr). Hauptshows um 20/21 Uhr sind teurer. Die einstige ***Diner Show*** gehört weitgehend der Vergangenheit an. Es gibt sie kaum noch; eine Ausnahme ist das ***Tournament of Kings*** im *Excalibur* (18 und 20.30 Uhr).

Cirque du Soleil mit Zumanity im New York

Show des Cirque du Soleil im Bellagio

Wichtig zum Schluss: die Platzanweiser erwarten und erhalten fürstliche **Trinkgelder**: ab ***$5 per Party***.

Showtickets

Vor Ort gibt's Showtickets zu – manchmal bis zu 50% – herabgesetzten Preisen täglich ab 11 Uhr bei ***Tix4Tonight*** (✆ 1-877-849-4868, www.tix4tonight.com) mit acht Standorten am Strip und *Downtown*, u. a. in der *Fashion Show* und *Showcase Mall* und im *Hawaiian Marketplace* gegenüber dem *City Center*-Komplex. Last-Minute-Schnäppchen, Sonderangebote und *Latest Show-News* erfährt man unter **@vegas auf Twitter**.

Casino Nachtclubs

Auch in Las Vegas ist die Nacht nicht nur zum Spielen da. Jedes bessere Kasino hat einen ***Night Club*** bzw. eine ***Disco***, wo es erst nach den letzten Abendshows richtig abgeht, z.B.:

- ***The Bank*** im *Bellagio*, Do-So ab 22:30 Uhr, ✆ 702-693-7111 oder ✆ 1-888-987-6667; http://thebanklasvegas.com/home und www.bellagio.com/nightlife-diversions/the-bank.aspx
- ***Gallery*** im *Planet Hollywood*, ✆ 702-818-3700; ✆ 1-866-919-7472; www.planethollywoodresort.com, www.gallerylv.com
- ***Haze*** im *Aria*, Do-Sa ab 22:30 Uhr ✆ 702-693-8300 oder ✆ 1-866-359-7757; www.arialasvegas.com/nightlife/haze und http://hazelasvegas.com/home.
- ***1 OAK*** im *Mirage*, Di+Do-Sa ab 22 Uhr, ✆ 702-793-8300; http://1oaklasvegas.com/home
- ***LAX*** im *Luxor*, Mi+Fr+Sa ab 22 Uhr, ✆ 702-262-4529 oder ✆ 1-800-288-1000; http://angelmg.com/venues/lax
- ***Pure*** im *Caesars*, Di+Do-Sa ab 22 Uhr ✆ 702-731-7873 oder ✆ 1-800-634-6661; http://angelmg.com/venues/pure

- ***TAO*** im *Venetian*, Do-Sa ab 22 Uhr, © 702-388-8588 oder © 1-877-283-6423; www.taolasvegas.com
- ***Marquee*** im *Cosmopolitan*, Mi, Fr+Sa ab 22.30 Uhr, © 702-333-9000; www.marqueelasvegas.com
- ***XS Nightclub*** im *Encore*, Fr-Mo ab 22 Uhr, © 702-770-0097; www.xslasvegas.com
- ***Surrender Nightclub*** im *Encore*, Mi ab 22 Uhr, Fr+Sa ab 22.30 Uhr, © 702-770-7300; www.surrendernightclub.com
- ***Hakkasan*** im *MGM* (5 Etagen im Design der Chinoiserie mit 1000 m² *Ling Ling Club* und Wasserfall), Do-So ab 22 Uhr, © 702-891-3838; www.hakkasanlv.com
- ***Light Nightclub*** im *Mandalay Bay* (einziger Club, in dem erstmals *Cirque du Soleil*-Künstler auftreten!), Fr-Sa ab 22.30 Uhr, © 702-588-5656; www.thelightvegas.com

Geldmaschine Nightclub

In der **Nightclub & Bar Top 100 Liste** teilen sich ***XS*** (*Encore*) und ***Marquee*** (*Cosmopoliton*) mit rekordbrechenden Jahreseinnahmen von jeweils über $80 Mio. den ersten Platz. Insgesamt **sieben Las Vegas-Nachtclubs sind in den Top 10**, darunter *TAO/Venetian* ($60-$70 Mio.) und *Pure/Caesars Palace* ($35-$45 Mio.)

Day Clubs

In den letzten Jahren haben sich zudem **Day Clubs** etabliert. Was man sonst nur aus Nachtclubs kannte, findet seither schon tagsüber rund um die Hotelpools statt. Solche Poolpartys werden oft durch *Celebrities* wie die *Kardashians, Holly Madison, Rihanna, Jay-Z* u.a.m. gehostet. Zu den besten zählen:

- ***Ditch Fridays*** & ***Ditch Saturdays*** im *Palms Casino,* Fr-Sa
- ***Tao Beach Club*** im *Venetian* – täglich
- ***Wet Republic*** im *MGM Grand* – Do-Mo
- ***Encore Beach Club*** im *Encore at Wynn* – Fr-So
- ***Daylight Beach Club*** im *Mandalay Bay* – täglich

Im Tryst Night Club des Wynn Resort und Casino, ➤ *Seite 520 (oben).* *Im Hintergrund der 30 m hohe Wasserfall*

Das CityCenter, ein neuer Typ der Casino Resorts

www.citycenter.com

Seit 2009 fließt der Colorado River auch in Las Vegas in Form von *Maya Lins* 26 m langem Abguss aus regeneriertem Silber im neuen ***Aria Resort & Casino***. Den 61-stöckigen Komplex konzipierte der Argentinier *César Pelli* (*Petronas Towers*/Kuala Lumpur). Er ist das Herzstück der $9 Mrd teuren **Hotel- und Kasinokomposition *CityCenter*** zwischen *Bellagio* und *Monte Carlo*. Zum größten privat finanzierten Bauprojekt in der Geschichte des USA gehören aber noch fünf weitere spektakuläre Gebäude:

- das sichelförmige mit Ornamentglas überzogene 57-stöckige mit dem *Aria* verbundene **Vdara Hotel** (1495 Suiten)
- das nur für Las Vegas Verhältnisse ***Boutiquehotel Harmon*** (*Norman Foster*; 400 Zimmer) an der Nordostecke des *CityCenter* mit einer stark gebogenen Aussenfassade in unterschiedlichsten Blautönen. Nachdem bereits 2008 Konstruktionsfehler festgestellt worden waren, soll das deshalb ohnehin schon niedriger als geplant ausgefallene Hotel nun wegen neuer Mängel abgerissen werden. Was dort stattdessen entstehen soll, ist indessen unklar.
- südlich des *Harmon* die ***Veer Towers*** (*Helmut Jahn*), sich um 5° in entgegen - gesetzte Richtungen neigende Zwillingstürme mit Luxusapartments
- das ***Mandarin Oriental Hotel*** gleich nebenan als fast L-förmiger Wolken - kratzer. Die *Sky-Lobby* im 23. Stock spaltet den Turm in zwei Hälften: die untere beherbergt 400 Gästezimmer, die obere 227 Wohnungen.
- die Luxus-***Shopping Mall The Crystals*** (46.000 m^2, *Daniel Libeskind*); sie ist über die Hochbahn mit den Kasinos *Bellagio* und *Monte Carlo* verbunden.

Ökologische Bauweise und Ausstattung machen dieses Gebäudeensemble zu einem der »grünsten« weltweit. Ein eigenes energieeffizientes Kraftwerk sorgt für Wärme und Licht. Überschüssige Hitze wird gespeichert, um heißes Wasser zu generieren. Die Limousinenflotte der Hotels ist erdgasbetrieben, die Klimatisierung erfolgt vom Bodenniveau nach oben, und die Wasserkonservierung erspart 190 Mio Liter pro Jahr. Nachdem man das zuvor dort stehende *Boardwalk Hotel* demoliert hatte, verwendete man 80% des Schutts

Lobby des Aria Resort & Casino

beim Bau des *CityCenter* und verschickte die alten Badezimmerobjekte in Drittweltländer, wobei Vorhänge und Teppichböden als Packmaterial dienten.

Ein **Highlight** ist die **Kunst im öffentlichen Raum**, die allein sich Bauherr ***MGM-Mirage*** **$40 Mio** kosten ließ. Nicht nur auf den ***Silver River*** in der Rezeption des *Aria* (➤ oben), überall im *CityCenter* stößt man auf Kunstwerke.

Besonders heraushebenswert sind

- ***Jenny Holzers*** 76 m lange **LED-Leuchttafel** an der Nordzufahrt des *Aria*
- ***Nancy Rubins »Big Pleasure Point«***, eine 15x25 m große Skulptur aus zahlreichen zu einem Knäuel verwobenen Kanus, Kajaks und Ruderbooten .
- ***Frank Stellas »Damascus Gate Variation I«*** hinter der Rezeption des *Vdara*. Das Gemälde zählt zu den bekanntesten Arbeiten des Künstlers.
- ***Isa Genzkens »Rose II«*** außerhalb der *Crystals Shopping-Mall* eine Rose in voller Blüte, 8 m hoch und 450 kg schwer; 75% wurden aus Recyclingmaterial erstellt. *Isa Genzkens* ist der einzige hier vertretene deutsche Künstler.
- ***Richard Longs »Circle of Life«*** und ***»Earth«***, 24 m hohe und 15 m breite Schlammgemälde. Sie sind in den Lobbies der *Veer Towers* zu bewundern.
- ***Claes Oldenburgs & Coosje van Bruggens*** **»Typewriter Eraser, Scale«**, eine gigantische »Schreibmaschienenlöscheinrichtung« aus Stahl und Glasfaser (6 m hoch und 4 t schwer). Sie steht am *Mandarin Oriental Hotel.*
- ***Henry Moore's »Reclining Connected Forms«*** im *Pocket Park* zwischen *The Crystals* und *Aria*.

Mitten in die Bauphase platzte seinerzeit die **Immobilienkrise**, ➤ Seite 496. Apartments im *CityCenter* mussten drastisch im Preis reduziert werden, um sie los zu werden. Am Ende musste der Bauherr *MGM-Mirage* das zum Komzern gehörende Kasino *Treasure Island* veräußern, um die Fertigstellung des Komplexes finanzieren zu können.

Wer sich intensiver für die Details der Architektur des *CityCenter*, seiner Bau - kosten etc. interessiert, erfährt noch mehr unter der Webadresse www.vegas today andtomorrow.com/citycenter.htm.

Die übergeordnete Website www.vegastodayandtomorrow.com/page2hotels.htm bietet alles erdenklich Wissenswerte für praktisch alle Kasinos der Stadt.

The Cosmopolitan - Spielkasino in deutscher Hand

www.cosmopolitanlasvegas.com

In unmittelbarer nördlicher Nachbarschaft zum ***CityCenter*** eröffnete am 15. Dezember 2010 das 183 m hohe ***Cosmopolitan of Las Vegas***. Fast 4 Mrd. Euro (!) waren verbaut worden. Eigentümer wurde nach dem Konkurs des eigentlichen Investors noch in der Bauphase die Deutsche Bank, die das Kasino weiterbauen ließ, statt die bereits gewährten Kreditmilliarden abzuschreiben. Dass damit die Bank unbeabsichtigt selbst zum Kasinobetreiber wurde, entbehrt in Zeiten des Zockerimage von Banken nicht einer gewissen Komik. Laut »Spiegel online« (Oktober 2011) bemüht sich die Bank aber um Käufer.

Die ungewöhnliche vertikale Struktur des *Cosmo* erklärt sich aus der mit nur 35.000 m^2 vergleichsweise bescheidenen und zugleich recht schmalen Grundfläche. Folge der Vertikalität und Besonderheit des *Cosmo* ist, dass vieles, was in anderen Kasinohotels ebenerdig untergebracht ist, auf mehrere Etagen verteilt werden musste. Eingänge liegen ebenerdig an der schmalen Stripfront und in der 1. Etage, die man über Fußgängerbrücken vom *CityCenter* aus (*Harmon Hotel*) und über den Las Vegas Blvd erreicht. Wer über die Tiefgarage anfährt, wird schon mal durch Kunst erfreut, Wandbilder auf allen Ebenen.

Apropos Kunst: Im *Cosmopolitan* gibt es sog. *»Art-o-mat-Units«*, umfunktionierte Zigarettenautomaten, aus denen man kleine Kunstwerke ziehen kann ($5). ***Artists-in-Residence*** sind immer kreativ tätig und stellen frisch geschaffene Werke aus. Auf einem 20 m hohen LED-Außendisplay präsentiert das *Cosmo* berühmte Gemälde und Objekte im Wechsel. In der Rezeption sind die LED-Säulen mit aktuellen Arbeiten von Video- und Animationskünstlern unübersehbar. Als weiteres *Highlight* gelten **Objekte** im Obergeschoss und auf Kasinoebene, darunter besonders populär ***Giant High Heels*** und *Large Dogs*.

Chandelier Bar

Die vertikale Silhouette des *Cosmo* wird vom ***Beach Resort Tower*** (53 Stockwerke) und ***Spa Tower akzentuiert***. Unter den fast 3000 Zimmern ist der »kleinste«, der *City Room* (ab $120) mit knapp 42 m². **Tipp**: Nur Zimmer in den oberen Etagen an der Nordseite des Ost-Turms buchen und von dort den unverstellten Blick auf die tanzenden Fontainen des *Bellagio* genießen.

Herzstück des Ost-Turms ist die spektakuläre dreistöckige ***Chandelier Bar***, in der sich die Gäste unter zwei Millionen perlschnurförmig herabhängenden schimmernden Kristallen amüsieren. Auf derselben Ebene befinden sich auch das 10.000 m² große ***Casino***, dessen Glaswände sich zum Strip hin öffnen, und die ***Vesper Bar***, in der die 1950er-Jahre zelebriert werden (im *Spa Tower*).

Im Obergeschoss warten **Luxus-Boutiquen** auf zahlungskräftige Kundschaft. Im *Stitched* lässt sich Kleidung mit dem eigenen Namen personalisieren. Ein Publikumsrenner ist das ***Wicked Spoon Buffet*** (multi-ethnische Küche).

Noch eine Etage höher gibt es gleich **10 Restaurants**, darunter das griechische ***Milos*** für Leute, denen nach Meeresfrüchten der Sinn steht. Von der Restaurantterrasse überblickt man den *Strip*. **Tipp**: Ein unauffälliger schmaler Korridor mit italienischen Vintage-Plattencovern (zwischen *Jaleo* und *Blue Ribbon*) führt zur ***Hidden Pizza***, wo antike Barhocker und leckere Pizzastücke warten, die nur $3 kosten.

Neben Kinoabenden unter freiem Himmel gibt's auf der open-air-Bühne des *Cosmo* auch Live-Musik und Konzerte.

Ähnlich wie ***XS*** (➤ Seite 514) ist auch der ***Marquee Night & Dayclub*** im *East Tower* ein *Hotspot* fürs Partyvolk (www.marqueelasvegas.com). Oberhalb davon gibt's noch die gediegene ***Library***, eine intime, edle Lounge mit Bar, Kamin, Billardtisch und rundum Bücherwänden voller Las Vegas-Titel.

Die Resort Casinos Wynn & Encore www.wynnlasvegas.com

Das *Wynn Resort Casino* (2.700 Zimmer, mittlerweile erweitert um den »Bruder« *Encore* mit 2.000 Suiten), wurde benannt nach dem Investor *Steve Wynn*. Es setzte mit verschwenderischem Luxus selbst im nicht leicht zu beeindruckenden Las Vegas 2005 vor der großen Krise noch einmal neue Maßstäbe. Dabei hatten Anlagen wie das *Venetian*, das *Bellagio* und andere in den Jahren davor das Anspruchsniveau schon ganz schön hoch gehängt.

Was ist so grandios an diesem Komplex, von dem man vom Strip aus fast nur die beiden geschwungenen hohen Hotelquader mit den braungoldenen Glasfassaden sieht?

- Zunächst ist da die fulminante **Innenarchitektur** in Kombination mit Edeleinrichtung und Dekoration: Kronleuchter, Gemälde, Marmor, Bodenmosaike, teure Teppiche und die Pracht exotischer Blüten und Pflanzen. In der Rezeption hing bis vor kurzem sogar das $50-Mio-Gemälde »*Le Rêve*« (Der Traum) von *Pablo Picasso*. Nachdem *Wynn* selbst es bei einer Präsentation mit dem Ellbogen rammte und beschädigte, scheiterte dessen Verkauf zum anvisierten Rekordpreis von $139 Mio.
- Aufwändig gestaltete **Zimmer und Suiten** unterstreichen das Luxusflair.
- Den Hotelgästen, und nur ihnen, steht eine **sagenhafte Poollandschaft** mit privaten *Cabanas* (ab $300!) zur Verfügung
- Eine geschwungene (!) Rolltreppe führt zur ***Parasol Down Bar***, von wo der Blick auf den ***Lake of Dreams*** mit Wandwasserfall fällt, über den abends eine spektakuläre Lasershow projiziert wird. Ein 43 m hoher »Berg« trennt diesen »See« vom Strip. Auf ihm sprießen über 1.500 Bäume bis 15 m Höhe.
- Die **15 Restaurants und 5 Bars** des Hauses sind alle vom Feinsten. Das ***SW Steakhouse*** am *Lake of Dreams* und ***Bartolotta*** mit täglich frisch eingeflogenenem Fisch und Meeresfrüchten werden von sog. *Four Diamond*-Chefköchen betreut. Das ***Wynn Buffet*** mit 16 Live-Kochstationen und einer überbordenden Auswahl ist bei Einheimischen wie Touristen beliebt. **Tipp**: Sa+So 8-15.30 Uhr *Champagne Brunch* (bis $30).

Parasol Down Bar

- Die Abendshow ***Le Reve*** im *Wynn Theater* glänzt mit Luftakrobatik, eindrucksvoller Artistik und dramatischer Musik ($99 und $129); Fr-Di 19 und 21.30 Uhr; Reservierung unter © (702) 770-Wynn; wynnlasvegas.com.
- Der Nachtclub ***Tryst*** liegt an einer »Lagune«, in die sich ein 30 m hoher Wasserfall ergießt. Eintritt $20 (*female*) bzw. $30 (*male*), Do-Sa 22 bis 4 Uhr, www.trystlasvegas.com).
- nicht nur Hotelgästen steht der von Stararchitekt *Tom Fazio* gestaltete **Golfplatz** mit 36 *Fairway Villas* für VIPs gleich hinterm zentralen Gebäudekomplex offen. *Steven Spielberg* und *Richard Branson* sollen dort schon genächtigt haben – für bis zu $5.000 pro Nacht. Auch *Steve Wynn* bewohnt eine der Villen. Der par-70-Parcours ist fast 7 km lang. Mehr als 600.000 m^3 Erdmasse wurden dafür bewegt, über 100.000 Büsche und 1.200 Bäume neu angepflanzt, 1,4 km Bachläufe und zwei Marschflächen geschaffen. Ein Wasserfall am *Country Club* markiert das 18. Loch. Eine Runde kostet daher – versteht sich – ein wenig mehr als üblich ($500/18 Löcher). Laut *Golf Digest* Magazine gehört der Platz zu den 75 besten Golf Resorts in Nordamerika.

Und dann gibt's da noch die ***Esplanade Shops*** (*Cartier, Chanel, Louis Vuitton, Oscar de la Renta, Alexander McQueen, Dior* etc.) mit dem einzigen Geschäft von *Manolo Blahnik* außerhalb von Manhattan, den **Ferrari-Maserati Ausstellungsraum** mit Bestellfunktion ($10 Eintritt; personalisierte Fotos im Ferrari $15-$45) und nicht zuletzt natürlich auch die Kasinosäle – hier in besonders luxuriöser Gestaltung.

Über die ***Encore Esplanade*** unweit des *Wynn*-Haupteingangs geht's rüber ins $1,6 Mrd. teure Resort ***Encore***. Dessen geschwungen bronzegoldener Hotelturm folgt demselben Design bis hin zum Logo wie der Nachbar *Wynn* und sieht fast aus wie dessen Spiegelbild. Im Innern wurden neben der detailversessenen Innengestaltung und -ausstattung alles vom Service über die Hotelzimmer bis hin zum Lichtkonzept weiter perfektioniert. Goldene bis fein nuancierte dunkelrote Beleuchtung ist ein ebenso wiederkehrendes Motiv wie die allgegenwärtigen Schmetterlingsbilder und eher unscheinbaren Lorbeergirlanden als drittes Leitthema. Besondere Extras sind Tischplatten aus rotem Tigerauge, Wandgewebe aus Bananenfasern und ein großer asiatischer Drachen aus 90.000 Swarovski-Kristallen. Design-Guru *Roger Thomas* hat sich eigens fürs *Encore* auf eine weltweite Suche nach der Ausstattungsideen und -objekten begeben und war mit 29 (!) prallgefüllten Containern zurückgekehrt.

Das Encore verfügt über ein 7.000 m^2-Kasino, einen sagenhaften Wellness - bereich (4.600 m^2), exklusive Boutiquen in der *Encore Esplanade* (u.a. *Hermès; Rock & Republic* und den einzige *Chanel Ultra-Luxe Shop* abseits von Los Angeles), sowie Bars, Lounges und Restaurants:

- Im ***Sinatra*** (italienische Küche) kann man den *Oscar* bewundern, den *Frankieboy* für seine Nebenrolle im 1953er-Kriegsfilm »Verdammt in alle Ewigkeit« erhielt. ***Andrea's*** ist ein 600 m^2 großes asiatisches Restaurant, das als erstes in Las Vegas überhaupt voll in einen Nachtclub (*Surrender*) integriert wurde (So-Do 18-22.30 Uhr, Fr-Sa bis 2 Uhr). Zur Eröffnung bestellte *Steve Wynn* 16.000 Rosen für $30.000.

Als Herzstück des *Encore* gelten zwei -- insbesondere unter Nachtschwärmern beliebte – Bereiche:

- Die **Außenpoollandschaft** mit ***Botero Steakhouse***, ***Island Bar & Casino*** und ***XS Nightclub*** (➤ Seite 514, www.xslasvegas.com). Dieser zur Zeit ziemlich angesagte Club definiert *Nightlife* auf seiner Fläche von (variabel bis zu) 4.000 m^2 mit Extravaganz und Dekadenz völlig neu. Seine Konstruktionskosten lagen angeblich bei $80 Mio. Da sind dann die Getränke etwas kostspieliger: Nur dort gibt es den »***Ono***«, ein Mischgetränk aus 1981er-Champagner und Louis XIII Cognac zum Preis von $10.000. Über der Tanzfläche dreht sich ein drei Meter hoher Kronleuchter. Um Partylärm von den Gästezimmern fernzuhalten, wurde die komplette Südfassade des Hotelturms für zusätzliche $3,5 Mio mit schalldichtem *New York-Glas* verkleidet (auch als »*Wynn-dows*« bezeichnet). Ein Nebeneffekt ist, das man abends aus den Zimmern ungestört von Lichtreflektionen auf die Poollandschaft schaut.
- Der zweite *Hotspot* wurde zum Strip hin als innovativer Kombikomplex konzipiert (***Night- and Dayclub***). Dazu gehören der sinnliche ***Surrender Nightclub*** (ab $30, Mi+Fr-Sa 22-4 Uhr, www.surrendernightclub.com) mit gelb plüschigen VIP-Tischen und einer 27 m langen Schlange aus Metall sowie der einer tropischen Oase nachempfundene ***Encore Beach Club***«(Eintritt $20, saisonal geöffnet, www.encorebeachclub.com). Dessen Poollandschaft mit 26 *Cabanas* und 8 Luxus-Bungalows ist von 12 m hohen Palmen umstanden. Eine Spezialität sind dort überdimensionierte künstliche Seerosen, die zum Faulenzen im flachen Wasser einladen.

In den ***Encore Tower Suites*** logierte Prinz *Harry* während seiner öffentlich bekannt gewordenen Spaßorgie 2012. Um 3 Uhr morgens gab es damals ein Wettschwimmen mit Olympia-Goldmedaillengewinner *Ryan Lochte* im XS-Pool, später Nackt-Fotos beim Strip-Billard mit attraktiven jungen Damen.

Die tatsächlich vergoldeten Stangen der Lampen im Vordergrund sind 3 m hoch und mit Vorbedacht für Tanzeinlagen inkl. Striptease ausgelegt. Das weibliche Publikum wird animiert, sie zu nutzen und tut es auch.

Rund um Caesars Palace www.caesarspalace.com

Auf einer Fläche von über 340.000 m² zelebriert man seit und eh ja im klassisch-eleganten Luxusresort *Caesars Palace* Pracht und Herrlichkeit des alten Rom. In seinen sechs Hochhäusern sind 3.300 Zimmer und Suiten untergebracht. Am 2. Januar 2012 wurde zusätzlich der *Octavius Tower* mit 668 Zimmern und 60 Suiten eröffnet. Eine von drei 800 m² großen Luxus-Villen stand erst kürzlich *Barack Obama* bei einem Auftritt in Las Vegas zur Verfügung.

- Ein Besuchermagnet sind die ***Forum Shops***, ein teils dreistöckiges Einkaufs - zentrum der Luxuslasse.
- Das antiken Landschaften nachempfundene Poolgelände ***Garden of the Gods Pools and Gardens*** erlaubt sogar *»European« topless bathing* und ist mit seinen 20.000 m² ebenso beeindruckend wie das ***Qua Baths & Spa*** im *Augustus-Tower* (täglich 6-20 Uhr; www.caesars.com/qua-caesars-palace).

  Wer Zeit für einen Tag ***Wellness*** hat, sollte ihn dort verbringen. Innendesign, Atmosphäre und Angebot sind außergewöhnlich: 51 Behandlungsräume, Kräuter- und Zedernholzsauna, Whirlpool, arktischer Eisraum mit Schneefall (!), ein Lakonium und die römischen Ritualbäder *»Roman Baths«* (*Tepidarium, Caldarium* und *Frigidarium*) warten darauf, entdeckt zu werden.

Zu den Ritualbädern hat nur Zugang, wer auch eine (teure) Anwendung bucht. **Tipp**: *Signature Hourglass Treatment*, das den *SpaFinder Award* für die beste Wellnessanwendung gewonnen hat (ab $200). **Ideal-Kombination**: *Raindrop Therapy* (1. Phase), *Hawaiian Lomi-Lomi-Massage* oder *Hot Stone Massage* (2. Phase) und ein *Facial* zum Abschluss (3. Phase). Und dann noch vom »*Tea Somelier*« (!) *Earl Grey* oder *Bombay Chai* mit Eis und Honig!

- Im gigantischen ***Colosseum***, einer Konzerthalle mit 4300 Plätzen, treten musikalische Größen wie *Celine Dion*, *Rod Stewart* und *Elton John* auf. Ein weiterer Höhepunkt ist 2013 die Show »*Still The One*« der fünffachen Grammy-Preisträgerin *Shania Twain*, als *Crossover*-Künstlerin sowohl in der *Country* wie auch *Pop Music* zu Hause. Ihr 1997 erschienenes Album »*Come on over*« gilt als meistverkauftes Werk einer weiblichen Solo-Sängerin; aktuelle Infos unter www.thecolosseum.com.
- Ganz gleich, ob *BBQ-Ribs*, *Hamburgers*, Nudelgerichte, Sandwiches oder sündhaft leckere Desserts wie etwa die berühmte »*Frrrozen Hot Chocolate*« (bestehend aus 20 vermischten Sorten Schokolade), ***Serendipity 3*** im Außenbereich von *Caesars* (*Roman Plaza*) gleich an den römischen Fontänen und am *Strip* hat's für durchschnittlich ab $15.
- Gleich nebenan steht unübersehbar das 26 m hohe ***Salon Marlene »Spiegeltent«*** mit nur 650 Sitzen nah an der zentralen Bühne. Darauf wird dem Publikum von den schrägen Charakteren *Gazillionaire* und *Penny Pibbets* die bizarre *Show* ***Absinthe***, eine kongeniale Mischung aus Circus, Kabarett, Varieté, *Burlesque* und *Stand-up Comed*y mit teils schmierig-schmutzigem und in Europa so nie denkbarem Humor präsentiert. Als Highlight gilt der *sexy bubble-dance* von *Angel Porrino* (Video unter: http://www.youtube.com/watch?v=PBmPbjX710Y&feature=related). So ist keine andere Show am Strip. **Hohe Priorität** bei nur kurzem Aufenthalt in Las Vegas; leider auch teuer: ab $79; www.absinthevegas.com und www.spiegelworld.com.
- Für 2013 plant Caesars die Eröffnung von ***The Linq*** auf der gegenüber liegenden Seite des Strip, das den in die Jahre gekommenen Außenbereich von *Harrahs*, *Imperial Palace* und *Flamingo* aufwerten soll. Dort wird bereits am höchsten Riesenrad der Welt gebaut (167 m!).

Planet Hollywood, Peepshow, Coco, Holly und Britney

www.planethollywoodresort.com

Südlich des *Paris* und gegenüber dem *Cosmopolitan* liegt das 2007 – nach Umbau des ehemaligen *New Aladdin Hotel* – neu eröffnete ***Planet Hollywood Hotel & Casino***. Nach 9/11 war das arabisch-islamische Motto des Vorgängers, in dem 1966 *Elvis* und *Priscilla Presley* geheiratet hatten, nicht mehr gut angekommen. Ende 2009 wurde dazu der erste von zwei geplanten ***Planet Hollywood Towers*** fertig. Der schmal aufragende, 2012 von Hilton übernommene ***Elara Tower*** (52 Stockwerke) in blauer Verglasung mit einer markanten »Nase« in Rotglas ist ein leicht zu übersehendes Architekturjuwel. In der stilistisch ungewöhnlichen rot dominierten Design-Lobby gibt eine rahmenlose Verglasung den Blick auf den Pool frei (➢ Foto unten). Den *Elara Tower* erreicht man über die Harmon Ave oder einen Korridor auf der Südseite der *Miracle Mile Shopping Mall*.

- Das ***Planet Hollywood*** war oft Drehort von Filmen, wie etwa »21« (2008, mit *Kevin Spacey*), »*What happens in Vegas*« (2008, deutscher Titel »Love Vegas« mit *Cameron Diaz* und *Ashton Kutcher*) und »*Knocked up*« (2007, deutscher Titel »Beim ersten Mal« mit *Katherine Heigl*). Hier fanden außerdem die Premieren von »*Rambo*« (2008), »*The Expandables*« (2010) u.a. statt.

3

- Zum PH gehört der ***Gallery Nightclub***, dessen Kennzeichen übergroße erotische Kunstwerke, diverse Kamine und Live-Tänzer/innen in voyeuristischer Verkleidung sind. Mi-Sa 22-4 Uhr, Eintritt $20 für Frauen, $30 für Männer (gilt auch für den »*Pussycat Dolls Burlesque Saloon*«) oder *All Night Pass* (➤ Seite 514); www.GalleryLV.com.

- ***Peepshow*** heißt die derzeit angesagteste *topless Burlesque-Show* am Vegas-Strip (www.lasvegaspeepshow.com, ab $85). Zur Musik von *Kylie Minogue, Michael Buble, Aerosmith* und *Ginuwine* heben 25 Tänzer/innen aus Film, Fernsehen und Broadway die Kunst des Striptease auf ein choreographisch beachtliches Level. Einflüsse von Musical und Varieté sind unübersehbar. Erzählt wird die Geschichte der scheuen *Bo Peep*, die unter dem Einfluss der erfahrenen *Peep Diva* eine Wandlung zur selbstbewussten, modernen Frau durchlebt und ihre neugefundene Sexualität zu entdecken lernt.

Star von *Peepshow* ist zur Zeit (2013) *Model* und Reality-TV-Darstellerin ***Coco Austin*** (www.cocosworld.com), verheiratet mit Rapmogul *Ice-T*. Die Show wurde gegenüber 2012 leicht abgeändert, um *Cocos* Tanztalent zur Geltung zu bringen. Am Eröffnungsabend feierte man sie mit stehenden Ovationen. *Cocos* aktueller Vertrag läuft nach bereits zwei Verlängerungen bis September 2013, weitere Verlängerungen sind denkbar.

Ihre Vorgängerin ist ***Holly Madison***, eine Ex-Freundin des Playboy-Verlegers *Hugh Hefner* und mittlerweile eine Art inoffizielle Markenbotschafterin der Stadt, Dauerpräsenz auf roten Teppichen und Premierenfeiern inklusive (www.hollymadison.com). 2011 publizierte die vielseitige *Holly* einen Las Vegas-Reiseführer mit viel Insiderkenntnis und einigen Verrücktheiten: ***»The Showgirl Next Door«*** erschien bei *Stephens Press* und kostet €23, als E-Book €6,50; http://theshowgirlnextdoor.com.stephenspress.com.

Womöglich schon ab Herbst 2013 soll **Pop-Prinzessin *Britney Spears*** über zwei Jahre hinweg im 7.400 Sitzplätze großen *Planet Hollywood Live Theatre* auftreten. Der $30 Mio-Vertrag mit *Caesars* sieht zudem Auftritte in *Nightclubs* und *High-Rolle*-Lokalitäten vor.

3.1.3 Am Las Vegas Strip

Distanzen/ Transport

Der spannende Bereich des heute ansehnlich mit Palmen »aufgeforsteten« 6-8-spurigen **Las Vegas Boulevard** ist gute **3 km lang**. Rechnet man noch den etwas außerhalb der größten Ballung stehenden *Stratosphere Tower* dazu, sind es von dort bis zum *Mandalay Bay* Komplex ganz im Süden **an die 5 km**. Die wird man – speziell bei Hitze – nicht immer ganz zu Fuß abklappern wollen. Wer pflastermüde wird, hat die Wahl zwischen Bus, Trolley, Taxi und *Monorail*, ➤ Seiten 503f.

Stratosphere Tower

www.stratospherehotel.com

Das obere Ende des *Strip* markiert der über 300 m hohe ***Stratosphere Tower***, dessen ***Observation Deck*** ($16, Kinder bis 12 Jahre $10) einen weiten Blick über die Stadt bis Lake Mead und die Fels- und Wüstenlandschaften der Umgebung bietet. Ein Nervenkitzel da oben in über 250 m Höhe war schon die mittlerweile stillgelegte Achterbahn aber sie wurde ersetzt, was den »Kick« angeht, durch Schlimmeres, nämlich ***Insanity***, eine Art Karussell mit Schwenkarmen, an denen die Fahrgäste weit über dem Rand der Plattform baumeln. Man kann sich für den ***Big Shot*** auch noch 45 m höher katapultieren lassen und für Sekunden den freien Fall erleben. Wer bis dahin nicht genug *Thrills* erlebte, bucht noch ***X-Scream***, eine »Rutschbahn«, die 12 m über den Rand des *Observation Deck* hinausragt und dann abgesenkt wird. Die Passagiere rasen schräg abwärts in die Tiefe. Den Tod bereits vor Augen werden sie am Ende der Schiene wieder abgefangen. Jeder einzelne dieser *Thrills* (Schrecken) kostet noch einmal je $15. Wer gleich mehrere davon mitmachen will, kann Kombitickets buchen.

Noch Wagemutigere springen per ***Skyjump*** an einem Kabel befestigt aus über 250 m Höhe vom Turm. Dieser weltweit höchste gesicherte Sprung funktioniert wie eine vertikale *Zipline*.

Stratosphere X-Scream lässt die Passagiere in 250 m Höhe an einem Ausleger über den Rand der Plattform rollen und nach unten und oben schwenken

3

Der Nord-Strip und die Wirtschaftskrise

Am 16. Mai 2011 schloss das ***Sahara Casino*** nach 59 Jahren seine Pforten (bis Herbst 2014 wird an gleicher Stelle das vom französischen Designer *Philippe Starck* entworfene *Boutique Hotel SLS Las Vegas* errichtet). Nur wenig südlich des einst weltweit bekannten Spielpalastes verschandelt die Bauruine des ***Fontainebleau*** das glamouröse Bild des Las Vegas Strip. Eine Fertigstellung ist in absehbarer Zeit nicht zu erwarten. Zumal nicht, da die bereits angeschaffte Ausstattung der Hotelzimmer verkauft wurde – hauptsächlich ans *Plaza* in *Downtown*, das damit kostengünstig ein *Re-modelling* bestritt.

Nur etwas weiter südlich wurde der Nachfolgebau des altbekannten *Stardust*, ***The Echelon***, schon kurz nach Baubeginn gestoppt. In der Nachbarschaft stand früher das *New Frontier*, dessen geplanter Nachfolgebau, ***The Plaza***, erst gar nicht begonnen wurde. Und auch der auf demselben Areal angekündigte **zweite *Trump Tower*** wurde nicht realisiert.

Damit liegt der *Stratosphere Tower* nach wie vor eine Meile vom eigentlichen Stripbeginn entfernt, sieht man vom *Hilton Grand*, *Circus Circus* und *Riviera* ab, die zusammen so etwas wie eine nördliche Vorhut der Glitzermeilen bilden, bevor es mit den verbundenen Resorts *Encore* und *Wynn* sowie gegenüber der *Fashion Show Mall* so »richtig« losgeht.

Ein Hoffnungsschimmer ist, dass die malaysische *Genting Group* die vom einstigen *Stardust Casino* hinterlassene Baulücke mit einer gigantischen asiatisch inspirierten ***»Resort World Las Vegas«*** füllen möchte ($2 Mrd. bis 2016).

Treasure Island

www.treasureisland.com

Die 10 Jahre lang täglich gelaufene»Seeschlacht« zwischen englischem Linien- und Piratenschiff in der *Buccaneer Bay* vor ***Treasure Island***, einer »Schatzinsel« im karibischen Stil, wurde durch ***Sirens of TI*** ersetzt. Die Piraten kämpfen nicht mehr, aber sind noch da und erliegen nun Sirenengesängen, und zwar mehrfach jeden Abend ab 19.00 Uhr. Show, Akrobatik und Pyrotechnik. Zutaten wie gehabt und auch spektakulär. Schon lange vor Beginn dieser Gratisshow sollte man sich ein Plätzchen am »Rand der *Bay*« (am *Strip* oder auf einer Restaurantterrasse am Wasser) sichern, sonst sieht man nichts, ➤ Foto Seite 495.

Mirage

www.mirage.com

Nachbar von *Treasure Island* ist das ***Mirage***, ehemalige Showheimat der deutschen Magier *Siegfried & Roy* und ihrer weißen Tiger. Seit einem Unfall 2003 gibt es die Show nicht mehr.

Ein Bummel durch die parkartig begrünten und blumenprächtigen Fluchten des Kasinos (*Tropical Rainforest*) gehört unbedingt aufs Las Vegas-Programm. Der beste Teil davon ist der nun nach den Magiern benannte *Secret Garden & Dolphin Habitat* für indessen $17 Eintritt, Kinder 4-12 $12.

Vor dem riesigen Komplex des *Mirage* bricht ab Dämmerung bis Mitternacht in kurzen Abständen ein **Minivulkan** rotglühend aus. Meterhohe Flammen schießen in den Himmel und flüssige Lava ergießt sich zum donnernden Sound aus 60 Lautsprechern in den umgebenden ebenfalls pyrotechnisch aufbereiteten See.

Vulkanausbruch vorm Mirage

Wynn/ Encore

www.wynnlasvegas.com

Wynn und ***Encore*** sind untereinander verbundene Kasinos der Luxus-Superlative (Baukosten zusammen $4,6 Mrd) zwischen dem *Venetian* und der Desert Inn Road schräg gegenüber der ***Fashion Show Mall***, ➤ Seite 540. Eine Fußgängerbrücke über den *Strip* verbindet beide Komplexe. Einzelheiten zu den Resorts *Wynn* und *Encore* mit den höchsten Hotelbauten von Las Vegas und Zimmertarifen ab $200+/Nacht) stehen auf den Seiten 519ff.

Venetian & Palazzo

www.venetianvegas.com bzw. www.palazzo.com

Gegenüber den Kasinos *Treasure Island/Mirage* gleiten Gondeln auf den Kanälen des ***Venetian*** unter der Rialtobrücke hindurch in einen stilechten italienischen Palast hinein. Auch ohne ***Campanile*** geht's da nicht, und die Shops sind vom Feinsten.

The Venetian und ***The Palazzo*** sind nicht nur durch den »Gondelsee« miteinander verbundene Nachbarn, sondern auch noch kapitalmäßig verflochten und teilen z.B. das Showprogramm miteinander (2013 u.a. *Rock of Ages*). Der Gesamtkomplex bringt es auf über 7000 Zimmer und Suiten.

Madame Tussauds

www.madametussauds.com/lasvegas

Unmittelbar neben dem *Venetian* steht ***Madame Tussauds***, ein langweiliges Wachsfigurenkabinett, könnte man denken bzw. weiß man ja. Aber dieses hier ist anders. Die einschließlich **Präsident *Obama*** im *Oval Office* beachtlich ähnlichen Figuren samt Umfeld sind teilweise »interaktiv«. Man kann sich für das Souvenirfoto mit *Obama* oder einem Hollywoodstar direkt neben sie stellen, sie sogar bei Buchung einer Las Vegas Hochzeit als Gast ins Foto rücken und darf die **Figuren berühren**. Neben ***George Clooney*** liegen z.B. Brautkleider, die »frau« sich vorm Foto mit ihm überstreifen kann, und die Herren finden neben ***John Wayne*** Cowboyoutfit. ***Jennifer Lopez*** errötet sogar, wenn »mann« sie an der »richtigen Stelle« berührt. Solche Möglichkeiten wechseln indessen im Zeitablauf. Ein neuerer Zu»wachs« sind der Karibikpirat ***Johnny Depp*** und Pop-Queen ***Celine Dion***. Täglich 10-21.30 Uhr, ✆ 1-866-841-3739. Eintritt $25, mit *online*-Rabatt $20; Kinder bis 12 Jahre $15 bzw. $12.

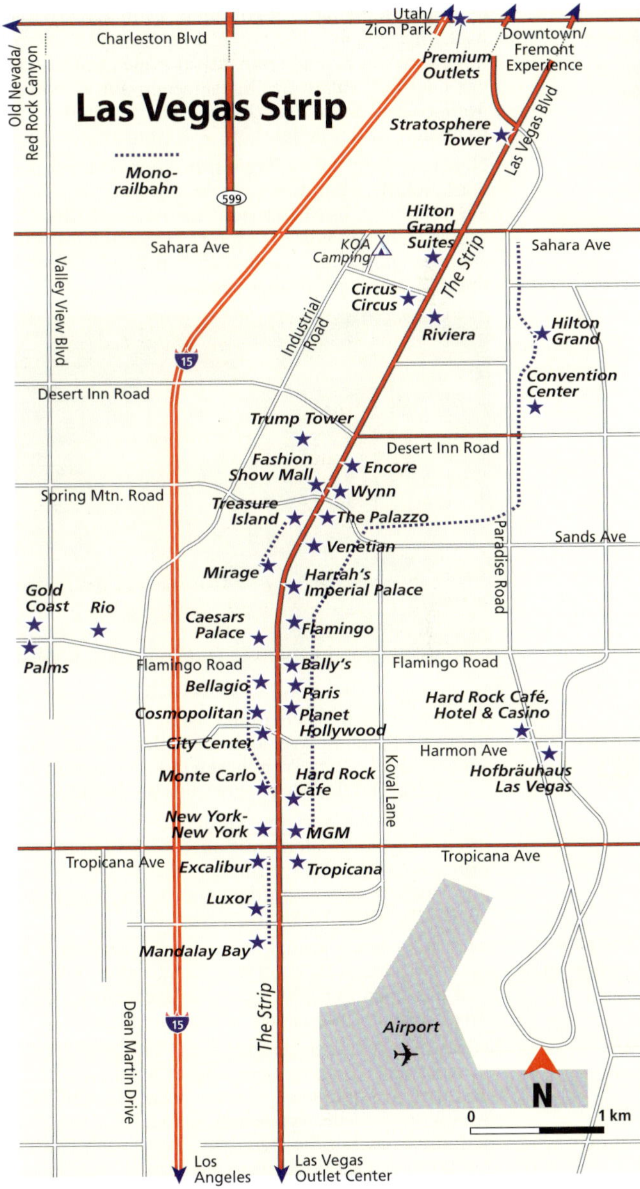
Las Vegas Strip
Mono-railbahn
Utah/ Zion Park
Premium Outlets
Downtown/ Fremont Experience
Charleston Blvd
Old Nevada/ Red Rock Canyon
599
Stratosphere Tower
Las Vegas Blvd
Hilton Grand Suites
Sahara Ave
KOA Camping
Sahara Ave
The Strip
Circus Circus
Riviera
Hilton Grand
Industrial Road
Valley View Blvd
15
Convention Center
Desert Inn Road
Trump Tower
Desert Inn Road
Fashion Show Mall
Encore
Wynn
Spring Mtn. Road
Treasure Island
The Palazzo
Sands Ave
Venetian
Paradise Road
Mirage
Harrah's
Imperial Palace
Gold Coast
Rio
Caesars Palace
Flamingo
Palms
Flamingo Road
Bally's
Flamingo Road
Bellagio
Paris
Hard Rock Café, Hotel & Casino
Cosmopolitan
Planet Hollywood
City Center
Harmon Ave
Koval Lane
Hofbräuhaus Las Vegas
Monte Carlo
Hard Rock Cafe
New York-New York
MGM
Tropicana Ave
Excalibur
Tropicana
Tropicana Ave
Luxor
Mandalay Bay
The Strip
15
Dean Martin Drive
Airport
N
0
1 km
Los Angeles
Las Vegas Outlet Center

Caesars Palace

www.caesars.com

Obschon in die Jahre gekommen, kann der – römischen Palästen nachempfundene – Bau von ***Caesars*** immer noch innen wie außen ohne weiteres mit neueren Attraktionen mithalten. Insbesondere der Edel-Einkauf in der hauseigenen auf 90.000 m^2 erweiterten ***Mall Forum Shops*** mit 150 Geschäften und 15 Restaurants erfreut sich großer Beliebtheit; ➤ Kasten auf Seiten 522f.

Bellagio

www.bellagio.com

Nebenan steht das ***Bellagio*** mit einer geräuschärmeren Variante der Spielsäle. Hier gibt's auf dem See vor den Toren des Palastes alle 15-30 min bis Mitternacht ein »Wasserballett«: anmutig wechselnde Fontänen von `zig Metern Höhe zu meist klassischen Klängen, bei Dunkelheit in gleißendem Weiß. Ein großer Wintergarten im Casino quillt über vor Blütenpracht.

Palast Bellagio, im Hintergrund rechts der Hotelturm von Caesars's Palace

Im *Bellagio* gibt's Zimmer ab 45 m^2 und Suiten von 80 m^2 bis fast 400 m^2; je nach Wochentag kosten Zimmer ab $150, Suiten bis über $1000/Nacht. Wer sich das Bellagio gönnt, sollte einen *Lake View Room* buchen. Von diesen überblickt man die Wasserspiele und einen Teil des *Strip* – grandios bei Nacht.

2011 öffnete der bekannte Fotograf *Jeff Mitchum* an der sog. Poolpromenade eine Galerie mit ungemein eindrucksvollen *Fine-Art-Prints* von seinen Reisen rund um die Welt (www.jeffmitchum.com und www.bellagio.com/dc/amenities/jeff-mitchum.aspx; So-Do 10-20 Uhr sowie Fr+Sa 10-23 Uhr.

CityCenter/ Cosmopolitan

Architektonisch komplett aus dem gewohnten Rahmen fallen das erst Ende 2009 eröffnete ***CityCenter***, ➤ Kasten Seite 515f, und das noch ein Jahr später im Dezember 2010 fertiggestellte ***The Cosmopolitan*** gleich nebenan, ➤ Seite 517.

Paris

www.parislasvegas.com

Wiederum schräg gegenüber steht im ***Paris*** der Eiffelturm zwar in einer 50%-Version, aber immer noch ziemlich eindrucksvoll und mit Aussichtsdeck. Unten sorgen französisch anmutendes Ambiente und die typischen Klänge von der Seine dafür, dass sich die Besucher des *Paris* eine Reise nach Frankreich nun sparen können. Das Wichtigste hat man schließlich schon gesehen.

Bombastisches Portal des Monte Carlo

Von der 11. Etage des Eiffelturms genießt man nebenbei eine freie Sicht auf die Fontainen des *Bellagio*, ➤ Foto Seite 507.

Goretorium

www.goretorium.com

Eli Roth's (*Hostel, Cabin Fever*) **Goretorium** ist ein fiktives 60er-Jahre Horror-Hotel namens »***Delmont***«, in dessen Hotelzimmern Besucher abscheuliche Entdeckungen machen, wie durchtrennte Gliedmaßen, blutende Badezimmerspiegel, verspritzte Hirnmasse und Leichen an Fleischerhaken. Spezialeffekte, Live-Darsteller und die ***Baby Dolls Lounge*** mit Blick aufs *CityCenter* gehören auch dazu. 3717 Las Vegas Blvd gegenüber dem *Cosmopolitan*, © 702-463-6770, So-Do 17-24, Fr+Sa bis 1 Uhr; $30/VIP Pass $50).

New York New York

www.nynyhotelcasino.com

Der Komplex ***New York-New York*** an der Ecke Tropicana Ave wird von einer feingliedrigen steilen **Achterbahn** umrundet (➤ Foto; $14 für 3 min). Eine 75%-Replika der **Freiheitsstatue** und eine 100 m lange ***Brooklyn Bridge*** sind die Zutaten zur *Skyscraper*-Kulisse. Die Gäste übernachten im *Empire State Building* und anderen bekannten Hochhäusern und freuen sich auf der Parterre-Ebene über lärmige Kneipen. Eine Fußgängerbrücke über den *Strip* verbindet *NYNY* mit dem *MGM*, eine zweite über die Tropicana Ave mit dem *Excalibur*.

Excalibur
www.excalibur.com

Ebensowenig wie *Treasure Island* verheimlicht das burgartige ***Excalibur*** die Anleihen bei *Disneyland*, so das ***Fun Dungeon***, ein kleiner, auf kindliche Gemüter zugeschnittener *Indoor Amusementpark* im Tiefgeschoss. Beim 2x täglichen ***Tournament of Kings*** (18+ 20.30 Uhr, $44, mit Dinner $59) sind in erster Linie die reiterischen Leistungen sehenswert, das mittelalterliche ***Dinner*** eher Nebensache. Reservierung *online* oder © (702) 597-7600.

Märchenschloss des Excalibur an der Ecke Las Vegas Blvd/ Tropicana Ave

MGM
www.mgmgrand.com

Diagonal gegenüber dem *Excalibur* sitzt der **MGM-Goldlöwe** vor einem grünen Palast enormen Ausmaßes, ➤ **Foto Seite 505**. Der frühere *Amusementpark* im Außengelände hinter dem Hotelkomplex wich u.a. dem ***Wet Republic Pool***, einem *Day Club* mit Planschparkelementen und teurer Gastronomie.

Publikumsliebling ist im MGM heute die Show »***CSI: The Experience***«, die auf der auch bei uns laufenden TV-Serie CSI basiert. Gäste übernehmen darin die Rolle eines Ermittlers, der eins von drei Verbrechen lösen muss. Dabei stehen ihm perfekt ausgestattete High-Tech-Labore zur Verfügung. Bei Erfolg erhält er/sie am Ende ein *CSI Diploma*. Täglich mehrfach 9-21 Uhr; 60-90 min; $28/$21; © 1-877-660-0660; www.mgmgrand.com/entertainment/csi-the-experience.aspx.

»Innenleben« der Luxor Pyramide

Tropicana
www.troplv.com

Im gegenüberliegenden ***Tropicana*** (auch hier Fußgängerbrücke über den Strip) hat sich dank einer kostspieligen Auffrischung allerhand getan: schwer zu erahnen ist die von den Gebäuden des Resorts umgebene 16.000 m^2 große tropische Poollandschaft ***Bagatelle Beach***, ein schicker *Day Club* mit zwei Strandvolleyballplätzen.

Im *Tropicana* befindet sich das Museum ***Mob Attraction Las Vegas*** (täglich 10-18 Uhr; $15; www.troplv.com/entertainment/las-vegas-mob-experience). Eine Art Gegenstück wurde kürzlich in *Downtown* eröffnet; ➢ Seite 538 – Details zur Thematik dort.

Luxor
www.luxor.com

Die Pyramide von ***Luxor*** mit der ***Sphinx*** am Eingang und nächtlichem Laserstrahl aus der Spitze heraus ist eines der spektakulärsten Bauwerke am Strip und ein prima Fotomotiv. Hinter der verspiegelten Fassade verbergen sich die Hotelzimmer.

Eine Fläche von fast 1000 m^2 hat das Restaurant ***Rice & Company*** mit chinesischer und japanischer Küche inkl. *Sushi* und *Sake* (ab 17 Uhr, 2. Etage beim Zugang zu *The Shoppes at Mandalay Bay*, ➢ nächste Seite).

Hinter dem schwarzen Glas der Pyramide befinden sich die Zimmer des Luxor

Mandalay Bay
www.mandalaybay.com

Das ***Mandalay Bay*** südlich des *Luxor* ist mit ihm und dem *Excalibur* über eine Monorail-Bahn verbunden. Kennzeichen des Komplexes ist eine Strand-/Badelandschaft in einem tropischen Park mit *open-air Casino* und oben-ohne-Bereich (!). Hinter den Spielsälen versteckt sich das ***Shark Reef***, ein tolles **Aquarium** ($18). Zwei Kommodowarane sind dort derzeit die Hauptattraktion.

Über einen Verbindungsgang gelangt man ins ***Hotel at Mandalay Bay (****demnächst* ***The Delano)***, einen Luxusableger des Resorts. Dort wurden auf der 22. Etage tatsächlich »hundefreundliche« Suiten eingerichtet. Mehr dazu unter © 1-877-632-7000.

Im ***Aureole Restaurant*** werden Weinflaschen nicht aus dem Keller, sondern von am Seilzug hängenden Damen aus einem 15 m hohen »Weinturm« geholt.

Und überhaupt ist die **Gastronomie-Szene** des *Mandalay Bay* besser als anderswo. Neben qualitativ guten und geschmackvoll eingerichteten Restaurants und Bistros, gibt's dort auch Kneipen mit Niveau und trotzdem einem – für Las Vegas – noch akzeptablen Preis-/Leistungsverhältnis.

Weitere Kasinos

Die »Vorzüge« **anderer Kasinos** verblassen im Licht all dieser Attraktionen. Von ihnen ist noch ***Circus Circus*** (www.circuscircus.com) mit dem ***Adventure Dome***, einem Jahrmarkt unter einer Riesenkuppel (www.adventuredome.com) erwähnenswert.

Für Autofans ist ***The Quad*** (www.thequadlv.com) gegenüber dem *Mirage* wegen seiner weltweit größten **Autosammlung** ein absolutes »Muss«. Über 250 fantastisch konservierte Oldtimer warten in den ***Auto Collections*** auf Bewunderung. Der Zugang zu den Ausstellungsräumen durch sämtliche Spielsäle ist vom Eingang am *Strip* etwas kompliziert, ggf. muss man fragen. Täglich 10-18 Uhr; $12; mit *Coupon* zum *Download* auch gratis: http://autocollections.com.

Ab 2014 wird das Lifestyle-Hotel ***Gansevoort Las Vegas*** (Las Vegas Blvd/Flamingo Road) 200 Zimmer & Suiten im »Pariser Apartment-Stil« bieten, außerdem ***Victor Drai's Rooftop Day- & Nightclub*** mit Pool & Panoramablick.

Magier Jan Rouven im Riviera ehrt Siegfried und Roy

Mit einem gewaltigen Platsch landet der klitschnasse Magier direkt vor den Augen des verdutzten Publikums. Und das staunt zu Recht nicht schlecht: Vor nur wenigen Momenten lag *Jan Rouven* noch festgekettet in einem Tank voller Wasser mitten auf der Bühne. Man konnte jeden seiner Unterwasserbefreiungsversuche von den brachial anmutenden Ketten und Vorhängeschlössern genau beobachten. Verfügte er über ausreichend Sauerstoff? Doch kaum ...

Jan Rouven ist zwar erst Anfang 30, blickt aber bereits auf eine über 10-jährige internationale Bühnenkarriere zurück. Bereits 2004 ernannte ihn die *International Magician's Society* nach weltweit bekannten Größen wie *David Copperfield* und *Siegfried & Roy* zum *Magician of the Year*. 2013 wählten ihn die Leser des *Las Vegas Review Journal* zum ***besten Magier der Stadt***. Schon kurz nach dem Abitur hatte *Rouven* im Jahr 2000 in den großen Themenparks *Warner Movie World*, *Europapark Rust* und *Phantasialand* gastiert. Schließlich trat er im *Royal Palace* im Elsass, einem der größten Revuetheater Europas, als einziger europäischer Magier über 3 Jahre hintereinander auf. Auch das Fernsehen wurde schon vor einiger Zeit auf *Rouven* aufmerksam.

So dokumentierte das VOX-Auswanderer-Format »*Goodbye Deutschland!*« sogar seinen Umzug nach Las Vegas.

Rouven's Show ***Illusions*** startete ursprünglich im Juli 2011 im *Clarion Hotel & Casino*, nachdem er vorher schon zwei Jahre lang in *Downtown* aktiv war. Zur Premiere erschienen sogar *Siegfried* und *Roy*. Der gefürchtete meinungsbildende Kritiker des *Review Journal*, *Mike Weatherford*, gab *Rouven* sogleich Bestnoten und bezeichnete ihn als »jungen, sympathischen Deutschen mit Charisma«, der den Sprung auf den *Strip* schaffen könnte. Dies gelang ihm tatsächlich sechs Monate später mit dem Wechsel ins ***Riviera Hotel & Casino***.

Tatsächlich verlangt der erste deutsche Magier mit eigener Show in Vegas seit *Siegfried & Roy* (dessen schwerer Unfall im Oktober 2003 die Karriere des Zaubererduos jäh beendet hatte) seinem Publikum einiges an Nervenstärke ab. Etwa dann, wenn brennende Kreissägen in höllischer Geschwingkeit auf ihn zurasen oder bei der einleitend beschriebenen Wassernummer, bei der er während Proben zur *Uri Geller-Show* auf Pro 7 schon fast einmal ertrunken wäre. Dem Publikum stockt auch der Atem, wenn ein Freiwilliger auf der Bühne mit einem übergroßen soliden, scharfen Messer mit *Rouven* »Russisch Roulette« spielen soll, oder wenn *Rouven* auf dem »Bett des Todes« angekettet wird, über dem nur lose befestigte Schwerter baumeln. Nebenbei liest der Magier auch noch die Gedanken von Zuschauern.

Seine Lieblingsillusion aus der früheren *Siegfried & Roy Show* hat *Rouven* jetzt als ***Tribute to Siegfried & Roy*** in sein Programm übernommen und sogar mit *Siegfried* selbst an der Inszenierung gefeilt.

Den krönenden Abschluss seiner etwa 90 min-Show markiert der vielleicht schnellste Ortswechsel in der Geschichte der Zauberei aus einer mit Schwertern durchbohrten Box mitten ins Publikum. Im Gegensatz zu den meisten amerikanischen Kollegen erledigt Rouven fast alle seiner Stunts noch selbst und schickt nicht ausschließlich Assistentinnen in die Zauberkisten.

Unterlegt wird die Show durch die Choreographien einer 5-köpfigen Tanzcrew in schillernden Kostümen, visuelle Spezialeffekte und eingängige Pop-Songs. Im Anschluss posiert der Magier ohne Starallüren mit Fans für Fotos und gibt Autogramme. In Las Vegas ist das ungewohnt und kommt gut an.

Illusions gibt's allabendlich außer freitags um 19 Uhr im ***Starlite Theater*** des *Riviera Hotel & Casino*; Eintritt ab $59; www.IllusionsVegas.com.

3.1.4 Abseits des »Strip«

Downtown

Fremont Street Experience

Die Kasinos in ***Downtown*** (vor allem in der Fußgängerzone der Fremont Street) sind durchweg weniger spektakulär als die Konkurrenz am Strip, liegen aber dicht an dicht und bilden im abendlichen Lichterglanz ein prima **Fotomotiv**. Bei Dunkelheit werden jeweils zur vollen Stunde tolle ***Light & Sound Shows*** (ansehen unter »*YouTube*«) unter die ganze Dachlänge von ca. 300 m projiziert. Dieses Spektakel wurde schon in den 1990er-Jahren eingeführt, um Las Vegas-Besucher nicht alle an die Superpaläste der Konkurrenz am *Las Vegas Strip* zu verlieren, und seither kontinuierlich technisch »aufgerüstet«; ➤ www.vegasexperience.com.

Fußgängerzone unter der -Kuppel über der FremontStreet

Am Seil über die Fremont Mall: SlotZilla

Das gleiche Ziel verfolgte seit Ende 2010 auch die rasch populär gewordene ***Downtown Zipline***, bis die Stadt selbst ein Stück vom Kuchen abhaben wollte. Sie ließ die temporäre Genehmigung des Betreibers auslaufen und errichtet derzeit selbst eine – zugegeben innovative – eigene *Zipline* namens ***SlotZilla***. Der mit fast 40 m Höhe »weltgrößte Spielautomat« (Fremont Street östlich 4th Street) spuckt seine »Fluggäste« auf zwei Ebenen aus. Die unteren Bahnen starten in 20 m Höhe und führen in Sitzposition ca. 260 m weit zu einer Zwischenlandeplattform ($20). Mutige starten in 35 m Höhe mit einer Antriebsgeschwindigkeit von ca. 60 km/h ihren 520 m langen Flug in ausgestreckter »*Superman*-Position« und »fliegen« bis unters Fremont Street *Canopy* ($30). Beide Flüge zusammen $40.

SlotZilla, die neueste Attraktion in der Fremont Street

Mob Museum

Am 14. Februar 2012 eröffnete passend zum 83. Jahrestag des Chicagoer Valentinstag-Massakers in der 300 Stewart Ave (zwei Blocks nördlich der Fremont Street) das sog. ***Mob Museum*** (*Museum of Organized Crime and Law Enforcement*) als Gegenstück zur *Mob Attraction Las Vegas* im *Tropicana* (➤ Seite 533). In einem neoklassizistischen Bau von 1933 (früher Postamt und Gericht) wird über drei Stockwerke verteilt die Geschichte der Mafia anhand von multimedialen Präsentationen und zahlreichen Artefakten lebendig. Dazu zählen Waffen, Schmuck, historische Fotografien und martialische Memorabilia wie etwa der Friseurstuhl, auf dem 1957 in New York *Albert Anastasia* ermordert wurde. Außerdem geht es dort um bekannte Gangster wie *Bugsy Siegel* oder *Al Capone* ebenso wie um ihre Gegenspieler, sonst weniger gewürdigte Strafverfolger wie z.B. *Edgar Hoover* und *Joe Pistone*.

Geöffnet So-Do 10-19 Uhr, Fr-Sa 10-20 Uhr, Eintritt $18/$12, ✆ (702) 229-2734; http://themobmuseum.org.

Burlesque Museum

Ganz in der Nähe präsentiert an der Ecke Fremont/6th Streets ***The Burlesque Hall of Fame*** die Historie dieser speziellen Form erotischer Shows mit ihrem nur angedeuteten Striptease. Dieses kleine Museum wird von der mittlerweile weit über 80-jährigen ***Dixie Evans*** betrieben, die einst berühmt war als *Marilyn Monroe of Burlesque*. Eine der heute bekanntesten sog. *Neo Burlesque*-Tänzerinnen ist *Dita von Teese*, die 2005 bis 2007 mit Schock-Rocker *Marilyn Manson* liiert war.

Das Museum ist geöffnet Mi-So 12-17 Uhr; jeden ersten Freitag und zweiten Samstag im Monat 12-22 Uhr, kein Eintritt, aber $5 Spende erwünscht; http://burlesquehall.com.

Smith Center

Auf der Westseite der Eisenbahngleise in *Downtown* (361 Symphony Park) öffnete 2012 nach 18-jähriger (!) Planung das ***Smith Center for the Performing Arts*** (www.thesmithcenter.com). Das Gebäude im Art-Deco-Stil aus Indiana-Kalkstein mit markantem 16-stöckigem Glockenturm ist neues Stammhaus der **Las Vegas Philharmoniker** (!) und des Nevada Balletts.

Lou Ruvo Center

Der auffällige Bau ganz in der Nähe mit seiner für Star-Architekt ***Frank Gehry*** typischen silbrig-schimmernden gebogenen Außenfassade ((➤ auch Foto der *Walt Disney Concert Hall* auf Seite 367) beherbergt das ***Cleveland Clinic Lou Ruvo Center for Brain Health***; www.keepmemoryalive.org.

Kasinos abseits von Strip und Fremont Street

Speziell von der I-15 erkennt man gut, dass weitere, in einigen Fällen durchaus ansehnliche Kasinos auch abseits des *Strip* stehen, darunter das ***The Orleans*** mit einem ***French Quarter*** an der Tropicana Ave und die Glasfassade des ***Rio Hotel*** an der Flamingo Road unweit der I-15.

Eine verrückte Sache im ***Rio*** ist die ***Voodoo Skyline***, eine *Zipline* zwischen beiden Hoteltürmen (täglich ab 12 Uhr bis Mitternacht), und empfehlenswert die ***Voodoo Lounge*** im 51. Stock des Rio mit Weitblick (Eintritt; Auffahrt im gläsernen Außenaufzug).

Nightlife & Dining at The Palms www.palms.com

Das ***Palms Casino Resort*** liegt knapp drei Kilometer westlich des *Strip* (Anfahrt per Taxi $15). Weltweit berühmt wurde es, speziell sein (erster) ***Tower***, dank der MTV-Serie »***The Real World***«. Das *Palms* gehört zu den wenigen Resorts, die trotz ihrer Lage abseits des Las Vegas Blvd bei Hollywood-VIPs, Sängern, Models, Touristen und Einheimischen gleichermaßen populär sind. Dort begann der »Nachtclubtrend«. Im vollverglasten ***The View*** hat man eine atemberaubende Aussicht, dazu gibt es Cocktails, Brettspiele und Musikmix. Die ***Ghostbar*** im 55. Stock besticht durch einen 360°-Rundumblick auf Las Vegas und im Außenbereich durch den Glasboden in die Tiefe.

Die Auswahl an Restaurants neben einem *Foodcourt* ist beachtlich: Das ***Steakhouse N9NE*** ist speziell bei *Celebrities* beliebt. Das französische Gourmet - restaurant heißt ***Alizé*** und bietet den Gästen ebenfalls Aussichten über Las Vegas. Ab August 2013 bietet ***XISHI*** (sprich: *Zai-She*) traditionelle und zeitgenössische asiatische Küche in einem atmosphärischen Ambiete. Im ***Scarlet*** genießt man Cocktails und mehr ganz intim (nur 20 m^2) in schickem Dekor (*Dress Code*). Das Restaurant/Lounge ***Heraea*** punktet mit hochmoderner Technik für Sportübertragungen.

Der zweite Hotelturm des *Palms*, der **Fantasy Tower** mit ausgefallenen Suiten, kam 2006 hinzu für eine Investitionssumme von $450 Mio. Wer richtig luxuriös unterkommen möchte, mietet sich dort für $40.000/Nacht die ***Two Story Sky Villa*** oder auch Quartiere mit eigenem Basketballplatz oder Bowlingbahn oder die pinkfarben-bunte ***Barbie Suite***.

Das hauseigene ***Recording Studio*** diente u.a. schon *Celine Dion* und *Michael Jack - son* für die Produktion ihrer Hits. Pop-Sirene *Katy Perry* drehte im *Fantasy Tower* ihr Musikvideo *Waking up in Vegas*. Über eine Rolltreppe entlang der vollverglasten Außenfassade gelangt man zum ***Moon***, einem ***Boutique-Penthouse-Nightclub*** im 53. und 54. Stock gegenüber der erwähnten *Ghostbar*. Das Dach des *Moon* kann geöffnet werden, so dass man dort buchstäblich »unter den Sternen« tanzt.

2008 eröffnete auch noch der ***PalmsPlace Tower*** mit 599 Suiten auf 58 Stock - werken. Unmittelbar an der Poollandschaft im 6. Obergeschoss offeriert dort das Restaurant ***Las Vegas Simon*** »*Sunday* bzw. *Pajama Brunches*« (10-16 Uhr; ab $38), wobei die Bedienung Schlafanzüge trägt und mancher Gast ebenso.

Der ***All Access Pass*** zum Preis von $40 (*male*) und $30 (*female*) gilt für *Ghostbar, Moon* und *The View*..

Sonstiges

Shopping Malls

Wie überall in Amerika findet man auch in Las Vegas große Einkaufszentren an den Ausfallstraßen. Am *Strip,* 3200 South Las Vegas Blvd, liegt in Ergänzung der zahlreichen Einkaufspassagen in den Kasinos die enorme ***Fashion Show Mall*** (www.thefashionshow.com) mit 250 Läden inkl. 7 Kaufhäuser, ➤ Foto Seite 540. Zwischen 12 und 18 Uhr gibt's zur vollen Stunde eine Modenschau. Immer schon was Besonderes waren die ***Forum Shops*** in *Caesars Palace* (www.simon.com/mall/landing/224).

Erst vor ein paar Jahren hinzugekommen ist die architektonisch eindrucksvolle *Shopping Mall* ***The Crystals*** im *CityCenter,* ➤ Seite 515; www. crystalsatcitycenter.com. Etwas unauffälliger sind die ***Miracle Mile Shops*** im *Planet Hollywood,* ➤ Seite 524.

Fashion Show Mall in Las Vegas mit UFO-artigem Vordach

Outlet Center

Eine gute Meile von den letzten Großkasinos entfernt steht das ***Las Vegas Outlet Center***. Nördlich des Strip liegen die ***Las Vegas Premium Outlets*** am 875 South Grand Central Pkwy, von der I-15 auf den Charleston Boulevard, dann Grand Central Pkwy. Beide unter www.premiumoutlets.com/centers/index.asp.

»Nachtleben«

Überraschend für eine Stadt wie Las Vegas ist das Schattendasein »härterer« Abendunterhaltung. Zwar gaukeln Werbung und gratis allerorten ausliegende einschlägige Magazine ein aufregendes Nachtleben vor, aber nur eine Handvoll sog. ***Gentlemen's Clubs*** existiert in der engeren Umgebung des »sauberen« *Strip,* wo in den spätabendlichen Shows der Kasinos »schlimmstenfalls« auf einigen Bühnen oben ohne oder in hautfarbenen Trikots getanzt wird. Einige dieser Clubs liegen an der Industrial Road zwischen *Strip* und I-15, *einer* in Downtown (➤ Foto rechts), andere weitab.

Ein wichtige Unterscheidung ist in Las Vegas: *Topless* oder *Nude.* Von den insgesamt etwa 30 Stripclubs stadtweit sind etwa 2/3 *top - less* und 1/3 auch *bottomless*. Die Gemeindeordnung erlaubt den Ausschank von Alkohol nur in *topless*-Etablissements.

Friedhof der Neonlichter

Wenig bekannt ist der »Neonfriedhof« im Norden von Las Vegas (770 Las Vegas Blvd North; © 702-387-6366). Dort wurden Leuchtreklamen vergangener Tage abgelegt. Viele populäre Motive wie der **Schuh** des ***Silver Slipper*** oder die **Teelampe** des ***Aladdin*** zählen zum Fundus.

Kürzlich eröffnete dort das **Neon Museum** mit Besucherzentrum in der architektonisch ungewöhnlichen Lobby des einstigen *La Concha Motel* (www.neonmuseum.org). 1-stündige Touren führen 8.000 m² mit 150 gut arranguerten Neonreklamen Areal; Fixe Zeiten saisonabhängug; Eintritt $18/$12. Neuerdings gibt es ab 19.30 Uhr alle 30 min Nachttouren ($25/$22). Farbige Strahler hüllen die Vintage-Schilder dann in ein surreales Farbenmeer.

3

Offenkundig war man der Meinung, Alkohol und komplette Nacktheit vertrügen sich nicht. Einzige Ausnahme ist der *Palomino Club* im Stadtnorden (1848 Las Vegas Blvd North; www.palominolv.com), der bereits 1969 eröffnet worden war und schon *nude dancers* bot, bevor derartige Vorschriften existierten. Weitere Unterschiede bestehen darin, dass die Damen der *Stripshows* in *Topless-Clubs* mindestens 21 Jahre alt sein müssen, aber seltsamerweise in den *Nude Clubs* nur mindestens 18 Jahre wegen der dort verordneten Abwesenheit von Alkohol. Außerdem ist genau definiert, wie der in Varianten ausgeführte sog. *Lap Dance* – eine weitere amerikanische Besonderheit – gesetzeskonform zu gestalten ist.

Der mit 6.500 m² weltgrößte *Topless Stripclub* ist *Sapphire* – jetzt mit Pool und *Day Club* – in der 3025 Industrial Road (www.sapphirelasvegas.com), populär auch *Spearmint Rhino* (3340 South Highland Drive; www.spearmintrhinolv.com). *Nude Clubs* sind u.a. *Little Darlings* (1514 Western Ave; www.dejavu.com/vu/project/little-darlings-las-vegas) und der schon erwähnte *Palomino Club*.

Auch einige Casinos haben einen Gentlemen's Club, hier das Golden Goose in der Fremont Street (Downtown)

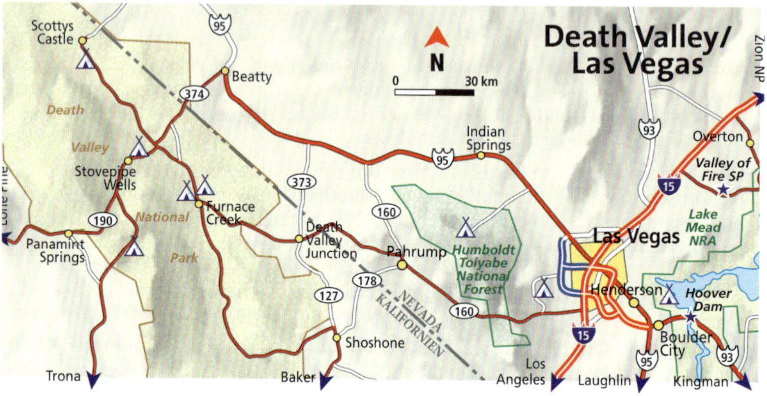

3.2 Ziele in der Umgebung

Auch im Umfeld der Stadt hat Las Vegas Einiges zu bieten:

Wet'n Wild Water Park

2004 schloss der erste **Wet 'n Wild Water Park** sam Las Vegas Strip nach einer fast 20-jährigen Erfolgsgeschichte. Der Sultan von Brunei hat sich dort einst ein paar schöne Stunden ganz exklusiv mit seinem halben Harem $50.000 Dollar kosten lassen, erzählt man in Las Vegas. Auf dem Areal sollte ein 5000-Zimmer-Resort entstehen. Aber daraus wurde nichts.

Nach fast 10-jähriger planschparkloser Zeit hat Las Vegas nun ein neues **Wet 'n' Wild**. Es liegt im südwestlichen Vorort Spring Valley (7055 South Fort Apache Road nahe I-215 und Sunset Road, ✆ 702-979-1600, http://wetnwildlasvegas.com). Über 25 Rutschen und Wasserspiele verteilen sich auf 16 ha. Witzig ist *Desert Racers*: aus 13 m Höhe rutschen 6 Personen gleichzeitig um die Bestzeit. Unter den Investoren sind Andre Agassi und Steffi Graf. Erwachsene $40, Kinder unter 1m $30, Parken $5;

Red Rock Canyon

Red Rock Canyon

Die ***Red Rock Canyon National Conservation Area***, gute 20 mi westlich von Las Vegas, erreicht man über Straße #159 (Charleston Blvd) oder von Süden über die Straße #160, auf der man zunächst *Bonnie Springs* passiert (➤ unten). Eine ***Scenic Road*** (13 mi) ab der #159 führt durch grau-rote Sandsteinformationen. Das ***Visitor Center*** an der Rundstreckeneinfahrt informiert (Gebühr $5; Inhaber von *Interagency*-Jahrespässen haben freien Zutritt). **Wanderwege**, Kletterfelsen und *Mountain Bike Trails* sorgen für allerhand Besucher, www.redrockcanyonlv.org.

Südlich des *Visitor Center* liegt im hügelig rauen Gelände ein einfacher **Campingplatz**; Zufahrt ausgeschildert, eine gute Meile ab der Hauptstraße; *first-come, first-served*; Zelte und RVs kosten einheitlich $15/Nacht; im Hochsommer geschlossen.

Bonnie Springs

Folgt man der #159 einige Meilen weiter, gelangt man zur ***Bonnie Springs Ranch***, einem Ausflugslokal auf amerikanisch mit Schienentransport vom Parkplatz zur künstlichen ***Wildwest Town Old Nevada*** (Restaurant und Kneipe, Shop, Kleintierzoo, Motel und Pferdestall – eine Stunde Ausritt in die Umgebung kostet ca. $55). Eintritt inkl. Parken und Bimmelbahn $20/Fahrzeug. Vielleicht mit Kindern o.k., sonst weniger; www.bonniesprings.com.

Zum Death Valley National Park

Anfahrt über Pahrump

Die #159 zum *Red Rock Canyon* stößt nur wenige Meilen südöstlich der *Bonnie Springs Ranch* auf die Straße #160 nach **Pahrump**, der **Hauptroute** von Las Vegas zum *Death Valley Nat'l Park*.

Bei Anfahrt direkt ab Las Vegas heraus orientiert man sich an der I-15 in Richtung Los Angeles, *Exit* 33, oder aber am Las Vegas Blvd South, passiert den Airport und die I-215 und folgt dann der **Blue Diamond Road**, wie die #160 zunächst heißt.

Anfahrt über Straße #95

Wer den Besuch von *Scotty's Castle* (➤ Seite 298) im Norden des Death Valley beabsichtigt, gelangt schneller auf der verkehrsärmeren #95 über **Beatty** dorthin, einem Nest mit ein paar originellen Fotomotiven (vor allem dem *Sourdough Saloon*) und der – bis auf ein paar Kunstobjekte – nicht so wahnsinnig spannenden

Rhyolite

Ghost Town Rhyolite in der Nähe (➤ Seite 299, ca. 2,5 mi abseits der #374 in Richtung *Death Valley*).

Beatty

Bevor es in Richtung Nationalpark weitergeht, kann man in Beatty noch einmal preiswert übernachten. Ein komfortabler **R*V-Campground*** und eine Handvoll **Motels** ($40-$60, darunter ein *Motel 6* und das neuere *Death Valley Inn & RV Park* warten dort auf Gäste; alle im Detail unter www.deathvalleyaccommodations.com).

Sourdough Saloon

Am Abend gibt es außer den auch in Beatty nicht fehlenden *Slot Machines* nur ein Ziel, den erwähnten ***Sourdough Saloon*** mit *Miss Ruthy*, Spitzname »Pumuckl«, hinter der Theke dieser originell urigen Wüstenkneipe. Manchmal stehen sogar deutsche »Erlkönige« vor der Tür.

Outdoor Art in Rhyolite

Der ultimative Outdoor-Kick: Ziplining

Ziplines (»Seilrutschen«) sind keine neue Erfindung. In bergigen oder abgelegenen Regionen dieser Welt sind sie als Brückenersatz Transportmittel für Material und Menschen. In den reichen Ländern hat sich ***Ziplining*** in den letzten Jahren zu einer Art Outdoorsport entwickelt und wird oft in einem Atemzug mit *Bungee Jumping* und *Paragliding* genannt.

Wer das auch mal ausprobieren möchte und zwar intensiver als in der »Miniversion« in Las Vegas (➤ Seite 537) oder immer schon mal wissen wollte, wie sich »Fliegen« hautnah anfühlt, ist in Boulder City richtig. Im kleinen Büro von ***Bootleg Canyon Flighlinez*** in der 1512 Industrial Road treffen sich stündlich von 7 Uhr bis 18 Uhr bis zu 12 »Flugaspiranten«, die am Stahlseil vom nahen ***Red Moutain*** zu Tal rasen möchten.

Alle Teilnehmer werden zunächst gewogen (min. 34 kg; max. 113 kg) und müssen nach ihrer Zulassung einen Haftungsverzicht unterschreiben; dann folgt eine praktische Einweisung mit Sicherheitstraining (Anlegen des »Kabelgeschirrs« und Funktionsweise des Karabinerhakens). Anschließend geht's mit Bus und *Guides* zum Straßenende im hochgelegenen *Bootleg Canyon Park* und 15 min zu Fuß weiter bergauf bis zum Startplateau der *Zipline* auf einer Höhe von 1160 m über NN.

Die Rundumsicht bis hinüber zum Las Vegas Strip und Lake Mead ist von dort schon mal atemberaubend. Vier Flugetappen zwischen 350 m und 780 m Länge warten. Die jeweiligen End- und Startpunkte liegen nah beieinander. Jeder Abschnitt besteht aus vier parallel gespannten Stahlseilen, so dass bis zu vier Personen zeitgleich starten können. Die jeweils erreichbaren Geschwindigkeiten werden von der unterschiedlichen Höhen - differenz der Etappen, vom Gewicht der Teilnehmer sowie Windrichtung und -stärke beeinflusst: möglich sind Tempi bis zu ca. 90 km/h.

Die Angelegenheit ist ein Hauptspaß, kostet aber auch $159/Person. Das ist nicht wenig, liegt aber in Anbetracht des hohen Sicherheitsstandards sowie des Zeitaufwands samt Transport im amerikanischen Rahmen.

Alle weiteren Informationen zu körperlichen Voraussetzungen etc. pp. unter www.flightlinezbootleg.com. Anmeldung auch telefonisch unter © (702) 293-6885. Das Büro von ***Flightlinez*** findet man so: von Las Vegas kommend in Boulder City an der ersten Ampel links auf Veterans Pkwy/Industrial Road abbiegen, dann der Straße etwa 800 m folgen. Das Büro liegt auf der linken Seite.

Zentrum der Autotester

Denn Beatty ist beliebtes **Standquartier für Autotester** aus aller Welt, die von hier aus die neuen Modelle ihrer Arbeitgeber zum Hitzetest durchs Death Valley jagen. Also nicht wundern über das Deutsch am Nebentisch oder an der Theke. Das sind seltener Touristen als die Testfahrer von BMW, Mercedes, Porsche, VW und Audi, die sich dort nach ihren Wüstenfahrten ein kühles Bier gönnen. Indessen sind sie zum Schweigen verpflichtet, was ihre Fahrzeuge angeht.

Zum Hoover Dam und der Lake Mead NRA

Kennzeichnung

Der bereits 1936 fertiggestellte, 223 m hohe ***Hoover Dam***, der den Colorado River zum Lake Mead aufstaut, ist die #1-Touristenattraktion außerhalb von Las Vegas.

Boulder City

Gute 25 mi sind es vom zentralen Las Vegas (*Downtown*) auf der I-515 und ab deren Ende südlich von Henderson weiter auf der Straße #93 nach Boulder City, die mit dem Bau des nahen *Hoover Dam* erst seit den 1930er-Jahren entstand. Wer nicht von *Downtown* aus anfährt, sondern vom Las Vegas Blvd, nimmt nach Passieren der Landebahnen des Airport zunächst die I-275 in östliche Richtung, die in Henderson auf die I-515 trifft. Bei hohem Verkehrsaufkommen kann die Fahrt dorthin trotz der geringen Entfernung leicht schon mal 45 min dauern.

Souvenir- und Keramikshop in Boulder City

Keine Kasinos

Boulder City (heute ca. 16.000 Einwohner) ist die einzige Stadt in Nevada ohne Spielsalons. Jedes Glücksspiel ist dort verboten.

Boulder Dam Hotel

Hoover Dam Museum

Im Obergeschoss des historischen ***Boulder Dam Hotel*** in der 1305 Arizona Street im alten Stadtzentrum (schöner, für die USA nostalgischer Bau mit moderaten Tarifen, © (702) 293-3510; www.boulderdamhotel.com), benannt nach der ursprünglichen Bezeichnung des Staudamms, befindet sich das ***Boulder City/Hoover-Dam-Museum***. Anhand zahlreicher Gegenstände, Dokumente und vor allem Fotos präsentiert das Museum die Geschichte des *Hoover Dam* von der Planung bis über die Fertigstellung hinaus einschließlich der wirtschaftlichen und sozialen Umstände der

Arbeitskräfte, die unter schwierigsten Bedingungen mitten in der Wüste den Bau erst möglich machten.

Der Besuch lohnt sich für alle, die noch mehr über dieses enorme Bauwerk wissen wollen, als im *Hoover Dam Visitor Center* (➤ weiter unten) vermittelt wird. Nebenbei ist hier normalerweise nicht so viel Betrieb und der Eintritt mit ganzen $2, Kinder $1, erheblich niedriger. Geöffnet Mo-Sa 10-17 Uhr; www.bcmha.org.

Von Boulder City zum Hoover Dam

Von Boulder City sind es nur noch ca. 5 mi bis zum *Hoover Dam* bzw. zur erst 2010 eröffneten Hochbrücke unterhalb des Staudamms. Wer seine Fahrt nicht in Boulder City unterbrechen will, lässt auf der vierspurigen #93 die Stadt rechts liegen. Nur wenig östlich passiert man die Zufahrt hinunter zum Lake Mead, danach das Spielkasino *Hacienda* in Alleinlage in der Landschaft über dem Stausee und erreicht kurz darauf die Abfahrt auf die ***Hoover Dam Access Road*** (#172). Wer hier die #93 nicht verlässt, muss zunächst den *Black Canyon* (of the Colorado River) überqueren und noch eine gute Meile zum ersten *Exit* in Arizona fahren, bis ein Umkehren oder Abfahren möglich ist.

Security

Die Fahrt zum Damm wird durch *Security Checks* unterbrochen. Bei starkem Andrang treten auf der dafür eigens eingerichteten Kontrollspur Wartezeiten auf. Denn wegen seiner exponierten Lage und Bedeutung für die Stromversorgung von Las Vegas gilt der Damm als ein durch Anschläge potenziell gefährdetes Objekt.

Parken

Nach einigen Serpentinen durch raues Felsgelände befindet man sich auf der »Zielgeraden« zum Damm hoch über dem Flusscanyon. Pkw parken im kostenpflichtigen Parkhaus ($7); RVs kommen auf einem Platz jenseits des Dammes unter ($7).

Hoover Dam

Vor allem die Einbettung des Damms zwischen steil aufragenden Canyonwänden macht ihn zur viel fotografierten Sehenswürdigkeit. Der für den Bau des Damms notwendige Beton hätte für eine Straße von San Francisco nach New York gereicht.

Besucherzufahrt zum und über den Hoover Dam. Das kupferfarbene Gebäude ist das Visitor Center mit Aussichtsplattform.

Erst vor kurzem fertiggestellte Brücke über den Black Canyon des Colorado River. Hinter dem Hoover Dam erkennt man sehr deutlich den (seit Jahren) reduzierten Wasserstand des Lake Mead

Neue Brücke

Ebenfalls spektakulär ist der Blick von unten auf die Ende 2010 fertiggestellte ***Mike O'Callaghan-Pat Tillman Memorial Bridge***.

Besichtigung

Hochinteressante **Führungen** (30 min, $11/Kinder+Senioren $9) durch die Katakomben von Staumauer und Kraftwerk finden kontinuierlich statt: 9-17/16 Uhr.

Auch ohne eine Teilnahme an solchen *Power Plant Tours* lohnt der Besuch, denn allein schon das Bauwerk als solches und dazu das Umfeld sind sehenswert. Im ***Visitor Center***, in dem man alles von der Planung des Damms über den Bau bis zur Situation heute erfährt, steht ein aufschlussreiches Modell, das auch dessen Innenleben zeigt. Täglich geöffnet 9-18 Uhr, Einheitseintritt $8 (der sonst in Besucherzentren selten üblich ist: ➢ auch *Boulder City Museum* oben). Details unter www.usbr.gov/lc(hooverdam.

Hinweis: Sowohl die Teilnahme an den Führungen wie auch der Zutritt zum Besucherzentrum unterliegen **Sicherheitskontrollen** wie vor Flugreisen am Airport.

Lake Mead NRA

Eintritt $10/Auto $5/Person oder Interagency Jahrespass

Der durch den Bau des *Hoover Dam* entstandene 185 km lange Stausee ist die ***National Recreation Area Lake Mead***, zugleich Las Vegas' Wasserreservoir. Sie bietet mitten im heißen Wüstenklima ein riesiges Bade- und Wassersportrevier. Oder sollte man sagen »bot«? Denn über viele Jahre sank der Wasserstand dermaßen, dass frühere Marinas komplett trockengelegt wurden und ganze Seearme nicht mehr existieren. Ein Schwimmen im See an Stränden ist deshalb weitgehend vorbei. Nach 11 Jahren weit unterdurchschnittlicher Schneeschmelze brachte der Colorado 2011 endlich wieder mehr Wasser mit sich und ließ den Pegel in den Stauseen deutlich steigen. Aber der Winter 2011/12 war extrem schneearm und der Wasserzufluss dadurch schon wieder viel geringer als im Durchschnitt der letzten 100 Jahre.

Eine **Stromerzeugung** in den Turbinen des *Hoover Dam* ist nur möglich bis zu einem Pegelstand des Sees von minimal 1050 Fuß über NN. Bereits ab 1075 Fuß treten automatisch drastische **Wassersparmaßnahmen** in Nevada und Arizona in Kraft. Mitte Juni 2012 lag der Pegel des Lake Mead bei 1.122 Fuß, also noch 14 m über dieser Marke. Doch im Sommer reduziert die Entnahme den Wasserstand rasch weiter und näherte sich dann oft den genannten Grenzwerten. Vom Wasser des Sees hängen heute ca. 28 Mio Menschen ab (in den 1950er-Jahren nur ca. 10 Mio).

Northshore Road

Zwischen *Visitor Center des National Park Service* (Straße #93 ca. 4 mi östlich von Boulder City; geöffnet im Sommer bis 18 Uhr, sonst 16.30 Uhr, www.nps.gov/mead) und Overton am Nordende des Sees läuft die **Northshore Road** (#166) durch eine ausgedörrte Landschaft. Felsformationen und -farben wechseln mit jedem Kilometer. Eine (langwierige) Fahrt wie streckenweise durchs *Death Valley*. Kurze Stichstraßen führen zu (teilweise ehemaligen) Marinas, wo breite, immer wieder verlängerte Betonpisten als ***Boat Ramp*** den sinkenden Wasserständen folgten. **Motorboote und Badeplattformen** gibt es bei Boulder in der *Lake Mead Marina*, in Calville Bay und begrenzt in Echo Bay zur teuren Miete; Mindestalter von Mietern 21 Jahre plus Pkw-Führerschein.

Camping Lake Mead

Das größte, wiewohl gar nicht mehr einladende Strandgebiet und ein akzeptabler ***NRA-Campground*** (ohne *hook-up*, aber mit Duschen) befindet sich an der ***Boulder Beach***. Komfortabler ist das ***Lake Mead RV Village***, auch in Seenähe an der Lakeshore Road #268, © (702) 293-2540, www.lakemeadrvvillage.com.

Dank der niedrigen Wasserstände entfernten sich mehrere frühere Campingplätze so weit vom Wasser, dass sie aufgegeben wurden. Noch existieren einfache *Campgrounds* bei der ***Las Vegas Bay*** (unweit Lake Las Vegas), ***Calville*** und ***Echo Bay***, zu erreichen über die Northshore Road plus 5 mi Zufahrt. Alle kosten $10.

Blick über die nördlichen Wohnviertel von Boulder City (Nevada Way) auf den Bereich Boulder Beach des Lake Mead

Felswunder »The Wave« im Valley of Fire State Park

Valley of Fire

Anfahrt/ Kennzeichnung

Die *North Shore Road* stößt 46 mi nach der Einfahrt in die *Lake Mead NRA* beim *Visitor Center* auf die Straße #169, den *Valley of Fire Highway*, der von der I-15 (*Exit* 75) in einem weiten östlichen Bogen bis in die Nähe der Ausläufer des Lake Mead und dann über das Nest Overton zurück auf die Interstate (Ab-/Auf - fahrt 93). Dabei läuft sie in kurvenreichem Auf und Ab durch den sagenhaften ***Valley of Fire State Park***. Pittoreske Gesteinsforma - tionen, die das frühe und späte Sonnenlicht leuchtend rot reflek - tieren, gaben diesem Gebiet seinen Namen, einer Sehenswürdigkeit, für die allein sich schon die Anfahrt von Las Vegas lohnt (ca. 55 mi auf direktem Weg auf der I-15). Wer ohnehin auf der I-15 in Richtung *Zion National Park* unterwegs ist, sollte den Abstecher dorthin auf gar keinen Fall auslassen; http://parks.nv.gov/vf.htm.

Super-Camping

Die fantastisch zwischen Felsen plazierten ***Campgrounds*** (sogar mit solarbeheizten Duschen) beim *Arch* und *Atlalt Rock* gehören außerdem zu den nachdrücklichsten Campingempfehlungen dieses Buches. Die Plätze sind sehr populär und können nicht reserviert werden, füllen sich daher oft früh (*first-come, first-served*; $20, mit *hook-up* $30).

Info und Trails

Ein wenig östlich davon informiert ein ***Visitor Center***, © (702) 397-2088, über Geologie und (präkolumbische) Besiedelung des »Feuertals«; täglich 8.30-16.30 Uhr. **$10 Gebühr** für den *day-use*.

Scenic Drive und White Domes Trail

Noch weit beeindruckender als die feuerroten, stark verwitterten Felsformationen entlang der Hauptstraße und im Bereich der Campplätze ist eine Fahrt entlang des ***Scenic Drive***. Diese Stichstraße beginnt am Besucherzentrum und führt durch eine der farbenprächtigsten Regionen im Südwesten der USA. Zu Recht trägt bereits der erste Aussichtspunkt den Namen ***Rainbow Vista***. Aber es kommt noch bunter. Auf den nächsten Meilen übertrifft sich die Natur wieder einmal selbst, fast alle Farbtöne sind dort auf den Steinen vertreten: Gelb vermischt sich mit Rosarot, Weiß mit Violett, Dunkelrot oder Orange.

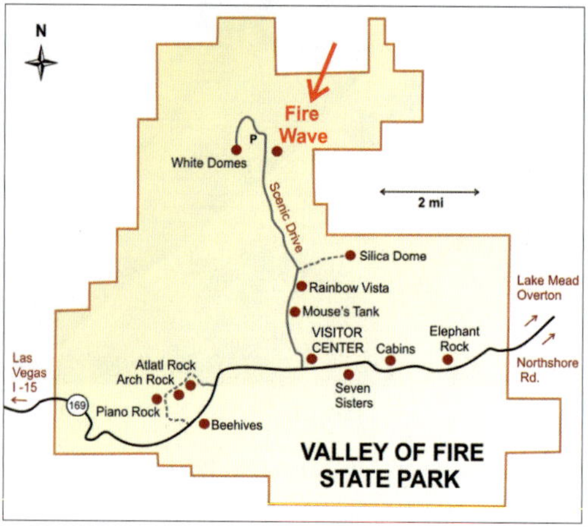

Lohnenswert sind ab *Rainbow Vista* immer wieder kurze Spaziergänge querfeldein sowie der ***White Domes Trail*** (ca. 2 km retour). Die gestreifte Sandsteinwelle (➤ Foto umseitig) war noch bis vor kurzem kaum bekannt. Sie befindet sich keine 15 min von der Stichstraße entfernt. Dafür stellt man das Fahrzeug am vorletzten Parkplatz des *Scenic Drive* ab (*Parking #3*), läuft auf Asphalt ca. 300 m zurück in Richtung *Visitor Center* und folgt dann der Ausschilderung zur »***Wave***«. Vorbei am *Gibraltar Rock*, einem großen, braunen Monolithen geht es parallel zum *Scenic Drive* in Richtung Südsüdost (Distanz vom Parkplatz knapp 900 m).

Camping

Wer eigentlich im *Valley of Fire* campen möchte und keinen Platz mehr findet, könnte zum ***Stewarts Point***, einem nicht sonderlich einladenden ehemaligen Ufercampplatz am Lake Mead fahren, der heute weit weg vom Wasser liegt: ab Einmündung *Northshore Road* in die #169 ca. 4 mi nach Süden, dann 3 mi Zufahrt. Noch 10 mi weiter ist es zur **Echo Bay**, wo man mit der Marina und der *Boat Ramp* dem Wasser gefolgt ist. Der einstige Uferplatz liegt eine Meile weiter oben.

Overton

Eine Gratis-Alternative speziell für RVs sind große Freiflächen beidseitig der Straße #169, bevor diese hinab nach Overton führt. Das Gelände wird als ***Poverty Hills*** bezeichnet und lässt sich nicht verfehlen wegen der oft zahlreichen weitläufig in der Landschaft verteilten Campmobile. Ebenfalls gebührenfrei campt man am südlichen Ortseingang von Overton auf einem ziemlich vernachlässigten Primitivplatz am Rande der ***Wildlife Area***.

Wer dort nach einer Unterkunft sucht, findet mit dem ***North Shore Inn*** ein passables Quartier ab $60; © (702) 397-6000; www.northshoreinnatlakemead.com.

Auf ➤ Seite 554 geht's weiter in Richtung ***Zion National Park***.

4 Abstecher von Las Vegas

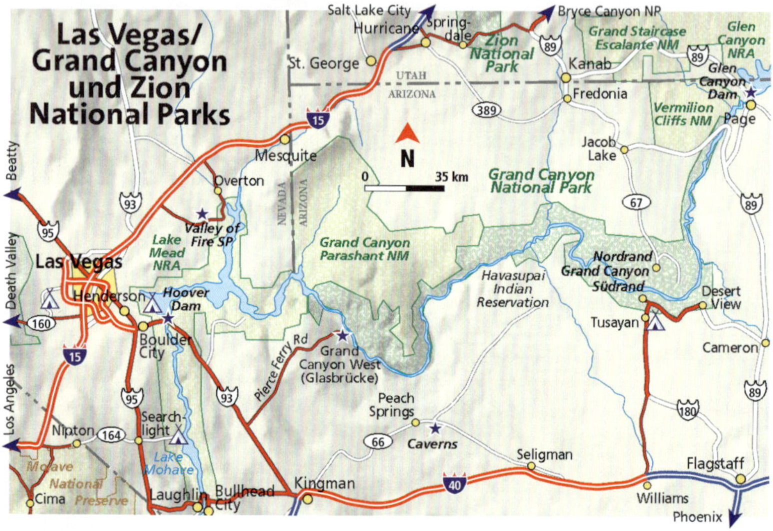

4 Von Las Vegas zu den Nationalparks Zion, Bryce und Grand Canyon

Distanzen ab Las Vegas

Nur eine Auto-Tagesetappe entfernt von Las Vegas liegen die beiden Nationalparks ***Zion*** (162 mi, Fahrtzeit minimal 3 Stunden) und ***Grand Canyon*** (275 mi, Fahrtzeit minimal 5 Stunden).

Zur Route zum Zion NP

Während der *Grand Canyon* von vielen Las Vegas-Besuchern, die keine längere Rundtour durch den Südwesten planen, als Ziel für einen Abstecher ins Auge gefasst wird, ist nur wenigen bewusst, dass der nicht minder, aber anders sensationelle ***Zion Park* in Tagesreichweite sogar für eine Hin- und Rückfahrt** liegt. Er hat obendrein den Vorzug der reizvolleren Anfahrt, wenn die ersten 85 mi durch die Wüste von Nevada erst einmal überwunden sind. Wer ohnehin plant, das vorstehend beschriebene ***Valley of Fire*** zu besuchen, unterbricht noch die Eintönigkeit der Wüste und spart unter Berücksichtigung des Umwegs ca. 35 mi der Anfahrt. Allerdings sollte man dann unbedingt eine **2-Tagestour** daraus machen und am besten in/bei Springdale vor den Toren des Parks oder im Bereich des nahen St. George eine Übernachtung einlegen. Dort sind auch die Unterkunftstarife deutlich moderater, ➤ unten.

Weiter zum Bryce Canyon

Wer mindestens 2 Tage, besser 3 Tage Zeit hat, könnte obendrein erwägen, auch noch den ***Bryce Canyon National Park*** zu besuchen, der wiederum ganz anders als *Zion* und *Grand Canyon* ist. Die Distanz vom *Zion* zum *Bryce Canyon* beträgt ca. 90 mi.

Zur Route zum Grand Canyon NP

Mit dem Auto an einem Tag von Las Vegas zum ***Grand Canyon National Park*** und zurück zu jagen, verbietet sich eigentlich von selbst, auch dann, wenn man ab dem »Besuchsmuss« *Hoover Dam* 30 mi spart. Wer wirklich nur einen Tag zur Verfügung hat und die USA nicht ohne einen Blick in den *Grand Canyon* verlassen möchte, sollte vielleicht besser einen Flug buchen, der für das Geld nicht nur Zeitersparnis, sondern durch den Überflug der Schlucht auf langer paralleler Strecke (Las Vegas-Tusayan 170 mi, ca. 45 min, ab $250 inkl. Bustransport im Nationalpark) ein tolles Erlebnis bietet; ➪ z.B. www.grandcanyonairlines.com/tours oder http://grandcanyontourcompany.com/airsouth.html. Ohne Landung am *Grand Canyon* gibt's den Flug retour ab ca. $150, ➪ z.B. www.gcflight.com. Man kann alle Flüge auch bei www.treasuretours.net mit deutschsprachiger Beratung buchen.

Per Bus zum Grand Canyon?

Tagesbustouren zu beiden Zielen gibt es ebenfalls. Sie kosten ab $80 plus Steuern und sind anstrengende Angelegenheiten in zufällig zusammengewürfelten Gruppen. Wer sich dafür erwärmt, findet vor Ort jederzeit passende Angebote. Aber ab 2 Personen lohnt sich ggf. sogar schon eine kurzfristige Automiete, wenn man nicht ohnehin per *Rental Car* unterwegs ist.

3-Tage-Rundfahrt

Wer mindestens drei Tage zur Verfügung hat, könnte auch eine Rundtour über die **Südseite des *Grand Canyon*** und weiter über die **Nordseite** zum ***Zion Park*** zurück nach Las Vegas erwägen.

Grand Canyon West

Ein abschließender Hinweis zum Bereich ***Grand Canyon West***, der rund 90 Straßenmeilen vom *Hoover Dam* entfernt ist und nicht zum Nationalpark gehört: Den darf man nicht mit dem ***South Rim*** des ***Grand Canyon Nat'l Park*** verwechseln, ➤ Seite 564.

Straße #169 durch das Valley of Fire

4.1 Zu den Nationalparks in Utah

Anfahrt zum Zion Park

Mögliche Abweichung

Zwischen Las Vegas und dem Südwesten Utahs ist die ***Interstate* #15 einzige Straßenverbindung**. Sie führt in Nevada durch die Wüste, bietet aber rund 35 mi nördlich von Las Vegas die Möglichkeit zu einer Umgehung über das ***Valley of Fire***, ➤ Seite 549f.

Mesquite

In **Mesquite** locken in der letzten Nevada-Wüstenoase vor der »Grenze« zu Arizona noch einmal **Kasinos** und eine komplette touristische Infrastruktur. So kann man dort in den Kasinohotels günstig übernachten; an den »richtigen« Tagen findet man im ***Virgin River Casino Resort*** gute Zimmer unter $30. Die an sich moderaten Motels außerhalb der Spielpaläste sind dann teurer. Am besten, man schaut für den besten Tarif vor Ankunft erst mal ins Internet unter www.itsmesquite.com.

Nordwestecke von Arizona

Noch im kurzen Verlauf der *Interstate* durch Arizonas Nordwestecke beginnt der Anstieg aus der Wüstenebene auf eine Höhe von rund 800 m über NN (St. George). Auf den letzten Meilen durch Arizona läuft die Autobahn auf kurviger Strecke meilenweit eindrucksvoll durch den ***Virgin River Canyon*** am Fluss entlang.

St. George

Der grenznahe Bereich **St. George** mit den Orten Washington und Hurricane ist mit 138.000 Einwohnern das einzige Ballunggebiet im Südwesten von Utah. Besorgungen lassen sich dort noch erledigen, bevor man Springdale erreicht, den teuren Touristenort vorm *Zion National Park*.

In St. George und Hurricane ist auch die **Motel- und Hoteldichte** groß mit erfreulichen Folgen für das Preisniveau. Man kommt dort selbst im Sommer noch ab $50 unter; die Mittelklasse (*Days Inn, Hampton, Comfort, Best Western, Ramada Ltd.*) ist dort zumindest So bis Do für $60-$80 zu haben, ➤ www.stgeorgechamber.com/Lodging.htm. Das Gros der Quartiere befindet sich gleich westlich der I-15 an den Straßen #18 der #34 (Ausfahrten 6 und 8) im Umfeld von viel Shopping, Restaurants und *Fast Food*.

Camping

In den Ausläufern der *Pine Valley Mountains* bei St. George laden die ***State Parks Snow Canyon*** (Straße #18, ca. 7 mi) und ***Gunlock*** (ca. 25 mi, Schwimmen) zum Campen ein. Der ***Quail Creek*** und der ***Sand Hollow State Park*** mit guten Stellplätzen an den gleichnamigen Stauseen nördlich bzw. südlich der Straße #9 kurz vor Hurricane, sind bei Fahrt über die I-15 unverfehlbar (*Exit* 16).

Zum Zion National Park

Zum ***Zion Canyon***, der wichtigsten Sektion des *Zion National Park*, führt die Straße #9 über Hurricane, wo es noch einmal preisgünstigere **Motels** als in Springdale gibt. Von dort sind es noch ca. 25 mi auf schöner Strecke am Virgin River entlang.

Bereits weit vor Springdale mit einer voll auf den Zion-Tourismus eingestellten Infrastruktur, fallen ***Bed* and *Breakfast*-Angebote** in *Ranches* und kleinen *Inns* ins Auge, ➤ auch unter www.zionpark.com/lodging.html.

Auf der Straße #9 zum Zion National Park

Eine andere Route vermeidet die Ortsdurchfahrt in Hurricane und läuft nur durch schöne Landschaft: Ausfahrt 27 auf Straße #17 (La Verkin) und dann erst Straße #9.

Springdale

Das langgestreckte Springdale ist ein besonders hübsches »**Einfallstor**« zu einem Nationalpark. Dank diverser Cafes, Restaurants, Musikkneipen und origineller Shops entlang der grünen Zufahrt kann man dort auch nach dem Parkbesuch am Abend noch etwas unternehmen und sogar problemlos zu Fuß unterwegs sein. Während der Sommersaison (Mai bis September) ist in Springdale mehr los, als die Größe des Ortes vermuten lässt.

Allgemein beliebt ist ***Oscars's Café*** mit Außenbereich; es liegt etwas unauffällig an der Hauptstraße (948 Zion Park Blvd). Mexikanisch-amerikanisch oder vegetarisch plus 6 Zapfbiersorten.

Im ***Giant Screen Theatre*** (im Norden des Ortes, kurz vor der Einfahr in den Zion) läuft u.a. der tolle *Zion*- und *Canyonlands*-Film »*Treasure of the Gods* » (www.zioncanyontheatre.com). Weitere Filme, auch 3D, im Wechsel.

Quartiere

Springdale bietet viele attraktive Quartiere vor allem in der oberen Preisklasse, aber nur wenige Kettenmotels:

- Das ***Quality Inn*** liegt nahe am Park und ist für die dort nur mittlere Qualität teuer (ab $130); im erstklassigen ***Best Western Zion Park Inn*** starten die Tarife bei $145, © 1-800-934-7275
- Sehr schöne Zimmer haben das ***Flanigan's Inn*** (© 1-800-765-7787; www.flanigans.com) und die ***Driftwood Lodge*** (© 1-800-801-8811, www.driftwoodlodge.net); beide ab $130

Einen guten Eindruck machen auch die folgenden ***B&B Inns***:

- ***Bumbleberry***, © 1-800-828-1534, www.bumbleberry.com, ab $129
- ***Desert Pearl***, © 1-888-828-0898, www.desert pearl.com, ab $168.
- ***Dream Catcher***, © 1-800-953-7326, www.dreamcatcherinnzion.com; ab $65 in der Nebensaison.

Shuttle Busse am Ende der Straße in den Zion Canyon hinein vor den Zion-typischen steil aufragenden roten Felswänden

Die Unterkünfte liegen alle an der in den Park führenden Straße #9. Die Preisangaben gelten grob für April-Oktober für Standardzimmer mit starken Ausschlägen nach oben an Wochenenden/ Feiertagen. Bessere als Standardzimmer kosten rasch über $200.

Zion Lodge

Für stilvolles Übernachten **im** *Zion Canyon* empfiehlt sich die ***Zion Lodge*** im Blockhaus-Look. Die Zimmer (ab $170) sind teurer als in vielen Quartieren in Springdale, aber dennoch immer langfristig ausgebucht. Reservierung unter © 1-888-297-2757 oder © (303) 297-2757 und www.zionlodge.com.

Gesamtübersicht unter www.utah.com/lodging/zion.phtml.

Camping

Erste Wahl für Camper sind die gleich nördlich von Springdale gelegenen Nationalparkplätze ***Watchman*** (reservierbar, $16 für Zelte, RVs $18-$20) *und* ***South*** (*first come first-served*, $16). Beide Plätze sind von April bis Oktober oft schon mittags voll.

RVs sind außerdem komfortabel, gut und viel teurer aufgehoben im Superplatz ***Zion River Resort***. Er liegt ca. 10 mi südwestlich des Ortes; © 1-888-822-8594; www.zionriverresort.com.

Ab $35 kommt man im sanitär akzeptablen, aber engen ***Zion Canyon Campground*** beim ***Quality Inn*** unter; © (435) 772-3237.

Zion National Park www.nps.gov/zion

Zugangs regelungen

Eintritt $25/Auto $12/Pers. oder Interagency Jahrespass

Gleich hinter der **Einfahrt** in den Nationalpark liegt rechterhand ein großzügiges **Besucherzentrum**. Dort ist von April bis Oktober Schluss für alle Autofahrer, die in den zentralen Teil des Parks, den ***Zion Canyon***, wollen. Sie müssen den im Eintritt enthaltenen ***Zion Canyon Shuttle*** besteigen, zu Fuß gehen oder radfahren.

Trotz großer **Parkplätze** am *Visitor Center* wird es dort oft eng. Wer in Springdale logiert, kann im Ort (6 Haltestellen) den Zubringer zum Park besteigen (ebenfalls gratis). Die Busse verkehren von 6 Uhr bis 22.30 Uhr in kurzen Abständen (minimal alle sieben Minuten) und haben Platz für Fahrräder und Rucksäcke.

»Zwangs-Shuttle«

Der ***Park Shuttle*** hat 9 Haltepunkte und benötigt für die Strecke ca. 40 min bei hoher Frequenz. Erster Haltepunkt ist das frühere Besucherzentrum, heute ein mäßig spannendes **Museum**. Am ersten oder auch einzigen Tag des Besuchs im Zion fährt man besser zunächst bis zum Straßenendpunkt und entscheidet während der

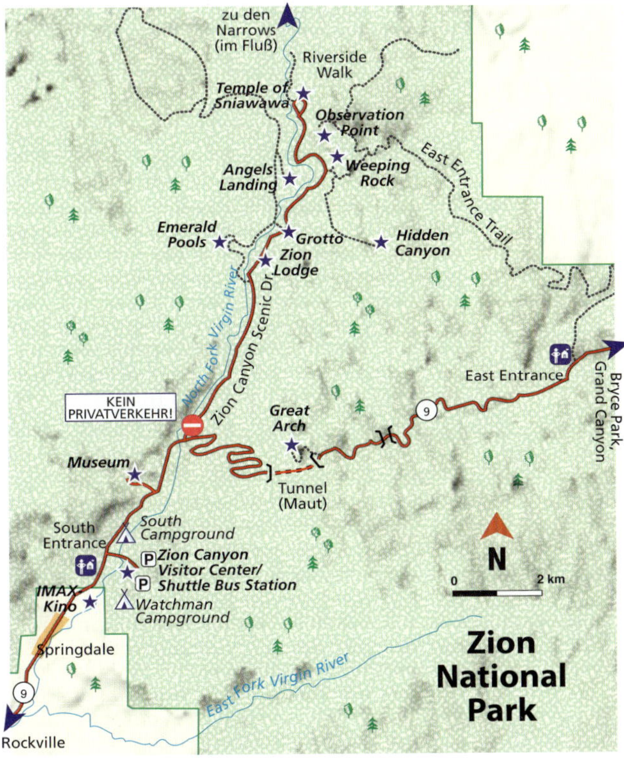

Tour wetter-, informations- und beobachtungsabhängig, wo man die Rücktour ggf. unterbrechen möchte. Speziell, wer relativ früh hin-/retour fährt, vermeidet damit längere Wartezeiten an den Haltestellen, die sich oft an den späteren Rückfahrten ergeben.

Der ***Zion Canyon Scenic Drive***, eine ca. 7 mi lange Stichstraße, folgt dem Virgin River in das enger werdende, üppig grüne Flusstal. Beidseitig beeindrucken gewaltige, hoch aufstrebende Felsflächen in allen Rot- und Brauntönen; sie sind fantastische Fotomotive.

Am Straßenende beginnt der ***Riverside Walk***. Der befestigte Teil des Weges endet nach etwa 1,5 km, wo zwischen Felsen und Virgin River kein Raum mehr bleibt. Bei niedrigem Wasserstand kann man den Fluss leicht überqueren und einem Pfad noch ein Stück weiter bis zur ersten, komplett von Wasser ausgefüllten Enge folgen.

Zion Canyon Narrows

Die wirklichen ***Zion Canyon Narrows***, wie sie oft auf Fotos zu sehen sind, liegen noch eine gute weitere Meile entfernt. Dorthin gelangt man nur durch mühsames Waten und Kraxeln. Der Lohn der kaum unter 45 min zu bewältigenden Distanz sind bis **600 m hohe Sandsteinwände**, deren Abstand stellenweise auf nur ein paar Meter zusammenschrumpft. Zu empfehlen nur für Leute mit guter Kondition und Balance im fließenden Wasser (nur teilweise kann man seitlich ausweichen). Voraussetzung für dieses kleine Abenteuer ist gutes Wetter rundum! Regen in der Umgebung lässt den Wasserstand steigen und **stärkere Schauer machen aus dem Flüsschen in kürzester Zeit ein reißendes Gewässer**.

Weitere Trails

Zwei weitere Herausforderungen für sportliche Wanderer sind der Aufstieg zur ***Angels Landing,*** 450 m über der *Grotto Picnic Area,* oder zum ***Observation Point*** gegenüber und noch einmal 200 m höher (*East Rim Trail* durch den *Echo Canyon),* beide mit sagenhaftem Blick in das Tal hinein und über die Parklandschaft. Bei 8 km bzw. 12 km Gesamtstrecke beträgt der minimale Zeitbedarf 3 bzw. 4,5 Stunden. Weniger anstrengende, aber ebenfalls schöne Wanderungen führen zu den ***Emerald Pools*** (60 min) oder am ***Weeping Rock*** vorbei (10 min) zum ***Hidden Canyon*** (2 Std. retour).

Östlich des kilometerlangen Tunnels des *Zion-Mt.Carmel Highway* beginnt ein kurzer *Trail* (1,5 km retour) zum ***Zion Canyon Overlook*** mit fantastischem Blick übers Tal. Zum bogenförmigen Felsabbruch ***Great Arch*** ist es von dort nah, allerdings bestehen nur sehr begrenzt Parkmöglichkeiten.

Kolob Canyons

Neben dem *Zion Canyon* existiert im Parkwesten eine für Autos nicht gesperrte Parkeinfahrt, die ***Kolob Canyons Road*** mit eigener Abfahrt (40) von der I-15. Diese Stichstraße windet sich 5 mi hinauf zum ***Kolob Canyons Viewpoint*** mit Weitblick auf mächtige Massive. Eine 11 km lange Wanderung (retour 22 km, mindestens 6 Stunden reine Gehzeit) führt dort vom Ausgangspunkt ***Lee Pass*** auf abschüssigem Weg (213 m Höhendifferenz) zum ***Kolob Arch***. Er gilt nach dem *Landscape Arch* im *Arches National Park* als der weltgrößte Felsbogen.

Vom Zion zum Bryce Canyon National Park

Ostausfahrt

Achtung Restriktion: Fahrzeuge über 2,40 m Breite (7 Fuß 10 Inches) einschließlich Spiegel und/oder über 3,40 m Höhe (11 Fuß 4 Inches) können den Tunnel auf der Ostausfahrt nur 8-20 Uhr im Konvoi passieren. Praktisch bedeutet dies für alle ***Full-size Motorhomes*** ggf. Wartezeit vorm Tunnel und **$15 Gebühren**. Die müssen schon an der Einfahrt in den Park entrichtet werden und gelten innerhalb von 7 Tagen auch für eine Rückfahrt.

Ostareal des Zion

Im weiteren Verlauf führt die Straße mitten durch die **Wunderwelt der Farben und Formationen** des *Zion*-Hinterlandes. Man sollte unbedingt ein wenig Extrazeit für diesen Bereich einplanen. Die besten **Fotomotive** liegen einige Schritte abseits der Straße. Auch andere Nationalparks sind sensationell, aber auf eine solch variantenreiche Felslandschaft stößt man nicht wieder. Das Problem auf dieser Strecke sind wiederum die kaum vorhandenen Möglichkeiten, das Auto abzustellen; besonders schwierig ist das für RVs. Die meisten kleinen Buchten an der Straßen eignen sich selten für größere Fahrzeuge oder sind schon besetzt.

Straßen #89 und #12

Zum *Bryce Canyon* geht es ab ***Mount Carmel Junction*** (Touristenetappe mit Tankstellen, originell sortierten Souvenirshops, **Motels** und ***B&B***), zunächst auf der Straße #89 nach Norden. Die Strecke ist hübsch, wenngleich nicht sensationell. Unterwegs passiert man eine Reihe von B&B-Angeboten und relativ preiswerte RV-Parks, darunter ein guter ***KOA-Campground*** mit Pool ca. 5 mi nördlich von Glendale, © (435) 648-2490.

Motels sind erst in Panguitch bzw. an der #12 in Nationalparknähe wieder zahlreich. Das ***Smith Hotel*** in Glendale hat Zimmer ab $68, © 1-800-528-3558; www.historicsmithhotel.com.

Red Canyon

Von Mount Carmel sind es ca. 45 mi bis zur Abzweigung der #12, die durch den attraktiven ***Red Canyon*** führt. Mit seinen roten Felsformationen liefert er einen guten Vorgeschmack auf den *Bryce Canyon*. Man passiert diverse *Trailheads*, Ausgangspunkte

Auf der Fahrt zum Bryce Canyon Park vermitteln kurz davor die pittoresken Felsen im Red Canyon bereits einen Eindruck von den Formationen, des Nationalparks

für Wanderungen in die Sandsteinwelt. Am Weg liegt der ***NF-Campground Red Canyon*** ($15).

Anfahrt Bryce Canyon

Nach Durchquerung des *Red Canyon* findet man sich bald in der flachen Prärie eines Hochplateaus wieder. Der *Bryce Park* kündigt sich durch eine dichter werdende touristische Infrastruktur an. Die #63 ist Zubringer und Stichstraße in den Park hinein. **Zentraler Anlaufpunkt** vor den Toren des Parks ist nach Erreichen des Abzweigs der Straße #63 ***Ruby's Inn & Campground*** mit großen Parkplätzen; www.rubysinn.com.

Bryce Shuttle

Dort starten auch die Busse des ***Bryce Shuttle***. Nach wie vor ist es im Gegensatz zu *Zion* motorisierten Besuchern freigestellt, ob sie den Bus nehmen oder selbst in den Park fahren. Dazu muss man wissen, dass bereits an mäßig gut besuchten Tagen die **Parkplatzkapazität** hinter den verschiedenen **Aussichtspunkten/*Trailheads*** im *Bryce Park* vorn und hinten nicht reicht und weite Wege zu Fuß oft unvermeidlich sind.

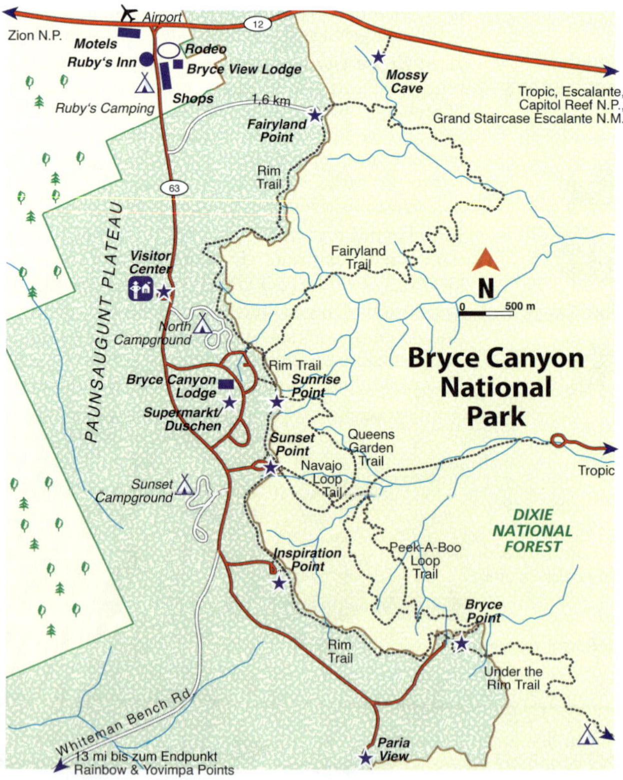

Bryce Canyon National Park www.nps.gov/brca

Eintritt $25/Auto $12/Person oder Interagency Jahrespass

Innerhalb des Parks ist der **Bryce Shuttle frei** bzw. im Eintritt inklusive, aber Wartezeiten sind bei Andrang keine Ausnahme.

Nach der Einfahrt erreicht man bald das große ***Visitor Center*** im Rustikalstil. Dort gibt's den informativen Einstieg in Natur und Geschichte des Nationalparks u.a. mit einem Filmprogramm. Wer $0,50 anlegt, erhält die **Parkinfos sogar in deutscher Sprache**.

Kennzeichnung Bryce Canyon

Zu Recht gilt der ***Bryce Canyon National Park* neben dem *Grand Canyon*** als ***der spektakulärste Park*** des Südwestens. Die Bezeichnung »*Canyon*« erzeugt indessen leicht falsche Vorstellungen. Es handelt sich keineswegs um eine Schlucht im üblichen Wortsinn. Der Begriff bezieht sich hier auf die östliche Abbruchkante des ***Paunsaugunt Plateaus***, das sich einige hundert Meter über das östliche *Tropic Valley* und sich daran anschließende Tallandschaften erhebt. Zwischen dem Rand der Hochebene und dem tiefer gelegenen Gelände erstreckt sich auf etwa 40 km Länge ein **Gebiet bizarr-skurriler Formationen erodierten Sandsteins**.

Im Laufe vieler Jahrtausende entstanden im rot-gelb-rostbraunen Gestein höchst eigenartige Säulen, Türme und Skulpturen. Besonders bei tiefstehender Sonne am frühen Morgen und am späten Nachmittag bietet dieser Park ein faszinierendes, mit den Lichtverhältnissen wechselndes Farbspiel.

Bryce Amphitheater

Von der ***Whiteman Bench Road***, einer kurvigen 17-mi-Straße bis zum Südrand des Plateaus, zweigen Stichstraßen zu *Viewpoints* und Ausgangspunkten für Wanderungen in die Tiefe ab. Das attraktivste, dicht mit Skulpturen »bevölkerte« Parkareal ist das ***Bryce Amphitheater*** (➢ Foto Seite 562) ein wenig südlich des Besucherzentrums. Oberhalb dieses Bereichs befinden sich die parkinternen **Versorgungseinrichtungen** vom **Campingplatz** über die ***Bryce Lodge*** und den Shop bis hin zu öffentlichen Duschen.

Trails

Das ***Bryce*-Kurzprogramm** (etwa 1 Stunde) besteht aus einem Spaziergang am ***Rim Trail*** zwischen ***Sunrise, Sunset*** und ***Inspiration Point***. Zum großen Erlebnis wird der Besuch des *Bryce Park* erst auf einer Wanderung mitten hinein in die geologische Wunderwelt. Der kürzeste (rund 2,5 km), ziemlich steile Pfad hinunter in das Felslabyrinth ist der ***Navajo Loop Trail*** ab *Sunset Point*.

Wer sich mehr als die dafür nötige Stunde Zeit lassen mag, dem sei der fantastische ***Peek-A-Boo Trail*** (an sich ein *Loop Trail*, wobei der obere, dem Plateau zugewandte Abschnitt des Pfades gewählt werden sollte) vom *Sunset* bis zum *Bryce Point* empfohlen (7 km plus 3 km Rückweg auf dem *Rim Trail*; insgesamt kaum unter 3 Stunden). Der ***Peek-A-Boo Loop*** kann auch gut mit ***Queens Garden*** und/oder ***Navajo Trail*** kombiniert werden (alles zusammen dann ca. 4 Std; der Blick auf die gratis an alle Besucher verteilte genaue Karte des Parks zeigt, was hier gemeint ist).

Noch ein wenig länger (5-6 Std.) ist der ebenfalls schöne ***Fairyland Trail*** durch wieder andersartige Formationen vom gleichnamigen zum *Sunrise Point* (mit Rückweg am Rand entlang insgesamt ca. 13 km). Es gibt auch die Möglichkeit, in das »Amphitheater der stehenden Felsen« **von unten** hineinzuwandern, und zwar vom – östlich des *Bryce Park* gelegenen – **Tropic** aus. Der ***Trailhead* liegt 3 mi von der #12 durch Tropic** entfernt: Man folge (vom Bryce kommend) gleich der ersten Straße rechts durch das Dorf an der Schule vorbei (Bryce Way). Vom Straßenendpunkt zum *Sunset Point* sind es etwa 4 km.

Eine besondere Erfahrung macht, wer am Fuß der erodierten Felsen übernachtet (*Permit* erforderlich). In bequemen Abständen existieren mehrere *Campsites* am ***Under-the-Rim-Trail*** zwischen *Sunset Point* und *Rainbow Point* am Straßenende.

Unterkunft im Park

Die ***Bryce Canyon Lodge*** im Park besitzt außer der Lage keine besonderen Vorzüge (© 1-888-297-2757, DZ $130-$165, www.bryce canyonforever.com).

Die beiden ***Campgrounds*** im Bryce sind guter Nationalparkdurchschnitt und bieten wenig Komfort; wegen der Höhe (ca. 2500 m) ist es nachts ziemlich kalt auf dem Plateau (bis Juni und ab Mitte September Nachtfröste). Reservierung für ***North Campground*** ➤ Seite 123. ***Sunset Campground*** gemäß *first-come, first-served*.

Quartiere um Bryce

- ***Ruby's Inn*** (***Best Western***), ein Riesenbesucherkomplex vor der Parkeinfahrt, kostet im Sommer ab $120, sonst ab $85, und bietet eher unteren Mittelklasse-Standard, © 1-866-866-6616; www.rubysinn.com. Gegenüber steht das
- ***Best Western Bryce Canyon Grand Hotel***; © 1-866-866-6634, ab $125 im Sommer, sonst ab $100; www.brycecanyongrand.com.
- Die ansehnliche ***Bryce View Lodge*** gegenüber bzw. hinter dem Rodeogelände/der Shopping-Zeile hat ordentliche Zimmer für $55-$90, © 1-888-279-2304; www.bryceviewlodge.com.

- Eine ganze Reihe von **Motels** findet man an der Straße #12 westlich des *Bryce Park*, in größerer Zahl in **Panguitch** (preiswert **ab $40**: ***Rocking Horse***, © 435-676-2287, ***Marianna Inn***, © 435-676-8844, ***Panguitch Inn***, © 435-676-8871) und in Tropic.
- Neben einer Handvoll *Motels* und *Inns* gibt es in **Tropic** auch viele ***Bed & Breakfast***-Angebote, Ausschilderung im Ort. Empfehlenswert sind das ***Bullberry Inn***, © 1-800-249-8126, www.bullberryinn.com, und das ***Bryce Trails B&B***, © 1-866-215-5043, www.bryce trails.com, ab $135.
- In **Cannonville** wartet das ***Grand Staircase Inn***, © (435) 679-8400 $49-$89; www.grandstaircaseinn.com.

Gesamtübersicht unter www.utah.com/lodging/brycecanyon.htm

Infrastruktur bei Bryce

Der erwähnte ***Ruby's* Komplex** ist auf fast alle Bedürfnisse der Nationalparkbesucher vom Tanken und der Autoreparatur über den Waschsalon bis zum abendlichen *Entertainment* eingestellt.

Klar, dass auch ein **Campingplatz** dazugehört, der zwar riesengroß, aber komfortabel und gut organisiert ist. Wer will, kann im ***Teepee*** schlafen. **Reservierung** ist hier angezeigt: **© 1-866-866-6616** oder www.brycecanyoncampgrounds.com.

Zur Infrastruktur gehören natürlich auch Restaurants (o.k. ist das ***Steakhouse***) und einige Souvenirläden. Im Sommer findet allabendlich ein **Rodeo** statt. Große reiterische Leistungen darf man dort nicht erwarten, dafür aber von der Tribüne die Aussicht auf einen grandiosen Sonnenuntergang. Eine gute Alternative für den Abend sind ***Chuckwagon Diner Rides***.

Dem Massenkomplex entgeht, wer ein paar Kilometer weiter bis **Tropic** fährt. Dort gibt es mehrere kleine Restaurants.

Von Zion/Bryce zum Grand Canyon National Park

Coral Sand Pink Dunes

Ein **Abstecher** nach Verlassen des *Zion* könnte dem ***State Park Coral Pink Sand Dunes*** gelten. Die 12-mi-Zufahrt zweigt südlich der ***Mount Carmel Junction*** von der #89 ab. Der Park mit seinen rötlichen Sanddünen ist ein **Eldorado der ORV-Fans**. In der Sommersaison und an Wochenenden ist der **Campingplatz** ($16) knallvoll; www.utah.com/stateparks/coral pink.htm.

Kanab

Kanab am Straßendreieck #89/#89A mit vielen Motels (***Quality Inn***, ***BW***, ***HI-Express***, ***Rodeway*** und preiswerte Unabhängige ab ca. $50; www.go-utah.com/Kanab) und Supermarkt ist eine typische »Etappe« am Wege für *Grand Canyon*- und *Bryce Canyon*-Touristen. Motelübernachter, die dort in der Saison abends noch *Vacancy*-Schilder entdecken, sollten nicht weiterfahren. Denn die Kapazitäten in der Umgebung sind – gleich in welche Richtung es weiter gehen soll – begrenzt.

Zum Grand Canyon

Wer sich entscheidet, ab Kanab weiter zum **Grand Canyon NP** zu fahren, nimmt die #89A, überquert in Marble Canyon den Colorado River und fährt von Osten in den Park, ➤ Seite 571.

Grand Canyon Skywalk www.grandcanyonwest.com

Anfang 2007 wurde die ***Glass Bridge at Grand Canyon*** eröffnet. Die naheliegende Annahme, der hufeisenförmige über den Rand der Schlucht ragende Glasbogen (von der Firma Schott/Deutschland) sei im Nationalpark angesiedelt, ist indessen falsch. Die *Hualapai*-Indianer haben ihn auf ihrem Gebiet weitab bekannter Regionen im Bereich ***Grand Canyon West*** installieren lassen. Wer 1.200 m Nichts zwischen sich und dem Colorado River sehen möchte, muss die ***Straße #93*** Richtung Kingman fahren und ca. 40 mi südlich des *Hoover Dam* in die ***Pierce Ferry Road*** nach Nordosten abbiegen. Nach 28 mi geht's nach rechts auf die ***Diamond Bar Road*** und auf ihr weitere 21 mi durch ein Gebiet voller *Joshua Trees* bis zum Parkplatz am *Airport Grand Canyon West*.

Dort angekommen, sind mindestens $43/Person (inkl. Parkgebühr und *tax*) für den sog. *Legacy Pass* fällig. Der beinhaltet aber nur den Bustransport zu ein paar Aussichtspunkten und allerlei Touristenschnickschnack. Das Eintrittsgeld fürs Betreten des ***Skywalk*** wurde in noch teurere Pauschalpakete gesteckt; ➤ unter www.bestgrandcanyondestinations.com. Die billigste Möglichkeit, das *Skywalk*-Erlebnis zu buchen, bietet der ***Golden Legacy Pass*** für fast **$87/Person** (inkl. *Tax*), der nebenbei dazu berechtigt, sich an einem Buffet zu stärken.

Bustouren ab Las Vegas kosten ab $170/Person, mit *Skywalk*-Zutritt $200! Nach oben sind den Kosten fürs »Abenteuer« ***Grand Canyon West*** kaum Grenzen gesetzt, die Möglichkeiten zum Aufstocken zahlreich, so die Anreicherung des Besuchs von *Grand Canyon West* mit Hummer-, Schlauchboot- oder Helikoptertrips. Auch die indianischen Souvenirs sind nicht billig, wiewohl ein Discountcoupon über $5 den Pässen beiliegt. Erstaunlich ist das dennoch hohe Besucheraufkommen und nur logisch, dass nun auch noch ein Hotel entsteht, warum auch immer man dort übernachten sollte.

4.2 Zum Grand Canyon National Park

Anfahrt

Straße #93

Die naheliegende und kürzeste Route von Las Vegas zum *Grand Canyon* entspricht zunächst der in Arizona landschaftlich abwechslungsreichen **Straße #93** über Boulder City und die Brücke beim *Hoover Dam* über den *Black Canyon* nach Kingman/Arizona und dann der *Interstate* #40 bis Williams.

Straße #95

Eine andere Möglichkeit wäre, auf den **Straßen #95/#163** über Nevadas Spielerparadies No. 4 Laughlin (nach Las Vegas, Reno und Lake Tahoe) unterhalb des dritten Colorado Stausees ***Lake Mohave*** im Drei-Staaten-Eck Arizona/California/Nevada zu fahren (➤ Seite 448). Von dort geht es auf der **Schnellstraße #68** oder über die ***Route 66*** und **Oatman** (➤ Seite 447) nach Kingman. Diese Alternative wäre 30 mi bzw. 45 mi länger bei leicht dem doppelten Fahrtzeitbedarf wegen der Straßenverläufe und im Bereich Laughlin/Bullhead City oft hohen Verkehrsaufkommens.

Kingman

Mit rund 27.000 Einwohnern ist Kingman für Arizona-Verhältnisse eine der größeren Städte. Es bietet aber außer zahlreichen preiswerten **Motels** touristisch wenig. Wer noch eine Arizona-Straßenkarte und Information braucht, fährt erst einmal nicht auf die *Interstate*, sondern folgt der #93 (Beale Street) durch den Ort und stößt fast automatisch aufs ***Powerhouse Visitor Center*** mit freiem Wifi, 120 W Route 66, © 1-866-427-7866; www.kingmantourism.org. Das Gebäude beherbergt außerdem ein ***Route 66 Museum*** (täglich 9-16.30 Uhr, Eintritt $4/$3).

I-40/Route 66

Die **I-40** nach Williams läuft streckenweise durch attraktive Felslandschaften, während die alte ***Route 66,*** die hier noch existiert und in hohem Bogen nördlich parallel zur *Interstate* verläuft, landschaftlich wenig zu bieten hat. Östlich von Seligman vereinigt sie sich mit der I-40. Der zusätzliche Meilen- und Zeitbedarf dafür lohnt sich nur für Leute, die unbedingt en route die (heute trockenen) Tropfsteinhöhlen ***Grand Canyon Caverns*** besuchen wollen; www.gccaverns.com.

Seligman

Das Originellste an der Strecke ist das auf Westerndorf getrimmte **Seligman** mit echten und gefakten Überbleibseln aus der guten alten *Route-66*-Zeit und einer Handvoll witziger Shops und Bars. Aber Seligman erreicht man ebensogut via I-40. Es liegt nur eine Meile vom *Exit* 123 der Autobahn entfernt.

Shop an der Route 66 in Seligman

Williams

Das kleine Williams 120 mi östlich von Kingman fungiert mit zahlreichen ***Motels***, ***Inns*** und ***Campgrounds*** als *Grand Canyon*-Touristenetappe. Ein Zwischenstopp lohnt sich nur zum Tanken, Versorgen und ggf. Quartierklärung; www.williamschamber.com.

Einfache Motels kosten im Sommer ab $80; die Mittelklasse ab $100 je nach Auslastung; in der Vor- und Nachsaison fallen Tarife auch schon mal bis unter $60. Die meisten Häuser liegen unverfehlbar aufgereiht an den Hauptstraßen durch den Ort (*one-way* jede Richtung). Viele der bekannten **Ketten** sind dort vertreten.

Der ***Campground Cataract Lake*** (*County Park*) liegt nur 2 mi von der I-40, Exit 161, entfernt. Am selben See befindet sich noch ein kleiner, gleichnamiger ***NF-Campground***. Der große ***NF-Campground Kaibab Lake*** an der Straße #64 ist die beste Wahl. Keiner dieser Plätze verfügt über *hook-up*/Duschen.

Tusayan

Vor den Toren des Nationalparks liegt ca. 50 mi nördlich von Williams (Straße #64) Tusayan, ein reines **Hotel- und Restaurantdorf** zur Ergänzung der Parkinfrastruktur. Wer dort unterkommen will, sollte reservieren, was auch für Quartiere im *Grand Canyon Village* gilt. Internetreservierung für alle: www.tusayanhotels.com; ©1-800-241-6456. Noch halbwegs bezahlbar ist die

- ***Red Feather Lodge***

Teurer (locker über $200), aber auch komfortabler sind u.a. das

- ***Best Western Squire Inn***
- ***Canyon Plaza***
- ***Holiday Inn Express***

Camping

- Mitten in Tusayan befindet sich das ausgedehnte ***Camper Village*** mit allen üblichen Komfortdaten, aber alles andere als ein schöner Campingplatz. Dafür liegen *Steakhouse, Store* und das IMAX-Kino in Fußgängerdistanz. Nur RVs $36-$50; Reservierung unter © (928) 638-2887;
- Die rustikale Alternative ist der ***NF-Campground Ten-X*** eine gute Meile südlich Tusayan, ein großer, gut angelegter Platz im Wald mit Minimalkomfort (Plumpstoiletten und Wasserpumpen), Tarif $10; Reservierung über www.recreation.gov, unter »where?« eintragen »*Ten-X Campground*«.
- ***Dispersed Camping*** im Wald ist sogar gebührenfrei möglich, Mindestabstand zur Straße 400 m.

Flüge über den Canyon

Vom Airport in Tusayan nur wenig südlich des Ortes (Einfahrt unübersehbar an der Straße) starten die **Hubschrauber** zu Flügen über den *Canyon*. *Sightseeing* per Flugzeug ist etwas billiger.

IMAX-Kino

Ein eindrucksvolles, wenn auch ein bisschen teures Vergnügen ($13,72, Kinder 6-10 Jahre $10,42 inkl. *tax*) bietet das **IMAX-Kino** mit dem ***Grand Canyon Movie***; ganzjährig, 8.30-20.30 Uhr in den Sommermonaten, sonst 10.30-18.30 Uhr. Beginn stündlich zur halben Stunde; http://explorethecanyon.com/imax-theater.

Grand Canyon National Park www.nps.gov/grca

Geschichte des Grand Canyon National Park

Im *Grand Canyon* und beidseitig der Schlucht gibt es zahlreiche Spuren vorkolumbischer Indianerbesiedelung. Als aber eine erste spanische Expedition im Jahr 1540 die Schlucht erreichte, war sie bereits menschenleer. Weitere Gruppen folgten und berichteten enthusiastisch vom *Grand Canyon*. Unsterblichen Ruhm erwarb sich der einarmige *Major* ***John Wesley Powell***, als er es 1869 fertigbrachte, mit 4 Booten und einer Handvoll Leuten den Colorado River zu »bezwingen« (➤ IMAX-Kino).

1876 erkannte ein *Fred Harvey* die touristische Attraktivität des *Grand Canyon* und errichtete 1882 das erste Hotel am *Grand View Point*. 1893 wurden Schlucht und Umfeld zur *Forest Preserve*, **1908** zum ***National Monument*** erklärt. **1919** erfolgte die Aufwertung zum ***National Park***, dessen Gebiet 1975 auf die heutige Ausdehnung erweitert wurde; www.nps.gov/grca.

Busse ab Tusayan

Seit einigen Jahren versucht man, den Autoverkehr in den Park dadurch zu reduzieren, dass zwischen den Großparkplätzen in Tusayan und der *Information Plaza* **in der Sommersaison Busse gratis** verkehren (alle 15 min; 7 mi, Dauer der Fahrt ca. 20 min). Die Idee ist: das Gros der Parkbesucher soll das *Grand Canyon Village* und die meisten Aussichtspunkte ab *Information Plaza* vorzugsweise zu Fuß bzw. mit dem Park Shuttle anlaufen. Zur Nutzung des Busse muss man einen ***Park Pass*** vorweisen. Wer den noch nicht und keinen *Interagency Pass* hat, kann ihn auch im *Visitors Bureau* von Tusayan (gegenüber IMAX) erwerben.

Shuttle Bussystem im Nat'l Park

Es ist aber nach wie vor auch möglich, **mit eigenem Fahrzeug** ins *Grand Canyon Village* hinein zu fahren. Lediglich die ***West Rim Road*** (zum Straßenendpunkt *Hermits Rest*) ist **von März bis November** für den Individualverkehr **gesperrt**. Außerdem sind die Parkkapazitäten in Schluchtnähe westlich des Besucherzentrums begrenzt. Wer bis dorthin fährt, gleich ob mit *Tusayan Shuttle* oder als Selbstfahrer, kann am *Visitor Center* umsteigen in die

- blaue ***Village Route***, die eine volle Runde durch das *Grand Canyon Village* dreht mit Umkehrpunkt ***Backcountry Information Center*** und Stop u. a. am ***Hermits Rest Transfer*** (ganz in der Nähe des *Bright Angel Trailhead*)
- Von dort geht's ggf. mit der roten ***Hermits Rest Route*** weiter.

Die Haltestellen befinden sich teilweise unmittelbar an den Aussichtspunkten oder sind nur einen kurzen Fußweg davon entfernt. Dieser Service ermöglicht ein Ablaufen des ***Rim Trail*** von Aussichtspunkt zu Aussichtspunkt bis ***Hermits Rest*** und die **Rückfahrt per Bus**. Die Entfernung vom *Visitor Center/Mather Point* bis zum Straßenendpunkt beträgt etwa 13 km.

- Die grünen ***Kaibab Trail Busse*** verkehren vom *Visitor Center* zum Ausgangspunkt des ***South Kaibab Trail*** mit Stops an den *View Points Yaki* und *Pipe Creek Vista*. Im Sommer um 5+6 Uhr, sonst 8+9 Uhr geht ein spezieller ***Hiker's Express*** dorthin.

4

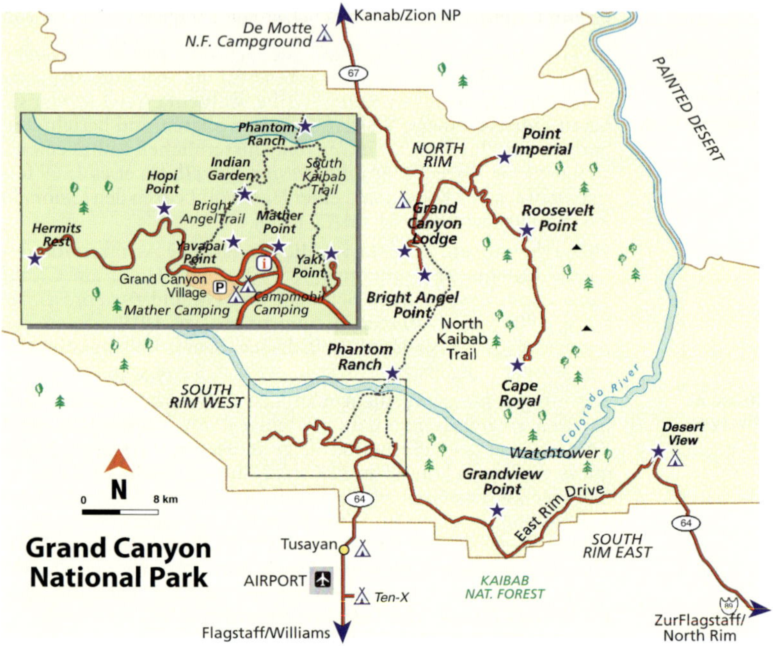

Situation im Park

Eintritt $25/Auto $12/Person oder Interagency Jahrespass

An der Parkeinfahrt erhält man die ***Park Map*** und ***The Guide***, die aktuelle zeitungsartige Informationsschrift der Parkverwaltung mit allen Veranstaltungen, Regelungen, Hinweisen für Wanderungen, Öffnungszeiten etc.

Von der Südeinfahrt erreicht man zunächst das **Haupt-Besucherzentrum** des Parks mit großen Parkplätzen. Auf der sog. ***Information Plaza*** des *Visitor Center* wie auch im Gebäude selbst werden Historie, Geologie und andere Parkphänomene nicht mehr in Dia- und Videoshows in endloser Wiederholung abgespult, sondern durch sich selbst erklärende eingängige Darstellungen, Karten und Fotos mit Texten im Großformat. Auf typische Besucherfragen gibt es dort »prophylaktisch« Antwort.

Aussichtspunkte

Von dort sind es zum ersten Aussichtspunkt am Rand des *Grand Canyon*, dem ***Mather Point***, nur ein paar hundert Meter zu Fuß. Wie auch von fast allen anderen *Viewpoints* ist der Blick über die hier rund 16 km breite und 1.350 m tiefe Schlucht überwältigend, sind die vielfältigen Farben und Formationen faszinierend.

Rim Trail

Alle ausgebauten Aussichtspunkte im zentralen Bereich des Parks sind vom *Yaki Point* östlich des *Mather Point* bis zum westlichen Ende der *Hermit Road* durch den sog. ***Rim Trail***, den Randwanderweg, miteinander verbunden.

Greenway Bike Trail

Außerdem gibt es noch den ***Grand Canyon Greenway*** für Biker von der *Information Plaza* hinüber zum ***Verkamp's Visitor Center*** bei der Hotelkonzentration unweit des ***Bright Angel Trailhead***.

Marsch in die Tiefe

Allein mit den grandiosen Aussichten mögen sich viele nicht zufrieden geben. Der Abstieg zum von hoch oben kaum sichtbaren Colorado River ist schon hart, aber der Aufstieg gerät rasch zur Tortur. Im Sommer herrscht selbst bei moderaten Temperaturen am Rand (2100 m über NN beim *Village*) weiter unten eine erhebliche Hitze. Bis Mai und ab Mitte September, wenn es oben noch schon recht kühl sein kann, sind die Temperaturen im *Canyon* indessen erträglich. Dann bezwingen Leute mit guter Kondition den Canyon sogar an einem Tag. Die *Ranger* raten indessen zu jeder Jahreszeit davon ab und weisen auf die Problematik von ***one-day-hikes*** hin. **Wer schlapp macht, muss die Rettung per Hubschrauber teuer bezahlen**.

Trails

Vom Südrand existieren ***zwei Wege*** nach unten:

- Dem populären, weil etwas weniger steilen ***Bright Angel Trail*** mit drei **Wasserstellen** *(Rest Houses)* ist im ersten Teil seines Verlaufs das Blickfeld eingeschränkt, da er in einem Seiten-*Canyon* beginnt. Auf diesem schmalpfadigen staubigen Teilstück stören oft die Muli-Trips bzw. die Gerüche und Pfützen, die die Mulis hinterlassen. Auf halber Höhe befinden sich die ***Indian Gardens*** mit Wasserstelle. Die *Indian Gardens* und der Pfad zum ***Plateau Point***, der auf etwa halber Höhe eine erste Aussicht auf den Colorado River bietet, sind auf dem Coverfoto Seite 552 deutlich zu erkennen.

  Gesamtdistanz: 15 km über 1.335 m Höhe. Abstieg machbar in 3-5 Stunden. Aufstieg je nach Kondition 5-8 Stunden.

Blick in den Grand Canyon und auf den Colorado River vom Desert View aus an der östlichen Parkeinfahrt (den Fluss kann man von Aussichtspunkten am Canyonrand weiter westlich kaum sehen)

- Auf dem steileren ***South Kaibab Trail*** gibt es keine Wasserstelle, dafür aber die Weite des Blicks von Anfang an. Die Distanz ist mit 11 km geringer und Muli-Karawanen stören dort weniger. Der Abstieg ist in 3 Stunden möglich, in 3,5-4 Stunden üblich, der Aufstieg bei 13% durchschnittlicher Steigung aber eine Schinderei; Zeitbedarf ab 5 Stunden. Hier noch wichtiger: salzhaltige Verpflegung (Erdnüsse u. ä.) und **jede Menge zu trinken mitnehmen**, Minimum drei Liter, besser mehr.

Rundwanderung

Man kann beide Wege zu einer Rundwanderung kombinieren; man wählt am besten den *South Kaibab Trail* für den Abstieg und den *Bright Angel Trail* für den Aufstieg (am Folgetag).

Permit fürs Zelten im Canyon

Fürs Zelten – sei es in den *Indian Gardens* oder im *Bright Angel Campground* ganz unten – benötigt man ein ***Permit*** (Gebühr). Man erhält es nur per Post und sollte sich 4 Monate (am besten am 1. Tag dieses Monats, also z.B. am 1. Januar für Mai) vor dem Wunschdatum darum kümmern! Das Formblatt ***Backcountry Permit Request Form*** kann man im **Internet herunterladen** (Englisch). Die Gebühr zahlt man per Kreditkarte. Falsch oder unvollständig ausgefüllte Formulare landen im Papierkorb; zur Prozedur: www.nps.gov/grca/planyourvisit/backcountry-permit.htm. ***Backcountry*-Karte** mit allen Übernachtungsplätzen gibt's unter: www.nps.gov/grca/planyourvisit/upload/backcountry_map.pdf.

Zum Versuch vor Ort (Vergabe von *Permits*, die bis 8 Uhr nicht abgeholt wurden): das ***Backcountry Information Center*** befindet sich bei der *Maswik Lodge* im *Village*.

Phantom Ranch

Mit einer Reservierung für die ***Phantom Ranch*** (jenseits der Hängebrücke über den Colorado) in der Hand, benötigt man kein *Backcountry Permit* mehr. Die Übernachtungskosten in der *Phantom Ranch* betragen $44 pro Person im Schlafsaal (***Cabins*** für bis zu 4 Leute $144). Hinzu kommen ggf. Verpflegungskosten (extrem hoch). Buchung möglichst schon ein Jahr im voraus, sonst besteht kaum eine Chance. **Langfrist-Reservierungs-Service** wie unten. Am frühen Morgen werden in der ***Bright Angel Lodge*** die Reservierungen von ***No-Shows*** vergeben. Das Vergabesystem unterliegt Veränderungen. Mal liegt eine Liste zum Eintrag bereits am Vortag aus, mal muss man sich um 6 Uhr morgens beim ***Bright Angel Transport Desk*** anstellen.

Per pedes zum Nordrand

Wer den **Trip von Rand zu Rand** machen möchte (33 km auf dem *South+North Kaibab Trail*), kann den Rücktransport bei ***Transcanyon Shuttle*** buchen, © (928) 638-2820, www.trans-canyonshuttle.com, $85/Person (Fahrtzeit 4,5 Stunden).

Muli-Trips

Die Alternative zu Schusters Rappen sind ***Muli-Trips***. Bei den 2-Tage-Trips ist ein **Schlafplatz auf der *Phantom Ranch*** garantiert. Reservierung auch über © 1-888-297-2757. Bevor man jedoch $480 (inkl. Verpflegung/EZ) oder $845 (bei 2 Personen im DZ) ausgibt, sollte man wissen, worauf man sich einlässt. Für Reitunkundige ist der Ritt ein strapaziöses Abenteuer, dennoch angeblich bis mindestens 9 Monate im voraus ausgebucht.

Unterkunft im Nationalpark

Wie gesagt, darf man im Bereich *Grand Canyon* ohne Reservierung zwischen Mai und Oktober nicht auf ein Quartier hoffen. Sämtliche Unterkünfte im Nationalpark (*Grand Canyon Village*) können über © **1-888-297-2757**, www.grandcanyonlodges.com, gebucht werden. Unmittelbar am Rand liegen

- ***Kachina*** und ***Thunderbird Lodge***
- ***El Tovar Hotel*** (sehr teuer, aber auch sehr schön)
- ***Maswik Lodge*** (etwas billiger, hat aber auch keine derart exklusive Lage wie die drei vorstehenden Häuser.

Camping

- Der ***Campground Mather*** und das ***Trailer Village*** beim *Grand Canyon Village* sind von Mai bis Ende September spätestens mittags voll belegt. Ohne Reservierung hat man nur bei Ankunft am Vormittag eine Chance. **Reservierungen** für ***Mather*** (über www.recreation.gov, © 1-877-444-6777). Fürs ***Trailer Village*** ruft man *Xanterra Reservations* an: © 1-888-297-2757, ➤ auch oben.
- Der ***Desert View Campground*** am Ostausgang operiert auf *First-come, first-served*-Basis ($12).

Zum Nordrand Grand Canyon und zu den Parks Zion und Bryce Canyon

Vom *Grand Canyon South Rim* auch noch zum ***North Rim*** sollte nur fahren, wer weitere Parks im südwestlichen Utah im Reiseprogramm hat, also z.B. den ***Zion*** und/oder den ***Bryce Canyon Park***. Ohnedem erscheint der Umweg zu weit (4-5 Stunden Fahrt eine Strecke). Der fast 400 m höhere Nordrand bietet trotz einer gewissen Andersartigkeit im Prinzip nichts Neues. Bis April, gelegentlich bis in den Mai hinein und nicht selten bereits im Oktober erfolgt wegen Schneefalls eine Sperrung der Nordseite.

Zion und ***Bryce Canyon*** sind durchgehend geöffnet mit nur gelegentlichen Sperrungen wegen Schnees (Ausnahme: Zion Osteinfahrt). Vom Südrand des ***Grand Canyon*** führt der schnellste Weg dorthin zunächst über die Straße #64, dann weiter auf der Straße #89 und dann auf der streckenweise sehr reizvollen Route #89Alt(ernative) mit der einzigen Brücke über den Fluss weit und breit. Den Anschluss an die vorstehende Beschreibung der beiden Utah-Parks erreicht man in Kanab, ➤ Seite 563.

Brücke über den Colorado River Canyon beim einsamen Nest Marble Canyon

Anhang: Kalifornien Wissen

Sun

Kalifornien Wissen

Geschichte

Ureinwohner

Die ersten Menschen kamen nach heutigen Erkenntnissen vor 15000-16000 Jahren über eine Landbrücke auf den nordamerikanischen Kontinent, die bis etwa 10.000 Jahre vor unserer Zeitrechnung Sibirien und Alaska miteinander verband. Über die Jahre erreichten unterschiedlichste Siedlergruppen auch den Südwesten. Bei Ankunft der ersten Europäer siedelten in der Region etwa 30 Stämme, die zu sechs Sprachgruppen gehörten. Insgesamt lebten damals dennoch nur ca. 300.000 Menschen im heutigen Kalifornien. Trotz dieser kleinen Zahl auf der riesigen Fläche kam es auch unter ihnen schon zu kriegerischen Auseinandersetzungen.

Baja und Alta California

Wahrscheinlich der erste Europäer, der mit seiner Mannschaft an der heutigen San Diego Bay kalifornischen Boden betrat, war der Portugiese ***Juan Rodriguez Cabrillo***. Er befand sich im Sommer 1542 im Auftrag der spanischen Krone auf einer Erkundungsfahrt entlang der Pazifikküste. Als *Cabrillo* im Jahr darauf starb, hatte er aber weder Gold noch die damals vermutete Verbindung zwischen Pazifik und Atlantik gefunden. Daher erlosch zunächst das Interesse Spaniens an der Westküste Nordamerikas, obwohl man ***Baja*** und ***Alta California***, die langgestreckte Halbinsel im äußersten Südwesten Nordamerikas und in etwa das Gebiet des späteren Kaliforniens als spanischen »Besitz« deklariert hatte. Auch weitere Expeditionen und eine erste Missionsstation in der Region Baja California Ende des 17. Jahrhunderts änderten daran nichts. Erst als die Schiffe anderer Nationen der Alten Welt Mitte des 18. Jahrhunderts häufiger im Nordpazifik Flagge zeigten und Trapper und Abenteurer auf dem Landweg bis zur Westküste vordrangen, besann sich Spanien auf seinen alten Vormachtanspruch.

Wandbild, das den Zug der Entdecker um Gaspar de Portola und Junipero Serra 1769/70 von der San Diego Bay in Richtung San Francisco Bay skizziert

Missionierung

Mit der Bekehrung der Indianer zum Katholizismus und der Errichtung von Militärposten hoffte man, das bislang nur per Dekret in Beschlag genommene Land im Westen dauerhaft vereinnahmen und für Spanien sichern zu können. Zunächst waren es Jesuiten, die weitere Missionsstationen in *Baja California* gründeten. Als sie in Ungnade fielen, nahmen Franziskaner ihren Platz ein.

Spanisch-mexikanische Periode

Eine offizielle größere Expedition um den militärischen Befehlshaber ***Gaspar de Portola*** und den Franziskanerpater ***Junipero Serra*** machte sich Anfang 1769 von La Paz an der Südspitze von *Baja California* auf den Weg nach Norden, landete in der Bucht von San Diego im April und begann mit dem Bau einer Befestigung, eines ***Presidio***. *Serra* ließ bereits im Juli 1769 den Grundstein für die Mission ***San Diego de Alcalá*** legen, die erste von 21 dieser Art in *Alta California* (➤ Seite 456). Um die meisten entwickelten sich Siedlungen, Keimzellen bekannter kalifornischer Städte. Die letzte Mission, ***San Francisco de Solano*** in Sonoma (➤ Seite 227) nördlich der San Francisco Bay wurde erst 1823 gegründet, als die einstige Kolonie Mexico – nach einem 11-jährigen Kampf 1821 – bereits die Unabhängigkeit erstritten und die nordamerikanischen Besitzungen von Spanien übernommen hatte.

Von San Diego zogen *Portola* und *Serra* im Juli 1869 weiter mit Ziel Monterey Bay, die seeseitig von Schiffen bereits entdeckt worden war, verpassten diese aber und entdeckten 1770 die weit ins Land reichende Bucht von San Francisco und das schmale *Golden Gat*e. Die endgültige Erschließung und Ausbeutung Kaliforniens hatte damit begonnen. Wie so oft zum Schaden der Urbevölkerung, die sich schlechter missionieren ließ als erhofft. Zudem schleppten die Spanier Krankheiten ein, gegen die am Pazifik noch kein Kraut gewachsen war. Dass die Indianer als Menschen zweiter Klasse behandelt wurden, versteht sich von selbst.

Erste Hälfte 19. Jahrhundert

Die erste Hälfte des 19. Jahrhunderts läutete das Ende der spanisch-mexikanischen Einflussnahme in Nordamerika ein. Nach der Loslösung von Spanien eigneten sich mexikanische Großgrundbesitzer riesige Gebiete in Kalifornien an und etablierten auf ihren *Ranchos* die Rinderzucht. Gleichzeitig drängten Händler, Trapper und Abenteurer nach Kalifornien, in ein Land, von dem es schon damals hieß, dort könne jeder sein Glück machen.

Bear Flag Republic

Aber nach der texanischen Unabhängigkeit 1845 befahl Mexico die Ausweisung aller Ausländer einschließlich dort verbliebener Spanier aus Kalifornien, was zum Aufstand führte. Eine Gruppe amerikanischer Siedler unter ***John C. Fremont*** rief bereits 1846 in Sonoma die Unabhängigkeit Kaliforniens als sog. ***Bear Flag Republic***. Die existierte zwar nur einen Monat, aber der namensgebende Grizzlybär blieb bis heute in der Staatsflagge, ➤ Innentitel des Buches ganz vorne und Seite 227.

US-Staat seit 1850

Mit dem amerikanisch-mexikanischen Krieg von 1847/48 fielen New Mexico, Arizona und Kalifornien an die USA. Und bereits **1850 wurde Kalifornien – der 31. – Staat der Union**.

Goldrausch 1849/50

In diese turbulente Zeit fand man 1848 in der Sierra Nevada östlich von Sacramento Gold, ➤ Seite 242. Und bald machten sich Tausende Glücksritter zur Goldsuche ins ***Sacramento Valley*** am Fuße der Sierra auf. Als der Goldrausch von 1849/50 abgeebt war, gab es 1860 den nächsten Run auf Edelmetall. Dieses Mal begann es mit der Entdeckung der ***Comstock Lode***, einer Silberader, die Virginia City (➤ Seite 254) im heutigen, damals noch nicht definierten Nevada zeitweise zur Großstadt machte.

Zweite Hälfte des 19. Jahrhunderts

Die Aktivitäten im Hinterland und der enorme Zuzug nach Kalifornien, der auch über die wenigen Häfen der Pazifikküste aus Asien wie auch von der Ostküste aus auf dem langen gefahrvollem Seeweg um Kap Horn erfolgte, führte zu einer boomenden Wirtschaft im nahen San Francisco.

Bürgerkrieg, Eisenbahn, Ölboom

Der **Bürgerkrieg** im Osten von **1861 bis 1865** führte lediglich zu einer zeitweisen Unterbrechung der stürmischen Entwicklung. Kalifornien, in dem es keine Sklaverei gab, stand den Nordstaaten nahe und zählte sich damit zu den Kriegsgewinnern, obwohl nur eine Brigade kalifornischer Freiwilliger im Osten mitgekämpft hatte. Nach dem Krieg ging es weiter wirtschaftlich bergauf. Ab **1869** brachten die **transkontinentalen Eisenbahnen** einen dramatischen Fortschritt. Sie verkürzten das monatelange Trekking und Seereisen nach Kalifornien auf weniger Tage und reduzierten die Kosten enorm. Immer mehr Siedler zog es daher nach Westen. Zigtausend Chinesen, die man als billige Arbeitskräfte für den Eisenbahnbau ins Land geholt hatte, blieben außerdem in Kalifornien. Ende des 19. Jahrhunderts kam es auch noch zu einem **Ölboom**. Und so zählten San Francisco schon **1900** 320.000, Los Angeles 100.000 und San Diego 20.000 Einwohner.

Erste Hälfte des 20. Jahrhunderts

Kalifornien wuchs in der ersten Hälfte des 20. Jahrhunderts rapid weiter. Bereits ab **1913** verband der ***Lincoln Highway***, eine erste transkontinentale Autostraße, San Francisco mit New York. Das Autozeitalter war angebrochen und der Tourismus eingeläutet. Die Eröffnung des **Panamakanals** 1914 beschleunigte und verbilligte den Waren- und Personentransport zwischen Ost- und Westküste weiter. Der Weltkrieg 1914-18, in den die USA erst am Ende eingriffen, wirkte sich so weit entfernt von den Schauplätzen kaum aus. In die wirtschaftlich schwierigere Zeit der **1920er- und 1930er-**Jahre fallen die Eröffnung der ***Route 66*** als zweiter Transkontinentalstraße, eine riesige Arbeitsbeschaffungsmaßnahme, ebenso wie zeitgleich der Bau der ***Golden Gate*** und der kaum minder spektakulären ***Bay Bridge*** (➤ Seiten 205 und 230).

Hollywood

In dieselbe Zeit fällt der Aufstieg der amerikanischen, sprich kalifornischen **Filmindustrie** mit den weltbekannten Studios in **Hollywood** (*MGM, Universal, Warner Brothers*, ➤ Seiten 381ff).

2. Weltkrieg

Der folgende **Zweite Weltkrieg** bescherte dem Staat an der Pazifikküste kriegswirtschaftsbedingte Vollbeschäftigung. **San Diego** wurde wichtigster Hafen der US-Marine und das ***Presidio* von San San Francisco** Hauptquartier des Generalstabs. In Südkalifornen entstanden Trainingscamps und Manövergelände der Armee und des *Marine Corps* und riesige Luftwaffenstützpunkte, die man im neuen Jahrtausend sogar noch weiter ausbaute. Kriegsschiff- und militärischer Flugzeugbau boomten.

Zweite Hälfte 20. Jahrhundert

In der zweiten Hälfte des 20. Jahrhunderts stand Kalifornien für technologische Innovation und gesellschaftlich progressive Impulse: Von der ***Beat Generation*** der 1950er-Jahre über ***Flower Power*** in der Hippie-Dekade bis zur ***Gay Pride*** homosexueller Bürger vor allem in San Francisco.

Gleichzeitig wuchs das Sozialprodukt weit überdurchschnittlich und machte Kalifornien zu einem der reichsten US-Staaten mit – für viele – höchster Lebensqualität.

Neues Jahrtausend

Das neue Jahrtausend begann 2001 mit dem Platzen der sog. **Dot-com-Blase**«. Aber das ***Silicon Valley*** fing sich wieder. Problematischer war und ist die über Dekaden gelaufene **Immobilienpreisexplosion**, die 2007/08 zusammenbrach. Die folgende bis heute nicht ausgestandene **Wirtschaftskrise** führte besonders in Kalifornien zu erheblichen Finanzproblemen zahlreicher Bürger und auch des Staates. Die drastischen **Budgetkürzungen** der letzten Jahre erkennt man als Tourist z.B. am schlechten Zustand vieler Autobahnen und Straßen wie öffentlicher Gebäude oder in den ***State Parks*** bei zugleich drastisch gestiegenen Eintritts- und Campgebühren, wenn sie nicht gleich ganz geschlossen wurden. Preiswerte Campingplätze in reizloser Umgebung, aber guter (und lauter!) Verkehrsanbindung, die früher kaum frequentiert wurden, stehen heute voller alter Wohnwagen all derer, die ihre Häuser verloren, weil sie Zinsen und Tilgung nicht mehr leisten können.

Bevölkerung

Kalifornien ist der **bevölkerungsreichste Staat der USA**. Rund 38 Mio. Menschen (1970: 20 Mio.!) leben in diesem flächenmäßig drittgrößten Bundesstaat des Landes, ➢ »Steckbrief« auf Seite 14.

Die letzte Volkszählung ergab, dass weniger als die Hälfte aller Kalifornier als »weiß« (*Caucasian*) gelten (ca. 46 %). Die nächstgrößere ethnische Gruppe sind Spanischstämmige und Lateinamerikaner (*Hispanics/Latinos*, rund 33%), gefolgt von Asiaten (ca. 12%) und »schwarzen« *Afro Americans* (ca. 8%).

Indessen hat auch in Kalifornien die Vorstellung vom amerikanischen Schmelztiegel der Ethnien und Kulturen lange ausgedient. Die verschiedenen zugezogenen Bevölkerungsgruppen siedeln sich überwiegend in städtischen Bereichen an und bleiben dort meist unter sich. Besonders spanisch- und chinesischsprachige Bürger sehen oft keine zwingenden Gründe, Englisch zu lernen. Das gilt auch für viele Zuwanderer und ihre Nachkommen aus anderen Regionen. Andererseits macht dies die kulturelle Vielfalt Kaliforniens aus und ist irgendwie auch die Bestätigung des amerikanischen Leitspruchs *E Pluribus Unum* (»Eins aus Vielen«).

Staat und Politik

Gouverneur

Die Verfassung Kaliforniens sieht – wie in allen Demokratien – eine Gewaltenteilung zwischen Legislative, Judikative und Exekutive vor. **Hauptstadt** des Bundesstaates ist **Sacramento**, von wo aus ein **Gouverneur** seine Amtsgeschäfte ausübt, ähnlich wie die Ministerpräsidenten unserer Bundesländer. Seine Amtszeit dauert vier Jahre; er darf nur einmal wiedergewählt werden. Von 2003 bis 2011 war der frühere Action-Filmstar und gebürtige Österreicher *Arnold Schwarzenegger* Gouverneur. Aktueller Amtsinhaber ist nach einer ersten Amtszeit 1975-1983 wieder *Jerry Brown*, Mitglied der Demokratischen Partei; sein Vorgänger gehörte dagegen den Republikanern an.

Demokraten/ Republikaner

Städte wie San Francisco und Los Angeles wählen überwiegend demokratisch, während sich ländliche Gebiete eher zu den Republikanern bekennen. Wo indessen das Pro-Kopf-Einkommen hoch ist, haben die Republikaner auch in Städten die Nase vorn, etwa im Orange County/Anaheim (Großraum LA) und in San Diego.

Legislative und Exekutive

Die Legislative teilt sich in Kalifornien nach Vorbild der Union in einen Senat und ein Repräsentantenhaus; der Senat hat hier 40 Mitglieder, das Haus 80. Die Mitglieder des Hauses, der *State Assembly*, übernehmen ihr Amt für zwei Jahre und dürfen höchstens dreimal wiedergewählt werden. Über die Einhaltung der Staatsverfassung wacht der Oberste Gerichtshof des Staates (*Supreme Court of California*).

Wirtschaft

Übersicht

Kalifornien ist trotz seiner im Weltmaßstab geringen Einwohnerzahl ein wirtschaftliches Schwergewicht. Wäre der Staat unabhängig, gehörte er trotz der seit 2007/08 nach wie vor fortbestehenden Wirtschaftskrise ökonomisch zu den Top Ten der führenden Nationen (Bruttosozialprodukt ca. $2 Mio/Jahr). Dabei sind hier nicht (mehr) Industrien wie Flugzeug und Schiffbau tonangebend, sondern vor allem innovative Branchen und Dienstleistungen, aber auch – wie seit Dekaden – die Landwirtschaft. Ein wichtige Rolle spielt seit dem 2. Weltkrieg das Militär. Ein Großteil des amerikanischen Verteidigungsbudgets fließt nach Kalifornien.

Silicon Valley

Flugzeug- und generell Miltärtechnik wie auch die hohen Investitionen in Spitzenuniversitäten schufen die Grundlagen dafür, dass Kalifornien sich zum Technologie-Vorreiter schlechthin entwickeln konnte. Inbegriff für die PC-Revolution, Hard- und Software-innovationen ist das sog. ***Silicon Valley*** zwischen Palo Alto und San José, ➤ Seite 303f. Ein wesentlicher Faktor war und ist dort die *Stanford University*, deren Absolventen den Aufstieg von Garagenfirmen genialer Tüftler wie *Steve Jobs* u.a. zu Weltkonzernen wesentlich beeinflussten. Auf Seiten 305ff. steht mehr dazu einschließlich der Standorte der wichtigsten Firmen wie ***Apple, Intel, Hewlett Packard, Facebook*** *und* ***Google***.

Agrikultur

Ein seit jeher für Kalifornien besonders wichtiger Wirtschaftszweig ist nach wie vor die **Landwirtschaft**. Fruchtbare Böden vor allem in den ausgedehnten Niederungen des ***Sacramento*** und ***Central Valley*** (➤ Karte Seite 18f), die sich dank der großen winterlichen Schneemengen der Sierra Nevada und zahllosen deren Schmelzwasser aufstauender künstlicher Seen gut bewässern lassen, machten Kalifornien neben Florida zum größten **Obst- und Gemüsegarten** der USA.

Ein mittlerweile weltweit vermarktetes Exportgut ist der kalifornische **Wein**. Nicht nur in den Bereichen ***Napa*** und ***Sonoma Valley*** (➤ Seiten 229ff) entstehen gute Tropfen, Wein wird überall zwischen LA und Sacramento und noch weiter nördlich angebaut.

Öl

Vom Ölboom im 19. Jahrhundert war oben schon die Rede. Kalifornien braucht weitaus mehr Öl als die Eigenförderung vor der Küste Südkaliforniens und in den Ölfeldern westlich von Bakersfield hergibt. Raffinieren, Ölförderung und -exploration samt dem Ölhandel sind zusammen ein erheblicher Wirtschaftsfaktor.

Service

Die meisten Kalifornier arbeiten in der Dienstleistungsbranche, in der **Tourismus** und **Gastronomie** eine Hauptrolle spielen.

Militär

Vom Militär als Wirtschaftsfaktor war bereits die Rede. Mit der seit Vietnam wieder gewachsenen Orientierung der USA auf Asien, hat sich die Bedeutung Kaliforniens hier noch verstärkt.

Kunst und Kultur

Ernst Georg Richter

Ob Musik, Film, Literatur oder bildende Kunst, Kalifornien hat vom einfachen Auftritt in der Nachbarschaft bis hin zum internationalen Ereignis in der Kulturszene allerhand zu bieten. Die kalifornische Filmindustrie hat das 20. Jahrhundert entscheidend mitgeprägt und wird das wohl auch in Zukunft tun.

Architektur

Spanische Basis

So bunt und vielfältig wie Geschichte und Kultur der Bürger des *Golden State* sind auch die in Kalifornien zu findenden Baustile. Am Anfang stand die »kalifornische Klassik«, der **spanisch-mexikanische Stil** des späten 18. bis mittleren 19. Jahrhunderts, in reinster Form erhalten in den alten Missionen zwischen San Diego und San Francisco. Aber die Stilrichtung wurde auch später noch häufig zitiert und neu aufgelegt, z.B. in der *Union Station* von LA und bis heute in zahlreichen Privatvillen und in der Gastronomie.

Victorian Style

Besonders in San Francisco und Umgebung war seit der zweiten Hälfte des 19. Jahrhunderts der **viktorianische Stil** beliebt, den man auf Spaziergängen durch Pacific Heights, Haight Ashbury und andere Viertel der Stadt, aber auch in San Diego bewundern kann: Hübsche, verschachtelte Kästen mit Erkern und Türmchen, die oft durch ihren bunten Anstrich noch mehr auffallen, ➤ z.B. *Painted Ladies* in San Francisco und die Gebäude am *Heritage Square* in San Diego, ➤ Seiten 212 und 481.

20. Jahrhundert

Neben dem Wiederaufleben von Bauelementen aus der **Kolonialzeit** war in den 1920er-Jahren der **eklektizistische Stil** bei denen beliebt, die es sich leisten konnten – das Paradebeispiel für solch eine Mischung aller möglicher Einflüsse ist das ***Hearst Castle*** in San Simeon (➤ Seite 328). In den 1930ern wurde **Art Deco** und **Stromliniengestaltung** in Kalifornien beliebt, später auch die aus dem Herzen der Alten Welt stammende **Bauhausarchitektur**.

Postmoderne

Zeitgenössische Architektur verwendet Alltägliches auf neue Art und interpretiert die Natur auf oft eigenwillige Weise; Beispiele dafür sind z.B. am ***Getty Center*** in Los Angeles erkennbar oder in der ***Disney Concert Hall*** zu sehen (➤ Seiten 367 und 387).

Wer sich für Hochhausbauten aus Stahl und Glas der **Postmoderne** interessiert, wird in *Downtown* Los Angeles und *Downtown* San Francisco fündig, seit ein paar Jahren auch am Las Vegas Boulevard in der Weltkapitale des Glücksspiels; ➤ z.B. Seite 515. Dort ist ansonsten die Architektur der Kasinos ein Kapitel für sich.

Musik

KLassik

Sunny California hat für jeden den richtigen Sound, sogar für Freunde der europäischen **Klassik**. Das ***San Francisco Symphony Orchestra*** und das ***Los Angeles Philharmonic Orchestra*** sind anerkannte Klangkörper, die weltweit mithalten können.

Jazz

Amerikas klassische Musik ist der **Jazz**. Schon in den 1920er-Jahren breitete sich das Phänomen vom Mississippi auch nach Westen aus. Und in den *Fifties* gab es hier ein Kontrastprogramm zum *Bebop* und *Hard Bop* der Ostküste. Nach dem Vorbild von *Gerry Mulligans* und *Miles Davis'* Album *»Birth of the Cool«* brachten ***Cool Jazz*** und die ***West Coast School*** sanftere, melodischere Linien hervor als die zupackenderen Spielarten östlich des Mississippi.

Geniale Musiker wie der Bassist *Charles Mingus* und der Tenorsaxophonist *Dexter Gordon* stehen für die große Tradition des Jazz in Kalifornien, die nach wie vor lebendig ist und in Clubs von San Francisco und LA sowie auf vielen Festivals hochgehalten wird.

Rock, Pop & Blues

Was wäre die Westküste ohne ***Rock, Pop*** und ***Blues***? *Rock'n'Roll* ging aus dem schwarzen *Rhythm and Blues* hervor und war in der zweiten Hälfte der 1950er-Jahre hier so beliebt wie übrall in Amerika. Wer weiß, was z.B. aus dem jungen Talent *Ritchie Valens* (»La Bamba«) hätte werden können, wenn er nicht tragischerweise neben *Buddy Holly* mit dem Flugzeug abgestürzt wäre. Beim ***Rock*** war die Entwicklung in den 1960er-Jahren ähnlich wie zuvor beim Jazz: Die Westküste hatte einen »softeren« Einfluss. So wurden Gruppen wie die ***Beach Boys*** bekannt, die das hohe Lied der *Surf*-Kultur sangen. Sie ebneten auch den Weg für den *Soundtrack* zum ***Summer of Love*** und all jene, die mit Blumen im Haar nach San Francisco kamen. *»California Dreaming«* war angesagt, mit Bands wie *The Grateful Dead*, *Jefferson Airplane*, *Creedence Clearwater Revival* und natürlich *The Doors*.

Auch in härteren Zeiten von ***Punk*** und ***Avantgarde*** in den 1970er- und 1980er-Jahren hatte man hier ein Wort mitzusingen, und obwohl das ***Grunge***-Phänomen der 1990er-Jahre aus Seattle und nicht etwa aus San Francisco kam, wurde und wird hier immer noch progressive Musik groß geschrieben.

Von Soul über Swing bis Rap

Schwarze Musik von ***Soul*** über ***Funk*** bis ***Rap*** ist genauso hier zu Hause, man denke an die *Vocals* von *En Vogue* oder den *New Jack Swing* von *Tony Toni Toné*, die beide aus Oakland kamen. Nachdem ***Hip Hop*** an der Ostküste groß geworden war, hat er speziell in Los Angeles ein hartes Erwachsenenleben geführt. Das raue Pflaster von South Central LA brachte zwar große Talente hervor, aber die Szene litt häufig unter gewaltsamen Auseinandersetzungen. Immerhin hatten *Rapper* wie *Ice Cube* bald auch als Filmschauspieler Erfolg, und Künstler/Produzenten wie *Dr. Dre* wirken weiter vor und hinter den Kulissen.

Latino und Rock

Seit *Carlos Santana* gegen Ende der 1960er seine Band gründete, die **Latinorhythmen mit Rock** verband, ist auch die Kombination der beiden Stile immer wieder ein Thema in der Musikszene Kaliforniens gewesen.

Theater

In Sachen Theater ist die Ostküste mit New York nach wie vor führend. Hinzu kommt, dass in Kalifornien so viel für Leinwand und Bildschirm produziert wird, dass man meinen könnte, es bliebe wahrscheinlich nicht mehr viel Aufmerksamkeit für *Live Performances* auf der Bühne übrig. Umso erstaunlicher ist die Vielzahl von kleineren und größeren Theatern in teilweise sogar recht kleinen Ortschaften. Die aktuellen Programme findet man in Stadtmagazinen und Veranstaltungskalendern der Touristeninformationen. Wer sich vorab informieren möchte, braucht im **Internet** nur das Stichwort »***theater programs***« und Ortsnamen einzugeben und wird staunen, was Bewohnern und Besuchern im als »kulturarm« verschrienen USA so alles geboten wird. Selbst am Lake Tahoe weitab von Ballungsgebieten läuft im Sommer ein **Shakespeare Festival**, ➢ Seite 154.

Bildende Kunst

Ersichtlich mehr noch als anderswo hat in Kalifornien die Natur die Kunst beeinflusst und mitgeprägt. Im 19. Jahrhundert kamen Künstler von weither nach Westen, um die herrlichen **Landschaften** abzubilden, unter ihnen der deutschstämmige ***Albert Bierstadt***, dessen großformatige Gemälde den jungen Staat über den Goldrausch hinaus auch im Osten populär machten. In den Folgedekaden zogen zahlreiche Künstler ins »Südfrankreich der USA«.

Nach dem Vorbild der Impressionisten konzentrierten sich viele Maler auf grandiose Landschafts-Momentaufnahmen in Öl und Aquarelle mit Alltagsdarstellungen.

Surrealismus, **Dadaismus** und **abstrakter Expressionismus** hielt in Kalifornien erst ab den 1940er-Jahren Einzug. In den 1950er-Jahren folgte die Rückbesinnung auf das Figurative und der Schritt weg vom Abstrakten, wie etwa in den Bildern von *Elmer Bischoff* und *David Park*. ***Pop Art*** war das Motto seit den 1960er-Jahren. In San Franciscos Stadtteil in Haight Ashbury wurde die Kunst ähnlich **psychedelisch** wie die Musik.

Aktuelle Kunst

Über die aktuelle Kunstszene macht man sich am besten in Mu - seen wie dem ***MOCA*** in LA oder dem ***MOMA*** in San Francisco ein Bild (➢ Seiten 388 und 190), aber auch viele kleinere Kunstmuseen wie private Galerien haben einiges zu bieten. Sonderaustellungen im ***Getty Center*** und ***LACMA*** in LA und in San Franciscos ***De Young Museum*** thematisieren von Zeit zu Zeit ebenfalls das Kunstschaffen der Gegenwart, ➢ Seiten 371f, 391 und 209.

Literatur

19. Jahrhundert

Im Kalifornien des 18. und 19. Jahrhunderts blieb nicht viel Muße für das geschriebene Wort; wichtige Beschäftigungen wie das Goldschürfen, der Eisenbahnbau und das Geldverdienen überhaupt nahmen die meiste Zeit des Tages in Anspruch.

Es gibt aber durchaus Tagebücher und Berichte über den neuen Staat im Westen, u.a. von ***Richard Henry Dana*** in seinem *Two Years before the Mast* von 1840. Fünfzig Jahre später verschlug es ***Mark Twain*** vom Mississippi an die *Banks of Sacramento*, von wo aus er u.a. über die Wunderlichkeiten der kalifornischen Gründerjahre schrieb, ➢ Seiten 233 und 250.

Der wahre Chronist des mittleren Kalifornien und der kleinen Leute war indessen ***John Steinbeck***, der mit seinen Romanen die moralische Landkarte der Westküste zeichnete, ➢ Seite 318.

Krimis

Kalifornien ist Krimiland – ***Dashiell Hammett*** und ***Raymond Chandler*** schufen in den 1930ern die legendären Detektive ***Sam Spade*** und ***Philip Marlowe***, die nicht zuletzt mit ihrer Filmverkörperung durch *Humphrey Bogart* in *The Maltese Falcon* (»Der Malteserfalke«) und *The Big Sleep* (»Tote schlafen fest«) trotz ihres gefährlichen Metiers unsterblich wurden.

Das Interesse an Mord und Totschlag hat seitdem nicht nachgelassen – Autoren wie ***Walter Mosley*** (*Devil in a Blue Dress*), ***James Ellroy*** (*LA Confidential*) und ***Sue Grafton*** (Die *»Alphabet Series«*) haben für Nachschub an lesenswerten Leichen gesorgt.

Sozialkritik

Bekannt wurden auch die Romane, die die Schattenseiten von Traumfabrik und kalifornischem Traum aufzeigten, so *The Day of the Locust* (»Der Tag der Heuschrecke«) von ***Nathanael West*** und *The Last Tycoon* von ***F. Scott Fitzgerald***.

Beat Generation

In den 1950er-Jahren schrieb die *Beat Generation* vor allem an der Bucht von San Francisco. Mit der späteren Musikrichtung *Beat* hatten sie außer der Rebellion gegen das Althergebrachte wenig zu tun. Vielmehr war es eine Generation, die sich vom

Gewicht der jüngsten Geschichte erschlagen (*beat*) fühlte. Autoren wie ***Jack Kerouac*** mit seinem *Road-Movie*-artigen Roman ***On the Road*** (»Unterwegs«) und ***Allen Ginsberg*** mit seinem zornig-langen Gedicht *Howl* (»Das Geheul«) bildeten die Avantgarde eines neuen Lebensgefühls gegen die Konventionen des bürgerlich-amerikanischen Traums.

1970er-Jahre bis 2000

Die folgende Zeit brachte eine Bestandsaufnahme der verrückten *Sixties* mit sich, z.B. bei ***Joan Didion*** und bei ***Tom Wolfe***; noch ergiebiger waren die Siebziger und Achtziger mit Werken von ***Hunter S. Thompson***, ***Charles Bukowski*** und ***Bret Easton Ellis***. Die ganze Bandbreite von Kaliforniens literarischen Einflüssen kam in jener Zeit zum Vorschein. Schwarze Amerikaner wie ***Alice Walker***, ***Ishmael Reed*** und ***Al Young*** schrieben rund um die Bay Area über Themen, die weit über die Bucht hinaus reichten. ***Amy Tan*** und ***Maxine Hong Kingston*** verfassten Romane aus der Sicht der asiatischstämmigen Kalifornier. ***Richard Vasquez*** und ***Isabel Allende*** sind Stimmen mit lateinamerikanischem Hintergrund. Großen Erfolg hatte auch ***Armistead Maupin*** mit regenbogenbunt-skurrilen *Tales of the City* (»Stadtgeschichten«) aus San Francisco.

Weitere Entwicklung

Die Literaturszene zwischen San Francisco und San Diego ist nach wie vor sehr vielfältig und lebhaft, Lesungen wechseln sich mit *Poetry Slams* ab, und die Grenzen zu Musik und Theater sind nicht selten fließend.

Film

Anfänge in Kalifornien

Erfunden wurden Film und Kino anderswo, aber in Kalifornien gelang es, daraus die hohe Kunst der Massenhypnose zu formen. Es begann mit kleinen Filmstudios, die sich zunächst vor allem im Bereich des LA-Nachbarstädtchens Hollywood ansiedelten. In seiner Umgebung hatten sie alle Schauplätze, die man brauchte: Stadt, Strand, Ozean, Seen, Wüste, Gebirge, Wälder und mehr. Dazu waren dort damals (ohne den Smog der Gegenwart) die Licht- und Wetterverhältnisse meist bestens. Und auch wichtig war, dass zur Not die ganze Ausrüstung rasch über die Grenze nach Mexico geschafft werden konnte, wenn Gläubiger oder Lizenzgeber den oft klammen Produzenten auf den Fersen waren.

Hollywood

Nach wie vor gilt der Begriff »**Hollywood**« als Synonym für die »Traumfabrik«, die Filmklassiker produziert und Filmstars hervorbringt. Und so vermittelt man es immer noch gerne den Touristen, die scharenweise nach Hollywood kommen, ➤ Seite 378. Dort werden alljährlich die ***Oscars*** (korrekter: *Academy Awards*) verliehen, aber die Filmindustrie ist längst weitergezogen und dreht in Burbank und im San Fernando Valley.

TV-Filme

Auch zahllose Fernsehproduktionen entstehen in den dortigen Studios. Und damit sehen Abermillionen von Kinobesuchern und Fernsehzuschauern in aller Welt das Leben in den USA durch die kalifornische TV-Brille, die höchst selten der Realität im *Mainstream America* entspricht, weder ökonomisch noch sozial.

Sport

Ernst-Georg Richter

Die gute Nachricht für Fans lautet: Kalifornien ist mindestens genauso sportbegeistert wie der Rest der USA – sowohl aktiv als auch passiv. Das gilt für alle Profi-Sportarten und vor allem auch für den Freizeitsport der Kalifornier. Manche Fitnesswelle ist mittlerweile von West nach Ost über Amerika geschwappt, oft ausgehend von den Stränden zwischen San Diego und Malibu.

An so gut wie jedem Tag des Jahres ist in den Stadien und Hallen des Staates Spieltag. Auch, wenn einem die Regeln beim Baseball nicht so ganz einleuchten, ist es interessant und spannend, einmal dabei zu sein; die *Rules of the Game* kann man sich womöglich vom Sitznachbarn erklären lasssen.

Baseball - MLB

Amerikas klassisches Freizeitvergnügen, die *National Pastime*, zieht nach wie vor treue Fans in die ***Ballparks***. In Kalifornien gibt es allein fünf *Major League Baseball*-Teams:

San Francisco Giants

In der Bay Area sind das die einst aus New York in den *Golden State* gezogene **San Francisco Giants**, die es 2002 und 2010 bis in die *World Series* schafften und **2010** sogar erstmalig nach 56 Jahren wieder **Champion** wurden. Sie treten im ***AT&T Park Stadium*** am China Basin unweit südöstlich von *Downtown* an; Anfahrt über die Straße Embarcadero oder die I-280.

Oakland Athletics

Auf der anderen Seite der Bucht *pitchen* und *catchen* die ***Oakland Athletics*** oder ***A's*** im ***McAfee Coliseum***. Sie haben in jüngerer Vergangenheit immer vorne in der *American League West* mitgespielt, aber nur einmal 2001 in den *World Series*. Das Stadion im Süden von Oakland ist gut mit öffentlichen Verkehrsmitteln zu erreichen (BART-Station Airport/Coliseum), Anfahrt mit Auto über die I-880.

Los Angeles

Der Großraum Los Angeles hat ebenfalls zwei Teams, die ***LA Dodgers*** und die ***LA Angels*** (vormalig *Anaheim Angels*):

LA Dodgers

Mitte der 1950er-Jahre taten es die ***Dodgers*** den *Giants* gleich und zogen mit dem ganzen Teamunternehmen von New York an die Westküste, wo man mit mehr Zuschauern und einer günstigeren Infrastruktur als im Osten rechnen durfte: Die City of LA baute ihnen sozusagen als Anreiz das ***Dodger Stadium*** in **Elysian Park** nördlich von *Downtown*, das man am besten per Bus oder sogar zu Fuß von *Downtown* bzw. *Chinatown* erreicht, ➢ Seite 233. Seit 1988, als sie das letzte Mal die *World Series* gewannen, konnten die Dodgers nicht mehr an die ganz großen Erfolge anknüpfen, spielen aber in der *American West Division* vorne mit und wurden dort 2008 und 2009 Meister.

LA Angels

Südöstlich von Disneyland ist die Heimat der ***Los Angeles Angels*** das ***Angel Stadium***. Das 2002 noch als *Anaheim Angels* bekannte Team befand damals sicher im Engelstadium (frei übersetzt: im siebten Himmel), als sie den *New York Yankees* den Titel abnahmen. In den letzten Jahren spielten sie erfolgreich in der *West Division* mit, konnten aber keine Teilnahme an den *World Series* erreichen. Das Stadion zwischen den *Santa Ana* (I-5) und *Orange Freeways* (#57) erreicht man faktisch nur mit dem Auto .

San Diego Padres

Das noch relativ neue *Downtown*-Stadion der ***San Diego Padres***, der ***PETCO Park*** (2004), liegt in Fußgängerdistanz zu *Downtown* unweit des *Gaslamp Quarter* am südlichen Harbor Drive. Den letzten Titel in der *West Division* gewann man 2006, eine Teilnahme an den *World Series* gab es noch nicht.

Tickets

Wer ein bestimmtes Spiel sehen möchte, das passend zur eigenen Reiseplanung stattfindet, sollte die Tickets im Internet auf der jeweiligen *Website* bestellen: Zahlung per Kreditkarte, Abholung der Tickets vor Spielbeginn am ***Will Call Window*** des Stadions. Für Spiele an Wochentagen gibt's Tickets meist auch noch kurzfristig vor Ort. Jedoch an Wochenenden und für bestimmte Begegnungen ist die Vorbestellung unabdingbar.

Wer nur einmal ohne große Vorplanung reinschnuppern möchte, dem reicht oft schon ein *Park Pass* ohne Sitzplatzanspruch, der um $10 kostet. Man schlendert dann umher, sieht das Spiel aus verschiedenen Perspektiven und – wenn es langweilig ist oder Stau bei Spielende droht – geht rechtzeitig.

Las Vegas

Die ***Las Vegas 51s*** spielen in ***Cashman Field*** (850 Las Vegas Blvd North) und sind ein führendes Team im ***Minor League Baseball***, der »zweiten Liga« des Nationalsports. Ihr Name geht zurück auf die mysteriöse *Area 51* ein Stück nordwestlich der Stadt, wo angeblich mehrfach UFOs eingeschwebt sein sollen. Wegen ihrer Originalität gilt die Teamkappe mit dem Außerirdischen-Logo als »Kultobjekt«.

Echte Fans besuchen im Rahmen einer Fahrt durch Kalifornien auch mal ein minder bekanntes Stadion entlang der Reiseroute, und sei es nur, um seltene Stücke wie vielleicht eine Kappe von den ***Bakersfield Blaze***, ein T-Shirt von den ***Rancho Cucamonga Quakes*** (Großraum LA I-15 westlich von San Bernhardino) oder ein Trikot von den ***Visalia Oaks*** zu erstehen. Denn so etwas hat sicherlich kaum einer sonst zuhause.

Die **Webadressen** der hier vorgestellten Baseball-Teams sind:

http://oakland.athletics.mlb.com

http://sandiego.padres.mlb.com

http://sanfrancisco.giants.mlb.com

http://losangeles.angels.mlb.com

http://losangeles.dodgers.mlb.com

www.lv51.com

www.minorleaguebaseball.com

Basketball - NBA

NBA Teams Kalifornien

Kalifornien hat vier Profiteams, die in der ***National Basket League*** mitmischen:

Oakland

An der San Francisco Bay spielen die ***Golden State Warriors*** in ihrer ***Arena in Oakland*** in der ***Pacific Division* der *Western Conference der NBA***. Sie haben seit 1975 keinen Titel gewonnen.

Los Angeles

Ähnlich unter »ferner liefen« rangieren die ***Los Angeles Clippers***, die in den 1980er-Jahren von San Diego nach LA zogen und sich mit den ***Los Angeles Lakers*** das ***Staples Center*** am Südwestrand von *Downtown LA* teilen, ➤ Seite 390. Man erreicht es per Auto über alle nach und über Downtown laufenden Autobahnen und mit der Metro (*Blue Line-Station Pico*).

Die *Lakers* gewinnen öfter, aber ihre Karten sind dafür auch teurer und begehrter. Auch die LA Teams werfen Körbe in der ***Pacific Division* der *Western Conference***, aber nur die ***Lakers*** schafften es mehrmals als Erstplazierter der Liga in die nationalen *Finals*. 2009 und 2010 holten sie die ***NBA Championship***.

LA Sparks Damenteam

Sind die Herren mal nicht auf dem Parkett, übernehmen die Damen: Die Spielerinnen der ***LA Sparks*** brachten es bereits in 11 von 14 Jahren der Damenprofiliga zur Teilnahme an der *Finals*. Zur Meisterschaft reichte es bislang aber nur zwei Mal.

Sacramento

Auch Kaliforniens Hauptstadt Sacramento hat ein Basketball-Profiteam in der *Western Conference*, die ***Kings***. Es spielt in der ***ARCO Arena***. Nach Titelgewinnen in der *Pacific Division* 2002 und 2003 riss die Erfogsserie. Das Damenteam der Stadt nennt sich ***Monarchs***.

Die Internetadressen der genannten Teams sind:

www.nba.com/warriors

www.nba.com/lakers

www.nba.com/clippers

www.wnba.com/sparks

www.nba.com/kings

www.wnba.com/monarchs

Eishockey - NHL

Auf dem Eis gibt es selbst im warmen sonnenverwöhnten Kalifornien drei Profiteams auf Kufen:

In San José machen die ***Sharks*** im ***hp Pavilion*** (525 West Santa Clara Street) Jagd auf den Puck, in LA wird das ***Staples Center*** für die ***Kings*** heruntergekühlt, und in Anaheim gleiten die ***Mighty Ducks*** über ihren zugefrorenen Teich, den ***Arrowhead Pond*** (2695 East Katella Avenue).

Die Internetadressen der drei sind:

www.sjsharks.com www.lakings.com www.mightyducks.com

American Football - AFC und NFC

Teams in Kalifornien

In der Bay Area gibt es gleich zwei Profiteams, die **Oakland Raiders** und die **San Francisco 49ers**, in Los Angeles gar keins und in **San Diego** die **Chargers**. Wie auch im Baseball und Basketball, ziehen in den USA ganze Teams in andere Cities um, wenn ihre Eigentümer das so entscheiden. So spielten die *Raiders* in den 1980er-Jahren in Los Angeles, gewannen dort als *LA Raiders* sogar die legendäre ***Super Bowl***, kehrten aber später wieder zurück nach Oakland. LA verlor seine *Los Angeles Rams* schon 1994 durch Umzug nach St. Louis.

Die **49ers** spielen in der ***National Football Conference West***, wo sie 2011 das letzte Mal Meister wurden. Die beiden anderen Teams treten in der ***American Football Conference West*** an. Titelgewinne der ***Raiders*** liegen weit zurück, während die ***Chargers*** 2006-2009 in Folge Meister der AFC West wurden.

Stadien

Ebenso wie für die Baseball Profis *Oakland A's* ist das ***McAfee Coliseum*** (➢ Seite 584) Heimatstadion der ***Raiders***. Die ***49ers*** spielen in San Franciscos ***Candlestick Park***. Dieser enorme Komplex liegt zwischen *Airport* und *Downtown* und ist über die Autobahn #101 gut zu erreichen. An Spieltagen gibt es Sonderbusse von überall her zum Stadion. Zwei Metro-/BART-Stationen befinden sich in nur ca. 1 mi Entfernung (*Balboa Park/Gilman-Paul)*, von denen Shuttle Busse zum Stadion verkehren.

Heimat der ***San Diego Chargers*** ist das ***Qualcomm Stadium*** an der I-8 im Mission Valley zwischen I-15 und I-805. Die Anbindung an das öffentliche Verkehrsnetz ist optimal (*Trolley Green Line*).

Da jedes Team nur **acht Heimspiele** pro Saison austrägt (zwischen Ende August und Ende Dezember), empfiehlt sich eine rechtzeitige Vorbestellung von Tickets im Internet über die Webadressen

www.raiders.com

www.sf49ers.com

www.chargers.com

College Sports

Bei den *College Teams* ist die Stimmung meist noch heißer (und vor allem lauter) als bei den *Profis*. Studenten großer Unis wie *University of California Los Angeles*/**UCLA** (***Bruins***), die *University of Southern California*/**USC** (***Trojans***), ***Stanford*** (***Cardinals***) oder ***Berkeley*** (***Cal Bears***) drängen am Wochenende gerne ins Stadion, wo man die gegenseitigen Rivalitäten ventiliert. Besonders beim Football und Basketball geht es dann hoch her, *Marching Bands* und *Cheerleaders* machen ordentlich Dampf.

http://uclabruins.collegesports.com

http://usctrojans.collegesports.com

http://gostanford.collegesports.com

http://calbears.collegesports.com

Fotonachweis

Burkhard Brocke, Westerstede: Seiten 182, 251, 271

Escape Campervans, San Francisco: Seite 68

Tilman Früh, Erlangen: Seiten 26 und 315

Hearst Castle Administration: Seite 328

Antje Goldmann, Greven: Seite 387

Markus Hundt, Bonn:
Seiten 116, 165, 366, 367, 373, 384, 386, 387, 388, 462, 476, 478, 480, 481, 483, 496, 514, 515, 519 oben, 522 oben, 539

Markus Hundt-Archiv, Bonn:

- © Barbara Kraft/Wynn/Encore: Seiten 519 unten und 521
- © Caesars Entertainment: Seiten 523, 524 (2), 525 (2)
- © Cosmopolitan: Seiten 503, 517, 518
- © Danny Mollohan/Las Vegas: Seite 498 (2)
- © Fremont Street Experience: Seite 537 unten
- © Flightlinez Bootleg Canyon: Seite 544
- © Jan Rouven: Seite 535
- © MGM Resorts International: Seite 505

Thomas Löffler, Dresden: Buchcover vorne, Seiten 199 unten, 212

MGM Resorts International, Las Vegas:
Seiten 511, 513, 516, 528, 530, 533 oben, 534 unten,

Mission Inn, Riverside CA: Seiten 427+429

Peter Schickert, Fröndenberg: Seiten 29, 194, 265, 318, 324, 490, 562, 608

Thomas Schröder, Hemmingen: Seite 39

Dirk Steiner, Kämpfelbach: Seite 526

Heinz Staffelbach, CH-Winterthur: Seite 25 oben

Isabel und Steffen Synnatschke, Dresden (www.synnatschke.com):
Seiten 20, 24, 28, 31, 35, 58, 62, 67, 85, 100, 105 oben, 108, 125 Safeway, 158/9, 171, 174, 193, 195, 215 oben, 219, 262, 281, 283, 288, 291, 296, 297 (2), 311, 312, 319, 325, 326, 331, 409, 411, 443, 507, 531 unten, 533 unten, 543, 549, 553, 589

Jörg Vaas, Steinheim: Seiten 198 rechts, 530

Wikimedia, Wikicommon: Seite 192

Winchester Mystery House LLC, San José CA: Seite 308

©fotolia.com	Seite
Andy	230, 375
Chee-Onn Leong	273
deviantART	379
Firma V	220
Jake Kraushaar	522 unten
Justimagine	492/3
rook76	227 rechts
Serge di Marco	393
Steffen Niclas	204
trekandshoot	248
TSebourn	395

©iStockphoto.com	Seite
alacatr	121, 306
alantobey	234
apelletr	418
BigWest1	225
billnoll	307
BirdBro	244
blyons	434
canbalci	200
candu	506
chrisp0	346
cliffwass	398
compassandcamera	455
Davel5957	378 u., 405, 406
DavidOrr	452
disorderly	202
DNY59	221
duncan1890	242
ejmeyer	327
ElsvanderGun	532
Feverpitched	432 unten
fotoVoyager	167
frankvandenBergh	371, 396
Gim42	369
gregobagel	196
hairballusa	258
homebrew	329
InterestingLight	341
jasinjrodriguez	421
jgareri	500
Joe_Potato	187 oben
jmoor	305

Kazmaniac	450
	Seite
kojihirano	333, 571
LPETTET	380
manley099	354, 365
maomaotou	504
MariuszBlach	246, 260
mattnomad	279
Merkuri2	382, 390
MICHELANGELOBOY	254
mvp64	339
NNehring	301
PeskyMonkey	201
Pgiam	12/13, 321
plus99	179
PhotographyPerspectives	137
photoquest7	378 oben, 547
Ron_Thomas	487
Sashkinw	510
stellalevi	394
Studio-Annika	364 unten
susafri	187 unten
tbd	223
TerryHealy	472
THEPALMER	229
tonda	324
Videowok_art	445
vladone	360
volgariver	488
WalterGalloway	280
WilliamSherman	227 oben
Wolterk	320

Hans-R. Grundmann: alle anderen Fotos (214)

Die **Zeichnung** auf Seite 95 ist von **Alexander Brandt**, München

Die Reiseführer von Reise

Reisehandbücher
Urlaubshandbücher
Reisesachbücher

Europa

Algarve, Lissabon
Amrum
Amsterdam
Andalusien
Apulien
Athen
Auvergne, Cévennen

Barcelona
Berlin, Potsdam
Borkum
Bretagne
Budapest
Burgund

City-Trips mit Billigfliegern
City-Trips mit Billigfliegern, Bd.2
Cornwall
Costa Blanca
Costa Brava
Costa de la Luz
Costa del Sol
Costa Dorada
Côte d'Azur, Seealpen, Hochprovence

Dalmatien
Dänemarks Nordseeküste
Disneyland Resort Paris
Dresden

Eifel
El Hierro
Elsass, Vogesen
England, der Süden
Erste Hilfe unterwegs
Estland
Europa BikeBuch

Fahrrad-Weltführer
Fehmarn
Föhr
Formentera
Friaul, Venetien
Fuerteventura

Gardasee, Trentino
Golf von Neapel, Kampanien
Gomera
Gotland
Gran Canaria
Großbritannien

Hamburg
Helgoland
Hollands Nordseeinseln
Hollands Westküste
Holsteinische Schweiz

Ibiza, Formentera
Irland
Island, Faröer
Istanbul
Istrien, Kvarner Bucht

Juist

Kalabrien, Basilikata
Katalonien
Köln
Kopenhagen
Korfu, Ionische Inseln
Korsika
Krakau, Tschenst.
Kreta
Krim, Lemberg, Kiew
Kroatien

Landgang an der Ostsee
Langeoog
La Palma
Lanzarote
Latium mit Rom
Leipzig
Ligurien, Cinque Terre
Litauen
London

Madeira
Madrid
Mallorca
Mallorca, Leben/Arbeiten
Mallorca, Wandern
Malta, Gozo, Comino
Mecklenb./Brandenb.: Wasserwandern
Mecklenburg-Vorp. Binnenland
Menorca
Montenegro
Moskau
Motorradreisen
München

Norderney
Nordseeinseln, Dt.
Nordseeküste Niedersachsens
Nordseeküste Schleswig-Holstein
Nordspanien
Nordzypern
Normandie
Norwegen

Ostseeküste Mecklenburg-Vorp.
Ostseeküste Schleswig-Holstein
Outdoor-Praxis

Paris
Piemont, Aostatal
Polens Norden
Polens Süden
Prag
Provence
Provence, Templer
Pyrenäen

Rhodos
Rom
Rügen, Hiddensee
Ruhrgebiet
Rumänien, Rep. Moldau

Sächsische Schweiz
Salzburg, Salzkammergut
Sardinien
Schottland
Schwarzwald, südl.
Schweiz, Liechtenstein
Sizilien, Lipar. Inseln
Skandinavien, der Norden
Slowakei
Slowenien, Triest
Spaniens Mittelmeerküste
Spiekeroog
St. Tropez und Umgebung
Südnorwegen
Südwestfrankreich
Sylt

Teneriffa
Tessin, Lago Maggiore
Thüringer Wald
Toscana
Tschechien
Türkei, Hotelführer
Türkei: Mittelmeerküste

Umbrien
Usedom

Venedig

Daniel Krasa, Hans-R. Grundmann

Ibiza

Der richtige Begleiter für alle, die ihre Reise individuell gestalten und Ibiza auf eigene Faust erleben wollen:

- High Life und Altstadtnostalgie in Ibiza-Stadt
- Lange Sandstrände und verschwiegene Buchten
- Wanderwege durch romantische Berglandschaft
- Geschichte und Kultur, Mandelblüte und Rotwein
- Alles zu Aktivurlaub und Sport, zu Nightlife und Ibiza Sound
- Die besten Quartiere, Restaurants, Kneipen und Discos

4. Auflage 2012; ca. 336 Seiten 4-farbig, ca. 230 Fotos, 27 Regionen- und Ortskarten, davon 6 Wanderkarten.

ISBN 978-3-89662-264-8 · €17,50

Eyke Berghahn, Petrima Thomas, Hans-R. Grundmann

Teneriffa

- Ausführlichste Ortsbeschreibungen & Ausflugsrouten
- 80 Themenkästen und Essays zu allen Wissensbereichen
- Die schönsten Wanderungen, Bikerouten, Picknickplätze
- Alles zu Vulkanismus und Vegetation mit Fachglossaren.
- Vokabular »Essen&Trinken« und »Kanarisches Spanisch«
- Die besten Unterkünfte für jeden Geldbeutel
- Zahlreiche Internetadressen

7. Auflage 8/2013; 620 Farbseiten, 320 Fotos, 47 Karten **+ sep. Inselkarte + Wander-/Bikeführer (60 Seiten)**

ISBN 978-3-89662-283-9 · € 23,50

Niklaus Schmid

Formentera

Der etwas andere Reiseführer

- Alle Infos zu Ibizas kleiner Schwesterinsel
- Landschaft, Flora und Fauna, Geschichte und Kultur in unterhaltsamen, kurzweilig geschriebenen Essays
- Anekdoten und wundersame Geschichten über die Insel und ihre Bewohner; Klatsch und Tratsch; Promis auf Formentera
- Folklore und Formentera Sound
- Endlose Strände, urige Strandbars und karibische Wasserqualität
- Auf nicht einmal 100 km² mobil ohne Auto: Wanderwege und Routen für Radfahrer

3. Auflage 2012, 336 Seiten vierfarbig mit Formentera-Karte und Ortsplänen in der Umschlagklappe.

ISBN 978-3-89662-270-9 · €14,90

4. Auflage 4/2013

Heinz Staffelbach, Magda Rüegg

USA Südwesten
Natur und Wandern

Ein Reiseführer für die schönsten Nationalparks zwischen Pazifik und Rocky Mountains

(Arches, Bryce Canyon, Canyonlands, Grand Canyon, Grand Staircase-Escalante, Great Basin, Joshua Tree, Point Reyes, Redwoods, Rocky Mountain, Saguaro, die Weminuche Wilderness, Yosemite, Zion) Intensivabhandlungen zu Geologie, Vegetation und Tierwelt, Ökologie, Biodiversität

Neu bearbeitet, vierfarbig mit über 200 brillanten Fotos, über 50 Karten und Höhenprofile, 528 Seiten; 4. Auflage 2013

ISBN 978-3-89662-277-8 €23,50

P. Thomas, E. Berghahn, H.-R. Grundmann

Kanada Osten / USA Nordosten

Dieser grenzüberschreitende Reiseführer behandelt über ein dichtes Routennetz auf kanadischer Seite Ontario, Québec, New Brunswick, Nova Scotia und Newfoundland, in den USA die Neu-England-Staaten mit Boston und New York City und State sowie Michigan mit Chicago und Detroit. Ideal für Reisen auf eigene Faust per Pkw mit Motel-/Hotel- oder Zeltübernachtung oder mit Campmobil. Zahlreiche Unterkunftsempfehlungen und Hunderte von Hinweisen auf die schönsten Campgrounds am Wege.

720 Seiten, 56 Karten, vierfarbig. Mit sep. Karte der Gesamtregion und New York City Extra (48 Seiten).

ISBN 978-3-89662-276-1 · €25,00

9. Auflage 2013

6. Auflage 2013
mit EBook zum Download inkl.

Hans-R. Grundmann, Bernd Wagner

Florida mit Atlanta, Charleston, New Orleans

Nicht nur Strände, High-Life, Disney- und Amusementparks, sondern auch Natur satt mit exotischer Flora und Fauna in Mangrovensümpfen, an glasklaren Quellflüssen und am sagenumwobenen Suwanee River. Dazu alte Historie, Multikulti, Architektur- und Musentempel. Als Kontrapunkt Weltraum- und Militärtechnik hautnah. Routen nach Florida ab Atlanta

Landeskunde und ausführlicher Serviceteil mit jeder Menge Unterkunfts-, Camping- und Restauranttipps; dazu Hunderte von Webadressen für weiterführende Informationen.

500 Seiten, 47 Karten, über 300 Farbfotos; mit separater Florida-Karte; 6. Auflage 2013, ISBN 978-3-89662-280-8 €22,50

Alphabetisches Register - Index

Im Register finden sich alle Ortsnamen, Sehenswürdigkeiten und geografischen Bezeichnungen ebenso wie alle wichtigen Sachbegriffe. Egal, wonach man sucht, alles ist unterschiedslos alphabetisch eingeordnet.

KARTENVERZEICHNIS